Karin Raude

Der Volksgeist bei Jacob Grimm

Studien zur
europäischen Rechtsgeschichte

Veröffentlichungen des
Max-Planck-Instituts
für Rechtsgeschichte und Rechtstheorie
Frankfurt am Main

Band 331

Vittorio Klostermann
Frankfurt am Main
2022

Karin Raude

Der Volksgeist bei Jacob Grimm

Vittorio Klostermann
Frankfurt am Main
2022

Umschlagbild:

Karl Begas,
Gemälde von Jacob Grimm (1853)
Öl auf Leinwand, 106 × 87 cm
Berlin / Potsdam, SPSG Berlin-Brandenburg
© akg images

Bibliographische Information der Deutschen Nationalbibliothek
Die Deutsche Nationalbibliothek verzeichnet diese Publikation in der
Deutschen Nationalbibliographie; detaillierte bibliographische Daten
sind im Internet über *http://dnb.dnb.de* abrufbar.

© Vittorio Klostermann GmbH
Frankfurt am Main 2022

Druck und Bindung: docupoint GmbH, Barleben
Typographie: Elmar Lixenfeld, Frankfurt am Main

Gedruckt auf Eos Werkdruck.
Alterungsbeständig ⊚ ISO 9706 und PEFC-zertifiziert

Printed in Germany
ISSN 1610-6040
ISBN 978-3-465-04427-7

Inhaltsübersicht

Inhalt

Vorwort

Als ich mich im Jahr 2009, nach dem Einsturz des Kölner Stadtarchivs und dem damit verbundenen »Untergang« meines zunächst gewählten Themas, zum ersten Mal mit dem Werk Jacob Grimms beschäftigte, ahnte ich nicht, wie lange mich dieses Thema insgesamt durch mein weiteres Leben begleiten würde. Während dieser Zeit habe ich durch unzählige Personen umfangreiche Unterstützung erfahren, ohne sie wäre ein erfolgreicher Abschluss dieses Projekts nicht denkbar gewesen, und ihnen allen gilt mein aufrichtiger Dank.

Dies gilt zu allererst für meinen Doktorvater, Prof. Dr. Hans-Peter Haferkamp, der mich auf das juristische Werk Jacob Grimms erst aufmerksam gemacht und das Entstehen der Arbeit stets geduldig, wohlwollend und fördernd begleitet hat. Während meiner Tätigkeit am Institut für Neuere Privatrechtsgeschichte, Deutsche und Rheinische Rechtsgeschichte der Universität zu Köln habe ich optimale Bedingungen vorgefunden. In den Doktorandenseminaren und der »Montagsrunde« des Instituts habe ich stets wertvolle Anregungen für meine eigene Forschung erhalten, aber auch meinen rechtshistorischen Horizont stets erweitern können. Danken möchte ich an dieser Stelle auch Prof. Dr. Martin Avenarius für die zügige Erstellung des Zweitgutachtens. Herzlich danke ich auch der juristischen Fakultät der Universität zu Köln für die Auszeichnung dieser Arbeit mit dem Promotionspreis 2019 sowie dem Max-Planck-Institut für Rechtsgeschichte und Rechtstheorie für die Aufnahme meiner Arbeit in diese Schriftenreihe.

Ebenfalls Dank schulde ich den Mitarbeitern des Instituts, die durch ihre stete Gesprächsbereitschaft und freundschaftliche Verbundenheit die Entstehungszeit dieser Arbeit fachlich aber auch menschlich überaus bereichert haben. Danken möchte ich insbesondere meinen Zimmerkollegen, Lutz Keppeler und Verena Peters, die sich immer bereitwillig meinen »Grimm-Problemen« angenommen haben, aber natürlich auch Lorenz Franck, Sandra Stelter, Lars Menninger, Hartwig Oesterle, Dominik Thompson, Kristina Busam, Martin Grieß, Miriam Wolter und vielen, vielen anderen, für stete Gesprächsbereitschaft, immer neue Impulse, Ideen und viele schöne Erinnerungen an meine Institutsjahre.

Ohne die Unterstützung meiner Familie und meiner Freunde wäre ein Abschluss dieses Projekts ebenfalls nicht möglich gewesen. Ich danke daher ganz herzlich meinen »Mädels«, Clara Heidkamp, Susi Ulas, Franzi Lindemann,

Silvia Urso, Chen Lee und Yvi Mittelstaedt sowie Susanne Gössl und Manuela Hundhausen für die notwendige Ablenkung und Zerstreuung, die steten Nachfragen, was denn nun mit der Doktorarbeit sei und die stete Unterstützung in vielfacher Form.

Last but not least danke ich meiner Mutter, Dr. Dorothe Raude, und meinem Vater, Hans-Josef Schmidt-Erker, für die stets geduldige Förderung meines Vorhabens, ihr Vertrauen in seinen Abschluss und die teilweise mühsame Lektüre der Entwürfe. Ihnen ist diese Arbeit gewidmet.

A. Einleitung

I. Einleitung und Fragestellung

> *nur wer mich genau und ganz liest, [kann] meiner art und weise inne*
> *werden und ihr gerechtigkeit widerfahren lassen.*[1]

Die Brüder Jacob und Wilhelm Grimm haben so große Popularität im In- und Ausland erreicht wie wenige andere deutsche Geisteswissenschaftler. Zwar geht diese Bekanntheit zumeist auf die *Kinder- und Hausmärchen*[2] zurück, aber auch das umfangreiche sonstige Schaffen der beiden Grimms ist in der Wissenschaft ausführlich thematisiert worden. Ihre Stellung als deutsche »Volkswissenschaftler«, mitunter sogar als Idealtypus des »deutschen Gelehrten«,[3] haben sie ungeachtet der bedeutenden Systemwechsel und in Zeiten des geteilten Deutschlands behaupten können.[4] So kam es zu einer umfangreichen Zusammenarbeit der beiden deutschen Staaten bei der Vollendung des durch die Brüder Grimm

---

1   Jacob Grimm, Anzeige der Weisthümer Theil 4 (1863), Kl. Schr. 5, S. 453.

2   Die erste Auflage des ersten Bandes der *Kinder- und Hausmärchen* erschien zu
     Weihnachten 1812. Ein großer Erfolg waren die Märchen jedoch zunächst nicht.
     Erst die folgenden Auflagen, die nach umfangreicher Überarbeitung erschienen,
     fanden größeren Absatz.

3   Ulrich von Wilamowitz-Moellendorff, Erinnerungen 1848–1914 (1928),
     S. 320.

4   Vgl. zur besonderen Bedeutung Jacob Grimms in der DDR Herbert Kolb, Karl
     Marx und Jacob Grimm, in: Archiv für das Studium der Neueren Sprachen und
     Literaturen 121 (1970), S. 96 ff.; gut wird die sozialistische Wertschätzung Jacob
     Grimms auch deutlich in der Bewertung durch Rudolf Grosse, Jacob Grimm,
     Recht und Rechtlichkeit, in: Wissenschaftl. Zeitschr. HU Berlin, Gesellschafts-
     und Sprachwissenschaftliche Reihe XIV (1965), S. 493: »So hat Jacob Grimm
     auch stets an dem aufklärerischen Forschrittsgedanken festgehalten, und auch
     sein Volksbegriff ist ähnlich wie bei Herder an der klassenlosen Urgesellschaft
     orientiert [...]«. Ein Urteil, das vor allem auch in Anbetracht von Jacob Grimms
     Einstellung gegenüber der Aufklärung und dem Naturrecht zumindest etwas
     fragwürdig erscheint; ebenfalls zur Rezeption Grimms in der DDR aber auch im
     NS und in der Bundesrepublik Wilhelm Bleek, Die Brüder Grimm und die
     deutsche Politik, in: APuZ, B1/86 (1986), S. 9 ff.

begründeten deutschen Wörterbuchs.[5] Jacob Grimm hat dabei deutlich mehr publiziert, sich auch in der Öffentlichkeit markanter präsentiert als sein Bruder Wilhelm.

Über kaum einen anderen Gelehrten ist so viel und so fächerübergreifend geforscht und veröffentlicht worden wie über Jacob Grimm. Die Beurteilungen seines Werkes und seiner Bedeutung für die Wissenschaft sowie seiner grundlegenden »Linie« und persönlichen Einstellungen gehen teils weit auseinander. Mal erscheint Grimm[6] als Demokrat,[7] mal als Wegbereiter der Diktatur und des Rassenwahns,[8] mal als großartiger Vordenker,[9] gar Genie,[10] teils als verblendeter Romantiker mit einem Hang zum »Unbedeutenden«[11].[12] Grimm ist damit eine Persönlichkeit, die bis heute polarisiert. Ein einheitliches Grimm-Bild scheint es

5   Dem Projekt des Wörterbuchs widmeten sich die Brüder Grimm nach ihrer Entlassung aus Göttingen 1838. Nur bis zum Artikel »Frucht« wurde das Wörterbuch allerdings von ihnen selber ausgearbeitet. Vgl. zur »Grimmschen« Vorgeschichte ALAN KIRKNESS, Geschichte des Deutschen Wörterbuchs (1980). Im 20. Jahrhundert wurde das Projekt von der preußischen Akademie der Wissenschaften fortgeführt, nach Trennung der beiden deutschen Staaten arbeiteten in Ostberlin die Deutsche Akademie der Wissenschaften und in Göttingen die Akademie der Wissenschaften, gefördert von der Deutschen Forschungsgemeinschaft, an der Fertigstellung. Inzwischen wird an einer neuen Ausgabe gearbeitet.

6   Wenn im Folgenden von »Grimm« die Rede ist, bezieht sich dies auf Jacob Grimm. In den Fußnoten wird bei Autorenangaben sein Vorname beibehalten.

7   So bspw. bei MAREK HALUB, »Die Menschen sind nicht gleich«, in: BGG 10 (1993), S. 86. Die Tendenz, Grimm eine demokratische Haltung zuzuschreiben, findet sich schon bei WILHELM SCHERER, Jacob Grimm (1885, ND 1985), S. 265. Dieser stellte bei Grimm einen »edle[n] demokratische[n] Zug der Theilnahme für die unteren Volksklassen« fest.

8   KLAUS VON SEE, Die Göttinger Sieben (2000), S. 97. Vom Ergebnis her so auch, wenn auch sehr differenziert, WOLFGANG EMMERICH, Germanistische Volkstumsideologie (1968); bei GERHARD KÖBLER, Das Recht im frühen Mittelalter (1971), S. 19 f., wird Grimm über die Vermittlung durch Gierke und über die Lehre vom »guten alten Recht« in eine Linie mit den späteren nationalsozialistischen Ideenträgern wie auch Hitler selbst gestellt.

9   LUDWIG DENECKE / CHARLOTTE OBERFELD, Die Bedeutung der »Volkspoesie« bei Jacob und Wilhelm Grimm, in: DIES. (Hrsg.), Brüder Grimm Volkslieder Kommentar 2 (1989), S. 16.

10   ELSE EBEL, Jacob Grimms Deutsche Altertumskunde (1974), S. 9.

11   SULPIZ BOISSERÉE an Johann Wolfgang von Goethe am 27.10.1815, in: DERS., Briefwechsel, Tagebücher, Bd. 2 (1862), S. 72.

12   Diese sehr unterschiedlichen Einschätzungen spiegeln sich auch in der Einschätzung der Göttinger Sieben wieder. Gerade hier zeigt sich deutlich, dass immer wieder zeitgenössische Anliegen in die Rezeption der Ereignisse hineinspielten. Vgl. dazu MIRIAM SAAGE-MAAß, Die Göttinger Sieben – demokratische Vorkämpfer oder nationale Helden? (2007).

nicht zu geben, seine wissenschaftliche Position bis heute umstritten zu sein. Grund genug, sich mit dem bereits im 19. Jahrhundert so populären Wissenschaftler erneut zu beschäftigen. In Anbetracht des enormen Umfangs und Themenspektrums seines Werkes kann im Rahmen einer Dissertation nur eine Betrachtung unter einem bestimmten, den Blick notwendigerweise einengenden Winkel erfolgen.

Anknüpfungspunkt für die folgende rechtshistorische Betrachtung war Grimms Idee eines schaffenden Volksgeistes als Grundlage seiner Wissenschaft, insbesondere seiner umfangreichen Rechtsquellenforschungen.

Die Arbeit versucht, sich von alten Vorurteilen zu lösen, die bestehenden Grimm-Darstellungen kritisch zu hinterfragen und das Werk Grimms möglichst unvoreingenommen zu untersuchen sowie sich den Begrifflichkeiten Jacob Grimms historisch zu nähern, ohne heutige Deutungsmuster auf das 19. Jahrhundert zu übertragen.

Otfried Ehrismann, der sich intensiv mit dem Werk Jacob Grimms auseinandergesetzt hat, hat mit Recht darauf hingewiesen, dass Grimm »nicht jener wilde Empiriker [war], zu dem ihn eine positivistisch sich verengende Wissenschaft hat abstempeln wollen: er sichtete und bewertete die linguistischen und ästhetischen Fragen unter den naturphilosophischen Prämissen; bloße Lust am Sammeln war dies nicht.«[13] Jacob Grimm war tatsächlich mehr als ein Sammler alten »Trödels«,[14] auch wenn ein selbstformuliertes griffiges »Programm« seiner Forschungen fehlt. Seine Ideenkonzepte waren durchdacht und fügten sich in ein komplexes Weltbild, das dem heutigen Betrachter teilweise naiv erscheinen mag, mit dem es Grimm jedoch durchaus ernst war. Seine Forschung war nicht reiner Selbstzweck, sondern hatte konkreten Bezug zu seinen politischen Ansichten und seinen Vorstellungen von der Gestaltung der politischen Zukunft der Deutschen. Der Kernaspekt seiner Arbeit war, dem sogenannten deutschen »Volksgeist« wieder einen Platz im Bewusstsein der zeitgenössischen Gesellschaft einzuräumen.

Die Idee eines schaffenden Volksgeistes war daher zentrales Element seiner Forschung. Schon 1885 schilderte Heinrich Schuster die Bedeutung Grimms für die Rechtswissenschaft unter diesem Blickwinkel:

> Indem Grimm die Poesie im Recht erkannt hat, hat er somit die Übereinstimmung des Rechtscharakters mit dem sonst nachweisbaren Volkscharakter zum erstenmal an einer anderen Äußerung desselben dargethan, und dadurch die

---

13 Otfried Ehrismann, Vorwort, in: Jacob Grimm, Kl. Schr. 1 (1991), S. 14*. Gegen das Vorliegen einer bewussten Konzeption bei Grimm aber Wyss, Die wilde Philologie (1979), S. 89 f.

14 August Wilhelm Schlegel, Rez. Altdeutsche Wälder, in: Heidelbergische Jahrbücher für Literatur 1815, S. 729.

große Erkenntniß der rechtshistorischen Schule, die bisher zwar nachgewiesen, aber nicht erklärt war, erklärt, und in dieser tiefen Erleuchtung und Begründung der Positivität des Rechts gipfelt seine geradezu unergründliche wissenschaftliche, als rein geistige Bedeutung für das Recht. Durch Savigny und Eichhorn haben wir die Positivität des Rechts nur kennen, durch Grimm haben wir sie verstehen gelernt, erst er hat im Volkscharakter wirklich den ›organischen Zusammenhang des Rechtes mit dem Wesen und Charakter des Volkes‹ (Savigny: Beruf, S. 11), sozusagen das Blut nachgewiesen, das auch das Rechtsleben des Volkes durchströmt, und seine Entdeckung ist somit ganz buchstäblich zu vergleichen und ganz gleich im Werthe der des Blutkreislaufs von Harvey.[15]

Selten wird jedoch genauer untersucht, was genau Jacob Grimm unter dem Volksgeist überhaupt verstand. Da ein allgemeines Konzept »Volksgeist« in der Wissenschaft nicht existiert hat und bis heute nicht existiert,[16] ist ein genauerer Blick auf Grimms Volksgeistvorstellung aber unerlässlich. Klaus Luig stellte 1995 fest, dass Jacob Grimm »ernst gemacht habe« mit der Volksgeistlehre.[17] Was dieses »Ernst machen« im Gesamtwerk Grimm bedeutet hat, soll nachfolgend untersucht werden. Das Volksgeistkonzept Grimms wird zu diesem Zweck in den Zusammenhang seines Gesamtwerks gestellt und seine konkreten Auswirkungen für Grimms Verständnis von Recht, Geschichte und Sprache dargestellt. Dabei liegt ein Schwerpunkt auf der Ausprägung des Volksgeists im Recht.

Der erste Teil der Arbeit ist dem Volksgeist-Konzept Jacob Grimms an sich gewidmet. Untersucht wird, welche Vorstellungen genau für Grimm mit der Idee eines Volksgeists verbunden waren. Das gemeinsame Volksbewusstsein spielte bereits sehr früh eine Rolle in seinem Werk. Für ihn war es die ursprünglichste Quelle der Sprache, der Poesie sowie auch des Rechts. Sprache und Recht wurden, so Grimms Annahme, jeweils durch im ganzen Volk wohnende schöpferische Kräfte erzeugt.[18] Dies führte dazu, dass sich für jedes

---

15 HEINRICH SCHUSTER, Jacob Grimm in seiner Bedeutung für die Rechtswissenschaft, in: Juristische Blätter 14 (1885), S. 37.

16 Dies zeigt sich nicht zuletzt daran, dass mit dem Begriff, obwohl »desavouriertes Theorem« (ANDREAS GROSSMANN, Art. Volksgeist, Volksseele, in: HWPh, Bd. 11 (2001), Sp. 1106) immer noch operiert wird, freilich in einem gänzlich anderen Zusammenhang als im 19. Jahrhundert: Bspw. bei PETER SLOTERDIJK, Der starke Grund zusammen zu sein. Erinnerungen an die Erfindung des Volkes (1998); GERARD KLOCKENBRING, Auf der Suche nach dem deutschen Volksgeist (1989); und im Anschluss an RUDOLF STEINER, vgl. bspw.: DERS., Die Mission einzelner Volksseelen im Zusammenhange der germanisch-nordischen Mythologie (1910/1982).

17 KLAUS LUIG, Römische und germanische Rechtsanschauung, individualistische und soziale Ordnung, in: JOACHIM RÜCKERT/DIETMAR WILLOWEIT (Hrsg.), Die Deutsche Rechtsgeschichte in der NS-Zeit (1995), S. 108.

18 Dies wird früh besonders deutlich in: JACOB GRIMM, Von der Poesie im Recht (1815), Kl. Schr. 6, S. 152 ff.

Volk bestimmte Besonderheiten feststellen ließen, die Ausdruck des speziellen Volksbewusstseins dieser Gruppe waren. Diese Besonderheiten fand Grimm auch im alten deutschen Recht, beispielsweise bei der Ausgestaltung des Gerichtswesens oder der Eigentumskonzeption.

Nach dieser ersten Annäherung an Grimms Volksgeistkonzept wird untersucht, aus welchen Quellen Grimm glaubte, den deutschen Volksgeist erkennen zu können, mit welchen Methoden er diese Quellen aufzufinden hoffte und wie er diese dann für ein breiteres Publikum aufbereitete. Grimm entwickelte auf der Suche nach dem Volksgeist seine ganz eigene philologische Arbeitsmethode und stellte sich in Editionsfragen teilweise ausdrücklich gegen seinen Bruder Wilhelm und andere Weggefährten. Gleichzeitig beeinflusste bereits seine Überzeugung vom Vorhandensein eines Volksgeists die Quellensuche an sich. Aus der Auswahl der Quellen und deren Edition konnten daher weitere Rückschlüsse auf das Volksgeistkonzept Grimms gezogen werden.

Anschließend wird die Rolle des Volksgeistes innerhalb des wissenschaftlichen Gesamtkonzepts Jacob Grimms beleuchtet. Der Volksgeist bildete einen Grundpfeiler seiner Wissenschaft und beeinflusste die Ausrichtung seiner Forschung maßgeblich. Diese herausragende Bedeutung des Volksgeists lässt sich durch einen näheren Blick auf die Funktionen des Volksgeistes innerhalb des Gesamtwerks verdeutlichen. Zentraler Aspekt innerhalb der Arbeiten Grimms und Triebfeder seiner Forschungen war stets die Konstruktion einer nationalen deutschen Einheit, sowohl auf dem Gebiet der Sprache[19] als auch auf dem Gebiet des Rechts.[20] Der Volksgeist spielte hierbei eine identitätsstiftende Rolle. Hinweise auf seine Volksgeistkonzeption finden sich daher sowohl in Grimms politischen und weltanschaulichen Ansichten als auch in seinem Geschichtsbild. Überdies enthielt der Volksgeist für Grimm Hinweise auf urdeutsche Rechtstraditionen, die es wiederzubeleben galt.[21] Die besondere Bedeutung von Treue, Gemeinschaft, Freiheit und den symbolischen und formelhaften Elementen im »deutschen« Recht leitete er aus dem Volksgeist ab und zog hieraus Schlüsse auf die mögliche Ausgestaltung eines modernen deutschen Rechts. Das Volksgeistkonzept war somit nicht nur theoretisches

---

19   Die Sprache war für Grimm der zentrale Faktor für die Bestimmung der Nation: Jacob Grimm, Über die wechselseitigen Beziehungen und die Verbindung der drei in der Versammlung vertretenen Wissenschaften (Rede in der 1. Germanistenversammlung 1846), Kl. Schr. 7, S. 557.

20   So ging Grimm von der Existenz eines ungeschriebenen allgemeinen deutschen Privatrechts aus, Jacob Grimm, Vorlesung über Deutsche Rechtsalterthümer, hrsg. von Else Ebel, Zürich 1990, S. 12.

21   So unter Umständen auch auf die Bewertung des Eigentums, vgl. Jacob Grimm, Über den Überfall der Früchte und das Verhauen überragender Äste (1817), Kl. Schr. 6, S. 272 ff.; ders., Das Wort des Besitzes (1850), Kl. Schr. 1, S. 113 ff.

Konstrukt, sondern beeinflusste Grimms Bewertung der Gegenwart und bildete für ihn eine Leitschnur zur Gestaltung eines deutschen Nationalstaates.[22]

Um eine Einordnung von Grimms Volksgeist in die wissenschaftliche Landschaft »Volksgeist« des 19. Jahrhunderts geht es im zweiten Teil der Arbeit. Zunächst stellt sich die Frage, auf welcher Grundlage Grimm sein eigenes Volksgeistkonzept entwickelte. Hierfür ist relevant, welche Bedeutung der Idee vom Volksgeist in der wissenschaftlichen Diskussion des 19. Jahrhunderts zukam und in welchem Kontext sich Grimm mit dieser Idee beschäftigt hat. Der »Volksgeist« war Anfang des 19. Jahrhunderts nicht etwa neu, und zahlreiche Autoren vor Grimm setzten sich mit ähnlichen Ideen auseinander.[23] Auch für seine Methode zur Aufbereitung der Quellen, die vermeintlich dem Volksgeist entstammten, konnte Grimm an Vorläuferkonzepte anknüpfen. Aus diesen Vorbildern entwickelte er sein ganz eigenes Volksgeistkonzept, dessen Besonderheiten sich am eindrücklichsten im direkten Vergleich zu den Volksgeistvorstellungen seiner Zeitgenossen zeigen lassen.

In Ermangelung eines einheitlichen »Konzepts« Volksgeist war die Verwendung des Begriffs selbst nur ein erster Ansatzpunkt bei der Auswahl der Vergleichspartner. Wichtiger waren eine Verbindung zu Grimm und eine wissenschaftliche Konzeption, die auf der Volksgemeinschaft als Urheberin von Recht und Sprache aufbaute. Für Zwecke des Vergleichs musste eine Beschränkung der Untersuchung auf einzelne programmatische Texte der jeweiligen Vergleichspersonen erfolgen, um den Rahmen einer Dissertation nicht zu sprengen. Es ließen sich bereits so jedoch die Besonderheiten der Herangehensweise Grimms gut dokumentieren.

Insgesamt ergab sich hieraus ein umfassendes Bild der Volksgeistkonzeption Grimms, ihrer Bedeutung für sein Gesamtwerk und ihrer spezifischen Besonderheiten.

In einem kurzen Ausblick wird abschließend untersucht, wo sich Spuren von Grimms Volksgeistvorstellung speziell in der Rechtswissenschaft erhalten haben. Insbesondere die Methode der Quellenauswahl und -aufbereitung als Ausgangspunkt für die Erkenntnis des Volksgeists war bei namhaften juristischen Germanisten[24] beliebt und schaffte den Sprung ins 20. Jahrhundert. Die Verbindung von Rechtsgeschichte und Philologie, auch durch Jacob Grimm

---

22 In diesem Sinne auch STEFFEN SEYBOLD, Freiheit statt Knechtschaft, Jacob Grimms Antrag zur Paulskirchenverfassung, in: Der Staat 51 (2012), S. 220.

23 Immer wieder genannt wird in diesem Zusammenhang CHARLES DE MONTESQUIEU, De l'esprit des loix (1748).

24 Bspw. Otto von Gierke und Karl von Amira.

populär geworden, prägte eine ganze Generation von rechtshistorischen Germanisten.[25]

Eine Unterscheidung von vor- und nachgrammatischer Schaffensphase Grimms,[26] wie sie bisweilen vorgenommen wird, war für den Themenkomplex Volksgeist nicht erforderlich.[27] Grimms Ansichten über die Rechtsentstehung und -fortbildung haben sich früh herausgebildet, kamen bereits in seinem Aufsatz »Von der Poesie im Recht« aus dem Jahr 1815 zum Ausdruck und haben sich später nicht mehr grundlegend verändert.[28]

Da Grimm so oft wie möglich selber zu Wort kommen soll, sei abschließend auf seine ihm eigentümliche Rechtschreibung hingewiesen, die bereits einen ersten Rückschluss auf seine Vorstellungen von der Rekonstruktion der deutschen Vergangenheit zulässt. Grimm machte von Großbuchstaben nur zurückhaltend Gebrauch. Er sah in der konsequenten Kleinschreibung die »wieder hergestellte naturgemäsze schreibweise«.[29] 1822 verteidigte Grimm seine Orthographie in der Vorrede zur zweiten Ausgabe der *Deutschen Grammatik*:

> Für sie [die großen Buchstaben] spricht kein einziger innerer grund, wider sie der beständige frühere gebrauch unserer sprache bis ins sechzehnte, siebzehnte jahrhundert, ja der noch während aller übrigen völker, um nicht die erschwerung des schreibens, die verscherzte einfachheit der schrift anzuschlagen. Man braucht nur dem ursprung einer so pedantischen schreibweise nachzugehen, um sie zu verurtheilen; sie kam auf, als über sprachgeschichte und grammatik gerade die verworrensten begriffe herrschten.[30]

Seinen Plan, zur ursprünglichen Schreibweise zurückzukehren, hatte Grimm 1820 bereits seinem Freund Karl Lachmann eröffnet. Ihm gegenüber erklärte er:

---

25   Vgl. hierzu auch JOHANNES LIEBRECHT, Brunners Wissenschaft (2014).

26   Also eine Einteilung der Werke Grimms in solche, die vor Erscheinen des ersten Bandes der *Deutschen Grammatik* 1819 verfasst wurden und solche, die Grimm danach herausbrachte.

27   LUDWIG DENECKE/CHARLOTTE OBERFELD, Die Bedeutung der »Volkspoesie« bei Jacob und Wilhelm Grimm (1989), S. 4, bezeichnen diese Periodisierung generell als »irreführend«; ebenfalls skeptisch gegenüber der »Zwei-Stadien-Theorie« KLAUS ZIEGLER, Die weltanschaulichen Grundlagen der Wissenschaft Jacob Grimms, in: Euphorion 46 (1952), S. 259.

28   WILHELM EBEL, Jacob Grimm und die deutsche Rechtswissenschaft (1963), S. 26; so auch WERNER OGRIS, Jacob Grimm und die Rechtsgeschichte, in: Jacob und Wilhelm Grimm (1989), S. 79.

29   JACOB GRIMM, Über das Pedantische in der Deutschen Sprache (1847), Kl. Schr. 1, S. 352. Nicht richtig ist somit die Darstellung von MARIA CORNELIA SCHÜRMANN, Iurisprudentia Symbolica (2011), S. 161 Fn. 799, Grimm habe sich mit dieser Schreibweise von der langen Arbeit an der *Deutschen Grammatik* erholen wollen. Vgl. dazu auch JÜRGEN STOROST, Zur Grimm-Rezeption im Frankreich des 19. Jahrhunderts in: BGG 9 (1990), S. 116.

30   JACOB GRIMM, Vorrede zur Deutschen Grammatik (1822), S. XVIII.

»Ich wollte eigentlich bloß zeigen, der ich in der Thesis alle Sprachneuerung erklärt hasse, daß ich nicht so sehr Ultra bin, um nicht auch einmahl einen liberalen Vorschlag zu machen; nichts neues ists ohnedem.«[31] Diese sogenannte »historische Orthographie« traf nicht auf viel Verständnis, und wenige Grimm-Begeisterte fühlten sich dazu berufen, dem Beispiel ihres Lehrers zu folgen.[32] Die Schreibweise war für Grimm aber mehr als nur eine Formalität. Sie war Ausdruck seiner inneren Überzeugung und ein politisches Statement. Die Rückkehr zur vermeintlich ursprünglichen Schreibweise bedeutete eine Ver-wirklichung der typisch deutschen Freiheit und Gleichheit im Kleinen, denn »die groszen Buchstaben heben die Neutralität und Gleichheit aller Wörter in dieser Republik auf, führen einen unbegründeten Adel ein«.[33] Schon hier erhält man eine Vorahnung davon, was »Ernst machen« für Jacob Grimms Wissen-schaft vom deutschen Volksgeist bedeutet haben könnte.

II. Forschungsstand und Quellen

1. Zur Person Jacob Grimm

Die Bibliographie zu Leben und Werk Jacob Grimms könnte Seiten füllen.[34] Im Folgenden soll daher nur ein kurzer Überblick über die für die vorliegende Arbeit relevanten allgemeinen Darstellungen gegeben werden. Das Werk Jacob Grimms ist überwiegend in einer von Ludwig Erich Schmitt begründeten umfassenden Forschungsausgabe zusammengefasst worden, aus der auch in der vorliegenden Arbeit zitiert wird.[35] Hier finden sich die wichtigsten Arbeiten Grimms.

---

31 Jacob Grimm an Karl Lachmann vom 25.11.1820, in: Albert Leitzmann (Hrsg.), Briefwechsel der Brüder Jacob und Wilhelm Grimm mit Karl Lachmann (1925/26), S. 234.

32 Vgl. zum Beispiel Bernhard Denhard, Die Gebrüder Jakob und Wilhelm Grimm (1860), S. 40 ff., der unter anderem zu bedenken gibt, dass für die historische Schreibweise Fachkenntnisse nötig seien, die von der normalen schreibenden Bevölkerung nicht erwartet werden könnten.

33 Jacob Grimm an K. H. G. von Meusebach vom 24.12.1822, in: Camillus Wendeler (Hrsg.), Briefwechsel des Freiherrn Karl Hartwig Gregor von Meu-sebach mit Jacob und Wilhelm Grimm (1880), S. 6.

34 Dies zeigt schon Ludwig Denecke, Jacob Grimm und sein Bruder Wilhelm (1971), der die bis dahin erschienene Literatur aufführt. Eine Vervielfachung der Grimmliteratur hat nicht allein das Jubiläum 1985 mit sich gebracht.

35 Jacob Grimm und Wilhelm Grimm, Werke. Forschungsausgabe, hrsg. von Ludwig Erich Schmitt, Nachdruck, Hildesheim 1991–92.

Lange Zeit fehlte eine umfangreiche wissenschaftliche Biographie der Brüder Grimm,[36] was angesichts des Umfangs des zu berücksichtigenden Werkes nicht verwunderlich ist. 2009 veröffentlichte Steffen Martus die bisher wohl umfangreichste Abhandlung über Leben und Werk der beiden Brüder[37] und füllte damit diese Lücke, wobei auch hier das Hauptaugenmerk auf die persönlichen Beziehungen der Brüder gerichtet blieb. Schon vorher setzten sich zahlreiche kleinere Veröffentlichungen mit Leben und Werk Jacob Grimms auseinander und prägten so teilweise über Jahrzehnte das Grimmbild der Wissenschaft nachhaltig.[38] Insbesondere die älteren Darstellungen lassen häufig eine wissenschaftliche Distanz zur Person Grimms vermissen und zeichnen ein teils ideologisch verklärtes Grimm-Bild.[39] Die Geschichte der Grimm-Rezeption selber böte bereits genug Stoff für eine eigenständige Untersuchung. Kritische Stimmen zu Grimm haben noch heute keinen leichten Stand.[40]

---

36 Vgl. z. B. Ludwig Denecke, Jacob Grimm und sein Bruder Wilhelm (1971), S. 32; Ludwig Denecke / Irmgard Teitge, Die Bibliothek der Brüder Grimm. Annotiertes Verzeichnis des festgestellten Bestands (1989), S. 19.

37 Steffen Martus, Die Brüder Grimm (2009).

38 So vor allem die frühe Darstellung durch Wilhelm Scherer, Grimm, Jacob, in: ADB 9 (1879), S. 678–688 und ders., Jacob Grimm, 2. Aufl. (1885). Insbesondere Ersteres dürfte viele folgende Darstellungen beeinflusst haben. Darüber hinaus zur allgemeinen Biographie: Denhard, Die Gebrüder Jakob und Wilhelm Grimm (1860); Frédéric Baudry, Les frères Grimm (1864) Wilhelm Schoof, Jacob Grimm, Aus seinem Leben (1961); Herbert Scurla, Die Brüder Grimm, 2. Aufl (1986); Else Ebel, Grimm, Jacob und Wilhelm, in: RGA, Bd. 13 (1999), S. 40–45; Hermann Gerstner, Die Brüder Grimm (1970). Für weitere Grimm-Literatur bis 1971 sei verwiesen auf die umfangreiche Bibliographie in: Ludwig Denecke, Jacob Grimm und sein Bruder Wilhelm (1971), allgemein zu Leben und Werk vor allem S. 32 ff.; zu Jacob Grimm S. 46 ff.; Hans Georg Schede, Die Brüder Grimm (2009).

39 So findet sich bei Wilhelm Scherer, Grimm, Jacob, in ADB 9 (1879), S. 678, folgende Formulierung direkt zu Beginn der Lebensbeschreibung: »der Anfang und das Haupt der deutschen Alterthumsforschung; er ist es auch nach seinem Tode noch, der ideale Mittelpunkt, zu dem wir emporschauen; in Geist, Gesinnung, Leistung ein Stolz der deutschen Gelehrtenwelt für alle Zeiten.« Noch 1961 lobte Wilhelm Schoof Jacob und Wilhelm Grimms »ausgeprägten Familien-, Heimat- und Vaterlandssinn und eine unbestechliche Lauterkeit ihres Charakters«, Jacob Grimm (1961), S. 9. Schoof machte im Übrigen gerade Jacob Grimm auch während der NS-Zeit für die völkische Ideologie brauchbar, vgl. ders., »Was unsere Sprache redet, ist unseres Leibes und Blutes«. Jacob Grimm und die deutsche Sprache, in: DWD 1940, S. 5 f.; Volk und Rasse bei Jacob Grimm, in: Rasse 8 (1941), S. 265 ff.; Ein Jude gegen Jakob Grimm, in: DWD 1942, S. 10 f. Zur Grimm-Rezeption in der DDR vgl. bereits oben Fn. 5.

40 Dies zeigt unter anderem auch die vehemente Reaktion auf Klaus von See, Die Göttinger Sieben. Kritik einer Legende (2000), dessen Kritik allerdings sehr drastisch ausfällt, vgl. ebd. S. 99 ff.

Über die allgemeinen Lebensdarstellungen hinaus gibt es eine Vielzahl von Werken, die sich mit Einzelproblemen aus dem umfangreichen Werk Grimms beschäftigen, insbesondere mit Jacob Grimms Rolle in der Politik oder seiner besonderen Methode im Bereich der Sprachwissenschaften.[41] Einen Schwerpunkt bildete das sprachwissenschaftliche Werk. Jacob Grimm als Jurist oder Rechtshistoriker war, abgesehen von der Darstellung Rudolf Hübners aus dem Jahr 1895,[42] nur Thema kleinerer Abhandlungen.[43] Einen sehr knappen Abriss von Grimms juristischer Tätigkeit findet sich in Franz Wieackers Privatrechtsgeschichte der Neuzeit.[44] Ausführlicher setzte sich Wieacker anlässlich der Veröffentlichung der Briefe der Brüder Grimm an Savigny mit dem Verhältnis der drei Gelehrten auseinander.[45] Auch auf dem Gebiet der Psychoanalyse hat man sich mit Jacob Grimm beschäftigt. Mit einer psychoanalytischen Werkanalyse versuchte Klaus Müller die psychodynamischen Triebfedern des Werkes Grimms frei zu legen – ein Aspekt, der freilich in der vorliegenden Arbeit keine Rolle spielen wird.[46]

41 Bspw. für viele: Roland Feldmann, Jacob Grimm und die Politik (1969); Gunhild Ginschel, Der junge Jacob Grimm (1967); Ulrich Wyss, Die wilde Philologie (1979).

42 Rudolf Hübner, Jacob Grimm und das deutsche Recht (1895).

43 Bereits sehr früh: Heinrich Schuster, Jacob Grimm in seiner Bedeutung für die Rechtswissenschaft, in: Juristische Blätter 14 (1885), S. 25 ff. Darüber hinaus: Wilhelm Ebel, Jacob Grimm und die deutsche Rechtswissenschaft (1963); Werner Ogris, Jacob Grimm und die Rechtsgeschichte (1986), S. 67–96; Ruth Schmidt-Wiegand, Jacob Grimm und das genetische Prinzip in Rechtswissenschaft und Philologie (1987); Wolfgang Frühwald, »Von der Poesie im Recht«. Über die Brüder Grimm und die Rechtsauffassung der deutschen Romantik, in: Nicholas Saul (Hrsg.), Die Deutsche Literarische Romantik und die Wissenschaften (1991), S. 282 ff.; Luis Carlen, Der »Goldfaden der Poesie« im Recht. Über Jacob Grimms Beziehungen zum Recht, in: ders., Sinnenfälliges Recht, Aufsätze zur Rechtsarchäologie und Rechtlichen Volkskunde (1995), S. 307 ff.; Barbara Dölemeyer, Jacob und Wilhelm Grimm – Beiträge zur Rechtswissenschaft und Rechtsgeschichte, in: Bernd Heiden-reich/Ewald Grothe (Hrsg.), Kultur und Politik – Die Grimms (2003), S. 129 ff.

44 Franz Wieacker, Privatrechtsgeschichte der Neuzeit (1996), S. 405 f. Grimm wird hier sehr positiv charakterisiert: »Jacob Grimm [...] ist einer der volkstümlichsten und liebenswürdigsten Erzieher seines Volkes zu seiner eigenen Vergangenheit und zu seiner Sprache« (S. 405) oder: »Wärme und Phantasiekraft einer reichen und empfindsamen Natur, die in unserer Geistesgeschichte ihresgleichen sucht (S. 406).

45 Franz Wieacker, Savigny und die Gebrüder Grimm, in: ders., Gründer und Bewahrer (1958), S. 144 ff. Zum Verhältnis von Grimm und Savigny auch sehr ausführlich: Hedwig Vonessen, Friedrich Karl von Savigny und Jakob Grimm (1958).

46 Klaus Müller, Ein psychoanalytischer Beitrag zu einer künftigen Biographie Jacob Grimms, in: Giseal Greve (Hrsg.), Kunstbefragung (1996), S. 35.

Der Briefwechsel der Brüder Grimm ist umfangreich erhalten und teilweise bereits sehr zeitnah zum Tod Jacob Grimms ediert und veröffentlicht worden.[47] Neuere Editionen leisten auch kritische Textarbeit.[48] Zahlreiche unveröffentlichte Briefe lagern noch in Archiven, insbesondere in Berlin.[49]

Nach wie vor ist das Werk Jacob Grimms nicht erschöpfend behandelt. Insbesondere seine Rolle für die Wissenschaftsgeschichte wird auch in Zukunft ein Forschungsthema bleiben.

2. Jacob Grimm und der Volksgeist

Schon 1911 forderte Friedrich Meinecke, die Bedeutung Jacob Grimms für die Entwicklung der Lehre vom Volksgeist näher zu betrachten.[50] Dies ist bis heute nicht in umfassendem Maße geschehen. Ernst von Moeller betonte zwar schon 1909 die Bedeutung Grimms für den Volksgeist in der Philologie, ohne auf Grimms genaue Vorstellungen näher einzugehen und mit der Einschränkung: »Auf das Recht hat er diese Vorstellung, ehe Savigny das Dogma formulierte, nicht ausgedehnt.«[51] Die Vorstellungen Grimms vom Volksgeist im Recht

---

47 Noch im 19. Jahrhundert wurden Auszüge des Briefwechsels in Pfeiffers *Germania* wiedergegeben, so Briefe an Hoffmann von Fallersleben (Jahrgang XI, 1866) und u. a. Ludwig Uhland (Jahrgang XII, 1867); siehe FRANZ PFEIFFER (Hrsg.). Darüber hinaus noch im 19. Jahrhundert erschienen: HERMAN GRIMM / GUSTAV HINRICHS (Hrsg.), Briefwechsel zwischen Jacob und Wilhelm Grimm aus der Jugendzeit (1881).

48 Die Kritische Ausgabe der Briefwechsel der Brüder Jacob und Wilhelm Grimm erscheint im Hirzel Verlag. Bisher erschienen: HEINZ RÖLLEKE (Hrsg.), Briefwechsel zwischen Jacob und Wilhelm Grimm (2001); GÜNTER BREUER u. a. (Hrsg.), Briefwechsel der Brüder Grimm mit Karl Bartsch, Franz Pfeiffer und Garbriel Riedel (2002); STEPHAN BIALAS (Hrsg.), Briefwechsel der Brüder Jacob und Wilhelm Grimm mit Gustav Hugo (2003); ALAN KIRKNESS (Hrsg.), Briefwechsel der Brüder Grimm mit den Verlegern des »Deutschen Wörterbuchs« Karl Reimer und Salomon Hirzel (2007); DERS. (Hrsg.), Briefwechsel der Brüder Jacob und Wilhelm Grimm mit Rudolf Hildebrand, Matthias Lexer und Karl Weigand (2010); und MICHAEL GEPHARDT u. a. (Hrsg.), Briefwechsel der Brüder Jacob und Wilhelm Grimm mit Theodor Georg von Karajan, Wilhelm Wackernagel, Johann Hugo Wyttenbach und Julius Zacher (2010); PHILIP KRAUT u. a. (Hrsg.), Briefwechsel der Brüder Jacob und Wilhelm Grimm mit Gustav Freytag, Moriz Haupt, Heinrich Hoffmann von Fallersleben und Franz Joseph Mone (2015). – Soweit diese Briefwechsel hier Verwendung fanden, sind sie auch im Literaturverzeichnis aufgeführt.

49 http://www.grimmnetz.de/ bietet ein Verzeichnis von Jacob und Wilhelm Grimms Briefwechsel, das u. a. auch eine Suchmaske zur zielgenauen Suche beinhaltet. Ca. 30.000 Briefe der Brüder Grimm sind bis heute überliefert.

50 FRIEDRICH MEINECKE, Weltbürgertum und Nationalstaat (1911), S. 214 Fn. 3.

51 ERNST VON MOELLER, Die Entstehung des Dogmas von dem Ursprung des Rechts aus dem Volksgeist, in: MIÖG 30 (1909), S. 43.

werden daher gar nicht betrachtet. Auch andere Autoren nehmen zwar Bezug auf den Volksgeist bei Grimm, der »eine ganz eigene Schöpfung«[52] sei und sein gesamtes Werk bestimmt habe. Bei Grimm sei »die romantische Volksgeistansicht [...] zu besonderer Gestaltung gekommen.«[53] Was genau Grimm unter dem Volksgeist verstanden hat, wird allerdings nicht oder nur oberflächlich thematisiert, demnach anscheinend als offensichtlich vorausgesetzt. In Anbetracht der vielfältigen Volksgeistkonzeptionen des 19. Jahrhunderts kann dies kein befriedigendes Ergebnis sein.

Kleinere Artikel zu Grimms rechtsgeschichtlichem Wirken finden sich in den juristischen biographischen Lexika,[54] die sich inhaltlich aber ebensowenig mit seinem Volksgeistverständnis auseinandersetzen. In den Veröffentlichungen, die sich mit Grimms Rolle in der Rechtswissenschaft allgemein[55] beschäftigen, wird ebenfalls auf den Volksgeist Bezug genommen, auch hier ohne eine vertiefte Auseinandersetzung mit Grimms Gedankenwelt. Dies geschieht in gewissen Grenzen nur in den Arbeiten, die sich mit dem Verhältnis Grimms zu Savigny und der Historischen Rechtsschule im Speziellen[56] auseinandersetzen. Auch

---

52 Karl Otmar Freiherr von Aretin, Die Brüder Grimm und die Politik ihrer Zeit, in: Jacob und Wilhelm Grimm (1986), S. 63.

53 Heinrich Ritter von Srbik, Geist und Geschichte vom Deutschen Humanismus bis zur Gegenwart I (1950), S. 200.

54 Jan Schröder, Jacob Grimm, in: Gerd Kleinheyer / Jan Schröder (Hrsg.), Deutsche und Europäische Juristen aus neun Jahrhunderten (2008), S. 175–179; Gerhard Dilcher, Grimm, Jakob, in: Michael Stolleis (Hrsg.), Juristen (1995), S. 254–255.

55 Die wohl umfangreichste Darstellung enthält Hübner, Jacob Grimm und das deutsche Recht (1895); darüber hinaus exemplarisch: Heinrich Schuster, Jacob Grimm in seiner Bedeutung für die Rechtswissenschaft, in: Juristische Blätter 14 (1885), S. 25–27 und 37 f.; Ernst Landsberg, GDR 3.2 (1910), S. 277–286; Wilhelm Ebel, Jacob Grimm und die deutsche Rechtswissenschaft (1963); Gerhard Dilcher, Jacob Grimm als Jurist, in: Dieter Hennig / Bernhard Lauer (Hrsg.), Die Brüder Grimm (1985), S. 25–41; Klaus Hermsdorf, Über die Beziehung zwischen Rechtswissenschaft und Germanistik, in: Karl Mollnau (Hrsg.), Einheit von Geschichte, System und Kritik in der Staats- und Rechtstheorie (1989), S. 101–107. Zudem widmen sich die meisten biographischen Darstellungen über Jacob Grimm auch dem rechtswissenschaftlichen Werk, oft aber nur am Rande.

56 Hermann Conrad, Aus der Entstehungszeit der historischen Rechtsschule: Friedrich Carl von Savigny und Jacob Grimm, in: ZRG GA 65 (1947), S. 261–283; Franz Wieacker, Gründer und Bewahrer. Rechtslehrer der neueren deutschen Privatrechtsgeschichte (1959), S. 144–161; Hedwig Vonessen, Friedrich Karl von Savigny und Jacob Grimm (1958) (Analyse des Briefwechsels); Theo Schuler, Jacob Grimm und Savigny. Studien über Gemeinsamkeit und Abstand, in: ZRG GA 80 (1963), S. 197–305; auch in: Gunhild Ginschel, Der junge Jacob Grimm 1805–1819 (1967). Darüber hinaus auch in Helmut Jendreiek, Hegel und Jacob Grimm, Ein Beitrag zur Geschichte der Wissen-

---

hier kann jedoch nicht von einer erschöpfenden Behandlung gesprochen werden.

Bis heute wird Grimm ein Platz in der juristischen Wissenschaftsgeschichte zugewiesen,[57] eine vertiefte Auseinandersetzung mit seinem juristischen Werk aber vermieden. Lediglich die Märchen gaben bisher Anlass zu einer genaueren juristischen Einzelbetrachtung.[58] Das Volksgeistverständnis Grimms spielt auch hier keine Rolle. Bisher steht im Zusammenhang mit Grimms Volksgeistidee die persönliche Beziehung zu Savigny im Mittelpunkt. Andere Einflüsse werden nur am Rande behandelt, das Volksgeistverständnis neben Savigny vor allem auf Hegel zurückgeführt und nur unter diesen speziellen Gesichtspunkten beleuchtet.[59] Dabei steht weniger eine individuelle Betrachtung der Gedanken Grimms im Vordergrund als seine Eingliederung in bestimmte Gruppen und Kontexte. Eine umfassende Untersuchung des Volksgeistkonzepts Grimms im Gesamtzusammenhang seines Werks fehlt bisher.

Als Quelle für Jacob Grimms Verständnis vom Volksgeist diente dieser Arbeit zunächst sein umfangreiches Werk. Neben den rechtshistorischen Arbeiten wurden auch die sprachgeschichtlichen Werke in die Untersuchung einbezogen. Insbesondere in den jeweiligen Vorreden fanden sich interessante Aussagen Grimms zu seiner eigenen Wissenschaftskonzeption. Da Sprache und Recht für Grimm eine untrennbare Einheit bildeten, »aus einem Bette aufgestanden«[60] waren, ließen sich hieraus auch Rückschlüsse auf den Volksgeist im Recht ziehen.[61] Grimms kleinere Aufsätze, Reden, Rezensionen und Vorreden zu

---

schaftstheorie (1975, Abdruck der Dissertation von 1955); mit Schwerpunkt auf dem philologischen Werk Jacob Grimms: Ulrich Wyss, Die wilde Philologie. Jacob Grimm und der Historismus (1979). Eine neuere Darstellung mit juristischem Bezug findet sich in: Cornelia Maria Schürmann, Iurisprudentia Symbolica (2011), S. 145–241, die sich allerdings vor allem auf die Rechtsaltertümer bezieht.

57 So noch zuletzt in Martin P. Schennach, Recht – Kultur – Geschichte, Rechtsgeschichte und Kulturgeschichte, in: ZNR 2014, S. 1, 24 ff.

58 Jens Christian Jessen, Das Recht in den Kinder- und Hausmärchen der Brüder Grimm (1979), untersucht nur den in den Märchen zu Tage tretenden rechtlichen Gehalt an sich und nimmt keinen Bezug auf ein etwaiges Rechtsverständnis Jacob Grimms; Judith Laeverenz, Märchen und Recht (2001) beleuchtet auch die Konzeption der Sammlung der Brüder Grimm; Uwe Diederichsen, Juristische Strukturen in den Kinder- und Hausmärchen der Brüder Grimm (2008).

59 So bei Helmut Jendreieck, Hegel und Jacob Grimm (1975).

60 Jacob Grimm, Von der Poesie im Recht (1815), Kl. Schr. 6, S. 153.

61 Dafür, dass die Zeitgenossen Grimms dessen sprachwissenschaftliche Theorien in einem größeren Zusammenhang gesehen haben, spricht auch die Auseinandersetzung Georg Friedrich Puchtas mit einer Rezension August Wilhelm von Schlegels zu den *Kritischen Wäldern* der Brüder Grimm, in denen Teile der

den Werken anderer Autoren wurden ebenfalls ausgewertet. Weitere wichtige Quelle war der umfangreiche wissenschaftliche Briefwechsel Jacob Grimms. Die Arbeit musste sich in Anbetracht des erheblichen Umfangs größtenteils auf die Auswertung des veröffentlichten Briefwechsels beschränken und konnte ungedruckte Briefe nur in einem begrenzten Maße in die Untersuchung einbeziehen. Den Schwerpunkt bildete die Korrespondenz Grimms mit anderen Juristen und Rechtshistorikern. Die dazu erforderlichen Quellen sind glücklicherweise bereits gut erschlossen.[62] Die Quellenlage war daher insgesamt sehr gut.

Volksgeistkonzeption der Brüder zu Tage treten. Beide, Schlegel und die Brüder Grimm, sprechen hier zwar nur vom Ursprung der Sage, Puchta überträgt Schlegels Ansichten aber wie selbstverständlich auch auf das Recht. Dass er für die Sichtweisen Grimms etwas anderes angenommen hätte, ist nicht naheliegend: GEORG FRIEDRICH PUCHTA, Das Gewohnheitsrecht I (1828), S. 152 f.

62 Vgl. Fn. 47 f.

B. Der Volksgeist bei Jacob Grimm

I. Der »Volksgeist« als Untersuchungsgegenstand

Der Begriff »Volksgeist« weist als Gegenstand generell, sowie bei Jacob Grimm im Besonderen, einige Schwierigkeiten auf, die die Vorgehensweise bei der Untersuchung beeinflusst haben und auf die daher nachfolgend kurz eingegangen werden soll.

»Volksgeist« ist ein noch heute den Blick auf das 19. Jahrhundert prägender Begriff. Für die deutsche Rechtswissenschaft wird hier der Ursprung der sog. »Volksgeistlehre« verortet. Ein genauerer Blick offenbart jedoch schnell: Eigentlich gab und gibt es bis heute kein einheitliches Konzept, keinen gemeinsamen Konsens über den Volksgeist an sich und seine Determinanten und damit auch im eigentlichen Sinne keine einheitliche Volksgeistlehre.[1] Man muss sich daher dem Volksgeist immer im jeweiligen Denkzusammenhang seiner Verwender nähern.[2] Auch dann finden sich noch wandelnde Begriffsverwendungen, teils sogar Widersprüche zu anderen Grundkonzeptionen.[3] Die Tatsache, dass der Begriff Volksgeist bis heute verwendet wird,[4] erschwert die Klärung des Begriffsinhalts weiter. Die inhaltliche Bedeutung dieses »modernen« Volksgeistes weicht teils stark von dem ab, was im 19. Jahrhundert unter diesen Begriff gefasst wurde.[5] So ist der Volksgeist im Umfeld der sog. Historischen Rechtsschule nicht zu verwechseln mit dem kollektiven Unterbewusstsein der modernen Psychologie. Das kollektive Unterbewusstsein beschreibt eine innerhalb verschiedener Einzelseelen wiederkehrende Strukturgleichheit. Der Volksgeist im

---

1   Vgl. Joachim Bohnert, Über die Rechtslehre Georg Friedrich Puchtas (1975), S. 47 ff.

2   Vgl. Christoph Mährlein, Volksgeist und Recht (2000), S. 19.

3   Vgl. Siegfried Brie, Der Volksgeist bei Hegel und in der historischen Rechtsschule (1909), S. 33 ff.

4   Vgl. auch Dieter Nörr, Savignys philosophische Lehrjahre, Frankfurt am Main 1994, S. 283; demgegenüber K. H. L. Welker, Volksgeist, in: HRG 5 (1998), Sp. 986: »Der Begriff V. findet in der heutigen Wissenschaftssprache keine Verwendung mehr.«

5   Ein besonders kurioses Beispiel der heutigen Volksgeist-Verwendung findet sich bei Karl Heyer, Wer ist der deutsche Volksgeist? (1990).

Verständnis der Juristen des 19. Jahrhunderts war demgegenüber etwas, das außerhalb der Einzelseele stand.[6]

Unter dem Oberbegriff »Volksgeist« werden und wurden also die unterschiedlichsten Konzepte gefasst. Für die vorliegende Untersuchung ist nur eine der vielen Volksgeistverwendungen interessant. Es geht um den Volksgeist im Umfeld der sog. Historischen Rechtsschule. Bei allen auch hier zu beobachtenden inhaltlichen Differenzen kann der Volksgeist in diesem Zusammenhang als Sammelbezeichnung für solche Konzepte verstanden werden, die in irgendeiner Form das Volksbewusstsein in den Rechtsfindungsprozess aufnehmen wollten und damit den Ursprung des Rechts außerhalb eines abstrakten Gesetzgebungsverfahrens im Volk selber verorteten. Der Volksgeist war Rechtsquelle und schuf aktiv das Recht.[7]

Zusätzlich stößt man bei der Betrachtung von Grimms Werk auf ein zweites Problem. Grimm selber hat die Grundlagen und Methoden seiner wissenschaftlichen Arbeit nie ausdrücklich und umfassend definiert.[8] Dies gilt insbesondere für sein Volksgeistkonzept. Auch eine feste Begrifflichkeit bei der Behandlung dieses rechts- und sprachschaffenden Konstrukts fehlt. Eine solche Definition von leitenden Prinzipien hätte seinem grundsätzlich induktiv und empirisch angelegten Wissenschaftsverständnis widersprochen. Die Rekonstruktion der Grundannahmen Grimms musste sich also darauf stützen, die eher beiläufigen Bemerkungen Grimms hierzu zu sammeln und daraus sein Bild vom Volksgeist zusammenzusetzen.[9] Da Grimm den Begriff »Volksgeist« nur sehr selten benutzt hat,[10] musste sich die Arbeit an anderen Kriterien orientieren, um Grimms Volksgeistverständnis aus seinem Werk zu extrahieren.

---

6 Vgl. hierzu Theo Schuler, Jacob Grimm und Savigny, in: ZRG GA 80 (1963), S. 233 f.

7 Vgl. K. H. L. Welker, Volksgeist, in: HRG 5 (1998), Sp. 988 f.

8 Konrad Burdach, Die Wissenschaft von deutscher Sprache (1934), S. 71, beschreibt gerade das Nichtdefinieren von Grundbegriffen als eine Eigenart Jacob Grimms.

9 Vgl. dazu Helmut Jendreiek, Hegel und Jacob Grimm (1975), S. 58.

10 Er kam jedoch durchaus vor: »So greifen schwänke und lustige streiche in die groszen erzählungen mit ein; man erkenne in beiden an, was den geist des volkes an sich trägt, und überzeuge sich, dasz alle und jede art aller poesie musz zusammengenommen werden, wenn sie recht verstanden werden will, denn sie weisz gar nichts von dem fächerwesen der neueren zeit.«, Jacob Grimm, Über Karl und Elegast (1811), Kl. Schr. 6, S. 40. »Nirgend wird es schwerer halten jene herstellende, reinigende critik zu üben und gelten zu machen als an denkmälern, die weniger aus der seele eines dichters oder dem vorsatz eines geschichtschreibers, als aus dem geiste des volks, das sie gleichsam unbewust ordnenden und verfassenden samlern in die hand lieferte, hervor gegangen sind«, Jacob Grimm, Vorrede zu: Johannes Merkel, Lex Salica (1850), Kl. Schr. 8, S. 292.

Hierfür kam es auf die »sachliche Bedeutung« und nicht entscheidend auf die Verwendung des Begriffs »Volksgeist« an.[11] So hat auch der als Urvater des Volksgeistes in der Rechtswissenschaft angesehene Friedrich Carl von Savigny den Begriff selber erst später aufgegriffen. Vorher sprach er allenfalls von »stillwirkenden Kräften« und der »gemeinsamen Überzeugung des Volkes«.[12] Selbst der Savigny-Schüler Puchta hat sich nie endgültig terminologisch auf diesen Begriff festgelegt und im gleichen Sinne vom »Bewußtseyn des Volks« gesprochen.[13] Andererseits musste auch ein Autor des 19. Jahrhunderts, der den Begriff Volks- oder Nationalgeist verwendete, dies nicht mit der inhaltlichen Grundkonzeption tun, die heute mit der »Volksgeistlehre« jener Zeit verknüpft wird.[14]

Diese Diskrepanz zwischen Begriff und Konzept kann man auch bei Grimm beobachten. Betrachtet man die spärliche Verwendung des konkreten Begriffs »Volksgeist« bei ihm selbst,[15] so zeigt sich, dass Grimm in unterschiedlichen Kontexten Verschiedenes hiermit verband. So benutzte er den Begriff beispielsweise in einem Brief an seinen Bruder Wilhelm in Bezug auf den allgemeinen Volkswillen und somit nicht auf eine außerhalb der Volksgemeinschaft stehende schöpferische Kraft.[16] An anderer Stelle sprach Grimm vom »deutschen geist« und meinte damit die Vaterlandsliebe der Deutschen.[17] In seinen Bemerkungen über das Projekt einer Deutschen »Bundesacte« tauchte der Begriff ebenfalls auf. Grimm sprach hier vom »volksgeist«, der sich im Unterschied zur »gelehrsamkeit« durch eine »leichtigkeit des zusammenfügens« auszeichne.[18] Gemeint war

---

11 So auch Theo Schuler, Jacob Grimm und Savigny, in: ZRG GA 80 (1963), S. 223; auch Ulrich Wyss, Die wilde Philologie (1979), S. 90, sieht den Volksgeist als »ein im Innern der Forschung wirkendes Moment«, obwohl auch er keine genaue Begriffsbestimmung bei Grimm finden kann und der Bedeutung des Volksgeistes bei Grimm insgesamt kritisch gegenübersteht.

12 Friedrich Carl von Savigny, Vom Beruf unsrer Zeit für Gesetzgebung und Rechtswissenschaft (1814), S. 8, 14.

13 Vgl. dazu Hans-Peter Haferkamp, Georg Friedrich Puchta und die »Begriffsjurisprudenz« (2004), S. 184; ders., Rez. Horst Heinrich Jakobs, Georg Friedrich Puchta. Briefe an Gustav Hugo, in: ZRG GA 127 (2010), S. 762 ff., 771 ff.

14 Bspw. Friedrich Carl von Moser, Von dem deutschen Nationalgeist (1765), S. 9. Das Werk beschäftigt sich mit dem Patriotismus.

15 Vgl. Fn. 72.

16 Jacob Grimm an Wilhelm vom 16.12.1814, in: Herman Grimm / Gustav Hinrichs (Hrsg.), Briefwechsel zwischen Jacob und Wilhelm Grimm aus der Jugendzeit (1881), S. 387. Jacob Grimm teilte hier seine Ansicht mit, das Volk habe ein Anrecht auf konkrete Resultate des Wiener Kongresses: »Das Volk hat ein Recht, von solchen Anstalten ein ernstliches Resultat zu begehren, und dieser Volksgeist darf durchaus nicht verletzt werden.«

17 Jacob Grimm, Spielerei und Schwierigkeit, in: Rheinischer Merkur 1815, Kl. Schr. 8, S. 413.

18 Jacob Grimm, Bemerkungen über eins der Projecte der Pentarchen zu einer Deutschen Bundesacte, Kl. Schr. 8, S. 419.

damit offenbar, dass die Gelehrten sich stärker individuell unterschieden, während das »einfache volk« in sich homogene Ansichten habe.

Schon aus diesen wenigen Beispielen wird deutlich, dass für die vorliegende Untersuchung unterschieden werden musste zwischen zwei verschiedenen Ebenen des Volksgeistes bei Grimm: einerseits dem konkreten Begriff und andererseits dem inhaltlichen Konzept »Volksgeist«, welches sich nicht unmittelbar aus der Begriffsverwendung ableiten ließ.[19] Der Fokus lag auf Letzterem. In Schriften und Briefwechseln Grimms wurde nach Elementen gesucht, die in der Literatur typischerweise mit der sog. »Volksgeistlehre« des 19. Jahrhunderts verknüpft werden. Besondere Beachtung fanden daher die Frage nach dem Ursprung, nicht nur des Rechts, sondern sämtlicher Kulturerscheinungen,[20] der Aspekt einer organischen Entwicklung und die besondere Verbindung zwischen Sprache und Recht. Im Bereich der Rechtswissenschaft bot das Konzept »Volksgeist« zudem weiteres Argumentationsmaterial für die brennenden Streitfragen der Zeit. So konnte die Frage nach dem Ursprung des Rechts, nach der »richtigen« inhaltlichen Ausgestaltung desselben und nach der »richtigen« Anwendung des Rechts durch einen Rückgriff auf den »Volksgeist« beantwortet werden.[21] In Zusammenhang damit standen Fragen nach der Möglichkeit einer Kodifikation des Rechts durch einen Gesetzgeber und der Existenz von »Naturrecht«. Auf diese rechtliche Perspektive des Volksgeistes wurde bei der Untersuchung der Werke Grimms ein Schwerpunkt gelegt. Insgesamt soll so ein möglichst umfassendes Bild von Jacob Grimms Volksgeistgedanken gezeichnet werden.

Es blieb nicht aus, in Grimms Aussagen einige Widersprüche festzustellen. Dies liegt unter anderem darin begründet, dass Grimm teilweise selbst seine eigenen früheren Arbeiten zu bestimmten Themen ungelesen ließ, wenn er sich an die Ausarbeitung eines neuen Werkes machte.[22] Trotzdem lag Grimms Werk eine »geistige Klammer«[23] zugrunde. Wichtiges Element dieser geistigen Klam-

---

19 Diese Trennung führt ROLAND FELDMANN, Jacob Grimm und die Politik (1969), S. 51 ff., nicht durch, was in der Konsequenz zu einer nicht ganz zutreffenden Beurteilung des Verhältnisses der Volksgeistkonzepte der Historischen Schule und der Grimmschen Auffassung führt.

20 Jacob Grimm empfand das Recht in besonderem Maße als Kulturerscheinung eines Volkes, vgl. dazu auch WERNER GEPHART, Recht als Kultur (2006), S. 36 f.

21 Vgl. dazu auch CHRISTOPH MÄHRLEIN, Volksgeist und Recht (2000), S. 15.

22 Vgl. LOUIS L. HAMMERICH, Jakob Grimm und sein Werk, in: BGG 1 (1963), S. 3; Hinweise auf die Herangehensweise finden sich auch im Grimmschen Briefwechsel, so bspw. JACOB GRIMM an Karl Lachmann vom 13.04.1840, in: ALBERT LEITZMANN (Hrsg.), Briefwechsel der Brüder Jacob und Wilhelm Grimm mit Karl Lachmann (1925/26), S. 711: »ich lese beim ausfertigen nicht einmal die vorige auflage nach, damit sie auch noch einiges eigenthümliche behalte, was der jetzigen abgeht.«

23 OTFRID EHRISMANN, Vorwort in: JACOB GRIMM, Kl. Schr. 1 (1991), S. 1*.

mer war der Volksgeist und die Suche nach dem, was dieser durch seine schöpferische Kraft hervorgebracht hatte.

II. Jacob Grimms Volksgeistkonzept – Eine Annäherung

Allen Forschungsfragen, denen sich Jacob Grimm im Laufe seines Lebens stellte, lag die Idee eines gemeinsamen schöpferischen Volksbewusstseins zugrunde, die ihn bereits seit der Frühphase seines Schaffens begleitete. Dieser Volksgeist schuf und beeinflusste in Grimms Vorstellung die Kulturerzeugnisse einer jeden Nation. Daher konnte beispielsweise die Poesie nicht »Eigentum« eines individuellen Dichters sein, sondern gehörte dem gesamten Volk.[24] Grimms Idealbild war daher der Dichter, »der alles dichtet und doch nichts erdichtet«.[25]

Im Folgenden soll genauer untersucht werden, was für Jacob Grimm das gemeinsame Bewusstsein des Volkes ausmachte, was er unter dem Volksgeist verstanden hat und in welcher Art und Weise sich der Volksgeist für ihn offenbarte.

1. Grundbegriffe

Um dem Volksgeistverständnis Grimms näher zu kommen, müssen zunächst die Begriffe definiert werden, die die Grundlage der Volksgeistvorstellung Grimms bilden. Das Verständnis vom deutschen Volksgeist als schöpferische Kraft einer bestimmten Nation wird wesentlich durch das jeweilige Verständnis der Begriffe »Volk« und »deutsch« geprägt.

a) Der Begriff »deutsch«

> *Rührt es nicht mit aus dem leidigen zwiespalt der Deutschen her, dasz sie sich auch über ihre namen nicht recht verstehen können? man schlage welche allgemeine benennung man wolle vor, deren es doch für geschichte oder grammatik bedarf, so wird alsbald etwas daran ausgesetzt oder anders bestimmt. das allgemeine, ja jede einigung verletzt ein paar einzelheiten, die in ihr enthalten sind.*[26]

---

24 Jacob Grimm, Von der Poesie im Recht (1815), Kl. Schr. 6, S. 155.
25 Jacob Grimm, Die ungleichen Kinder Evas (1842), Kl. Schr. 7, S. 108.
26 Jacob Grimm, Über Hochdeutsch, Mittelhochdeutsch, Mitteldeutsch (1857), Kl. Schr. 7, S. 441.

aa)   Ursprung und Grundverständnis

Den Begriff »deutsch« verstand Jacob Grimm viel umfassender, als wir es heute tun und als es auch viele Zeitgenossen taten.[27] Für Grimm war »deutsch« eine eigene Bezeichnung der verschiedenen germanischen Stämme für ihre volksmäßige Einheit untereinander.[28] Grimm leitete den Begriff aus dem gotischen »þiuda« bzw. »thiudisk« ab, und sah darin einen im Gegensatz zur fremden Bezeichnung »germanisch« im Volk selbst gewachsenen Begriff.[29] »Germanen« sei demgegenüber niemals ein volksmäßiger Begriff gewesen:

> Undeutsch erscheint der Name, weil er niemals im Munde unserer Vorfahren geführt wird; nie weder bei angelsächsischen oder altnordischen Dichtern taucht er auch nur als dunkles, veraltetes Beiwort auf, was doch kaum unterblieben wäre, wenn er im Volk und in der Sprache je gewurzelt hätte.[30]

Als Beleg für die fremde Herkunft des Begriffs diente Grimm auch die Bezeichnung »Germanist«, »da nur fremde, keine deutschen wurzeln des beisatzes ista fähig sind«.[31] Er schloss sich damit der Forschungsrichtung an, die den Begriff »germanisch« nicht aus einer Zusammensetzung der Wörter *ga* und *irman* oder anderer deutscher Wurzeln interpretierte, sondern vielmehr einen keltischen oder römischen Ursprung annahm.[32]

---

27   Vgl. dazu auch JÜRGEN BUSCH, Das Germanenbild der deutschen Rechtsgeschichte (2004), S. 13 f.

28   Davon, dass eine solche Einheit auch in der Frühzeit schon vorhanden war, war Grimm überzeugt: »Es ist von neueren schriftstellern mit groszem unrecht geleugnet worden, dasz im höheren alterthum unter den deutschen volkstämmen warme vaterlandsliebe und gefühl ihres zusammenhangs vorhanden gewesen sei.« JACOB GRIMM, Geschichte der deutschen Sprache, Bd. 1 (1848), zitiert nach der 3. Aufl. 1868, S. 549.

29   JACOB GRIMM, Geschichte der deutschen Sprache, Bd. 1 (1848), zitiert nach der 3. Aufl. 1868, S. 545 ff.; diese Deutung lässt sich heute freilich nicht mehr beibehalten, vgl. dazu auch WOLFGANG FLIESS, Die Begriffe Germanisches Recht und Deutsches Recht bei den Rechtshistorikern des 19. und 20. Jahrhunderts (1968), S. 6 ff. m. w. N.; auch schon im 19. Jahrhundert wurde diese Gleichsetzung von Deutschen und Germanen jedoch bereits kritisiert, vgl. RUTH RÖMER, Sprachwissenschaft und Rassenideologie in Deutschland (1985), S. 88.

30   JACOB GRIMM, Geschichte der deutschen Sprache, Bd. 1 (1848), zitiert nach der 3. Aufl. 1868, S. 545; vgl. dazu auch JACOB GRIMM, Vorrede zum Deutschen Wörterbuch, 1. Bd. (1854), Kl. Schr. 8, S. 316 f.

31   JACOB GRIMM, Über den Namen der Germanisten (Rede in der 1. Germanistenversammlung 1846), Kl. Schr. 7, S. 569.

32   THEOBALD BIEDER, Geschichte der Germanenforschung, Zweiter Teil: 1806–1870 (1922), S. 41; diese Auffassung Grimms beeinflusste noch Ende des 19. Jahrhunderts die Benennung des Deutschen Rechtswörterbuchs, vgl. hierzu JOHANNES LIEBRECHT, Brunners Wissenschaft (2014), S. 196.

Die Bildung des Volksbegriffs im Volk selber war für Grimm das Ergebnis eines naturgesetzlichen Prozesses der Abspaltung aus der Urgemeinschaft der Menschen und der Individualisierung als eigenständige Nation.[33] Eine deutsche Gemeinschaft existierte für Grimm schon von diesem Moment der Abspaltung an. Dass diese erst im Mittelalter durch Karl den Großen begründet worden sein sollte, war für Grimm »aller natur entgegen.«[34] Es erschien ihm unrealistisch »dasz sie [die Deutschen] bis dahin gewartet haben sollten, um zu erkennen, wie sie durch gemeinsame sprache, sitte und kraft untereinander zusammenhiengen.« Bereits die Verdrängung der Römer durch Arminius beruhte für Grimm »auf dem politischen gefühl gleichgesinnter völker, die ihre freiheit retten wollten«.[35]

Dieser Gebrauch des Begriffs »deutsch« als Gleichsetzung mit germanisch stieß freilich nicht überall auf Verständnis. Grimm sah sich daher veranlasst, seine Wortwahl im ersten Band der »*Deutschen*« *Grammatik* 1819 ausführlicher zu begründen:

> ich bediene mich, wie jeder sieht, des ausdrucks deutsch allgemein, so dasz er auch die nordischen sprachen einbegreift. viele würden das wort germanisch vorgezogen und unter seine allgemeinheit das deutsche und nordische als das besondere gestellt haben. da indessen nordische gelehrte neuerdings förmliche einsprache dawieder thun, dasz ihr volksstamm ein germanischer sei, so soll ihnen die teilnahme an diesem seit der Römerzeit ehrenvollen namen [...] so wenig aufgedrungen werden, als der von ihnen vorgeschlagene allgemeine: gothisch gebilligt werden kann. die Gothen bilden einen sehr bestimmten stamm, nach dem man unmöglich andere stämme benennen darf. deutsch bleibt dann die einzige allgemeine, kein einzelnes volk bezeichnende benennung. von seinem ursprung zu reden, ist hier nicht der ort. dasz sich die Norden selbst nicht Deutsche heiszen, sondern ihnen entgegensetzen, macht keinen gründlichen einwurf, da sich auch die offenkundig aus Angeln und Sachsen gewanderten Engländer, weder Deutsche, noch einmal Germanen nennen. jeder allgemeine name hat für gewisse zeiten und länder etwas unpassendes, allein die geschichte bedarf seiner einmal. wo es auf den besondern unterschied ankommt, versteht man sich ohnedem.[36]

Dass dieses Verständnis des Begriffs »deutsch« generalisierend war, war Grimm also sehr wohl bewusst. Für ihn stand jedoch die Notwendigkeit einer allge-

---

33   Vgl. dazu MARIA HERRLICH, Organismuskonzept und Sprachgeschichtsschreibung (1998), S. 115 f. Die Konzeption weist dabei eine deutliche Nähe zu Herders Konzept der Einheit in der Mannigfaltigkeit auf. Vgl. dazu noch unter C. III.

34   JACOB GRIMM, Geschichte der deutschen Sprache, Bd. 1 (1848), zitiert nach der 3. Aufl. 1868, S. 550.

35   Ebd., S. 550.

36   JACOB GRIMM, Vorrede zur Deutschen Grammatik (1819), Kl. Schr. 8, S. 55 f. Fn. 1.

meinen Begriffsbildung im Vordergrund, die Gemeinschaft zwischen diesen Volksgruppen sah er als unzweifelhaft an. In der Vorrede zu den »Deutschen« Rechtsalterthümern schrieb er daher 1828:

> Ist einmal eine solche Verbindung (skandinavischer, gotischer, angelsächsischer und deutscher Rechtsquellen) natürlich und notwendig, so kann man auch nicht lange mit dem Namen zaudern. Wir bedürfen hier eines allgemeinen und Einwürfe, welche man gegen die Ausdehnung des Wortes deutsch gemacht hat, erscheinen mir deshalb unerheblich, weil ähnliche wider jedes andere, man müsste dann ein ganz neues erfinden, erhoben werden könnten und weil allenthalben die wachsende allgemeine Benennung die besonderen irgendwo verletzt.[37]

Hier klingt nun schon der zweite Aspekt an, der für Grimms Verständnis des Begriffs »deutsch« relevant ist: sein Verständnis von der deutschen »Nation«.

bb) Die deutsche »Nation«

> *Deutsche geliebte landsleute, welches reichs, welches glaubens ihr seiet, tretet ein in die euch allen aufgethane halle eurer angestammten, uralten sprache, lernet und heiligt sie und haltet an ihr, eure volkskraft und dauer hängt in ihr. noch reicht sie über den Rhein in das Elsasz bis nach Lothringen, über die Eider tief in Schleswig-holstein, am ostseegestade hin nach Riga und Reval, jenseits der Karpathen in Siebenbürgens altdakisches gebiet.[38]*

> *Linguam vero patriam, quae summum firmamentum reip. est, indefesse colamus perpoliamusque, et quam late illa vigeat, tam late Germaniam extendi non dubitemus.[39]*

Grundsätzlich war für Grimm ein Volk im Sinne einer Nation »der inbegriff von menschen welche dieselbe sprache reden«.[40] Damit befand sich Grimm im Einklang mit dem Nationalitätskonzept der romantischen Sprachwissenschaft des 19. Jahrhunderts und der bereits seit Ende des 18. Jahrhunderts auch in

---

37 Jacob Grimm, Deutsche Rechtsalterthümer (1828), S. VII f.
38 Jacob Grimm, Vorrede zum Deutschen Wörterbuch, 1. Bd. (1854), Kl. Schr. 8, S. 380.
39 Jacob Grimm, De desiderio patriae (1830), Kl. Schr. 6, S. 417.
40 Jacob Grimm, Über die wechselseitigen Beziehungen und die Verbindung der drei in der Versammlung vertretenen Wissenschaften (1846), Kl. Schr. 7, S. 557; gerade diese Auffassung bot wohl für die Nationalsozialisten gute Anknüpfungspunkte. Vgl. dazu nur Wilhelm Schoof, »Was unsere Sprache redet, ist unseres Leibes und Blutes«. Jacob Grimm und die deutsche Sprache, in: DWD 1940, S. 5–6; die genaue Definition der Begriffe »Volk« und »Nation« wird bis heute sehr unterschiedlich beurteilt, vgl. Ulrich Ammon, Die deutsche Sprache in Deutschland, Österreich und der Schweiz (1995), S. 18.

Deutschland populären Idee der Sprachnation oder des Sprachvolks.[41] In Frankreich wurde die Idee im Gefolge der Französischen Revolution auch praktisch umgesetzt und das Standardfranzösisch im Rahmen der Sprachpolitik zur einheitsbildenden Größe erhoben.[42] In Deutschland sprach man zwar oft von Sprachvolk und weniger von Sprachnation, gemeint war aber das Gleiche.[43] Die Sprache wurde zum einheitsstiftenden Merkmal für einen zu bildenden Staat. So appellierte auch Grimm noch 1854: »was haben wir denn gemeinsames als unsere sprache und literatur?«[44] Die Sprache galt als das Vehikel des besonderen Nationalcharakters verschiedener Völker.[45] Eines Herrschers bedürfe es daher für die Einheit der Nation nicht.[46] Dieses Nationsverständnis führte in seiner Konsequenz zunächst zu einer enormen Ausdehnung der in Frage kommenden Gemeinschaft. Im Unterschied zur *Staats*nation, die ihre nationale Identität aufgrund des staatlichen Territoriums und den darauf lebenden Menschen definierte, war für die *Sprach*nation die endogene einheitliche Nationalsprache das verbindende Element.[47] Der Ursprung der »echten« Völker ging daher auch in eine ferne Vorzeit zurück, und diese bildeten »mit ihren Ahnen, ihren gegenwärtigen und zukünftigen Generationen, eine mystische

---

41 Vgl. hierzu auch Senya Müller, Sprachwörterbücher im Nationalsozialismus (1994), S. 70 f.; Ulrich Ammon, Die deutsche Sprache in Deutschland, Österreich und der Schweiz (1995), S. 18 ff. So finden sich Aussagen zur Sprachnation unter anderem bei Herder und Fichte, deren Schriften auch Jacob Grimm gut bekannt waren. Gerade Fichte, dessen Reden an die deutsche Nation auch Grimm tief beeindruckt hatten, weist vor allem in seiner 12. Rede auf die Einheit von Sprache und Nation hin; vgl. auch Reinhart Koselleck, Volk, Nation, Nationalismus, Masse, in: Otto Brunner / Werner Conze / Reinhart Koselleck (Hrsg.), Geschichtliche Grundbegriffe, Bd. 7 (1992), S. 149 ff.

42 Vgl. hierzu auch Ulrich Ammon, Die deutsche Sprache in Deutschland, Österreich und der Schweiz (1995), S. 19.

43 Ulrich Ammon, ebd., S. 20, führt die Verwendung von Volk statt Nation auch auf die antifranzösischen Resentiments gegen die Verwendung des Fremdwortes Nation zurück. Dies könnte auch Grimms Begriffsverwendung beeinflusst haben.

44 Jacob Grimm, Vorrede zum Deutschen Wörterbuch, 1. Bd., Kl. Schr. 8, S. 304.

45 Vgl. auch schon bei Wilhelm von Humboldt, Latium und Hellas oder Betrachtungen über das classische Alterthum, Entstanden 1806 oder 1807, Erstdruck in: Albert Leitzmann (Hrsg.), Sechs ungedruckte Aufsätze über das klassische Altertum von Wilhelm von Humboldt (1896), S. 58 f., wo er feststellte, dass sich in der Sprache der »ganze Charakter« der »Nationaleigenthümlichkeiten« ausprägt. Die Sprache wirkte dabei als »Odem«, als »Seele« der Nation.

46 Jacob Grimm, Geschichte der deutschen Sprache, Bd. 1 (1848), zitiert nach der 3. Aufl. 1868, S. 550.

47 Zu dieser Unterscheidung vgl. auch Dieter Oberndörfer, Sprache und Nation, in: ZAR 2/2006, S. 41 ff.

überzeitliche Gemeinschaft.«[48] Grimm ging daher von einem jedem Ange-hörigen einer Nation eingegebenen Sprachgefühl aus, das die einzelnen Glieder zur Nation verband: »dies mächtige sprachgefühl hat den menschen von jeher ihre erste weihe gegeben und sie zu jeder eigenthümlichkeit ausgerüstet.«[49]

Die Zukunft lag für ihn in der Verbindung aller deutschsprachigen Völker zu einer Nation, »wo alle schranken fallen und das natürliche gesetz anerkannt werden wird, dasz nicht flüsse, nicht berge völkerscheide bilden, sondern dasz einem volk, das über berge und ströme gedrungen ist, seine eigene sprache allein die grenze setzen kann.«[50]

Zu Missverständnissen hat in diesem Zusammenhang bisweilen die Aussage Grimms in seiner Abhandlung »Die Elsasser« von 1814 geführt. Dort schrieb er: »was unsere sprache redet ist unseres leibs und bluts und kann undeutsch heiszen, allein nicht undeutsch werden, so lange ihm dieser lebensatem aus und ein geht.«[51] Dies bot Anlass zu dem Verdacht, Grimm hätte bereits biologische, völkische Konzepte einer Nation propagiert und damit den Nationalsozialisten des 20. Jahrhunderts wertvolle Argumentationshilfe geleistet.[52] Zwar entwickel-te sich im 19. Jahrhundert langsam die Idee einer irgendwie biologisch zu begründenden Volkszugehörigkeit,[53] bei Grimm hat dieser Aspekt jedoch allen-falls am Rande Bedeutung gehabt. Die Blutmetapher ist hier somit nicht als Vorbote einer rassischen Einordnung der Deutschen zu verstehen.[54] Hinzu-kommt, dass das oben angeführte Zitat zwar einem Artikel Grimms im *Rheinischen Merkur* entstammt, dieser dort aber nur den Bericht eines »Augen-zeugen« wiedergab, dem Grimm zwar inhaltlich beipflichtete, dessen exakte Wortwahl allerdings nicht unbedingt auch die Grimms gewesen sein muss.

Das Nationsverständnis Grimms war umfassend. Der Gleichsetzung der Begriffe »deutsch« und »germanisch« folgend, verstand er die deutsche Sprach-nation als eine grundsätzlich aus allen germanischen Völkern bestehende Gemeinschaft. Damit ging er weit über das hinaus, was Zeitgenossen unter

---

48   Ebd., S. 42.

49   JACOB GRIMM, Über die wechselseitigen Beziehungen und die Verbindung der drei in der Versammlung vertretenen Wissenschaften (1846), Kl. Schr. 7, S. 557.

50   Ebd., S. 557.

51   JACOB GRIMM, Die Elsasser (1814), Kl. Schr. 8, S. 400. Vgl. zu Grimms Ein-ordnung des Elsass nach Deutschlands auch unter B. IV. 1. bb) (4).

52   KLAUS VON SEE, Die Göttinger Sieben, 3. Aufl. Heidelberg (2000), S. 97; ähnlich aber auch: DIEGO VIAN, Nazionalismo e speculazione linguistica nel roman-ticismo tedesco, in: Annali de Ca' Forscari 39 (2000), S. 380. An dieser Stelle ein herzlicher Dank an Susanne Gössl, die mir wertvolle Hilfe bei der Übersetzung dieses Textes geleistet hat.

53   Vgl. dazu INGO WIWJORRA, Der Germanenmythos (2006).

54   So auch schon ULRICH AMMON, Die deutsche Sprache in Deutschland, Öster-reich und der Schweiz (1995), S. 23.

deutscher Nation verstanden.[55] Er behandelte so auch angelsächsische, gotische und skandinavische Rechtsquellen als »Deutsche Rechtsalterthümer«.

Eine so weitläufige Einbeziehung von »germanischen« Quellen erschien Grimm jedoch nicht überall opportun. So berücksichtigte er später für das *Deutsche Wörterbuch* die Skandinavier ebenso wie die Friesen, Niederländer und Engländer nicht, obwohl die Letztgenannten »bis auf heute ein deutsches element sich beilegen«. Hier beschränkte er sich auf die »politisch vereint gebliebnen Deutschen«.[56] Er betonte jedoch, dass »die friesische, niederländische, altsächsische und angelsächsische noch der deutschen sprache in engerm sinn zufallen«.[57] Diese Beschränkung im *Deutschen Wörterbuch* kann deswegen nicht als eine Veränderung des Begriffsverständnisses bei Jacob Grimm angesehen werden. Die Einschränkung folgte mehr pragmatischen Erwägungen für den Zweck des Wörterbuchs, welches sich der hochdeutschen Mundart annahm, und daher selbst »innerdeutsche« Dialekte wie das Niederdeutsche nicht in seinen Wortschatz aufnahm. Insgesamt zeigt sich daran jedoch, dass die Verwendung des Begriffs »deutsch« bei Grimm nicht einheitlich erfolgte, sondern sich am konkreten Gesamtzusammenhang orientierte.[58]

Dieses umfassende Verständnis vom »Deutschen« musste überdies nicht dazu führen, dass regionale Unterschiede nivelliert wurden. Gerade sie erfuhren durchaus Wertschätzung. So wandte sich Grimm mit besonderer Aufmerksamkeit regionalen Dialekten zu.[59] Er war allerdings von der Existenz einer von Anfang an neben den Dialekten bestehenden deutschen Hochsprache überzeugt.[60] Im Zentrum des Blicks blieb bei Grimm immer der größere Zusammenhang der deutschen (Sprach-)Nation, wie er sie sich wünschte.

---

55 So wäre nach Grimm auch eine Vereinigung aller Länder mit germanischen Sprachen möglich gewesen. Vgl. dazu auch ULRICH AMMON, Die deutsche Sprache in Deutschland, Österreich und der Schweiz (1995), S. 24, der die Ansicht Grimms als »niemals wirklich ernst genommenes Phantasiegebilde« bezeichnet.

56 JACOB GRIMM, Vorrede zum Deutschen Wörterbuch, 1. Bd., Kl. Schr. 8, S. 317.

57 Ebd., S. 317.

58 Als »ärgerliche Marotte« und »naive Impertinenz« hat Klaus von See es daher bezeichnet, dass Jacob Grimm beide Wörter, also germanisch und deutsch, »in der inkonsequentesten Weise, so dass sich die Bedeutungen beider Wörter ständig dehnen oder verengen und die gerade gemeinte nur aus dem Kontext zu erraten ist« verwendete: KLAUS VON SEE, Die Göttinger Sieben (2000), S. 84.

59 Insofern ist das Urteil von WILHELM G. BUSSE, Jacob Grimms Konstruktion des Mittelalters, in: PETER SEGL (Hrsg.), Mittelalter und Moderne (1997), S. 245, Grimm habe »im Verzicht auf jede Differenzierung und die Berücksichtigung kultureller Verschiedenheit« sich allein dem »Germanischen schlechthin« als Erkenntnisziel gewidmet, etwas zu harsch. Grimm hatte durchaus Bewusstsein für die Unterschiede, sah jedoch das Verwandte als herausragender an.

60 KLAUS ZIEGLER, Jacob Grimm und die Entwicklung des modernen deutschen Nationalbewußtseins, in: ZHG 74 (1963), S. 167.

b)   Der Volksbegriff

Jacob Grimm gehörte zu der Generation von Wissenschaftlern, die im Anschluss an Herder einen deutlich aufgewerteten und politisierten Volksbegriff vertraten. Das deutsche Volk war für sie gleichzusetzen mit der deutschen Kulturnation, die in Folge der Freiheitskriege ein neues Einheitsgefühl gewonnen hatte.[61] Durch die Sammlung der »Volkspoesie« sollte genau dieses Kulturvolk seine Grundlage erhalten. Gesammelt werden sollte dazu »aus dem lebendigen mund des volkes«.[62]

Neben der oben erörterten Auffassung Grimms von der deutschen Nation spielte daher noch ein anderer Begriff für das Volksgeistverständnis Grimms eine Rolle: der Begriff des Volkes als Bezeichnung einer bestimmten sozialen Schicht innerhalb der Nation. Mit »Volk« bezeichnete Grimm vorrangig eine bestimmte soziale Einheit innerhalb der Deutschen, »nämlich jenes Kleinbürgertum, bei dem noch gesunder Familiensinn, patriarchalische Lebensordnung, Bindung an die angestammte Heimat und einfache Frömmigkeit anzutreffen sind.«[63] Diesem sozialen (und nicht nationalen) Volksbegriff ist der folgende Abschnitt gewidmet.

Unterscheiden muss man hierbei zwischen dem idealisierten Volk, das in der Konstruktion Jacob Grimms als Träger des Volksgeistes erschien und der sozialen Gruppe, aus der Jacob Grimm dann tatsächlich die Quellen und vermeintlich erhaltenen Bruchstücke des gemeinsamen Volksbewusstseins schöpfte.

aa)   Das idealisierte Volksbild

Jacob Grimm wird häufig eine »tiefe Verbundenheit und Vertrautheit mit dem einfachen, ungelehrten Volk«[64] sowie »Achtung und Liebe [...] für das ›gemeine Volk‹«[65] attestiert. Die romantisierte Vorstellung des Bezugs der Brüder Grimm zum »einfachen« Volk wurde vor allem durch das Bild der Sammlung der *Kinder- und Hausmärchen* geprägt. Hier hatte sich in der populären Vorstellung die – den Grimms durchaus willkommene – Legende verselbständigt, diese seien persönlich durchs Land gereist und hätten sich die Märchen von der armen Landbevölkerung erzählen lassen. Beispielhaft hierfür steht ein Gemälde von Louis

---

61   Vgl. dazu Gerhard vom Hofe, Der Volksgedanke in der Heidelberger Romantik, in: Friedrich Strack (Hrsg.), Heidelberg im säkularen Umbruch (1987), S. 234 ff.

62   Jacob Grimm an Karl Goedeke vom 12.04.1838, in: Johannes Bolte (Hrsg.), Briefwechsel zwischen Jacob Grimm und Karl Goedeke (1927), S. 11.

63   Roland Feldmann, Jacob Grimm und die Politik (1969), S. 54.

64   Vgl. Klaus von See, Die Göttinger Sieben (2000), S. 80.

65   Ludwig Denecke, Die Geltung der Brüder Jacob und Wilhelm Grimm in 200 Jahren (1986), S. 22.

Katzenstein, welches Ende des 19. Jahrhunderts entstand. Es zeigt Wilhelm und Jacob Grimm in einer einfachen Stube, während sie sich von der »Viehmännin«[66] Märchen erzählen lassen. Eine anrührige Szene, wie sie tatsächlich nie stattgefunden hat. Tatsächlich reiste Dorothea Viehmann nach Kassel, um dort den Brüdern ihre Märchen zu erzählen. Sie war überdies, wie die meisten der Grimmschen Märchenlieferanten, hugenottischer Abstammung, was zahlreiche Parallelen der Grimmschen Märchen zu französischen Kunstmärchen erklärt.[67] Dass dieses falsche Bild schon zu Lebzeiten der Grimms bestand und nicht erst durch nachträgliche Überzeichnung zu Stande kam, zeigt eine Beschreibung aus dem Jahr 1860: »Einfach und schlicht, wie sie aus dem Munde alter Großmütter kamen, gaben sie sie [die Märchen] wieder und bewahrten so das ächte Wesen und den unnachahmlichen Zauber derselben.«[68]

Die Realität sah anders aus. Wenn dies auch nicht notwendigerweise heißt, dass »die Stubengelehrten Grimm keinerlei Kontakte« zum »einfachen Volk hatten«,[69] so bestätigt sich der Verdacht, dass sich die vermeintlichen Urheber der durch die Grimms gesammelten Quellen, also die sogenannten einfachen, armen Leute, Bauern und Hirten stark von dem Volk unterschied, das tatsächlich als Urheber der Quellen in Betracht kam. Gerade bei den Märchen war die Diskrepanz zwischen scheinbarer Quelle und tatsächlichem Ursprung besonders gut sichtbar.

Auch Grimm selber hat immer wieder gern auf das sogenannte »einfache Volk« Bezug genommen. Das Volk in der Idealvorstellung Grimms blendete soziale Spannungen aus und idealisierte den alten ständischen Volksbegriff.[70] Sprach er vom einfachen Volk, so stand stets das Bild der Urgemeinschaft von Bauern und Hirten im Hintergrund.[71] Es waren mit diesem Volk die Menschen gemeint, die keinen wissenschaftlichen Zwängen unterworfen waren, sondern frei und gleichsam unbewusst lebten. Ein Volk also, das der einfachen Zeit, dem einfachen Urzustand noch unmittelbar nahe war, damit auch in einer besonderen Nähe zur Natur und zu Gott stand. Im einfachen Volk war für Grimm die

---

66 Näheres über die »Viehmännin« (Dorothea Viehmann) bei GABRIELE SEITZ (Hrsg.), Die Brüder Grimm (1984), S. 61 f. Dort ist auch das Gemälde von Katzenstein abgedruckt.

67 GABRIELE SEITZ, Die Brüder Grimm (1984), S. 61.

68 BERNHARD DENHARD, Die Gebrüder Jakob und Wilhelm Grimm (1860), S. 23.

69 So KLAUS VON SEE, Die Göttinger Sieben, Kritik einer Legende, 3. Aufl. Heidelberg 2000, S. 80; ausdrücklich anderer Meinung BERND HEIDENREICH, Die Grimms und ihre Bedeutung für Kultur und Politik der Deutschen, in: DERS./ EWALD GROTHE (Hrsg.), Kultur und Politik – Die Grimms (2003), S. 12.

70 So OTFRIED EHRISMANN, Vorwort, in: JACOB GRIMM, Kl. Schr., Bd. 1, Nachdruck der 2. Aufl. Berlin 1879, Hildesheim 1991, S. 6*.

71 So ist bspw. in JACOB GRIMM, Vorrede zu: Johannes Merkel, Lex Salica, Kl. Schr. 8, S. 281, die Rede vom »hirtenleben der vorzeit«.

alte Verbindung zu Gott noch erhalten geblieben, die Sprache, das Recht, die Moral und Sitte noch so vorzufinden, wie sie einmal ursprünglich entstanden waren. »Einfaches Volk« bedeutete daher keine Abwertung.[72] Es bildete bei Grimm einen Gegenbegriff zum Gelehrtentum. Grimm war überzeugt, »daß die schlichte sitte des landmanns eine menge echtdeutscher rechtssätze, die in der geschriebenen gesetzgebung verschwunden oder verblaßt sind, freilich abgerißen und roh, aber zugleich frisch und lebendig, mündlich erhalten hat.«[73] Wissenschaftliche Schulung war daher für die Sammlung von Volksquellen mehr ab- als zuträglich:

> er [der Herausgeber schwedischer Volkssagen, deren Erscheinen Grimm begrüßt] ist ein schlichter landmann (dagakarl), der noch selbst mit dem pflug zu acker geht, in der volkssprache heimisch, vom werth der sage und des lieds, wie sie auf dem lande fortwähren, lebhaft durchdrungen; ungelehrt aber wolunterrichtet [...][74]

Im einfachen Volk lebte in der Theorie Grimms also noch das alte Volksbewusstsein unverfälscht fort. Er betonte daher den Ursprung im einfachen Volk als besonderes Qualitätsmerkmal der von ihm zusammengestellten Quellen. Das einfache Volk war für die Grimms dabei – und das wird bei Wilhelm Grimm sehr viel deutlicher als bei Jacob[75] – eine idealisierte Einheit, ein vollkommenes Ganzes und nicht einfach nur eine Summe einzelner Individuen, sondern eben eine Gemeinschaft.

bb) Das tatsächliche Volk

Grimm wurde seinem eigenen Ideal allerdings nicht unbedingt gerecht. Tatsächlich stammten die Quellen oft gerade nicht aus dem so idealisierten »einfachen Volk«.

(1) Die Urheber der Quellen des Volkes

Besonders anschaulich zeigt, wie bereits oben angeklungen, die Sammlung der *Kinder- und Hausmärchen* die Diskrepanz zwischen Ideal und Realität. Im Gegensatz zum propagierten Ursprung stammten zahlreiche Märchen von den Grimms bekannten Personen aus dem Bürgertum, die meist hugenottischer

---

72 So aber bei AKIRA SHIMIZU, Philologie und Volk bei Jacob Grimm, in: Hitotsubashi Journal of Arts and Sciences 42 (2001), S. 36.
73 JACOB GRIMM, RA, S. 773.
74 JACOB GRIMM, Schwedische Volkssagen (1844), Kl. Schr. 7, S. 155.
75 Vgl. zu Wilhelm Grimms Äußerungen auch LUDWIG DENECKE / CHARLOTTE OBERFELD, Die Bedeutung der »Volkspoesie« bei Jacob und Wilhelm Grimm (1989), S. 9 f.

Abstammung und damit deutlich französisch geprägt waren. Heinz Rölleke hat beispielsweise nachgewiesen, dass es sich bei der sogenannten »Alten Marie«, von der berühmte Märchen wie Dornröschen und Schneewittchen stammen, eigentlich um die erst zwanzigjährige Marie Hassenpflug handelte.[76]

Die Brüder Grimm sebst hielten sich insgesamt mit den Ursprungsangaben der Märchen sehr zurück.[77] Rölleke führt dies auch darauf zurück, dass die Brüder Grimm einerseits »auf das anonyme ›Volk‹ als Träger und Gestalter dieses Erzählguts insistierten«, und dass andererseits »so der Eindruck erweckt wurde, dass der (vor allem nach Jacob Grimms Theorie) kollektive Ursprung der Märchen gleichsam eine kollektive Überlieferung bedinge und nur so greifbar sei«.[78]

Jacob Grimms Plan ging, was die Märchen betraf, voll auf. Dies lässt sich auch an der Legende um die sog. »Viehmännin« ablesen. Die »Viehmännin« hatte Wilhelm Grimm in der Vorrede zur zweiten Ausgabe der *KHM* als »Bäuerin aus dem nahe bei Cassel gelegenen Dorfe Zwehrn« beschrieben, diese sei »noch rüstig und nicht viel über funfzig Jahre alt«.[79] Diese Beschreibung war jedoch eindeutig irreführend. Frau Viehmann, das hat die Forschung inzwischen ergeben, war Schneidersfrau mit ebenfalls französischen Wurzeln.[80] Im Gegensatz zur »alten Marie«, deren Mythos sich erst nach dem Tode der Brüder entwickelte, haben die Grimms in Bezug auf die Viehmännin bewusst die Unwahrheit verbreitet, um damit den Eindruck der Märchen als echte Volkspoesie zu untermauern.[81]

---

76 Heinz Rölleke, Die »Stockhessischen« Märchen der »Alten Marie«, in: GRM N. F. 25 (1975), S. 74 ff.; vgl. auch ders., Drei Bildnisse der Märchenvermittlerin Marie Hassenpflug, in: BGG 3 (1981), S. 146 ff.; noch 1970 vermittelte Hermann Gerstner in seiner Grimm-Biographie einen ganz anderen Eindruck von der »alten Marie«, der als Beispiel für die generelle Verklärung des Märchenursprungs dienen kann. In *Die Brüder Grimm* heißt es auf S. 87: »Die sechzigjährige Frau, allgemein ›die alte Marie‹ genannt, stammte vom Land, wo man die überlieferten Märchen am treusten bewahrte und sie unverfälscht von einer Generation auf die andere vererbt hatte.«

77 Andererseits sind gerade für die Märchen Quellenbelege aufgenommen, die zumindest die nicht mündliche Rezeption deutlich zeigen. Diese gerieten aber anscheinend in Anbetracht der programmatischen Äußerungen in der Vorrede in den Hintergrund. Vgl. Wolfgang Schuller, Zu den Quellenangaben bei Herodot und den Brüdern Grimm, in: Studia Antiqua et Archaeologica 9 (2003), S. 173 ff.

78 Heinz Rölleke, Die »Stockhessischen« Märchen der »Alten Marie«, in: GRM N. F. 25 (1975), S. 75.

79 Jacob Grimm, Vorrede zum 2. Bd. der Kinder- und Hausmärchen (1815), S. IV.

80 Heinz Rölleke, Die »Stockhessischen« Märchen der »Alten Marie«, in: GRM N. F. 25 (1975), S. 82.

81 Ebd., S. 82.

Die Grimms reisten ebensowenig persönlich übers Land, um die Märchen aufzuschreiben. Sie wandten sich vielmehr mit ihrem Anliegen an Freunde und Bekannte und verfassten ein Umlaufschreiben, welches sie möglichst weit verbreiten wollten. Das Schreiben sollte »jeder Theilnehmer wiederum in seinem Namen, in seiner Gegend und seinen Bekannten, mit Zufügung das besten, nämlich deßen was auf jedes einzelnen besondre Gemüthsart den meisten« Einfluß und die frischeste Anregung haben könnte, austheilen«.[82] Die so gewonnenen Märchensammler sandten dann die von ihnen gefundenen Märchen an die Brüder Grimm weiter.

Nicht nur die Sammlung der Märchen beim »einfachen Volk« entsprach nicht der Realität, auch die »urdeutsche« oder »urhessische« Herkunft der Märchen war eine Trugvorstellung. Märchen steuerten vor allem junge Damen aus dem Kasseler Bürgertum bei, so auch Charlotte Ramus (1793–1858) und Friederike Mannel (1783–1833).[83] Das tatsächliche »Volk«, aus dessen Überlieferung der »deutsche« Volksgeist erkannt werden sollte, war beherrscht von den Einflüssen des hugenottisch geprägten Bürgertums.

(2) Jacob Grimms Menschenbild

Divergenzen ergaben sich aber nicht nur zwischen idealisierter und tatsächlicher Quellenherkunft, sondern auch zwischen dem idealisierten Volks- und dem tatsächlichen Menschenbild Grimms.

Grimm ging von einer ursprünglichen Gemeinschaft unter Hirten, später unter Bauern aus, die er in seinen Quellensammlungen als »einfaches Volk« stark romantisiert darstellte. Ging es allerdings nicht um die Quellen des Volksbewusstseins, so finden sich Aussagen Grimms, die eine große Distanz zu eben jenen »einfachen« und bildungsfernen Bevölkerungsschichten zeigen.

Grimm unterschied deutlich zwischen »Volk« und »Pöbel«. Während das »Volk« Träger der Volkskultur war, seine Äußerungen also wertvoll und bewahrenswert waren, konnte auf die Meinung des »Pöbels« problemlos verzichtet werden. Deutlich wird dies beispielsweise in einem Brief Grimms an Savigny aus dem Jahre 1830, in dem Grimm die revolutionären Bestrebungen in Hessen schildert. Dort heißt es zunächst:

> Sage man nicht, die unzufriedenheit, wie sie an allen ecken in Deutschland ausbricht, sei unpolitischer art und werde vom bloßen pöbel angefacht. Dem

---

82 Jacob Grimm an Polstorff am 31.08.1815, in: Albert Leitzmann (Hrsg.), Briefe der Brüder Grimm (1923), S. 112.

83 Vgl. Heinz Rölleke (Hrsg.), Es war einmal... Die wahren Märchen der Brüder Grimm (2011).

gesindel das sich zuerst hervorwagt sehen auch die guten bürger mit innerem, ihnen selbst unerwartetem behagen zu.[84]

Bezogen auf den Protest der Bürger in Kassel fuhr Grimm fort: »wo dergleichen möglich wird, kann nicht von pöbel sondern nur vom volke selbst die rede sein.«[85] In gleicher Sache äußerte sich Grimm gegenüber seinem Schwager Hassenpflug:

> Eine hauptsorge sollte sein, das recht des landes leuchtend hervorzuheben und von dem zu unterscheiden, was das gesindel bewegt. Aber mit maßregeln gegen dieses gesindel worunter die regierung aber auch die andern bürger mit verstehen mag, wird begonnen![86]

Deutlich trennte Grimm das »Gesindel« und den »Pöbel« vom Volksbegriff. 1837 versuchte Grimm Hassenpflug davon zu überzeugen, größere Popularität im Volk, nicht nur beim Fürsten anzustreben. Er stellte allerdings klar: »vom gemeinen Haufen ist die Rede nicht.«[87]

Beschrieb Grimm die Taten des »Volkes«, so bezog sich dies zumeist nur auf den Bürgerstand.

Nach außen betonte Grimm: »Unter dem großen Mittelvolk sind mir die stillen Leute, die wenig lesen, aber wenn's gilt recht mithandeln, bei weitem der liebste Schlag.«[88] Auch hier erschien es so, als sei für Grimm die mangelnde Bildung oder Belesenheit ein besonders vorteilhafter Charakterzug. Auch hierzu stehen die tatsächlich politischen Forderungen Grimms in einem gewissen Spannungsverhältnis.[89] So schlug er 1815 vor, in einer geplanten Ständeversammlung dem Gelehrtenstand ein deutlich höheres Stimmengewicht zukommen zu lassen, »als einer um 2/3 stärkeren volksmasse. gar nicht, weil die gelehrsamkeit besser wäre, als der volksgeist, sondern weil jenem die leichtigkeit des zusammenfügens abgeht, die das einfache volk hat, und durch etwas anderes ersetzt werden musz.«[90] Da das Volk also mit einer Stimme rede, die Gelehrten aber mit vielen, rechtfertige sich daraus eine Erhöhung der Stimmzahl. Ange-

---

84 JACOB GRIMM an Savigny vom 29.09.1830, in: INGEBORG SCHNACK / WILHELM SCHOOF (Hrsg.), Briefe der Brüder Grimm an Savigny (1953), S. 359.

85 Ebd., S. 359.

86 JACOB GRIMM an Ludwig Hassenpflug vom 27.10.1830, in: EWALD GROTHE (Hrsg.), Briefwechsel mit Ludwig Hassenpflug (2000), S. 114.

87 JACOB GRIMM an Ludwig Hassenpflug vom 22.02.1837, in: ROBERT FRIDERICI, Briefe von Jacob und Wilhelm Grimm an Ludwig und Lotte Hassenpflug, in: BGG 3 (1981), S. 110.

88 JACOB GRIMM an Görres 18.06.1817, in: FRANZ BINDER (Hrsg.), Joseph von Görres, Gesammelte Briefe 2: Freundesbriefe, S. 535.

89 Vgl. dazu auch KLAUS VON SEE, Die Göttinger Sieben (2000), S. 82. Er schildert hier eine »geradezu dünkelhaft wirkende Geringschätzung des gemeinen Volkes« bei Grimm.

90 JACOB GRIMM, Projekt einer Bundesacte (1815), Kl. Schr. 8, S. 419.

sichts der sonst dem Volksgeist entgegengebrachten Verehrung und der Gleichsetzung von Bildungsferne und Reinheit der Ansichten scheint das wenig
konsequent, da so jedenfalls eine Durchsetzung des »Volksgeists« gegenüber
dem Gelehrtentum erschwert wurde. Eine liberale Vorstellung lässt sich hierin
nicht erblicken.[91] Gerhard Dilchers Feststellung, »Jacob Grimm schwimmt auch
hier nicht im Strom des Zeitgeistes, sondern eher dagegen, indem er im
beginnenden bürgerlichen Zeitalter auf das Gerechtigkeitsgefühl der bäuerlichen Menschen hinweist«,[92] kann daher im Lichte der obigen Ergebnisse
nicht geteilt werden. Grimm grenzte sich persönlich in der sozialen Realität vom
einfachen Volk ab, sah den Pöbel als einheitliche Masse, auf deren Ansichten es
gerade nicht ankommen sollte. Maßgebliches Volk war für ihn vor allem das
Bürgertum.

cc) Gründe für den idealisierten Volksbegriff

Betrachtet man die erhebliche Diskrepanz zwischen dem idealisierten Volksbe-
griff, den tatsächlichen Urhebern der Quellen und Jacob Grimms persönlicher
Einschätzung des »einfachen« Volks im täglichen Leben, so kann dies auch
Grimm selber nicht verborgen geblieben sein. Es stellt sich somit die Frage,
warum er dennoch in seinen wissenschaftlichen Texten mit dem idealisierten
Volksbegriff gearbeitet hat.

Die Ursache ist in der sozialen und politischen Stimmung der Zeit zu suchen.
So hat Lothar Bluhm zu Recht darauf hingewiesen, dass sich nach dem
Zusammenbruch des Heiligen Römischen Reiches »eine nationalemanzipato-
rische Euphorie insbesondere im deutschen Bürgertum« etablierte, »die weitge-
hend von antifranzösischen Affekten getragen war«,[93] Sich den ländlichen
Unterschichten zuzuwenden war folgerichtig, da diese vom »französischen
Kulturimperialismus eher unberührt und den nationalen historischen Quellen
– etwa in ihrem Erzähl- und Liedgut – damit noch ungleich näher schienen.«[94]

---

91 ULRICH HUSSONG, Jacob Grimm und der Wiener Kongreß (2002), S. 113; generell
    scheint die Einordnung Grimms als »Liberaler« fragwürdig. Seine Abneigung
    gegen »rohen Liberalismus« und »radicale Ansichten« ist bereits bei seiner
    Tätigkeit in der Kasseler Zensurkomission zu beobachten, vgl. ECKHART
    G. FRANZ, Jacob Grimm in der Kasseler Zensurkommission (1816–1829), in:
    ZHG 75/76 (1964/64), S. 468; WOLFRAM SIEMANN, Die Frankfurter Nationalver-
    sammlung 1848/49 zwischen demokratischem Liberalismus und konservativer
    Reform (1976), S. 91 ff., legt ebenfalls die deutliche Abkehr Grimms und seiner
    Kollegen von den Idealen der Französischen Revolution und damit auch vom
    Liberalismus dar.
92 GERHARD DILCHER, Jacob Grimm als Jurist, in: JuS 1985, S. 934.
93 LOTHAR BLUHM, Grimm-Philologie (1995), S. 6.
94 Ebd., S. 7.

Man wollte damit gezielt ein Gegenmodell zum französischen Elitenkult entwickeln.[95] Im Vordergrund stand daher nicht die Hinwendung zum wirklichen einfachen Landvolk, sondern die Abgrenzung von französischen Traditionen. Das »Volk« war ein ästhetisches Modell, das gar nicht den Anspruch erhob, die soziale Realität so abzubilden, wie sie wirklich war. Dies war auch der Zielgruppe bewusst, an die Grimm seine Werke richtete.

Ein weiterer Grund für die Betonung des Volkes in Jacob Grimms Wissenschaft kann in einer bewussten Abgrenzung zur Bedeutung des Gelehrtentums innerhalb der Sprachwissenschaft des 18. Jahrhunderts gesehen werden.[96] Die Romantisierung des einfachen Lebens, die Berufung auf das kulturelle Potential der unteren sozialen Schichten war jedenfalls politisches Statement des Bürgertums und keine Forderung nach tatsächlicher Aufhebung der sozialen Hierarchien.

c) *Volksgeist und Sprachgeist*

> *ich bin längst durchdrungen von der überzeugung, dasz wiewol ein volk dem andern zuträgt und manche gemeinschaft zwischen ihnen eintritt, dennoch die eigenthümlichkeit eines jeden das übergewicht behauptet, und wie könnte es anders sein?*[97]

Jacob Grimm sprach, auch wenn der Begriff »Volkgeist« selten fiel, von der »eigenthümlichkeit«,[98] der »natur des volkes«[99] und dem »volksgefühl«.[100] Der Begriff »Sprachgeist« war dagegen bei Grimm häufiger zu finden. So sprach er mehr als einmal vom »unbewust waltende[n] Sprachgeist«.[101] Es stellt sich damit die Frage nach einer möglichen Identität von Sprach- und Volksgeist.[102]

Der Sprachgeist war in der Sprachwissenschaft schon lange Zeit ein gern verwendeter Begriff. Wohl aus dem romanischen Sprachraum entlehnt wurde

---

95 Ebd., S. 7.
96 Vgl. dazu SHIMIZU, Philologie und Volk bei Jacob Grimm, in: Hitotsubashi Journal of Arts and Sciences 42 (2001), S. 31 ff.
97 JACOB GRIMM, Rez. Études sur le Roman de Renart von Jonckbloet (1863), Kl. Schr. 5, S. 455.
98 JACOB GRIMM, Vorrede zum Deutschen Wörterbuch, 1. Bd. (1854), Kl. Schr. 8, S. 363.
99 JACOB GRIMM, Rede auf Schiller (1859), Kl. Schr. 1, S. 395.
100 JACOB GRIMM, Über Schule Universität Akademie (1849), Kl. Schr. 1, S. 232.
101 JACOB GRIMM, Über den Ursprung der Sprache (1851), Kl. Schr. 1, S. 284.
102 Hierzu kritisch ULRICH WYSS, Die wilde Philologie (1979), S. 89. An der Gleichsetzung sci »nur soviel richtig, daß Grimm Sprache und Volkskultur in einen Zusammenhang bringt. Der Begriff für diesen Zusammenhang interessiert ihn aber nicht, sondern nur die Erkenntnischance, die in den mit ›Volksgeist‹ mehr schlecht als recht begründeten Parallelen und Analogien liegt.«

die Formulierung »génie de la langue«[103] auch im deutschsprachigen Raum als »Genio der Sprache«[104] gebraucht. Ausgedrückt werden sollte damit die Besonderheit einer bestimmten Sprache. Dies war zunächst einmal enger gedacht als der Volksgeist, der die gesamte Kultur eines Volkes erfasste. Der Sprachgeist kann damit prinzipiell als spezielle Unterform des Volksgeistes verstanden werden.[105] Allerdings muss man hier differenzieren.[106] Zunächst wurde die Idee des Sprachgeistes insbesondere im Zusammenhang mit der Frage nach dem Ursprung der Sprache diskutiert. Die Idee des Sprachgeistes entstand als unabhängige Vorstellung und wurde erst beim Übergang des 18. ins 19. Jahrhundert mit der deutlich universeller ausgelegten Volksgeistvorstellung verknüpft.[107] Die frühe Idee des »génie de la langue« beschränkte sich zunächst auf das geschlossene System der Sprache und beinhaltete keine Rückwirkungen zwischen Sprache, nationalem Charakter und anderen Kulturerscheinungen eines Volkes.[108] Erst später wurde die Sprache nur noch als Teilaspekt der Ausprägungen des Volksgeistes behandelt. Der Sprachgeist erschien dann als Unterfall des Volksgeistes, bezeichnete, wie in einem zeitgenössischen Wörterbuch beschrieben wurde, »das besondere Gepräge, welches sie [die Sprache] von dem Geiste des Volkes empfangen hat, dem sie ihren Ursprung und ihre Ausbildung verdankt.«[109]

In diesem »neuen« Sinn sprach auch Jacob Grimm in seinen Werken vom Sprachgeist. So war für ihn der »unbewust waltende sprachgeist« für die Entwicklung der Sprache und die Flexion von enormer Bedeutung.[110] Der Sprachgeist wachte über die Sprache und war dafür zuständig, etwaige »Verluste« sogleich auszugleichen, »das ist das stille auge jenes hütenden sprachgeistes«.[111] In diesem Zusammenhang bezeichnete Grimm den Sprachgeist auch als

---

103 So bspw. zu finden bei Etienne Bonnot de Condillac, vgl. dazu Jürgen Trabant, Europäisches Sprachdenken (2003), S. 175 ff.
104 Johann Heinrich Lambert, Neues Organon II (1764), S. 191.
105 So auch Hartmut Schmidt, Die lebendige Sprache (1986), S. 88; anders Ernst Lichtenstein, Die Idee der Naturpoesie bei den Brüdern Grimm, in: DVJS 6 (1928), S. 524, der den Sprachgeist neben dem Volksgeist sieht.
106 Etwas zu generalisierend für Grimm hier Helmut Jendreiek, Hegel und Jacob Grimm (1975), S. 263.
107 So auch Hartmut Schmidt, Die lebendige Sprache (1986), S. 90.
108 Einige Beispiele auch zur frühen Verwendung des Begriffs ›Sprachgeist‹ bei Christiane Schlaps, Das Konzept eines deutschen Sprachgeistes in der Geschichte der Sprachtheorie, in: Andreas Gardt (Hrsg.), Nation und Sprache (2000), S. 303 ff.
109 Wilhelm Traugott Krug, Allgemeines Handwörterbuch der philosophischen Wissenschaften nebst ihrer Literatur und Geschichte, 3. Bd., 2. Aufl. (1833), S. 852.
110 Vgl. Jacob Grimm, Über den Ursprung der Sprache (1851), Kl. Schr. 1, S. 284.
111 Ebd., S. 296.

»naturgrundkraft«.[112] Dem »tiefsinnigen Sprachgeist« galt es »bescheiden nach-[zu]spüren«,[113] denn er »thut fast nichts umsonst«.[114]

> im gesetze des ablauts gewahre ich eben, was vorhin bei dem von der neuern declination eingeschlagnen weg vermist werden konnte, den ewig schaffenden wachsamen sprachgeist, der aus einer anfänglich nur phonetisch wirksamen regel mit dem heilsamsten wurf eine neue dynamische gewalt entfaltete, die unserer sprache reizenden wechsel der laute und formen zuführte. es ist sicher alles daran gelegen ihn zu behaupten und fortwährend schalten zu lassen.[115]

Der Sprachgeist war bei Grimm somit eine besondere Ausprägung des Volksgeistes auf dem Gebiet der Sprache. Durch ihn wurde die nationale Eigentümlichkeit der Sprache gewahrt und gleichzeitig ihre innere Beständigkeit gesichert. Dennoch wirkte auch der Volksgeist auf die Sprache. Die Lautverschiebung beispielsweise beruhte für Grimm nicht auf einer Tätigkeit des Sprachgeistes. Diese enstand durch den »vorschritt und freiheitsdrang«[116] der Deutschen, der wiederum Ausdruck des deutschen Volksgeists war, »eine gleichsam ausserhalb der sprache gelegene gewalt, die diese wunderbare wirkung hervorgebracht hat.«[117] Beide »Geister« bedingten für Grimm die Eigentümlichkeit und den Charakter eines Volkes, der Sprachgeist nur auf dem Gebiet der Sprache, der Volksgeist universell. Beide erschufen unbewusst und geheim das, was die deutsche Kultur ausmachte.

2. Die inhaltliche Konzeption des Volksgeistes bei Grimm

a) Ursprung des Volksgeistes

Nach dem bisher Festgestellten ist es nicht verwunderlich, dass Grimm keine konkrete Ursprungstheorie des Volksgeistes ausgearbeitet hat. Er beschränkte sich darauf, dass der Ursprung von Sprache und Recht, die er als Produkte des Volksgeistes ansah, »auf dem wunderbaren und dem glaubreichen« beruhe. Der Ursprung sei fern und ungewiss, denn »ohne diese unnahbarkeit wäre kein heiligthum, woran der mensch hangen und haften soll, gegründet.«[118] Der

---

112 Vgl. ebd., S. 296.
113 Jacob Grimm an Karl Lachmann vom 28.12.1819, in: Albert Leitzmann (Hrsg.), Briefwechsel der Brüder Jacob und Wilhelm Grimm mit Karl Lachmann (1925/26), S. 22.
114 Jacob Grimm, Anhang zu Benecke Ueber den altdeutschen Umlaut, in: Altdeutsche Wälder 1 (1815), S. 177.
115 Jacob Grimm, Über das Pedantische in der deutschen Sprache (1847), Kl. Schr. 1, S. 341.
116 Jacob Grimm, Geschichte der deutschen Sprache (1848), S. 417.
117 Ebd., S. 393.
118 Jacob Grimm, Von der Poesie im Recht (1815), Kl. Schr. 6, S. 154.

Volksgeist hatte sich von Beginn an in die Menschen eingepflanzt und war von Generation zu Generation im Volk weitergegeben worden, »ein angeborenes erbgut, das seit undenklichen jahren die eltern mit sich getragen und auf uns fortgepflanzt haben, das wir wiederum behalten und unsern nachkommen hinterlassen wollen.«[119] Grimm erklärte daher:

> man darf also mit vollem fug das herkommen oder die gewohnheit des gesetzes wie des epos in eine unausscheidliche mischung himmlischer und irdischer stoffe stellen; dunkel musz uns ihr anheben sein, allein weil sie längst bei unserm geschlechte gewohnt haben und mit ihm hergekommen sind, so wissen wir auch gewisz und klar, warum wir es mit ihnen halten und ihnen zugewandt bleiben.[120]

Das Recht beispielsweise sei »an seinem ort selbstgewachsen und in der regel unentliehen.«[121] Die Unaufklärbarkeit der eigentlichen Entstehung, der Ursprung des schaffenden Volksgeistes war für Grimm keine Lücke im System, sondern wurde zum Teil seiner Konzeption.

aa) Die Urgesellschaft

Für die Einordnung dieses dunklen und fernen Ursprungs des Volksgeistes ist zunächst die Vorstellung, die Jacob Grimm von der deutschen Urgesellschaft gehabt hat, aufschlussreich. Er ging dabei aller Wahrscheinlichkeit davon aus, dass der Ursprung der Welt im Jahre 3484 v. Chr. anzusiedeln war.[122] Damit lag der Ursprung der Menschheit und der Welt durchaus noch im überschaubaren Rahmen, die literarischen Quellen mussten nicht ganz so weit zurückreichen, um Zeugnisse für die Ur- und Frühgeschichte der Menschheit zu sein. Grimm ging mit vielen seiner Zeitgenossen davon aus, dass die Deutschen, wie alle Völker Europas, zunächst in Asien beheimatet gewesen seien.[123] Dies leitete er aus der Betrachtung der Entwicklung der deutschen Sprache ab. »Die deutsche

---

119 Ebd., 154.
120 Ebd., S. 154.
121 Ebd., S. 155.
122 Dies wurde zumindest noch in der Schule so gelehrt, vgl. auch Ludwig Denecke, Das Dynamische Konzept der Brüder Grimm, in: Jürgen Kühnel u. a. (Hrsg.), Mittelalter Rezeption (1979), S. 78 Anm. 16; zur noch zu Beginn des 19. Jahrhunderts üblichen theologisch basierten Berechnung des Erdalters Ingo Wiwjorra, Der Germanenmythos (2006), S. 175 ff.
123 Jacob Grimm, Vorrede der Deutschen Grammatik (1819), Kl. Schr. 8, S. 45; ders., Über Iornandes und die Geten (1846), Kl. Schr. 3, S. 194 f. Vgl. zu dieser Vorstellung Ingo Wiwjorra, Der Germanenmythos (2006), S. 76 f. Erst langsam im Verlauf des 19. Jahrhunderts verlagerte sich die Urheimat der Germanen nach Europa, was unter anderem auch auf das Erstarken der Rassentheorie zurückzuführen war, vgl. Ruth Römer, Sprachwissenschaft und Rassenideologie in Deutschland (1985), S. 70.

---

sprache hängt in einer kette, die sie mit den meisten europäischen verbindet, dann aber zurück nach Asien leitet und gerades wegs bis auf das sanskrit, das zend und das persische reicht.«[124] Über Asien hatte sich das Indogermanische, diese »mächtigste zunge des erdbodens«,[125] nach Grimms Ansicht in beinah ganz Europa ausgebreitet und wies damit wohl das Potential auf, in Zukunft weltweit Einzug zu halten. In der »Urheimat« Asien habe eine »Urverwandtschaft« aller europäischen Sprachen geherrscht, eine »Ursprache«. Aus dieser Gemeinschaft hätten sich im Laufe der Zeit die einzelnen Sprachsysteme Europas herausgebildet.[126]

Diese Sichtweise hatte zunächst eine bedeutende Konsequenz für die deutsche Sprachwissenschaft. Sie machte die deutsche Sprache den klassischen Sprachen ebenbürtig, da sie nun gleich alt und urverwandt war. Dies bedeutete eine klare Legitimation für die Behandlung der deutschen Sprache als eigenständiges und der Romanistik gegenüber ebenbürtiges Forschungsgebiet. In einem zweiten Schritt untermauerte die lange Tradition der Deutschen und ihrer Sprache das Bestehen einer deutschen Sprachnation mit Anspruch auf staatliche Eigenständigkeit.[127]

Grimm sah die Urgesellschaft im Übrigen als alte Hirtengemeinschaft.[128] Er betonte jedoch, dass »[d]ie vorstellung, welche man sich von der rohheit der Deutschen und ihrer sprache zu Tacitus zeiten macht, [...] nichtig und sogar abgeschmackt«[129] sei. Deutlich wandte sich Grimm damit gegen das sog. Barbarenklischee, welches Anfang des 19. Jahrhunderts die Sichtweise auf die deutsche Vorzeit noch beherrschte. Lange Zeit wurde hierin ein Hemmnis für die nationale Entwicklung und die Erforschung angeblich »urdeutscher« Einrichtungen gesehen.[130] Ein Missstand, den Jacob Grimm nicht hinzunehmen bereit war. In der Vorrede zur *Deutschen Mythologie* führte er daher fast trotzig aus:

---

124   Jacob Grimm, Vorrede zu: Deutsches Wörterbuch, 1. Bd. (1854), Kl. Schr. 8, S. 354 f.

125   Jacob Grimm, Über den Ursprung der Sprache (1851), Kl. Schr. 1, S. 260.

126   Vgl. dazu Maria Herrlich, Organismuskonzept und Sprachgeschichtsschreibung (1998), S. 39 ff.

127   Ebd., S. 25.

128   »Damals, als zuerst der menschen habe meistens in heerden bestand und nichts anderes theilbarern werth hatte [...]«, Jacob Grimm, Über eine altergermanische Weise der Mordsühne (1815), Kl. Schr. 6, S. 145.

129   Jacob Grimm, Vorrede zur Deutschen Grammatik (1819), Kl. Schr. 8, S. 47.

130   Zum Barbarenklischee auch Hermann Engster, Germanisten und Germanen (1986), S. 13 f. Durch die Berufung auf die Germanen als jugendliches, unverdorbenes Volk wollte man sich im 19. Jahrhundert von diesem Klischee befreien und damit seine Minderwertigkeitsgefühle gegenüber den »alten« Nationen aufheben; dazu auch Ingo Wiwjorra, Der Germanenmythos (2006), S. 104 f.

Aus vergleichung der alten und verschmäthen jüngeren quellen habe ich in andern büchern darzuthun gestrebt, dasz unsere voreltern, bis in das heidenthum hinauf, keine wilde, raue, regellose, sondern eine feine, geschmeidige, wolgefüge sprache redeten, die sich schon in frühster zeit zur poesie hergegeben hatte; dasz sie nicht in verworrener, ungebändigter horde lebten, vielmehr eines althergebrachten sinnvollen rechts in freiem bunde, kräftig blühender sitte pflagen. [131]

In seiner Vorlesung zu Tacitus' *Germania* wies Grimm ausdrücklich darauf hin: »Die Sucht, unsere Vorfahren herabzuziehen zu einem dumpfbrütenden Naturdienste, zu ungebildeten Barbaren, zu Fetischdienern, ist gegen Zeugnisse und andere Analogien.«[132] Grimm versuchte in all seinen Werken ein anderes Bild der deutschen Urgesellschaft zu zeichnen. Dies äußerte sich auch darin, dass er gezielt besonders grausam erscheinende Aspekte des deutschen Altertums, wie beispielsweise die Erbringung von Menschenopfern, verteidigte.[133] Dabei führte er die Greuel der Hexenverbrennungen als relativierendes Beispiel an.[134] Damit verlor die deutsche Urgesellschaft in der Grimmschen Darstellung ihren Makel und taugte nun als Anfangspunkt einer vom Volksgeist geprägten deutschen Kulturtradition.

bb) Der Ursprung der Sprache als Vorbild?

> *Traun geheimnisvoll und wunderbar ist der sprache ursprung, doch rings umgeben von andern wundern und geheimnissen.*[135]

Dass der Ursprung des Volksgeistes nicht aufklärbar war, bedeutete für Grimms Konzeption kein größeres Problem. An manche Dinge musste man glauben, ohne dass wissenschaftliche Forschung sichere Auskünfte geben konnte.[136] Anderes galt offenbar für die Entstehung der Sprache, die unmittelbar aus dem Volksgeist bzw. dem Sprachgeist hervorgegangen war. Hier wurde Grimm konkreter. Ihn beschäftigte zeitlebens die Frage nach der Entstehung der Sprache

---

131 JACOB GRIMM, Vorrede zur Deutschen Mythologie (1835), Kl. Schr. 8, S. 149.
132 JACOB GRIMM, Tacitus' Germania (Vorlesung WS 1835/36), aus einer Mitschrift hrsg. von ELSE EBEL, in: DIES. (Hrsg.), Jacob Grimms Deutsche Altertumskunde (1974), S. 132.
133 Ebd., S. 151.
134 Ebd., S. 171.
135 JACOB GRIMM, Über den Ursprung der Sprache (1851), Kl. Schr. 1, S. 297.
136 Auch FRIEDRICH CARL VON SAVIGNY, Vom Beruf unsrer Zeit für Gesetzgebung und Rechtswissenschaft (1814), S. 8, ließ die Frage nach dem Ursprung des Volksgeistes offen: »Wie diese eigenthümlichen Functionen der Völker, wodurch sie selbst erst zu Individuen werden, entstanden sind, diese Frage ist auf geschichtlichem Wege nicht zu beantworten.«

an sich und nach der Entstehung der deutschen Sprache im Besonderen. Grimms Ansichten zum Sprachursprung können Hinweise dazu liefern, wie er sich auch den Ursprung und den Einfluss des Volksgeistes vorgestellt haben könnte.

Mit dem Ursprung der Sprache beschäftigte sich Grimm 1851 in Anlehnung an Herders Preisschrift von 1770 besonders intensiv. Die Ursprungsfrage war ein heikles Thema. So enthielt Grimms Schrift, obwohl anders als die *Deutsche Grammatik* nicht mit offener politischer Zielsetzung geschrieben, religiösen Sprengstoff, da die Frage nach einem göttlichen Einfluss auf die Menschen und die Schöpfung der Welt mitschwang.

Die Grundfrage, der sich Grimm zuerst näherte, war daher auch, ob man von der Sprache als gotterschaffen oder menschengemacht ausgehen musste:

> war sie erschaffen, so bleibt ihr erster ursprung unsern blicken eben so undurch-
> dringbar als der des zuerst erschaffenen thiers oder baums. falls sie aber uner-
> schaffen, d. h. nicht unmittelbar durch göttliche macht, sondern durch die
> freiheit des menschen selbst hervorgebracht wurde und gebildet, so mag sie nach
> diesem gesetz ermessen, ja von dem was uns ihre geschichte bis zum ältesten
> stamm hinauf ergibt, darf über jenen unerfüllten abgrund von jahrtausenden
> zurück geschritten und in gedanken auch am ufer ihres ursprungs gelandet
> werden.[137]

Seine eigene Antwort auf diese Grundfrage nahm Grimm damit schon fast vorweg. Eine Untersuchung, wie er sie in der Folge anstrebte, konnte nur lohnen, wenn die Sprache eben nicht erschaffen war, sondern ein Produkt menschlicher Freiheit darstellte. Ein Ursprung der Sprache unmittelbar von Gott schied demnach für Grimm aus. Dies versuchte er in der Folge umfangreich zu belegen, indem er die Schwächen derjenigen Theorien offenlegte, die von einer geschaffenen bzw. durch Gott dem Menschen offenbarten Sprache ausgingen. So führte Grimm an, dass die Sprache, im Gegensatz zu Tierlauten, stets erlernt werden musste, somit nicht angeboren sein konnte. Angeboren war für ihn lediglich die generelle Fähigkeit zu sprechen. Allerdings könnten diese Anlagen erblich bedingt variieren und sich somit besonders für die Aussprache derjenigen Sprache eignen, dessen Volkszugehörigkeit man aufweise.[138] Diese anatomischen Grundlagen seien jedoch »nichts als das instrument auf dem die sprache gespielt wird«,[139] und sprächen damit nicht für eine angeborene Sprache an sich.

Auch eine Offenbarung der Sprache durch Gott hielt Grimm für unwahrscheinlich. Er gab zu bedenken, dass es mit der göttlichen Gerechtigkeit nicht

---

137   Jacob Grimm, Über den Ursprung der Sprache (1851), Kl. Schr. 1, S. 261.
138   Vgl. zu den anatomischen Voraussetzungen Jacob Grimm, Über den Ursprung der Sprache (1851), Kl. Schr. 1, S. 268 f.
139   Jacob Grimm, Über den Ursprung der Sprache (1851), Kl. Schr. 1, S. 269.

vereinbar erscheine, dass nur den ersten Menschen eine solche Offenbarung zu
Teil wurde, während die späteren allein auf die Weitergabe des Offenbarten
durch die Vorfahren angewiesen seien. Zudem finde sich in der Heiligen Schrift
kein Hinweis auf ein solches Offenbarungsereignis. Außerdem sei die Annahme
einer göttlichen Offenbarung widersinnig, weil die Menschen, um die Offenbarung zu verstehen, bereits die Möglichkeit gehabt haben müssten, das Wort
Gottes zu verstehen, was es an sich unnötig gemacht hätte, überhaupt eine
andere Sprache zu offenbaren. Denn »nirgends steigt eine lehre so gewaltsam auf
die menschen herab, dasz ihr nicht ein inneres lernen entgegenkommen
müste.«[140] Daher lautete Grimms Fazit:

> es bleibt nichts übrig, als dasz sie [die Sprache] eine menschliche, mit voller
> freiheit ihrem ursprung und fortschritt nach von uns selbst erworbene sein
> müsse: nichts anders kann sie sein, sie ist unsre geschichte, unsre erbschaft.[141]

Die Sprache entwickle sich langsam, müsste erst erlernt werden und daher
»kann sie nicht von gott, der vollendetes prägt, ausgegangen sein.«[142] Gott habe
lediglich die Grundbedingungen geschaffen, dank derer der Mensch überhaupt
zur Sprache fähig sei. Diese Grundvoraussetzungen, so war Grimm im Übrigen
überzeugt, seien im Rahmen der Schöpfung nicht nur in ein Paar Menschen
gepflanzt worden, sondern es seien aus der ursprünglichen Schöpfung bereits
mehrere Paare hervorgegangen, was eine sittlich bedenkliche »vermischung von
geschwistern«[143] verhindert habe. Auch die Entwicklung verschiedener Sprachen, so Grimms Überzeugung, ließe sich dadurch leichter erklären, zumal
bereits bei Männern und Frauen unterschiedliche Sprachentwicklungen zu
beobachten seien.[144] Die Sprache selber sei daher Ausdruck der menschlichen
Freiheit.

> Denken und reden sind bedingungen des menschengeschlechts, ursache seiner
> freiheit, quelle aller sprachen. der mensch redet, weil er denkt, und denkt auch
> wenn er schweigt. [...] im anfang ist die sprache so wenig erschaffen, als die erde
> gleich von bewohnern erfüllt war. alles seiende muste werden, d. h. von dem
> kleinsten punkte ausgehen und zunehmen, denkkraft und sprache wuchsen und
> erhöhten sich durch einander, der menschen unveräuszerliches erbtheil.[145]

Auch die Geschichtlichkeit, die Entwicklung der Sprache, war Beweis ihrer
menschlichen Herkunft.[146]

---

140   Ebd., S. 274.
141   Ebd., S. 276.
142   Ebd., S. 278.
143   Ebd., S. 281.
144   Ebd., S. 281.
145   Jacob Grimm, Über den Personenwechsel in der Rede (1855), Kl. Schr. 3, S. 236.
146   Karl Ulmer, Die Wandlung des Sprachbildes von Herder zu Jacob Grimm, in:
      Lexis II (1949), S. 273.

Die Reaktionen auf Grimms These und die Abkehr von der göttlichen Offenbarung der Sprache ließen nicht lange auf sich warten. So äußerte sich der protestantische Theologe Ernst Wilhelm Hengstenberg 1852 zu den Grimmschen Thesen mit drastischen Worten:

> Wem fällt, wenn er solches lieset, nicht das Wort des Apostels Röm. 1.22[147] auf das Herz? Es ist schmerzlich, tief schmerzlich, aber es ist wahr, dass, wenn dies der Standpunkt unserer philologischen Wissenschaft ist, kein anderes Wort der Schrift gerechtere Anwendung darauf findet, als eben dieses. Denn wie klein werden doch die großen Meister, wenn sie es wagen, anzulaufen gegen das Wort Gottes! Wie verkehrt sich ihre Weisheit sofort in das Gegentheil, und die Klugheit der Klügsten muß zu Schanden werden.[148]

Dieser heftige Widerspruch Hengstenbergs war auch dadurch bedingt, dass dieser der orthodox-lutherischen Konfession angehörte, während Jacob Grimm als Reformierter fortschrittlicheren Ansichten gegenüber eher aufgeschlossen war.[149]

Auch Grimm vertrat allerdings nicht von Anfang an diese fortschrittliche Sprachursprungstheorie. In seinen frühen Schriften und auch im Briefwechsel tauchte zunächst durchaus die Idee eines göttlichen Ursprungs auf. 1811 beschrieb Grimm gegenüber Achim von Arnim seine Überzeugung, »daß die Religion von einer göttlichen Offenbarung ausgegangen ist, daß die Sprache einen eben so wundervollen Ursprung hat und nicht durch Menschenerfindung zuwege gebracht worden ist«.[150] Noch 1815 fand sich dieser Gedanke bei Grimm:

> man glaube nur, dasz in allen und jeden wörtern unserer von gott geschaffenen und aus ihm entsprungenen sprache die lebendigste regsamkeit der vielfältigsten ideen wohnt, die niemals zu ende ergründet werden mag, dasz also die sprachforschung, wie alles in der natur, sobald sie den hausbedarf des gemeinen verstandes überschreiten will, nothwendig auf das ewige wunder geräth.[151]

Im Laufe der Jahre verschob sich jedoch der Ursprungsschwerpunkt von einem göttlichen hin zu einem menschlichen Ursprung, bedingt durch die kommunikative Funktion der Sprache.[152] Der Wechsel war jedoch weniger radikal, als es zunächst anmuten mag. Auf Gottes Schöpfung beruhte immer noch die Sprachfähigkeit als Urgrund der Sprache.

---

147 »Da sie sich für Weise hielten, sind sie zu Narren geworden.«
148 Ernst Wilhelm Hengstenberg, Die Sprachforscher und das Wort Gottes, in: Evangelische Kirchenzeitung, 18. August 1852, Sp. 614.
149 Ludwig Denecke, Die Geltung der Brüder Grimm in 200 Jahren (1986), S. 20.
150 Jacob Grimm an Achim von Arnim im Juli 1811, in: Reinhold Steig und Herman Grimm (Hrsg.), Achim von Arnim und die ihm nahe standen, Bd. 3 (1904), S. 139.
151 Jacob Grimm, Sendschreiben an Herrn Hofrath-R. (1815), Kl. Schr. 6, S. 199.
152 Vera Bojić, Jacob Grimm und Vuk Karadžić (1977), S. 17.

Deutlich änderte sich damit allerdings die Beschreibung des Entwicklungsgangs der Sprache. Von einer »Niedergangsthese«, wenn eine solche überhaupt bei Grimm angenommen werden konnte,[153] wandte sich Grimm nun ab und sah die Entwicklung der Sprache als »energetischen« Wandel, der erst in Zukunft seine volle Ausprägung erreichen würde.[154] Ein paradiesischer Urzustand habe für die Sprache nicht existiert:

> Den stand der sprache im ersten zeitraum kann man keinen paradisischen nennen in dem gewöhnlich mit diesem ausdruck verknüpften sinn irdischer vollkommenheit; denn sie durchlebt fast ein pflanzenleben, in dem hohe gaben des geistes noch schlummern, oder nur halb erwacht sind.[155]

Grimm betonte, dass »die ganze natur des menschen, folglich auch die sprache [...] in ewigem, unaufhaltbarem aufschwung begriffen sind«,[156] denn »die schönheit menschlicher sprache blühte nicht im anfang, sondern in ihrer mitte; ihre reichste frucht wird sie erst einmal in der zukunft darreichen«.[157]

Die Sprachentwicklung begann zunächst mit einer einfachen Anfangsphase:

> alle wörter sind kurz, einsilbig, fast nur mit kurzen vocalen und einfachen consonanten gebildet, der wortvorrat drängt sich schnell und dicht wie halme des grases. alle begriffe gehen hervor aus sinnlicher, ungetrübter anschauung, die selbst schon ein gedanke war, der nach allen seiten hin leichte und neue gedanken entsteigen. die verhältnisse der wörter und vorstellungen sind naiv und frischer, aber ungeschmückt durch nachfolgende, noch unangereihte wörter ausgedrückt. mit jedem schritt, den sie thut, entfaltet die geschwätzige sprache fülle und befähigung, aber sie wirkt im ganzen ohne masz und einklang. ihre gedanken haben nichts bleibendes, sätziges, darum stiftete diese früheste sprache noch keine denkmale des geistes und verhallt wie das glückliche leben jener ältesten menschen ohne spur in der geschichte. zahlloser same ist in den boden gefallen, der die andere periode vorbereitet.[158]

Dies stimmte noch mit der bereits früh von Grimm geäußerten Auffassung überein, abstrakte Wörter entstünden erst mit den Ideen selbst. Daher sei die Aufnahme fremder Wörter in eine Sprache ein Zeichen dafür, »dasz sie noch

---

153 Insgesamt sehr kritisch gegenüber einer Niedergangsthese OTFRIED EHRISMANN, »Die alten Menschen sind größer, reiner und heiliger gewesen als wir«, in: LILI 1986, S. 50. Er führt die Ansichten Grimms auf die triadische Weltsicht Schellings zurück, der ausgehend von der von Anfang an in die Menschen gelegten Fähigkeit zur Vollkommenheit in der Geschichte eine Rückentwicklung auf das anfänglich Absolute sieht. Damit stellt sich die Geschichte weder als Niedergang noch als einziger Aufstieg dar (S. 35).

154 Vgl. dazu VERA BOJIĆ, Jacob Grimm und Vuk Karadžić (1977), S. 18.

155 JACOB GRIMM, Über den Ursprung der Sprache (1851), Kl. Schr. 1, S. 291.

156 Ebd., S. 292.

157 Ebd., S. 294.

158 Ebd., S. 291 f.

unreif für die damit verbundenen begriffe ist, oder dasz ihr diese unnationell, unanständig sind.«[159]

Im weiteren Entwicklungsgang bilde sich die Sprache dann immer weiter fort. Die Einfachheit und Sinnlichkeit der Sprache »muste dem streben nach einer noch grószeren ungebundenheit des gedankens weichen, welchem sogar durch die anmut und macht einer vollendeten form fessel angelegt schien.«[160]

Diese Charakterisierung änderte freilich nichts daran, dass Grimm sich stets mehr zur einfachen Zeit der Sprache hingezogen fühlte, wohl auch, weil hier die Verbindung zwischen Wörtern und Sachen am unmittelbarsten zu spüren und die poetische Form der Sprache noch zu erkennen war. In diesem Sinne verstanden sind dann auch die frühen Grimmschen Äußerungen zur Sprachentwicklung keine Beschreibung eines Niedergangs, sondern die eines Wandels von einer poetischen, formvollendeten, sinnlichen zu einer abstrakten, geistigen Sprache.[161]

Die Sprache überwachte »das stille auge jenes hütenden sprachgeistes«,[162] der uns bereits begegnet ist. Damit war die Sprache letztendlich zwar menschliche Erfindung, jedoch dem Einfluss des Sprachgeistes unterworfen. Die nationale Sprache sei »mit der muttermilch« eingegeben.[163] Die Sprache, »gleich allem natürlichen und sittlichen ist ein unvermerktes, unbewusstes geheimnis«, pflanze sich in der Jugend ein und bestimme »unsere sprechwerkzeuge für die eigenthümlichen vaterländischen töne, biegungen, wendungen, härten oder weichen«.[164] Eine Sprache bilde sich im einzelnen Menschen in einem natürlichen Prozess. Dies begründete für Grimm die Unfähigkeit, irgendeine andere Sprache als die Muttersprache »innig und völlig« zu erlernen. Auch den deutschen Sprachunterricht an Schulen hielt er für schädlich und unnötig. Die echten Feinheiten der Sprache richteten sich nicht nach Regeln, sondern seien naturgegeben und erfühlt.[165]

Der Sprachgeist – und damit wohl auch der Volksgeist – standen in der Grimmschen Konzeption damit außerhalb der direkten menschlichen Sphäre, waren aber gleichzeitig ebenfalls unabhängig von der göttlichen Einflussnahme auf die Menschen. Damit erscheint es unwahrscheinlich, dass Grimm Gott und Volksgeist direkt gleichsetzte. Für die Frage nach dem Ursprung bedeutete dies,

---

159 JACOB GRIMM, Vorrede zur Deutschen Grammatik (1819), Kl. Schr. 8, S. 34 f.
160 JACOB GRIMM, Über den Ursprung der Sprache (1851), Kl. Schr. 1, S. 292 f.
161 Vgl. die Beschreibung in JACOB GRIMM, Vorrede zur Deutschen Grammatik (1819), Kl. Schr. 8, S. 45 f.
162 JACOB GRIMM, Über den Ursprung der Sprache (1851), Kl. Schr. 1, S. 296.
163 JACOB GRIMM, Vorrede zur Deutschen Grammatik (1819), Kl. Schr. 8, S. 30.
164 Ebd., S. 30.
165 Ebd., S. 30 f.

dass ein direkt göttlicher Ursprung ausschied. Ein göttlicher Einfluss konnte nur indirekt sein. Daher stellte Grimm auch gegenüber Savigny fest: »Nun liegt in aller alten Poesie wie etwas Göttliches dadurch, daß sie durchaus das Resultat eines ganzen Volks und als nicht von eines Menschen Mund ausgegangen erkannt werden muß.«[166]

Gleichzeitig war der Volksgeist aber dem bewussten menschlichen Tun entzogen, war also nicht bloß die Summe von Einzelgeistern, sondern eine eigenständige Einheit, die ursprünglich von außen kommend, sich in die Volksmitglieder einpflanzte.

b) Das Wirken des Volksgeistes

Wie beeinflusste nun der Volksgeist die Entwicklung eines Volkes und seiner Kultur? Erste Anhaltspunkte dafür ergaben sich bereits aus Grimms Modell der Sprachentwicklung. Hier sorgte ein hütender Sprachgeist dafür, dass sich die Sprache natürlich und »richtig« entwickelte und die Menschen diese unbewusst in sich aufnehmen und weitergeben konnten. Die unbewusste Kraft des Volksgeistes wurde für Grimm auch bei der Überlieferung von Sage und Geschichte deutlich. Seinem Freund Dahlmann, der die Entwicklung der Sage mit der Zubereitung von Speisen verglichen hatte, entgegnete Grimm: »die verwandlung, den übergang räume ich ein, nicht die zubereitung. denn zubereitet nennen dürfen wird nicht, was durch stillthätige, unbewust wirksame kraft umgesetzt und verändert wurde.«[167] Der Volksgeist war diese »stillthätige, unbewust wirksame kraft«,[168] die für die Entstehung von Poesie und Recht verantwortlich war. Es handelte sich also nicht um bewusste Schöpfung, sondern um intuitive Erschaffung durch den Volksgeist, der das Volk durchdrang und in ihm lebendig war. Der Volksgeist lieferte Recht und Poesie »gleichsam unbewust ordnenden und verfassenden sammlern in die hand«.[169]

Für die Poesie beschrieb Grimm diesen Prozess bereits sehr früh konkreter:

> ein nationalgedicht ist allzeit hervorgegangen aus einer begebenheit, die das ganze volk bewegt hat, indem es ein gemeinsames groszes streben und das ganze reiche sein desselben erfaszt und in einfachen worten und tönen ausgesprochen hat. zweierlei ist charakteristisch dabei, einmal die unergründliche tiefe ruhe und göttlichkeit der bewustlosesten unschuld, dann die reine keusche anschauung, die keinen fremden gedanken eindringen läszt, oder mit andern worten das

---

166 Jacob Grimm an Savigny vom 20.05.1811, in: Ingeborg Schnack / Wilhelm Schoof (Hrsg.), Briefe der Brüder Grimm an Savigny (1953), S. 102.
167 Jacob Grimm, Vorrede zur Deutschen Mythologie (1835), Kl. Schr. 8, S. 148 f.
168 Ebd., S. 148.
169 Jacob Grimm, Vorrede zu: Johannes Merkel, Lex Salica (1850), Kl. Schr. 8, S. 292.

gänzliche untergehen des dichters vor seinem stoff, so dasz er eins damit geworden, und nur wiederum die ganze nation würdig von sich reden darf, ein nationalgedicht dichtet nicht der beschränkte sinn eines einzelnen.[170]

Ein Paradebeispiel dieses Prozesses war für Grimm das Nibelungenlied, »dessen charakter die höchste naivetät ist, wo wort, zusammenstellung, silbenmasz, darstellung, alles aus der innersten nothwendigkeit unbewust hervorgeht, und ein ganzes bildet, dessen zarter anhauch von der leisesten berührung verletzt wird.«[171]

Dabei konnte die Poesie als Erzeugnis des Volksgeistes durchaus innerhalb des Volkes ihr Eigenleben entfalten, verlor jedoch nie den Bezug zum Ursprung:

> Denn das ist die wahre bedeutung des epischen, dasz es durchaus volksmäszig sein, in der ganzen nation fortleben, und sich, indem es blosz die sache ergreift und festhält, mit vernachlässigung der zeiten und benennungen – bei derselben grundlage in einer manichfaltigkeit von gestaltungen dargeben müsse.[172]

Der individuelle Volksgeist blieb in seinem Gehalt inhaltlich grundsätzlich beständig und wandelte sich wenn überhaupt, nur langsam. Einflüsse von aussen, die nicht dem Volksgeist entsprachen, konnten nicht langfristig Fuß fassen. So war für Grimm die Reformation eine typisch deutsche Entwicklung, die Französische Revolution dagegen ein Ausdruck des französischen Volksgeistes. Übertragbar auf die jeweils andere Nation war keine der beiden Erscheinungen:

> im ganzen ändern jahrhunderte den geist der völker weniger als man glaubt. die innere bewegung der reformation ging auf in Deutschland und ergriff auch einige Franzosen, die sie aber nicht festhalten konnten; die anhänger der französischen revolution werden auf uns Deutsche nur einen vorübergehenden, keinen dauernden einflusz äuszern. unser trachten und sinnen ist deutsch, nicht französisch.[173]

Der Volkgeist wirkte zwar im Verborgenen, lebte aber unbewusst in allen Volksmitgliedern fort, die diesen an die jeweils nächste Generation weitervermittelten.

c) Die Weitervermittlung des Volksgeistes

Der Träger des Volksgeistes war nach der Grimmschen Auffassung zwar das gesamte Volk, besonders rein hatte sich der Volksgeist allerdings in den einfachen Volksschichten erhalten, wo dieser noch treu und ohne »Verunreini-

---

170 JACOB GRIMM, Rez. Deutsche Gedichte des Mittelalters, hrsg. von Von der Hagen und Büsching (1809), Kl. Schr. 4, S. 34 f.
171 JACOB GRIMM, Über das Nibelungen Liet (1807), Kl. Schr. 4, S. 6.
172 JACOB GRIMM, Von Übereinstimmung der alten Sagen (1807), Kl. Schr. 4, S. 10.
173 JACOB GRIMM, Über den Metaphysischen Sinn der Deutschen, Hannoversche Zeitung 1832, Kl. Schr. 8, S. 423.

gung« durch Wissenschaft oder fremde Einflüsse zu erkennen sei. Die Übermittlung der Erzeugnisse des Volksgeistes, also etwa Recht, Sagen und Poesie, sollte daher nicht etwa in der Schule erfolgen, sondern zuhause, wo »die heimische elterliche vertraulichkeit« die Vermittlung unterstützten konnte und die Gefahr von fremden Einflüssen gering war:

> vaterländische geschichte und poesie musz gleichsam mit der muttermilch gesogen und in dem hause erzählt und besprochen werden, ehe das kind die schule betritt und wenn es aus der schule nach haus kommt. alles aber natürlich und wie es sich von selbst schicken mag.[174]

Die Vermittlung dessen, was der Volksgeist hervorbrachte, erfolgte »natürlich«, nicht »künstlich«.[175] Wissenschaftliche Aufarbeitung und Vermittlung störte die Übermittlung und damit die Basis für das Überleben des Volksgeistes. Der Volksgeist lebte nur im Volk, nicht in der Wissenschaft.

In späteren Jahren rückte Grimm gleichwohl, was die Vermittlung altdeutscher Denkmäler in der Schule anging, von seiner strikten Haltung ab und sah in Einzelfällen auch deutsche Altertumskunde als Unterrichtsstoff für sinnvoll an.[176] Eine »wissenschaftliche Herangehensweise« an den Stoff selber lehnte er jedoch zeitlebens ab.

Die Weitervermittlung der Erzeugnisse des Volksgeistes erfolgte nach Grimm durch die »bildungsferne« Bevölkerung selbst und automatisch, ohne dass dies besonders gefördert werden musste. Diese Art der Vermittlung garantierte eine möglichst große Freiheit von Verunreinigungen durch volksgeistfremde Einflussfaktoren insbesondere aus dem Ausland. Wollte man sich dem individuellen Volksgeist nähern, musste man sich daher mit Grimm den Überlieferungen dieser Bevölkerungsschicht zuwenden. Sollten die Erzeugnisse des Volksgeistes auch in Zukunft überleben, musste dafür Sorge getragen werden, dass dieser »natürliche« Vermittlungsprozess so gut wie möglich erhalten bzw. wiederhergestellt wurde. Hierzu sollten die Quellensammlungen Grimms einen entscheidenden Beitrag leisten, da sie die durch die Wissenschaft von ihren eigenen Wurzeln entfremdete Bildungsschicht wieder an »ihren« Volksgeist heranführen sollten.

---

174 Jacob Grimm, Rez. Von dem verhältnis altdeutscher dichtungen zur volksthümlichen erziehung von Karl Besselt (1816), Kl. Schr. 6, S. 203 f.; vgl. dazu auch Uwe Meves, Jacob Grimms Stellungnahmen zum Altdeutschen im Unterricht, in: BGG 5 (1985), S. 84 f.

175 Zur Bedeutung der Unterscheidung zwischen Kunst und Natur in der Grimmschen Konzeption vgl. weiter unten B. III. 2.

176 Vgl. Uwe Meves, Jacob Grimms Stellungnahmen zum Altdeutschen im Unterricht, in: BGG 5 (1985), S. 88 f.

d) Organische Entwicklung

Auch bei Grimm spielte dabei der Gedanke einer organischen Entwicklung von Kultur und Geschichte eine besondere Rolle. Der Organismusgedanke war im 19. Jahrhundert weit verbreitet, präsentierte sich jedoch in seiner inhaltlichen Ausgestaltung keinesfalls einheitlich.[177] Insbesondere die Überzeugung von einer organischen Entwicklung der Menschheit und ihrer Kultur gewann schnell Anhänger. Diese organische Sichtweise führte im Bereich der Rechtswissenschaft fast zwangsläufig zu einer Skepsis gegenüber dem Vernunftrecht und willkürlicher Rechtssetzung,[178] die auch bei Grimm zu beobachten ist.

Die Idee vom Dasein eines schaffenden Volksgeistes war meist eng mit der Vorstellung eines organischen Wachsens der Kultur selber verbunden.[179] Der Volksgeist prägte den gesamten Volks-Organismus, der lebte und sich ständig weiterentwickelte, damit etwas Gewordenes war und nichts Gemachtes. Ein mechanischer, von festen Gesetzmäßigkeiten bestimmter Bereich war für einen intuitiv schaffenden Volksgeist nicht durchlässig.

Dies führte für die Volksgeistkonzeptionen zu zwei Konsequenzen: Zum einen erlangte dadurch die historische Betrachtung der Volkskultur besondere Bedeutung. Ein Organismus konnte nur im Lichte seiner Entwicklung verstanden werden, nicht allein durch abstrakte Betrachtung seines derzeitigen Zustandes. Zum anderen verbot sich jeder künstliche Eingriff in die organische Entwicklung. Die abstrakte Schöpfung von Regeln und Gesetzen war daher, wenn auch nicht ganz unmöglich, so doch zumindest nur in engen Grenzen erlaubt. Für diese Grenzen war wiederum der konkrete Volksgeist von Bedeutung. Da er die Entwicklung des Organismus prägte, konnten nur durch seine tiefere Erkenntnis solche Regelungen geschaffen werden, die dem natürlichen Entwicklungsprozess entsprachen und die zukünftige naturgemäße Entwicklung des Volkes nicht hemmten.

Diese beiden Elemente fanden sich auch in Grimms Konzeption.[180] Was Jacob Grimm genau unter dem Begriff des Organischen verstand, lässt sich am

---

177 Vgl. Maria Herrlich, Organismuskonzept und Sprachgeschichtsschreibung (1998), S. 29 m.w.N. sowie Hartmut Schmidt, Die lebendige Sprache (1986), S. 41 ff.

178 Franz Wieacker, Privatrechtsgeschichte der Neuzeit (1996), S. 356.

179 Ruth Schmidt-Wiegand, Jacob Grimm und das genetische Prinzip (1987), S. 2; so auch schon Ernst von Moeller, Die Entstehung des Dogmas von dem Ursprung des Rechts aus dem Volksgeist, in: MIÖG 30 (1909), S. 49.

180 Dies geht unter anderem auch auf den Besuch von Savignys Methodenvorlesung im Wintersemester 1802/03 zurück, die Jacob Grimm in einem Kollegheft sauber mitgeschrieben und auch nachher noch öfter zur Hand genommen hat, vgl. auch Ruth Schmidt-Wiegand, Jacob Grimm und das genetische Prinzip (1987), S. 2 f. Die Mitschrift Grimms ist auch ediert worden: Friedrich Karl von Savigny,

Besten anhand seiner Sprachauffassung ablesen, obwohl er das Prinzip der organischen Entwicklung auch auf das Recht angewendet hat:

> es wäre daher thöricht zu glauben, dasz unsere heutige sprache in zukunft bleiben würde, wie sie jetzt ist; ihre formen werden sich unverhinderlich weiter abschleifen und es lieszen sich sogar beispiele ausfinden, bei welchen dieses wahrscheinlich zunächst der fall sein wird. von diesem langsamen, ruhigen gang unterscheide ich aber den durch äuszere ursachen herbeigeführten und beförderten verfall einer sprache.[181]

Bereits in den bei Grimm verwendeten Metaphern spiegelt sich deutlich ein organisches Konzept.[182] Organisch war für Grimm die »natürliche« Entwicklung innerhalb des Volkes, die ungestört von äußeren künstlichen Einflüssen verlief. Unorganisch war dementsprechend alles, was diese harmonische Entwicklung störte, insbesondere also Einflüsse aus dem Ausland. Daraus leitete Grimm die Regel- und Gesetzmäßigkeiten der Sprachentwicklung ab, die sich an der organischen und damit natürlichen Entwicklung anlehnten.

Grimm strebte in seiner Forschung danach, das organische Werden der Volkskultur innerhalb der Geschichte zu rekonstruieren:

> [W]enn eine Untersuchung kein allmähliges Bilden (oder Verbilden) zuläßt und gleich ein stehendes will, so mangelt ihr ein Hauptstück historischer Forschung, Empfänglichkeit für alles Lebendige und Bewegliche.[183]

Seine *Deutsche Grammatik* bezeichnete er in der dem 1. Band vorangestellten Widmung – bezeichnenderweise an Savigny – als Versuch, »aufzuzeigen, wie auch in der Grammatik die Unverletzlichkeit und Nothwendigkeit der Geschichte anerkannt werden müsse.«[184]

In diesen Zusammenhang passt auch die Bedeutung, die Grimm dem Lebendigen generell gegeben hat. So war für ihn Poesie ein Abbild des Lebens und gerade deswegen so wertvoll.[185] Die organische Entwicklung führte für

---

Juristische Methodenlehre, hrsg. von GERHARD WESENBERG, Stuttgart 1951; zu Savignys Vorlesungen und Grimms Mitschriften vgl. auch ALDO MAZZACANE, Jurisprudenz als Wissenschaft, in: FRIEDRICH CARL VON SAVIGNY, Vorlesungen über juristische Methodologie 1802–1842 (2004), hrsg. von ALDO MAZZACANE, S. 3 f.

181 JACOB GRIMM, Vorrede zur Deutschen Grammatik (1819), Kl. Schr. 8, S. 50.
182 Dazu VERONIKA KRAPF, Sprache als Organismus (1993).
183 JACOB GRIMM, Ueber den altdeutschen Meistergesang (1811), S. 19 f.
184 JACOB GRIMM, Vorrede zur Deutschen Grammatik (1819), Kl. Schr. 8, S. 26.
185 »Wenn nun poesie nichts anders ist und sagen kann, als lebendige erfassung und durchgreifung des lebens [...]«, JACOB GRIMM, Gedanken wie sich die Sagen zur Poesie und Geschichte verhalten (1808), Kl. Schr. 1, S. 403. »Da nun die Poesie nichts anders ist, als das Leben selbst, gefaßt in Reinheit und gehalten im Zauber der Sprache [...]«, JACOB GRIMM, Ueber den altdeutschen Meistergesang (1811), S. 5.

Grimm dazu, dass die Entwicklungsgesetze des Organismus auch für die Zukunft die Leitlinien vorgaben. Damit blieb für individuelle menschliche Einwirkung kaum Raum. So stellte Grimm 1824 fest: »der organismus der deutschen sprache will, dasz alle comparative nur schwach, nicht stark gehen.«[186] Die Entwicklung war durchaus von einem Zielpunkt bestimmt. So sah Grimm die Geschichte der Deutschen als die eines »in der geschichte unwiderstehlich aufsteigenden volks«[187] an.

Das organische Wachstum folgte für Grimm bestimmten genetischen Entwicklungslinien, die Maria Herrlich für die Geschichte der deutschen Sprache als »Von der Einheit zur Vielheit« und »Von der Sinnlichkeit zur Abstraktion« beschrieben hat.[188] Diese Entwicklungslinien schildert Grimm auch in anderen Bereichen seines Werks. So entwickelt sich das Recht in der Darstellung Grimms von einer sinnlichen Vorzeit in eine abstrakte Gegenwart. Die Linien innerhalb der organischen Entwicklung wurden dadurch berechenbar, und dies ließ Schlüsse auf die Zustände in solchen Zeiten zu, für die unmittelbare Quellenbelege fehlten. Die Rekonstruktion der Vergangenheit war insgesamt deutlich vom Organismuskonzept geprägt.

Die Kultur an sich, das Recht, die Sprache, die Poesie bildeten nach Grimms Auffassung einen Gesamtorganismus der Volkskultur. Alle Teile dieses Organismus standen in Beziehung zueinander. Der Organismus lebte und entwickelte sich. Die organische Entwicklung verknüpfte die Vergangenheit durch ein besonderes »band« mit Gegenwart und Zukunft. Weder war es daher möglich, die Vergangenheit aus den wissenschaftlichen Betrachtungen auszulassen, noch statisch in einem bestimmten Zustand zu verharren.

> dieses neue hängt aber fest zusammen mit dem alten, und ebenso wenig könnte das alte in seiner anfänglichen oder früheren gestalt verharren, als das neue von vorne herein aus eigner kraft erichtet werden. sprache und recht haben eine geschichte, d. h. es besteht zwischen ihnen ein band, welches alterthum und gegenwart, nothwendigkeit und freiheit mit einander verschmilzt. wer blosz die forderungen der gegenwart stillen möchte, ohne auf die vergangenheit zu hören, der vergibt gerade dem recht der gegenwart, indem er die zukunft ermächtigt, dereinst ebenso mit ihm zu verfahren. wer dagegen starr die vergangenheit festzuhalten sucht, der entzieht auf das seltsamste der gegenwart, was dieser die zukunft ja wieder zuerkennen müsste und haut den ast, auf dem er selbst fuszt, thörichterweise ab.[189]

---

186 Jacob Grimm, Vorrede zu: Wuk Stephanowitsch, Kleine Serbische Grammatik, Kl. Schr. 8, S. 122.
187 Jacob Grimm, Vorrede zu: Johannes Merkel, Lex Salica (1850), Kl. Schr. 8, S. 283.
188 Maria Herrlich, Organismuskonzept und Sprachgeschichtsschreibung (1998), S. 39 ff.; S. 46 ff.
189 Jacob Grimm, Über die Alterthümer des Deutschen Rechts (1841), Kl. Schr. 8, S. 547.

Das Organismuskonzept beeinflusste die Auswahl und Präsentation der Quellen. Da alles organisch miteinander zusammenhing, konnte Grimm in seinen Quellensammlungen ohne Probleme Quellen aus unterschiedlichsten Zeiträumen nebeneinander präsentieren. Die mündliche Überlieferung sah Grimm als »unmittelbar mit dem alterthum verknüpft«[190] an.

Grimms »Alterthum« war zeitlich nicht bestimmt. Unter dieser Bezeichnung fanden sich Quellen aus Antike, Mittelalter, teilweise sogar aus der frühen Neuzeit zusammengestellt. Das Altertum war daher nicht notwendigerweise weit entfernte Vergangenheit, sondern »Quellgrund und Ursprung des Stroms, der bis in die Gegenwart reicht«.[191] Grimm unterlag »ständig der Neigung, Vergangenheit und Gegenwart des Deutschtums über alle Unterschiede der historischen Einzelepochen hinweg in eins zusammenzuziehen.«[192]

Das organische Prinzip der gesamten menschlichen Kultur erlaubte es dem Historiker, auch die entferntesten Zustände in gewissen Grenzen zu rekonstruieren.[193] Zeitlose innere Prinzipien, die Grimm aus den Quellen herauszulesen versuchte, konnten auch in späteren Aufzeichnungen noch lebendig sein. Daher ließen für Grimm beispielsweise die Ausführungen des gotländischen Gesetzbuchs Gutalagh, trotz dessen Aufzeichnung frühestens im 12. Jahrhundert, Schlüsse auf »uralte, lange zeiten hindurch unverkümmert festgehaltene sitten und gebräuche des deutschen volksstammes« zu.[194] Auf äußere Faktoren kam es für ein volksgeistbasiertes Verständnis von Recht und Geschichte nicht an – man suchte nach *inneren* Entwicklungsprinzipien. *Äußere* Kausalbeziehungen mussten daher bei der Betrachtung außen vor bleiben. Dies führte zu einer im heutigen Sinne unhistorischen Vorgehensweise, die jedoch auch bei anderen der Historischen Rechtschule zugerechneten Wissenschaftlern zu beobachten war.[195] Diese Herangehensweise wurde in der Forschung deutlich kritisiert,[196] war jedoch Konsequenz der Volksgeistkonzeption und des Organismusgedankens.

Ganz außer Acht ließ jedoch auch Grimm das Alter der jeweiligen Quellen nicht. Da äußere Einflüsse das innere organische Entwicklungsprinzip in den

---

190 Jaocb Grimm, Vorrede zur 2. Ausg. der Deutschen Mythologie, 1. Bd. (1844), S. IX.
191 Hermann Bausinger, Formen der »Volkspoesie« (1980), S. 25.
192 Klaus Ziegler, Jacob Grimm und die Entwicklung des modernen deutschen Nationalbewußtseins, in: ZHG 74 (1963), S. 173.
193 Maria Herrlich, Organismuskonzept und Sprachgeschichtsschreibung (1998), S. 20.
194 Vgl. Jacob Grimm, Rez. Gutalagh von Carl Schildener (1819), Kl. Schr. 4, S. 107.
195 Dazu auch Ingo Wiwjorra, Der Germanenmythos (2006), S. 60 f.
196 Vgl. nur Wilhelm G. Busse, Jacob Grimms Konstruktion des Mittelalters (1997), S. 246 f.

Quellen verdecken konnten, musste Grimm feststellen: »aus der älteren quelle vermag die rechtsgeschichte immer mehr zu lernen, als aus der jüngeren«.[197] Gerade die ältesten Quellen waren für Grimm besonders aufschlussreich, da sie, unverfälscht von äußeren Faktoren, das innere Entwicklungsprinzip, quasi die Essenz des Volksgeistes, noch besonders rein bewahrt hatten. Rein waren die Quellen vor allem dann, wenn sie noch ihre vermeintlich ursprüngliche, poetische Form aufwiesen. Verfälschungen durch fremde Einflüsse, der Kirche oder etwa der Wissenschaft waren hier nach Grimms Auffassung auszuschließen.

Eine Konsequenz dieser Überzeugung war es, dass eine engere Quellenkritik meist unterblieb. Da es um die Erhellung der grundsätzlich beständigen Volkseigentümlichkeit ging, die dem organischen Wachsen zugrundelag, waren genauere Entstehungszeit und -art zunächst irrelevant.[198]

Volksgeist und Organismuskonzept müssen somit bei Grimm in einem Zusammenhang gesehen werden. Die Idee einer organischen Entwicklungslinie lag als Grundbedingung dem Volksgeistkonzept zugrunde.

e) Die Besonderheiten des deutschen Volksgeistes

Der Volksgeist beeinflusste also als stillwirkende Kraft die organische Entwicklung des jeweiligen Volkes und führte zur Ausprägung individueller Kulturerscheinungen. Der deutsche Volksgeist, so war Grimm überzeugt, unterschied sich dabei von den anderen Völkern innewohnenden Volksgeistern. In der Sprache, im Recht und in der Poesie wurden für ihn zahlreiche Besonderheiten offenbar, die Ausprägung gerade des besonderen deutschen Volksgeistes waren. Diese Besonderheiten sollen im Folgenden dargestellt werden.

Wie so oft bei Grimm findet man Aussagen hierzu vor allem bezogen auf den Charakter der deutschen Sprache. Für die Frage nach der Besonderheit des deutschen Volksgeists ist der Blick auf die Sprache zusätzlich aufschlussreich, denn die deutsche Volksgemeinschaft bestimmte sich für Grimm, wie gesehen, elementar über die Sprache.[199] Die Sprache stand jedoch nicht isoliert, sondern wies enge Verbindungen zu allen anderen Kulturerscheinungen eines Volkes auf.[200] Daher lassen sich Grimms Aussagen über die deutsche Sprache auch auf andere Bereiche übertragen.

---

197 Jacob Grimm, Rez. Gulathings-Laug (1819), Kl. Schr. 4, S. 113.
198 Elsa Sjöholm, Rechtsgeschichte als Wissenschaft und Politik (1972), S. 70.
199 Vgl. B. II. 1. a) bb).
200 »obgleich ich meine geringen Kräfte dem vaterländischen recht und der vaterländischen geschichte zuweilen zugewandt habe, so ist mir doch die sprachforschung am geläufigsten; es dürfte auch an sich nicht unpassend erscheinen, weil sie das allgemeine uns verknüpfende band heiszen kann, dasz ich eben vom

aa) Allgemeine Besonderheiten der Deutschen Volkskultur

Jacob Grimm hat sich häufig zu den besonderen Eigenschaften seines von ihm geliebten Vaterlandes geäußert. In seiner Rede vor der ersten Germanistenversammlung schilderte er die besondere Rolle des deutschen Volkes in der Geschichte:

> wir, aus deren schosz seit der völkerwanderung zahllose heldenstämme nach dem ganzen westen entsandt wurden, auf deren boden immer die schlachten der entscheidung geschlagen, die kühnsten aufschwünge des geistes vorbereitet zu werden pflegen, ja wir hegen noch keime in uns künftiger ungeahnter entwickelungen.[201]

Häufig beschrieb Grimm die »schlichte treue« der Deutschen als herausragendes Charakteristikum der deutschen Eigenart.[202] Aber auch die »regeste verjüngungskraft«[203] lobte Grimm als Eigenart der deutschen Kulturleistungen. Er beschrieb den deutschen Volkscharakter als von diesen zwei entgegensgesetzten Leitlinien bestimmt: »treues anhängen an dem hergebrachten und empfängliches gefühl für das neue.«[204]

Dabei sah Grimm einen Vorteil darin, dass die Deutschen im Gegensatz zu den antiken Völkern kein wohlhabendes Volk gewesen waren. Gerade dies habe die Deutschen von jeher prädestiniert, an ihrem eigenen Fortschritt zu arbeiten: »Sie arbeiten von unten herauf und brechen sich viele eigenthümliche wege, während andere völker mehr auf einer breiten, gebahnten heerstrasze wandeln.«[205]

Aber bei Grimm erschienen die deutschen Eigenheiten nicht nur positiv. Als typisch deutsch sah er beispielsweise eine gewisse Pedanterie an, die oft dazu führe, »dasz wir allzu sehr geneigt sind, an dem geringfügigen und kleinen zu hängen, und das grosze uns darüber entschlüpfen zu lassen«.[206] Auf dieses Laster hat Grimm an verschiedenen Stellen, unter anderem auch in der Frankfurter Nationalversammlung,[207] hingewiesen. Gerade hier bewies sich in der Folge, dass er mit seiner Einschätzung zumindest teilweise ins Schwarze getroffen hatte. Aber auch andere unvorteilhafte deutsche Eigenschaften entdeckte

---

standpunkt der sprache aus mein auge auf die anderen wissenschaften richte, welche hier vertreten werden sollen.« Jacob Grimm, Über die wechselseitigen Beziehungen und die Verbindung der drei in der Versammlung vertretenen Wissenschaften (1846), Kl. Schr. 7, S. 556.

201 Ebd., S. 558.
202 Ebd., S. 558.
203 Ebd., S. 558.
204 Jacob Grimm, Vorrede zur Deutschen Grammatik, Vierter Theil (1837), S. V.
205 Jacob Grimm, Selbstbiographie (1831), Kl. Schr. 1, S. 5.
206 Jacob Grimm, Über Geschäftsordnung (Vortrag in der Nationalversammlung 1848), Kl. Schr. 8, S. 435.
207 Ebd., S. 435.

Grimm. So seien die Deutschen in ihrer Ausdrucksart eher unbeholfen gegenüber den natürlichen und ungezwungenen Italienern. Im zwischenmenschlichen Umgang seien sie zudem »anfangs steif« und müssten erst »aufthauen«.[208]

Auf einige deutsche Besonderheiten ging Grimm konkreter ein. Diese sollen im Folgenden näher dargestellt werden, bevor dann der Blick auf die Besonderheiten des durch den Volksgeist hervorgebrachten deutschen Rechts gerichtet wird.

(1) Zahlen und Symbole

Einen Aspekt, den Grimm bei der Beschreibung der deutschen Kultur besonders hervorhob, war die Affinität zu Zahlen und Symbolen. Dies galt insbesondere für die deutsche Frühzeit. Hier beobachtet Grimm einmal mehr die Entwicklung vom Bildhaften zum Abstrakten innerhalb der Kulturentwicklung der Deutschen. Auf Symbole und Bilder versuchte er daher in seinen Quellensammlungen größere Aufmerksamkeit zu lenken. So beschrieb er gegenüber Bluntschli das Verdienst seiner Weistümersammlung so:

> Mit gutem instinct (mehr lob will ich mir nicht beilegen) habe ich z.b. auf die bedeutsamkeit der maße und symbole hingewiesen, aber das alles muß sich aus reicherem material und bei fortgesetzter betrachtung viel sattsamer und einleuchtender ergeben.[209]

Zahlen und Symbole spielten auch im alten deutschen Recht eine Rolle. Grimm sah durch den Gebrauch von Symbolen und Formeln ein besonders natürliches, lebhaftes Recht verwirklicht. »Tote« Fristbestimmungen, die er im zeitgenössischen Recht zu entdecken glaubte, unterschieden sich hiervon maßgeblich.[210] Die Symbole des alten Rechts waren für Grimm keine »leere erfindung zum behuf der gerichtlichen form und feierlichkeit [...] im gegentheil hat jedes derselben gewisz seine dunkle, heilige und historische bedeutung; mangelte diese, so würde der allgemeine glaube daran und seine herkömmliche verständlichkeit fehlen.«[211] Die Symbole seien daher oft einfach, eingänglich und auf die Elemente Erde, Wasser und Feuer zurückzuführen, »Stoffe, in die sich alles auflöst«.[212] In Symbolen und Maßbestimmungen sah Grimm »die Haupt-

---

208 Jacob Grimm, Italienische und Scandinavische eindrücke (1844), Kl. Schr. 1, S. 62 f.

209 Jacob Grimm an Bluntschli am 17.01.1839, in: Wilhelm Oechsli, Briefwechsel Johann Kaspar Bluntschlis mit Savigny, Niebuhr, Leopold Ranke, Jakob Grimm und Ferdinand Meyer (1915), S. 127.

210 Vgl. Jacob Grimm, Von der Poesie im Recht (1815), Kl. Schr. 6, S. 170.

211 Ebd., S. 179.

212 Jacob Grimm, Tacitus' Germania (Vorlesung WS 1835/36), in: Else Ebel (Hrsg.), Jacob Grimms Deutsche Altertumskunde (1974), S. 82.

typen des Rechts«.[213] Dass die alten Deutschen sich nicht auf »dürre Zahlen« bezogen, sondern stattdessen »sinnliche« Bestimmungen vorsahen, führte Grimm auf die »Unschuld und das Naturgefühl der Germanen« zurück.[214] Das Rechtsgeschäft des Tauschs empfand Grimm daher, weil es noch an diese sinnlichen Elemente anknüpfte, als »edler« als den daraus hervorgegangenen Kauf. Letzterer legte einen abstrakten, in Geld ausgedrückten Wert einer Sache zugrunde, der nicht mehr unmittelbar erfahrbar war.[215] Hierin erblickte er einen Kernaspekt des deutschen Rechts. Die Darstellung der symbolhaften Anfangs-phase des Rechts in Savignys Berufsschrift ging ihm daher nicht weit genug:

> Mir scheint, daß sie nicht etwa bloß äußerlich zur sinnlichen Festhaltung angenommen worden, sondern mit der Sache tief- und grundbedeutend zusam-menhänge, kurz; natürliches Element in ihnen auch ist.[216]

Die Symbole waren nach Auffassung Grimms mit der Sache selber verbunden. Über sie konnte man der eigentlichen Bedeutung von Rechts- und Sachbezeich-nungen näherkommen. Damit wiesen symbolhafte Formulierungen in Recht und Poesie viel eher auf eine tiefere Grundbedeutung hin, als dies in den abstrakten Formulierungen beispielsweise des römischen Rechts der Fall sein konnte. Gleichzeitig bedeute die symbolhafte Sprache aber auch eine besondere, eigentümliche Nähe des deutschen Rechts und der Poesie zur Natur und zu den Menschen, die hierdurch in die Lage versetzt wurden, durch sinnliche Teil-nahme das Recht selber zu spüren.[217]

(2) Freiheit

> *die freiheit war in unserer mitte, so lange deutsche geschichte steht, die freiheit ist der grund aller unserer rechte von jeher gewesen; so schon in der ältesten zeit.*[218]

Neben dem Symbolhaften zeichnete für Grimm ein weiterer wichtiger Aspekt die deutsche Wesensart aus: die besondere Beziehung zur Freiheit. Für ihn beruhte die Zukunft der Deutschen daher »auf einem gemeingefühl unsrer ehre und freiheit«.[219] Dies zeigte sich nicht zuletzt in einem der insgesamt sehr

---

213 Ebd., S. 82.
214 Ebd., S. 82.
215 »Noch jetzt ist Tausch edler als Kauf«, ebd., S. 110.
216 JACOB GRIMM an Savigny vom 29.10.1814, in: INGEBORG SCHNACK/WILHELM SCHOOF (Hrsg.), Briefe der Brüder Grimm an Savigny (1953), S. 173.
217 Vgl. zu den besonderen Eigenschaften des deutschen Rechts unten B. II. 2. e) bb).
218 JACOB GRIMM, Über Adel und Orden (1848), Kl. Schr. 8, S. 439.
219 Brief JACOB GRIMMS an Karl Lachmann vom 12. Mai 1840, zit. in: DERS., Rede auf Wilhelm Grimm (1860), in: Kl. Schr. 1, S. 183.

wenigen Anträge Grimms im Rahmen der Verhandlungen über eine deutsche Verfassung in der deutschen Nationalversammlung. Die Bedeutung der Freiheit wollte Grimm hier besonders verankern: »der begriff von freiheit ist ein so heiliger und wichtiger, dasz es mir durchaus notwendig erscheint, ihn an die spitze unserer grundrechte zu stellen.«[220]

Dass gerade die Freiheit ein besonderes deutsches Erbe darstellte, war kein neuer Gedanke, sondern fand sich bereits bei Montesquieu und Justus Möser und erfreute sich bei den Germanisten des 19. Jahrhunderts besonderer Beliebtheit.[221] Damit gemeint war allerdings nicht unbedingt ein freiheitlich liberales System im heutigen Sinne. Die germanische Freiheit umfasste beispielsweise bei Montesquieu hautpsächlich die Tatsache, dass der König keine Obrigkeit im eigentlichen Sinne darstellte, sondern mit dem Adel als primus inter pares agierte.[222] Mit der Hervorhebung der deutschen Freiheit folgte Grimm der Tradition der »sogenannten germanischen Freiheitsidee«, die Folge einer humanistischen Intepretation von Tacitus' *Germania* war.[223] Freiheit meinte zunächst einmal die persönliche Freiheit, also die Abwesenheit von Leibeigenschaft und Sklaverei. So war auch der oben erwähnte Antrag Grimms in der Frankfurter Nationalversammlung zu verstehen. Als Art. 1 der zukünftigen Deutschen Verfassung schlug er vor: »alle Deutschen sind frei, und deutscher boden duldet keine knechtschaft. fremde unfreie, die auf ihm verweilen, macht er frei.«[224] Diese Gedanken begleiteten Grimm schon seit seiner Teilnahme am Wiener Kongress.[225]

---

220 Jacob Grimm, Über Grundrechte (Rede in der Nationalversammlung 1848), Kl. Schr. 8, S. 439.

221 Vgl. hierzu Karl Michaelis, Carl Friedrich Eichhorn, in: Fritz Loos (Hrsg.), Rechtswissenschaft in Göttingen (1987), S. 177; Dietmar Willoweit, Freiheit in der Volksgemeinde, in: ders./Joachim Rückert (Hrsg.), Die Deutsche Rechtsgeschichte in der NS-Zeit (1995), S. 301 ff.; Frank L. Schäfer, Germanistik, in: HRG 2, 2. Aufl. (2012), Sp. 257.

222 Elsa Sjöholm, Rechtsgeschichte als Wissenschaft und Politik (1972), S. 144.

223 Hans-Christof Kraus, Jacob Grimm – Wissenschaft und Politik, in: Bernd Heidenreich/Ewald Grothe (Hrsg.), Kultur und Politik – Die Grimms (2003), S. 167.

224 Jacob Grimm, Über Grundrechte (Rede in der Nationalversammlung 1848), Kl. Schr. 8, S. 439. Der Antrag wurde mit 205 gegen 192 Stimmen abgelehnt, vgl. Hartmut Schmidt, ›Kein Deutscher darf einen Sclaven halten‹, in: Werner Neumann u. a. (Hrsg.), Bedeutungen und Ideen in Sprachen und Texten (1987), S. 183. Grund für die Ablehnung war wohl hauptsächlich die enge Verknüpfung zwischen nationaldeutschem Bekenntnis und Freiheitsbegriff, die vielen Abgeordneten zu eng erschien, vgl. Wilhelm Bleek, Die Brüder Grimm und die deutsche Politik, in: APuZ, B 1/86 (1986), S. 6; zur Entstehungsgeschichte auch Steffen Seybold, Freiheit statt Knechtschaft (2012), S. 215 ff.

225 Vgl. Ulrich Hussong, Jacob Grimm und der Wiener Kongress (2002), S. 97 ff.

An umfassende demokratische Bürgerrechte im heutigen Sinne, etwa den Freiheitsrechten des Grundgesetzes entsprechend, hatte Grimm noch nicht gedacht. Interessant ist in diesem Zusammenhang ein zwar nicht zur Abstimmung gelangter, aber von der Hand Grimms stammender Erweiterungsvorschlag für Artikel 1, der wohl auf einen Vorschlag Friedrich Wilhelm Carovés zurückging. In eindeutigem Anschluss an ein französisches Vorbild (was in Anbetracht der ebenfalls in der Paulskirche erfolgten klaren Ablehnung der Übernahme der Trias Freiheit, Gleichheit, Brüderlichkeit durch Grimm bemerkenswert war),[226] positionierte sich Grimm klar gegen die Sklaverei, dehnte die Wirkung der deutschen Freiheit auch auf Schiffe aus und drohte jedem Deutschen, der einen Sklaven hielt, den Verlust des deutschen Bürgerrechts an.[227] Freiheit war für Grimm das entscheidende Grundrecht der Deutschen. Alles andere musste nicht genau festgelegt werden, sondern folgte aus diesem entscheidenden Freiheitsrecht. Daher blieb sein Freiheitsbegriff vage und bot Raum für Interpretation. So konnten in diesen Begriff umfangreiche Grundfreiheiten wie Pressefreiheit, Wissenschaftsfreiheit und Meinungsfreiheit hineingelesen werden.[228]

Im Mittelpunkt stand bei Grimm selbst stets die Freiheit von Fremdbestimmung. Grimm zeichnete zwar das deutsche Altertum als Zweiklassengesellschaft zwischen Freien und Unfreien, wobei nur die Freien Teil des eigentlichen Volkes gewesen seien, stellte jedoch klar: »Unsere Geschichte hat die Tendenz, die Unfreiheit aufzuheben. Die Unfreiheit ist etwas, was bald verschwinden wird.«[229] Ursprünglich seien alle Menschen frei gewesen, die Unfreiheit habe sich nur »durch besondere Verhältnisse« ergeben, war damit für Grimm nur »Ausnahmezustand«[230] als Folge von Krieg und Eroberung.[231]

Besondere Bedeutung hatte für Grimm schon im Altertum die Freiheit im Recht. Dies galt insbesondere im Strafrecht:

> Unter unsern vorfahren duldeten ehre und freiheit des edelen mannes nicht, sein allerhöchstes gut, das leben anzutatsen, dasz mord sich in mord kühle, dieser satz

226 Dazu und zum Verhältnis zwischen Grimm und Carové Hartmut Schmidt, ›Kein Deutscher darf einen Sclaven halten‹ (1987), S. 183 ff.

227 Abgedruckt bei Dieter Hennig / Bernhard Lauer (Hrsg.), Die Brüder Grimm. Dokumente ihres Lebens und Wirkens (1985), S. 623 f.

228 Horst Grünert, Vom heiligen Begriff der Freiheit – Jacob Grimm und die Revolution von 1848, in: BGG Sonderband 1987, S. 69 f.

229 Jacob Grimm, Tacitus' Germania (Vorlesung WS 1835/36), in: Else Ebel (Hrsg.), Jacob Grimms Deutsche Altertumskunde (1974), S. 89.

230 Jacob Grimm, Vorlesung über Deutsche Literaturgeschichte, nach studentischen Mitschriften hrsg. von Matthias Jannsen (2005), S. 250.

231 Dies wird auch deutlich in der Schilderung der Freien und Unfreien in Jacob Grimm, Vorlesung über Deutsche Rechtsalterthümer, hrsg. von Else Ebel (1990), S. 25 ff.

war ihnen zwar von der natur eingepflanzt, aber es konnte ihn kein menschliches gesetz vorschreiben.[232]

Die Freiheit des Einzelnen war die Grenze für das, was Gesetze vorschreiben und regeln konnten, da sie aus der Natur selbst kam, nicht erst durch das Recht geschaffen wurde. Das Strafrecht wirkte in alter Zeit nach Grimms Ansicht als Garant der Freiheit und zwar sowohl der des Verletzten als auch der des Täters. »Das ganze alte Kriminalrecht gründete sich also auf ein lebendiges Freiheitsgefühl beider Parteien«,[233] wobei der Verletzte im Mittelpunkt stand (ein Aspekt, den Grimm in der zeitgenössischen Strafrechtspflege als völlig unterbewertet ansah).[234] Dieser konnte entscheiden, ob er zum Mittel der Fehde greifen wollte, um sich Genugtuung zu verschaffen. Dass sich aus diesem System langwierige Fehdekriege entwickeln konnten, empfand Grimm »dem Altertum höchst angemessen, notwendig und heilsam«.[235] Die Freiheit des Täters sei dadurch geschützt worden, dass ihn nur der Verletzte selbst zur Rechenschaft ziehen konnte.[236] Auch der alte deutsche Prozess stand für Grimm im Wesentlichen unter dem Primat der Freiheit. So stellte er heraus, dass es hier im Gegensatz zum römischen Prozess dem Beklagten möglich gewesen sei, der Klage durch den Einsatz von Eideshelfern ganz auszuweichen, ohne dass es für den Kläger zunächst eine Möglichkeit gegeben hätte, seine Anschuldigung ebenfalls mithilfe von Beweismitteln zu bekräftigen.[237]

Gerade das Fehdewesen als Ausdruck germanischer Freiheit zu begreifen, war kein Alleinstellungsmerkmal Grimms, sondern fand sich beispielsweise auch in Karl August Rogges »Über das Gerichtswesen der Germanen« von 1820. Die Verbindung von Fehderecht und Freiheit zog später auch Karl Friedrich Gerber in »Über das wissenschaftliche Princip des gemeinen deutschen Privatrechts« von 1846.[238] Grimm war damit Teil einer bis 1850 vorherrschenden germanistischen Tradition, die die germanische Freiheit als Leitbild des deutschen Rechts hervorhob.[239]

---

232 Jacob Grimm, Über eine eigene altgermanische Weise der Mordsühne (1815), Kl. Schr. 6, S. 144.

233 Jacob Grimm, Tacitus' Germania (Vorlesung WS 1835/36), in: Else Ebel (Hrsg.), Jacob Grimms Deutsche Altertumskunde (1974), S. 112.

234 Ebd., S. 112.

235 Ebd., S. 112; ebenfalls zur Verteidigung des »in der volkssitte tief begründeten fehderechts« Jabob Grimm, Rez. Dynastenstämme von Ludwig Schrader (1832), Kl. Schr. 5, S. 148.

236 Jacob Grimm, Tacitus' Germania (Vorlesung WS 1835/36), in: Else Ebel (Hrsg.), Jacob Grimms Deutsche Altertumskunde (1974), S. 112.

237 Ebd., S. 125.

238 Peter Landau, Prinzipien germanischen Rechts als Grundlage nationalistischer und völkischer Ideologien, in: Frank Fürbeth u. a. (Hrsg.), Zur Geschichte und Problematik der Nationalphilologien in Europa (1999), S. 331.

239 Ebd., S. 329 f.

Die Einordnung der Fehde als Verwirklichungselement der germanischen Freiheit war in diesem Rahmen ein typisches Interpretationsmuster der rechtshistorischen Germanistik in der ersten Hälfte des 19. Jahrhunderts.[240]

Die Zurückbesinnung auf das germanische Altertum als vermeintlichem Hort der altdeutschen Freiheit war nicht nur bei Juristen, sondern auch bei vielen Historikern und Politikern seit 1815 beliebt. Die germanische Vorzeit wurde, nachdem sie lange Zeit mit dem Barbarenklischee behaftet und daher als Vorbild wenig geeignet gewesen war,[241] jetzt ein politischer Begriff, »eine Waffe im Kampf um bürgerliche Freiheit«.[242] In diesem Strom schwamm auch Grimm mit. Die Vorstellung von der »urdeutschen Freiheit« blieb bei ihm allerdings zeitlebens Kern seiner Überzeugung, während sich die rechtsgermanistische Literatur nach den Ereignissen von 1848 eher kollektivistischen Idealen zuwandte (die freilich ebenfalls bei Grimm zu finden waren, etwa in den Darstellungen der Markgenossenschaften).[243]

Besonderen Anlass, sich mit der Tradition der deutschen Freiheit zu beschäftigen, bot die Entlassung Grimms aus Göttingen, die dieser zeitlebens als unsäglichen Rechtsbruch empfand. In seiner Rechtfertigungsschrift berief sich Grimm unter anderem auf »die alte freiheit des volks«,[244] die ihn dazu veranlasst habe, gegen den Verfassungsbruch in Hannover zu protestieren.

Die alte Freiheit spiegelte sich für Grimm auch in der Entwicklung der deutschen Sprache wieder. So waren für ihn die reine Erhaltung der Grundlaute a, i, u und die daraus resultierende Beibehaltung »wahrer diphtonge« sowie die Bildung des Präteritums ohne *haben* Beispiele dafür.[245] Insgesamt war die Entwicklung der menschlichen Sprache für Grimm unmittelbar durch die menschliche Freiheit bedingt.[246] Aus der Freiheit der Entfaltung der Gedanken ergab sich das Schicksal der Völker, diese Freiheit machte den Mensch zum Menschen und trennte ihn vom Tier.[247]

Resultate der deutschen Freiheitsliebe fand Grimm in der Lautverschiebung innerhalb der deutschen Sprache, die sich eigentlich nicht durch ein organisches Sprachwachstum hätte erklären lassen:

---

240 Dazu auch Karin Nehlsen-v. Stryk, Zum »Justizbegriff« der rechtshistorischen Germanistik, in: Ius Commune XVII (1990), S. 194.

241 Vgl. dazu Ingo Wiwjorra, Der Germanenmythos (2006), S. 111 ff.

242 Leopold Magon, Jacob Grimm – Leistung und Vermächtnis (1963), S. 12.

243 Peter Landau, Prinzipien germanischen Rechts als Grundlage nationalistischer und völkischer Ideologien (1999), S. 329.

244 Jacob Grimm, Über meine Entlassung (1838), Kl. Schr. 1, S. 31.

245 Vgl. dazu Jacob Grimm, Italienische und Scandinavische eindrücke (1844), Kl. Schr. 1, S. 64 ff.

246 Zur Theorie Grimms vom Sprachursprung oben B. II. 2. a) bb).

247 Vgl. Jacob Grimm, Über den Ursprung der Sprache (1851), Kl. Schr. 1, S. 278.

in gewissem betracht erscheint mir das lautverschieben als eine barbarei und verwilderung, der sich andere ruhigere völker enthielten, die aber mit dem gewaltigen das mittelatler eröfnenden vorschritt und freiheitsdrang der Deutschen zusammenhängt, von welchen Europas umgestaltung ausgehn sollte.[248]

Der besondere Freiheitssinn der Deutschen drückte sich für Grimm auch in der besonderen Bedeutung der freien Reichsstädte und in der Entstehung der Freistaaten Hollands und der Schweiz aus. Diese Entwicklungen waren für Grimm »nur auf deutschem boden möglich« und Ausdruck der »innersten eigenheit deutscher [...] zustände«. Hier erblickte Grimm einen »republikanischen geist«, der dort über Jahrhunderte vorhanden gewesen sei.[249]

Jacob Grimms Wertschätzung der deutschen Freiheit findet sich ebenfalls in seiner Bewertung des deutschen Universitätssystems. Einen festen Studien- oder Lehrplan lehnte er ab. Die Studenten sollten vielmehr selber bestimmen, was sie hören wollten und was nicht. Auch nachdem in Göttingen anlässlich der Unruhen des Jahres 1831[250] über eine Verschärfung der Studienbedingungen nachgedacht wurde, äußerte sich Grimm kritisch. Er sei

der Meinung, daß dem Unfleiß, der Rohheit und anderen Gebrechen durch Gebot, Verbot, Einschränkung hergebrachter Freiheiten, Förmlichkeit der Zeugnisse, Hinweisung auf künftige Staatsprüfung und Anstellung nur wenig gesteuert wird, viel mehr aber durch gutes Beispiel und Sitte, die aus einem vereinten Bestreben der Professoren und Studenten entspringen müssen, abgeholfen werden mag. Der Zwang hält bloß zurück, treibt aber nicht vorwärts, er dämpft, erquickt aber nicht.[251]

Jedem war somit die freie Entscheidung gegeben, sich zum Guten oder Schlechtem zu wenden. Diese Freiheit war für Grimm notwendige Bedingung für die Entwicklung sittlicher Reife.

Auf der anderen Seite war bei Grimm die deutsche Freiheit nicht allumfassend. Dazu war er zu sehr von einer christlichen Weltsicht geprägt. So ging er grundsätzlich von einem Dualismus zwischen Notwendigkeit und Freiheit aus.[252] Dies drückte sich anschaulich in seiner Ansicht über die Entstehung und die Entwicklung des Mythos aus:

Das neugeborene Kind [der Mythos] ist zugleich Gottes Ebenbild und aus seinen Eltern geboren, auch wieder etwas ganz Eigenes; dadurch besteht die Welt. Auf

248 Jacob Grimm, Geschichte der deutschen Sprache (1848), S. 417.
249 Vgl. Jacob Grimm, Italienische und Scandinavische eindrücke (1844), Kl. Schr. 1, S. 68 f.
250 Zu den Umständen vgl. Dietlind Arens u. a., Die Brüder Grimm in Göttingen, in: Rolf Wilhelm Brednich (Hrsg.), Die Brüder Grimm in Göttingen (1986), S. 61 ff.
251 Stellungnahme Jacob Grimm, abgedruckt ebd., S. 64.
252 Maria Herrlich, Organismuskonzept und Sprachgeschichtsschreibung (1998), S. 149.

der ganzen Erde wohnt ein Mythus, eine heilige Notwendigkeit, aber er wächst auch allenthalben auf, leugnete ich das, so meine ich der Freiheit zu nah zu treten. Wie das Freie ist er nämlich beweglich und wie das Notwendige wahr und ungelogen. Weil die Geschichte die Wahrheit des gewesenen Leben ist, muß er auch historisch sein.[253]

Damit ergab sich für die Entwicklung des Mythos, aber auch für die Entwicklung der Sprache, der Kultur generell eine zweifache Beeinflussung. Einmal durch Gott als Schöpfer, dann aber in ihrer Bewegung, also in ihrer Entwicklung, durch die menschliche Freiheit. Die Grenze der Freiheit lag in der göttlichen Schöpfung, die diese erst möglich gemacht hatte.

(3) Gemeinschaft

Im 19. Jahrhundert erfuhr der Begriff der germanischen »Gemeinschaft« als Gegenbegriff zu der im Rahmen der Aufklärung erfolgten Individualisierung und Konzentration auf das Subjektive insbesondere bei Vertretern der Romantik großen Zuspruch. Gerade bei den Germanisten spielte der Gemeinschaftsgedanke als eines der Grundprinzipien deutschen Rechts und deutscher Kultur eine entscheidende Rolle.[254] Freiheit und Gemeinschaft bildeten sich im Anschluss an die Befreiungskriege als wichtige germanistische Leitmotive heraus, die sich gleichfalls gegenseitig begrenzten.[255] Insbesondere der Gemeinschaftsgedanke war es, der ab Mitte des 19. Jahrhunderts und noch bis ins 20. Jahrhundert hinein dazu benutzt wurde, das deutsche Recht gegenüber dem als unsozial empfundenen römischen Recht abzugrenzen. Während zunächst noch ein rechtsliberales Bild der germanischen Rechtstradition vorherrschend war, entwickelte sich im Laufe der ersten Hälfte des 19. Jahrhunderts die Idee eines gemeinschaftsbezogenen und sozialen germanischen Rechts, welche die Diskussion bis in die Entstehungszeit des BGB und auch darüber hinaus bestimmte. Die soziale Frage war damit unlösbar mit dem Widerstreit zwischen römischem und germanischem Rechtsdenken verknüpft.[256]

Die Auflösung vertrauter Einheiten und fester Strukturen trug zur tief empfundenen Sehnsucht nach Gemeinschaft bei, die immer stärker spürbaren

---

253 JACOB GRIMM an Savigny vom 26.12.1811, in: INGEBORG SCHNACK/WILHELM SCHOOF (Hrsg.), Briefe der Brüder Grimm an Savigny (1953), S. 127.

254 So sehr prominent durch OTTO VON GIERKE, Die soziale Aufgabe des Privatrechts (1889).

255 FRANK L. SCHÄFER, Germanistik, in HRG 2, 2. Aufl (2012), Sp. 257.

256 Vgl. hierzu TILMAN REPGEN, Die soziale Aufgabe des Privatrechts (2001), S. 35 ff.; KLAUS LUIG, Römische und germanische Rechtsanschauung (1995), S. 108 f.

Auswirkungen der industriellen Revolution auf die soziale Wirklichkeit taten ihr Übriges.[257]

Schon die Tatsache, dass Grimm vom Vorhandensein eines Volksgeistes, einer gemeinsamen kulturschaffenden Kraft des Volkes, ausging, zeigte, dass auch bei ihm die Idee der Gemeinschaft eine zentrale Rolle einnehmen musste. Schließlich kam der Gemeinschaft über den verbindenden Volksgeist eine über die Summe der Einzelnen hinausgehende Bedeutung zu, die das gesamte kulturelle Leben der Nation bestimmte. Für die Entwicklung des Volkes konnte es daher auch nicht auf die indviduellen Handlungen Einzelner, sondern nur auf den dem gesamten Volk zugehörigen Volksgeist ankommen.

Die Gemeinschaft der Menschen in Liebe und die damit einhergehende Geborgenheit war bei Grimm daher ein wesentlicher Teil seiner weltanschaulichen Grundposition.[258] Aus diesem Grund übernahm für ihn die Familie die Rolle des Ideals jeder menschlichen Gesellschaft.[259] Die zeitgenössische Gesellschaft allerdings erschien Grimm gerade das Gegenteil dieser Idealgemeinschaft zu sein, in der er die Grundlage eines funktionierenden deutschen Staates erkannte.[260] Er forderte daher eine Rückbesinnung der Deutschen auf das alte Ideal einer gemeinschaftlichen Lebensweise.[261]

Deutlich wurde diese Gemeinschaftsbezogenheit auch in Grimms Verständnis des (Gemeinschafts-)Eigentums. »[S]ippe und nachbarschaft«, so war Grimm überzeugt, »stifteten das natürliche band unter freien männern, aus ihnen ensprang erbrecht, blutrache, gegenseitiger schutz und friede, gleiches recht und gericht, aus ihnen kann man auch die älteste gemeinschaft des grundeigenthums leiten.«[262] Aus der Gemeinschaft erwuchs somit erst das Recht. Zu dieser musste es auch später eine besondere Beziehung aufweisen.

Grimms »Lieblingskind«[263] waren die Markgenossenschaften als Sinnbild dieser alten Rechtsgemeinschaft. Die gesellschaftlichen Verbindungen gingen für Grimm auf einen zur Gemeinschaft drängenden Geist zurück, der im Mittelalter zur Entstehung der Ritterschaft, von Hanse, Zünften und Innungen

---

257 Vgl. zur Rolle des Gemeinschaftsgedankens noch bis in die BGB-Entstehung SIBYLLE HOFER, Freiheit ohne Grenzen? (2001), S. 134 ff.

258 Vgl. dazu auch KLAUS ZIEGLER, Die weltanschaulichen Grundlagen der Wissenschaft Jacob Grimms, in: Euphorion 46 (1952), S. 248 f.

259 Ebd., S. 256.

260 Ebd., S. 257.

261 Ebd., S. 257.

262 JACOB GRIMM, RA (1828), S. 494 f.

263 So WILHELM EBEL, »Tausch ist edler als Kauf«, in: STEN GAGNÉR u. a. (Hrsg.), FS für Hermann Krause (1975), S. 221.

beigetragen hatte. Vor allem die Markgenossenschaften bildeten für ihn eine besonders enge, rechtliche Form der Gemeinschaft.[264]

Gemeinschaft war somit für Grimm neben Freiheit Grundbedingung des deutschen Kultur- und Rechtslebens. Das Streben nach Gemeinschaft war für ihn zentraler Ausdruck des deutschen Volksgeistes. Die Idee des besonders gemeinschaftsbezogenen deutschen Rechts fand sich bei Grimm bereits in der ersten Hälfte des 19. Jahrhunderts und damit vor dem allgemeinen Trend der Germanistik, sich auf das besonders »soziale« deutsche Recht zu berufen.[265] In den Sammlungen Grimms konnten Vertreter dieser These daher viele fruchtbare Ansätze finden.

(4) Monotheismus

Für Jacob Grimm bestand kein Zweifel daran, dass die Deutschen bereits vor der Christianisierung »sinnigen, herzlichen Glauben« hegten.[266] Es war für ihn daher undenkbar, dass die alten Germanen in gottloser Barbarei gelebt haben sollten:

> Mir widersteht die hoffärtige ansicht, das leben ganzer jahrhunderte sei durch-drungen gewesen von dumpfer, unerfreuender barbarei; schon der liebreichen güte gottes wäre das entgegen, der allen zeiten seine sonne leuchten liess, und den menschen, wie er sie ausgerüstet hatte mit gaben des leibs und der seele, bewustsein einer höheren lenkung eingoss: in alle, auch die verschriensten weltalter wird ein segen von glück und heil gefallen sein, der edelgearteten völkern ihre sitte und ihr recht bewahrte.[267]

Grimm war daher überzeugt: »Auch den Heiden keimt der wahre gott, der den Christen zur frucht erwuchs.«[268] Damit war nicht nur der Glaube an sich, sondern auch das Prinzip des Monotheismus bereits in früher Vorzeit angelegt und Teil der deutschen Kultur. Auf Grundlage dieser »Monotheismusthese«, von der Grimm überzeugt war, sah er den germanischen Polytheismus als Nachfolger eines diesem vorhergehenden ursprünglichen Monotheismus an, zu dem die Deutschen schließlich wieder zurückgekehrt waren.[269] Diese Konstruk-

---

264 JACOB GRIMM, Vorlesung über »deutsche Rechtsalterthümer«, hrsg. von ELSE EBEL (1990), S. 39 f.

265 Vgl. dazu KARL KROESCHELL, Zur Lehre vom »germanischen« Eigentumsbegriff, in: DERS., Studien zum frühen und mittelalterlichen deutschen Recht (1995), S. 235 ff.; dazu auch KLAUS LUIG, Römische und germanische Rechtsanschauung (1995), S. 101 ff.

266 JACOB GRIMM, Über meine Entlassung (1838), Kl. Schr. 1, S. 31.

267 JACOB GRIMM, Deutsche Mythologie, Bd. 1 (1835), S. VIII.

268 Ebd., S. 7.

269 So sichtbar in JACOB GRIMM, Deutsche Mythologie, Bd. 1, 2. Ausg. (1844), S. XLIV f.: »Vielgötterei ist, bedünkt mich, fast überall in bewustloser unschuld

tion ermöglichte es ihm, eine ungebrochene Kontinuität[270] zwischen der von ihm als authentisch und echt geschätzten germanischen Mythologie und deren vermeintlicher zeitgenössischer Ausprägung – dem Protestantismus – anzunehmen. Mit Hilfe dieser Kontinuitätslinie konnte Grimm daher auch erklären, warum die Reformation gerade in Deutschland erfolgt war:[271]

> es war nicht zufall, sondern nothwendig, dass die reformation gerade in Deutschland aufgieng, das ihr längst ungespalten gehört hätte, würde nicht auswärts dawider angeschürt. nicht zu übersehen ist, wie empfänglich derselbe boden germanischen glaubens in Scandinavien und England für die protestantische ansicht bleibt, wie günstig ihr ein grosser theil Frankreichs war, in dem deutsches blut haftete. gleich sprache und mythus ist auch in der glaubensneigung unter den völkern etwas unvertilgbares.[272]

Dem germanischen Polytheismus stellte er ausdrücklich einen Pantheismus und Dualismus von guten und bösen Gottheiten entgegen. Er war für Grimm Übergangsstufe einer Rückentwicklung zum Monotheismus, »welchem sich Herz und Vernunft der Menschheit unaufhaltsam zuwendet.«[273] Im Polytheismus der Vorzeit war daher notwendigerweise bereits der Monotheismus als einzige wahre Religionsform angelegt, aus ihm entstand »die Göttereinheit, der waltende Allvater der nordischen Religion«.[274] In der *Deutschen Mythologie* führte Grimm daher aus:

> der monotheismus ist etwas so nothwendiges und wesentliches, dass fast alle Heiden in ihrer götter buntem gewimmel, bewust oder unbewust, darauf ausgehn einen obersten gott anzuerkennen, der schon die eigenschaften aller übrigen in sich trägt, so dass diese nur als seine ausflüsse, verjüngungen und erfrischungen zu betrachten sind.[275]

---

entsprungen. [...] sie wird aber, wo der geist sich sammelt, zum monotheius, von welchem sie ausgieng, zurückkehren.« Vgl. dazu FRITZ PAUL, »Aller Sage grund ist nun mythus«, in: HENNIG / LAUER (Hrsg.), Die Brüder Grimm. Dokumente ihres Lebens und Wirkens (1985), S. 78 f.; in seinem späteren Werk hielt Jacob Grimm nicht mehr ganz so stark an dieser Monotheismusthese für das germanische Altertum fest, behielt jedoch die Grundstruktur bei; vgl. ELSE EBEL, Grimm, Jacob und Wilhelm, in: RGA, Bd. 13 (1999), S. 43 f.

270 Vgl. zur Idee der germanischen Kontinuität im 19. Jahrhundert auch ROLF WILHELM BREDNICH, Germanische Sinnbilder und ihre vermeintliche Kontinuität, in: DERS. / HEINZ SCHMITT (Hrsg.), Symbole, Zur Bedeutung der Zeichen in der Kultur (1997), S. 80 ff.

271 FRITZ PAUL, »Aller Sage grund ist nun mythus« (1986), S. 78.

272 JACOB GRIMM, Deutsche Mythologie, Bd. 1, 2. Ausg. (1844), S. XLIII f.

273 JACOB GRIMM, Tacitus' Germania (Vorlesung WS 1835/36), in: ELSE EBEL (Hrsg.), Jacob Grimms Deutsche Altertumskunde (1974), S. 135.

274 Ebd., S. 135.

275 JACOB GRIMM, Deutsche Mythologie, Bd. 1 (1835), S. 150.

Das Christentum konnte damit als konsequente Weiterentwicklung germanischer Mythologie innerhalb einer deutschen Traditionslinie Teil des deutschen Volksgeistes und damit gleichberechtigter Bestandteil der seit Urzeiten bestehenden deutschen Volkskultur werden. Dadurch konnte Grimm in seiner Mythologie christliche Elemente in eine frühe Vorzeit verpflanzen und deren Kontinuitäten durch die Geschichte demonstrieren.[276] Als Beispiel nannte Grimm die fehlende Verbildlichung der Gottheiten selbst.[277] Während der Katholizismus mit der Zeit eine Rückkehr zum Heidentum erlebt habe, sei mit der Reformation eine Reinigung und Rückkehr zum wahren, reinen Glauben der Vorzeit erfolgt.[278] Der Protestantismus erschien somit als Fortentwicklung der urdeutschen mythologischen Tradition umsomehr der – dem Eindringen fremder Einflüsse Vorschub leistenden – römisch-katholischen Kirche überlegen.

Die germanische Mythologie zeichnete sich für Grimm besonders dadurch aus, dass die alten Deutschen noch lange ihre ursprünglichen Naturgottheiten beibehalten hatten, während andere verwandte Stämme schon längst zu vermenschlichten Götterdarstellungen übergegangen waren. Diese Naturverbundenheit und Reinheit machte für Grimm die Überlegenheit der deutschen Mythologie aus:

> es ist den wichtigsten ergebnissen unserer geschichte beizuzählen, dasz unvordenkliche zeiten hindurch der germanische stamm, während die ihm verwandten zumeist in weltlichste vielgötterei versunken waren, seine aus dem hirtenleben hergebrachten einfachen naturgötter behielt und behauptete [...] unter solchen göttern gedieh sittenreinheit und kraft, wie sie erstaunte Römer den im wald, nicht in städten lebenden Germanen, Galliern gegenüber, zuerkannten.[279]

Auch in der Mythologie wirkte der deutsche Volksgeist und der dem deutschen Volk eigentümliche Glaube, wie er sich nun im Protestantismus darstellte, war nach Grimms Ansicht zutiefst mit diesem verbunden. Die Reformation war daher durch einen »gute[n] freie[n] geist, der in den Deutschen waltet«[280] angestoßen worden. Sie selbst war ein Werk des Volksgeistes.[281]

---

276 Vgl. zur Analogie zwischen germanische Mythologie und christlicher Religion bei Grimm auch JOHN EDWARD TOEWS, Becoming Historical (2004), S. 356 ff.

277 JACOB GRIMM, Deutsche Mythologie, Bd. 1, 2. Ausg. (1844), S. XLIII.

278 Ebd., S. XLV.

279 JACOB GRIMM, Über die Namen des Donners (1853), Kl. Schr. 2, S. 403 f.

280 JACOB GRIMM an Savigny am 12.12.1845, in: INGEBORG SCHNACK / WILHELM SCHOOF (Hrsg.), Briefe der Brüder Grimm an Savigny (1953), S. 420.

281 Zur christlicher Vorstellungen innerhalb der »Historischen Rechtsschule« vgl. auch HANS-PETER HAFERKAMP, Einflüsse der Erweckungsbewegung auf die »historisch-christliche« Rechtsschule zwischen 1815 und 1848, in: PASCALE CANCIK u. a. (Hrsg.), Konfession im Recht (2009), S. 78 ff.

bb) Besonderheiten des durch den Volksgeist hervorgebrachten Rechts

> *So unsinnig es wäre, eine Sprache oder Poesie erfinden zu wollen, ebenso*
> *wenig kann der Mensch mit seiner einseitigen Vernunft ein Recht finden, das*
> *sich ausbreite frisch und mild, wie das im Boden gewachsene.*[282]

Grimm versuchte in umfangreichen Quellenstudien, die Relikte des alten deutschen Rechts zu sammeln, um dem Volk so dessen ureigenes Recht wieder zugänglich zu machen. Bei der Zusammenstellung der Quellen und ihrer Qualifizierung als authentisch deutsch verließ er sich – in diesem Sinne ein echter »Romantiker« – häufig auf sein Gefühl. Aussagen Grimms, wie: »diese ausdrücke auch noch unverstanden und obenhin erwogen klingendem ohr, erscheinen dem auge wie deutsche«[283] oder »wie wir diese wörter nur vernehmen, selbst ehe wir sie genau erfassen, fühlen wir uns auf deutschem boden«,[284] zeugen davon. In alten Rechtsquellen fand Grimm das vermeintlich ursprünglich Deutsche noch unverfälscht von fremden Einflüssen. Die Essenz des deutschen Volksgeists war hier für ihn noch fühl- und erlebbar geblieben:

> aus den bruchstücken des altdeutschen rechts athmet ein noch roher und
> ungebändigter, aber edler geist der freiheit. wir dürfen mit stolz und beschei-
> denheit hinzusetzen; es ist darin noch unser fleisch und blut, das wir fühlen.[285]

Das deutsche Recht, welches sich für Grimm auf organische Weise aus der Sitte entwickelt hatte, stand in notwendiger Verbindung mit der Geschichte und dem Schicksal des deutschen Volkes. Es war nicht von Einzelnen gesetzt, sondern »unerfunden«.

> Was von Einzelnen ausgeht, das können wir bewahren, aber als Erfundenes wird
> es nicht solange haften. Die Sitte beruht auf dem Unerfundenen. Die Rechtssitte
> ist unerfunden, es läßt sich nicht das einzelne Moment ihres Ursprungs nach-
> weisen, wir vermögen Steigen und Sinken zu bemerken; den Schleier, der in dem
> ersten Beginn ruht, vermögen wir nicht zu lüften.[286]

Sichtbar wurde die Rechtsentstehung aus der Sitte für Grimm beispielsweise in den alten Regelungen der Schenkung, die noch den alten sinnlichen Formen des

---

282 Jacob Grimm an Savigny vom 29.10.1814, in: Ingeborg Schnack / Wilhelm Schoof (Hrsg.), Briefe der Brüder Grimm an Savigny (1953), S. 172. Insofern erscheint das Urteil bei Günther Franz, Über Jakob Grimms Nationalgefühl, in: Festgabe für Harold Steinacker (1955), S. 307, als nicht ganz richtig.

283 Jacob Grimm, Vorrede zu: Johannes Merkel, Lex Salica (1850), Kl. Schr. 8, S. 230.

284 Ebd., S. 231.

285 Jacob Grimm, Über die Alterthümer des Deutschen Rechts, Kl. Schr. 8, S. 550.

286 Jacob Grimm, Tacitus' Germania (Vorlesung WS 1835/36), in: Else Ebel (Hrsg.), Jacob Grimms Deutsche Altertumskunde (1974), S. 80.

ursprünglichen Rechts nachgebildet sei.[287] Diese sinnlichen Elemente des Schenkens, die der alten deutschen Rechtssitte entstammten, fand Grimm auch im alten Eherecht vor.[288]

Auch wenn er seinen Quellensammlungen die Rechtsentstehung aus der Sitte zugrundelegte, lehnte Grimm die Bezeichnung des alten deutschen Rechts als »Gewohnheitsrecht« grundsätzlich ab. Mit Bezug auf Savignys Berufsschrift bemerkte er daher:

> Der Sprachgebrauch ›Gewohnheitsrecht‹ ist insofern nicht ganz passend, als das Wort Gewohnheit nicht die Urentstehung des Rechts ausdrückt, sondern nur die Fortwachsung und Annahme desselben; hingegen auch insofern sehr passend, weil jene nicht auserfunden, noch also ausgedrückt werden kann, sondern stets schon mit dem Factum der Gewohnheit umgeben und bekleidet ist.[289]

Die Gewohnheit konnte jedenfalls für ihn nur die Übertragung des Rechts, nicht jedoch dessen Entstehung erklären, um deren Aufklärung es Grimm ja eigentlich ging.

Aus der engen Verbindung des Rechts mit der Geschichte eines Volkes und seinem Ursprung in der Sitte desselben, folgte für Grimm konsequent die Ablehnung des Naturrechts:

> Das Naturrecht ist kein allgemeines Recht, sondern etwas, was die sinnende Forschung aus dem Allgemeinen gezogen hat. Sie hat keine Wahrheit, das Recht entsteht in und mit dem Volke. Das Naturrecht setzt den Menschen außer den Staat; es gibt nur dann ein Recht, wenn es die Färbung des Volkes trägt.[290]

Abstrakte Schaffung eines Rechts durch den Gesetzgeber war deswegen nicht möglich. »Niemals wird man mit Hilfe der besten Ästhetik Poesie machen können, man wird ebensowenig ein Recht schaffen können für ein Volk, dessen Zustände nicht dazu passen.«[291]

Dadurch, dass das alte deutsche Recht nur mündlich überliefert worden sei, habe es seine wahre Natur bewahren und weiter im Bewusstsein des Volkes leben können.[292] Die Nichtaufzeichnung der Rechtssitte war für Grimm bewusste Entscheidung und nicht etwa Folge fehlender Schreibkunst.[293] Die ältesten verschriftlichten Gesetze seien daher nie als vollständige Rechtsaufzeichnung gedacht, sondern lediglich als Ergänzungen zum ungeschriebenen Recht. Die

---

287 Jacob Grimm, Über Schenken und Geben (1848), Kl. Schr. 2, S. 173.
288 Ebd., S. 201 f.
289 Jacob Grimm an Savigny vom 29.10.1814, in: Ingeborg Schnack / Wilhelm Schoof (Hrsg.), Briefe der Brüder Grimm an Savigny (1953), S. 173.
290 Jacob Grimm, Tacitus' Germania (Vorlesung WS 1835/36), in: Else Ebel (Hrsg.), Jacob Grimms Deutsche Altertumskunde (1974), S. 80.
291 Ebd., S. 80.
292 Ebd., S. 81.
293 Vgl. ebd.

Verschriftlichung des Rechts selber sei in einer späteren Zeit der Rechtsentwicklung erfolgt, in der sich das Volk bereits von seinem Recht entfernt habe. Bei
der Beschreibung der Phasen dieser Rechtsentwicklung lässt sich der Dualismus
zwischen Natur / Sinnlichkeit und Geist erkennen, der sich auch in einen
Dualismus zwischen Volk und Wissenschaft bzw. Obrigkeit umdeuten lässt:

> Jener älteste Zustand des ungeschriebenen Rechtes ist der der Entfaltung des
> sinnlichen Elements; in der zweiten Periode erwacht der erste wissenschaftliche
> Geist, sitzt in einer eigentlichen Jurisprudenz, sitzt noch mehr bei den Rechts-
> gelehrten als bei der Regierung.[294]

Die Verwissenschaftlichung des Rechts hatte für Grimm erst zur Entfremdung
des Volkes von demselben geführt.[295] Konsequent versuchte er daher, das
deutsche Volksrecht in möglichst alten und daher von der Verwissenschaftlichung des Rechts noch unberührten Quellen zu finden. In diesen stieß er auf
einige Besonderheiten des deutschen Rechts, die für ihn Kennzeichen der
besonderen deutschen Wesensart und damit Ausdruck des deutschen Volksgeistes waren.

(1) *Frieden*

Eines der zentralen Elemente des alten deutschen Rechts war für Grimm das
Bestreben, den Frieden der Menschen untereinander zu gewährleisten und zu
erhalten.

> da aber das bedürfnis nach recht und frieden in der menschlichen brust unver-
> tilgbar waltet, so möchte ich die starken züge auszeichnen, die es schon zur zeit
> des deutschen heidenthums in die gesetze geprägt haben, gleichviel ob ein könig
> oder das volk selbst an der spitze der verfassung stand.[296]

Die Friedenssicherung empfand Grimm folglich nicht als besondere Errungen-
schaft der Herrscher, sondern als Grundbedürfnis des Volkes, welches sich daher
auch schon in früher Zeit in der Rechtssitte niedergeschlagen habe.

So sah er beispielsweise das Prinzip der Blutrache als besonderes Mittel zur
effektiven Wiederherstellung des durch das vorangegangene Verbrechen gebro-
chenen Friedens an. Eine ähnliche Funktion erfüllte für ihn das Wergeld.
Gleichfalls verwies er auf die in schwedischen und friesischen Volksrechten
auffindbaren Sonderfrieden als Vorläufer der bei seinen Zeitgenossen weitaus
geläufigeren Gottesfrieden.[297] Der Ausgleich und die Wiederherstellung des

---

294 Ebd., S. 81.
295 Vgl. zur Rolle der Rechtswissenschaft unter B. IV. 3. a).
296 JACOB GRIMM, Vorwort zu: Der Oberhof zu Frankfurt am Main (1841),
Kl. Schr. 8, S. 174.
297 Ebd., S. 174 f.

Friedens waren für Grimm seit Urzeiten dem deutschen Recht immanent. Ausdrücklich widersprach er daher Johann Gerhard Christian Thomas, der in seinem Werk *Der Oberhof zu Frankfurt am Main* 1841 die Friedenssicherung erst als Ziel des christlichen Strafrechts anerkannt hatte. So sei das alte Bußensystem gleichermaßen zur Wiederherstellung des weltlichen Friedens geeignet gewesen.[298] Erst die Einführung der Strafen habe dieses System verändert. Keinesfalls übersah Grimm die Problematik des alten Bußensystems, erkannte es jedoch als den Leibestrafen überlegen:

> man fühlte endlich von selbst, dasz geldbuszen für verlust an leib und leben barbarisch waren, allein schläge, stümmlung, folter sind es noch weit mehr, todesstrafe führt entsetzen mit sich, weil sie unmeszbares gegen einander miszt.[299]

Diese Strafen waren für Grimm »knechtischer natur, der freiheit wiederstreitend, wie schon das dunkle gefühl unsers alterthums erkannte.«[300] Für ihn waren daher die gerechtesten Strafen »zugleich mild und hart«, die dem Beschuldigten »an ehre und landrecht nehmen, was ihm nach seiner schuld ferner nicht davon zustehen kann.«[301] Folter, als Form des erzwungenen und gerade nicht freien Bekenntnisses musste daher dem nach Freiheit strebenden »dunklen« Volksgefühls ebenso fremd erscheinen wie die neuen Leibesstrafen.[302]

(2) Grausamkeit und Strenge

Jacob Grimm wurde nicht müde, das alte deutsche Recht gegen den populären Vorwurf, es sei insbesondere von Grausamkeit und Barbarei geprägt gewesen, zu verteidigen. Jedoch begegneten auch ihm grausam anmutende Rechtsregeln, die er in seinen Sammelwerken nicht verschwieg. Solche Bestimmungen fanden sich vor allem in alten Strafvorschriften. Grimm hegte jedoch starke Zweifel daran, dass diese Bestimmungen auch tatsächlich durchgeführt worden waren. So nahm er an, dass die drastischen Strafen, die beispielsweise bei Grenzveränderungen laut einiger Weistümer drohten, »niemals weder unter Heiden noch Christen [...] zu wirklicher anwendung gediehen« seien.[303] Bei der Beschreibung der Gottesurteile, die auch Grimm als »schauerlich« wahrnahm,

---

298 Ebd., S. 175.
299 Ebd., S. 175.
300 Ebd., S. 175.
301 Ebd., S. 175.
302 Ebd., S. 176.
303 Jacob Grimm, Deutsche Grenzalterthümer (1843), Kl. Schr. 2, S. 59.

relativierte er deren Grausamkeit durch die Vermutung, dass diese wahrscheinlich, zumindest bei Freien, äußerst selten durchgeführt worden seien.[304]

Auf der anderen Seite empfand Grimm aber auch genau diese Grausamkeit der Regelungen als spezifisches Merkmal der deutschen Rechtstradition. Diese Strenge sei, so war er überzeugt, gleichzeitig Ausdruck einer besonderen Ehrlichkeit und Anständigkeit gewesen und habe zum ehrenhaften Miteinander beigetragen:

> Von der grausamkeit und barbarei der alten gesetze ist oft die rede gewesen; ich halte sie für mild und grausam zugleich und meine, dasz sich in ihnen beides einander bedingt. aus der reinen ehrlichkeit, die in ihnen obenan stand, flosz ihre strenge unmittelbar. es ist in der alten poesie wieder gerade nämlich so. die spätere, immer mehr abgeflachte zeit hat statt solcher frischer grausamkeit desto mehr gleichgültigkeit aufzuweisen, der mord ist seltener, das falsum häufiger geworden.[305]

»Neben aller strenge der strafen« seien »zucht und anstand gehütet« worden.[306] Für Grimm waren daher diese alten, ehrlichen Regelungen weit weniger grausam, als die Gleichgültigkeit gegenüber Anderen, die er in der Gegenwart wahrnahm:

> denke ich mir den heimkehrenden zug, der das bleiche gebein der todten sorgsam mit sich trägt, um es kindern oder eltern mitzubringen ins vaterland zurück; so finde ich unsere soldaten viel grausamer, die an schlachtfeldern, wo freund und feind beisammen liegen, vorüberziehen und keinen begraben.[307]

Die alten Strafregelungen waren für Grimm in ihrer Grausamkeit Ausdruck einer konsequenten Strafverfolgung, die er als Garant für eine stabile und ehrenhafte Gesellschaftsstruktur begriff. Grausamkeit erfüllte für Grimm einen festen Zweck innerhalb des Rechtssystems und war daher (nicht nur in der Vergangenheit) in bestimmen Fällen unvermeidlich:

> Man musz also auch das herbe der alten gesetze, die unerbarmenden strafen beständig, um ihnen ihr recht zu thun, vergleichen mit dem, was ihnen zur seite stehet, ein durchaus ehrenfester, auf sich selbst haltender sinn. (hierzu Anm. 2: im letzten krieg hat das spanische volk in seiner rechten erbitterung gegen die Franzosen die grausamsten dinge gethan, z.b. lebende leiber wie scheiter holz in stücke gesägt. und dies volk ist gewisz ein gutes und edelmütiges, dennoch waren solche grausamkeiten unvermeidlich). die neuere barmherzigkeit gegen gewisse verbrechen und unedle oder unehrliche stände hat dagegen eine schädliche

---

304 JACOB GRIMM, Deutsche Rechtsalterhümer (1828), S. 910 f.; die gleiche Tendenz zeigt sich in der Grimmschen Vorlesung über Deutsche Literaturgeschichte, nach studentischen Mitschriften hrsg. von MATTHIAS JANSSEN (2005), S. 252.
305 JACOB GRIMM, Von der Poesie im Recht (1815), Kl. Schr. 6, S. 184.
306 Ebd., S. 187.
307 Ebd., S. 184.

vermischung aller untereinander überschnell befördert und unter uns manches gute der vorzeit selten gemacht.[308]

Belege für diese konsequente Grausamkeit, die auch die bereits oben beschriebene Bedeutung der Freiheit im deutschen Recht offenbarten, waren für Grimm der »offene« Raub und Totschlag, die im Altertum durchaus Ruhm und Ehre mit sich bringen konnten. Für ihn war dies Ausdruck des ungebändigten Fehderechts des freien Mannes, welches zu den ursprünglichsten Freiheitsrechten der alten Deutschen zählte. Überreste dieses Urrechts fand Grimm auch noch in der Gegenwart »in der sitte und lebensart unsrer wilddiebe und räuberbanden« in denen »ein untilgbares gefühl der freiheit und selbstrache« walte und »neben aller roheit züge edler und treuer tapferkeit zu erkennen sind.«[309] Grausamkeit stand auch hier wieder in unmittelbarer Verbindung mit Freiheit, Edelmut und Tapferkeit.

Dieses Zusammenspiel zeigte sich auch in Grimms Beschreibung der altdeutschen Regelungen über die »Notnunft« an Frauen, die er 1841 verfasste. Er stellte zunächst fest, dass in der Poesie der Brautraub keinesfalls als etwas Anstößiges behandelt worden sei.[310] Im Gegensatz habe das altdeutsche Recht für den Frauenraub zahlreiche Bußen vorgesehen.[311] Der Gleichlauf von Poesie und Recht schien sich auf diesem Gebiet verloren zu haben. Dennoch gelang es Grimm, eine Übereinstimmung des alten Rechts mit der »volksansicht von dem frauenraub«[312] festzustellen. War die Buße einmal abgeleistet, so stand es dem »Räuber« frei, sich mit der Familie der Geraubten über eine Ehe zu einigen. Übereinstimmend zeige sich hier in Volkssitte und Recht die Auffassung von der Ehe als einem Kaufgeschäft.[313] Im Ganzen sah Grimm damit ein Zeugnis der »rohen aber nicht unreinen rücksicht des alterthums«.[314] Auch hier offenbare sich »die gerechtigkeit des alten gesetzes«.[315] Diese Bewertung werde auch nicht durch die drastischen Strafvorschriften der alten Gesetze gestört. Die teils martialisch anmutenden Bestimmungen, die der geraubten Frau selber die Möglichkeit gaben, die Exekution des Räubers vorzunehmen (etwa durch Schläge auf einen spitzen, auf das Herz des Räubers angesetzten Pfahl[316]) relativierte Grimm wieder unter Hinweis auf die Unwahrscheinlichkeit ihrer praktischen Umsetzung.

---

308 Ebd., S. 184 f.
309 Jacob Grimm, Über die Notnunft an Frauen (1841), Kl. Schr. 7, S. 27.
310 Ebd., S. 28.
311 Ebd., S. 28 f.
312 Ebd., S. 38.
313 Ebd., S. 38.
314 Ebd., S. 38.
315 Ebd., S. 39.
316 Ebd., S. 46, unter Verweis auf »Frankenberger gewonheiten«.

es ist wider die menschliche natur, zu glauben, eine frau werde sich der ihr hier vergönnten rache unterzogen und die drei ersten schläge auf den pfahl gethan haben, der an eines lebenden brust gesetzt war; versagte sie sich aber den drei ersten schlägen, so durfte der gerichtsknecht auch nicht die folgenden wagen, die nur zu vollenden hatten, was jene begannen.[317]

Diese Art der Vorschriften, in der den Geschädigten gestattet wurde, selber Hand an den Schädiger zu legen, dienten für Grimm nur dazu, offiziell ein Recht zur Rache anzuerkennen, gleichzeitig jedoch in einer solchen Weise, »deren sie [die Geschädigten] sich nimmer bedienten; sie lieszen verzeihung für recht ergehen.«[318] Auf diese Weise erhielten auch die grausam anmutenden Vorschriften in der Schilderung Grimms ein positives Element. Vergeltung und Versöhnung konnten so in Einklang gebracht werden. Die Grausamkeit als besonderes Kennzeichen der deutschen Rechtstradition verlor dadurch ihre Roheit und wurde vielmehr zum notwendigen Instrument zur Wiederherstellung des Rechtsfriedens. Wüste Barbarei jedenfalls konnte dem deutschen Recht nach dieser Interpretation nun nicht mehr unterstellt werden. Dies traf nach Grimms Ansicht vielmehr auf die Gegenwart zu. Die »hörigkeit und knechtschaft der vergangenheit« erschien ihm »in vielem leichter und liebreicher als das gedrückte dasein unserer bauern und fabriktagelöhner; die heutige erschwerung der ehe für den armen und den angestellten diener grenzt an leibeigenschaft; unsere schmachvollen gefängnisse sind ärgere qual als die verstümmelnden leibesstrafen der vorzeit.«[319] Statt der »persönlichen bußen« seien nun »unbarmherzige strafen« eingeführt worden.[320] Für Grimm leuchtete daher »neben jenem rohen, wilden oder gemeinen, das uns beleidigt, in dem altdeutschen recht die erfreuende reinheit, milde und tugend der vorfahren«.[321]

(3) Natürlichkeit und Lebendigkeit

Immer wieder findet sich auch die Beschreibung Grimms, das alte deutsche Recht weise eine besondere Verbindung zur Natur und zum Leben auf. Hierin sah er einen erheblichen Vorteil der alten Rechtsregeln. So schrieb er schon 1815 in seinem viel beachteten Aufsatz »Von der Poesie im Recht«:

das neue gesetz möchte gern vollständig sein und alle fälle voraussehen, das alte scheut sich oft, einzugreifen und stellt lieber die entscheidung in etwas natürliches, zufälliges, es ehrt auch heilige zahlen, während jenes todte und weltliche zahlen vorzuschreiben und damit zu messen pflegt.[322]

317 Ebd., S. 47.
318 Ebd., S. 48.
319 Jacob Grimm, Rechtsalterthümer (1828), S. XV Anm. **.
320 Ebd., S. XV Anm. **.
321 Ebd., S. XV.
322 Jacob Grimm, Von der Poesie im Recht (1815), Kl. Schr. 6, S. 170.

Das alte Recht sei voll von »lebendigen bestimmungen«.[323] Diese Trennung zwischen natürlichem, lebendigen altem und künstlichem, totem neuen Recht, fand sich auch bei der Beschreibung einzelner Rechtsinstitute, wie beispielsweise dem Eigentum. So konnte für Grimm ein bloß auf den eigenen Willen beruhender Vertrag im alten Recht keine neue Rechtsposition begründen, es bedürfte stets eines sinnlichen Übertragungselements.[324] Die unmittelbare Verbindung des Rechts zur Natur zeigte sich für Grimm auch in der Sitte, das Gericht tagsüber und unter freiem Himmel abzuhalten.[325] Der Tausch symbolisierte als besonders bedeutungsvolles Rechtsinstitut die Natürlichkeit und Lebendigkeit des alten Rechts:

> geben, zahlen und schätzen in naturalien beförderte und erregte eins der angenehmsten geschäfte; den tausch, wo beide theile vergnügt sind, weil jedes die ihm fehlende fremde sache am sinnlichsten und klarsten auf sein persönliches verhältnis beziehen kann. auch haben einkünfte, gefälle und zinsen, die aus solchen dingen bestehen, offenbar das vor den geldeinnahmen voraus, dasz sie, indem ihr werth bald ab- bald zunimmt, im einzelnen ertrag weit mehr erfreuen können, als gelderlös; im ganzen pflegt sich schaden und gewinn meistentheils auszugleichen.[326]

Das alte Recht wies für Grimm noch eine ganz besondere Sinnlichkeit auf, war für die Menschen damit unmittelbar wahrnehmbar. Besonders die sinnlichen, volksnahen Elemente im Recht legten für ihn den Schluss auf eine »volksmäszige« Entstehung desselben nahe. Der Lebendigkeit des Rechts kam auch die Verwendung von »Volkswörtern« zugute. Dies waren Begriffe, die allgemein verständlich waren.[327] Grimm kam daher nicht umhin zu beklagen:

> wie wenig könnten unsre heutigen juristen dem gemeinen mann von dergleichen bieten; ihre theorien sind unübersetzlich geworden in die vorstellungen und redensarten des volks, was wohl den abgestorbenen stand unseres rechts bezeugt.[328]

Die alten deutschen Rechtsbestimmungen hatten damit für ihn dem deutlich feiner ausgeprägten römischen Recht eines voraus:

> neben dieser rohheit, wie sie zusammengehalten mit der römischen feinheit wahrgenommen wird, zeigt sich doch auch noch im germanischen recht ein vorzug, welcher umgekehrt dem römischen abgeht, nämlich frische, lebendigkeit

---

323 Ebd., S. 172.
324 Ebd., S. 173.
325 Ebd., S. 178.
326 Ebd., S. 189.
327 So Jacob Grimm, Rez. Gulathings-Laug (1819), Kl. Schr. 4, S. 114: »und gewisz deutet nichts mehr auf einen kräftigen, lebendigen stand des rechts als das vorhandensein in menge jener volkswörter.«
328 Ebd., S. 114.

und natürlichkeit der bestimmungen, die gleich allem natürlichen genauer betrachtet wiederum sehr tiefsinnig scheinen wird.[329]

Neben dieser Natürlichkeit der Rechtsbestimmungen konnte Grimm eine gewisse Ironie der Rechtsregelungen feststellen, die er als typische Erscheinungsform des alten deutschen Rechts beschrieb. So fand er insbesondere in den Markweisthümern Bestimmungen, die einem Rechtssuchenden, der unberechtigte Ansprüche geltend machte, statt diesem den Anspruch gänzlich vorzuenthalten, eine »kleinigkeit umständlich zuerkennen«, ihn damit aber »im grunde leer ausgehen« lassen.[330] Diese Besonderheiten sprachen Grimm zufolge für einen volksmäßigen Ursprung des Rechts, für einen Ursprung aus dem Volksgeist.

(4) Familie und Sippschaft

In enger Verbindung zur generellen Bedeutung der Familie und der Gemeinschaft für die Ausprägung des deutschen Volksgeistes, auf die oben schon hingewiesen wurde, steht auf rechtlicher Seite das Prinzip der Rechtsgemeinschaft Sippe, welches lange Zeit für das Bild vom germanischen Recht von großer Bedeutung war.[331] Der Begriff der Sippe, als der genossenschaftliche Verband mehrerer Verwandter unter einem Sippenführer, konnte sowohl für die Fehde als auch für die Frage des Gemeinschaftseigentums und für das Erbrecht eine Rolle spielen.[332] Auch Grimm hob die Bedeutung der Familie und der Sippe im deutschen Recht hervor. Dies beschränkte sich in der 1. Auflage der *Rechtsalterthümer* allerdings zunächst darauf, festzustellen, dass das Wort Sippe sowohl Verwandtschaft als auch Frieden bedeuten konnte.[333] Damit war der Weg eröffnet, in der Sippe eine vom Staat unabhängige Rechts- und Friedensgemeinschaft zu sehen.[334] Dies machte die Sippe und ihre eigenen Rechtsregeln gerade für die Suche nach dem deutschen Volksgeist interessant. In der 4. Auflage der *Rechtsalterthümer*, die von Andreas Heusler und Rudolf Hübner unter Heranziehung der von Grimm selbst verfassten handschriftlichen Ergänzungen besorgt wurde, fand sich dann schon ein deutlich größerer Abschnitt zur Sippe:

---

329   Ebd., S. 115 f.

330   Jacob Grimm, Rez. Über die markgenossenschaften von [...] Löw (1829), Kl. Schr. 6, S. 397.

331   Diese Ansichten zur Rechtsgemeinschaft Sippe sind heute allerdings widerlegt. Vgl. Ekkehard Kaufmann, Sippe, in: HRG 4 (1990), Sp. 1668 ff.

332   Zur Sippe vgl. Karl Kroeschell, Die Sippe im germanischen Recht, in: ders., Studien zum frühen und mittelalterlichen deutschen Recht (1995), S. 13 ff.

333   Jacob Grimm, RA (1828), S. 467.

334   Dazu Karl Kroeschell, Die Sippe im germanischen Recht (1995), S. 21 f.

Das deutsche erbrecht gründet sich ursprünglich nur auf verwandtschaft, auf sippe. Sippe [...] bedeutet eigentlich friede, freundschaft, wie wir noch heute letzteren ausdruck zugleich für verwandtschaft gebrauchen; den engsten frieden findet jeder im schoß seiner familie und von dieser geschlechtsgenoßenschaft geht alles persönliche recht aus.[335]

In seiner weiteren Schilderung begründete Grimm unter anderem das Fehderecht und das Erbrecht sowie die Verpflichtung und Berechtigung zu Wergeld aus dem Rechtsinstitut der Sippe.[336] Diese nach Grimm urdeutschen Rechtstraditionen wurzelten damit allesamt in der familiären, verwandtschaftlichen Bindung, damit aus der Gemeinschaft der Deutschen. Grimm sah daher in der Gemeinschaft der Familie den ersten Entstehungsgrund des Rechts.

Auch in der deutschen Mythologie konnte Grimm im Übrigen eine besondere Bedeutung der Familie feststellen. So verwies er auf die Darstellung der höchsten Gottheiten als Vater und Mutter, die sich auch im alten Recht konsequent niedergeschlagen habe.[337] Das Prinzip der Gemeinschaft der Familie bestimmte für Grimm als Ausdruck des deutschen Volksgeistes damit nicht nur die Mythologie, sondern auch Recht und Poesie.

(5) Eigentum

Der Begriff und der Umfang des (Privat-)Eigentums erlangte zu Beginn des 19. Jahrhunderts innerhalb der juristischen Diskussion eine besondere Bedeutung. Es wurde nun im Rahmen der Hinwendung zur idealistischen Philosophie nicht nur als Recht, sondern auch als Ausdruck der persönlichen Freiheitssphäre begriffen.[338] Zudem entzündete sich am Eigentumsbegriff eine heftige Debatte um die Unterschiede von römischem und germanischem Rechtsbegriff, die im Zusammenhang mit grundlegenden Fragen der Eigenheiten der beiden Rechtssysteme stand.[339] Innerhalb der juristischen Germanistik entwickelte sich Mitte des 19. Jahrhunderts ein eigener »germanischer« Eigentumsbegriff.[340]

Die Frage der »richtigen« rechtlichen Ausgestaltung des Eigentums warf auch die Frage nach den Besonderheiten des deutschen Volksgeistes und dessen Auswirkung auf die Eigentumskonzeption auf.[341] Hier erfuhr die in der Zivil-

---

335 Jacob Grimm, RA, 4. Aufl. (1899), Bd. I, S. 642 f.
336 Ebd., S. 643.
337 Jacob Grimm, Vorrede zu: Deutsche Mythologie, 2. Ausg. (1844), S. XLI f.
338 Vgl. dazu Karl Kroeschell, Zur Lehre vom »germanischen« Eigentumsbegriff (1995), S. 216 f.
339 Vgl. hierzu Sibylle Hofer, Freiheit ohne Grenzen? Privatrechtstheoretische Diskussionen im 19. Jahrhundert (2001), S. 49 ff.
340 Karl Kroeschell, Zur Lehre vom »germanischen« Eigentumsbegriff (1995), S. 234.
341 Ebd., S. 234.

rechtsdiskussion der Zeit populäre Idee vom sozialen, pflichtgebundenen deutschen Recht in Abgrenzug zu einem individualistischen, abstrakten römischen Recht ihre volle Ausprägung.[342]

Auch in den seltenen Fällen, in denen sich Jacob Grimm inhaltlich näher mit einem konkreten Rechtsinstitut auseinandergesetzt hat, spielte meist das Thema Eigentum und, damit eng verknüpft, die Frage des Besitzes eine Rolle.[343] Er war ebenfalls bestrebt, das deutsche Recht hier deutlich vom römischen Recht abzugrenzen. Klar unterschied er bereits die Entwicklungslinien des Eigentumsbegriffs in beiden Rechtsordnungen. Grimm differenzierte zwischen dem Eigentum an fahrender Habe und dem Eigentum am Grundeigentum, welches sich im deutschen Recht erst spät entwickelt habe. In Deutschland, so Grimms These, habe zunächst kein Sondereigentum existiert.[344] Die vermeintliche Urgemeinschaft von einfachen Hirten und Jägern habe insbesondere das Grundeigentum gemeinschaftlich genutzt. In diesem Zusammenhang entstanden dann, so Grimm, die Markgenossenschaften als »älteste Weise des Gesamteigentums.«[345] Erst später habe sich daraus Sondereigentum Einzelner entwickelt.[346] Mit dieser Sichtweise befand sich Jacob Grimm im Einklang mit der germanistischen Eigentumslehre seiner Zeit.[347] Die Unterschiede zur römischen Eigentumsentwicklung sah Grimm dabei in der unterschiedlichen Ausrichtung der Entwicklungslinien. Während in Deutschland die Gemeinschaft der treibende Faktor der Entwicklung gewesen sei, sei im römischen Recht eine Zentrierung auf Agrarbetriebe erfolgt, die nicht gemeinschaftlich, sondern indivuell betrieben worden seien. Dies belegte Grimm auch anhand der sprachlichen Entwicklung der Begriffe Besitz / Eigentum und possidere / dominium.[348] Besitz und Sondereigentum sei den alten Deutschen erst durch die Römer zugebracht worden.[349] Die typisch deutsche Hinwendung zur Gemeinschaft spiegelte sich also in der Eigentumsentwicklung wider.

---

342 Vgl. ebd., S. 235 ff.; dazu auch KLAUS LUIG, Römische und germanische Rechtsanschauung (1995), S. 101 ff.
343 So bspw. JACOB GRIMM, Das Wort des Besitzes (1850), Kl. Schr. 1, S. 113 ff. sowie DERS., Etwas über den Überfall der Früchte und das Verhauen überragender Äste (1817), Kl. Schr. 6, S. 272 ff.
344 Vgl. JACOB GRIMM, RA, 4. Aufl. (1899), Bd. II, S. 2, insbes. auch Fn. 2.
345 JACOB GRIMM, Tacitus' Germania (Vorlesung WS 1835/36), in: ELSE EBEL (Hrsg.), Jacob Grimms Deutsche Altertumskunde (1974), S. 72.
346 JACOB GRIMM, Deutsche Grenzalterthümer (1843), Kl. Schr. 2, S. 31; JACOB GRIMM, Das Wort des Besitzes (1850), Kl. Schr. 1, S. 142.
347 Diese gilt inzwischen als überholt, vgl. dazu HANS RUDOLF HAGEMANN, Grundeigentum, in: RGA, Bd. 13 (1999), S. 103 f.
348 JACOB GRIMM, Das Wort des Besitzes (1850), Kl. Schr. 1, S. 138 ff.
349 Ebd., S. 143.

In den Notizen zu den *Rechtsalterthümern*, die Grimm zwecks einer neuen Ausgabe derselben angelegt hatte, und die nach seinem Tod in die vierte Ausgabe eingearbeitet wurden, findet sich bei den einleitenden Ausführungen des Kapitels »Eigenthum« eine etwas ausführlichere Schilderung der deutschen Eigentumsentwicklung, an der sich die Grundideen des spezifisch deutschen Eigentumsbegriff, wie Grimm ihn sich vorstellte, noch genauer nachvollziehen lassen:

> Alles beginnt mit dem eigenthum an fahrender habe; der apfel gehört mir, den ich breche, das rind, das ich weide. Das grundeigenthum beginnt mit dem gesamten; der wald gehört uns, in dem ich den apfel brach, die wiese, auf der ich weidete. Das land gehört uns, das wir gegen die feinde wehren, grund und boden ist wie die welt, die luft, in der wir leben, niemand kann ein stück davon für sich besitzen, sie sind gemein, wie feuer, waßer, allen gemein sind.[350]

In diesen einleitenden Sätzen war die Grundessenz von Grimms Verständnis des alten deutschen Eigentumsbegriffs enthalten. Das Grundeigentum wies einen besonderen Gemeinschaftsbezug auf und wurzelte im Hirtenleben.[351] Grimm war überzeugt, »der hirte überhaupt [...] lebt frischer und freier, als der landbauer, dessen pflug die kräfte mehr mitnimmt«.[352] Grimm bemerkte jedoch bald auch im deutschen Recht den Widerstreit zweier »gleich nothwendige[r] richtungen [...], die eine geht auf erhaltung der genoßenschaft am grundeigen-thum, auf dessen vereinzelung die andere«.[353] Dennoch blieb die Idee des Gemeinschaftseigentums in Grimms Rechtsforschungen der Schwerpunkt.

Dies galt nicht zuletzt für die Erforschung der Markgenossenschaften, also des Gemeinschaftseigentums an Waldflächen. Bei der Beschreibung der deutschen Vorzeit in seiner Vorlesung über Tacitus' *Germania* hob er für die Studenten hervor, »wie sehr den Vorfahren das Gesamteigentum zusagte, so bei der Mark-genossenschaft der Wälder«.[354] Dass dieses sich vor allem in der Frühzeit kaum in geschriebenen Rechtsregelungen wiederfand, erklärte Grimm damit, dass im Mittelalter das geschriebene Recht vor allem für die höheren Schichten aufge-zeichnet worden sei und das friedliche Leben der Bauern und ihre Rechtssitten kaum Anlass zur Aufzeichnung geboten habe.[355] Grimm war vom hohen Alter der Markgenossenschaften überzeugt. Es handle sich um »eine uralte, ungestört

---

350 Jacob Grimm, RA, 4. Aufl. (1899), Bd. II, S. 491.
351 Diese Ansicht ist freilich heute überholt, vgl. Ruth Schmidt-Wiegand, Mark und Allmende (1981), S. 29 f.
352 Jacob Grimm, RA (1828), S. 495.
353 Ebd., S. 495.
354 Jacob Grimm, Tacitus' Germania (Vorlesung WS 1835/36), in: Else Ebel (Hrsg.), Jacob Grimms Deutsche Altertumskunde (1974), S. 73.
355 Vgl. Jacob Grimm, Rez. Markgenossenschaften von Löw (1829), Kl. Schr. 6, S. 393.

gebliebene rechtsverfassung«.[356] Der Ursprung dieses gemeinschaftlichen Eigentums lag für Grimm in der Familie, der kleinsten Urgemeinschaft der Menschen.[357] Die Markgenossenschaften waren für ihn die konsequente Fortsetzung dieser Urgemeinschaft und damit ebenfalls eine besondere Ausprägung der deutschen gemeinschaftsorientierten Wesensart.[358]

Einer anderen Besonderheit des deutschen Rechts näherte sich Jacob Grimm in seinem Aufsatz »Etwas über den Überfall der Früchte und das Verhauen überragender Äste« aus dem Jahr 1817. Hier ging es um die Befugnisse des Eigentümers. Grimm stellte zunächst fest, dass bei Konflikten unter Nachbarn im Zusammenhang mit über die Grundstücksgrenzen hinaus wuchernden Pflanzen das deutsche Recht dem Recht des Grundstücksinhabers den Vorrang zumesse, während das römische Recht eher zum Schutz des Planzeneigentümers tendiere.[359] Allerdings sah Grimm in dieser einseitigen Regelung zugunsten des Grundstückseigentümers bereits einen die Wesensart des deutschen Rechts verfälschenden römischen Einfluss. Zunächst habe nämlich im deutschen Recht eine poetische, sinnliche Regelung vorgeherrscht. So rekurriere das alte deutsche Recht (dieses Element fand Grimm freilich auch in der römischen Bestimmung des ›tertio quoque die‹, die er erst später so interpretierte, dass die Gefahr der Annahme, auch urdeutsche Rechtsprinzipien hätten ihren Ursprung im römischen Recht, nicht mehr bestand[360]) auf das Element des Zufalls, vielleicht sogar der göttlichen Einflussnahme, wenn es beispielsweise dem Eigentümer der Hopfenpflanze erlaubt habe, die Ranke zu greifen und wieder zu sich herüber

356 Jacob Grimm, Rez. Markgenossenschaften von Löw (1829), Kl. Schr. 6, S. 396.
357 Jacob Grimm, Vorlesung über »deutsche Rechtsalterthümer«, hrsg. von Else Ebel (1990), S. 54.
358 Mit dieser Ansicht war Grimm nicht allein. Mitte des 19. Jahrhunderts findet sich diese Ansicht auch bei Ludwig von Maurer, in der Folgezeit wurde sie von Karl Marx und Friedrich Engels aufgegriffen und zur Untermauerung marxistischer Gesellschaftsmodelle genutzt. Vgl. dazu Ruth Schmidt-Wiegand, Mark und Allmende (1981), S. 3 f.
359 Jacob Grimm, Etwas über den Überfall der Früchte und das Verhauen überragender Äste (1817), Kl. Schr. 6, S. 272 f. Gegenüber der deutschrechtlichen Lösung war zur Zeit der Abfassung dieses Aufsatzes die Rechtswissenschaft im Wege der Nachrezeption zur Anwendung der römisch-rechtlichen Lösung gelangt, deren Nichtanwendbarkeit im Einzelfall konkret nachgewiesen werden musste; vgl. Klaus Luig, Die sozialethischen Werte des römischen und germanischen Rechts in der Privatrechtswissenschaft des 19. Jahrhunderts bei Grimm, Stahl, Kuntze und Gierke, in: Gerhard Köbler (Hrsg.), Wege europäischer Rechtsgeschichte (1987), S. 292 f.
360 Vgl. dazu Klaus Luig, Die sozialethischen Werte des römischen und germanischen Rechts in der Privatrechtswissenschaft des 19. Jahrhunderts (1987), S. 289 Fn. 27.

zu ziehen.[361] »Und gerade dieses schwanken zwischen der begünstigung des eigenthümers vom baum oder des vom grundstück« schien Grimm »der natürlichen ansicht der ältesten gesetzgebungen am allerangemessensten«. Erst später sei eine eindeutige Entscheidung für eine der beiden Seiten notwendig geworden, damit aber nicht Ausdruck der alten deutschen Rechtstradition, sondern der kalt logischen Prinzipien des römischen Rechts.[362] Die alte deutsche Regelung hatte in Grimms Augen den Vorteil, dass ein an sich nicht gerecht zu lösender Streitfall durch das Element des Zufalls zu einer für beide Parteien annehmbaren Lösung geführt werden konnte.[363]

Stets betonte Grimm zudem die sinnliche, poetische Komponente, die im alten deutschen Recht mit einer Eigentums- oder Besitzübertragung einhergegangen sei. Insbesondere gelte dies für die Übertragung von Immobilien. Er stellte klar: »durch den bloszen vertrag zwingt der mensch das im land selbst ruhende recht nicht allein, sondern er musz grund und boden selbst anrühren und erkennen.«[364] Dieser Publizitätsakt, wie wir ihn heute nennen würden, war für Grimm ein Kernbestandteil des alten »sinnlichen« Rechts. Der Vertrag als bloße gewillkürte Willensäußerung konnte allein nicht ausreichend sein. Lebendigkeit, Sinnlichkeit und Natürlichkeit des deutschen Rechts zeigten sich auch hier.

Besonders eng mit dem Eigentum verknüpft war nach Grimms Auffassung auch die Frage der Grenze, denn »ohne grenze sind eigenthum und besitz am land unmöglich«.[365] Die Grenze an sich empfand er nicht nur als Trennung, sondern auch als verbindendes Element, »aus welchem neben der nothwendigen scheide ein band der nachbarschaft und gemeinschaft sich entfaltete, dessen heiligung und weihe unserm alterthum aufs höchste angelegen war.«[366] Wieder war es also die Gemeinschaft als tragendes Prinzip des deutschen Rechts, die ein Rechtsinstitut maßgeblich mitbestimmte. Auch hier fand Grimm zahlreiche Beispiele für das sinnliche Element des Rechts. Dies zeige sich bereits an der Orientierung der Grenzläufe an natürlichen Marken, »gradlinige scheiden, wie sie nordamerikanische landkarten aufweisen, wurden erst der todten berechnung moderner zustände möglich: sie bezeichnen sehr treffend die

---

361 Jacob Grimm, Etwas über den Überfall der Früchte und das Verhauen überragender Äste (1817), Kl. Schr. 6, S. 273.

362 Vgl. dazu auch Klaus Luig, Die sozialethischen Werte des römischen und germanischen Rechts in der Privatrechtswissenschaft des 19. Jahrhunderts (1987), S. 287 f.

363 Jacob Grimm, Etwas über den Überfall der Früchte und das Verhauen überragender Äste (1817), Kl. Schr. 6, S. 273.

364 Jacob Grimm, Von der Poesie im Recht (1815), Kl. Schr. 6, S. 173.

365 Jacob Grimm, Deutsche Grenzalterthümer (1843), Kl. Schr. 2, S. 30.

366 Ebd., S. 31.

praktische langweilige sinnesart der jüngeren zeit.«[367] Das alte Recht erschien in der Darstellung Grimms lebendig und natürlich, die modernen Bestimmungen demgegenüber tot und künstlich, ein vertrautes Muster Grimmscher Argumentation – eine Entwicklung, die Grimm am römischen Recht nochmals verdeutlichte:

> Auch die Römer scheinen bei anordnung der grenze zwei durchaus verschiedne weisen gekannt zu haben, die sich als volksmäszige und gelehrte, als natürlich und künstliche, folglich als ältere und jüngere darstellen.[368]

An Stelle der volksmäßigen, lebendigen Rechtsregeln traten im Laufe der Rechtsentwicklung gelehrte, künstliche Rechtsnormen, die jedoch der Eigentümlichkeit des Volkes und seines Volksgeistes nicht mehr gerecht werden konnten. Die Entwicklung des Eigentums bestätigte für Grimm diesen Ablauf.

(6) Erbrecht

Das alte deutsche Erbrecht beruhte für Grimm auf dem Rechtsgedanken der Sippschaft und war somit mit dem vermeintlich typisch deutschen Gemeinschaftsprinzip eng verbunden.[369] Erbberechtigt waren daher im alten deutschen Recht zunächst die Kinder und Kindeskinder des Erblassers.[370] Grimm beschrieb auch die Möglichkeit der Erbeinsetzung durch letzwillige Verfügung des Erblassers. Dabei habe es sich jedoch stets nur um eine »Ausnahme« gehandelt.[371] Der Gemeinschaftsgedanke des alten volksmäßigen Eigentumsbegriffs spielte für Grimm auch bei der Beurteilung des Erbrechts eine Rolle. Grimm lehnte daher grundsätzlich die unbegrenzte Testierfreiheit des Erblassers ab:

> Testamente setzen immer das Feindselige voraus; durch diese soll einem etwas zugewandt werden, der nicht nächstberechtigt oder gar nicht berechtigt ist. Es ist also weniger naturgemäß.[372]

Eine freie Verfügungsmöglichkeit widersprach dem Ursprung des Erbrechts aus dem Sippschaftgedanken und der Gemeinschaftsbindung des Eigentums. Daher sprach für Grimm alles für ein reines Verwandtenerbrecht, denn »der Erblasser hat nur auf Nutzung erworben, um es seinen Nachkommen zu überliefern«.[373]

---

367 Ebd., S. 39.
368 Ebd., S. 47.
369 So schon Jacob Grimm, RA (1828), S. 467 ff.
370 Ebd., S. 471.
371 Ebd., S. 482.
372 Else Ebel (Hrsg.), Jacob Grimms Deutsche Altertumskunde (1974), S. 101.
373 Ebd., S. 101.

Eigentum bedeutete daher kein individuelles Verfahrenkönnen nach Belieben, sondern die Verpflichtung, das zur Lebzeit nur zur Nutzung Übertragene nach dem Tod an die Gemeinschaft der Familie weiterzugeben. Auch bei der Beurteilung der erbrechtlichen Bestimmungen spiegelte sich damit das dem deutschen Volksgeist entstammende Prinzip der Gemeinschaft.

Zu einem Erbrecht für Frauen hatte dieser Gemeinschaftsgedanke freilich nicht geführt. So betonte Grimm: »erbrecht, ist allen weibern nach den ältesten gesetzen entw. versagt oder beschränkt.«[374] Wo eine Erbfolge von Frauen zugelassen worden sei, sei dies allein auf fremden Einfluss zurückzuführen.[375] Grimm beschrieb damit den Ausschluss der Frauen von der Erbfolge als Ausdruck eines generell gültigen deutschen Rechtsprinzips.[376] Eine generelle Zurücksetzung von Frauen im deutschen Recht konnte Grimm dagegen nicht feststellen.[377] Ganz im Gegenteil vermutete er bei den Deutschen sogar eine besondere Frauenverehrung, auch im Recht. Hinweise dafür fand Grimm vor allem in der Struktur der deutschen Mythologie.[378]

(7) Gerichtswesen – Schöffengericht

Das alte deutsche Gerichtswesen erlebte im Vormärz gesteigerte Aufmerksamkeit und diente als markantes Beispiel für die Verwirklichung der germanischen Freiheit im Rechtswesen.[379] Die Beteiligung von Laien an der Rechtsfindung war eines seiner herausragenden Eigenschaften. Erst ab der zweiten Hälfte des 19. Jahrhunderts erfolgte wieder eine vermehrte Hinwendung zum Aspekt der Staatlichkeit innerhalb des Gerichtswesens.[380] Die Frage nach der Einbeziehung von Laien in den Strafprozess war nicht nur eine juristische Frage, sondern auch

---

374 JACOB GRIMM, RA (1828), S. 407.
375 Ebd., S. 407 Fn. *).
376 Diese Sichtweise war auch schon im 19. Jahrhundert nicht unumstritten. Vgl. dazu KARL KROESCHELL, Söhne und Töchter im germanischen Erbrecht, in: DERS., Studien zum frühen und mittelalterlichen deutschen Recht (1995), S. 35 ff.
377 JACOB GRIMM, RA (1828), S. 403: »In vielen stücken gilt das weib weniger als der mann; zuweilen hat es auch größere gunst.«
378 JACOB GRIMM, Vorrede zur Deutschen Mythologie, 2. Ausg. (1843), S. XLII.
379 KARIN NEHLSEN-V. STRYK, Zum »Justizbegriff« der rechtshistorischen Germanistik, in: Ius Commune XVII (1990), S. 192 ff.; JOHANNES LIEBRECHT, Brunners Wissenschaft (2014), S. 24, beschreibt die Diskussion um die Entstehung der Schwurgerichte als »eine der kontroversesten justizpolitischen und rechtshistorischen Debatten des 19. Jahrhunderts«. Grimm befand sich also mit dieser Thematik am Puls der Zeit.
380 KARIN NEHLSEN-V.STRYK, Zum »Justizbegriff« der rechtshistorischen Germanistik, in: Ius Commune XVII (1990), S. 195 f.

Ausdruck der brisanten Diskussion um das zukünftige Verhältnis von Staat und Gesellschaft.[381] Die besondere Bedeutung, die die juristische Germanistik insbesondere dem Geschworenengericht als »urdeutsche« Rechtstradition im 19. Jahrhundert beimaß, zeigte sich anschaulich in den Debatten über das Geschworenengericht während des 1. Germanistentages 1846 in Frankfurt. Durch die Beteiligung von Laien im Prozess erhoffte man sich, die Emanzipationinteressen des Volkes zu verwirklichen und damit das als elitär-akademisch empfundene römische und absolutistische Gerichtswesen abzulösen.[382] Hauptargument für die Forderung nach einer Rückkehr zum Schöffen bzw. Geschworenengericht war die deutsche Rechtstradition. Zwar spielten auch andere Faktoren eine Rolle (so die Rückannäherung des Volkes an das Recht, die Gewährleistung von bürgerlichen Freiheiten und die Begrenzungen staatlicher Wilkür sowie die Abschaffung des als ungerecht empfundenen schriftlichen und geheimen Prozesses). Dennoch verwiesen die Germanisten immer wieder auf die Tradition der Geschworenengerichte vor allem in Skandinavien, welches mit Deutschland wesensverwandt sei. Die Forderung nach einer Einführung dieser Gerichte war daher auch ein Zentralthema der zweiten Germanistenversammlung 1847 in Lübeck.[383] Zurückgreifen konnte man auf die Erfahrungen in Rheinpreußen, in denen dieses Element des französischen Prozesses trotz preußischer Reformbestrebungen zunächst erhalten geblieben war und sich bei der Bevölkerung großer Beliebtheit erfreute.[384]

Auch Grimm setzte sich mit dem alten deutschen Gerichtsprozess auseinander, nicht ohne dabei einen gewissen Gegenwartsbezug anklingen zu lassen, der sonst seinen juristischen Schilderungen nicht unmittelbar zu entnehmen war. Für ihn waren die Schöffengerichte des deutschen Altertums ein weiterer Beweis für die ursprüngliche Volksmäßigkeit des Rechts und den Ursprung des Rechts aus dem Volk, aus dem Volksgeist. Die moderne Verfahrensstruktur dagegen habe, so Grimm, zu einer Entfremdung des Volkes vom Recht beigetragen:

> Je höher wir den schleier des alterthums lüften, desto mehr erscheint das recht landeskundig, in dem bewustsein der gemeinde haftend. volksversammlung war ein groszes gericht, gericht eine kleine volksversammlung [...] wir müssen folglich eine so verbreitete kenntnis des alten einfachen rechts annehmen, dasz

---

381   Zur Brisanz der Thematik im Vormärz vgl. auch Christoph Mauntel, Carl Georg von Wächter (2004), S. 57 ff.

382   Vgl. dazu Jörg Jochen Müller, Die ersten Germanistentage, in: ders. (Hrsg.), Germanistik und deutsche Nation (2000), S. 306 f.

383   Vgl. dazu aber auch zur Vorgeschichte der Debatte um Geschworenengerichte in Deutschland Katinka Netzer, Wissenschaft aus nationaler Sehnsucht (2006), S. 153 ff.

384   Vgl. zur Situation und Debatte um die Geschworenengerichte im Rheinland Ingrid Sibylle Reuber, Der Kölner Mordfall Fonk von 1816 (2002), S. 96 ff.

die öffentlichen gerichtsverhandlungen vollen anspruch auf jenen flandrischen namen einer durchgehenden wahrheit (dorginge waerheit) hatten. in der masze wonach allmählich diese rechtskunde abnahm und die obrigkeit einflusz auf die urtheilfällenden erlangte, muste die gemeinde, deren auge nicht mehr über den einzelnen händeln wachte, lässiger und unwissender werden. das geschäft der urtheiler verwuchs mit dem amt des vorsitzenden richters und die von auszen eindringende gelehrsamkeit entfremdete volk und gericht den übungen des heimischen rechtsganges.[385]

Deutlich kritisierte Grimm den schriftlichen Prozess und lobte demgegenüber die weiteren Vorzüge des alten Prozesses:

> Statt seiner persönlichen bußen haben wir unbarmherzige strafen, statt seiner farbigen symbole stöße von acten, [statt seiner baldgefundnen urtheile jahrlange processe,] statt seines gerichts unter blauem himmel qualmende schreibstuben, statt der zinshüner und fastnachtseier kommt der pfänder namenlose abgaben in jeder jahrszeit zu erpressen.[386]

Grimms Ansicht nach waren die deutschen Gerichte aus der Tradition der Volks- und Gemeindeversammlungen hervorgegangen.[387] Wieder spielte das Prinzip der Gemeinschaft eine überragende Rolle. »Überall sind Sippengenossen, Geschlechtsgenossen und Stammgenossen üblich, während jetzt unsere Gerichte mehr einen Gegenpositionscharakter gegen das Volk angenommen haben.«[388] Innherhalb des Gerichtswesens sei es vor allem auf die Meinung alter und weiser Männer angekommen:

> Bei den meisten völkern stand das alter in ehren und bereits im hirtenleben, dessen häupter väter und greise waren, sein ansehn begründet. es war uralter brauch durch seinen mund das recht sprechen zu lassen und sich rathes bei ihm zu erholen, im gericht und in allen versammlungen gebührte ihm vorsitz, süsze worte flossen von Nestors lippen und wer in grauer vorzeit hätte gesetze entworfen und weisheit gelehrt, wenn nicht durch weisheit und gedanken- reichthum ausgerüstete männer?[389]

Dem naturverbundenen Leben der alten Deutschen konnte zudem nur ein Gerichtsplatz unter freiem Himmel entsprechen.[390]

Grimm unterschied bei der Beschreibung des alten deutschen Gerichtswesens zwischen zwei verschiedenen Aufgabenbereichen: einmal dem des Richters, der

385 JACOB GRIMM, Vorwort zu: Der Oberhof zu Frankfurt am Main (1841), Kl. Schr. 8, S. 177 f.
386 JACOB GRIMM, RA (1828), Vorrede, S. XV Anm. **.
387 JACOB GRIMM, Tacitus' Germania (Vorlesung WS 1835/36), in: ELSE EBEL (Hrsg.), Jacob Grimms Deutsche Altertumskunde (1974), S. 119.
388 Ebd., S. 120.
389 JACOB GRIMM, Rede über das Alter (1860), Kl. Schr. 1, S. 208.
390 JACOB GRIMM, Tacitus' Germania (Vorlesung WS 1835/36), in: ELSE EBEL (Hrsg.), Jacob Grimms Deutsche Altertumskunde (1974), S. 120.

nur dafür zuständig war, das Urteil zu verkünden und andererseits demjenigen der aus der Gemeinde selbst stammenden Urteiler, welche die eigentliche Sachentscheidung fassten. Diese waren, wie Grimm deutlich hervorhob, in ihrer Entscheidung vom Richter völlig unabhängig.[391] Die »staatliche« Instanz verkündete also nur das Urteil, welches Gleiche über Gleiche gesprochen hatten. Dies entsprach wiederum den altdeutschen Prinzipien der Freiheit und Gemeinschaft, die für Grimm Grundlage aller deutschen Rechtsstrukturen waren. Der deutsche Volksgeist war somit auch im Gerichtswesen offenbar.

f) Zusammenfassung

Der Volksgeist bestimmte als grundlegendes Modell das wissenschaftliche Schaffen Jacob Grimms. Er bildete eine Konstante, die seinem gesamten Lebenswerk zugrunde lag.

Hinter dem Ideal vom »einfachen Volk« als Träger des Volksgeistes steckte in Wahrheit die soziale Schicht, der Grimm selber angehörte und die er allein als Maßstab der deutschen Volkskultur gelten lassen wollte: das teilweise stark hugenottisch geprägte Bürgertum. Vom »Pöbel« grenzte sich Grimm in privaten Aussagen dagegen ausdrücklich ab. Das in Grimms Werken zum Maßstab erhobene »einfache Volk« war demgegenüber ein rein ästhetisches Modell.

Ausgehend von einer deutschen Sprachnation war Grimms Verständnis von der deutschen Nation dagegen sehr umfassend und konnte auch Skandinavier, Niederländer sowie Engländer einbeziehen. Dies konnte jedoch je nach Zusammenhang variieren.

Der Volksgeist Grimms war »stillthätige, unbewust wirksame kraft«,[392] die das Volk durchdrang und Recht, Sprache sowie Poesie schuf. Er war damit weit mehr als nur »ein untrügliches Gefühl für das Rechte und Wahre«,[393] er war Ursprung und Triebfeder jeglicher Kulturleistung eines Volkes. Die individuelle Schöpfungskraft Einzelner musste demgegenüber zurücktreten. Der Ursprung des Volksgeistes, und das war Teil des Konzepts, war letztendlich aber nicht aufklärbar. Dies schloss damit jedoch auch einen direkten göttlichen Ursprung des Volksgeistes aus. Gott spielte in der Konzeption Grimms zwar insoweit eine

---

391   Ebd., S. 123 f. So auch bei Schilderung anlässlich der Vorlesung über Deutsche Literaturgeschichte, hrsg. von MATTHIAS JANSSEN (2005), S. 251. Diese Unterscheidung wird freilich auch in neuere Zeit von Einigen unter dem Aspekt der Dinggenossenschaft wieder vermehrt hervorgehoben, vgl. NEHLSEN-V. STRYK, Zum »Justizbegriff« der rechtshistorischen Germanistik, in: Ius Commune XVII (1990), S. 220.

392   JACOB GRIMM, Vorrede zur Deutschen Mythologie (1835), Kl. Schr. 8, S. 148 f.

393   So GÜNTHER FRANZ, Über Jakob Grimms Nationalgefühl, in: Festgabe für Harold Steinacker (1955), S. 305.

Rolle, als er die grundsätzlichen Voraussetzungen für die Existenz und Verbreitung des Volksgeistes geschaffen hatte; eine Identität zwischen Volksgeist und Gott bestand jedoch nicht.

Der Volksgeist war für Grimm im einfachen Volk bis in die Gegenwart lebendig geblieben, hier waren daher noch immer Hinweise auf die wahren deutschen Traditionen zu suchen. Was der Volksgeist schuf – Recht, Sprache, Kultur –, konnte sich nur allmählich, organisch entwickeln. Plötzliche Veränderungen durch individuelles menschliches Verhalten, den Staat und die Wissenschaft waren nicht Teil einer organischen und damit naturgemäßen Entwicklung. Solche Einflüsse führten vielmehr zu einer Verfremdung des Volksgeistes und damit letztendlich zu einer Entfremdung zwischen Volk und Volksgeist.

Als grundlegende Besonderheiten der deutschen Kultur und damit des deutschen Volksgeistes identifizierte Grimm die Affinität zu formel- und symbolhaften Elementen in Recht und Poesie, die herausragende Bedeutung der Freiheit sowohl im Recht als auch in der Gesellschaft sowie das Prinzip der Gemeinschaft. In Religion und Mythologie habe der Volksgeist zur Rückkehr des Monotheismus und zum Erfolg der Reformation beigetragen.

Das deutsche Recht, welches unmittelbar aus dem Volksgeist hervorgegangen, somit »unerfunden«[394] und unerfindbar war, suchte Grimm in alten Rechtsquellen und mündlichen Überlieferungen. Hier fand er das ursprüngliche »sinnliche« deutsche Recht, welches noch nicht durch eine wissenschaftliche Behandlung abstrahiert war.

Deutsche Rechtsregelungen zeichneten sich für Grimm typischerweise dadurch aus, auf die Erhaltung des Friedens, der Gemeinschaft und der Freiheit gerichtet gewesen zu sein. Auch hier fanden sich damit die den deutschen Volksgeist auszeichnenden allgemeinen Elemente wieder. Selbst die nicht abzustreitende Grausamkeit der alten Regelungen sei auf die Förderung dieser Ziele ausgerichtet gewesen und war damit als Beispiel für die »erfreuende reinheit, milde und tugend der vorfahren«[395] geeignet. Aus der Rechtsgemeinschaft der Sippe leitete Grimm die besondere Bedeutung der familiären Gemeinschaft für das Recht ab, welche sich auch in den Bestimmungen zum Sachen- und Erbrecht niedergeschlagen hatte. Das Gemeinschaftseigentum, wie es sich in den Markgenossenschaften fand, bildete für Grimm das Paradebeispiel sozialer deutscher Eigentumskonstruktion. Die Lebendigkeit und Natürlichkeit des alten Rechts diente ihm zur deutlichen Abgrenzung gegenüber dem

---

394 JACOB GRIMM, Tacitus' Germania (Vorlesung WS 1835/36), in: ELSE EBEL (Hrsg.), Jacob Grimms Deutsche Altertumskunde (1974), S. 80.
395 JACOB GRIMM, Rechtsalterthümer (1828), S. XV.

römischen Recht, aber auch gegenüber dem stark durch fremde Einflüsse geprägten gegenwärtigen Recht. Durch die Überwindung des Barbarenklischees konnte Grimm die deutsche (Rechts-)Kultur als der antiken Tradition ebenbürtig, wenn nicht gar überlegen rekonstruieren. Unermüdlich betonte er die lebendige Sinnlichkeit der alten gegenüber der kalten Künstlichkeit der neuen Regelungen. Mit dieser Charakterisierung des deutschen Rechts als poetisch, sinnlich, organisch, genossenschaftlich und menschennah befand sich Grimm im Einklang mit zahlreichen anderen Vertretern der rechtshistorischen Germanistik des 19. Jahrhunderts.[396]

III. Dem Volksgeist auf der Spur – Die Quellenarbeit Grimms

> *Jeder hat eine Methode, aber bei wenigen kommt sie zum Bewußtwerden und System.*[397]

Jacob Grimm hat im Laufe seines Lebens unermüdlich Quellen gesichtet und in Sammelwerken zusammengetragen. Wenig schmeichelhaft schilderte Karl Müllenhoff diese Arbeitsmethode Jacob Grimms während seiner Berliner Jahre:

> Der Alte ist in den letzten Jahren, eigentlich seit er in Berlin ist, immer mehr in eine ganz sinnlose Sammelwuth und auf Dinge gerathen, die er lieber nicht hätte anrühren sollen, da ihm jede strenge Methode abgieng, ja jedes zusammenhängende Denken: er dachte in Sprüngen und Sätzen. Es ist unglaublich, was für dummes Zeug er gesammelt und sich notiert hat. Er hat sicherlich seit vielen Jahren nie ein Buch anders gelesen als um sich dies und jenes darauf anzumerken, im Zusammenhange studiert und durchdacht hat er keins. Das Bewusstsein seiner Genialität hat ihn zuletzt wild gemacht.[398]

In Anbetracht dieser Äußerung erscheint es zunächst fraglich, ob man bei Grimm überhaupt von einem methodischen Vorgehen beim Anlegen seiner Sammlungen ausgehen kann. Dass seine Quellenwerke nicht nur planlose Sammlungen waren, sondern durchaus einer inneren methodischen Grundkonzeption entsprachen, darüber ist man sich in der Grimm-Forschung inzwischen weitestgehend einig.[399] Grimm war jedoch von einem eher induktiven

---

396 Zu dieser Einordnung des germanischen Rechts im 19. Jahrhundert vgl. KLAUS LUIG, Die sozialethischen Werte des römischen und germanischen Recht in der Privatrechtswissenschaft des 19. Jahrhunderts (1987), S. 286.

397 FRIEDRICH KARL VON SAVIGNY, Juristische Methodenlehre. Nach der Ausarbeitung des Jakob Grimm (1951), S. 11.

398 KARL MÜLLENHOFF an Wilhelm Scherer vom 22.12.1864, in: ALBERT LEITZMANN (Hrsg.), Briefwechsel zwischen Karl Müllenhoff und Wilhelm Scherer (1937), S. 100.

399 So auch HELMUT DE BOOR, Gedenkrede auf Jacob Grimm, in: Beiträge zur Geschichte der deutschen Sprache und Literatur 86 (1964), S. 8, der Grimms

Wissenschaftsansatz geprägt, »denn das ist eben wahres zeichen der wissenschaft, dasz sie ihr netz auswerfe nach allseitigen ergebnissen und jede wahrnehmbare eigenheit der dinge hasche, hinstelle und der zähesten prüfung unterwerfe, gleichviel was zuletzt daraus hervor gehe.«[400] Seine Forschung war daher durchaus in gewissem Maße »Andacht zum Unbedeutenden«.[401] Dass Grimm vom Vorhandensein eines schaffenden Volksgeistes ausging, beeinflusste bereits zu Beginn seine Quellensuche und -auswahl. Im Rahmen dieser Arbeit interessiert daher vor allem die Methode Grimms, sich den Erzeugnissen des Volksgeistes zu nähern. Untersucht werden soll daher im Folgenden, was ihn bei der Auswahl seiner Quellen leitete und wie er diese dann für den Leser aufbereitete, woraus er also genau die oben geschilderten Besonderheiten der deutschen Kultur ableitete.

1.   Die Arbeitsmethode Jacob Grimms

> *Einen theil meines bisherigen erfolgs danke ich wahrscheinlich dem umstand, daß ich ziemlich alles von mir gebe, gewisses und ungewisses, und es unumwunden, wenn auch breit dahinstelle. Was ich auswerfe, geht mir auch selbst auf, durchs liegenlassen würde es selbst in mir verkommen.*[402]

Die Arbeit Grimms richtete sich auf die Rekonstruktion der Vergangenheit. Er wollte den Gang der geistigen und kulturellen menschlichen Entwicklung nachzeichnen. Er war Begründer der sogenannten historischen Grammatik. Mit seiner historischen Vorgehensweise setzte er sich in direkte Opposition zu

---

Werk auf »tragenden Grundideen« ruhen sieht; LUDWIG DENECKE, Das Dynamische Konzept der Brüder Grimm (1979), S. 67, spricht von einem »mit Leidenschaft durchdachte[n] Konzept« der Brüder Grimm. Anderer Ansicht hier freilich der insgesamt grimmkritische KLAUS VON SEE, Die Göttinger Sieben, 3. Aufl. (2000), S. 88, der Grimm weniger als »innovativen Forscher« denn als »ungemein schreibfleißige[n], kenntnisreiche[n] Sammler« ansieht.

400   JACOB GRIMM, Über den Ursprung der Sprache (1851), Kl. Schr. 1, S. 259.
401   Diese Formulierung wählte Sulpiz Boisserée, als er Goethe am 27.10.1815 über die wenig schmeichelhafte Rezension August Wilhelm Schlegels der *Altdeutschen Wälder* berichtete, Brief in: SULPIZ BOISSERÉE, Briefwechsel, Tagebücher, hrsg. von MATHILDE VON BOISSERÉE, Bd. 2 (1862), S. 72. Die Bezeichnung wurde später zum »Ehrentitel« der Grimms, vgl. WILHELM SCHOOF (Hrsg.), Unbekannte Briefe der Brüder Grimm (1960), S. 16. Das Zitat wird seitdem sehr häufig zur Beschreibung der Grimmschen Arbeitsmethode verwendet.
402   JACOB GRIMM an Karl Lachmann vom 28.04.1826, in: ALBERT LEITZMANN (Hrsg.), Briefwechsel der Brüder Jacob und Wilhelm Grimm mit Karl Lachmann (1925/26), S. 494.

logisch-philosophischen Grammatikbestrebungen.[403] Mit seiner induktiven Methode ging Grimm einen anderen Weg als der »erkenntnistheoretische Apriorismus der zeitgenössischen Philosophie«.[404] Die historische Betrachtung bildete das Kernstück Grimmscher Arbeitsweise.

> Von dem ersten fund ist aber eine lange forttragung zu unterscheiden und vermögen wir bis zu jenen fast nie vorzudringen, so dürfen wird doch die überlieferung auf ihren wegen begleiten, in ihre schlupfwinkel sie verfolgen, in ihren sprüngen einholen.[405]

Sein Blick richtete sich soweit wie möglich in die Vergangenheit. Er wollte mit seinen Quelleneditionen die bisher vernachlässigte Frühzeit der deutschen Geschichte erhellen und verzichtete ganz bewusst darauf, Aussagen über das Mittelalter zu treffen.[406] Besonders die vorchristliche Zeit übte auf Grimm eine spezielle Faszination aus. Hier, so war Grimm überzeugt, waren die »deutschen Alterthümer« noch frei vom zerstörerischen Einfluss der römisch-katholischen Kirche.[407] Grimm selber schilderte seine Vorgehensweise rückblickend in seiner Selbstbiographie 1831:

> Ehe ich aufzähle, was von mir im druck erschienen ist, bemerke ich im voraus, dasz fast alle meine bestrebungen der erforschung unserer älteren sprache, dichtkunst und rechtsverfassung entweder unmittelbar gewidmet sind, oder sich doch mittelbar darauf beziehen. mögen diese studien überhaupt manchem unergiebig geschienen haben und noch scheinen; mir sind sie jederzeit vorgekommen als eine würdige, ernste aufgabe, die sich bestimmt und fest auf unser gemeinsames vaterland bezieht und die liebe zu ihm nährt. das schwierige bestand hauptsächlich darin, dasz die meisten quellen noch gar nicht herausgegeben waren, oder unkritisch, dasz man sich mühsam und mit kostenaufwand der handschriften versichern muste, und eigenhändige abschriften nicht scheuen durfte. die auf solche abschriften verwandte zeit ist aber keine verlorne, sondern eben sie führen auf genaues verständnis und heben das unsichere oder bedenkliche hervor. ein anderer grundsatz, der mir stets vorschwebte, war, in diesen untersuchungen nichts gering zu schätzen, vielmehr das kleine zur erläuterung des groszen, die volkstradition zur erläuterung der geschriebenen denkmäler zu brauchen.[408]

---

403 Vgl. dazu auch Helmut Gipper / Peter Schmitter, Sprachwissenschaft und Sprachphilosophie im Zeitalter der Romantik (1985), S. 55 f.

404 Klaus Ziegler, Die weltanschaulichen Grundlagen der Wissenschaft Jacob Grimms, in: Euphorion 46 (1952), S. 250.

405 Jacob Grimm, Der Traum vom Schatz auf der Brücke (1860), Kl. Schr. 3, S. 428.

406 Dies wird zum Beispiel deutlich aus einem Brief Jacob Grimms an Bluntschli vom 17.01.1839: »Mag auch die rechtsgeschichte des mittelalters nicht allzu sehr dabei gewinnen, es fällt dadurch licht zurück auf die ältere heidnische zeit«, in: Wilhelm Oechsli (Hrsg.), Briefwechsel Johann Kaspar Bluntschlis mit Savigny, Niebuhr, Leopold Ranke, Jakob Grimm und Ferdinand Meyer (1915), S. 127.

407 Vgl. dazu auch unten B. IV. 4.

408 Jacob Grimm, Selbstbiographie (1831), Kl. Schr. 1, S. 18.

Bei der Zusammenstellung des Gesammelten spielten insbesondere der Vergleich der unterschiedlichen Quellen und die Herausarbeitung von Gemeinsamkeiten eine entscheidende Rolle. Dieser Vergleich erlaubte Grimm dann, die bereits oben geschilderten typisch deutschen Entwicklungen zu erkennen. Nur über einen solchen Vergleich, auch über unmittelbare historische Zusammenhänge hinweg, ließen sich große Linien ziehen und Völker in ihrer Eigenart als Ganzes beschreiben. Unterschiede innerhalb der deutschen Volksgruppen leugnete Grimm nicht, sie traten jedoch in ihrer Bedeutung hinter der immer wieder betonten Verwandtschaft und Gemeinsamkeit deutlich zurück. Der Grimm-Biograph Wilhelm Scherer sah diese vergleichende Vorgehensweise als prägnantestes Kennzeichen von Grimms Arbeitsmethode. Dies sei Grimms »Kunstgriff« auf allen Ebenen seines Forschens gewesen.[409] Tatsächlich spielt in den Quellensammlungen der Vergleich eine große Rolle.

Wichtige Rückschlüsse auf die deutschen Eigenarten erhielt Grimm durch den Blick zum »Bruder« im Norden. Ausdrücklich betonte er die »naturgemäsze entwicklung nahverwandter volksstämme«,[410] die zur Annahme ähnlicher Verhältnisse in Deutschland auch bei fehlenden Quellen berechtigte. Somit kam er beispielsweise für den Bereich der Mythologie nach Kombination der jeweils nur in Bruchstücken vorhandenen Quellenmassen zu dem Schluss, »dasz die nordische mythologie echt sei, folglich auch die deutsche, und dasz die deutsche alt sei, folglich auch die nordische.«[411] Dies verdeutlicht exemplarisch den bei Grimm beliebten Analogieschluss. Innerhalb verwandter Völker war seiner Meinung nach von einer gleichlaufenden Entwicklung auszugehen, die es erlaubte, die jeweiligen Quellen zusammenzufassen und daraus eine bestimmte Entwicklungslinie abzuleiten.[412] Quellen verschiedener Volksgruppen kombinierte er daher in den Quellensammlungen problemlos. Eine einfache Gleichmacherei aller Quellen bedeutete dies jedoch nicht. Grimm betonte:

> ich glaube an ein band, das sie [die verwandten Völker] alle verknüpft, nicht blosz in ihrer geschichte, sondern weit enger, oft mit unsichtbaren enden, in ihrer sprache und sage, und dasz dieser verhältnisse erforschung mit desto reicherem ertrage lohnt, je sorgsamer alle eigenthümlichkeiten dabei gewahrt worden sind.[413]

Grimm bekannte sich auch in seinen Vorlesungen ausdrücklich zu einer historischen Grundkonzeption. Diese stellte er der philosophischen Herange-

---

409 Wilhelm Scherer, Jacob Grimm (1885, ND 1985), S. 327; auch Gunhild Ginschel, Der junge Jacob Grimm (1967), S. 279 ff., beschreibt Grimms Vorgehensweise als »vergleichende und historische Methode«.
410 Jacob Grimm, Vorrede zur Deutschen Mythologie (1835), Kl. Schr. 8, S. 150.
411 Ebd., S. 150.
412 So auch Jacob Grimm, Tacitus' Germania (Vorlesung WS 1835/36), in: Else Ebel (Hrsg.), Jacob Grimms Deutsche Altertumskunde (1974), S. 132 f.
413 Jacob Grimm, Vorrede zur Deutschen Mythologie (1835), Kl. Schr. 8, S. 157.

hensweise gegenüber, die seiner Meinung nach nur in der Lage war, »dürre, verzerrte Bilder von der Geschichte« zu zeichnen. Allein die historische Betrachtungsweise war für Grimm in der Lage, »Ursachen und Wirkungen zu unterscheiden, die Einwirkungen der Stoffe aufeinander zu begründen«.[414] Ausdrücklich wandte er sich gegen Hegel und Gans und erklärte, eine vom philosophischen Standpunkt aufgefasste Wissenschaft sei nicht in der Lage, verständliche Ergebnisse zu liefern.[415] So sei auch das Rechtsstudium notwendigerweise ein historisches.[416] Damit bekannte Grimm seine methodische Anlehnung an Savigny.

Dieses Bekenntnis bedeutete allerdings nur bedingt, dass Grimm in seinen Werken tatsächlich einen chronologischen Ablauf der Geschichte schilderte und auf Wirkung und Gegenwirkung eingegangen wäre. Dies geschah oft nur am Rande und bestimmte nicht die Prinzipien, nach denen er die Quellen ordnete und präsentierte. Insbesondere bei den Rechtsaltertümern war dies in der Vorlesung so wenig der Fall wie im geschriebenen Werk.[417] Seinen Studenten kündigte er dennoch an:

> diese vorlesung hat sich angekündigt als eine über die alterthümer des deutschen rechts, sie strebt Ihnen die gestalt und den geist des einheimischen rechts zu entwickeln und befindet sich ihrer methode nach zu den gewöhnlichen vorlesungen über deutsches recht in ganz entgegengesetztem verhältnis. während diese darauf hinausgehen, das was von dem groszen schifbruch des vaterländischen rechts noch übrig geblieben ist darzustellen und es nur, soviel zum verständnis nöthig ist, aus dem alterthum zu erläutern; ist es gerade mein ziel, von dem alten auszugehen und es in seinen grundzügen zu verfolgen, diese möglichst zu vervollständigen, unbekümmert darum, ob diese nachher erschüttert worden sind. wie jene das blosz antiquierte nicht ansieht, so beachte ich nicht das blosz neue, mit dem alten nicht lebendig zusammenhängende.[418]

Sein Bekenntnis zur historischen Vorgehensweise blieb zeitlebens bestimmend für sein Werk. Die Besonderheit der deutschen Kultur, der deutsche Volksgeist, konnte nur historisch erkannt werden, war nicht abstrakt herleitbar. Erst nach Kenntnis aller Einzelteile konnte überhaupt ein Blick auf das Ganze sinnvoll sein. Von der Bildung eines Systems sah Grimm ab und schreckte auch vor einer eindeutigen Begriffsbildung bei der Präsentation seines Forschungsstoffes

---

414 Jacob Grimm, Vorlesung über Deutsche Literaturgeschichte, hrsg. von Matthias Janssen (2005), S. 243.

415 Ebd., S. 391.

416 Ebd., S. 391.

417 Eine Ausnahme stellt insofern die genannte Vorlesung über Deutsche Literaturgeschichte dar, da Grimm hier tatsächlich einen chronologischen Ablauf und dessen Einwirkungen auf die verschiedenen Literaturgattungen beschrieb.

418 Jacob Grimm, Über die Alterthümer des Deutschen Rechts (1841), Kl. Sch. 8, S. 551.

zurück, solange er nicht von einer ausreichenden Quellenbasis überzeugt war. Der Vorwurf einer unklaren Begriffsverwendung begegnete Jacob Grimm daher bereits zu Lebzeiten. So kritisierte Friedrich Schmitthenner in einer Rezension der 2. Auflage von Jacob Grimms *Grammatik* den Mangel an philosophischer Betrachtung und eine Überbewertung der historischen Darstellungsweise.[419] Grimm erwiderte ob dieser Kritik gegenüber Karl Lachmann:

> Ein recensent in der critischen bibliothek [Schmitthenner] hat mich geärgert. sein lob und sein tadel treffen nicht den rechten fleck. Er wirft mir [...] vor, daß meine begriffe keine logische klarheit hätten. Ich lerne aber meine begriffe erst und gern aus den sachen, in denen uns noch so vieles dunkel liegt. Mit der zeit werden sachen und allgemeine begriffe deutlicher werden. Jene bilden sich aber irgend einen fertigen begriff und wenden ihn gewaltsam auf die sachen an.[420]

Systematische Begriffsbildungen lehnte er nicht kategorisch ab, sondern wollte diese auf eine wissenschaftliche Grundlage stellen, wollte sich erst der Sache selbst nähern, ohne diese durch die Brille der Begriffe zu betrachten und dabei unter Umständen voreilige Schlüsse zu ziehen. Mit seinen Sammlungen versuchte er vielmehr eine wissenschaftliche Grundlage für eine spätere Systematisierung zu schaffen.

Daher war Grimm bemüht, die Quellen, die für diese Erkenntnis der Geschichte unbedingt notwendig waren, für die Gegenwart aufzubereiten. Die Auswahl der Quellen und die Art ihrer Aufbereitung lassen daher Rückschlüsse auf Grimms Volksgeistverständnis zu, da diese selber auf der Überzeugung vom Vorhandensein eines schöpferischen Volksgeistes basierten.

2. Die Unterscheidung zwischen Kunst und Natur

> *Ich habe einigemal den Unterschied zwischen Natur und Kunstpoesie bestimmt vorausgesetzt [...].*[421]

Grimm unterschied die sog. »volkmäßigen« Quellen klar von der sog. Kunstpoesie. Während die als künstlich identifizierten Quellen für Grimm keinen gesteigerten Erkenntnisgewinn versprachen, waren die natürlichen, volksmäßigen

---

419 FRIEDRICH SCHMITTHENNER, Rez. Jacob Grimm, Deutsche Grammatik, 2. Ausg. 1822, in: Neue Kritische Bibliothek für das Schul- und Unterrichtswesen 5 (1823), S. 322–331 ff.; zum Verhältnis von Schmitthenner und Grimm vgl. auch LUDWIG DENECKE, Wilhelm und Jacob Grimm gegen Friedrich Schmitthenner, in: BGG 7 (1987), S. 1–29.

420 JACOB GRIMM an Karl Lachmann vom 25.07.1823, in: ALBERT LEITZMANN (Hrsg.), Briefwechsel der Brüder Jacob und Wilhelm Grimm mit Karl Lachmann (1925/26), S. 418.

421 JACOB GRIMM, Ueber den altdeutschen Meistergesang (1811), S. 5.

Äußerungen von besonderem Wert, da sie dem Inbegriff des Volkes selbst entsprungen waren. Die sog. »Natur-Kunst-Theorie« gehörte zu den kennzeichnenden Elementen der Geschichtsphilosophie der transzendentalen Romantik. Die fundamentale Trennung von Kunst und Natur fand sich daher bei zahlreichen Autoren der Zeit (beispielsweise Hölderlin, Schelling, Hegel oder Savigny).[422] Bei Grimm bildete diese Unterscheidung einen zentralen Teil seiner Wissenschaft. Hierüber diskutierte er mit seinem Bruder Wilhelm und dem gemeinsamen Freund Achim von Arnim teilweise kontrovers.[423] Es war ein Leitthema in seinem Lebenswerk.[424] Grimms Ansichten über die sog. Naturpoesie sind somit ein Schlüssel für seine gesamte Weltanschauung[425] und seine Arbeitsmethode. Das Vorhandensein von ursprünglicher, unerfundener Naturpoesie war für Grimm selbstverständliche Voraussetzung und unbezweifelbare Tatsache.[426]

Während Achim von Arnim selber literarisch tätig war und alten Stoff in moderner Hülle präsentierte, lehnte Jacob grundsätzlich die Neuschöpfung »alter« Poesie ab und wollte die Quellen lieber in ihrer ursprünglichen Form erhalten. Über von Arnim und Brentano beschwerte er sich daher bereits 1809 bei seinem Bruder Wilhelm:

> Sie wollen nichts von einer historischen genauen Untersuchung wissen, sie lassen das Alte nicht als Altes stehen, sondern wollen es durchaus in unserer Zeit verpflanzen, wohin es an sich nicht mehr gehört, nur von einer bald ermüdeten Zahl von Liebhabern wird es aufgenommen. Sowenig sich fremde edele Tiere aus einem natürlichen Boden in einen anderen verbreiten lassen, ohne zu leiden und zu sterben, sowenig kann die Herrlichkeit alter Poesie wieder allgemein aufleben, d. h. poetisch; allein historisch kann sie unberührt genossen werden.[427]

Gerade in der alten Sprache steckte für ihn das Besondere, die Unschuld der Quellen, denn »die alte Poesie ist ganz wie die alte Sprache einfach und nur in sich selber reich«.[428] Als Naturpoesie verstand Grimm diejenigen Quellen, die

---

422 Vgl. hierzu auch Joachim Rückert, Idealismus, Jurisprudenz und Politik bei Friedrich Carl von Savigny (1984), S. 335 ff.

423 Vgl. dazu Manfred Schradi, Naturpoesie und Kunstpoesie, in: Reinhard Görisch (Hrsg.), Perspektiven der Romantik (1987), S. 50 ff.

424 Ludwig Denecke / Charlotte Oberfeld, Die Bedeutung der »Volkspoesie« bei Jacob und Wilhelm Grimm (1989), S. 16.

425 Klaus Ziegler, Die weltanschaulichen Grundlagen der Wissenschaft Jacob Grimms, in: Euphorion 46 (1952), S. 258.

426 Ernst Lichtenstein, Die Idee der Naturpoesie bei den Brüder Grimm, in: DVJS 6 (1928), S. 516 f.

427 Jacob Grimm an Wilhelm Grimm vom 17.05.1809, in: Herman Grimm / Gustav Hinrichs, Briefwechsel zwischen Jacob und Wilhelm Grimm aus der Jugendzeit (1881), S. 101.

428 Jacob Grimm an Achim von Arnim vom 20. Mai 1811, in: Reinhold Steig und Herman Grimm (Hrsg.), Achim von Arnim und die ihm nahe standen, Bd. 3 (1904), S. 117.

seiner Ansicht nach nicht durch einen einzelnen Schöpfer oder Dichter hervorgebracht worden waren, sondern sich selbst erschaffen, also durch das Volk als Ganzes entstanden waren. Naturpoesie war für Grimm ein Werk des unsichtbar schaffenden Volkgeistes. Die Naturpoesie war ein »Sichvonselbstmachen«, die Kunstpoesie eine »Zubereitung«.[429]

In der Unterscheidung zwischen Kunst und Natur offenbarte sich der Widerstreit zwischen dem Allgemeinen und dem Indviduellen, zwischen dem Werk der Gemeinschaft und dem eines einzelnen Genies.[430] Grimm betonte daher »die Verschiedenheit dessen, was unter dem ganzen Volk lebt, von allem dem, was durch das Nachsinnen der bildenden Menschen an dessen Stelle eingesetzt werden soll«.[431] Naturpoesie bezeichnete er als »ein lebendiges Buch, wahrer Geschichte voll, das man auf jedem Blatt mag anfangen zu lesen und zu verstehen, nimmer aber auslist noch durchversteht.« Kunstpoesie war für ihn dagegen »eine Arbeit des Lebens und schon im ersten Keim philosophischer Art«.[432]

Das Epos bildete für Grimm den Idealtyp der Naturpoesie.[433] Seine nachfolgend dargestellten Ansichten über das Epos stehen daher stellvertretend für seine Beurteilung der »volksmäßigen« Quellen insgesamt. Das Epos war für Grimm »nicht gleich aller übrigen von einzelnen und namhaften dichtern hervorgegangen, vielmehr unter dem volk selbst, im munde des volks, wie man das nun näher fasse, entsprossen und lange zeiten fortgetragen«.[434] Grimm war davon überzeugt,

> dasz in der epischen [Poesie] die thaten und geschichten gleichsam einen laut von sich geben, welcher forthallen musz und das ganze volk durchzieht, unwillkürlich und ohne anstrengung, so treu, so rein, so unschuldig werden sie behalten, allein um ihrer selbst willen, ein gemeinsames, theures gut gebend, dessen ein jedweder theil habe.

Demgegenüber zeichne sich die nicht epische Kunstpoesie dadurch aus, »dasz ein menschliches gemüt sein inneres blosz gebe, seine meinung und erfahrung von dem treiben des lebens in die welt giesze, welche es nicht überall begreifen wird, oder auch, ohne dasz es von ihr begriffen sein wollte.«[435] Da zudem

---

429 Jacob Grimm an Achim von Arnim vom 20.05.1811, in: ebd., S. 116, 118; vgl. dazu auch Otfried Ehrismann, Das Nibelungenlied in Deutschland (1975), S. 76 f.

430 Zur Bedeutung der Abgrenzung bspw. der Sage und Mythologie zum Genie vgl. auch Paul Böckmann, Die Welt der Sage bei den Brüdern Grimm, in: GRM 23 (1935), S. 94.

431 Jacob Grimm, Ueber den altdeutschen Meistergesang (1811), S. 5.

432 Ebd., S. 6.

433 Vgl. hierzu auch Ernst Lichtenstein, Die Idee der Naturpoesie bei den Brüder Grimm, in: DVJS 6 (1928), S. 522.

434 Jacob Grimm, Rede auf Lachmann (1851), Kl. Schr. 1, S. 155.

435 Jacob Grimm, Gedanken wie sich die Sagen zur Poesie und Geschichte verhalten (1808), Kl. Schr. 1, S. 400 f.

»poesie und geschichte in der ersten zeit der völker in einem und demselben Flusz strömen«, versprach das Epos Rückschlüsse auf die sonst so dunkle Frühzeit des Volkes. Erst als »unvermeidliche einflüsse der gebildeten«, Poesie und Geschichte voneinander getrennt hatten, musste sich »die alte poesie aus dem kreis ihrer nationalität unter das gemeine volk, das der bildung unbekümmerte, flüchten, in dessen mitte sie niemals untergegangen ist«.[436] Das Epos als alte Poesie war in besonderer Weise mit dem Volk selbst und der Geschichte verbunden, »alte geschichte und alte poesie fallen notwendig zusammen.«[437]

Grimm brachte daher der epischen Poesie schon sehr früh fast unbeschränkte Ehrfurcht entgegen und war überzeugt, dass das Epos, welches »die finger des schicksals selbst gewoben hatten, und dessen fäden da angeknüpft sind, wohin keine hand des dichters reicht«,[438] eines der ursprünglichsten Produkte des Volksgeistes war. Als solches war es Gesamteigentum des Volkes.[439] Es lag daher fern, eine bestimmte Person als »Verfasser« eines Nationalgedichtes zu bezeichnen. So konnte auch für das Nibelungenlied, welches für Grimm ganz klar der Naturpoesie zugerechnet werden musste, kein Urheber genannt werden, »wie es gewöhnlich bei allen national-gedichten ist und sein musz, weil sie dem ganzen volke angehören, und alles subjective zurücksteht.«[440] Grimm war daher überzeugt davon, dass das Epos jedenfalls »wahr« sein musste:

> aber ein grund und anfang muste immer, man weisz nicht zu sagen wie, vorhanden sein und gerade auf ihm beruht der dichtung unerfindbare wahrheit. hat uns die literatur im gebiete der lyrik und dramatik neben treflichen erzeugnissen geringe und schlechte aufzuweisen; so steht in der epischen poesie vielmehr dem echten nur das falsche entgegen, dessen erkenntnis von Virgil an bis auf Ariost und Milton oder Klopstock freilich gröszere mühe gekostet hat als jene ausscheidung des schlechten.[441]

Die Naturpoesie unterscheide sich auch dadurch von der Kunstpoesie, dass sie neben einem menschlichen Ursprung auch einen göttlichen, mystischen Ursprung aufweise. Zwar sei auch das Epos letztlich durch bestimmte Einzelpersonen verbreitet worden. Poesie und Epos seien aber

---

436 JACOB GRIMM, Gedanken wie sich die Sagen zur Poesie und Geschichte verhalten (1808), Kl. Schr. 1, S. 401.

437 JACOB GRIMM, Von Übereinstimmung der Alten Sagen (1807), Kl. Schr. 4, S. 10 Fn. 4.

438 JACOB GRIMM, Rez. Die Edda von Rühs (1812), Kl. Schr. 6, S. 107.

439 Für die epische Poesie JACOB GRIMM, Ueber den altdeutschen Meistergesang (1811), S. 6: »ein blut, den ganzen leib des volks durchdrungen«; dazu auch DERS., Geschichte der poetischen Nationalliteratur der Deutschen von Gervinus (1835), Kl. Schr. 5, S. 181.

440 JACOB GRIMM, Über das Nibelungen Liet (1807), Kl. Schr. 4, S. 4.

441 JACOB GRIMM, Über das finnische Epos (1845), Kl. Schr. 2, S. 75 f.

von den göttern selbst [...] entsprungen und durch geheimnisvolle wesen werden
sie begünstigten menschen, oft plötzlich und über nacht, zugeführt. das ist die
anpochende, begeisternde, abenteuerliche Muse.[442]

Aus der »volksmäszigkeit des epos« ergab sich jedenfalls für Grimm, »dasz es
nirgend anders entsprungen sein kann, als unter dem volke, wo sich die
geschichte zugetragen hat«.[443] Über die genaue Entstehung und Verbreitung
war auch hier »der Schleier eines Geheimnisses gedeckt, an das man Glauben
haben soll«. Eine wissenschaftlich, rationale Ursprungstheorie zu entwickeln,
lehnte Grimm ab, »[d]enn die Leugner, die sich dafür lieber mit einer dürren
Wahrscheinlichkeit behelfen wollen, bringen Systeme auf, welche man mit
Wahrheit widerlegen kann und nach denen ihnen nichts übrig bleibt.«[444]

Die Natur- oder auch Volkspoesie war für ihn lebendig, »kein todtes bild, kein
gleichnis, das nicht mit in die handlung griffe, nichts steht als zierrath da, was
nicht eine nothwendige, heimliche bedeutung hätte, und darum ist es so
wichtig, als alle andere.«[445]

Im Nachhinein rekonstruieren konnte man die Naturpoesie daher nicht.
Grimm vertraute vielmehr darauf, dass der Volksgeist selber sich die Materien
der Naturpoesie wieder würde zurückerobern können.[446] Die Rekonstruktion
der Urform empfand Grimm als »immer raubend und tilgend, nicht verleihend,
sie kann die interpolationen fort, das weggefallene echte nimmer herbei
schaffen.«[447] Auch eine Neuerschaffung des Epos war für Grimm unmöglich,
»nichts ist verkehrter geblieben, als die anmaszung epische gedichte dichten
oder gar erdichten zu wollen, als welche sich nur selbst zu dichten vermögen.«[448] Grimms Abneigung gegen derartige Vorhaben zeigte sich immer wieder
in seinen Rezensionen solcher Werke, die dies dennoch versucht hatten. So
urteilte Grimm 1810 über ein Schauspiel von Heinrich von Itzenloe: »über
nichts kann gerechter und gewisser entschieden werden, als über nachgeahmte
neue poesieformen, die zuweilen sogar poetisches gemüt beugen, aber immer
misgebornes werk, an dem keine freude zu haben ist.«[449] Die zu dieser Zeit
populäre Erneuerung altdeutscher Poesie empfand Grimm als oberflächliche

---

442 Jacob Grimm, Frau Aventiure klopft an Beneckes Thür (1842), Kl. Schr. 1, S. 110.
443 Jacob Grimm, Von Übereinstimmung der Alten Sagen (1807), Kl. Schr. 4, S. 10
     Fn. 4.
444 Jacob Grimm, Ueber den altdeutschen Meistergesang (1811), S. 6.
445 Jacob Grimm, Hornkind und Maid Rimenild (1811), Kl. Schr. 6, S. 53 f.
446 So auch Otfried Ehrismann, Vorwort (1991), in: Jacob Grimm, Kl. Schr. 1,
     S. 17*.
447 Jacob Grimm, Rede auf Lachmann (1851), Kl. Schr. 1, S. 156.
448 Jacob Grimm, Gedanken wie sich die Sagen zur Poesie und Geschichte verhalten
     (1808), Kl. Schr. 1, S. 400 f.
449 Jacob Grimm, Rez. Judith von Heinrich von Itzenloe (1810), Kl. Schr. 6, S. 9.

Modeerscheinung, die nicht geeignet war, eine wirklich fundierte Auseinandersetzung mit der Volkspoesie anzustoßen.[450]

Auch in der kontroversen Diskussion zwischen den Grimms und Achim von Arnim sowie Clemens von Brentano wurden die Konsequenzen der strikten Trennung zwischen Natur und Kunst deutlich. Entzündet hatte sich dieser Streit nach dem Erscheinen von Wilhelm Grimms Abhandlung »Über die Entstehung der altdeutschen Poesie und ihr Verhältnis zur nordischen« 1808, in der Wilhelm Natur- und Kunstpoesie gegenüberstellte.[451] Es entwickelte sich in den folgenden Jahren bis 1811 ein wissenschaftlicher Disput, in denen die Grimms deutliche Kritik am freien Umgang der *Wunderhorn*-Herausgeber mit den literarischen Quellen übten.[452]

Als »ein himmelschreiendes Unrecht« bezeichnete Arnim die These Grimms von der Überlegenheit der Naturpoesie gegenüber der Kunstpoesie.[453] Für Grimm konnte die Kunstpoesie niemals den Wert der Naturpoesie erreichen,

> dieses Bewußtsein und Ringen des einzelnen kann nicht so viel sein, als die unbewußt dastehende Wahrheit; ein armes Volkslied verhält sich zu einem tüchtigen Meistergesang wie der Herzensglaube des einfältigen Pfarrkinds zur Predigt eines gelehrten Theologen.[454]

Auch von dem »wunderbaren« Ursprung der Naturpoesie im Volk zeigte sich Arnim alles andere als überzeugt. Grimm argumentierte:

> Glaubst Du mit mir, daß die Religion von einer göttlichen Offenbarung ausgegangen ist, daß die Sprache einen ebenso wundervollen Ursprung hat und nicht durch Menschenerfindung zuwege gebracht worden ist, so mußt Du schon darum glauben und fühlen, daß die alte Poesie und ihre Formen, die Quelle des Reims und der Aliteration, ebenso in einem Ganzen ausgegangen ist und gar keine Werkstätten und Überlegungnen einzelner Dichter in Betracht kommen können.[455]

Für Jacob war hinter dem Gemeinschaftlichen, Volksmäßigen eine individuelle Leistung zu vernachlässigen. Vielmehr war »das gänzliche untergehen des dichters vor seinem stoff, so dasz er eins damit geworden, und nur wiederum die ganze nation würdig von sich reden darf«, Bedingung für die Naturpoesie: »ein nationalgedicht dichtet nicht der beschränkte sinn eines einzelnen«.[456] Die

---

450 Hierzu Gunhild Ginschel, Der junge Jacob Grimm (1967), S. 110 f.

451 Vgl. hierzu auch Ruth Schmidt-Wiegand, Der Bruder und der Freund (1988), S. 15 ff.

452 Hierzu Gunhild Ginschel, Der junge Jacob Grimm (1967), S. 109 ff.

453 Achim von Arnim an Jacob Grimm vom 05.04.1811, in: Reinhold Steig / Herman Grimm (Hrsg.), Achim von Arnim und die ihm nahe standen, Bd. 3 (1904), S. 109.

454 Jacob Grimm an Achim von Arnim vom 20.05.1811, in: ebd., S. 118.

455 Jacob Grimm an Achim von Arnim vom Juli 1811, in: ebd., S. 139.

456 Jacob Grimm, Rez. Deutsche Gedichte des Mittelalters hrsg. von Von der Hagen und Büsching (1809), Kl. Schr. 4, S. 34 f.

Volks- oder Naturpoesie trat damit als unbewusste Schöpfung gleichberechtigt neben Sprache, Sitte und Recht.[457] Daraus erklärt sich der höhere Wahrheitsgehalt, den Grimm den Quellen der Volkspoesie zumaß, denn sie enthielten nicht nur die »äußere« Geschichte, sondern auch die innere, lebendige Emotion, die eben individuell nur durch das jeweilige Volk erlebt worden war.[458]

Dennoch gab Grimm zu, dass das Element der Natur im Laufe der Geschichte immer mehr von der Kunst abgelöst worden war. »Wie die eine Seite steigt, sinkt die andere.«[459] Für Grimm war dies ebenfalls ein natürlicher Prozess innerhalb eines Organismus. Kunst und Natur wirkten somit weniger als Antipoden, sondern als notwendige Teile einer geschichtlichen Entwicklung – ein Ablauf, den Grimm auch in seiner Sprachgeschichte beschrieb.[460]

Insgesamt blieb die Naturpoesie aber Grimms liebster Stoff. Ihre Gemeinschaftsbezogenheit, ihre vermeintlich tiefe Wahrheit und ihre Verbindung zum Volk stellte er immer in deutlichen Kontrast zur individualistischen, kalten Welt der Kunst und den Werken Einzelner. Die Naturpoesie wollte er für die Nachwelt treu bewahren.[461] Diese grundelegende Überzeugung prägte seinen Umgang mit den Quellen.

3. Die Quellen

> *es ist auch hier bei den sagen ein leises aufheben der blätter und behutsames*
> *wegbiegen der zweige, um das volk nicht zu stören und um verstohlen in die*
> *seltsam, aber bescheiden in sich geschmiegte, nach laub, wiesengras und*
> *frischgefallenem regen riechende natur blicken zu können.* [462]

Bei seinen Sammlungen war Grimm darauf bedacht, möglichst unmittelbar die Urquellen deutscher Volkskultur aufzuspüren. Er bevorzugte besonders alte und möglichst volkstümliche Quellen. Auch in der frühen Poesie fand er Belege für die Zustände der deutschen Urzeit:

> es ist vielmehr noch nicht genug anerkannt, dasz die deutschen meister des 12.
> und 13. jahrh. weit ab von Ariostischer composition und noch weiter von leerer
> erdichtung späterer dichter nichts erzählten, als wozu sie ihre quelle oder andere

---

457   GUNHILD GINSCHEL, Der junge Jacob Grimm (1967), S. 113.
458   HELMUT JENDREIEK, Hegel und Jacob Grimm (1975), S. 167.
459   JACOB GRIMM, Vorrede zur Deutschen Grammatik, Erster Theil (1819), Kl. Schr. 8, S. 46.
460   MARIA HERRLICH, Organismuskonzept und Sprachgeschichtsschreibung (1998), S. 140 f.
461   GUNHILD GINSCHEL, Der junge Jacob Grimm (1967), S. 122.
462   JACOB GRIMM, Vorrede zu den Deutschen Sagen, Erster Theil (1816), Kl. Schr. 8, S. 19.

gewähr berechtigte, daher die gleichsam historische treue, welcher sie selbst dann folgten, wann ihnen eine andere, reichere oder ärmere wendung natürlicher geschienen hätte.[463]

Die Auswahl der Quellen, die Methode der Zusammenstellung und der Erkenntnisgewinn, den sich Grimm durch die Sammlungen versprach, soll im Folgenden anhand der umfangreichsten Sammlungen Grimms nachvollzogen werden. Besondere Bedeutung hatten für Grimm alte Rechtsquellen, die in der Lage waren, die Geschichte in besonderer Weise zu erhellen.

> sind denkmäler der sprache und der gesetze eines volks auf die nachwelt gebracht, so hat es auch eine geschichte, welche zwar aus den historischen quellen vielfach beleuchtet werden kann, während in den uns vollständig von der geschichte überlieferten thaten eines andern volks, dessen recht uns unbekannt sind, manche dunkelheit zurückbleiben musz.[464]

Daher soll auch hier der Schwerpunkt auf den rechtshistorischen Sammlungen Grimms liegen.

a) Die Weisthümer

> große freude macht mir die sammlung der weisthümer, wodurch unserm alten recht manch frischer gewinn zuwachsen soll, sie führt recht in heimliche schlupfwinkel des volkslebens.[465]

1840 veröffentlichte Grimm den zweiten Band seiner *Weisthümer* bereits kurz vor Erscheinen des ersten Bandes. Eine umfangreiche Vorrede oder Einleitung fand sich in den ersten beiden Bänden nicht. Grimm traute »dem publicum lust genug zu, einer frisch sprudelnden quelle sich zu nahen, wenn auch die brunneneinfassung noch nicht vollführt und der schöpfeimer unaufgehangen ist.«[466] Er ging davon aus, dass

> diese samlung unsre rechtsalterthümer unglaublich bereichern und beinahe umgestalten, wichtige beiträge zur kunde der deutschen sprache, mythologie und sitte liefern, überhaupt aber gewissen partien der früheren geschichte farbe und wärme verleihen [wird]; denn es braucht nicht erst gesagt zu werden, dass der ursprung vieler in den überlieferungen der weisthümer enthaltnen gebräuche weit über das datum ihrer aufzeichnung hinaus reicht.[467]

---

463 JACOB GRIMM, Rez. Buch der Liebe (1812), Kl. Schr. 6, S. 96.
464 JACOB GRIMM, Über eine Urkunde des XII Jahrh. (1851), Kl. Schr. 2, S. 344.
465 JACOB GRIMM an Karl Goedeke vom 09.04.1839, in: JOHANNES BOLTE (Hrsg.), Briefwechsel zwischen Jacob Grimm und Karl Goedeke (1927), S. 30 f.
466 JACOB GRIMM, Weisthümer, Bd. 2 (1840), Zur Nachricht.
467 Ebd.

Erst im Vorbericht zum 1863 erscheinenden vierten Band ging Grimm genauer auf die Zielsetzung seiner Weistümer-Sammlungen ein. Er war überzeugt, dass die »dreiheit der sprache, des glaubens und des rechts [...] sich aus einem und demselben grunde her[leiten]«. Im Laufe der Zeit sei für alle drei die »sinnliche fülle« verloren gegangen, in den Weistümern aber »eine zum erstaunen reiche quelle« der alten sinnlichen Formen zu finden, die er nun »wieder sprudeln« lasse.[468] Grimm versprach sich viel von seinem Projekt.

Während die heutige Forschung, trotz einiger immer noch nicht zufriedenstellend geklärter Fragen, bei der Zuordnung der Weistümer vorsichtig ist, und diese nur unter genauer Berücksichtigung der Entstehungszeit und -umstände, sowie der lokalen Bedingungen näher bestimmt,[469] ging Grimm von einer viel zentraleren Bedeutung der Weistümer für die Rechtsgeschichte aus. Er legte seiner Sammlung einen Weistumsbegriff zugrunde, der demjenigen der neueren Forschung, zumindest in ihrer generalisierten Form, nicht mehr entspricht.[470] Grimm stellte die Weistümer als gleichwertige Quellen den frühesten Überlieferungen deutschen Rechtslebens an die Seite.[471]

In der neueren Weistumsforschung wird mittlerweile zwischen Weistümern im weiteren und solchen im engeren Sinne unterschieden. Dieser Unterscheidung ging jedoch eine lebhafte Diskussion voraus, die seit Beginn des 20. Jahrhunderts geführt wurde und durch einen Definitionsversuch Hans Fehrs ins Rollen geriet.[472] Vertreten wurde in dieser Debatte sowohl die auch von Jacob Grimm zu Grunde gelegte Theorie eines rein bäuerlichen, unabhängigen Ursprungs der Weistümer als auch die These einer ausschließlich grundherrlichen Herkunft.[473] Weistümer, so der jetzige Stand der Forschung, sind in einer Vielzahl von Situationen und unter deutlich verschiedenen Ausgangsbedingungen entstanden und entziehen sich daher einer generalisierenden Betrachtung.[474]

---

468 Jacob Grimm, Weisthümer Bd. 4 (1863), Vorbericht.

469 Vgl. Dieter Werkmüller, Über Aufkommen und Verbreitung der Weisthümer (1972), S. 5.

470 Ebd., S. 34.

471 Louis Carlen, Der Goldfaden der Poesie im Recht, in: ders., Sinnenfälliges Recht (1995), S. 310.

472 Vgl. Dieter Werkmüller, Weistümer, in: HRG 5 (1998), Sp. 1241. Kennzeichen für Weistümer sind demnach deren gewohnheitsrechtlicher Inhalt, eine lokale Begrenzung, die Zugehörigkeit zum bäuerlichen Lebenskreis und die Absicht einer dauernden Regelung der Rechtsverhältnisse: Hans Fehr, Die Rechtsstellung der Frau und der Kinder in den Weistümern (1912), S. IV f.

473 Vgl zur Entwicklung der Weistümerforschung Dieter Werkmüller, Weistümer, in: HRG 5 (1998), Sp. 1241 ff.

474 Vgl. zu den heutigen Erkenntnissen auch Ruth Schmidt-Wiegand, Das sinnliche Element des Rechts, in: BGG Sonderband 1987, S. 14.

Im 19. Jahrhundert war man von dieser differenzierten Betrachtungsweise weit entfernt. Jacob Grimm war einer der ersten Forscher, der dieser Quellengattung eine umfassende Studie widmete. Er war überzeugt: »sie sind ganz eigentlich meine sache, hätte ich nicht hand an sie gelegt, so wären sie nie gesammelt worden.«[475] Weistümer übten auf ihn eine besondere Anziehungskraft aus und er nahm bereits in der Vorrede zu seinen *Rechtsalterthümern* Bezug auf dieses »zeugnis der freien und edlen art unseres eingebornen rechts«.[476] Er ging davon aus, dass es sich dabei um »rechtsweisungen durch den mund des landvolks«[477] handele. Wohl aber »eine merkwürdige erscheinung, geradezu eigenthümlichkeit unseres volks und bei keinem anderem auftauchend«.[478] In ihrer Eigenschaft als direkt durch das Volk erzeugt waren die Weistümer

> noch ungehemmte ausflüsse des frischen, freien rechts, das unter dem volke selbst als brauch entsprungen, in seinen gerichten zum recht geweiht worden war, nicht wich noch wankte, und keiner gesetzgebung von seite des herrschers bedurfte. wo diese hinzutrat, war sie blosz bekräftigend, nicht selbstschaffend, oder fügte nebendinge bei.[479]

Die Weistümer drückten nach Ansicht Grimms das Recht genau so aus, wie es entstanden war. Sie nahmen unmittelbar die Rechtsüberzeugung des Volkes durch das Volk selber auf. Damit waren die Weistümer so nah an der Rechtsentstehung selber, wie kaum eine andere Quelle. Grimm sah in ihnen unabhängig von einem herrschaftlichen Gesetzgeber entstandenes Recht, somit wahres, wirkliches, lebendiges und sinnliches Recht.[480]

> sie [die Weistümer] entspringen aus mündlichen weisungen und öffnungen althergebrachten rechtes, deren ursprung bis in die zeit der volksrechte, ja darüber hinausgeht. fast immer in der muttersprache aufgenommen und im munde einfacher landleute fortgepflanzt, enthalten und überliefern sie uralte, freilich oft verwilderte formen, die uns anziehen. zu den stadtrechten verhalten sie sich wie zu den höfischen liedern die des volks.[481]

Darum sammelte Grimm alle weistümlichen Quellen, die er finden konnte und bat auch Freunde und Kollegen bei der Suche um Hilfe.[482] Da es ihm darum

---

475 Jacob Grimm, Anzeige der Weisthümer Theil 4 (1863), Kl. Schr. 5, S. 453.
476 Jacob Grimm, RA (1828), Vorrede, S. IX.
477 Ebd., S. IX.
478 Jacob Grimm, Anzeige der Weisthümer Theil 4 (1863), Kl. Schr. 5, S. 453.
479 Ebd., S. 453.
480 Jacob Grimm, Weisthümer Bd. 4 (1863), Vorbericht.
481 Jacob Grimm, Vorschläge in der Plenarsitzung der Historischen Comission zu München am 29. September 1859, Kl. Schr. 8, S. 557 f.
482 Wobei dies zu für das Gesamtwerk nicht immer vorteilhaften Konsequenzen führte, da die Qualität der herausgesuchten Beiträge vor allem auch vom Einsatz und der Kenntnis der helfenden Personen abhing, vgl. Dieter Werkmüller, Weistümer, in: HRG 5 (1998), Sp. 1245.

ging, Belege für das ursprüngliche Volksrecht zu sammeln, ließ er gezielt die Elemente weg, die sich für ihn als bloße Schöpfung Einzelner darstellten.[483]

Insgesamt erschienen ab 1840 sechs Bände der *Weisthümer*,[484] die hinsichtlich ihres Umfangs bis heute maßgeblich sind,[485] und dies obwohl »diese Sammlung den heutigen Ansprüchen der Quellenkritik nicht mehr genügt.«[486] Der Blick Grimms auf die Weistümer hat bis ins 20. Jahrhundert die Sicht auf diese Quellengattung bestimmt.[487] Dabei erntete das Werk bereits zu Lebzeiten Grimms nicht nur positive Resonanz. Eine wirklich historische Betrachtung der Entwicklung der Weistümer, die man nach dem Bekenntnis Grimms zur historischen Herangehensweise unter Umständen erwartet hätte, fehlte dem Werk ganz. Die Anordnung der Weistümer folgte vor allem geographischen Gesichtspunkten, wobei auch diesbezüglich keine Einheitlichkeit bestand.[488] Ebenfalls verzichtete Grimm auf einen Bezug zur politischen Zeitgeschichte.[489] Dies entsprach der eigentlichen Zielsetzung Grimms und der Ausgangslage, in der er sich befand.[490] Für ihn war seine Arbeit eine »vaterländische«.[491] Er wollte nicht etwa die Entwicklung bestimmter Rechtsinstitute im Laufe der Zeiten darstellen. Für ihn ging es primär darum, das verschüttete Volksrecht wieder für die Allgemeinheit zugänglich zu machen.

> Meine sammlung wird den heutigen rechtsbrauch weder stören noch beleben, aber genug licht auf unsere geschichte und unser alterthum werfen, wie ja die germanisten jetzt überhaupt schon eigentlich historiker sind.[492]

---

483 DIETER WERKMÜLLER, Über Aufkommen und Verbreitung der Weistümer (1972), S. 48. Dies betraf zumeist Protokoll und Eschatokoll des Weistums, die Auskunft darüber gaben, welche Veranlassung das Weistum und seine Aufzeichnung gehabt hatten (S. 35).

484 Bde. 5 und 6 erschienen bereits posthum. Richard Schröder fügte 1878 als 7. Bd. noch ein Namens- und Sachregister hinzu.

485 Vgl. auch DIETER WERKMÜLLER, Über Aufkommen und Verbreitung der Weistümer (1972), S. 34 ff.

486 DIETER WERKMÜLLER, Weistümer, in: HRG 5 (1998), Sp. 1245; vgl. ferner zu den Defiziten der Grimmschen Sammlung im Vergleich mit der heutigen Forschung DIETER WERKMÜLLER, Über Aufkommen und Verbreitung der Weistümer (1972), S. 34 f.

487 Vgl. DIETER WERKMÜLLER, Weistümer, in: HRG 5 (1998), Sp. 1242.

488 Vgl. dazu auch DIETER WERKMÜLLER, Die Weistümer: Begriff und Forschungsauftrag, in: REINER HILDEBRANDT / ULRICH KNOOP, Brüder-Grimm-Symposion zur Historischen Wortforschung (1986), S. 104.

489 Vgl. zu der Kritik an der Sammlung Grimms DIETER WERKMÜLLER, Über Aufkommen und Verbreitung der Weistümer (1972), S. 54 ff.

490 Vgl. dazu auch ebd., S. 35 ff.

491 JACOB GRIMM, Vorrede zu: Weisthümer, Bd. 1 (1840), S. IV.

492 JACOB GRIMM, Anzeige der Weisthümer, Teil 4 (1863), Kl. Schr. 5, S. 454.

Für die bisher vernachlässigte Quellengattung der Weistümer stand zunächst einmal die Sammlung im Vordergrund, um möglichst viel Erhaltenes zu retten. Dennoch erhoffte er sich von der Sammlung, die vor allem für Juristen gedacht war,[493] durchaus Impulse für die Wissenschaft vom deutschen Recht. Von der geringen Resonanz dieser Zielgruppe zeigte er sich daher enttäuscht:

> meine schrift über die weisthümer mag den juristen misfallen, es hat sich in diesem fach, wie in andern, eine magere doctrin festgesetzt, die ungern von dem bogen weicht, den sie einmal behauptet, aber nicht immer behaupten wird.[494]

In einem Brief an Homeyer schilderte Grimm, dass er sich »daraus neue und überraschende Ergebnisse für das älteste germanische Recht, das dadurch in nicht wenigem Farbe und Licht gewinnen soll« erwarte.[495] Eine nähere inhaltliche Auseinandersetzung der Rechtswissenschaft mit den Weistümern blieb jedoch aus. Dies war wohl auch der Annahme geschuldet, es handele sich nur um unbedeutende Rechtsansichten des gemeinen Volkes.[496] Die Bedeutung, die Grimm selber den Weistümern als Quellen des ursprünglichen Volksrechts beimaß, wurde von den zeitgenössischen Juristen nicht in gleichem Umfang geteilt.

b) Rechtsalterthümer

Die neben den *Weisthümern* umfangreichste Arbeit Grimms zum deutschen Recht waren die *Rechtsalterthümer*. Kein Buch habe er neben dem Reinhardt und der Geschichte der Sprache »mit größerer lust geschrieben«.[497] Es enstand im Nachgang zur Herausgabe der *Deutschen Grammatik*, war gleichsam als Erholungsprojekt gedacht und wurde noch niedergeschrieben, während die ersten Seiten schon in Druck gingen.[498] Das zweibändige Werk erschien zunächst 1828

---

493 Dies geht unter anderem auch aus einem Brief Jacob Grimms an Karl Weigand vom 29. Nov. 1862 hervor, in dem er anlässlich der Herausgabe des vierten Bandes schreibt, dass vor allem die Vorrede »allerhand neues, ja unerhörtes bringen und die juristen in einiges erstaunen setzen soll«, Alan Kirkness (Hrsg.), Briefwechsel der Brüder Grimm mit Hildebrand, Lexer und Weigand (2010), S. 414.

494 Jacob Grimm an Rudolf Hildebrand am 30.12.1862, in: ebd., S. 79.

495 Jacob Grimm an Homeyer am 27.02.1839, in: Tatjana Heinl, Zur Frühgeschichte der Germanistik. Der Briefwechsel Grimm – Homeyer (1996), S. 16.

496 Dieter Werkmüller, Über Aufkommen und Verbreitung der Weistümer (1972), S. 47.

497 Jacob Grimm, Rechtsalterthümer, 2. Ausg. (1854), Vorrede.

498 Zur Entstehungsgeschichte vgl. ausführlich Ruth Schmidt-Wiegand, Das sinnliche Element des Rechts (1987), S. 1 ff.; dies., Einleitung zu Jacob Grimm, Deutsche Rechtsalterthümer 1 (Forschungsausgabe 1992), S. 1* ff.

und erlebte insgesamt vier Auflagen,[499] nur zwei zu Lebzeiten Grimms. Bis heute werden die *Rechtsalterhümer* als Quellenwerk geschätzt.[500] Die *Rechtsalterthümer* schlossen sich thematisch und auch methodisch an Grimms Aufsatz »Von der Poesie im Recht« (1815) an. Auch nach Herausgabe der *Rechtsalterthümer* folgten einige kleinere Aufsätze, die sich mit den Altertümern des deutschen Rechts beschäftigten, die ebenfalls in diesen Zusammenhang gehören.[501] Im Gegensatz zu den *Weisthümern* äußerte sich Grimm in der Vorrede für seine Verhältnisse relativ klar zu seinen methodischen Grundpositionen bei der Auswahl der Quellen und deren Zusammenstellung. Die hier geschilderten Positionen haben freilich auch schon früher und erst recht später die Auseinandersetzung Grimms mit rechtlichen Quellen geprägt, da sich seine Ansichten vom Recht und der Rechtsentstehung kaum entscheidend geändert haben.[502] Das Konzept der Rechtsaltertümer verspricht daher umfassenderen Aufschluss über Grimms Rekonstruktion der deutschen Volksrechte. Grimm wollte in seiner Zusammenstellung das gesamte relevante Rechtsleben schildern. Er hatte nicht nur reine Materialsammlung, sondern »in der Art der Gliederung auch den Ansatz zu einem Verständnis der eigenen Grundgedanken des älteren deutschen Rechts, das nicht von der Dogmatik des römischen Rechts abgeleitet ist«, im Sinn.[503] Dennoch wird vor allem der Aspekt der Quellensammlung bei der Betrachtung der Rechtsaltertümer in den Vordergrund gestellt. Im Folgenden soll demgegenüber näher untersucht werden, welche Grundannahmen vom Recht und seinem Ursprung die Sammlung der *Rechtsalterthümer* bestimmt hat.

---

499 2. Aufl. 1854, nur durch eine kurze Vorrede Grimms ergänzt; 3. Aufl. 1881, unveränderter Nachdruck der 1. Aufl.; 4. Aufl. 1899, besorgt von Andreas Heusler und Rudolf Hübner, die umfangreiche Notizen und Anmerkungen Grimms aus seinem Handexemplar und einem zum Zwecke der Neuauflage angelegten Quartband aufnahmen.

500 Vgl. Dieter Werkmüller, Rechtsalterthümer, in: RGA, Bd. 24 (2003), S. 237. Zur heutigen Bedeutung vgl. auch Ruth Schmidt-Wiegand, Das sinnliche Element des Rechts (1987), S. 11 ff. sowie dies, Goldmine oder Steinbruch?, in: Hartmut Kugler u. a. (Hrsg.) Jahrbuch der Brüder Grimm Gesellschaft 1 (1991), S. 99 ff.

501 Bspw.: Jacob Grimm, Über eine altergermanische Weise der Mordsühne (1815), Kl. Schr. 6, S. 144 ff.; ders., Über die Notnunft an Frauen (1841), Kl. Schr. 7, S. 27 ff.

502 Ruth Schmidt-Wiegand, Das sinnliche Element des Rechts (1987), S. 16.

503 Gerhard Dilcher, Grimm, Jakob, in: Michael Stolleis (Hrsg.), Juristen (1995), S. 254.

aa) Konzeption

Zwischen 1808 und 1823 veröffentlichte Carl Friedrich Eichhorn die vier Bände seiner *Deutschen Staats- und Rechtsgeschichte*. Grimm dachte sich seine *Rechts-alterthümer* als Ergänzung und Illustration hierzu.[504] Er nahm daher nicht nur Rechtsquellen als solche, sondern auch Symbole, Gegenstände, Sprache, Sitte und Brauch der alten Zeit in seine Sammlung auf.[505] Grimms Begriff von Rechtsaltertümern war somit sehr weit gefasst und enthielt neben Gegenstän-den, die heute der Rechtsarchäologie zugeordnet sind, auch Elemente der Rechtlichen Volkskunde.[506] Aufzeigen wollte Grimm das *»sinnliche Element* der deutschen Rechtsgeschichte, ohne rücksicht auf praxis und heutiges sys-tem«.[507]

Bei der Auswahl der Quellen ging es ihm nach eigenem Bekunden also nicht darum, eine chronologische Linie zu ziehen, historisch vorzugehen oder gar einen Gegenwartsbezug herzustellen. Er verstand sich ausdrücklich als Alter-tumsforscher, dem es darum ging zu sammeln und zu beschreiben. In diesem Sinne lieferte er ein »werk voll materials« und hoffte, »dadurch nicht bloß die aufmerksamkeit der juristen, sondern auch anderer alterthumsforscher zu erwer-ben«.[508] »[D]urch nichts«, so Grimm, werde »die innige theilnahme an dem alterthum so gestört wie durch die überwiegende wendung nach dem heutigen zustand.« Er sah daher einen fundamentalen Unterschied zwischen der Methodik des »historischen rechtsgelehrten« und derjenigen des »alterthumsforschers«:

> Jener erläutert das neue aus der geschichte des alten, dieser das alte aus dem alten selbst und nur hilfsweise aus dem jüngeren; jener läßt das ganz veraltete, dieser das bloß neue beiseite liegen. Jener ist gezwungen, das alte dem system des neuen rechts anzufügen, dieser wird geneigt sein, die vielgestaltige erscheinung des alten auf ihrer breiteren, freieren grundlage ruhen zu lassen.[509]

Dementsprechend folgte seine Sammlung keiner speziellen Systematik. Er bekannte sich vielmehr zu einer gewagten Methode bei der Darstellung der Quellen. Zunächst einmal stellte er ganz im Sinne seines Verständnisses vom Begriff des »Deutschen«[510] auch nordische und angelsächsische Quellen als deutsche Rechtsaltertümer in seine Sammlung ein. Die Anordnung der Quellen beschrieb Grimm wie folgt:

---

504 Vgl. Dieter Werkmüller, Rechtsalterthümer (2003), S. 237.
505 Zur Bedeutung Jacob Grimms für die Rechtssymbolforschung vgl. Cornelia Maria Schürmann, Iurisprudentia Symbolica (2011), S. 145 ff.
506 Ruth Schmidt-Wiegand, Das sinnliche Element des Rechts (1987), S. 4.
507 Jacob Grimm, Rechtsalterthümer (1828), S. VII [Hervorhebung im Original].
508 Ebd., S. VII.
509 Ebd., S. VII.
510 Vgl. hierzu schon oben B. II. 1. a).

Stellen aus Tacitus, aus den alten gesetzen, aus urkunden des mittelalters und aus weisthümern, die vielleicht erst vor hundert jahren aufgeschrieben wurden, beweisen in einem athem. Bei näherer prüfung wird man erkennen, daß ich geschichtlich zu werk gehe, so oft es thunlich ist und kein mittel versäume, darüber sichere bestimmungen auszumitteln. In der langen zeit von tausend und bald zweitausend jahren sind aber überall eine menge von fäden losgerißen, die sich nicht wieder anküpfen laßen, ohne daß man darum die offenbaren spuren ihres ehmaligen zusammenhangs verkennen dürfte. Das auf solch weise innerlich verwandte kann, wie mich dünkt, unschädlich an einander gereiht werden und nirgends will ich damit seinen unmittelbar geschichtlichen zusammenhang behaupten. Fortgesetzte forschung mag entweder die verlornen zwischenglieder der kette auffinden oder die vermuthete verbindung widerlegen.[511]

Kritik an seiner Methode vorausahnend bemerkte Grimm:

> will man diese anknüpfung phantasie nennen, so habe ich nichts dawider und ich möchte in solchem sinn phantasielos weder rechtalterthümer geschrieben haben noch grammatik.[512]

Deutlich wurde in den *Rechtsalterthümern* Grimms Überzeugung von einer organischen Geschichtsentwicklung. Da für ihn ein innerer Zusammenhang zwischen den verschiedenen Quellen bestand, galt es, in diesem Sinne Verwandtes zusammenzustellen, um hierüber die fehlenden Zwischenstücke rekonstruieren zu können. Das Alte lebte im Neuen fort. Die neueren Gesetze seien allerdings »oft nur ein mageres gerippe und enthalten das, was man neu zu bestimmen für nöthig erachtete, bei weitem nicht den ganzen umfang des unveränderten und fortbestehenden alten rechts, das sie als bekannt voraussetzen.«[513]

Rudolf Hübner verglich bereits 1895 die Vorgehensweise Grimms mit der Arbeit von Malern, die versuchten,

> die Vergangenheit Deutschlands in einer grossen figurenreichen Komposition allegorisch darzustellen, auf der vielleicht Karl der Grosse und Friedrich Barbarossa, Bonifatius und Luther, Walther von der Vogelweise und Ulrich von Hutten neben einander stehen und hier der Kölner Dom, dort die Nürnberger Burg den Hintergrund schliessen.[514]

Alle Quellen standen für Grimm auf gleicher Stufe, waren Puzzelteile der ursprünglichen Zustände. Die genaue Zeitabfolge war deswegen weniger wichtig, weil sich in jedem Bruchstück das Ganze widerspiegelte. Die tatsächliche Relevanz der Quellen war nach dem derzeitigen Stand der Forschung nicht absehbar, etwas auszusortieren war daher riskant.

---

511 Jacob Grimm, Rechtsalterthümer (1828), S. VIII.
512 Ebd., S. VIII Anm. *.
513 Ebd., S. IX Anm. **.
514 Rudolf Hübner, Jacob Grimm und das deutsche Recht (1895), S. 45.

Die *Rechtsalterthümer* teilte Grimm in sechs Bücher: Stand, Haushalt, Eigentum, Gedinge, Verbrechen und Gericht. Diese Einteilung bedeutete nicht die Aufstellung eines »Systems«,[515] sondern stellte nur eine grobe Ordnung der Themenkomplexe dar. »Um die anordnung der materien verlegen sein konnte ich nicht; sie war hier, wo es nicht auf zergliederung des ganzen rechtssystems, vielmehr bloß auf ergreifung des alterthümlichen ankam, beinahe gleichgültig.«[516]

Nicht immer war Grimm allerdings die Anordnung der Materien so gleichgültig, wie in den *Rechtsalterthümern*. Deutlich anders war beispielsweise seine Vorlesung über Deutsche Altertumskunde aufgebaut, die er ab 1830 mehrfach sowohl in Göttingen als auch später in Berlin abhielt.[517] Ziel der Vorlesung war es, das altdeutsche Recht nicht nur insoweit zu betrachten, »als einzelne Normen unserers jetzt geltenden Rechts darin ihre Erklärung finden, sondern es soll darin, soweit dies nach den uns noch übrigen Denkmälern möglich ist, das altdeutsche Recht als etwas Ganzes, für sich Bestehendes dargestellt werden.«[518] Dieser Aufbau kann durchaus als Grimms »Annäherung an ein deutsches Rechtssystem« interpretiert werden.[519] Die Vorlesung insgesamt legt den Schluss nahe, dass Grimm gezielt versuchte, den deutschen Rechtsstoff zu systematisieren und einen ersten Beitrag zu einer deutschrechtlichen Kodifikation zu leisten.[520] In den *Rechtsalterthümern* war von einer solchen Zielsetzung jedoch nichts zu spüren.

Besonderen Wert legte Grimm hier auf die »philologische betrachtung« der Rechtsquellen. Er versuchte, »alle belege aus gesetzen, rechtsbüchern und urkunden treu und vollständig in die abhandlung einzurücken«.[521] Eine Übersetzung fügte er nur in Ausnahmefällen bei, denn er war der Auffassung, dass »[w]em es ernstlich zu thun ist um das studium des deutschen rechts, für den kann auch die erlernung unserer sprachdialecte nicht hindernis sein, sondern anreizung«.[522] Etymologische Erläuterungen dagegen erschienen Grimm hilfreich, um »dunkle verhältnisse zu beleuchten«. Hier sei »jede erforschbare einzelheit [...] auch wißenswerth«.[523] Grimm wollte dabei nicht nur die

---

515   RUDOLF HÜBNER, ebd., S. 46, geht sogar soweit zu sagen: »Strenge Systematik lag überhaupt seinem [Grimms] Wesen fern.«
516   JACOB GRIMM, Rechtsalterthümer (1828), S. XIII.
517   JACOB GRIMMS Vorlesung über »deutsche Rechtsalterthümer« wurde nach studentischen Mitschriften hrsg. von ELSE EBEL (1990).
518   Ebd., S. 12.
519   BARBARA DÖLEMEYER, Jacob und Wilhelm Grimm (2003), S. 145.
520   Ebd., S. 145; zur Einstellung Grimms hinsichtlich einer Kodifikation des deutschen Rechts insbes. in Abgrenzung zu Savigny vgl. unten C. II. 5.
521   JACOB GRIMM, Rechtsalterthümer (1828), S. XII.
522   Ebd., S. XII.
523   Ebd., S. XIII.

»großen heerstraßen« der deutschen Rechtsgeschichte befahren, sondern auch die »kleinen fußpfäde« wieder der Allgemeinheit zugänglich machen.[524]

bb) Wirkung

In seiner umfangreichen Untersuchung über Jacob Grimms Beziehung zum deutschen Recht hat Rudolf Hübner die *Rechtsalterthümer* neben Eichhorns *Deutsche Staats- und Rechtsgeschichte* als »die beiden Pfeiler« bezeichnet, »auf denen das Gebäude der deutschen, der germanischen Rechtsgeschichte ruht.«[525] Diese besondere Bedeutung des Werkes führte Hübner unter anderem darauf zurück, dass es gerade kein Jurist und auch kein Rechtshistoriker im eigentlichen Sinne geschrieben habe.[526] Wie aber sah es tatsächlich mit der Wirkung der *Rechtsalterthümer* aus?

Bereits kurz nach Erscheinen äußerte Grimm gegenüber seinem Freund Wigand die Befürchtung: »Das ganze buch wird wohl einigen nicht philosophisch, andern nicht doctrinell genug sein; von meinem standpunct aus konnte ich nicht anders.«[527] Ihm war bewusst, dass seine Herangehensweise an die Materie ungewöhnlich war.

Die Resonanz auf die *Rechtsalterthümer* vor allem bei Juristen blieb, wie auch bei den *Weisthümern*, zunächst gering, selbst wenn Grimm zahlreiche positive Rückmeldungen erreichten.[528] Dies galt auch für die Rechtshistoriker,[529] und im Besonderen für Karl Friedrich Eichhorn, der zwar in der vierten Auflage des ersten Bandes seiner Rechtsgeschichte die *Rechtsalterthümer* anerkennend

---

524 Ebd., S. XVIII.
525 Rudolf Hübner, Jacob Grimm und das deutsche Recht (1895), S. 43.
526 Ebd., S. 44 f.
527 Jacob Grimm an Paul Wigand vom 19.10.1828, in: Edmund Stengel (Hrsg.), Briefe der Brüder Grimm an Paul Wigand (1910), S. 264 f.
528 Savigny schrieb noch 1832 an Grimm: »Ich muß es für eins der liebenswürdigsten Bücher erklären, die ich kenne; so ohne Schein und Anspruch, so voll Frucht und Belehrung, nirgend todte, unbrauchbare Masse und doch überall der größte reale Reichtum, neben den die eigenen Gedanken und Meinungen nur ganz bescheiden und ohne alle Zudringlichkeit auftreten, so gibt es nicht viele Bücher«, in: Adolf Stoll, Friedrich Karl v. Savigny, Bd. 2: Professorenjahre in Berlin 1810–1842 (1929), S. 452. Nikolas Falck lobte ebenso die »vortreffliche und so überaus reichhaltige Arbeit«, vermisste jedoch ein Inhaltsverzeichnis: Brief an Jacob Grimm vom 04.01.1829, in: Rudolf Hübner, Jacob Grimm und das deutsche Recht (1895), S. 122. Vgl. zur Reaktion auf die Rechtsalterthümer auch Ruth Schmidt-Wiegand, Einleitung zu Jacob Grimm, Deutsche Rechtsalterthümer 1 (1992), S. 28*.
529 Vgl. Jan Schröder, Jacob Grimm, in: Gerd Kleinheyer / Jan Schröder (Hrsg.), Deutsche und Europäische Juristen aus neun Jahrhunderten (2008), S. 178.

erwähnte,[530] jedoch in der Folge nur sehr wenig auf die Sammlung einging. Dies nahm Grimm mit Bedauern zur Kenntnis.[531] Seinem Freund Karl Lachmann gegenüber äußerte er 1829:

> Merkwürdig ist mir, daß männer wie Eichhorn nicht mehr darüber und dawider zu sagen wissen [...]; ein beweis wie dieses fach noch bestellt ist und woher sich auch das lob erklärt, das mir die germanisten, halb wider willen, ertheilen.[532]

Eichhorn hatte gemeinsam mit Benecke die *Rechtsalterthümer* Anfang 1829 in den *Göttingischen Gelehrten Anzeigen* rezensiert.[533] Auch diese Rezension fiel insgesamt sehr positiv aus, ging für Grimm jedoch anscheinend nicht genug auf inhaltliche Einzelheiten ein.[534] Dabei verwiesen die Rezensenten durchaus auch auf ihre abweichende Meinung hinsichtlich der Beurteilung der Gottesurteile, der Legitimation und Adoption, was eine genauere inhaltliche Lektüre der *Rechtsalterthümer* nahelegt.[535]

Eine umfassendere Rezension der *Rechtsalterthümer* nahm Gustav Homeyer in den Jahrbüchern für wissenschaftliche Kritik vor.[536] Obwohl die Homeyersche Rezension nicht frei von »hegelianischer antithetischer Polemik« war, die Darstellung Grimms nach Homeyers Auffassung etwa zu wenig »geschichtliche« Anknüpfung zur Gegenwart bot,[537] freute sich Grimm über das Urteil Homeyers. An Ludwig Hassenpflug schrieb er:

> Lieber Ludwig, die Homeyersche recension räumt mir viel mehr ein, als ich erwartet habe und erwarten konnte; ich dachte mir nie daß das von mir als eine bloße nebenarbeit betrachtete buch in den augen der leute von fach so viel gnade finden [würde] und kam mir während der ausarbeitung oft als ein rechter wagehals vor, der sich herausnimmt einen gegenstand zu behandeln, über den

---

530   CARL FRIEDRICH EICHHORN, Deutsche Staats- und Rechtsgeschichte, Bd. 1, 4. Aufl. (1834), S. 37.

531   RUDOLF HÜBNER, Karl Friedrich Eichhorn und seine Nachfolger, in: FS Brunner (1910), S. 815.

532   JACOB GRIMM an Karl Lachmann vom 22.02.1829, in: ALBERT LEITZMANN (Hrsg.), Briefwechsel der Brüder Jacob und Wilhelm Grimm mit Karl Lachmann (1925/26), S. 523.

533   GEORG FRIEDRICH BENECKE / CARL FRIEDRICH EICHHORN, Rez. Grimm, Deutsche Rechtsalterthümer, in: Göttingische Gelehrte Anzeigen 1829, Bd. 1, S. 129 ff.

534   Vgl. dazu auch RUDOLF HÜBNER, Jacob Grimm und das deutsche Recht (1895), S. 57 ff.

535   GEORG FRIEDRICH BENECKE / CARL FRIEDRICH EICHHORN, Rez. Rechtsalterthümer, in: Göttingische Gelehrte Anzeigen 1829, Bd. 1, S. 135; 138.

536   GUSTAV HOMEYER, Rez. Jacob Grimm Deutsche Rechtsalterthümer, in: JbWK 1830, Sp. 515 ff.

537   Vgl. dazu JOACHIM RÜCKERT, Jurisprudenz und »wissenschaftliche Kritik«, in: CHRISTOPH JAMME (Hrsg.), Die »Jahrbücher für wissenschaftliche Kritik« (1994), S. 468 f.

sich die juristen ein system zus.gesetzt haben, das mir gar nicht von grund aus bekannt war.[538]

Die Rezension gab Anlass zu einem ausführlicheren Briefwechsel zwischen Grimm und Homeyer.[539] In seiner Rezension kritisierte Homeyer zunächst die Vernachlässigung der Stadtrechte und anderer Quellenbereiche, wie dem Lehnsrecht.[540] In Bezug auf die Herausstellung des poetischen Elements im alten Recht stellte Homeyer aber fest:

> Der scharfe Sinn, der auch die leisesten Auesserungen des sinnlichen Moments nicht übersieht, der Fleiss in der Fülle der vereinigten Thatsachen, der Geist, die Feinheit und Sicherheit der Bemerkungen, welche aus ihnen das leitende Princip entwickeln, scheinen uns gleich bewundernswerth und zur Zeit unübertroffen.[541]

In einzelnen Schlussfolgerungen freilich, so bei der Beurteilung der Bedeutung des Hammerwurfs, konnte der Rezensent dem Rezensierten nicht unwidersprochen folgen.[542] Insgesamt zählte Homeyer zahlreiche Bereiche auf, in denen die Ausführungen Grimms »eine juristische Schärfe vermissen liessen«.[543]

Auch weitere Einflüsse der *Rechtsalterthümer* auf Rechtshistoriker lassen sich nachweisen. Ernst Theodor Gaupp etwa widmete sein Werk *Miscellen des Deutschen Rechts* von 1830 Jacob Grimm »als Zeichen meines tiefgefühltesten Dankes für den hohen Genuß, für die treffliche Belehrung, welche mir Ihre Deutschen Rechtalterthümer schon gewährt haben und täglich mehr gewähren«.[544] Bereits Anfang 1829 hatte er sich brieflich an Grimm gewandt mit dem Wunsch, »mich mit den Gefühlen der reinsten Verehrung zu Ihrem dankbarsten Schüler bekennen« zu wollen. Er lobte die *Rechtsalterthümer* ausführlich: »Quale quantumque opus, diese Ihre deutschen Rechtsalterthümer! Eine neue Epoche auf dem Felde der deutschen Rechtswissenschaft hat damit begonnen.«[545] Auch inhaltlich ging Gaupp auf einzelne Stellen ein, so dass Grimm keinen Zweifel darüber gehabt haben dürfte, dass eine eingehendere Beschäftigung mit dem

---

538 Jacob Grimm an Ludwig Hassenpflug vom 01.05.1830, in: Robert Friderici, Briefe von Jacob und Wilhelm Grimm an Ludwig und Lotte Hassenpflug, in: BGG 3 (1981), S. 47; auch in: Ewald Grothe (Hrsg.), Briefwechsel mit Ludwig Hassenpflug (2000), S. 83.

539 Vgl. Tatjana Heinl, Zur Frühgeschichte der Germanistik (1996), S. XXI f.

540 Gustav Homeyer, Rez. Jacob Grimm Deutsche Rechtsalterthümer, in: JbWK 1830, Sp. 521 f.

541 Ebd., Sp. 525.

542 Ebd., Sp. 526 f.

543 Ebd., Sp. 553.

544 Ernst Theodor Gaupp, Miscellen des Deutschen Rechts (1830), S. IV.

545 Ernst Theodor Gaupp an Jacob Grimm vom 02.01.1829, in: Hübner, Jacob Grimm und das deutsche Recht (1895), S. 123.

Stoff erfolgt war. Emil Franz Rössler, der ebenfalls der Historischen Rechtsschule aufgeschlossen gegenüberstand, widmete Jacob Grimm seine Arbeit über Brünner Stadtrechte aus dem 13. und 14. Jahrhundert wohl aus ähnlichen Motiven.[546] Carl Joseph Anton Mittermaier mag auch durch das Erscheinen der *Rechtsalterthümer* und die dortige Berücksichtigung der nordischen und englischen Quellen dazu bewogen worden sein, Jacob Grimm für eine Mitarbeit an einer von ihm und Zachariae geplanten Zeitschrift für Rechtswissenschaft und Gesetzgebung des Auslands zu gewinnen.[547] Ebenfalls sehr ausführlich setzte sich George Phillips mit den *Rechtsalterthümern* auseinander und nahm diese zum Anlass, seine eigenen Ansichten deutlich zu revidieren. So beispielsweise zur Systematik des englischen Rechts, dass er nun nicht mehr nach römischen Vorbild ordnete. Er war fortan bemüht »das Deutsche Recht mit Deutschen Augen und ohne Römische Brille anzuschauen«.[548]

Für August Ludwig Reyscher waren die *Rechtsalterthümer* die erste Anregung zur Beschäftigung mit der Symbolik des germanischen Rechts.[549]

Positive Aufnahme, wenn auch keine umfassende inhaltliche Würdigung, erfuhr das Werk ebenfalls durch Savigny. Auf seinen Vorschlag hin erhielt Grimm nach Veröffentlichung der *Rechtsalterthümer* 1828 die Ehrendoktorwürde der Universität Berlin und 1829 die der Universität Breslau.[550]

Auch im Ausland wurden die *Rechtsalterthümer* Grimms zur Kenntnis genommen. Ein besonderes Beispiel war Jules Michelet, der sich, ohne Jurist zu sein, sehr gründlich und ernsthaft mit den französischen Rechtsaltertümern befasste.[551] Sein Werk *Origines du droit français cherchées dans les symboles et formules du droit universel* von 1837 widmete Michelet Jacob Grimm. Ausführlich würdigte er das Verdienst Grimms für die Rechtswissenschaft:

---

546 Emil Franz Rössler, Die Stadtrechte von Brünn aus dem XIII. und XIV. Jahrhundert (1852).

547 So zumindest die Tendenz eines Briefes an Grimm vom 19.03.1829, in: Rudolf Hübner, Jacob Grimm und das deutsche Recht (1895), S. 174.

548 George Phillips an Jacob Grimm vom 18.09.1828, in: Rudolf Hübner, Jacob Grimm und das deutsche Recht (1895), S. 177.

549 Joachim Rückert, August Ludwig Reyschers Leben und Rechtstheorie (1974), S. 89. Reyscher war jedoch insbes. was die Bedeutung der Poesie für das deutsche Recht anbetraf, anderer Auffassung als Grimm, vgl. dazu ebd., S. 92.

550 Vgl. hierzu auch Ruth Schmidt-Wiegand, Das sinnliche Element des Rechts (1987), S. 9. Wobei zumindest in Breslau auch eine Einflussnahme des von den Rechtsalterthümern glühend begeisterten Ernst Theodor Gaupp nicht ganz unwahrscheinlich ist, vgl. die Briefe an Jacob Grimm vom 30.04.1829 und 14.05.1829, abgedruckt bei Rudolf Hübner, Jacob Grimm und das deutsche Recht (1895), S. 126 ff.

551 Zu Michelet und der weiteren Wirkung im Ausland vgl. auch Ruth Schmidt-Wiegand, Wörter und Sachen, in: Bernhard Lauer (Hrsg.), Die Brüder Grimm und die Geisteswissenschaften heute (1999), S. 66.

De toutes les jurisprudences, la plus feconde, sans comparaison, en formules poétiques, c'est celle de l'Allemagne. Dès 1816, Jacob Grimm, le Ducange[552] de notre temps, avait publié une courte, mais interéssante dissertation, intitule: Poesie du droit. En 1828, parut le gigantesque ouvrage du meme auteur: Antiquités des droit allemande. Jamais livre n'eclaira plus subitement, plus profondément une science. Il n'y avait là nie confusion ni doute. Ce n'était pas un système plus ou moins ingénieux, c'était un magnifique recueil de formules empruntées a toutes les jurisprudences, à tous les idioms de l'Allemagne et du Nord. Nous entendîmes dans ce livre, non les hypotheses d'un homme, mais la vive voix de l'antiquité elle-même, l'irrécusable témoignage de deux ou trois cents vieux jurisconsultes qui, dans leurs naives et poétiques formules, dépusaient des croyances, des usages domestique, des sebrets meme du foyer, de la plus intime moralité allemande. Ce livre a une valeur immense en lui-même, comme revelation de la poésie juridique d'un peuple; une plus grande encore, comme terme de comparaison avec cell de tous les peuples.[553]

Bereits zuvor hatte sich ein persönlicher Briefwechsel zwischen Michelet und Grimm ergeben. Dort beklagte Grimm 1837 auch indirekt die »geringe wirkung meiner arbeit hier in Deutschland« und bescheinigte dem Franzosen:

> ich weiss unter meinen landsleuten keinen, der so genau eingegangen ist in meine ideen und gefühle; Sie haben das bild vollständig gefasst und mitempfunden, was in meiner seele von unserm alterthum schwebte, ich reiche Ihnen dafür dankbar die hand.[554]

Eine weitere Wirkung der *Rechtsalterthümer* war Grimm dagegen eher unwillkommen. Man bat ihn, den Kenner des altdeutschen Rechts, um ein Gutachten in einer Lehnssache und legte »eine[n] schändlichen actenstosz« bei. Grimms Reaktion war wenig begeistert:

> Ich habe mir sie aber schnell wieder aus dem hause geschafft, solche acten sind schrecklich, weil sie bei aller dicke nichts enthalten. Dafür lobe ich mir grammatik zu studieren, wo man aus ein paar seiten textes bogenlang zu exzerpieren hat.[555]

Noch nach Grimms Tod wurden die *Rechtsalterthümer* von Juristen wahrgenommen, obwohl es durch seine Konzeption kein juristisches Werk war[556] und sich nur bedingt zur durchgehenden Lektüre eignete. Noch 1870 lobte Felix Dahn:

552 Charles Dufresne Sieur de Cange (1610–1688).
553 Abgedruckt bei FRÉDÉRIC BAUDRY, Les frères Grimm (1864), S. 13.
554 Abgedruckt ebd., S. 42 f.
555 JACOB GRIMM an K.H.G. von Meusebach vom 14.12.1828, in: CAMILLUS WENDELER (Hrsg.), Briefwechsel des Freiherrn Karl Hartwig Gregor von Meusebach mit Jacob und Wilhelm Grimm (1880), S. 106.
556 WERNER OGRIS, Jacob Grimm und die Rechtsgeschichte, in: Jacob und Wilhelm Grimm (1986), S. 81.

Ein Bogen aus Jakob Grimms Deutschen Rechtalterthümern, aus der deutschen Grammatik oder der deutschen Mythologie hat die wahre Kenntniß des deutschen Volksgeistes mehr gefördert, als alle Constructionen des Naturrechts und anderer aprioristischer Philosopheme je gethan haben, und fürchten wir, je thun werden.[557]

Auch wenn die *Rechtsalterthümer* kein rechtswissenschaftliches System aufstellten, kam kaum ein Autor, der sich mit dem altdeutschen Recht beschäftigte, an einem Zitat aus den *Rechtsalterthümern* vorbei, als Beleg für die Existenz oder Wichtigkeit eines »germanischen« Rechtsinstituts.[558] Wer jedoch bei Grimm eine Art »Deutsche Rechtsgeschichte« suchte, wurde enttäuscht.

c) Märchen

Die berühmte Märchensammlung der Brüder Grimm,[559] die allerdings nur in ihrer ersten Auflage noch durch Jacob besorgt wurde, war keineswegs als Kinderbuch gedacht, sondern war ebenfalls ein Versuch, die Quellen des Volksgeistes zu sammeln und das Bewusstsein des Volkes für seine eigenen Erzeugnisse zu stärken.[560] Die Märchen boten daher auch für die Rechtsgeschichte Ansatzpunkte.[561] Märchen beschäftigten Grimm auch noch, nachdem er die Mitarbeit an den *Kinder- und Hausmärchen* eingestellt hatte.

So gaben für ihn die Märchen Aufschluss über alte deutsche Rechtstraditionen. Eine erste direkte Verbindung zwischen Volkserzählungen und Recht knüpfte Grimm seinem Aufsatz »Von der Poesie im Recht« von 1815.[562] Diese Schrift ist auch schon als »Wiege der wissenschaftlichen In-Bezug-Setzung von Recht und Märchen« bezeichnet worden.[563] Auch in den *Rechtsalterthümern* bezog sich Grimm später auf Erzählungen als Quelle für alte Rechtsanschauungen.[564]

Grimm verwahrte sich stets vor der Geringschätzung der Märchen als profane Geschichten. Er ging davon aus, dass

sie vielmehr für den niederschlag uralter, wenn auch umgestalteter und zerbröckelter mythen zu gelten haben, die von volk zu volk, jedem sich anschmie-

---

557 Felix Dahn, Rez. Ahrens, in: Krit. V. 12 (1870), S. 357.
558 Jürgen Busch, Das Germanenbild der deutschen Rechtsgeschichte (2004), S. 79.
559 Die 1. Aufl. des ersten Bandes der Kinder- und Hausmärchen (KHM) erschien 1812.
560 Vgl. zum Aspekt des Volksgeistes in der Märchensammlung auch Judith Laeverenz, Märchen und Recht (2001), S. 27 ff.
561 So bspw. bei Judith Laeverenz, Märchen und Recht (2001).
562 Jacob Grimm, Von der Poesie im Recht (1815), Kl. Schr. 6, 152 ff.
563 Judith Laeverenz, Märchen als rechtsgeschichtliche Quellen?, in: Harlinda Lox u. a. (Hrsg.), Dunkle Mächte im Märchen und was sie bannt (2007), S. 257.
564 So bspw. Jacob Grimm, RA (1828), S. 171.

gend, fortgetragen, wichtigen aufschlusz darbieten können über die verwandtschaft zahlloser sagengebilde und fabeln, welche Europa unter sich und noch mit
Asien gemein hat.[565]

Für ihn waren die Märchen daher »nichts erdachtes, erfundenes, sondern des
ältesten volksglaubens ein niederschlag und unversiegende quelle der eigentlichen lautersten mythen.«[566] Er kam nicht umhin, zahlreiche Parallelen in den
Erzählungen verschiedener Völker festzustellen. Er schloss daraus jedoch nicht
auf eine unmittelbare Übertragung der verschiedenen Märchen von einem Volk
auf das andere.

> man weisz, dasz bei Franzosen und Italienern fast die nämlichen [Märchen] im
> gange gewesen sind, die bei uns Deutschen fortleben […] und doch hat keins
> dieser völker in der regel das seinige unmittelbar aus dem eigenthum des andern
> entlehnt, meistentheils erscheint, neben der einstimmung im ganzen, ein eigen-
> thümliches nationales gepräge, das an den einzelnen erzählungen gerade gefällt,
> und über ihre verbreitung schwebt ein dunkel, wie bei der sprache und alten
> dichtung insgemein. sie dürfen eben darum auf ein sehr hohes alter anspruch
> machen, dessen stufen sich nur duch die vielseitigste vergleichung aller unter-
> einander ermitteln lassen werden.[567]

Der Ursprung der Märchen war für Grimm unmittelbar mit dem jeweils
individuellen Volksgeist einer Nation verbunden. Das »nationale gepräge«
konnte Aufschluss über die Besonderheiten der Völker und ihre spezifischen
Regelungen geben. Daher waren die Märchen für die Erkenntnis der deutschen
Rechtstradition genauso aufschlussreich wie unmittelbare Rechtsquellen. In
diesem Zusammenhang konnten die Märchen für Grimm »wissenschaftlichen
werth in anspruch nehmen, der ihnen viel weitere und allgemeinere anerkennung sichert.« Begeistert war Grimm von der »zarte[n] unschuld dieser, auf
allen wiesen und gründen der abgelegensten volkspoesie, duftigen kräutern und
blumen gleich sprieszenden märchen, die von reiner hand noch allenthalben
gepflückt werden mögen.«[568] Nach eigenem Bekunden sammelten die Brüder
die Märchen nur aus mündlichen Überlieferungen.[569] Dies hielten sie für
elementar wichtig, da sie die Verschriftlichung von Volksbräuchen als verfrem-
denden und störenden Einfluss empfanden.[570] Aufschlüsse über die Grundsätze

565 JACOB GRIMM, Vorrede zu: Wuk Stephanowitsch, Volksmärchen der Serben
(1854), Kl. Schr. 8, S. 387.
566 JACOB GRIMM, Rede auf Wilhelm Grimm (1860), Kl. Schr. 1, S. 178.
567 JACOB GRIMM, Vorwort zu: Anton Dietrich, Russische Volksmärchen (1831),
Kl. Schr. 8, S. 145 f.
568 JACOB GRIMM, Vorrede zu: Felix Liebrecht, Der Pentamerone (1846), Kl. Schr. 8,
S. 193 f.
569 KHM, Bd. 1, 2. Aufl. (1819), S. X.
570 Ebd., S. XI.

der Grimms bei der Quellensammlung lassen sich insbesondere aus dem »Circular, die Sammlung der Volkspoesie betreffend« des Jahres 1815 gewinnen. Dieser Aufruf zur Sammlung von Volkspoesie und Liedgut, »das allem spott und hohn, womit es beworfen worden, zum trotz, im Verborgenen, seiner eigenen schöne unbewust, fortlebt, und seinen unverwüstlichen grund allein in sich selber trägt«,[571] richtete sich an Freunde und Bekannte der Grimms. Die Zielsetzung der Sammlung erläuterte Jacob selbst:

> Es ist vor allem daran gelegen, dasz diese gegenstände getreu und wahr, ohne schminke und zuthat, aus dem munde der erzählenden, wo thunlich in und mit deren selbsteigenen worten, auf das genaueste und umständlichste aufgefaszt werden, und was in der lebendigen örtlichen mundart zu erlangen wäre, würde darum von doppeltem werthe sein, wiewohl auf der andern seite selbst lücken-hafte bruchstücke nicht zu verschmähen sind.[572]

Als besonders wertvolle Quellen nannte er Hirten, Fischer und Bergmänner sowie Alte, Frauen und Kinder, somit das »einfache Volk«, das uns bereits häufiger begegnet ist. Dabei hatte Grimm die Absicht, auch die besondere Erzählweise der Märchen jeweils beizubehalten. An Walter Scott schrieb er 1814 nach Schottland:

> Es kommt, wie mir scheint, bedeutend darauf an, die selbst fehlerhafte Form solcher Traditionen zu ehren und zu wahren, folglich die gemeine Mundart der Erzählenden, sobald sie irgend bedeutend ist, stehen zu lassen. Sie werden in meiner Hausmärchensammlung daher einige plattdeutsche antreffen und viel-leicht sind gerade die die besten, nämlich genausten und ausführlichsten.[573]

Die Sammlung und Bearbeitung der Märchen entsprach dann aber nicht ganz der »reinen Hand«, die Grimm so blumig beschrieb. Die Märchen wurden, wie bereits geschildert, keineswegs nur aus dem »einfachen« Volk übernommen.[574] Auch eine rein mündliche Verbreitung der Märchen war darüber hinaus keine Voraussetzung für eine Aufnahme. So wurden auch Märchen aus bereits publizierten Werken in die Sammlung einbezogen und teilweise erheblich bearbeitet und inhaltlich erweitert.[575] Umfangreichere inhaltliche Überarbei-

---

571 Jacob Grimm, Circular, die Sammlung der Volkspoesie betreffend (1815), Kl. Schr. 7, S. 593.
572 Ebd., S. 594.
573 Jacob Grimm an Walter Scott vom 09.06.1814, in: Edward V. K. Brill, The correspondence between Jacob Grimm and Walter Scott, in: Hessische Blätter für Volkskunde 54 (1963), S. 498.
574 Vgl. dazu bereits oben B. II. 1 b) bb).
575 Vgl. Hermann Hamann, Die literarischen Vorlagen der Kinder- und Hausmär-chen und ihre Bearbeitung durch die Brüder Grimm (1906). Eine beispielhafte Gegenüberstellung der literarischen Vorlage und des Grimmschen Textes findet

tungen fanden freilich erst statt, nachdem Wilhelm die alleinige Arbeit an den *Kinder-und Hausmärchen* übernommen hatte.[576]

d)   Sagen

> *In der ganzen natur und in dem wesen der sage selbst ist etwas angebornes und aus dem eignen boden steigendes, das man ungern in die ferne und fremde weggibt.*[577]

Neben den Märchen bildeten für Grimm die Sagen einen weiteren wichtigen Pfeiler der Volkskultur. Bei der Zusammenstellung des Quellenmaterials für die *Deutschen Sagen*, deren erster Band 1816 erschien, gingen Jacob Grimm und sein Bruder Wilhelm recht großzügig vor. So nahmen sie auch sehr ähnliche Sagenfragmente nebeneinander in die Sammlung auf. Sie wollten durch diese Art der Darstellung jegliche Verfälschung der Volkspoesie vermeiden:

> noch viel weniger haben wir arme sagen reich machen mögen, weder aus einer zusammenfügung mehrer kleinen, wobei zur noth der stoff geblieben, zuschnitt und färbung aber verloren gegangen wäre, noch gar durch unerlaubte, fremde zuthaten, die mit nichts zu beschönigen sind und denen der unerforschliche gedanke des ganzen, aus dem jene bruchstücke übrig waren, nothwendig fremd sein muste.[578]

Anders herum machte man es sich dagegen etwas leichter. Erkannten die Brüder Bearbeitungen durch andere Autoren in den zugrundeliegenden Quellen, wie im Fall der Sagenedition von Wysz, so wurden diese »unserm sinn gemäsz aus der einkleidung wieder in die nackende wahrheit« umgewandelt und »trefflicher einfacher poesie, die keines behelfs bedarf«,[579] wieder zur Geltung verholfen.

Gedacht waren auch die *Deutschen Sagen* nicht als durchgängig zu lesendes Buch, sondern als Nachschlagewerk. Die einzelnen Sagen waren daher nicht miteinander in einen Sinnzusammenhang gestellt, die Reihenfolge nicht zwingend. Dabei blieb dem Leser überlassen, »die blosze ergänzung einer und

---

sich auf S. 127 ff.; hierzu auch GUNHILD GINSCHEL, Der junge Jacob Grimm (1967), S. 212 ff.

576   Dies geschah 1815. Auch Wilem bekannte sich aber weiter dazu, bei einer Bearbeitung nur die »halb unbewußte« Veränderung zulassen zu wollen, ein »natürliches Fortbilden«, bei dem »der Geist des Volkes in dem Einzelnen waltet«, KHM, Bd. 1, 2. Aufl. (1819), S. XVIII.

577   JACOB GRIMM, Der Traum von dem Schatz auf der Brücke (1860), Kl. Schr. 3, S. 428.

578   JACOB GRIMM, Vorrede zu den Deutschen Sagen, Erster Theil (1816), Kl. Schr. 8, S. 14.

579   Ebd., S. 17.

derselben sage aus mehreren erzählungen, das heiszt, die beseitigung aller nichts bedeutenden abweichungen« mit Hilfe von »einem ziemlich untrüglichen critischen gefühl, das sich von selbst einfindet«,[580] vorzunehmen.

Die Sagen zeitlich einzuordnen stellte sich nach Grimm äußerst schwierig dar, da »sie sich unaufhörlich wiedergebären«.[581] Eine historische Darstellung im heutigen Sinne war daher auch bei den Sagen nicht zu erwarten. Für die Beurteilung des deutschen Volksgeistes ergaben sich hieraus durchaus interessante Perspektiven. Da die Sagen sich stets erneuerten und damit lebendiger Teil der Volkskultur waren, vereinten sie Vergangenheit und Gegenwart und konnten somit Rückschlüsse auf gleichbleibende Grundprinzipien geben. Der Sage kam für Grimm darüber hinaus durch ihren Ursprung außerhalb der menschlichen Erfindung eine besondere Bedeutung zu:

> aller sage grund ist nun mythus, d. h. götterglaube, wie er von volk zu volk in unendlicher abstufung wurzelt: ein viel allgemeineres, unstäteres element als das historische, aber an umfang gewinnend, was ihm an festigkeit abgeht [...] während die geschichte durch thaten der menschen hervorgebracht wird, schwebt über ihnen die sage als ein schein, der dazwischen glänzt, als ein duft, der sich an sie setzt.[582]

Die Sage übernahm die Funktion, Splitter der historischen Geschehnisse aufzunehmen und über die Zeiten hindurch zu retten. Sie war kein bewusstes Menschenerzeugnis, »denn zubereitet nennen dürfen wir nicht, was durch einen stillthätige, unbewust wirksame kraft umgesetzt und verändert wurde.«[583] Der Volksgeist war Schöpfer der Sage.

Die Sage hatte für Grimm als Teil der epischen Poesie zudem die Eigenschaft, »dasz sie sich in urdeutschen geschlechtsfolgen am liebsten zeigt, hingegen auszugehen und zu verkommen pflegt da, wo unterbrechungen und vermischungen mit fremden völkern, selbst mit andern deutschen stämmen vorgegangen sind.« Den Grund dafür sah er in dem Umstand, dass »die wurzeln [...] in das ungewohnte erdreich nicht gerne ein[greifen], ihren keimen und blättern schlägt die fremde luft nimmer an.«[584] Die Sagen waren für Grimm urdeutsches Kulturgut. Kennzeichen der Echtheit einer Sage war eine »gewisse [...] mangelhaftigkeit [...] weil das gefühl einem sagt, dasz die lüge alles vervollständigen und ausspinnen möchte.«[585]

---

580 Ebd., S. 14.
581 Ebd., S. 15.
582 Jacob Grimm, Vorrede zur Deutschen Mythologie (1835), Kl. Schr. 8, S. 148.
583 Ebd., S. 148 f.; in diesem Sinne auch bereits ders., Rez. Danske folkesagn von J. M. Thiele (1818), Kl. Schr. 6, S. 293.
584 Jacob Grimm, Vorrede zu den Deutschen Sagen, Zweiter Theil (1818), Kl. Schr. 8, S. 22.
585 Jacob Grimm, Vorrede zur Deutschen Grammatik (1819), Kl. Schr. 8, S. 29.

Die Sagen waren ein Beispiel der von Grimm so hoch geschätzten Volkspoesie, denn »so treu, so rein, so unschuldig werden sie behalten, allein um ihrer
selbst willen, ein gemeinsames, theures gut gebend, dessen ein jedweder theil
habe«.[586] Der innere Kern der Sage sei über alle Stammesgrenzen hinweg stets
der gleiche geblieben und habe »den unverderblichen inhalt« niemals aufge-
geben.[587] Die Sagen dichteten sich selbst und lebten fort im Schoß des ungebildeten Volkes.[588]

Daher kam den Sagen für Grimm noch ein weiterer Vorteil zu. Sie waren
noch unverdorben von Einflüssen Einzelner, ein wahres »Volksprodukt«.
»Treue«, so führte Grimm aus, »ist in den sagen zu finden, fast unbezweifelbare,
weil die sage sich selber ausspricht und verbreitet, und die einfachheit der zeiten
und menschen, unter denen sie erhallt, wie aller erfindung an sich fremd, auch
keiner bedarf.«[589] Aufgrund dieser Treue konnte die Sage dazu beitragen,
dunkle Zustände der Geschichte zu erhellen, denn »wo ferne ereignisse verloren
gegangen wären im dunkel der zeit, da bindet sich die sage mit ihnen und weisz
einen theil davon zu hegen«.[590] In der Sage verschmolzen für Grimm historische, irdische Wahrheiten mit der göttlichen Wahrheit.[591] Die Sage stand für
ihn in unmittelbarer Tradition zur Mythologie, die »letztlich in göttlicher
Selbstoffenbarung« begründet war.[592]

Wie eine Sammlung von Sagen daher zu erfolgen habe, beschrieb Grimm
bereits 1813 anlässlich der Rezension von Büschings Volkssagen:

> Nach rec. ist bei dergleichen unternehmungen, die allerdings an der zeit sind und
> in ihrer idee keinen tadel, sondern allgemeine unterstützung verdienen, an
> zweierlei gelegen: 1) vor allen dingen sind mündlichlebende volkssagen getreu
> und umständlich zu sammeln, theils weil sie jetzo schneller in vergessenheit
> aufgehen, theils frühere schriftliche aufzeichnungen meistens an werth über-
> treffen, wir meinen an detail, überhaupt an innerer vortrefflichkeit. 2) schon
> gedruckte traditionen sollten nicht aus neueren geschätzten büchern, sondern aus
> älteren oder ausländischen seltnen geschöpft und zusammengestellt, diese aber
> auch so vollständig genutzt und ausgezogen werden, dasz niemand nöthig hätte,
> sich solche noch auszerdem anzuschaffen.[593]

---

586   Jacob Grimm, Gedanken wie sich die Sagen zur Poesie und Geschichte verhalten
      (1808), Kl. Schr. 1, S. 400.
587   Ebd., S. 402.
588   Ebd., S. 401.
589   Ebd., S. 401.
590   Jacob Grimm, Vorrede zur Deutschen Mythologie (1835), Kl. Schr. 8, S. 148.
591   Klaus Ziegler, Die weltanschaulichen Grundlagen der Wissenschaft Jacob
      Grimms, in: Euphorion 46 (1952), S. 242.
592   Gunhild Ginschel, Historisches und Romantisches bei Jacob Grimm, in:
      Werner Bahner u. a. (Hrsg.), Jacob und Wilhelm Grimm als Sprachwissen-
      schaftler (1985), S. 113.
593   Jacob Grimm, Rez. Volkssagen von Büsching (1813), Kl. Schr. 6, S. 130.

Auch für die Sagen kam es Grimm darauf an, möglichst alte und vermeintlich unverfälschte Quellen zu sammeln, um der ursprünglichen Form möglichst nahe zu kommen. Besondere Bedeutung hatte wieder die mündliche Überlieferung der Sagen, die ihrem Ursprung aus dem Volksgeist entsprach.

4. Die Edition der Quellen

In diesem Sinne gestaltete Grimm auch seine Quelleneditionen. Er wollte zum besseren Verständnis des deutschen Altertums beitragen und diesem wieder einen eigenen Platz in der Forschung sichern. Missverständnisse und Fehlinterpretationen der Vergangenheit ließen sich, so Grimm, dadurch vermeiden, »dasz man die verschütteten quellen, in den felsen aber unverdorben erhaltenen, aufsuche und öffne.«[594] Er versuchte zu erreichen, »dasz die schlafende schrift wieder erweckt, die süsze lehre, die beschattet war, wieder aufgedeckt werde.«[595]

Schon aus dem oben Geschilderten ist erkennbar geworden, dass Grimm bemüht war, möglichst alte und unverfälschte Quellen zusammenzustellen. Dies bestimmte auch seine Einstellung hinsichtlich einer Aufarbeitung der Quellen für seine Sammlungen. Diese Art der Bearbeitung (oder Nichtbearbeitung) wurde nicht immer positiv aufgenommen. Selbst Grimms Freund Clemens Brentano äußerte sich über die erste Ausgabe der *Kinder- und Hausmärchen* durchaus kritisch:

> das Ganze macht mir weniger Freude, als ich gedacht. Ich finde die Erzählung aus Treue äußerst liederlich und versudelt und in manchen dadurch sehr langweilig [...] dergleichen Treue, wie hier in den Kindermärchen macht sich sehr lumpicht.[596]

Diese Treue zu den Quellen spielte auch bei der Sammlung der Sagen eine große Rolle[597] und kann als ein Leitmotiv von Grimms Editionspraxis angesehen werden. Dass Treue und Wahrhaftigkeit bei der Edition der Quellen für Grimm im Vordergrund standen, erklärt sich aus der Bedeutung der Volkspoesie für die Erkenntnis des Volksgeistes und dessen ursprünglichen Ausdruck im Leben der früheren Menschen sowie der Funktion der Volkspoesie als Verbindung des Volks zu seiner Vergangenheit. Jede eigenmächtige Veränderung war eine

594 Jacob Grimm, Vorrede zu: Altdeutsche Wälder, Kl. Schr. 8, S. 6.
595 Ebd., S. 6.
596 Zitiert nach Ludwig Denecke, Die Geltung der Brüder Grimm in 200 Jahren (1986), S. 13 f.
597 Vgl. dazu Jacob Grimm, Vorrede zu den Deutschen Sagen, Erster Theil (1816), Kl. Schr. 8, S. 12 f.

Gefahr für die organische Einheit von Volksgeist, Poesie, Geschichte und Leben.[598]

In Zusammenhang mit dem Projekt der *Monumenta Germaniae Historica* schilderte Grimm Büchler 1819 einige seiner persönlichen Ansichten bezüglich der Herausgabe von Quelleneditionen:

> Ich bin nicht für das Excerpieren, sondern für einen vollständigen Abdruck. Theils kommt es bei einem so großartigen Unternehmen nicht auf drei oder vier Bände mehr an, theils kann oder muß aus den historisch ungedruckten Stellen die Schreibart eines schwierigen Chronisten und seiner allgemeinen Ansicht der Welt beurteilt werden.[599]

Aufschlussreich für die Quellenmethode Grimms war insbesondere seine Schilderung einer Romreise aus dem Jahr 1844. Hier beschrieb Grimm den besonderen Reiz der historischen Stätten Roms, wo ihm »die halb zertrümmerten bauten der alten Römer in ihrer unbeschreiblichen stillen grösze entgegenschauten, tempel, columne, bogen, colosseum, alles noch an natürlicher stätte haftend und sich selbst das volle masz gebend.«[600] Diese Ruinen waren für Grimm deutlich besser geeignet, die Vergangenheit erfahrbar zu machen, als Museen und Ausstellungen, die Artefakte aus ihrer usprünglichen Umgebung entrissen und in einen künstlichen Zusammenhang brächten.[601] Genau dies spiegelte sich in seinen Sammlungen wieder. Die Quellen blieben in ihrer ursprünglichen Form bestehen, auch wenn sie nur noch bruchstückhaft vorhanden waren. Erläuterungen oder umfassendere Systematisierung trugen für Grimm nicht zum Verständnis bei, sondern verfälschten die Quellenerfahrung. Die Quellen sollten (und konnten) für sich selbst sprechen. Seinen Lesern verlangte Grimm daher die Fähigkeit ab, zu hören, was die Quellen selbst zu sagen hatten:

> meinen untersuchungen sollte man den ernst und die lust ansehen, aus der sie entsprungen sind, ich dachte nicht daran, den lesern den weg leichter zu machen als er mir geworden ist; ich habe überhaupt nur in mir den trieb zu lernen, nicht den zu lehren [...][602]

Neben festen Kritierien, die Rückschlüsse auf das Alter der Quellen erlaubten, vertraute Jacob Grimm auf ein »selten trügendes critisches gefühl«, um »den

---

598 Helmut Jendreiek, Hegel und Jacob Grimm (1975), S. 170.

599 Jacob Grimm an Lambert Büchler vom 8.9.1819, in: Dieter Pötschke, Jacob Grimm als Historiker, in: BGG 10 (1993), S. 90.

600 Jacob Grimm, Italienische und Scandinavische eindrücke (1844), Kl. Schr. 1, S. 73.

601 Vgl. ebd., S. 72 f.

602 Brief Jacob Grimms an Adophe Régnier vom 25. Mai 1853, in: Jürgen Storost, Zur Grimm-Rezeption im Frankreich des 19. Jahrhunderts, in: BGG 9 (1990), S. 126.

echten geist dieser literatur« zu erkennen.[603] Diese Treue zu den Quellen hat Grimms Bearbeitung stark beeinflusst.

a)   *Übersetzung und sprachliche Bearbeitung*

> *und das ist eine gute weise, wie man die denkmäler der vorzeit ehren soll durch unverrückte festhaltung ihrer gestalt und erklärung ihrer dunkelheiten, nicht durch unwürdiges abändern und erneuern.*[604]

Da die meisten der zusammengestellten Quellen ein hohes Alter aufwiesen sowie teilweise in anderen Sprachen verfasst waren, stellte sich für Grimm zunächst die Frage, ob im Interesse der besseren Nutzbarkeit der Editionen eine Übersetzung für den Leser zu erfolgen hatte. Hierzu existierten zahlreiche verschiedene Ansätze unter Quelleneditoren. Die sog. »Übersetzungsfrage« bildete den Kernpunkt einer zähen Auseinandersetzung unter den Angehörigen der »Heidelberger Romantik« um die Editionsprinzipien alter Literatur. Ausgelöst wurde diese Kontroverse durch Wilhelm Grimms Übersetzung »Altdänische Heldenlieder, Balladen und Märchen«.[605] Jacob Grimm konnte die Übersetzungsarbeit seines Bruders nicht billigen. Dies äußerte er auch gegenüber dem gemeinsamen Freund Savigny.[606] Jacob lehnte alle Versuche ab, alte Texte durch Übersetzung oder Bearbeitung für die Gegenwart aufzubereiten.[607] Dies entsprach seiner Überzeugung vom besonderen Wert der Naturpoesie.[608] Er betonte, dass er jede »Bearbeitung eines Gedichts für eine Verletzung, also für schlecht und namentlich jede Übersetzung für unrecht, also ein Übel halte.«[609] Diese Auffassung bezog sich nicht nur auf Gedichte, sondern auf alle Formen der Volkspoesie.[610]

---

603   Jacob Grimm, Rez. Buch der Liebe (1812), Kl. Schr. 6, S. 85.
604   Jacob Grimm, Vorrede zur Deutschen Grammatik (1819), Kl. Schr. 8, S. 36.
605   Vgl. hierzu Gundhild Ginschel, Der junge Jacob Grimm (1967), S. 70 ff.; Berthold Friemel, Zu Jacob Grimms »Silva de romances viejos«, in: BGG 9 (1990), S. 56 ff.
606   Brief Jacob Grimm an Savigny vom 20.05.1811, in: Ingeborg Schnack/ Wilhelm Schoof (Hrsg.), Briefe der Brüder Grimm an Savigny (1953), S. 105; vgl. dazu auch die Darstellung bei Gunhild Ginschel, Der junge Jacob Grimm (1967), S. 88 f.
607   Vgl. dazu Gunhild Ginschel, Der junge Jacob Grimm (1967), S. 86 f.
608   Vgl. hierzu oben, B. III. 2.
609   Brief Jacob Grimm an Savigny vom 20.05.1811, in: Ingeborg Schnack/ Wilhelm Schoof (Hrsg.), Briefe der Brüder Grimm an Savigny (1953), S. 101.
610   Gunhild Ginschel, Der junge Jacob Grimm (1967), S. 87.

Die Frage nach der Möglichkeit einer Übersetzung der Quellen ins (Hoch-) Deutsche war eng verknüpft mit der Volksgeistvorstellung Grimms. Der besondere Wert der Volkspoesie bestand gerade in ihrer unverfälschten Form. Eine Übersetzung konnte dies zerstören.

Grimm unterschied nur graduell zwischen Übersetzung von ausländischen Texten und der Bearbeitung alter mittelhochdeutscher Quellen.[611] Beiden Varianten konnte er nicht viel abgewinnen. Schon in der *Deutschen Grammatik* 1819 nahm er daher ausdrücklich zu diesem Problemfeld Stellung:

> dasz man hingegen jedwede vortrefflichkeit einer anderen europäischen nation, deren werke gelehrte und gebildete im urtext zu lesen pflegen, noch dazu deutsch machen und ihre form auf das steifste nachzubilden sucht, das eben scheint mir tadelhaft und für den ächten deutschen ton, nach dem viele schon vergebens suchen, grundverderblich; als müste unsere literatur alles in sich verzehren und der Deutsche das wissenswürdige des auslands nach bequemer zurichtung im eignen hause treffen. fremde werke bleiben gleichwol von der deutschen bearbeitung unabhängig fortbestehen; denkmäler unserer vorzeit hingegen, weil sie uns näher sind und die verstimmung zwischen verwandten tönen schreiender ist, als zwischen solchen, die weit auseinander liegen, empfinden es desto schlimmer, wenn man sie zwingt, die farbe der heutigen welt aufzustecken.[612]

Die »edelsten« Werke der Vorzeit lägen bereits so fein und vollkommen vor, dass eine »Verbesserung« in der Gegenwart nicht möglich sei. Für Grimm ging die Besonderheit des Inhalts mit Änderung der Form sofort verloren. Savigny versuchte er dies schon 1811 verständlich zu machen:

> Gesetzt, es fände jemand den fehlenden Teil des Ulpian's u. gäbe ihn aus einer fixen, gutgemeinten Idee bloß in einer deutschen Übersetzung heraus, so würde Ihnen auch so das Buch lieb und reizend sein, aber das Ärgerliche würde Ihnen dabei härter auffallen u. bitteren Tadel verdienen.[613]

Deutlich zeigte sich Grimms Abneigung gegen allzu wissenschaftliche Behandlung der Quellen, »denn sie [die Geschichte] zeigt uns, dasz jederzeit die wahrheit denen erschienen ist, welche auf die spur der natur, fern von menschlicher schulweisheit getreten sind.«[614]

Obwohl Grimm sich so deutlich gegen Übersetzungen aussprach, unternahm er selbst Übertragungen aus anderen Sprachen. So übersetze er den »Roman du renard« aus dem Altfranzösischen ins Deutsche.[615] Dort bemühte er sich allerdings, dem ursprünglichen Stil so nahe wie möglich zu kommen. Er fragte daher

---

611 Ebd., S. 91.
612 JACOB GRIMM, Vorrede zur Deutschen Grammatik (1819), Kl. Schr. 8, S. 28 f.
613 JACOB GRIMM an Savigny im Sommer 1811, in: INGEBORG SCHNACK / WILHELM SCHOOF (Hrsg.), Briefe der Brüder Grimm an Savigny (1953), S. 115.
614 JACOB GRIMM, Vorrede zur Deutschen Grammatik (1819), Kl. Schr. 8, S. 29.
615 Vgl. JACOB GRIMM, Reinhart Fuchs (1812), Kl. Schr. 4, Übersetzung ab S. 56.

auch Friedrich Schlegel um Rat, »ob diese Prosa etwas zusammengezogner oder alterthümlicher lauten muss«.[616] Letzteres erschien Grimm jedoch nicht so einfach durchführbar, »weil man heut zu Tag zu vielerlei Stil durcheinander hört und liest, wenn ein Mann vor zwei oder dreihundert Jahren verstorben wieder aufstünde und die leichte Mühe übernähme, so wäre uns auf einmal geholfen.«[617] Dass dieser Stil sich auf andere Weise würde wiederbeleben lassen, daran glaubte Grimm nicht.

Relativierend äußerte sich Grimm gegenüber Hoffmann von Fallersleben. Dieser übersetzte für eine Sammlung holländischer Volkslieder. Von Fallerslebens Übersetzung lobte Grimm ausdrücklich, bekannte dann aber, »nur bin ich eigentlich des Glaubens, daß Volkslieder unübersetzlich sind.«[618] Später fügte er jedoch hinzu: »ich bin auch nicht so gesinnt, daß ich alle übersetzungen verwürfe; manchmal haben sie einen rechten subjectiven Nutzen.«[619]

Bereits in der Vorrede zur *Deutschen Grammatik* 1819 fanden sich auch mildere Töne:

> wo es also in der sache noth thut, da ist auch die übersetzung ein begeistertes werk und was für das ganz volk gehört, musz in der muttersprache zu ihm reden. (*zu einer idealisch treuen übersetzung würde erforderlich sein, dasz unsere sprache, mit der wir übersetzen wollen, der fremden, woraus wir übersetzen wollen, das gleichgewicht halte, nicht blosz in der form, sondern auch in der geistigen entwicklung. das trifft jedoch practisch niemals zusammen, je mehr annäherungen aber dazu vorhanden sind, desto besser kann die übertragung gerathen; z.b. eine deutsche von Shakespeare viel eher als eine französische. zugleich folgt hieraus, dasz sich ein altes epos, sei es ein noch so kleines volkslied, gar nicht übersetzen lasse. denn weil man nur in einer gebildeten zeit übersetzt, so ist der abstand zwischen ihr und der natürlichen zeit, worin diese dichtungen entstanden und lebten, zu bedeutend und die beiderseitigen mittel liegen einander zu fern, als dasz das werk gelingen könnte [...]).[620]

Auch in seiner Vorrede zu Felix Liebrechts »Der Pentamerone« von 1846, einer Übertragung eines neapolitianischen Märchens ins Deutsche, billigte Grimm Übersetzungen:

> Man darf zweierlei übersetzungen unterschieden, solche, die ihr orginal erhöhen und überbieten [...] oder die auf verschiedenartigster stufe des abstands ihm blosz nachtreten wollen. jene sind offenbarer gewinn, aber auch diese, selbst wenn sie

616 Jacob Grimm an Friedrich Schlegel am 24.03.1812, in: Albert Leitzmann (Hrsg.), Briefe der Brüder Grimm (1923), S. 124.

617 Ebd., S. 124.

618 Jacob Grimm an Hoffmann von Fallersleben vom 05.03.1819, in: Jacob Grimm's Briefe an Hoffmann von Fallersleben 1818–1852 (1866), S. 6.

619 Jacob Grimm an Hoffmann von Fallersleben vom 10.08.1820, in: ebd., S. 8.

620 Jacob Grimm, Vorrede zur Deutschen Grammatik (1819), Kl. Schr. 8, S. 28.

nur den eindruck eines von der linken seite angesehenen gewirkes hervorbringen, können allen, welchen die rechte vorenthalten bleibt, groszen dienst erzeigen.[621]

Grimms Verhältnis zu Übersetzungen blieb ambivalent. In gewissem Rahmen befürwortete er aus wissenschaftlichen Gründen die Übertragung, insbesondere aus »fern abgelegenen« Sprachen, verurteilte aber stets sog. »treue« Übersetzungen, die versuchten, ein genauer Spiegel ihres Originals zu sein.[622]

Noch strenger als mit Übersetzungen ging Jacob dagegen mit der sprachlichen Aufarbeitung alter deutscher Texte ins Gericht. Modernisierung alter Texte, um sie für ein zeitgenössisches Publikum leichter lesbar zu machen, lehnte er strikt ab. Auch wenn Grimm seine rigorose Haltung später etwas abmilderte,[623] blieb er im Grunde ein strikter Gegner jedweder Textaufarbeitung, zumindest in der Theorie. Besonders anschaulich wurde diese Position im Konflikt mit Friedrich Heinrich von der Hagen,[624] der 1807 das Nibelungenlied modernisiert und mit Anmerkungen versehen herausgab. Hier trafen Welten aufeinander. Bereits nach der Vorankündigung der Neuausgabe des Nibelungenliedes durch von der Hagen 1805 bemerkte Grimm im *Literarischen Anzeiger*:

> hernach aber, daß, wenn es auch dem richtigen gefühl des dichters gelungen wäre, sich durch alle schwierigkeiten hindurch zu arbeiten, immer noch gefragt werden kann, was ist damit gewonnen? das original übertroffen zu haben, wird er sich ohnehin nicht einbilden, und am ende hätte er nur denen, die zu träg waren, das original zu lesen, einige mühe erspart.[625]

Dies war ein Zweck, der in Grimms Augen keine Gnade finden konnte. Auch Wilhelm Grimm äußerte sich in ausdrücklicher Anlehnung an seinen Bruder, und ebenfalls für diesen sprechend, sehr ablehnend gegenüber dem nun fertiggestellten Werk von der Hagens.[626]

Im Briefwechsel mit Achim von Arnim lässt sich ein ähnlicher Konflikt anschaulich nachverfolgen. Die Freundschaft zwischen Arnim und Grimm

---

621 Jacob Grimm, Vorrede zu: Felix Liebrecht, Der Pentamerone (1846), Kl. Schr. 8, S. 191.

622 Vgl. dazu Gunhild Ginschel, Der junge Jacob Grimm (1967), S. 153 ff., hier 162 ff. So schätzte Grimm Herders Cid als »untreue« Übersetzung hoch ein, da dieser »das Ganze in sich ganz umgedichtet und deutscher gemacht hat«, Jacob Grimm an Savigny im Sommer 1811, in: Ingeborg Schnack / Wilhelm Schoof (Hrsg.), Briefe der Brüder Grimm an Savigny (1953), S. 117.

623 Otfried Ehrismann, Das Nibelungenlied in Deutschland (1975), S. 82.

624 Zu von der Hagen: Eckhard Grunewald, Friedrich Heinrich von der Hagen (1988).

625 Jacob Grimm, Kl. Schr. 4, S. 6 f.; vgl. zu den ansonsten sehr positiven Reaktionen auf die Vorankündigung auch Eckhard Grunewald, Friedrich Heinrich von der Hagen (1988), S. 44 f.

626 Vgl. dazu und zu von der Hagens Reaktion auf die Kritik: Eckhard Grunewald, Friedrich Heinrich von der Hagen (1988), S. 56 f.

verhinderte jedoch eine ähnlich starke Eskalation wie gegenüber dem Grimm von jeher unsympathischen und auch inhaltlich stets konkurrierenden von der Hagen.[627] Dennoch kritisierte Grimm deutlich Arnims Neubearbeitung alter Stoffe. Grimm bekannte, dass er »einen ungemessenen Respect vor der Unerfindung und Unerfindlichkeit der Sagen« habe und ihm durch seine genaue Kenntnis vieler Sagen »jede Abweichung und Vermischung unerlaubt« erscheine. Er führte weiter aus: »Daher gefallen mir die alten Fabeln und Märchen nirgends besser, als wie sie sich in ihrer eigenen Wunderbarkeit selbst schlicht erzählen.«[628] Bereits zuvor hatte sich Grimm daher kritisch zur Bearbeitung einer Sage durch Arnim in seinem Drama »Halle und Jerusalem«[629] geäußert. Arnim hatte sich hier entschieden, die mythologische Figur des »Ewigen Juden« von der Last seiner ewigen Wanderschaft zu befreien. Dies missfiel Grimm, und er warf seinem Freund vor:

> In Halle und Jerusalem halte ich das Ganze recht hoch, wie ich es auch muß, und es ist meine Sache, daß ich viel Einzelnes nicht so haben möchte. Dazu gehört aber, gerade heraus, der ewige Jude, der mir im ganzen Buch unlieb und störend ist, auch hat es meinen großen Respect vor Sage und Legende angestoßen, daß Du diesen Mythus zu einem unwahren Ende und ihn zur Ruhe gebracht hast; ich glaube, daß es Grenzen gibt über die Veränderung der Sage, selbst für Dramatiker, die Du mir hier überschritten hast, ich stelle mir immer noch den Juden über Berg und Thal trappelnd vor, Du hattest kein Recht, den Urtheilsspruch der ewigen Sage zu mildern.[630]

Gewisse Bearbeitungen ließ auch Grimm zu, »das gegebene factische« hatte der Dichter aber unverändert zu lassen.[631] Wichtig war ihm auch hier die »Treue« zu den Quellen, die freilich, so gab auch Grimm zu, nicht vollkommen zu erreichen war:

---

627 Vgl. zum Wettlauf um die nordischen Quellen mit von der Hagen: ECKHARD GRUNEWALD, Friedrich Heinrich von der Hagen (1988), S. 245 ff.; zum Konflikt der Gelehrten auch LOTHAR BLUHM, *compilierende oberflächlichkeit gegen genrezensirende Vornehmheit*, in: DERS./ACHIM HÖLTER (Hrsg.) Romantik und Volksliteratur (1999), S. 49 ff.; zum Rezensionskrieg zwischen von der Hagen und den Grimms S. 64 ff.

628 JACOB GRIMM an Achim von Arnim vom 6.5.1812, in: REINHOLD STEIG/HERMAN GRIMM (Hrsg.), Achim von Arnim und die ihm nahe standen, Bd. 3 (1904), S. 192.

629 ACHIM VON ARNIM, Halle und Jerusalem. Studentenspiel und Pilgerabentheuer (1811).

630 JACOB GRIMM an Achim von Arnim vom 22.01.1811, in: REINHOLD STEIG/HERMAN GRIMM (Hrsg), Achim von Arnim und die ihm nahe standen, Bd. 3 (1904), S. 99; vgl. dazu auch MARCO PUSCHNER, Antisemitismus im Kontext der Politischen Romantik (2008), S. 355 f.

631 JACOB GRIMM an Achim von Arnim vom 1.12.1819, in: REINHOLD STEIG/HERMAN GRIMM (Hrsg.), Achim von Arnim und die ihm nahe standen, Bd. 3 (1904), S. 457.

Wir kommen hier auf die Treue. Eine mathematische ist vollends unmöglich und selbst in der wahrsten, strengsten Geschichte nicht vorhanden; allein das thut nichts, denn das Treue etwas wahres ist, kein Schein, das fühlen wir und darum steht ihr auch Untreue wirklich entgegen. Du kannst nichts vollkommen angemessen erzählen, so wenig Du ein Ei ausschlagen kannst, ohne daß nicht Eierweiß an den Schalen kleben bliebe; das ist die Folge alles menschlichen und die Façon, die immer anders wird. Die rechte Treue wäre mir nach diesem Bild, daß ich den Dotter nicht zerbräche.[632]

Dieser Überzeugung folgend versuchte Grimm auf Bearbeitung der Quellen grundsätzlich zu verzichten. So berichtete er bereits 1812 über sein Vorgehen bei der Sammlung der Märchen an Achim von Arnim: »durch jedes Suchen nach gefälligerem Ausdruck hätten wir der Treue geschadet und den Inhalt selbst verletzt und gestört, es mußte also ganz einfach fortgeschrieben werden.«[633] Davon, dass diese Darstellungen der »unberührten« Quellen für die Erkenntnis der deutschen Eigenart und Geschichte von ganz besonderem Wert war, war Grimm Zeit seines Lebens überzeugt:

es scheinen daher treue historische und mythische zusammenstellungen, die sich von selbst darbieten, bei weitem höher und ausreichender, als alle reflecionen der ästhetiker zu sein und eine geschichte der poesie, die (gleich der naturgeschichte) ihre resultat nur in sich selber trägt, nicht auszenher einträgt, musz sich zu jenen verhalten, wie die ganz verschiedne wirkung, welche das lesen der bibel, Herodots und Snorros und das der werke unserer folgenspürenden historiker hervorbringt.[634]

Dies bedeutete jedoch nicht, dass Grimm alles so wiedergab, wie er es auffand. Vielmehr bemühte er sich nach eigenem Bekunden darum, die »ursprüngliche gestalt« der Denkmäler wiederherzustellen, denn »es würde uns wenig damit geholfen sein, irgend ein altes gedicht in dem zustande zu finden, der es etwa für das siebzehnte jahrhundert hätte allgemein lesbar machen sollen.«[635] Bearbeitung der Quellen bedeutete somit nicht nur, den Urzustand zu bewahren, sondern gleichfalls, später erfolgte Bearbeitungen zu erkennen und diese wieder rückgängig zu machen, um die Urquelle wieder sichtbar werden zu lassen.

Rückführung in einen alten Zustand war demnach erlaubt, Erneuerung jedoch nicht. Zahlreiche Rezensionen aus der Hand Grimms bezeugten seine tiefe Abneigung gegen jede Art der Modernisierung. »Poesieverderber«, die an alten Werken »schnitzelten«, hatten von Grimm kein gutes Wort zu erwarten.[636]

---

632 Jacob Grimm an Achim von Arnim vom 31.12.1812, in: ebd., Bd. 3, S. 255.
633 Jacob Grimm an Achim von Arnim vom 31.12.1812 in Bezug auf die KHM, in: ebd., Bd. 3, S. 253.
634 Jacob Grimm, Vorrede zu: Altdeutsche Wälder (1813), Kl. Schr. 8, S. 7.
635 Jacob Grimm, Vorrede zur Deutschen Grammatik (1819), Kl. Schr. 8, S. 27.
636 Vgl. bspw. Jacob Grimm, Rez. Das Lied der Nibelungen von Joseph von Hinsberg (1816), Kl. Schr. 6, S. 200 f.

Mit zunehmendem Alter stimmte Grimm jedoch mildere Töne hinsichtlich der »treuen« Darstellung der Quellen an. 1836 gestand er gegenüber Karl Simrock:

> Früher habe ich oft geglaubt, daß sich diese Dinge gar nicht wieder neu dichten ließen, und durch die lange Beschäftigung mit der alten Form wird man dahin gebracht, jeden Verstoß wider sie allzu zärtlich zu empfinden. Ich erkenne aber daß sich auch in der neuen Behandlung etwas Eigenthümlich schönes erreichen läßt, und in dieser Stimmung ist mir dann gerade umgedreht des Modernen und Heutigen nicht genug dabei.[637]

1839 bekannte Grimm gegenüber Bluntschli: »Auch bin ich bei den denkmälern dieser spätern zeit für auflösung der abkürzungen und eine gewisse mäßige reinigung der schreibung.«[638]

1840 sprach sich Grimm für eine Berichtigung »der schlechten schreibung des drucks« aus: »was liegt uns daran, die fahrlässigkeit oder unkunde eines schreibers und setzers jener zeit festzuhalten.«[639]

1856 äußerte Grimm sich in einem Brief an Rudolf Hildebrand daher deutlich kritisch gegenüber dessen »conservativer« Einstellung bei der Textbearbeitung:

> welches unrecht würde einem denkmal des 16. jh. zugefügt damit, dasz wir sein hertz und banck in herz und bank bessern? nicht das geringste, aber wir müsten um ihm volle treue zu halten, auch schlechtes papier wählen und lettern schneiden lassen, die denen jener zeit vollkommen glichen.[640]

Dabei empfand Grimm insbesondere bei Texten des 16. und 17. Jahrhunderts ein Bedürfnis, die dort bereits schon vorhandenen verfälschenden Einflüsse der jeweiligen Schreiber zu korrigieren. Dort sah er sich verpflichtet, »jeden fehler, der nicht eine grammatische unterlage hat, blosz auf dem verstosz und der übeln angewöhnung des schreibers beruht«, zu verbessern.[641]

637 Jacob Grimm an Karl Simrock vom 20.03.1836, in: Albert Leitzmann (Hrsg.), Briefe der Brüder Grimm (1923), S. 129 f.

638 Jacob Grimm an Bluntschli vom 17.01.1839 in: Wilhelm Oechsli (Hrsg.), Briefwechsel Johann Kaspar Bluntschlis mit Savigny, Niebuhr, Leopold Ranke, Jakob Grimm und Ferdinand Meyer (1915), S. 129.

639 Jacob Grimm, Volkslied auf Friedrich von der Pfalz (1840), Kl. Schr. 7, S. 23.

640 Brief Jacob Grimm an Rudolf Hildebrand vom 25. März 1856, in: Alan Kirkness (Hrsg.), Briefwechsel der Brüder Grimm mit Hildebrand, Lexer und Weigand (2010), S. 41.

641 Jacob Grimm, Θ ist hv (1856), Kl. Schr. 7, S. 403. Ähnlich äußerte sich Grimm auch gegenüber Karl Goedeke, wo er ausführte: »unsere beharrliche versessenheit in allen sprach- und schreibsünden hängt mit der in unserm öffentlichen leben genau zusammen. wir sind ein pedantisches volk, und freilich auch mit den guten eigenschaften gesegnet, die daran kleben«, Jacob Grimm an Karl Goedeke vom 21.12.1855, in: Johannes Bolte (Hrsg.), Briefwechsel zwischen Jacob Grimm und Karl Goedeke (1927), S. 80.

Dieser freiere Umgang mit den Quellen bezog sich nur auf die Verbesserung von sprachlichen Fehlern. Eine Modernisierung der Texte darüber hinaus oder gar eine inhaltliche Veränderung lehnte Grimm weiterhin ab und hielt an der »Treue« zu den Quellen fest. Dies war darauf zurückzuführen, dass die Form eines Textes zusammen mit dessen Gedanken einen einheitlichen Organismus formte, eine »unauflösliche Einheit«.[642]

b) Im Vergleich: Die Methode Wilhelm Grimms

Obwohl Wilhelm und Jacob Grimm sowohl privat als auch beruflich ein sehr enges Verhältnis pflegten,[643] waren sie sich über die richtige Herangehensweise an ihre gemeinsamen Projekte nicht immer einig. Ludwig Denecke beschrieb beider Verhältnis als

> brüderliches Geltenlassen, ja eine neidlose Anerkennung der stärkeren Energie, der größeren Vielseitigkeit, der höheren Arbeitsleistung des Bruders [Jacob] – bei gleichzeitiger stiller aber nachhaltiger Wahrung der eigenen Art und des eigenen Wirkens.[644]

Unterschiedliche Gewichtung zeigte sich bereits in den jeweiligen Forschungsschwerpunkten: Jacob eher »archäologisch« »sammelnd«, Wilhelm mehr literarisch fokussiert. Auch ihre Arbeitsmethode war nicht gleich. Dies zeigte sich deutlich bei der Edition der Märchen, die anfangs von beiden Brüdern gleichzeitig betreut wurde. Jacob legte großen Wert darauf, dass die Aufzeichnung der Märchen »treu« war.[645] Dass Wilhelm nicht ganz so streng arbeitete, zeigte die

---

642 Vgl. dazu GUNHILD GINSCHEL, Der junge Jacob Grimm (1967), S. 101 f.

643 So schrieb Jacob Grimm während seiner Recherchereise mit Savigny nach Paris an seinen Bruder: »wir wollen uns einmal nie trennen, und gesetzt, man wollte einen anderswohin thun, so müßte der andere gleich aufsagen. Wir sind nun diese Gemeinschaft so gewohnt, daß mich schon das Vereinzeln zum Tode betrüben könnte.« Brief JACOB GRIMM an Wilhelm vom 12.07.1805, in: HERMAN GRIMM / GUSTAV HINRICHS (Hrsg.), Briefwechsel zwischen Jacob und Wilhelm Grimm aus der Jugendzeit (1881), S. 67. Jacob Grimm lehnte aus diesem Grund eine Anstellung an der Universität Zürich ab, die Bluntschli ihm persönlich angeboten hatte: »Wenn ich zehn jahre jünger wäre, und nicht unauflöslich mit meinem bruder verbunden, so dass wir keine getrennte stellung annehmen können noch wollen, so würde ich gern und auf der stelle einschlagen und Ihrer freundschaftlichen ladung folgen.« Brief von JACOB GRIMM an Bluntschli vom 5. März 1840, in: WILHELM OECHSLI (Hrsg.), Briefwechsel Johann Kaspar Bluntschlis mit Savigny, Niebuhr, Leopold Ranke, Jakob Grimm und Ferdinand Meyer (1915), S. 146.

644 LUDWIG DENECKE, Die Brüder Jacob und Wilhelm Grimm – zwei große Europäer, in: BGG 9 (1990), S. 7.

645 Vgl. hierzu schon den vorhergehenden Abschnitt.

Entwicklung, die die *Kinder- und Hausmärchen* nahmen, nachdem deren Bearbeitung allein in Wilhelms Hände gewandert war.[646] In der Vorrede führte er aus: »Fortwährend bin ich bemüht gewesen, Sprüche und eigentümliche Redensarten des Volks, auf die ich immer horche, einzutragen.«[647] Wilhelm versuchte damit, die Lesbarkeit der Märchen in der breiten Bevölkerung zu erhöhen und trug damit nicht unwesentlich zur enormen Popularität der Sammlung bei.[648] Jacob nahm zwar stilistische Veränderungen in den Märchen vor,[649] Wilhelm kam es jedoch auch auf die Lesbarkeit und die literarische »Schönheit« der gewonnen Texte an – ein Aspekt, der Jacob nicht wichtig war.[650]

Die unterschiedlichen Perspektiven der Brüder zeigten sich auch in den handschriftlichen Nachträgen zu den *Kinder- und Hausmärchen*. Während sich in Wilhelms Handexemplar Hinweise zur Textrevision und genauer Herkunft der Märchen fanden, machte sich Jacob überwiegend im Bereich der Anmerkungen weitergehende Notizen.[651]

646 Vgl. dazu auch RUTH SCHMIDT-WIEGAND, Der Bruder und der Freund (1988), S. 28 f., die die stilistischen Änderungen Wilhelm Grimms anhand des Märchens Rumpelstilzchen nachvollzieht. Zur stärkeren Einbindung gewalttätiger Szenen durch Wilhelm Grimm vgl. auch MARIA TATAR, The Hard Facts of the Grimms' Fairy Tales (1987), S. 5 f.

647 WILHELM GRIMM, Vorrede zu den KHM (1815), hrsg. von HEINZ RÖLLEKE, Bd. 1, S. 19; vgl. zur Einarbeitung von Sprichwörtern und Redensarten in die Märchen: LOTHAR BLUHM / HEINZ RÖLLEKE, »Redensarten des Volks, auf die ich immer horche« (1997).

648 Vgl. hierzu auch LOTHAR BLUHM / HEINZ RÖLLEKE, »Redensarten des Volks, auf die ich immer horche« (1997), S. 20 f.; Wilhelms Ziel war es, vor allem die Märchen einem »vorgestellten volkstümlichen Erzählton« anzunähern. Dies geschah durch die Aufnahme von wörtlicher Rede und Sprichwörtern, vgl. LOTHAR BLUHM, Grimm-Philologie (1995), S. 28 f. Zur sonstigen literarischen Bearbeitung der Märchen durch Wilhelm Grimm vgl. GABRIELE SEITZ, Die Brüder Grimm (1984), S. 59 f.

649 GUNHILD GINSCHEL, Der Märchenstil Jacob Grimms, in: Deutsches Jahrbuch für Volkskunde 9 (1963), S. 131–168. Bereits in der ersten noch von beiden Brüdern erarbeiteten Fassung wurde gezielt auf die Darstellung als anstößig empfundener sexueller Beziehungen verzichtet und das Thema der Schwangerschaft wenn möglich aus den Märchentexten verbannt; vgl. MARIA TATAR, The Hard Facts of the Grimms' Fairy Tales (1987), S. 7 ff.

650 Gerade die Lesbarkeit der Grimmschen Sammlungen wurde daher immer wieder kritisiert. Für die Rechtsaltertümer: ELSE EBEL, »Tausch ist edler als Kauf« (1975), S. 210; die Rechtsalterthümer wurden passend auch als »Steinbruch« beschrieben, so WERNER OGRIS, Jacob Grimm und die Rechtsgeschichte, in: JACOB GRIMM / WILHELM GRIMM (1986), S. 90. Zur Bewertung der Rechtsaltertümer vgl. auch RUTH SCHMIDT-WIEGAND, Goldmine oder Steinbruch? (1991), S. 99 ff.

651 Vgl. dazu auch HEINZ RÖLLEKE, Eine bislang nicht verzeichnete Variante zum Märchen vom Fischer und seiner Frau, in: BGG 9 (1990), S. 107. Hier findet sich

Auch die gemeinsame Arbeit am *Deutschen Wörterbuch* zeigte anschaulich, dass die Brüder individuelle Vorstellungen hatten. Jacob bearbeitete dort zunächst die Buchstaben A–C, Wilhelm hatte sich dem Buchstaben D zugewandt. Wilhelm wählte einen kulturhistorischen Aufbau, stellte die gegenwärtige Verwendung der Sprache dar, bezog umgangs- und sprechsprachliche Ausprägungen mit ein, auf die Jacob weitgehend verzichtete und die auch dem ursprünglichen Konzept des Wörterbuchs nicht entsprachen.[652] Jacob Grimm bemerkte daher in der Vorrede zum zweiten Band des *Deutschen Wörterbuchs* von 1860: »Mein bruder ist in einigen dingen, die ich verabredet glaubte und für die ich beim beginn unausweichlich einen ton angeben musste, wieder abgewichen.«[653] Dabei bezog sich Jacobs Kritik vor allem auf Formalia der Zitierweise und der Ausgestaltung der einzelnen Wortgruppen. Allerdings hatte Wilhelm auch auf die Beifügung lateinischer Worterklärungen verzichtet, da er nicht von einer festen Wortbedeutung ausging, sondern der Ansicht war, dass sich diese innerhalb der Geschichte wandeln konnte.[654] Er war daher bemüht, die zeitgeschichtlichen Zusammenhänge zu sehen und literatursoziologische Gesichtspunkte anzuwenden.[655] Wilhelm fühlte sich viel länger und enger mit seinen Publikationen verbunden, so verbrachte er über 50 Jahre mit der Betreuung der *Kinder- und Hausmärchen.* Ihm wurde daher auch ein »dauernder, liebender Fleiß« zugesagt, der sich vom »zähen, zornigen Fleiß« Jacobs unterscheide.[656]

Jacob selbst differenzierte folgendermaßen: »ich glaube, er [Wilhelm] wäre ein sehr guter Arzt geworden, ich ein schlechter, zur noth ein leidlicher botaniker.«[657] Er spielte damit auf die unterschiedliche Affinität zur angewandten und theoretischen Wissenschaft an.[658] Wilhelm wandte sich eigenständig Texten der mittelhochdeutschen epischen und lyrischen Dichtung zu, befasste

auch der Hinweis, dass Jacob mit der Berücksichtigung seiner Anmerkungen in der Neuauflage durch Wilhelm wenig zufrieden war.

652 RUTH SCHMIDT-WIEGAND, Der Bruder und der Freund, (1988), S. 46.

653 JACOB GRIMM, Vorrede zu: Deutsches Wörterbuch, 2. Bd. (1860), S. II.

654 Vgl. hierzu auch: HELMUT HENNE, Wilhelm Grimms Wörterbucharbeit, in: BGG 6 (1986), S. 7 f.

655 LUDWIG DENECKE, Jacob Grimm und sein Bruder Wilhelm (1971), S. 185.

656 LUDWIG DENECKE, Jacob Grimm und sein Bruder Wilhelm (1971), S. 185; aufschlussreich in diesem Zusammenhang ist auch die Würdigung Heinrich Heines: »Jacob Grimm hat vielleicht dem Teufel seine Seele verschrieben, damit er ihm die Materialien lieferte und ihm als Handlanger diente bei diesem ungeheuren Sprachbauwerk. In der Tat, um diese Quadern von Gelehrsamkeit herbeizuschleppen, um aus diesen hunderttausend Zitaten einen Mörtel zu stampfen, dazu gehört mehr als ein Menschenleben und mehr als Menschengeduld.« HEINRICH HEINE, Elementargeister (1837), Sämtl. Werke 8, S. 336 f.

657 JACOB GRIMM, Rede auf Wilhelm Grimm (1860), Kleine Schriften 1, S. 176.

658 LUDWIG DENECKE, Jacob Grimm und sein Bruder Wilhelm (1971), S. 187.

sich umfassender mit der Literatur der Vergangenheit selber, gebrauchte sie nicht nur als Materialienquelle, sondern befasste sich viel enger mit der eigentlichen Poesie. Ihm lag sehr viel mehr als Jacob die Schönheit und Anschaulichkeit der Darstellung am Herzen.[659]

Anders als Jacob wandte er sich oft ausführlich kleinen Fragmentstücken zu, ohne daraus größere Sammlungen zu machen. Wilhelm lehnte es auch nicht grundsätzlich ab, fremde und alte Texte zu übersetzen.[660] Die Übersetzung erschien ihm gerade als einzig berechtigte Form der Überlieferung eines Kunstwerks, sofern sie aus einer inneren Gemeinschaft mit dem Stoff entstanden war.[661] Der Übersetzungsstreit zwischen den Brüdern zeigte sich anschaulich an Wilhelms »Altdänischen Heldenliedern«[662] und Jacobs spanischen »Romanzen«.[663] Während Wilhelm die Übersetzung wählte, behielt Jacob die Originalsprache bei. Wilhelm ließ mit seiner moderaten Ansicht gegenüber Übersetzungen mehr Raum für die Individualität des Bearbeiters. So schrieb er an Savginy:

> jeder Geist hat für jeden Menschen eine andere Form, also auch jeder Geist der im Gedicht lebt. Also ist gewiß zwar, daß jede Form bei dem Dichter, es sei nun dieser ein Volk oder ein Einzelner, individuell notwendig war, weil er nicht anders sich ausdrücken konnte, ebenso gewiß aber ist, daß sich bei dem andern, nach seinem verschiedenen Geist, das Gedicht (der Geist) anders formiert [...]. Wenn einer übersetzt, so tut er nichts, als daß er ausspricht, wie das Gedicht in ihm eine Gestalt gewonnen.[664]

Wilhelm war daher davon überzeugt, dass es lohnenswert war, alte Volkspoesie wieder für das Volk lesbar zu machen.

> Es liegt allerdings daran, daß man dem Volk, welches seine Bücher noch immer stark liest, [...] wieder Echtes und Poetisches wiedergibt, wie die Erschaffung eines Ergötzens, einer solch reinen Lust immer das beste bleibt, was man tun kann.[665]

Jacob hingegen richtete seine Sammlungen ausdrücklich an ein Fachpublikum und hielt nichts davon, alte Texte für eine breite Leserschaft zu modernisieren:

---

659 So versah er seine Ausgaben teilweise mit Faksimile-Reproduktionen, vgl. Ludwig Denecke, Jacob Grimm und sein Bruder Wilhelm (1971), S. 193 f.
660 Vgl. zum sog. Übersetzungsstreit schon den vorhergehenden Abschnitt.
661 Ludwig Denecke, Jacob Grimm und sein Bruder Wilhelm (1971), S. 193.
662 Wilhelm Grimm, Altdänische Heldenlieder, Balladen und Märchen (1811).
663 Jacob Grimm, Silva de romances viejos (1815); zur Entstehungsgeschichte und Bearbeitungstechnik Grimms vgl. Berthold Friemel, Zu Jacob Grimms »Silva de romances viejos«, in: BGG 9 (1990), S. 51 ff.
664 Wilhelm Grimm an Savigny vom 20.05.1811, in: Ingeborg Schnack / Wilhelm Schoof (Hrsg.), Briefe der Brüder Grimm an Savigny (1953), S. 108.
665 Wilhelm Grimm an Jacob vom 28.08.1809, in: Herman Grimm / Gustav Hinrichs (Hrsg.), Briefwechsel zwischen Jacob und Wilhelm Grimm aus der Jugendzeit (1881), S. 150.

Wenn die alten Bücher und Lieder unterm volk verschwunden sind oder nach und nach verschwinden, so ist es sein eigener Wille und ganz natürlich, dafür hat es andern Stoff erhalten, warum soll diese alte Poesie wieder absolut unter die Leute, für die sie nicht mehr paßt.[666]

Dass die Zusammenarbeit der beiden Brüder nicht immer frei von Spannungen war, darauf lässt auch die Rede Jacob Grimms schließen, die dieser auf seinen verstorbenen Bruder 1860 hielt:

dasz jeder seine eigenthümlichkeit wahren und walten lassen sollte, hatte sich immer von selbst verstanden, wir glaubten solche besonderheiten würden sich zusammenfügen und ein ganzes bilden können. schon beim Hildebrandlied, noch mehr bei der Edda, lernte ich einsehen, dasz unserm besten willen und wissen dabei auch erhebliche schwierigkeiten entgegentraten. offen, wie ich war, und geneigt meinungen aufzustecken oder zu bestreiten, schien es mir das vor dem publicum eine ansicht, von wem auch sie ausgegangen, überwiegen oder weichen müsse, er aber gerechter und schonender gesinnt, nicht ohne stärkeres selbstgefühl auf dem behaupteten beharrend, wollte lieber, dasz nebeneinander und dem leser zur wahl hingestellt würde, was zwischen den herausgebern unvermittelt bliebe.[667]

In ihrer grundsätzlichen Zielsetzung stimmten die Brüder dann aber wieder überein. Auch Wilhelm Grimm suchte den Volksgeist näher zu fassen und maß der Sprachwissenschaft überragende Bedeutung zu. So führte er aus:

Den längst in den Strom der Zeit versenkten Geist eines Volkes wieder zu erkennen und anschaulich zu machen ist die Aufgabe der Alterthumsiswwenschaft, und dazu ist die Philologie nur ein Mittel, wenn auch ein ausgezeichnetes und an sich edeles, ja, sie ist für uns der einzige Weg, der uns zum Ziel leiten kann.[668]

Wie genau dieser Weg aber wieder begehbar gemacht werden sollte, darüber war man sich nicht einig. In gewissem Rahmen nahmen beide Brüder Veränderungen an den gesammelten Texten vor. Sie beabsichtigten allerdings »keine skrupellose Quellenfälschung, sondern ein stützendes Aufhelfen des zu sich selbst kommenden, in ferner Zukunft sich verwirklichenden Volksgeistes.«[669]

5. Besonderheiten bei der Bearbeitung rechtlicher Quellen

Die besondere Sichtweise Jacob Grimms von der richtigen Behandlung und Sammlung der Quellen des Volkes beeinflusste auch seine rechtshistorischen Arbeiten.

---

666 Jacob Grimm an Wilhelm vom 16.08.1809, in: ebd., S. 145.
667 Jacob Grimm, Rede auf Wilhelm Grimm (1860), Kl. Schr. 1, S. 172.
668 Wilhelm Grimm, Vorlesung über Gudrun (1843), Kl. Schr. IV, S. 526.
669 So die Bewertung der Methode bei Ehrismann, Vorwort, in: Jacob Grimm, Kl. Schr. 1 (1991), S. 27*.

a) *Das Verhältnis von Sprache, Poesie und Recht*

Ein Kernpunkt von Grimms Wissenschaft war seine Überzeugung von der Analogie zwischen Sprache und Recht. Nicht ohne Grund war es sein Aufsatz »Von der Poesie im Recht« von 1815, der das Bild von Grimms juristischen Arbeiten bestimmte. Zum ersten Mal führte er hier ausdrücklich aus, wovon er sein Leben lang überzeugt blieb und was seine juristischen Forschungen von Grund auf bestimmte. »Dasz recht und poesie miteinander aus einem bette aufgestanden waren«, bemerkte er, »hält nicht schwer zu glauben.«[670] »Zwischen recht und sprache« so drückte er es viele Jahre später aus, »waltet eine eingreifende analogie«.[671] Denn:

> in ihnen beiden, sobald man sie zerlegen will, stöszt man auf etwas gegebenes, zugebrachtes, das man ein auszergeschichtliches nennen könnte, wiewohl es eben jedesmal an die besondere geschichte anwächst; in keinem ist blosze satzung noch eitle erfindung zu haus. ihr beider ursprung beruhet auf zweierlei wesentlichem, auf dem wunderbaren und dem glaubreichen. unter wunder verstehe ich hier die ferne, worin für jedes volk der anfang seiner gesetze und lieder tritt; ohne diese unnahbarkeit wäre kein heiligthum, woran der mensch hangen und haften soll, gegründet; was ein volk aus der eignen mitte schöpfen soll, wird seines gleichen, was es mit händen antasten darf, ist entweiht. glaube hingegen ist nichts anders als die vermittlung des wunders, wodurch es an uns gebunden wird, welcher macht, dasz es unser gehört, als ein angeborenes erbgut, das seit undenklichen jahren die eltern mit sich getragen und auf uns fortgeplfanzt haben, das wir wiederum behalten und unsern nachkommen hinterlassen wollen. [...] man darf also mit vollem fug das herkommen oder die gewohnheit des gesetzes wie des epos in eine unausscheidliche mischung himmlischer und irdischer stoffe stellen; dunkel musz uns ihr anheben sein, allein weil sie längst bei unserm geschlechte gewohnt haben und mit ihm hergekommen sind, so wissen wir auch gewisz und klar, warum wir es mit ihnen halten und ihnen zugewandt bleiben.[672]

Recht und Sprache entstammten für Grimm dem gleichen Ursprung, waren beide Produkte des schaffenden Volksgeistes und beruhten »auf einem alten undurchdringlichen grund und auf dem trieb, sich ohne aufhören neu zu erfrischen und wiederzugebären«.[673] Diese Sichtweise führte für die Darstellung und Sammlung der Quellen zu unmittelbaren Konsequenzen.

Zum einen war das Recht wie auch die Sprache ein spezifisch einheimisches Produkt:

670 JACOB GRIMM, Von der Poesie im Recht (1815), Kl. Schr. 6, S. 153.
671 JACOB GRIMM, Über die Alterthümer des Deutschen Rechts (1841), Kl. Schr. 8, S. 547.
672 JACOB GRIMM, Von der Poesie im Recht (1815), Kl. Schr. 6, S. 153 f.
673 JACOB GRIMM, Über die Alterthümer des Deutschen Rechts (1841), Kl. Schr. 8, S. 547.

sprache und recht, d. h. volkssitte haben einheimisch zu sein und wir können auf die länge keine wahre befriedigung dabei finden, wenn sie uns aus der fremde zugeführt werden. sie sind mit allem, was uns angeboren ist, mit unsern organen und empfindungen zu enge verwachsen, als dasz nicht dieses erfordernis gestellt werden müste.[674]

»Das Recht«, so hatte Grimm schon früher gegenüber Savigny geäußert, »ist wie die Sprache und Sitte volksmäßig, dem Ursprung und der organisch lebendigen Fortbewegung nach. Es kann nicht als getrennt von jenen gedacht werden, sondern diese alle durchdringen einander innigst vermöge einer Kraft, die über dem Menschen liegt.«[675] Dieser Ausspruch Grimms ist als »Kernsatz Grimmscher Rechtstheorie überhaupt«[676] bezeichnet worden.

Zum anderen konnte das Recht aber in der gleichen Weise wie die Sprache selbst erforscht werden, denn für beide galten die gleichen Grundvoraussetzungen. In seiner Rede in der ersten Germanistenversammlung in Frankfurt im Jahr 1846 bezeichnete Grimm daher auch die Sprachforschung als »das allgemeine uns verknüpfende band«,[677] das Element also, was Geschichte, Recht und Philologie zu einer Wissenschaft einte.

Diese besondere Behandlung der Sprache als alles bestimmende Grundvoraussetzung und damit »Mittler zwischen der Sinnenwelt und der des Geistes«,[678] war Ausdruck der romantischen Sprachauffassung und somit prägend für die Geisteswissenschaften im 19. Jahrhundert.[679] Jacob Grimm ging freilich deutlich weiter und machte die Sprache selbst zu seinem unmittelbaren Forschungsobjekt. Sie war für ihn der Schlüssel zur (Volks-)Seele. Denn was sich im Inneren quasi geheimnisvoll und unbewusst abspielte, wurde durch die Sprache nach außen hin sichtbar. Damit bot die Untersuchung der sprachlichen Besonderheiten von Rechtsquellen die Möglichkeit, Einblicke in dieses innere Vorgehen zu erhalten, dem Volksgeist damit einen Schritt näher zu rücken. Grimm hob daher in all seinen rechtshistorischen Arbeiten immer die besondere Verbindung der Sprache und des Rechts hervor, die auch die Verwandtschaft des Rechts mit der restlichen Volkskultur beweisen könne. Er war überzeugt, dass die Sprache der Schlüssel auch zu den Inhalten sein konnte:

674 Ebd., S. 548.
675 Jacob Grimm an Savigny vom 29.10.1814, in: Ingeborg Schnack / Wilhelm Schoof (Hrsg.), Briefe der Brüder Grimm an Savigny (1953), S. 172.
676 Jutta Strippel, Zum Verhältnis von Deutscher Rechtsgeschichte und Deutscher Philologie, in: Jörg Jochen Müller (Hrsg.), Germanistik und deutsche Nation, (2000), S. 143.
677 Jacob Grimm, Über die wechselseitigen Beziehungen und die Verbindung der drei in der Versammlung vertretenen Wissenschaften (1846), Kl. Schr. 7, S. 556.
678 Eva Fiesel, Die Sprachphilosophe der Deutschen Romantik (1927), S. 2.
679 Vgl. dazu ebd., S. 1 ff.

Alles was anfänglich und innerlich verwandt ist, wird sich bei genauer untersuchung als ein solches stets aus dem bau und wesen der sprache selbst rechtfer-
tigen lassen, in der immerhin die regste, lebensvollste berührung mit den dingen,
die sie ausdrücken soll, anschlägt.[680]

So bestimmte auch die Poesie innerhalb des Rechts nicht nur den sprachlichen
Rahmen der Gesetze, sondern beeinflusste den Inhalt »auf das manichfaltigste
mit«.[681] Für Grimm war die poetische Ausdrucksform Auslegungshilfe zur
Bestimmung des juristischen Inhalts.[682] Damit legte Grimm dar, dass »die
vorwaltende sinnlichkeit sich auf den inneren geist zurück bezieht, von dem
sie ausgieng, das frische aussehn keine tünche, das gleichnis kein hohles war,
vielmehr die sache selbst zu umschreiben und umgrenzen suchte«.[683]

In einem Brief an Homeyer anlässlich der Weistümer-Sammlung beschrieb
Grimm 1840 auch seine Hoffnungen für einen weitgreifenden Nutzen der
Sammlung:

Doch meine ich bei der längeren und näheren beschäftigung mit dem gegen-
stande ein paar besondere wahrnehmungen gemacht zu haben, die auch andern
vielleicht einleuchten, z.b. wenn ich einige gründe für das hohe alterthum der
tradition in bezug auf mythologie gewinne, so musz das auch das alterthum der
rechtsgewohnheit bestätigen.[684]

Das Recht bildete damit keinen getrennten Raum mit eigenen Grundbedingungen, sondern war allgemeiner Teil des Volkslebens. Eine gesonderte Betrachtung
nur der rechtlichen Aspekte kam daher für Grimm nicht in Frage. Sie konnte für
ihn nicht zu richtigen Ergebnissen führen, da sie die Gesamtzusammenhänge
vernachlässigt und damit ein falsches Bild gezeichnet hätte.

Grimms Auffassung von der ursprünglichen Einheit von Poesie, Sprache und
Recht bestimmte seine gesamte Forschung auf diesem Gebiet.[685] In seinen

---

680 Jacob Grimm, Von der Poesie im Recht (1815), Kl. Schr. 6, S. 155.

681 Jacob Grimm, Von der Poesie im Recht (1815), Kl. Schr. 6, S. 169.

682 Als Beispiel sei hier die nordische Bezeichnung für ein Zaunloch mit »ferkel-
schmiege« angeführt. Dies bestimmte nach Grimm dann auch die »juristisch
erlaubte oder straffällige weite der öffnung«, Jacob Grimm, Von der Poesie im
Recht (1815), Kl. Schr. 6, S. 169 Anm. 4.

683 Ebd., S. 169 f.

684 Jacob Grimm an Homeyer am 28.03.1840, in: Tatjana Heinl, Zur Frühgeschichte der Germanistik (1996), S. 19.

685 Mit dieser Ansicht war Grimm überdies nicht allein. Dass poetische Elemente
gerade auch in den älteren Rechtstexten eher die Ausnahme als die Regel
bildeten, ist erst in der Mitte des 20. Jahrhunderts näher in den Blick gerückt
und die Auffassung der untrennbaren Einheit zwischen Sprache und Recht im
Altertum der Überzeugung gewichen, dass auch schon in dieser Zeit das Recht
einen eigenständigen Bereich mit eigenen, spezifischen Regeln bildete, der
weniger an Ästhetik als an Eindeutigkeit orientiert war. Vgl. dazu Stefan
Sonderegger, Die Sprache des Rechts im Germanischen, in: Schweizer Monatshefte 42 (1962/63), S. 262 ff.

Quellensammlungen ging er daher gern den etymologischen Feinheiten der verwendeten Begriffe nach. Die Parallelität zur Poesie war für Grimm zudem Mittel, Rechtsbegriffe und Sitten in ihre Ursprünge zurückzuverfolgen. Je poetischer eine Rechtsbestimmung war, desto näher war diese für Grimm noch in ihrer ursprünglichen Form erhalten. In diesem Rahmen war es dann auch möglich, fremde Rechtsnormen als Anhaltspunkte für verlorene einheimische Regelungen zu nutzen:

> insgemein ist alles recht, gleich der sage, an seinem ort selbstgewachsen und in der regel unentlehnt, so viel gleiche, überraschende züge der gesetzgebung auch durch jedes volk hingehen. können diese aber noch in ihrer einfachheit und poesieähnlichkeit erkannt werden, so müssen sie zur unmittelbaren wiederfindung und aufdeckung mancher, im wust der späteren wissenschaft vielleicht untergegangener oder verhüllter rechtsbegriffe dienen.[686]

Fand Grimm poetische, sinnliche Ausdrücke auch in Glossen zu lateinischen Gesetzestexten, sprach dies dafür, dass es sich nicht um bloße Übersetzungen »gewöhnlicher, auch im lateinischen text stehender wörter« handele, »sondern eigenthümliche ausdrücke des vielleicht viel älteren deutschen rechts« darin zu sehen waren.[687] Die sprachliche Analyse der Quellen trat damit neben den Rechtsvergleich.

Die Parallelität von Sprache und Recht führte zudem dazu, dass Grimm von einer besonders hohen Qualität des ursprünglichen Rechts überzeugt war. So sei das Recht, das ursprünglich nur aus der Rechtssitte des Volkes bestanden habe, wie die Sprache notwendigerweise vernünftig und passend gewesen. Erst durch die Entfernung des Rechts von seinem Ursprung sei »unsittliches«, unvernünftiges Recht möglich geworden:

> wenn wir das sittliche und rechtliche moment, sittenlehre und rechtslehre zu sondern bewogen sind, so rührt das daher, dasz das recht in einzelnen seiner äuszerungen unsittlich, die sitte zuweilen unrechtlich geworden ist und dasz eine unterscheidung zwischen landessitte und ethik oder moral aufgekommen ist, die ursprünglich nicht vorhanden war. in das recht ist ohne zweifel mancherlei eingelassen worden, was der volkssitte geradezu widerspricht. sitte und sprache sind aber nicht unvernünftig, sondern es ist ihnen, kann man sagen, vernunft angeboren, weil sich in beiden ein geheimnisvoller ursprung mit den unaufhörlichen einwirkungen der menschlichen freiheit vereinbart.[688]

---

686 JACOB GRIMM, Von der Poesie im Recht (1815), Kl. Schr. 6, S. 155.
687 JACOB GRIMM, Rez. Gulathings-Laug (1819), Kl. Schr. 4, S. 114 f.
688 JACOB GRIMM, Über die Alterthümer des Deutschen Rechts (1841), Kl. Schr. 8, S. 547 f.

b)   Die philologischen Schlussfolgerungen

Jacob Grimm war in erster Linie Philologe und fasziniert von der Möglichkeit, den Ursprüngen der Begriffe auf den Grund gehen zu können. Die Etymologie bildete damit einen zentralen Punkt innerhalb seiner Forschungen. Den Zweck der Etymologie sah Grimm darin, dass diese »die verflechtung der menschlichen sprachen entwirren und das licht dahin werfen« solle, »wo uns keine geschriebene geschichte leiten kann.« Dabei sollten Grammatik und Philologie mehr sein als nur »dienerinnen und handlanger des alterhums«. Ihre Bestimmung war es vielmehr, selbstständige Erkenntnisse hervorzubringen.[689] Für die Betrachtung des deutschen Rechts allerdings spielte dieser Einblick »in die natur der sprachen um der sprache selbst willen«[690] nicht die Hauptrolle.

Was genau sich Jacob Grimm von seiner philologischen Herangehensweise, insbesondere für den Bereich der Rechtswissenschaft bzw. der Rechtsgeschichte versprach, wurde in seiner Abhandlung »Das Wort des Besitzes« von 1850 deutlich. In dieser, seinem Lehrer Savigny zu seinem Doktorjubiläum zugedachten Ausarbeitung, beschrieb Grimm die Begriffsgeschichte des Wortes »Besitz« und schloss aus dieser auf die Entwicklung des rechtlichen Gehalts des Begriffs, sowohl im römischen als auch im deutschen Recht. Durch die Bewusstmachung des Wortursprungs, so führte Grimm aus, »ist uns ein geheimer schlüssel zu allen stufen der aus ihm hervorgedrungnen bedeutungen in die hand gelegt.«[691] Für ihn hatte die Erforschung der ursprünglichen Wortbedeutung in jedem Fall einen wissenschaftlichen Wert, denn wer ohne Kenntnis dieser Ursprungsform den Begriff benutzte, »der wandelt auf harter lava, die ihm den grund überdeckt.« Dabei gab er freilich zu, dass seine Betrachtungen zunächst nicht »gleich und unmittelbar« den rechtlichen Gehalt erfassten, »ihm aber unvermerkt in manigfalter abstufung unentbehrlich« seien.[692]

Interessant ist die konkrete Schlussfolgerung, die Grimm von seinen sprachlichen Ableitungen für den Inhalt der Begriffe Besitz und Eigentum zog.[693] So beschrieb Grimm die Bedeutungsentwicklung für das Wort »Besitz« im Griechischen als eine Entwicklung von einem bloßen Weidenlassen der Herde zur konkreteren Vorstellung von Habe und Besitz.[694] Eine ähnliche Begriffsgeschichte schilderte er auch für die deutsche Sprache. Hier erkannte er dann

---

689   Vgl. Jacob Grimm, Über Etymologie und Sprachvergleichung (1854), Kl. Schr. 1, S. 303.
690   Ebd., S. 303.
691   Jacob Grimm, Das Wort des Besitzes (1850), Kl. Schr. 1, S. 123.
692   Ebd., S. 124.
693   Zum deutschen Eigentumsbegriff bei Grimm vgl. schon oben B. II. 2. e) bb) (5).
694   Jacob Grimm, Das Wort des Besitzes (1850), Kl. Schr. 1, S. 126.

»fast ein[en] gegensatz zwischen Griechen und Römern.« Die griechischen Besitz- und Eigentumsbezeichnungen, die Grimm altertümlicher erschienen als die römischen, leiteten sich vom Weiden der Herden ab, während die römischen sich bereits auf Haus und Feld bezögen, also eher landwirtschaftliche Grundlagen aufwiesen und schon deutlich näher am Begriff des Grundeigentums orientiert seien. Den Deutschen war nach Grimm auch »alles wonne und weide [...] und das besitzen wurde ihnen erst durch die Römer zugebracht.«[695] Als Beleg verwies er auf die Markgenossenschaften, die dem Sondereigentum an Grund und Boden voraus gegangen seien. Für die deutsche Vorstellung des Besitzes sei diese Abstraktion aus dem Begriff des Weidens stets relevant geblieben.[696]

Für die Forschung zum antiken Eigentumsbegriff konnte Grimm ebenfalls etwas beitragen. Er ging hierfür auf die Regelungen des griechischen Rechts ein und wandte sich ausdrücklich gegen die von Meier und Schömann getätigte Aussage, einen »attischen Eigentumsbegriff« suche man vergebens.[697] Grimm verwies demgegenüber auf die seiner Meinung nach »feineren gedanken« der Griechen gegenüber den Römern und führte als Beleg die Unterscheidung zwischen durch Schenkung, Kauf oder Miete *Erworbenes* und durch Jagd oder Beute *Erlangtes* bei Plato auf. Grimm führte an, dass im griechischen Sprachgebrauch durchaus eine Unterscheidung zwischen verschieden intensiven Formen des Innehabens üblich gewesen sei.[698]

Deutlich wurde an der Argumentation Grimms auch ein anderes Grundthema seiner Forschungen: die Abgrenzung der deutschen von der römischen Rechtstradition. Die Begriffsursprungsuntersuchung führte Grimm zur Wurzel des Begriffsverständnisses und klärte gleichzeitig die eigentlich heimische »deutsche« Rechtsform auf, die auf der Gemeinschaft basiere, nicht auf dem Sondereigentum.[699]

Auch in vielen anderen Grimmschen Texten fanden sich Hinweise auf seine Auffassung, die Sprache selbst, die Wörter und ihre Entwicklung enthüllten die Entwicklung der bezeichnenden Begriffe und Gedanken. Für Grimm war somit der Inhalt eines Begriffes nur vollständig durch die Erforschung seiner sprachlichen Grundlagen erfassbar.[700] Die Beschäftigung mit den Worten an sich und ihrer Herkunft war kein Selbstzweck, sondern sollte zu einem tieferen Ver-

---

695 Ebd., S. 143.
696 Ebd., S. 143 f.
697 MORITZ H. E. MEIER / GEORG F. SCHÖMANN, Der attische Process (1824), S. 490.
698 Vgl. JACOB GRIMM, Das Wort des Besitzes (1850), Kl. Schr. 1, S. 144.
699 Vgl. auch RUTH SCHMIDT-WIEGAND, Wörter und Sachen (1999), S. 49 f.
700 Diese Gedanken sind bspw. auch in JACOB GRIMM, Rede über das Alter (1860), Kl. Schr. 1, S. 190 zu finden.

ständnis der durch die Worte bezeichneten Sachen beitragen. Der Weg der Philologie führte nicht nur sprach-, sondern auch kulturgeschichtlich tiefer in die deutsche Vergangenheit.[701]

Ein Wort war für Grimm kein willkürlicher Laut, sondern stand in unmittelbarer Verbindung zum Wesen der Sache selbst, »Wort und Ding erlebt[e] er als wesenhafte Einheit«.[702] Grimm betonte daher:

> wenn überall die wörter aus den sachen entsprungen sind, so müssen, je tiefer wir noch in ihr inneres einzudringen vermögen, auf diesem wege uns verborgene bezüge der begriffe auf die dinge kund gethan werden und um der dinge willen forschenswerth erscheinen.[703]

In zahlreichen kleineren Abhandlungen befasste sich Jacob Grimm ausführlicher mit der näheren Geschichte einiger Begriffe, die auch rechtsgeschichtlich von Interesse waren (beispielsweise Fehme[704] und Almeinde[705]).[706] Trotz der sehr sprachwissenschaftlich orientierten Herangehensweise ging es Grimm auch um die Inhalte:

> Sprachforschung der ich anhänge und von der ich ausgehe, hat mich doch nie in der weise befriedigen können, dasz ich nicht immer gern von den wörtern zu den sachen gelangt wäre; ich wollte nicht blosz häuser bauen, sondern auch darin wohnen. mir kam es versuchenswerth vor, ob nicht der geschichte unsers volks das bett von der sprache her stärker aufgeschüttelt werden könnte und [...] auch die geschichte aus dem unschuldigeren standpunct der sprache gewinne entnehmen sollte.[707]

Ein weiteres Beispiel für Grimms Schlussfolgerungen aus dem sprachlichen Vergleich bietet auch ein Aufsatz Grimms aus dem Jahr 1851:

> Unsere sprache stimmt so oft zum sanskrit, dass es nicht versagt ist, ausser den wörtern und formen auch indische gebräuche und sitten mit denen unsers alterthums zusammen zu halten. Unser volk hat keine engen kasten ertragen, wol aber stände und genossenschaften erzeugt, die freier gestalt jenen kasten zu seite stehn.[708]

701   Zum Verhältnis von Wörtern und Sachen bei Jacob Grimm vgl. Ruth Schmidt-Wiegand, Wörter und Sachen (1999), S. 42 ff.; auch schon Vera Bojić, Jacob Grimm und Vuk Karadžić (1977), S. 15 f.

702   Brigit Beneš, Wilhelm von Humboldt, Jacob Grimm, August Schleicher (1958), S. 56.

703   Jacob Grimm, Geschichte der deutschen Sprache, 1. Bd. (1848), S. XIII.

704   Jacob Grimm, Über das Wort Fehme (1825), Kl. Schr. 6, S. 362 ff.

705   Jacob Grimm, Almeinde (1851), Kl. Schr. 7, S. 296 ff.

706   Für weitere Beispiele vgl. Ruth Schmidt-Wiegand, Wörter und Sachen (1999), S. 50 f.

707   Jacob Grimm, Vorrede zur Geschichte der deutschen Sprache, Bd. 1 (1848), S. XI.

708   Jacob Grimm, Scado, in: Zeitschrift für vergleichende Sprachforschung auf dem Gebiete des Deutschen, Griechischen und Lateinischen 1 (1852), S. 82. Der Band der Zeitschrift ist zwar mit 1852 datiert; die ersten fünf Hefte, in denen sich auch der Grimmsche Artikel findet, erschienen jedoch bereits 1851; auch in:

Grimm schloss aus sprachlichen Parallelen ohne Weiteres auf inhaltliche Übereinstimmung von Sitten und Rechtsgebräuchen. Die Sprache blieb für ihn der
alles bestimmende Faktor.

Diese sprachbezogene Herangehensweise an die Quellen führte zu einer sehr
genauen Untersuchung der einzelnen Begriffsverwendungen und befreite
gleichzeitig von der Notwendigkeit, stets in bestimmten Systemen zu operieren.
Grimm fühlte sich darin den Germanisten seiner Zeit überlegen und wies etwas
spöttisch auf die Mängel des systembasierten Denkens hin:

> unsere germanisten, dünkt mich, haben einige artikel, die sie allzustark ver-
> brauchen, ich meine z.b. gesammtbürgschaft und were. fast alles soll heutzutage
> aus gesammtbürgschaft und were folgen. was were eigentlich sei, wie mancherlei
> grundverschiedne were es gebe, derüber herscht ziemliche verwirrung.[709]

Die genaue sprachanalytische Vorgehensweise Grimms bei der Interpretation
juristischer Texte lässt sich auch an einem – der wenigen – juristischen Gutachten erkennen, das Grimm Ende Juni 1855 auf Anfrage des Obertribunalrath
Blumenthal anfertigte.[710] Hier ging es im Kern um die Frage, ob mit der
Setzung einer Zahlungsfrist »in acht Tagen«, tatsächlich Fälligkeit erst am achten
Tag oder schon nach Ablauf einer Woche, also nach sieben Tagen eingetreten
war. Zunächst leitete Grimm den Gebrauch des Begriffs »in acht Tagen« aus dem
Sinn und Zweck der Regelung ab. Dazu führte er an, dass das Ende einer Frist
von einer Woche mit Ablauf des siebenten Tages und damit mit Beginn des
achten Tages zu bestimmen sei. Zur Untermauerung dieser Herleitung verwies
er auf den Sprachgebrauch bei Italienern, Spaniern und Franzosen. Die deutsche
Sitte, so Grimm weiter, hätte zunächst den Begriff septem noctem für eine
Wochenfrist verwendet, sei aber später unter dem Einfluss der Franzosen auf die
Beschreibung »acht Tage« umgeschwenkt, aber »die sächliche vorstellung leidet
unter schwanken der worte nicht«.[711] Grimm schloss seine Ausführungen daher
mit der Feststellung: »Acht äpfel sind ihrer freilich einer weniger als neun, aber
acht tage, im gemeinen leben und vor gericht, sind ihrer nur sieben.«[712] Dieses
Beispiel verdeutlicht Grimms Methode bei der Auslegung von Rechtsregeln.
Neben die Betrachtung der unmittelbaren Wortform trat eine historisch vergleichende sprachwissenschaftliche Analyse der Wortbedeutung. Nur durch
eine vertiefte Betrachtung der Wortverwendung und ihrer Entwicklung konnte

Kl. Schr. 7, S. 334 ff. Vgl. dazu Rüdiger Schmitt, Der Briefwechsel zwischen
Jacob Grimm und Adalbert Kuhn, in: BGG 6 (1986), S. 141.

709 Jacob Grimm, Gegen Gaupp (1828), Kl. Schr. 6, S. 391.
710 Das Gutachten ist abgedruckt bei Wilhelm Schoof (Hrsg.), Unbekannte Briefe
der Brüder Grimm (1960), S. 417 f.
711 Ebd., S. 417 f.
712 Ebd., S. 417 f.

Grimm zu einer für ihn eindeutigen Auslegung der strittigen und entscheidungserheblichen Fristbestimmung gelangen, denn die reine Wortbedeutung der Gegenwart ließ nur bedingt Schlüsse auf den dahinter liegenden, juristisch unverändert gebliebenen Inhalt der Bestimmung zu.

c)   Die sprachliche Bearbeitung

Auch bei der Edition der Rechtsquellen stellte sich die Frage nach der Zulässigkeit und den Rahmenbedingungen einer etwaigen sprachlichen Aufarbeitung der Texte. 1829 beriet Jacob Grimm Friedrich August Nietzsche[713] bezüglich der geplanten Herausgabe der »Kritischen Gesamtausgabe der Rechtsquellen des Mittelalters«, die jedoch aufgrund des frühen Todes Nietzsches nicht über das Entwurfstadium hinaus gelangte. Grimm riet Nietzsche, »die orthographie der herauszugebenden rechtsbücher nicht nach den regeln meiner grammatik einzurichten.« Diese sei vor allem »aus den dichtern abgezogen, weniger aus den urkunden und prosadenkmälern.« Eine rein mittelhochdeutsche Prägung der Rechtsquellen, namentlich des Sachsenspiegels, bezweifelte Grimm zudem, was ebenfalls gegen die Anwendung der in der Grammatik aufgestellten Grundsätze sprach:

> Grammatische rechtschreibung […] würde ich nur in register oder wörterbuch einführen, auch wohl einfließen lassen auf den vorzug einzelner lesarten; für den text selbst aber so verfahren, daß ich, wo eine treffliche alte handschrift da ist, nach ihr druckte, wo mehrere mittelmäßige verglichen werden, eine aus der vergleichung sich ergebende, mittlere schreibart annähme. Auf diese weise wird der sprachforschung mit sicherheit gedient und die immer mißliche reduction auf eine halb ideale schreibung gemieden.[714]

Für Rechtsquellen war Grimm ebenfalls skeptisch, was die Möglichkeit einer getreuen Übersetzung anging.[715] Allerdings sprach er sich hier für die Beigabe einer lateinischen Übersetzung aus, die die Verbreitung der Texte erleichtern und das Begriffsverständnis sicherstellen sollte:

> die übertragung in die blosz, heutige landessprache, auszer, dasz sie den absatz beschränkt, bekommt unvermeidlich etwas vages und unsicheres, theils weil die jetzige sprache fortlebt und sich allmählig weiter verändert, theils weil die verwandtschaft zwischen ihr und dem alten urtext leicht zu falscher treue und steifheit verführt. durch das latein vermittelt sich alles am füglichsten, es hat

---

713   Zu Nietzsche JOHANN AUGUST RITTER VON EISENHART, Nietzsche, Friedrich August, in: ADB 23 (1886), S. 691–692.

714   JACOB GRIMM an Friedrich August Nietzsche am 03.02.1829, in: ALBERT LEITZMANN (Hrsg.), Briefe der Brüder Grimm (1923), S. 109.

715   Vgl. zur Übersetzungsfrage bei Grimm schon oben B. III. 4. a).

weder prätension noch unsicherheit, nur darf es nicht selbst nach einer altrömischen classicität streben wollen, womit hier gar nicht gedient wäre.[716]

Damit wich er von seiner grundsätzlichen Überzeugung, Texte müssten für sich selber stehen, ab. Offenbar stellten Rechtstexte eine besondere Quellengattung dar, die daher auch einigen besonderen Bearbeitungsgrundsätzen unterlag.

Auf der anderen Seite war für Grimm das alte Recht in besonderem Maße aus dem Volksgeist hervorgegangen, was eine Bearbeitung umso riskanter machte, konnte doch so der Kern des Volksmäßigen leicht verloren gehen. Anlässlich einer Veröffentlichung der Lex Salica durch Johannes Merkel mahnte er 1850 daher zu besonderer Vorsicht:

> Nirgend wird es schwerer halten jene herstellende, reinigende critik zu üben und gelten zu machen als an denkmälern, die weniger aus der seele eines dichters oder dem vorsatz eines geschichtschreibers, als aus dem geiste des volks, das sie gleichsam unbewust ordnenden und verfassenden samlern in die hand lieferte, hervor gegangen sind [...] kunstpoesie, bedächtige ausarbeitung eines rechtsbuchs streben ein ganzes werk zu erhellen und auszugleichen, jeden auswuchs zu entfernen, jeden widerspruch zu tilgen, während seiner schwebenden, allgemeinen natur nach das volksmäszige element unerhebliche widersprüche in sich dulden, unvollständiges neben übervollständigem sich gefallen lassen kann.[717]

In der Lex Salica sah Grimm ein »unmittelbar aus der rohen nach emporbildung ringenden kraft des volks« entstammendes Regelungswerk, dessen Edition besondere Umsicht verlangte.[718] Insgesamt blieb Grimm auch bei Edition seiner Rechtsquellen bemüht, die möglichst authentische, ursprünglichste Fassung der Quellen zu indentifizieren und in ihrer »treuen« Gestalt den Lesern zugänglich zu machen. Lagen mehrere Handschriften vor, so musste durch »Critische Philologie« der Urtext erkannt werden. Grimm war davon überzeugt, dass allein der Umfang und die Ausgestaltung des Textes kein sicheres Anzeichen für das Alter der Quellen sein konnte:

> die wahre gestalt kann aber auf zweifachem wege gelitten haben, unter auslassungen wie unter zusätzen, und obschon natürlicher scheint einem werke einzuschalten als abzubrechen, erwünschter es zu erweitern als zu veкürzen, hat doch die geschichte der literatur nicht nur interpolierte und vermehrte schriften, sondern auch epitomierte und zusammengezogne in menge aufzuweisen.[719]

Auf diese Weise konnte dann aus der Kombination mehrerer Handschriften der Urtext rekonstruiert werden. Auch hier blieb Grimm grundsätzlich der Treue zu den Quellen verpflichtet.

---

716 Jacob Grimm, Rez. Gulathings-Laug (1819), Kl. Schr. 4, S. 113.
717 Jacob Grimm, Vorrede zu: Johannes Merkel, Lex Salica (1850), Kl. Schr. 8, S. 292 f.
718 Ebd., S. 293.
719 Ebd., S. 292.

6. Zusammenfassung

Grimm folgte bei der Zusammenstellung seiner Quellensammlungen einem induktiv geprägten Wissenschaftsansatz. Er war davon überzeugt, dass nur eine historische Betrachtung in der Lage war, valide wissenschaftliche Ergebnisse zu produzieren. Eine philosophische Herangehensweise lehnte er ab.

Trotz dieses Bekenntnisses zur historischen Herangehensweise an die Quellen waren seine Sammlungen weder chronologisch geordnet noch in die historische Lebenswirklichkeit zur Entstehungszeit der Quellen eingebettet. Zielsetzung war vielmehr, zunächst alle Quellen zu sammeln, die eine unmittelbare volkstümliche und »vaterländische« Entstehung aufwiesen. Als besonders wertvolle Quelle empfand Grimm die sog. Naturpoesie. Anders als die Kunstpoesie, die eine individuelle Schöpfung einzelner Menschen darstellte, schuf die Naturpoesie sich selbst, war unmittelbares Produkt des Volksgeistes. Eine Neuschöpfung von Naturpoesie, wie sie bei zeitgenössischen Schriftstellern beliebt war, war nach der Konzeption Grimms daher nicht möglich.

Klar geprägt waren die Quellensammlungen zudem von Grimms organischem Geschichtsverständnis, das eine genauere historische Ein- oder Anordnung der Quellen überflüssig erscheinen ließ. Ebenso unterblieb eine ausführlichere Quellenkritik.

Als Jurist oder gar als Rechtshistoriker verstand sich Grimm nicht, weder die *Weisthümer* noch die *Rechtsalterthümer* waren daher »juristische« Werke im engeren Sinne. Trotzdem schwebte ihm für die Zukunft eine Systematisierung des dem Volksgeist entsprechenden deutschen Rechts vor. Er wollte durch seine Sammlungen hierfür wertvolle Vorarbeiten leisten, eine Systematisierung selber vorzunehmen war nicht seine Zielsetzung.

Grimm eröffnete der Rechtswissenschaft mit seinen Sammlungen bisher nicht beachtete Quellengattungen, wie Märchen und Sagen, in denen der Volksgeist, so Grimms Überzeugung, noch unmittelbar erhalten geblieben war. Besonders wertvoll waren für ihn vermeintlich mündlich überlieferte Quellen. Grimm war zudem bemüht, möglichst alte, unverfälschte Nachweise zu finden, die den Volksgeist noch in reiner Form zu erkennen gaben.

Bei der Edition der Quellen standen für Grimm Treue und Wahrhaftigkeit zum Urtext im Mittelpunkt. Text und Inhalt formten eine Einheit, jede Veränderung des einen hatte unvermeidlich eine Verfälschung des anderen zur Folge. Es dem Leser durch eine umfassende Aufarbeitung leichter zu machen, stand nicht in Grimms Sinn. Übersetzungen und Modernisierungen alter Quellen lehnte er daher grundsätzlich ab und akzeptierte sie nur in Ausnahmefällen. Die Rückführung vermeintlich verfälschter Quellen in ihre ursprüngliche Form war für Grimm dagegen unproblematisch möglich. Auch offensichtliche

Fehler durften berichtigt werden. Literarische Bearbeitungen allerdings, wie sie etwa sein Bruder Wilhelm durchführte, konnte Grimm nicht gutheißen.

Bei der Sammlung der Rechtsquellen ergaben sich aus Grimms Herangehensweise Besonderheiten aus der besonders engen Verbindung, die er zwischen Sprache und Recht feststellte. Die sprachliche Ausgestaltung der Rechtsquellen war daher Grimms Forschungsschwerpunkt. Durch sprachliche Analyse, so war er überzeugt, konnte erst die genaue Bedeutung der Rechtsbegriffe aufgeklärt und damit der Kern der rechtlichen Volkskultur erkannt werden. Bei der Edition von Rechtstexten wich Grimm teilweise von seinem erklärten Übersetzungsverbot ab und erlaubte die Beigabe einer lateinischen Übersetzung, die das Verständnis und die internationale Anwendbarkeit sicherstellen sollte. Insbesondere bei den aus dem Volksgeist hervorgegangenen alten Quellen jedoch riet er zur besonderen Vorsicht. Maßgebliches Kriterium blieb die Treue zum vermeintlichen Urtext. Aus den so gesammelten und aufbereiteten Quellen meinte Grimm die Besonderheiten des deutschen Volksgeistes ableiten zu können.

IV. Der Volksgeist im kulturhistorischen Gesamtkonzept Grimms

Der Volksgeist war für Grimm nicht nur totes Konzept, sondern im wissenschaftlichen Leben vielfach präsent. Die Idee eines schaffenden Volksgeistes war die nichtwegzudenkende Grundlage seiner Wissenschaft. Auch wenn er betonte, dass er mit seinen Forschungen kein »System« für die Gegenwart entwerfen wollte, so waren seine Werke eingebettet in teils sehr konkrete Vorstellungen von Gegenwart und Zukunft des deutschen Volkes und der deutschen Wissenschaft. Wie genau sich das Volksgeistprinzip innerhalb des kulturhistorischen Gesamtkonzepts Grimms ausgeprägt hat, ist Gegenstand des folgenden Abschnitts. Hier wird sich zeigen, wie wichtig der Volksgeist für das gesamte Schaffen Grimms war.

1. Politische Dimension des Volksgeistes

Im 19. Jahrhundert lässt sich insbesondere bei Germanisten eine deutliche Durchwirkung der wissenschaftlichen Konzepte mit politischen Ansichten feststellen.[720] Dies gilt auch für die Rechtsquellenlehre, zu der die Volksgeistkonzepte zu zählen sind. Volksgeist, historische Forschung und politische Zielsetzung waren eng verknüpft.[721]

Bevor die Rolle des Volksgeistes vor dem Hintergrund der politischen Vorstellungen und Zielsetzungen Grimms näher betrachtet werden kann, muss

---

720 FRANK L. SCHÄFER, Juristische Germanistik (2008), S. 636 f.
721 Vgl. dazu ERIK WOLF, Grosse Rechtsdenker (1963), S. 672.

zunächst sein generelles Verhältnis zur Politik geklärt und seine Rolle in der politischen Landschaft der Zeit näher betrachtet werden. Bedenkt man Grimms Äußerungen über den Zweck seiner Forschung, so scheint es, als wäre »nicht die Anwendung des Erforschten, nicht also der zweckgerichtete Gebrauch des Erforschens für die Gesellschaft« für ihn maßgeblich gewesen. Die »Praxisunbezogenheit« wurde daher teilweise zur Leitlinie von Grimms Wissenschaftsverständnis erhoben.[722] Dies hat in der Vergangenheit dazu geführt, dass dem Werk Grimms jegliche politische Zielsetzung abgesprochen wurde. So stellte Roland Feldmann für das Verhältnis von Volksgeist und Politik bei Grimm fest: »Der staatlich-politische Bereich hat vom Geist, vom Volksgeist her keine Zielsetzung zu erhalten.«[723]

Es ist richtig, dass Grimm selber kein System oder Programm für die Gegenwart aufgestellt hat. Trotzdem hatte er den Wunsch, auf die Ausgestaltung der Gegenwart und der Zukunft Einfluss zu nehmen.

Schon vor dem Hintergrund der unmittelbaren Beteiligung Grimms am politischen Tagesgeschehen würde es daher verwundern, wenn Grimms Werk eine politische Dimension fehlte.

a) Jacob Grimm als Politiker?

> wer verabscheut mehr als ich alles was man politisches treiben nennt? es hat mich nie nur aus der ferne berührt.[724]

Geht es um die Brüder Grimm und ihre Rolle und ihr Engagement in der Politik, so ist nicht nur auffällig, wie sehr sich das Bild von ihnen im Verlauf des 20. Jahrhunderts verändert hat, sondern auch noch bis heute differiert. So wird Jacob Grimm einerseits als vorbildlicher Demokrat dargestellt,[725] als Anhänger eines »historisch-organischen« Liberalismus,[726] dann als konservativer Monarchist,[727] teilweise sogar als Wegbereiter der Nationalsozialisten.[728] Auf der

---

722 Vgl. JUTTA STRIPPEL, Zum Verhältnis von Deutscher Rechtsgeschichte und Deutscher Philologie (2000), S. 137.

723 ROLAND FELDMANN, Jacob Grimm und die Politik (1969), S. 225.

724 JACOB GRIMM, Über meine Entlassung (1838), Kl. Schr. 1, S. 42.

725 So bspw. bei LUDWIG DENECKE, Die Geltung der Brüder Jacob und Wilhelm Grimm in 200 Jahren, S. 22.

726 MICHAEL STOLLEIS, Geschichte des öffentlichen Rechts in Deutschland, Bd. 2 (1992), S. 159.

727 HERMANN ENGSTER, Germanisten und Germanen (1986), S. 30.

728 So bei KLAUS VON SEE, Die Göttinger Sieben (2000), S. 86 und 97. Dieser urteilt auch über Jacob Grimms politische Ansichten: »Vielmehr sind seine Ansichten

anderen Seite wird betont: »In der Politik haben sich die Brüder niemals einer Gruppe oder Parteiung zugerechnet, auch niemals nur einen bestimmten Kreis von Anhängern angesprochen.«[729] Teils wird aber für die Zeit der Angehörigkeit Jacobs zur Frankfurter Nationalversammlung von einer Zugehörigkeit zur Casino-Partei gesprochen.[730] Wiederum andere sprechen Grimm insgesamt eine »rechtspolitische« Zielsetzung ab.[731]

über Politik, Volk und Vaterland ebenfalls nichts anderes als die Ausgeburt philologischer Stubengelehrsamkeit« (S. 83). Er beurteilt Jacob Grimms Ansichten im Schleswig-Holstein-Konflikt als »politisch unverantwortliches Geschwätz« (S. 84) und verweist auf Grimms »Mangel an politischem Pragmatismus« sowie »Inkompetenz in verfassungsrechtlichen Dingen« (S. 101). Die Grimm-Rezeption während des Nationalsozialismus böte genug Stoff für eine eigenständige Bearbeitung und soll daher hier nicht vertieft dargestellt werden. Auf einige Dinge sei jedoch hingewiesen: Bei der Gegenüberstellung von romantischer und völkisch nationalsozialistischer Sprachauffassung lässt sich bereits früh ein entscheidender Unterschied ausmachen. In der nationalsozialistischen Ideologie leitete sich das Volkstum nicht über die Sprache, sondern über das »Blut« her. Vgl. hierzu auch ULRIKE HASS-ZUMKEHR, Deutsche Wörterbücher – Brennpunkt von Sprach- und Kulturgeschichte (2001), S. 208. Gleichwohl ist Jacob Grimms Volksdefinition im rassistischen Sinne umgedeutet worden, indem der Bezug auf die Sprache mit der Rasse und der »gemeinsamen Bande des Blutes« gleichgesetzt wurde: WILHELM SCHOOF, Volk und Rasse bei Jacob Grimm, in: Rasse 8 (1941), S. 265. Hier wurde zudem darauf hingewiesen, Grimms Gedanken seien »beispielhaft für die Ideenwelt des Dritten Reiches« (S. 268). Der Aufsatz schließt mit einem Dank an Jacob Grimm: »Ihm gebührt ein nicht geringer Anteil an der neuen Einstellung [Rassebewusstsein] der deutschen Gedankenwelt.« In einem weiteren kleinen Aufsatz lobte Schoof zudem die historische Weitsicht Grimms in Bezug auf die Reinhaltungsbemühungen der Sprache: »Was unsere Sprache redet, ist unseres Leibes und Blutes«, Jacob Grimm und die deutsche Sprache, in: DWD 1940, S. 5–6. Zur Instrumentalisierung des Wörterbuches in der NS-Zeit vgl. auch SENYA MÜLLER, Sprachwörterbücher im Nationalsozialismus, Stuttgart 1994.

729 LUDWIG DENECKE, Die Geltung der Brüder Jacob und Wilhelm Grimm in 200 Jahren, S. 23.

730 So bei ERNST RUDOLF HUBER, Deutsche Verfassungsgeschichte seit 1789, Bd. II (1960), S. 98 Fn. 25; 615. Dies erscheint auch im Hinblick darauf plausibel, dass Grimm 1849 an der Gothaer Versammlung ehemaliger Casino-Fraktion-Angehöriger teilnahm, die einen Verfassungsentwurf Preußens, Hannovers und Sachsens beraten sollten; vgl. HORST GRÜNERT, Vom heiligen Begriff der Freiheit – Jacob Grimm und die Revolution von 1848 (1987), S. 61. Teilweise wird aber auch auf die besondere Sitzposition Grimms innerhalb der Paulskirche verwiesen, um eine Fraktionslosigkeit Grimms anzunehmen, so bei HANS-CHRISTOF KRAUS, Jacob Grimm – Wissenschaft und Politik (2003), S. 165; ADOLF LAUFS, Rechtsentwicklungen in Deutschland (1991), S. 212.

731 So HERMANN KLENNER, Deutsche Rechtsphilosophie im 19. Jahrhundert (1991), S. 122.

Der Blick auf die Brüder Grimm als Politiker und politisch Handelnde hat sich erst in jüngerer Zeit herausgebildet.[732] Zeitgenossen blendeten das Thema Politik häufig aus oder verneinten ein politisch motiviertes Handeln der Brüder.[733] So beschrieb Adolf Wolff, dass Grimm während des Schleswig-Holstein-Konflikts von seinen Gegenspielern als »Märchendichter Professor« bezeichnet und offenbar politisch nicht ernst genommen worden sei,[734] August Wilhelm Schlegel beschuldigte Grimm in seiner Rezension der *Altdeutschen Wälder* der Beschäftigung mit altem »Trödel« aus der »Rumpelkammer wohlmeynender Albernheit«.[735] Das Bild der unpolitischen Grimms wird auch in den berühmten Grimm-Biographien von Wilhelm Scherer und Wilhelm Schoof gezeichnet, die lange Zeit die Forschung beeinflussten.[736] Schoof beschrieb Grimm gar als »weltfremden Gelehrten«, dem »zum Politiker mancherlei fehlte«.[737] Helmut De Boor schilderte Grimms Werk anlässlich seines 100. Todestages als »nicht durch aktive Teilnahme am öffentlichen Leben bestimmt. Fern von politischem wie akademischem Ehrgeiz ersehnte er nichts als die Stille ungestörter gelehrter Arbeit.«[738] Auch Roland Feldmann verneinte, wie gesehen, das Vorhandensein eines politischen Konzepts Grimms.[739]

Erklären lässt sich diese über lange Zeit herrschende Sichtweise auf das politische Handeln Grimms unter Umständen dadurch, dass er sich nicht

---

732 Wohl vor allem bedingt durch das Bekanntwerden des Briefwechsels mit Savigny, vgl. Leopold Magon, Jacob Grimm – Leistung und Vermächtnis (1963), S. 10 f.

733 So Karl Weigand, Vortrag über Jacob Grimm in der Gesellschaft für Wissenschaft und Kunst zu Gießen am 27. November 1863, in: Alan Kirkness (Hrsg.), Briefwechsel der Brüder Grimm mit Hildebrand, Lexer und Weigand (2010), S. 472–481. Weigand beurteilt hier die Tätigkeit Jacob Grimms in der Frankfurter Nationalversammlung mit den Worten: »Er war kein Politiker und so war auch hier sein Ort nicht.« (S. 480). Bernhard Denhard, Die Gebrüder Jakob und Wilhelm Grimm, S. 34, stellte 1860 fest: »Die beiden Grimme sind durchaus keine politischen Naturen und standen von jeher allem Parteitreiben fern.« Auch in der Gedenkrede von Georg Waitz, Zum Gedächtnis an Jacob Grimm (1863), S. 21, findet sich die Charakterisierung von Jacob Grimm: »Er hatte kein Gefallen an politischen Dingen.«

734 Adolf Wolff, Berliner Revolutionschronik, 2. Bd. (1852), S. 380.

735 August Wilhelm Schlegel, Rez. Altdeutsche Wälder, in: Heidelbergische Jahrbücher für Literatur 1815, S. 729 f.

736 Hinweis entnommen aus Nicola Achterberg, Das Spannungsfeld von Verantwortungs- und Gesinnungsethik im Verhältnis zum politischen Bewusstsein Jacob Grimms (2001), S. 15 f.

737 Wilhelm Schoof, Die Brüder Grimm in Berlin (1964), S. 56.

738 Helmut De Boor, Gedenkrede auf Jacob Grimm, in: Beiträge zur Geschichte der deutschen Sprache und Literatur 86 (1964), S. 3.

739 Roland Feldmann, Jacob Grimm und die Politik (1969), S. 289.

einfach einer politischen Richtung zuordnen ließ, eben nicht einer bestimmten Fraktion angehörte und seine Meinung nicht klar nach einer Richtung orientiert hat. Grimm äußerte offen seine Abneigung gegenüber parteipolitischem Handeln,[740] nicht jedoch gegenüber dem Politischen als dem öffentlichen Anliegen an sich. Dieses lag ihm im Gegenteil sehr am Herzen. Daraus zu schließen, er wäre planlos, ohne eine »rationale Komponente«[741] in die Verwicklung mit politischen Themen quasi hineingerutscht, ist in Anbetracht der vielfältigen Berührungspunkte Grimms mit politisch bedeutsamen Vorgängen nicht überzeugend.[742]

Warum die Grimms ihre politische Auffassung nicht nach außen trugen, erklärten sie 1844. Zwar würden sie ihre »politische gesinnung« »zur rechten zeit« nicht verhehlen, aber »nichts hassen wir bitterer als sie jeden augenblick, ohne noth zur schau zu tragen und frevelhaft preiszugeben«.[743] Seine politischen Ansichten behielt Grimm, wenn es nicht Not tat, für sich. In »den qualm des partheiwesens« wollte er sich nicht hineinziehen lassen.[744] Daher fanden sich insgesamt sehr wenige offen politische Äußerungen Jacob Grimms. Dass er jedoch die politischen Entwicklungen interessiert verfolgte, belegt auch eine Beschreibung seines Neffen: »die politischen dinge verfolgte er mit aufmerksamkeit. wenn die zeitung kam legte er oft sogleich die feder nieder und las sie genau durch.«[745]

Sein politisches Interesse und Engagement zeigte sich auch in den zahlreichen Veröffentlichungen, die Grimm für Görres' *Rheinischen Merkur* verfasste, der zwischen 1814 und 1816 erschien, stark politisch ausgerichtet war und deutschlandweit eine erhebliche Beachtung fand.[746]

---

740 »Meine Vaterlandsliebe hat sich niemals hingeben mögen, in die Band, aus welchen sich zwei Parteien einander anfeinden. Ich habe gesehen, daß liebreiche Herzen in diesen Fesseln erstarrten. Wer nicht eine von den paar Farben, welche die kurzsichtige Politik bringt, aufsteckt, wer nicht die von Gott mit unergründlichen Gaben ausgestatteten Seelen der Menschen wie ein in Schwarz und Weiß geteiltes Schachbrett ansieht, den haßt sie mehr, als ihren Gegner, der nur ihre Livrée anzuziehen braucht, um ihre zu gefallen.« Jacob Grimm, zitiert nach Bernhard Denhard, Die Gebrüder Jakob und Wilhelm Grimm (1860), S. 34.

741 Roland Feldmann, Jacob Grimm und die Politik (1969), S. 289.

742 So auch Nicola Achterberg, Das Spannungsfeld von Verantwortungs- und Gesinnungsethik im Verhältnis zum politischen Bewusstsein Jacob Grimms (2001), S. 16 f.

743 Jacob Grimm / Wilhelm Grimm, Erklärung über Hoffmann von Fallersleben (1844), Kl. Schr. 7, S. 599.

744 Ebd., S. 600.

745 Wilhelm Grimms Sohn über Jacob Grimm, zitiert in Jacob Grimm, Rede auf Wilhelm Grimm (1860), Kl. Schr. 1, S. 186.

746 Zur Geschichte und Bedeutung des Rheinischen Merkur Heinrich Wöhrmann, Görres' Rheinischer Merkur (1933), S. 7 ff; S. 29 ff.

Seine *Geschichte der deutschen Sprache*, die Grimm später als seine beste Arbeit erachtete,[747] enthielt die Aussage, »durch und durch politisch« zu sein.[748] In der Tat untermauerte Grimm hier die lange Tradition einer deutschen Sprachnation und verband damit die konkrete Forderung nach staatlicher Einheit.

Bei Grimms distanzierenden Bemerkungen über sein Verhältnis zur Politik muss auch das politische Klima während der ersten Hälfte des 19. Jahrhunderts mitbedacht werden. So führte er in seiner Rede als Vorsitzender der 1. Germanistenversammlung in Frankfurt zwar aus:

> Was die eigentliche politik betrifft, so bleibe sie unsern zusammenkünften, die nichts darüber zu beschliesen haben, fremd, so natürlich und unvermeidlich es sein wird, auf dem boden der geschichte, des rechts und selbst der sprache aufsteigende fragen, die an das politische gebiet streifen, mit wissenschaftlicher strenge aufzunehmen und zu verhandeln. mitten auf solcher grenze auszuweichen, in lebendiger, alle herzen bewegender gegenwart, würde einzelner männer unwerth scheinen, geschweige einer versammlung deren glieder nach allen seiten hin aufzuschauen gewohnt sind und in freier rede nicht jedes ihrer worte vorher auf die wage zu legen brauchen.[749]

Diese Aussage war allerdings nicht so zu verstehen, dass Grimm generell politisch brisante Themen ausklammern wollte. Klar bezog er sich auf die »eigentliche Politik«. Konkrete Beschlüsse sollten auf der Germanistenversammlung nicht gefasst werden, kontrovers debattiert werden dagegen schon.[750] Dies geschah ausgiebig in beiden Germanistenversammlungen; und der Vorsitzende Grimm griff nur regulierend ein, als August Ludwig Reyscher[751] zu einer tatsächlichen Abstimmung über die Schleswig-Holstein Frage aufrief. Dies war nicht Aufgabe der Versammlung, und solche offenen politischen Äußerungen waren im Vormärz nicht ungefährlich. Welch weitreichende obrigkeitliche Reaktion eine offizielle Äußerung der Versammelten vermutlich nach sich gezogen hätte, lässt sich erahnen, wenn man die Nachwirkungen des von

---

747 Jacob Grimm, Ein Lebensabriss Jacob Grimms, in: Zeitschrift für deutsche Philologie 1 (1869), S. 490. Obwohl in der dritten Person verfasst, stammt der Text wohl von Jacob Grimm selbst, vgl. Maria Herrlich, Organismuskonzept und Sprachgeschichtsschreibung (1998), S. 12 Fn. 10.

748 Jacob Grimm, Vorrede zur Geschichte der deutschen Sprache, Bd. 1 (1848), S. IV.

749 Jacob Grimm, Über die wechselseitigen Beziehungen und die Verbindung der drei in der Versammlung vertretenen Wissenschaften (1846), Kl. Schr. 7, S. 562.

750 Vgl. dazu auch Katinka Netzer, Die Brüder Grimm und die ersten Germanistenversammlungen, in: Bernd Heidenreich / Ewald Grothe (Hrsg.), Die Grimms, Kultur und Politik (2008), S. 307 f.; auch dies., Wissenschaft aus nationaler Sehnsucht. Die Verhandlungen der Germanisten 1846 und 1847 (2006).

751 Joachim Rückert, August Ludwig Reyschers Leben und Rechtstheorie (1974), S. 171, beschreibt den Vorschlag Reyschers als »Stich ins Wespennest.«

Grimm in der Philologenversammlung 1850 getätigten Aufrufs betrachtet: »die Sache Schleswigs ist eine gerechte, heilige, unverbrüchliche des ganzen Deutschlands.«[752] Der preußische König reagierte alles andere als begeistert.[753]

Allein die Teilnahme und die Übernahme des Vorsitzes der Germanistenversammlungen 1846 und 1847 zeigten Grimm als politischen Akteur. Die Versammlungen erwiesen sich als Nische für politische Diskussion im repressiven Klima des deutschen Vormärz. Wer hier aktiv teilnahm, wollte auch politisch die Zukunft Deutschlands bestimmen.[754] Beide Germanistenversammlungen können daher durchaus als »politisches Fanal«[755] bezeichnet werden und prägten die späteren Verhandlungen in der Paulskirche.[756] Um die politische Brisanz der Versammlungen festzustellen, reicht bereits ein Blick auf die behandelten Themen, die höchst aktuelle und kontroverse Punkte, wie die Lage in Schleswig-Holstein und die zukünftige Ausgestaltung des deutschen Rechts, beinhalteten.[757]

Für Grimm lässt sich daher feststellen, was häufig in der historisch ausgerichteten Forschung des 19. Jahrhunderts zu beobachten war: Forschung und politisches Programm gingen eine ausgeprägte Wechselbeziehung ein, die jedoch mit der eigenen Überzeugung, rein historisch zu forschen und damit gerade nicht Gegenwartsinteressen in die Ergebnisse hineinprojizieren zu wollen, einherging.[758] Insofern war auch das oben beschriebene Bekenntnis Grimms, ein reiner Altertumsforscher zu sein, Abbild einer nicht ganz korrekten Selbsteinschätzung.

Das politische Wirken der Brüder Grimm wird in jüngeren Darstellungen eindeutig anerkannt und ist inzwischen fester Bestandteil der Lebensbeschreibungen geworden.[759] Ob es sich bei Grimm um einen »Politiker« im heutigen

---

752 Jacob Grimm, Vortrag über Schleswig-Holstein (1850), Kl. Schr. 8, S. 450.

753 Vgl. dazu auch Klaus Röther, Die Germanistenverbände und ihre Tagungen (1980), S. 14.

754 Vgl. dazu auch Katinka Netzer, Wissenschaft aus nationaler Sehnsucht (2006), insbes. S. 101 f.

755 Jörg Jochen Müller, Die ersten Germanistentage (2000), S. 298.

756 Vgl. zum Einfluss von Mitgliedern der Germanistentage vor allem auch auf die Heidelberger und Heppenheimer Versammlungen, die zur Bildung eines Vorparlaments führten: Jörg Jochen Müller, Die ersten Germanistentage (2000), S. 316 f.

757 Vgl. hierzu Katinka Netzer, Wissenschaft aus nationaler Sehnsucht (2006), S. 107 ff.

758 Vgl. dazu Karin Nehlsen-v. Stryk, Zum »Justizbegriff« der rechtshistorischen Germanistik, in: Ius Commune XVII (1990), S. 193.

759 Auch Peter Vogel, Jacob Grimm und die Deutsche Nationalversammlung 1848, in: Hans-Bernd Harder u.a. (Hrsg.), 200 Jahre Brüder Grimm, Bd. 3, Teil 2 (1989), S. 33, kritisiert das bisher »ästhetisch sublimierte Grimm-Bild« und

---

Sinne gehandelt hat, mag man mit Recht bezweifeln.[760] Einer bestimmten »Partei« ließ er sich jedenfalls nicht zuordnen.

Lange Zeit betonte Grimm seine Abneigung gegen alle extremen, revolutionären Tendenzen in die eine oder andere Richtung:

> den gemeinen liberalismus und ultraismus sittigt und bändigt uns die festgewurzelte achtung vor der geschichte und das rechte freiheitsgefühl; die masse unseres volks, wenn ihm nur das rechte und billige gewährt wird, ist zu rechtschaffen und aufgeklärt, als dasz sie sich in eins jener extreme locken liesze.[761]

Daher mag es ihm schwer gefallen sein, sich mit einer speziellen politischen Gruppierung zu identifizieren. Nach seiner Göttinger Amtsenthebung äußerte er sich sehr kritisch gegenüber dem Prinzip der Partei überhaupt:

> wer fühlte nicht in gewissen puncten zusammen mit dem liberalen, mit dem servilen, mit dem constitutionellen und dem legitimisten, radicalen und absoluten, sobald sie nur nicht unredlich oder heuchler sind [...] in dem grunde solcher entgegensetzungen sehe ich oft wilde pflanzen treiben, üppig in stengel und laub, ohne nährende frucht. unter den vielen wechselnden verfassungen waren die glücklichsten die, welchen es gelang, das allgemeine loos irdischer tugenden und unvollkommenheiten dergestalt zu beherschen, dasz sie, was zeiten und völker am eigensten hob, sich gewähren liesen und schirmten.[762]

Jacob Grimm sparte nicht mit Kritik:

> an constitutionellen misbehagt mir ihr pedantisches streben nach ausgleichung und gleichförmigkeit, berggipfel möchten sie ebnen, stolze wälder ausrotten, ihren pflug in blumenreiche wiesengründe die furche des ackers reisen lassen. sie mühen sich das obere hinab, das niedere hinauf zu rücken, ihr eigentliches gefallen ist das gewöhnliche, nützliche. wenn von ihnen alles mit hast getrieben wird, gehen die absolutisten aus auf eine unnatürliche sätigkeit aller dinge; sie

bezeichnet Grimm als Zoon politicon; eindeutig gegen das Bild vom »lebensfremden, weltabgekehrten Antiquitätensammler« auch WERNER OGRIS, Jacob Grimm, Ein politisches Gelehrtenleben (1990), Zitat S. 33. BERND HEIDENREICH stellte sogar fest: »In ihnen [den Brüdern Grimm] verband sich vielmehr ihre liberalkonservative Gesinnung mit einem patriotischen Pflichtgefühl, das zum politischen Engagement geradezu herausforderte«, Die Grimms und ihre Bedeutung für Kultur und Politik der Deutschen, in: DERS./EWALD GROTHE (Hrsg.), Kultur und Politik – Die Grimms (2003), S. 12; dazu ebenfalls HANS-CHRISTOF KRAUS, Jacob Grimm – Wissenschaft und Politik (2003), S. 152.

760 So LEO STERN, Der geistige und politische Standort von Jacob Grimm in der deutschen Geschichte (1963), S. 21; BRIGITTE BÖNISCH u. a., Die Göttinger Sieben, in: ROLF WILHELM BREDNICH (Hrsg.), Die Brüder Grimm in Göttingen (1986), S. 81, verneint zwar die Politikereigenschaft, nennt Grimm aber eine »politische Persönlichkeit«.

761 JACOB GRIMM, Über den Metaphysischen Sinn der Deutschen, Hannoversche Zeitung 1832, Kl. Schr. 8, S. 422.

762 JACOB GRIMM, Über meine Entlassung (1838), Kl. Schr. 1, S. 29.

scheuen und suchen jede erhebung des geringen zu hintertreiben, ihre mittel sind langsamer und geschmeidiger, sie unternehmen es wohl, wenn ihrer ansicht der vordergrund unsrer zeit zu eintönig und abgeblichen erscheint, ihn mit grellen farben aufzumahlen, und vor unsern augen fratzen hinzustellen, welche die zukunft hohnlachend niederreiszen wird.[763]

Davon, dass Grimm sich auch für seine Zeitgenossen nicht klar einer politischen Linie zuordnen ließ, zeugt ein Brief des christlichen Sozialpolitikers Victor Aimé Huber, der die Grimms während der schwierigen Zeit nach den Göttinger Ereignissen begleitet hat:

> besonders bei Jacob, der wirklich in der kindlichsten Unschuld die tollsten liberalen Deraisonnements vorbringen kann, die eigentlich in ihrer wahren Bedeutung und in ihrem Zusammenhange ganz gegen seine Natur und Meinung sein würden.[764]

In der Nationalversammlung allerdings fand sich Grimm auf Seiten der rechts-liberalen Casino-Fraktion wieder, die für eine geschichtlich gewachsene konstitutionelle Erbmonarchie für Deutschland eintrat. Der Bereich, auf dem ein Konsens der einzelnen Fraktionsmitglieder erzielt werden konnte, war allerdings klein. Auch hier fühlte Grimm sich zuvorderst seinem Gewissen unterworfen und beugte sich keiner Fraktionsdisziplin.[765] Seine idealistische Grundeinstellung und sein Unwillen, Kompromisse zu schließen, führten ihn in eine Rolle als Außenseiter und schließlich zur resignierten Aufgabe seines Mandats.[766] Auch in der Nationalversammlung konnte Grimm nicht aus seiner Haut.[767]

Grimms »parteipolitische Zuordnung« ist daher schwer bis unmöglich. Einerseits lehnte er die konservativ-legitimistischen Parteiströmungen wegen ihrer Förderung der nationalen Zersplitterung ab, andererseits konnte er sich auch nicht mit den Ideen eines modernen pluralistischen Parteienstaates anfreunden, der seinem Wunsch nach einer Gemeinschaft unter einem Volksgeist widersprochen hätte.[768]

---

763 Ebd., S. 30 f.
764 Brief Victor Aimé Huber an N.N. vom 26.02.1840, in: Gerhard Heilfurth, Victor Aimé Huber und die Brüder Grimm, in: BGG 6 (1986), S. 108.
765 Katinka Netzer, Wissenschaft aus nationaler Sehnsucht (2006), insbes. S. 103.
766 Norbert Kamp, Von der Göttinger Protestation zur Frankfurter Paulskirche, in: Bernhard Lauer (Hrsg.), Die Brüder Grimm und die Geisteswissenschaften heute (1999), S. 140.
767 Die Presse urteilte: »So plaudert der alte Herr vom Hundersten in's Tausendste, und die Versammlung hängt an seinem Munde.« Neue Rheinische Zeitung, 4. Aug. 1848, Nr. 65, S. 2, Kol. 3.
768 Vgl. dazu auch Klaus Ziegler, Jacob Grimm und die Entwicklung des modernen deutschen Nationalbewußtseins, in: ZHG 74 (1963), S. 171.

b)   Der Volksgeist im politischen Kontext

Die Politik spielte jedoch eine entscheidende Rolle innerhalb der Wissenschaft Grimms. Seine politischen Handlungen entsprachen seinen wissenschaftlichen Grundüberzeugungen, seine Forschung hatte auch politische Ziele.[769] In Grimms politischer Einstellung spiegelte sich daher auch seine Volksgeistkonzeption wieder.

aa)   Innenpolitik

Seine Aufgabe sah Grimm in der Förderung des »Vaterländischen«. Er hatte daher konkrete Vorstellungen, wie das deutsche Vaterland ausgestaltet werden sollte und welche Grundideale ein deutscher Nationalstaat zu verwirklichen hatte, um seiner historischen Entwicklung, seinem Volksgeist, gerecht zu werden.

(1)   Nationalismus

> *auf das vaterland sind wir von natur gewiesen und nichts anderes vermögen wird mit unsern angeborenen gaben in solchem maasze und so sicher begreifen zu lernen.*[770]
>
> *in solchen räumen darf nur deutsches, und nichts undeutsches geschehen!*[771]

Eine große Rolle im Leben Jacob Grimms spielten die Bemühungen um die Errichtung eines deutschen Nationalstaats nach dem Zusammenbruch des Heiligen Römischen Reiches deutscher Nation. Seine Forschungen begriff er daher als »vaterländische Arbeit«.[772]

Die Zuordnung Grimms zu den Vertretern eines deutschen Nationalismus ist, wie seine Rolle im politischen Kontext insgesamt, umstritten. Der bedeutende Grimm-Forscher Ludwig Denecke beschrieb das Verhältnis der Brüder Grimm zum Nationalismus so:

> Die Brüder Grimm waren nicht ›Nationalisten‹, wie man ihnen mangels jeder Sachkenntnis vorgeworfen hat. Ihr Blick ging immer über alle Grenzen, und über

---

769   In diesem Sinne schon HANS-CHRISTOF KRAUS, Jacob Grimm – Wissenschaft und Politik (2003), S. 149 ff.

770   JACOB GRIMM, Vorrede zur Deutschen Grammatik, Kl. Schr. 8, S. 27.

771   JACOB GRIMM, Über die wechselseitigen Beziehungen und die Verbindung der drei in der Versammlung vertretenen Wissenschaften (1846), Kl. Schr. 7, S. 563.

772   Das Vaterland war für Grimm sowohl Hessen als auch Deutschland insgesamt, vgl. dazu auch ROLAND FELDMANN, Jacob Grimm und die Politik (1969), S. 42 ff.

alle Grenzen kam Freundschaft auf sie zurück. Wo immer sie Gegensätze sahen – etwa zu Frankreich, zu Dänemark, zu Italien, haben sie doch nie ein Feindbild aufgebaut, sondern immer Verständigung und Gemeinsamkeit gesucht, und zu den slawischen Völkern haben sie Brücken geschlagen, wie damals nur wenige.[773]

An anderer Stelle, in einem Aufsatz, der mit dem bezeichnenden Titel »Die Brüder Jacob und Wilhelm Grimm – zwei große Europäer« überschrieben ist, attestierte Denecke den Brüdern Grimm »eine voraussetzungslose freiheitliche Gesinnung« und die »freundschaftliche Achtung für jede andere Nation«. Er betonte: »Politisches Denken kam für Jacob Grimm nicht aus blutleeren theoretischen Konstruktionen oder Ideologien, sondern aus lebendiger menschlicher Erfahrung«.[774] Schon ein Jahr vorher hatte Friedhilde Krause in einem Geleitwort zu einer ebenfalls durch Denecke erstellten Übersicht über den Inhalt der Grimmschen Bibliothek ausgeführt:

> Bei aller Liebe und Hinwendung zur deutschen Sprache und zur Geschichte ihres Volkes kannten sie [die Brüder Grimm] keine nationale Enge und schon gar keinen Nationalismus.« Bescheinigt wurde ihnen vielmehr ein »völkerverbindendes, vorurteilsfreies Wirken.[775]

Diese Bewertungen sind mit Recht nicht ohne Widerspruch geblieben.[776] Die vehementen Zurückweisungen jeglicher Verbindung der Brüder Grimm zum Nationalismus ist dabei auch auf die negative Konnotation des Nationalismus durch die Vorgänge im 20. Jahrhundert zurückzuführen.[777] Für ein Urteil darüber, ob Jacob Grimm nationalistischen Gedanken nahe stand oder nicht, muss man sich jedoch zunächst der »Version« des Nationalismus nähern, die sich auf dem Gebiet Deutschlands des 19. Jahrhunderts entwickelte und eben noch kein Nationalsozialismus war.[778] Zu dieser Zeit war der frühe deutsche Natio-

---

773 Ludwig Denecke, Die Geltung der Brüder Grimm seit 200 Jahren (1986), S. 24. Diese Tendenz wird auch bereits deutlich in ders., Eine neue Philologie, in: BGG 2 (1975), S. 6.

774 Ludwig Denecke, Die Brüder Jacob und Wilhelm Grimm – Zwei große Europäer, in: BGG 9 (1990), S. 7.

775 Friedhilde Krause, Geleitwort zu: Ludwig Denecke/Irmgard Teitge, Die Bibliothek der Brüder Grimm (1989), S. 7.

776 Vgl. Klaus von See, Die Göttinger Sieben (2000), S. 85.

777 Vgl. zum Funktionswandel des Nationalismus ab 1880 von einem Liberalnationalismus zu einem Reichsnationalismus Hans-Ulrich Wehler, Nationalismus und Nation in der deutschen Geschichte, in: Helmut Berding (Hrsg.), Nationales Bewusstsein und kollektive Identität. (1994), S. 173.

778 Peter Vogel, Jacob Grimm und die Deutsche Nationalversammlung 1848 (1989), S. 34, bezeichnet es daher auch als »gänzlich unakzeptabel, [...] gegenwärtige Wertvorstellungen, Erkenntnisse und politische Maximen in die Geschichte zu transportieren«.

nalismus eher eine »liberale Emanzipations- und Oppositionsideologie«,[779] damit also nicht gleichzusetzen mit den Auswüchsen des rassistisch geprägten Nationalismus der ersten Hälfte des 20. Jahrhunderts.

Kennzeichnend für den Nationalismus des frühen 19. Jahrhunderts war der Bezug auf zwei Mythen.[780] Diese begründeten das Bild einer erfolgreichen deutschen Nation in der Vergangenheit, die bereits in grauer Vorzeit keimhaft angelegt war, und generierten darüber hinaus deren vorbestimmten Weg zu noch größeren Errungenschaften in der Zukunft.[781] Der Nationalismus wirkte in der Zeit nach 1803 als identitäts- und legitimitätsstiftend, erfüllte fast religionsähnliche Funktion und wurde vor allem von Protestanten vorangetrieben.[782] Politisch verbunden mit dem frühen Nationalismus waren Forderungen nach Abschaffung der Adelsprivilegierung und nach erweiterten politischen Partizipationsmöglichkeiten der Staatsbürger, wenn auch vor allem der Gebildeten und Begüterten.[783]

Grimm war an der Bildung einiger dieser Nationalmythen nicht ganz unbeteiligt. Beliebt war in diesem Zusammenhang die Berufung auf das von »Deutschen« dominierte Mittelalter, welches den Vorzug hatte, dass es nicht mit den verhassten Franzosen geteilt werden musste.[784] So belebten die »Deutschen Sagen« beispielsweise den Mythos einer Rückkehr Kaiser Friedrich Barbarossas und lieferten eine perfekte Vorlage für die »Arbeit am Mythos«, einer Wiederbelebung und Revision des bereits lange Zeit in Deutschland beliebten Barbarossa-Motivs.[785] Zudem fanden sich bei Grimm zahlreiche Hinweise auf die bereits in Urzeiten keimhaft angelegte Deutsche Nation und deren Bestimmung zu einer erfolgreichen Geschichte. Für ihn war die Rolle Deutschlands innerhalb der westlichen Welt von besonderer Schicksalshaftigkeit. So sah er »friede und heil des ganzen welttheils auf Deutschlands stärke und freiheit beruhen«.[786]

Ein Europäer im modernen Sinne, wie Ludwig Denecke es ihm bescheinigte,[787] war Grimm daher nicht. Sein Verständnis der deutschen Sprachnation war

---

779 Vgl. HANS-ULRICH WEHLER, Nationalismus und Nation in der deutschen Geschichte (1994), S. 167.

780 Vgl. dazu ebd., S. 167.

781 Vgl. dazu auch HERFRIED MÜNKLER, Die Deutschen und ihre Mythen (2010), S. 33 ff.

782 HANS-ULRICH WEHLER, Nationalismus und Nation in der deutschen Geschichte (1994), S. 165 ff.

783 Ebd., S. 165 ff.

784 Vgl. HERFRIED MÜNKLER, Die Deutschen und ihre Mythen (2010), S. 35.

785 Vgl. auch ebd., S. 37 ff., zur Rolle der Brüder Grimm, S. 44 f.

786 JACOB GRIMM, Italienische und Scandinavische eindrücke (1844), Kl. Schr. 1, S. 78.

787 LUDWIG DENECKE, Die Brüder Jacob und Wilhelm Grimm – Zwei große Europäer, in: BGG 9 (1990), S. 8.

allerdings so weitgehend, dass ein nicht unerheblicher Teil Europas davon erfasst war.[788]

Wie kam es, dass Grimm trotz seiner scheinbar eindeutig nationalistischen Aussagen auch hier so unterschiedlich beurteilt wurde? Wie oft in Grimms Weltanschauung vereinten sich in seinem Nationalbewusstsein zwei eigentlich gegenläufige Tendenzen. Dies betraf zum einen die »Relativierung des Nationalen aufs Übernationale hin«, die sich beispielsweise ausdrückte in der Berufung auf gesamteuropäische Tradition sowie eine Urgemeinschaft der Völker; und zum anderen die »Emanzipation des Nationalen vom Übernationalen«, so die Berufung auf die deutsche Eigenart, ja auch auf eine deutsche Sonderstellung innerhalb der Welt.[789]

In der *Geschichte der deutschen Sprache*, seinem politischsten Werk, fasste Grimm die Aufgabe seines Buches für die nationale Einheit zusammen:

> es lehrt, dasz unser volk nach dem abgeschüttelten joch der Römer seinen nahmen und seine frische freiheit zu den Romanen in Gallien, Italien, Spanien und Britannien getragen, mit seiner vollen kraft allein den sieg des christenthums entschieden und sich als undruchbrechlichen damm gegen die nachrückenden Slaven in Europas mitte aufgestellt hat. Von ihm zumal gelengt wurden die schicksale des ganzen mittelalters, aber welche höhe der macht wäre ihm beschieden gewesen, hätten Franken, Burgunden, Langobarden und Westgothen gleich den Angelsachsen ihre angestammte sprache behauptet.[790]

Für Grimm gab es daher in der Gegenwart nur eine Aufgabe: die Vereinigung der deutschen Sprachnation.

> in unserm widernatürlich gespaltnen vaterland kann dies kein fernes, nur ein nahes, keinen zwist, sondern ruhe und frieden bringendes ereignis sein, das unsre zeit, wenn irgend eine andere mit leichter hand herzuführen berufen ist. Dann mag was unbefugte theilung der fürsten, die ihre leute gleich fahrender habe zu vererben wähnten, zersplitterte wieder verwachsen, und aus vier stücken ein neues Thüringen, aus zweil hälften ein starkes Hessen erblühen, jeder stamm aber, dessen ehre die geschichte uns vorhält, dem groszen Deutschland freudige opfer bringen.[791]

Dass die Prioritäten Grimms recht eindeutig auf Seiten der nationalen deutschen Interessen lagen, zeigte sich anschaulich in seiner bisher weniger beachteten Stellungnahme zur Frage der Eingliederung Welschtirols[792] in das deutsche

788   Vgl. dazu die bereits oben zitierte Aussage in: Jacob Grimm, Vorrede zum Deutschen Wörterbuch, 1. Bd. (1854), Kl. Schr. 8, S. 380.
789   Klaus Ziegler, Jacob Grimm und die Entwicklung des modernen deutschen Nationalbewußtseins, in: ZHG 74 (1963), S. 157.
790   Jacob Grimm, Vorrede zur Geschichte der deutschen Sprache, 1. Bd. (1848), S. IV.
791   Ebd., S. V.
792   Vgl. dazu Oswald von Gschließer, Die nationale Einheitsbewegung in Deutschtirol im Jahre 1848 (1938).

Staatsgebiet, die er während der Verhandlungen der Frankfurter Nationalversammlung formulierte.[793] Einige Abgeordnete Welschtirols hatten dort am 3. Juni 1848 den Antrag gestellt, aus dem politischen Verband mit dem deutschen Staatenbund entlassen zu werden.[794] Man fühlte sich als Italiener, nicht als Deutsche. Grimm nahm diesen Wunsch deutlich verärgert auf. Bevor er sich am 4. Juli 1848 einem Antrag auf Ausschluss der betreffenden Welschtiroler Abgeordneten aus der Nationalversammlung anschloss, verfasste er einen eigenen Entwurf einer Stellungnahme. Er führte dort aus: »Man darf erwarten, daß die drei Abgeordneten Südtirols, welche für die Abtretung ihrer Heimat von Deutschland sich erklärt haben, als undeutsch gesinnte Männer, jetzt von freien Stücken aus der Nationalversammlung weichen werden.« Sollte dies nicht geschehen, plädierte Grimm für ihren Ausschluss. »Denn die deutsche Nationalversammlung kann keine solche in sich dulden, die aus dem deutschen Volke in ein fremdes überzugehen beabsichtigt haben.«[795] Welschtirol war nach Ansicht Grimms ganz klar der deutschen Nation zuzuordnen. Wer dies nicht so empfand, war undeutsch gesinnt und hatte in einer deutschen Nationalversammlung nichts zu suchen. Deutlich wurde hier, dass Grimm durchaus bereit war, historische Zugehörigkeitsargumente über das Ideal der Sprachnation zu setzen. Denn die Welschtiroler lebten in einer italienisch geprägten Sprach- und Kulturlandschaft.

Solche politischen Realitäten nahm Grimm zur Kenntnis und löste sie pragmatisch. Für ihn war selbstverständlich, dass im Interesse einer nationalen Einheit die einzelnen Teile Deutschlands zur Erbringung von Opfern verpflichtet waren.

> seit Luther ist die herschaft des hochdeutschen dialects unabänderlich festgestellt und willig entsagen alle theile Deutschlands einzelnen vortheilen, die jede vertrauliche mundart mitführt, wenn dadurch kraft und stärke der aus ihnen allen aufsteigenden gemeinschaftlichen und edelsten schriftsprache gehoben wird. jeder verlust ist für ein glück zu achten, der höhere gewinne zu wege bring.[796]

793 Vgl. dazu Wilhelm Wegener, Jacob Grimm und Welschtirol in der Nationalversammlung in Frankfurt a. M. 1848, in: BGG 8 (1988), S. 48–63.

794 Vgl. Oswald von Gschließer, Die nationale Einheitsbewegung in Deutschtirol im Jahre 1848 (1938), S. 94.

795 Der Antragsentwurf ist u. a. abgedruckt in: Dieter Henning / Bernhard Lauer (Hrsg.), Die Brüder Grimm. Dokumente ihres Lebens und Wirkens (1986), Nr. 798. Aus dieser Äußerung zu schließen, »daß für Grimm die Zugehörigkeit zu einem Volke nicht nur eine historische, unabdingbare Gegebenheit ist, sondern daß diese auch der freien Entscheidung des einzelnen entsprechen muß« – so Roland Feldmann, Jacob Grimm und die Politik (1969), S. 243 –, ist wohl nicht ganz zutreffend, sonst hätte Grimm den Wunsch der Welschtiroler nicht so vehement abgelehnt.

796 Jacob Grimm, Über die wechselseitigen Beziehungen und die Verbindung der drei in der Versammlung vertretenen Wissenschaften (1846), Kl. Schr. 7, S. 558.

Dies galt für Grimm nicht nur auf dem Gebiet der Sprache. Auch nach den negativen Erfahrungen der Vergangenheit und dem Scheitern der Nationalversammlung in der Paulskirche, blieb Grimm optimistisch, dass sich »Deutschlands unausbleibliche einheit« würde verwirklichen können, und er beteuerte seinen »festen glauben auch an das was ich vielleicht nicht mehr erlebe«.[797]

Es war davon überzeugt, dass »seit den befreiungskriegen in allen edlen schichten der nation anhaltende und unvergehende sehnsucht entsprungen« sei,

> nach den gütern, die Deutschland einigen und nicht trennen, die uns allein den stempel voller eigenheit aufzudrücken und zu wahren im stande sind. der groszen zahl von zeitgenossen, vor deren wachem auge die nächsten dreiszig jahre darauf sich entrollten, bleibt unvergessen, wie hoch in ihnen die hoffnungen giengen, wie stolz und rein die gedanken waren; wenn nach dem gewitter von 1848 rückschläge lang und schwerfällig die luft durchziehen, können sprache und geschichte am herrlichsten ihre unerschöpfliche macht der beruhigung gewähren.[798]

Die Berufung auf den seit der Urzeit wirkenden und einenden Volksgeist bedeutete für eine deutsche Nation, dass diese keine neu zu schaffende Tatsache war, sondern die Wiederherstellung eines natürlichen Zustandes. Die Berufung auf die Sprache als konstituierendes Merkmal verdeutlichte ebenfalls die seit langer Zeit bestehende Gemeinschaft und befreite davon, eine Rechtfertigung für territoriale Gebietsansprüche konstruieren zu müssen. Somit verlor »das nationale Projekt der Einigung den konstruktiven Charakter der *Herstellung* einer modernen Nation von Staatsbürgern.«[799]

Grimms Nationalismus-Vorstellung führte zu konkreten Konsequenzen für seine Forschung. So versuchte er, vornehmlich einzelne Völker als Individuen und »in sich selber begründete, beruhende, abgeschlossene Gebilde« zu behandeln, Übereinstimmungen zwischen verschiedenen Völkern damit nicht als Beweis für gegenseitige Beeinflussung oder gar Entlehnung zu verstehen, sondern als Ausdruck einer generellen Menschenverwandtschaft.[800] Im Fokus der Betrachtung standen das deutsche Volk und seine Eigenart, die sich allein aus sich selbst heraus entwickelte. Entlehnungen aus anderen Kulturen anzuerkennen, hätte demgegenüber die Eigenleistung der eigenen Nation geschmälert. Dies bedeutete für den schaffenden deutschen Volksgeist einen eigenen Geltungsanspruch innerhalb Europas, da Kultur, Recht und Sprache eigenständige

---

797 Jacob Grimm an Karl Goedeke im August 1849, in: Johannes Bolte (Hrsg.), Briefwechsel zwischen Jacob Grimm und Karl Goedeke (1927), S. 57.

798 Jacob Grimm, Vorrede zum Deutschen Wörterbuch, 1. Bd. (1854), Kl. Schr. 8, S. 309.

799 Jürgen Habermas, Was ist ein Volk?, in: Frank Fürbeth u. a. (Hrsg.), Zur Geschichte und Problematik der Nationalphilologien in Europa (1999), S. 27.

800 Klaus Ziegler, Jacob Grimm und die Entwicklung des modernen deutschen Nationalbewußtseins, in: ZHG 74 (1963), S. 166 f.

Erzeugnisse des deutschen Volksgeistes waren, die keiner Anleihe bei anderen Nationen bedürften.

Aus den bisher angeführten Äußerungen Grimms haben sich zahlreiche Anzeichen dafür ergeben, dass »das Streben nach einer durch die Geschichte legitimierten germanisch-deutschen, vaterländischen Identität das Grundmotiv von Jacob Grimms lebenslangem wissenschaftlichen und politischen Wirken« war.[801] Dieses »Grundmotiv« muss daher auch bei der Einordnung der Volksgeistkonzeption Grimms mitgedacht werden.

(2) Adel und Orden

Kernelement des deutschen Volksgeistes war für Grimm, wie gesehen, die Freiheit. Diese spielte für ihn auch im politischen Bereich eine besondere Rolle. Er trat für eine formale Freiheit der Bürger untereinander ein, die allerdings bestimmten Modifikationen unterworfen war. Inwieweit er in diesem Bereich auch den deutschen Volksgeist zur Unterstützung seiner politischen Forderungen herangezogen hat, soll im Folgenden dargestellt werden. Hierzu wird exemplarisch die Argumentation Grimms im Hinblick auf »Adel und Orden«[802] untersucht.

(a) Adel

Den Adel sah Grimm als Relikt aus vergangenen Zeiten, das die Freiheit unterdrücke. Der Adel war demnach der Widersacher der bedeutensten Tradition deutscher Lebensart. So führte Grimm aus: »aber neben der freiheit hob sich eine knechtschaft, eine unfreiheit auf der einen, und auf der anderen seite eine erhöhung der freiheit selbst.«[803] Grimm wendete sich ausdrücklich nicht gegen die Beibehaltung der Adelsbezeichnungen, sondern gegen die mit dem Adelsstand verbundenen Sonderrechte, »die in unsere sitten und lebensart aufs empfindlichste eingriffen«.[804] Persönlich aufgefallen war Grimm diese Sonderbehandlung bei der Vergabe von Stipendien. Hier musste er am eigenen Leibe erleben, wie ein adliger aber weniger erfolgreicher Schüler ihm als Klassenbester

---

801 Peter Vogel, Jacob Grimm und die Deutsche Nationalversammlung 1848 (1989), S. 36.
802 Vgl. Jacob Grimm, Über Adel und Orden (1848), Kl. Schr. 8, S. 439 ff.
803 Ebd., S. 439.
804 Ebd., S. 441. Vgl. zur insoweit konsistenten Haltung Grimms mit anderen Vertretern der Historischen Rechtsschule in der Paulskirche Wolfram Siemann, Die Frankfurter Nationalversammlung 1848/49 (1976), S. 129.

vorgezogen wurde.[805] Diese Erfahrung hat Grimm nachhaltig geprägt. In der Nationalversammlung schlug er daher folgende Regelung vor: »aller rechtliche unterschied zwischem adeligen, bürgerlichen und bauern hört auf, und keine erhebung weder in den adel noch aus einem niedern in den höheren adel findet statt.«[806] Damit hoffte er dazu beizutragen, dass der Adel nach und nach aus Deutschland verschwand.

Grimm machte den Adel in gewissem Maße auch für den Niedergang der deutschen Sprache verantwortlich.[807] Kritisch stand er daher der Adelserhebung Goethes und Schillers gegenüber. Seiner Meinung nach bedurften beide derlei Titel nicht. Eine Adelserhebung bringe stets eine Erniedrigung des Bürgertums mit sich. Es zeuge zudem von »undeutsche[m] stil oder gar hohn Friedrich von Schiller, Wolfgang von Göthe zu schreiben«, denn »über solchen dingen liegt eine zarte eihaut des volksgefühls«.[808]

Ablehnend äußerte sich Jacob über Adelserhebungen auch gegenüber seinem langjährigen Freund Ludwig Hassenpflug, der 1835 selber in den Adelsstand erhoben werden sollte.[809] Ihm riet Grimm:

> Ich denke, du müstest dir zu ehre rechnen, in dem stand zu beharren, in dem und durch den du dich aufgeschwungen hast, und müstest durch einen übertritt eher geschwächt als gestärkt werden. Wenn ein unterschied zwischen adel und bürgerstand, für unser zeitalter recht und natürlich ist, so kann die meinung nicht sein, dass ausgezeichnete bürgerliche in den adel aufgenommen werden sollen, das würde heissen, dem einen theil, zu gunsten des andern, seine kraft entziehen, was ungerecht ist, und das ganze verhältnis zuletzt verrückt und über den haufen wirft. ein neuadlicher, der unter den bürgern oben stehen konnte, wird unter den adlichen unten stehn, ja er findet sich einigermassen in der rolle eines getauften juden.[810]

(b) Orden

Jacob erhielt im Laufe seines Lebens zahlreiche Auszeichnungen. Der 1842 durch den preußischen König Friedrich Wilhelm IV. gestiftete Orden der Friedensklasse »Pour le mérite« wurde Grimm ebenso verliehen wie der 1853 gestiftete bayerische Maximiliansorden. Dies nimmt man nicht ohne Verwun-

---

805 Vgl. die Schilderung in JACOB GRIMM, Selbstbiographie (1831), Kl. Schr. 1, S. 5.

806 JACOB GRIMM, Über Adel und Orden (1848), Kl. Schr. 8, S. 443.

807 Vgl. JACOB GRIMM, Über das Pedantische in der deutschen Sprache (1847), Kl. Schr. 1, S. 335 f.

808 JACOB GRIMM, Rede auf Schiller (1859), Kl. Schr. 1, S. 395.

809 Dies lehnte Hassenpflug dann im Ergebnis jedoch ab. Vgl. ROBERT FRIDERICI, Briefe von Jacob und Wilhelm Grimm an Ludwig und Lotte Hassenpflug, in: BGG 3 (1981), S. 102 Anm. 2.

810 JACOB GRIMM an Ludwig Hassenpflug vom 15.01.1835, in: ebd., S. 101.

derung zur Kenntnis, betrachtet man auf der anderen Seite die Rede Grimms von 1848 »Über Adel und Orden«[811] in der Frankfurter Nationalversammlung.[812] Gegen die Verleihung von Orden führte Grimm dort zwei Aspekte an:

> einmal, dasz sie, ihren statuten nach ursprünglich nicht auf das blosze verdienst gerichtet waren, sondern der bloszen gunst des fürsten verdankt werden sollten [...] sodann ist den orden nachtheilig gewesen, dasz sie überall verschwendet wurden.[813]

Noch ein Grund sprach gegen die Verleihung von Orden (freilich nur an Zivilisten, an Militärangehörige sollte auch nach der Vorstellung Grimms weiterhin eine Verleihung von Orden möglich sein). Er sah Orden als »byzantinischen oder chinesischen schmuck«[814] und damit als etwas Undeutsches an. Er trat deswegen in der Nationalversammlung für eine Reformierung der Praxis der Ordensverleihung ein:

1. alle orden für den civilstand sind und bleiben abgethan.

2. der krieger behält seine auf dem schlachtfelde erworbenen orden.

3. für das heer wird ein neuer deutscher orden gestiftet, den ein kriegsgericht ertheilt, und der nur eine einzige classe haben darf, der dem höchsten wie dem geringsten zufallen kann.

4. fremde orden darf weder civil noch militär tragen.[815]

Die zivile Ordensverleihung entsprach für Grimm nicht der deutschen Volkskultur und war somit abzulehnen. Ähnliche Gründe sprachen ja bereits gegen eine Erhebung in den Adelsstand. Während bei der Frage nach den Sonderrechten des Adels allerdings die im deutschen Volksgeist wurzelnde Freiheit als Argumentationshilfe genutzt wurde, verwies Grimm zwar auch in Bezug auf die Orden auf deren Undeutschheit, bemühte das Volksbewusstsein oder die Sitte aber nicht ausdrücklich. Hier genügte ihm ein Verweis auf die Herkunft der Tradition.

Vielleicht kann abschließend die Schilderung Jacobs in seiner Schrift »Das Wort des Besitzes« den Widerspruch zwischen dem politisch ordenablehnenden und dem privat ordenannehmenden Grimm ein wenig klären. So beschrieb er einen Besuch bei »Minister« Savigny in Berlin, bei dem anscheinend offizielle Kleidung zu tragen war:

---

811 Jacob Grimm, Über Adel und Orden (1848), Kl. Schr. 8, S. 439 ff.
812 Auf diesen Widerspruch weist Klaus von See, Die Göttinger Sieben (2000), S. 82, hin.
813 Jacob Grimm, Über Adel und Orden (1848), Kl. Schr. 8, S. 442.
814 Ebd., S. 442.
815 Ebd., S. 443.

Dortchen[816] [...] hatte auch meine orden mir an den rock genäht, die leise rappelten, und vielleicht doch nicht ganz an der gehörigen stelle saszen; für unser einen ist es gar mühevoll solche ehrenzeichen hervor zu holen, zu ordnen, anzuheften, wieder abzulösen und zu verwahren.[817]

Als einen überzeugten Ordensträger stellte Grimm sich selbst nicht dar. Die gesellschaftliche Etikette zu brechen (und wohl erst recht nicht öffentlich zu brüskieren und einen Orden abzulehnen) traute sich der in der Nationalversammlung so wortreich gegen Orden eintretende Gelehrte allerdings auch nicht.

(3) Antisemitismus

Der Begriff des Antisemitismus wurde erst ab Ende des 19. Jahrhunderts gebräuchlich, bezeichnete jedoch ein schon lange vorher bestehendes Phänomen: die Feindseligkeit gegenüber Juden.[818]

Jacob Grimms Einstellung gegenüber seinen jüdischen Mitbürgern war nicht unproblematisch. Dies zeigen nicht nur zahlreiche Fundstellen aus seinem Briefwechsel. An diese Aussagen konnten daher auch Verfasser von Aufsätzen über Jacob Grimm anknüpfen, die während der NS-Zeit entstanden, und die dort zahlreiche dem Zeitgeist entsprechende Äußerungen fanden.[819] Grimm wurde deswegen »eine Rolle in der Geschichte des literarischen Antisemitismus«[820] bescheinigt.

Für die vorliegende Arbeit ist die nationalsozialistische Rezeption der Grimms allerdings nicht interessant. Vielmehr soll Jacob Grimms Einstellung gegenüber seinen jüdischen Mitbürgern in Bezug zu seinem Volksgeistkonzept gesetzt werden. Um die Äußerungen Grimms richtig einordnen zu können, muss zunächst ein kleiner Blick auf die Geschichte der Judenfeindlichkeit im 19. Jahrhundert geworfen werden.

(a) Antisemitismus im 19. Jahrhundert

Die Geschichte des Antisemitismus im 19. Jahrhundert ist ein viel erforschtes und bis heute kontrovers diskutiertes Gebiet. Eine Strömung innerhalb der

---

816   Wilhelm Grimms Frau Dorothea Grimm geb. Wild.
817   JACOB GRIMM, Das Wort des Besitzes (1850), Kl. Schr. 1, S. 117.
818   Vgl. LUDGER GRAF VON WESTPHALEN, Geschichte des Antisemitismus in Deutschland im 19. und 20. Jahrhundert (1971), S. 1. Diese Einstufung als einheitliches Geschichtsphänomen ist allerdings nicht unumstritten, vgl. sogleich unter (a).
819   So zum Beispiel: WILHELM SCHOOF, Volk und Rasse bei Jacob Grimm, in: Rasse 8 (1941), S. 265 f.
820   RAMONA EHRET, Gebrüder Grimm, in: WOLFGANG BENZ (Hrsg.), Handbuch des Antisemitismus, Bd. 2/1 (2009), S. 270.

Antisemitismusforschung nimmt diesen als einheitliches Geschichtsphänomen wahr und beschreibt die Feindseligkeit gegenüber Juden von der Antike bis in die Neuzeit hinein als Konstante der Geschichte. Diese Einordnung ist nicht unumstritten. So wird häufig unterschieden zwischen einem vormodernen Antijudaismus,[821] der religiöse Motive aufweise, und dem modernen Antisemitismus,[822] den die Einbeziehung der Rassenfrage und die besondere politische Ideologisierung kennzeichne.[823] Der Übergang zwischen diesen beiden Formen wird um 1870 angesiedelt, was sich auch mit der damaligen verstärkten Verbreitung des biologischen Rassebewusstseins in Deutschland deckt.[824] Die erste Hälfte des 19. Jahrhunderts wird teilweise als Periode des »Frühantisemitismus« bezeichnet.[825] Hier prägten zwar weiterhin religiöse Motive den Konflikt, jedoch zeigten sich bereits Züge einer »rationaleren« Argumentation, die allerdings noch keine geschlossene Weltanschauung bildete. Die Begriffe »Jude« und »Judentum« wurden im Laufe des 19. Jahrhunderts immer mehr säkularisiert und anthropologisiert.[826] Zu den Vertretern eines solchen »Antisemitismus der Vernunft« werden Kant, Fichte, Hegel, Schleiermacher und Schelling gerechnet.[827] Gerade während dieser Zeit kam es wiederholt zu massiven Gewaltausbrüchen gegenüber Juden, die in Zusammenhang mit der gesellschaftlichen Besserstellung der jüdischen Bevölkerung zu Beginn des 19. Jahrhunderts standen.[828] So war auch die hessische Heimat Grimms von den sog. Hep-Hep

---

821 Vgl. zum Begriff Rainer Kampling, Antijudaismus, in: Wolfgang Benz (Hrsg.), Handbuch des Antisemitismus, Bd. 3 (2010), S. 10–15.

822 Diese Bezeichnung entstand Ende des 19. Jahrhunderts im Umkreis des Journalisten Wilhelm Marr und war zunächst die Selbstbezeichnung einer politischen judenfeindlichen Bewegung. Die Verwendung des Begriffs ist zwar üblich geworden, jedoch in Anbetracht des Ursprungs nicht unumstritten. Eine genaue Definition fällt bis heute schwer. Vgl. auch Angelika Königseder, Antisemitismusforschung, in: Wolfgang Benz (Hrsg.), Handbuch des Antisemitismus, Bd. 3 (2010), S. 20; Thomas Gräfe, Antisemitismus in Deutschland 1815–1918 (2010), S. 101 ff.; Thomas Nipperdey / Reinhard Rürup, Antisemitismus, in: Otto Brunner u. a. (Hrsg.), Geschichtliche Grundbegriffe, Bd. 1 (1979), S. 129 f.

823 Vgl. dazu auch Walter Laqueur, The Changing Face of Antisemitism, S. 4 ff.; Johannes Heil, »Antijudaismus« und »Antisemitismus«, in: Jahrbuch für Antisemitismusforschung 6 (1997), S. 92–114; kritisch zu dieser Kategorisierung: Thomas Gräfe, Antisemitismus in Deutschland 1815–1918 (2010), S. 105.

824 Vgl. dazu Ingo Wiwjorra, Der Germanenmythos (2006), S. 197 ff.

825 Vgl. dazu Thomas Gräfe, Antisemitismus in Deutschland 1815–1918 (2010), S. 14 f. sowie Werner Bergmann, Frühantisemitismus, in: Handbuch des Antisemitismus, Bd. 3 (2010), S. 96–99; Nicoline Hortzitz, Früh-Antisemitismus in Deutschland (1988), jeweils m. w. N.

826 Thomas Nipperdey / Reinhard Rürup, Antisemitismus (1979), S. 131 f.

827 Vgl. Werner Bergmann, Frühantisemitismus (2010), S. 97.

828 Stefan Rohrbacher, Gewalt im Biedermaier (1993), S. 136 ff.

Krawallen des Jahres 1819 betroffen, die sich von Würzburg aus schnell in ganz Deutschland ausgebreitet hatten.[829] Hier spielten noch seit dem Mittelalter überlieferte Stereotype eine Rolle, weniger rassische oder nationale Gedanken. Der sog. »moderne« Antisemitismus wird demgegenüber in einer engen Verbindung zum Nationalismus gesehen.[830] Gerade dieser völkisch-nationale Antisemitismus war vor der Reichsgründung zunächst nur in Bildungskreisen zu finden.[831]

Insgesamt war das 19. Jahrhundert geprägt von einem deutlichen Wandel in der Qualität der Judenfeindlichkeit. Religiöse Motive gerieten in den Hintergrund, und die Frage nach der Zugehörigkeit zur »Nation« und später dann zur »Rasse« gewann überragende Bedeutung. Unterschieden werden muss jedoch auch zwischen der Judenfeindlichkeit der ärmeren Bevölkerungsschichten und den judenkritischen Äußerungen des Bürgertums und insbesondere der Gelehrten, auf die klassische Erklärungsmodelle der Antisemitismusforschung, die sich vor allem auf ökonomische Differenzen gründen, nicht zutreffen.[832]

Das beginnende 19. Jahrhundert markierte eine Zwischenphase der Umbildung des alten Antijudaismus in den modernen Antisemitismus. Die durch Aufklärung und Rationalismus herbeigeführte kurzzeitige Entspannung des Verhältnisses zwischen Christen und Juden gehörte zu dieser Zeit bereits wieder der Vergangenheit an.[833] Besonders deutlich zeigte sich eine Abgrenzungstendenz innerhalb der neu entstehenden Fachdisziplin der Germanistik. Eine Unterscheidung zwischen deutscher und jüdischer Literatur wurde schon bald von namhaften Vertretern der jungen Fachdisziplin, wie Friedrich Heinrich von der Hagen, mit Eifer betrieben.[834] Judenfeindliche Äußerungen waren daher keine Ausnahmeerscheinung, sondern gehörten in der Bildungsschicht zum konsensfähigen Gemeingut, gerade auch im Umfeld der politischen und literarischen Romantik.[835]

---

829 Ebd., S. 94 ff., zu Hessen insbes. ab S. 107; Reiner Erb / Werner Bergmann, Die Nachtseite der Judenemanzipation (1989), S. 218 ff.; zur Situation in Hessen vgl. Dietmar Preissler, Frühantisemitismus in der Freien Stadt Frankfurt und im Großherzogtum Hessen (1810 bis 1860) (1989), hier (S. 349 ff.) auch zu den Hep-Hep Ereignissen.

830 So Thomas Gräfe, Antisemitismus in Deutschland 1815–1918 (2010), S. 19.

831 Vgl. ebd., S. 20.

832 Vgl. ebd., S. 39 und Uffa Jensen, Gebildete Doppelgänger (2005), S. 32 f.

833 Ludger Graf von Westphalen, Geschichte des Antisemitismus in Deutschland (1971), S. 5.

834 Vgl. dazu Mona Körte, »Juden und deutsche Literatur«, in: dies. / Werner Bergmann (Hrsg.), Antisemitismusforschung in den Wissenschaften (2004), S. 358 ff.

835 Dies zeigt auch die Untersuchung von Marco Puschner, Antisemitismus im Kontext der politischen Romantik (2008).

(b) *Antisemitismus bei Jacob Grimm*

Der Märchenforscher Heinz Rölleke verurteilte noch im Jahr 2007 Versuche, den Brüdern Grimm Antisemitismus zu unterstellen, als »einigermaßen töricht«.[836] Dass diese Verbindung jedoch nicht »ganz zu Unrecht«[837] gezogen wurde, sondern sich durchaus judenfeindliche Tendenzen bei Jacob Grimm finden, zeigt das Folgende.

Wird Grimms antisemitische Haltung in der Literatur beschrieben, so wird meist Bezug genommen auf das durch Grimm herausgegebene Märchen »Der Jude im Dorn«,[838] das sich in der Sammlung der *Kinder- und Hausmärchen* fand.[839] Ohne Zweifel ergab sich aus dem Märchen ein negativ gezeichnetes Bild des Juden. Gleichwohl waren die Brüder Grimm nicht offiziell die Urheber dieses Märchens. Allerdings hatte das Märchen in seiner Urgestalt eine antiklerikale Aussage, was den Grimms bekannt war. Dass sie sich dennoch entschieden, die eigentlich verfremdete antijüdische Form in die Sammlung aufzunehmen (was zudem gegen Jacobs Editionsprinzipien verstieß) und Wilhelm Grimm in der Folgezeit die Aussagen des Juden im Märchen immer mehr so modifizierte, dass er dem gängigen Stereotyp seiner Zeit entsprach, lässt Rückschlüsse auf anti-jüdische Tendenzen auch bei den Herausgebern des Märchens zu.[840]

Auch außerhalb der Quellensammlungen Grimms fanden sich deutliche Aussagen, die auf seine negative Einstellung gegenüber jüdischen Bürgern schließen ließen. Vor allem im privaten Umfeld nahm Jacob Grimm kein Blatt vor den Mund. Besonders deutliche antisemitische Äußerungen machte er in Bezug auf Daniel Sanders.[841] In einem Brief an Karl Weigand aus dem Jahr 1861 äußerte sich Grimm über Sanders folgendermaßen:

> sein buch ist mir ekelhaft, sonst könnte ich seine irrthümer in menge aufdecken, ich lasse es lieber ungelesen liegen, wenn mich nicht noch einmal noth dazu drängt. aber was Sie sagen reicht schon vollkommen hin, ich weisz nicht ob Ihnen bekannt geworden ist, dasz Sanders ein jude ist, er hat ganz die jüdische frechheit und zudringlichkeit […] sie hätten ihm nun sein jüdisches gepräge sehr treffend

---

836 HEINZ RÖLLEKE, Die Brüder Grimm und das Recht, in: HARLINDA LOX u. a. (Hrsg.), Dunkle Mächte im Märchen und was sie bannt (2007), S. 121.

837 Ebd.

838 Nr. 110 in den KHM.

839 So bei MARTIN GUBSER, Literarischer Antisemitismus (1998), S. 131.

840 WALTER BOEHLICH, Germanien oder Europa, in: FRANK FÜRBETH u. a. (Hrsg.), Zur Geschichte und Problematik der Nationalphilologien in Europa (1999), S. 290.

841 Vgl. ULRIKE HASS-ZUMKEHR, Daniel Sanders (1995), zum Streit mit Grimm S. 415 ff.; dieser Streit wurde im Übrigen auch während der NS-Zeit von WILHELM SCHOOF verwertet, um Jacob Grimms Einstellung zu den Juden darzulegen: »Ein Jude gegen Jakob Grimm«, in: DWD 1942, S. 10 f.

aufrücken können, etwa unter der bemerkung, dasz er der erste jude sei, der sich mit unsrer deutschen sprache befasse, ich wenigstens kenne keinen vorgänger, oder wissen Sie einen juden, der sich in deutsche grammatik geworfen hat? jetzt treiben seines gleichen alles, was wirkung macht und wovon sie sich vortheil versprechen.[842]

Hier zeigt sich die Übereinstimmung Grimms mit der Germanistik jener Zeit, die auch in Sprache und Literatur stark zwischen Jüdischem und Deutschem unterschied.[843]

Darüber hinaus ist zu bemerken, dass sich in Grimms engstem Freundeskreis zahlreiche Personen mit einer stark judenfeindlichen Einstellung fanden, beispielsweise Achim von Arnim und Clemens von Brentano.[844] Diese gingen offensiv mit antijüdischen Texten an die Öffentlichkeit. Achim von Arnim gründete bereits 1811 eine christlich-deutsche Tischgesellschaft[845] als Gegenbewegung zur jüdischen Emanzipation, die durch die Hardenbergschen Reformbemühungen vorangetrieben worden war. Innerhalb dieses Forums wurden zahlreiche antijüdische Vorträge gehalten.[846] Jacob und Wilhelm Grimm waren als Ehrengäste eingeladen, ihre Teilnahme ist jedoch nicht belegt.[847]

Wie spielten nun der Volksgeist und die Judenfeindlichkeit im Gedankengebäude Grimms zusammen? Wie bereits festgestellt, gewann der Volksgeist bei

---

842 Brief Jacob Grimm an Karl Weigand vom 9. Juni 1861, in: Alan Kirkness (Hrsg.), Briefwechsel der Brüder Grimm mit Hildebrand, Lexer und Weigand (2010), S. 368. Vgl. zu Weigand ebd., S. 111–122.

843 Ulrike Hass-Zumkehr, Daniel Sanders (1995), S. 415 ff.

844 Vgl. dazu auch Marco Puschner, Antisemitismus im Kontext der Politischen Romantik (2008); Walter Boehlich, Germanien oder Europa (1999), S. 289, vermutet, dass die Einstellungen der Bruder Grimm ursächlich auf die Äußerungen Achim von Arnims zurückführen lassen.

845 Zur Tischgesellschaft vgl. auch Stefan Nienhaus, Vaterland und engeres Vaterland, in: Heinz Härtl / Hartwig Schultz (Hrsg.), »Die Erfahrung anderer Länder« (1994), S. 127 ff.

846 Marco Puschner, Antisemitismus im Kontext der Politischen Romantik (2008), S. 273 ff. Als Beispiel mag hier die von Achim von Arnim 1811 gehaltene Rede »Über die Kennzeichen des Judentums« dienen, in der der Redner versuchte, den Ausschluss der Juden aus der Tischgesellschaft über eine von ihnen ausgehende Gefahr für das »Gute« herzuleiten, in: Werke, Bd. 6, Schriften, S. 362 ff.; Stefan Nienhaus, Vaterland und engeres Vaterland (1994), S. 130, weist jedoch darauf hin, dass bei der Beurteilung dieser Abhandlungen »der Bezug zur rhetorischen Gattung der scherzhaften Tischrede und ihr Aufführungscharakter zu berücksichtigen sind«.

847 Brief Achim von Arnim an Jacob und Wilhelm Grimm Anfang 1811, in: Reinhold Steig / Herman Grimm (Hrsg.), Achim von Arnim und die ihm nahe standen, Bd. 3 (1904), S. 95. Eine direkte Teilnahme lässt sich allerdings nicht nachweisen; vgl. auch Wolfgang Höppner, Die Brüder Grimm und Heinrich von Kleist, in: Zeitschrift für Germanistik XI (2001), S. 550.

Grimm eine besondere Bedeutung für die Konstruktion einer eigenständigen deutschen Nation. Darüber, dass der Nationalismus und der Antisemitismus des 19. Jahrhundert in einem gewissen Wirkzusammenhang stehen, ist man sich in der Antisemitismusforschung einig.[848] Die Konstruktionsmodelle für eine nationale deutsche Identität nahmen die Juden ausdrücklich nicht in die zu bildende Volksgemeinschaft auf. Dies zeigte sich auch bei Grimm. Der deutsche Volksgeist, so war er überzeugt, lebe nicht in den Juden und werde durch diese nicht ausgedrückt. Eindeutig waren für Grimm die Juden keine Deutschen und wurden daher auch aus der, für ihn ja konstitutiven, Sprachgemeinschaft ausgegliedert.[849] So hatte Grimm 1811 festgestellt:

> Alle judenwörter, wenn wir sie in unserm christlichen sprachhaushalt brauchen wollen, klingen unedel und schmutzig; sie rühren aus dem gemeinen umgang mit dem schachernden, wuchernden, trödelnden, fleischschächtenden volke her […].[850]

Hier diente also die Betonung deutscher Eigenarten, die Berufung auf das deutsche Volksbewusstsein, dazu, sich abzugrenzen gegenüber Gruppen, die innerhalb der nationalen Einheit nicht erwünscht waren. Deutlich wechselte auch in Grimms Argumentation langsam der Fokus von einer religiös begründeten Abgrenzung zu einer national-völkischen Aussonderung der Juden aus der deutschen Nation.

Es blieb jedoch nicht bei der bloßen Abgrenzung. Einher ging eine Minderbewertung des Jüdischen an sich mit derjenigen der jüdischen Sprache:

> [D]ie ehre, wo nicht den grund zu der sprache der spitzbuben gelegt zu haben, doch einen hauptbestantheil derselben auszumachen, bleibt der jüdischen unbestritten, wie auch keine räuberbande ohne juden zu bestehen vermag.[851]

Scharf grenzte sich Grimm daher auch gegenüber der Ansicht ab, das Hebräische sei Ursprache des Deutschen:

---

848 Vgl. Arnon Hampe, Nationalismus, in: Wolfgang Benz (Hrsg.), Handbuch des Antisemitismus, Bd. 3, S. 220 f.

849 Ähnlich verfuhr auch Friedrich Heinrich von der Hagen, mit dem Grimm wissenschaftlich eher nicht einer Meinung war. Unter dem Pseudonym Cruciger verfasste von der Hagen 1832 eine Schrift, in der er sich kritisch mit der jüdischen Behandlung der deutschen Sprache auseinandersetzte: Neueste Wanderungen. Umtriebe und Abenteuer des Ewigen Juden unter den Namen Börne, Heine, Saphir u. a. zum besten der Anstalten gegen die St. Simonie ans Licht gebracht von Cruciger, Berlin 1832. Vgl. hierzu auch Mona Körte, »Juden und deutsche Literatur« (2004), S. 359 f.

850 Jacob Grimm, Sendschreiben an Herrn Hofrath-R. (1815), Kl. Schr. 6, S. 197.

851 Jacob Grimm, Rez. Wörterbuch der Spitzbubensprache von Grolman (1822), Kl. Schr. 4, S. 165.

Lange vermochte man sich nicht von der ansicht loszusagen, dasz die hebräische als eine heilige und vermeinte ursprache den brunnen aller etymologie in sich enthalte, das sie doch, wenn auch unschätzbar, feingebildet und erforschungs- werth der groszen reiche, die wir auf asiatischem und europäischem boden untereinander als urverwandt bezeichnen dürfen, keineswegs unmittelbar auf deren untersuchung einzuflieszen im stande ist. sie gehört nicht zu unserm geschlecht und kann ihm nicht die bahn gebrochen haben.[852]

Grimm befand sich in der für die Zeit typischen Zwischenphase mitten im Übergang von Antijudaismus zum Antisemitismus und vereinte in seinen judenfeindlichen Äußerungen Elemente aus beiden Bereichen. Zu dieser Zeit waren zwar die Rassenlehre und die Anthropologie an sich keine ausgefeilten Wissenschaften, Anfänge waren jedoch bereits sichtbar, und auch Jacob Grimm wird sie vermutlich zur Kenntnis genommen haben.[853] Die Ablehnung Grimms gegenüber den Juden beruhte zumindest nicht auf rein religiösen Motiven, sondern verband sich mit seinen nationalen Vorstellungen.

(4) Verfassungsfragen

Jacob Grimm hat keine systematische Erörterung über verfassungstheoretische Grundpositionen hinterlassen. Auch seine Stellungnahme zu einer geplanten Verfassung Deutschlands aus dem Jahr 1814 war kein zur Veröffentlichung vorgesehenes Dokument, sondern sollte nur zum privaten Gebrauch dienen.[854]

Bezüglich der Verfassungsentwicklung in Deutschland insgesamt war Jacob Grimm noch 1816 optimistisch. In einem Brief an Johann Smidt schrieb er:

Doch denke ich stets mit ganzem Herzen an unser Vaterland und freue mich mehr, wenn ich höre, daß etwas gut geht, als ich bedaure, wenn etwas unrechtes geschieht. Nicht als ob ich von Haus aus lieber fröhlich wäre, sondern, weil mich der langsame ernsthafte Gang der Deutschen in aller Geschichte belehrt hat, daß selbst dem guten unter ihnen, das zu rasch geschähe, nicht recht zu trauen ist. Eine bedächtige Entwicklung vieler herrlichen Verfaßungskeime, die in uns stecken, paßt für das überall nachdenkende, zweifelnde Volk [...].[855]

---

852 Jacob Grimm, Über Etymologie und Sprachvergleichung (1854), Kl. Schr. 1, S. 307 f.

853 So findet sich in der Bibliothek der Brüder Grimm bspw. das Werk David Theodor August Suabedissens, Die Grundzüge der Lehre von dem Menschen (1829), in dem Suabedissen auf S. 381 ff. auch auf die Frage der Einteilung der Menschheit in Rassen Stellung nimmt. Dort taucht eine »jüdische Rasse« allerdings noch nicht auf. Mit Suabedissen pflegten beide Brüder im Übrigen einen freundschaftlichen Kontakt.

854 Vgl. dazu Ulrich Hussong, Jacob Grimm und der Wiener Kongress (2002), S. 135.

855 Jacob Grimm an Johann Smidt vom 08.12.1816, in: Albert Leitzmann (Hrsg.), Briefe der Brüder Grimm (1923), S. 135.

Im Folgenden sollen diese »Verfaßungskeime«, die Grimm offenbar in der deutschen Wesensart angelegt sah, näher untersucht werden.

(a)   Die deutsche Staatsform

ich bin aufrichtig dem königthum zugethan [...][856]

Verfassungsrechtliche Fragen waren für Grimm nur ein rein organisatorischer Teil der deutschen Einigung. Da die deutsche Nation als Sprach- und Kulturnation für ihn bereits existent war, bedeutete die politische Staatsorganisation nur einen notwendigen Verwaltungsschritt, keine konstituierende Bedingung.[857] Das Volk als »Sinn- und Wertprinzip« war dem Staat eindeutig übergeordnet.[858] Dennoch finden sich Äußerungen Grimms, die Rückschlüsse auf seine Vorstellungen von der technischen Ausgestaltung eines der deutschen Wesensart angemessenen Staates zulassen.

Schon früh beschrieb Grimm Savigny gegenüber das republikanische Prinzip als für das deutsche Volk am ehesten passend:

> Denn es ist keine Frage [...], daß der republikanische Geist, welcher sich offenbart in dem Verteilen in viele kleinere Staaten, in den vielen Universitäten, und wieder in ihrer besonderen Einrichtung p. eigentlich Deutschland zu dem gemacht hat, was es wurde. Ich finde diesen Grundsatz in unserer ganzen Geschichte wieder, die vielen Mittelstädte, welche das Aufkommen großer verhinderten, die notwendige Vernichtung des großen Handels oder Hansenbundes, dessen zu groß werdender Reichtum uns sonst wohl auch, wie Fichte mit Recht sagt, Herrn eines Teils von America und mithin undeutsch gemacht hätte.[859]

Dass kein einzelner Staat zu übermächtig geworden sei, habe dem allgemeinen deutschen Element seinen Bestand gesichert. Dieses republikanische Prinzip sah Grimm auch 1848 noch als erstrebenswert an, betonte daneben aber die Notwendigkeit eines starken deutschen Nationalstaates.[860]

Jacob Grimm nahm als kurhessischer Legationssekretär am Wiener Kongress teil. Von hier aus berichtete er im Rheinischen Merkur über die Fortschritte der Verhandlungen und hielt mit seinen eigenen Ansichten nicht hinterm Berg.

---

856   Jacob Grimm, Über Adel und Orden (1848), Kl. Schr. 8, S. 442.
857   Klaus Ziegler, Jacob Grimm und die Entwicklung des modernen deutschen Nationalbewußtseins, in: ZHG 74 (1963), S. 163.
858   Ebd., S. 172.
859   Jacob Grimm an Savigny am 31.08.1809, in: Ingeborg Schnack / Wilhelm Schoof (Hrsg.), Briefe der Brüder Grimm an Savigny (1953), S. 76.
860   Jacob Grimm, Geschichte der deutschen Sprache, Bd. 1 (1848), S. V.

Durch den Wiener Kongress war die Staatsform insoweit bereits vorbestimmt, als dass die Einzelstaaten mit eigenen »Souveränen« grundsätzlich bestehen bleiben sollten. Für Grimm bedeutete dies jedoch nicht notwendigerweise einen Abschied von einem starken Gesamtstaat. So beschrieb er das durch ihn erwünschte Verhalten der Fürsten so: »unsere fürsten sind keine obersten, sondern vornstehende, vorsteher, die unter dem reiche stehen sollen, von dessen licht leben und es austheilen.«[861] Die Fürsten sollten als eine Art Verwalter die einzelnen Staaten leiten und sich insgesamt dem Reich unterordnen, »blosz das reich ist das höchste, sonst keiner souverän, welches ein undeutsches, schändliches wort ist«.[862] Innerhalb des Reichsystems sollte, so Grimm, jeder Teil proportional die gleichen Rechte und Einflussmöglichkeiten erhalten.[863] Dabei sprach er sich insbesondere für eine ausdrückliche Beteiligung auch der kleinsten Staaten aus. Vor dem Wiener Kongress äußerte Jacob Grimm gegenüber seinem Freund Paul Wigand zudem Hoffnungen bezüglich einer deutlich verstärkten Einbindung des Volkes durch die Verfassung.[864] Dass damit eine Forderung nach einer demokratischen Staatsform verbunden war, ist allerdings nicht anzunehmen. Selbst in der Stunde tiefer Enttäuschung gegenüber dem Verhalten eines deutschen Herrschers – nach seiner Amtsenthebung in Göttingen – bekannte sich Grimm zur monarchischen Staatsform, wenn auch nicht in einer absolutistischen Form:

> Ich fühle micht eingenommen für alles bestehende, für fürsten und verfassungen [...] die person des fürsten bleibt uns geheiligt, während wir seine maszregeln und handlungen nach menschlicher weise betrachten.[865]

Diese Anhänglichkeit an Fürst und Monarchie entsprach Grimms genereller Ehrfurcht vor allem historisch, organisch Gewachsenen.[866]

Eine plötzliche, revolutionäre Änderung der bestehenden Verhältnisse zu fordern, lag Grimm daher zunächst fern. Er war lange Zeit seines Lebens generell mit der bestehenden Regierungsform zufrieden. Anlässlich eines in

---

861 Jacob Grimm, Verhandlungen über die Bundesverfassung (1815), Kl. Schr. 8, S. 404.

862 Ebd., S. 404.

863 Ebd., S. 405: »jeder reichsstand musz so ehrlich, wie alle, der ärmere wie der reichere bruder sein. 500000 Franken müssen gerade so viel einflusz haben und gewicht, als eine gleiche zahl Österreicher und Preuszen.«

864 »Unsere bevorstehende deutsche Verfassung wird hoffentlich den Rechten des Volks aufhelfen [...]«, Jacob Grimm an Paul Wigand am 25.08.1814, in: Edmund Stengel (Hrsg.), Briefe der Brüder Grimm an Paul Wigand (1910), S. 171.

865 Jacob Grimm, Über meine Entlassung (1838), Kl. Schr. 1, S. 31.

866 So Hedwig Vonessen, Friedrich Karl von Savigny und Jacob Grimm (1958), S. 200 f.

Göttingen stattfindenden Studentenaufstandes, bei dem die Studenten kurzzeitig auch die Herrschaft in der Stadt erlangt hatten,[867] berichtete Grimm seinem Freund Hassenpflug:

> Eine auflehnung hat hier in Hannover gar nicht den sinn, den sie in Hessen und Braunschweig hatte, hier ist die regierung wohlwollend und vernünftig, es bestehen zwar manche beschwerden und misbräuche, allein denen soll auf solche weise nicht abgeholfen werden. Daß die jungen leute auf eine constitution dringen ist verkehrt und es werden dadurch schöne kräfte verschwendet, ein enthusiasmus verthan, den man für die zeit wirklicher gefahr aufheben sollte.[868]

Anlässlich einer Streitigkeit um die sog. »Rotenburger Quart«[869] in Hessen 1837 äußerte sich Jacob Grimm noch einmal gegenüber Hassenpflug über Verfassungsfragen:

> Fürst und Minister haben indessen die Constitution beschworen, nicht dem Buchstaben sondern dem Geiste nach. Constituitonelle, liberale Schreier sind mir eckelhaft aber oft schreien sie für eine nicht üble Sache, während redlich gesinnte Servile (dienen Gott oder dem Herrn ist an sich etwas schönes) oft eine faulgewordne vertheidigen. Werden die Constitutionen mit der Zeit auch einmal positiv heilsam sein? man muss es hoffen, ja glauben weil das rein monarchische System in sich selbst für unsere Zeit und unsere Welt zusammengefallen ist. negativ wolthätig sind constitutionen schon jetzt, sie hindern manches, was ohne sie geschehen würde.[870]

Diese Passage enthält mehrere interessante Feststellungen. Einmal berief sich Grimm auf den *Geist* der Verfassung. Damit knüpfte er an einen bekannten Streit in Kurhessen an, ob der Buchstabe oder der Geist der Verfassung maßgeblich sei. Hassenpflug hatte sich ausdrücklich für die erste Variante ausgesprochen.[871] Auf den Geist der Verfassung beriefen sich demgegenüber vor

---

867 Zu den Hintergründen des Aufstandes vgl. Dietlind Arens u. a., Die Brüder Grimm in Göttingen (1986), S. 61 ff.

868 Jacob Grimm an Ludwig Hassenpflug vom 09.01.1831, in: Robert Friderici, Briefe von Jacob und Wilhelm Grimm an Ludwig und Lotte Hassenpflug, in: BGG 3 (1981), S. 65.

869 In diesem Streit ging es um die Zuweisung der Einkünfte der Domäne der Rotenburger Quart an den Kurprinzen von Hessen, der diese als Zubehör zum Familienfideikommiss für sich beanspruchte. Demgegenüber beanspruchten die Stände diese Einnahme als Staatseigentum und beriefen sich auf eine Vereinbarung von 1830, in der die Domänen zum Staatseigentum gemacht und der Krone dafür eine Zivilliste zugedacht worden war. Vgl. auch Robert Friderici, Briefe von Jacob und Wilhelm Grimm an Ludwig und Lotte Hassenpflug, in: BGG 3 (1981), S. 109 Anm. 3.

870 Jacob Grimm an Ludwig Hassenpflug vom 22.02.1837, in: ebd., S. 110.

871 Vgl. Carl Wilhelm Wippermann, Kurhessen seit dem Freiheitskriege (1850), S. 290.

allem die Liberalen.[872] Auch Grimm sah nicht den Buchstaben, sondern den Geist der Verfassung als entscheidend an. Ihn damit direkt dem Lager der Liberalen zuzuordnen, wäre jedoch voreilig. In Zusammenhang mit dem Konzept eines Volksgeistes als rechtschaffender Instanz war dies nur konsistent. Danach konnte es nicht auf den willkürlich gesetzen Buchstaben einer Vorschrift ankommen, sondern auf den Geist, unter welchem dieser Buchstabe entstanden war. Dieser allein musste Maßstab sein für die inhaltliche Konzeption der Verfassung. Auch die Verfassung war Produkt des Volkgeistes.

Aber auch darüber hinaus enthält der Brief Grimms interessante Aspekte. Verfassungen lehnte er nicht generell ab. Ihre negative Abwehrfunktion hatte Grimm er- und anerkannt. Auch wenn er weiterhin am monarchischen Prinzip festhielt,[873] so sah er Modifikationen als notwendig an. Das rein monarchische Prinzip hatte sich überlebt, eine Beteiligung der Stände war auch für Grimm unumgänglich. Dabei hatte Grimm bereits 1821 Zurückhaltung bei verfassungs- rechtlichen Regelungen gefordert:

> Eine gute Staatsverfassung ist mir, die nicht alles durchdringen, alles ausfüllen will, die nicht alles auf sich bezieht und sich allen menschlichen Dingen oben auflastet. Der Staat soll den Menschen für sich schalten lassen und nicht in jedem Atemzug, den dieser tut, eine verhältnismäßige Portion Liebe und Achtung für sich begehren, sondern zur Zeit wahrer Not das Rechte und Große fordern.[874]

Der Einordnung Jacob Grimms als Demokrat widersprechen zahlreiche seiner privaten Äußerungen, wenn er auch im Alter der demokratischen Bewegung gegenüber milder gestimmt gewesen sein mochte. Der Burschenschaftsbewe- gung konnte Grimm so zunächst gar nichts abgewinnen. Nachdem es in Göttingen als Folge der Pariser Julirevolution 1831 zu massiven Aufständen gekommen war, diese aber niedergeschlagen werden konnten, schrieb Grimm an seinen Freund Paul Wigand:

---

872 Vgl. auch ROBERT FRIDERICI, Briefe von Jacob und Wilhelm Grimm an Ludwig und Lotte Hassenpflug, in: BGG 3 (1981), S. 111 Anm. 2.

873 Mit weiter fortschreitendem Alter ließ der zunächst stark monarchistische Grimm auch skeptische Töne hören, so schrieb er bspw. 1830 an Savigny: »Aber die fürsten müssen ihren alten gewohnheiten und neigungen einige gewalt antun und aufrichtig erkennen daß die zeit unumschränkter herrschaft vorüber ist, daß das volk eine andere sicherheit haben will, als die in dem privatcharacter eines sterblichen fürsten liegen kann.«, JACOB GRIMM an Savigny vom 29.09.1830, in: INGEBORG SCHNACK/WILHELM SCHOOF (Hrsg.), Briefe der Brüder Grimm an Savigny (1953), S. 360.

874 JACOB GRIMM an Savigny am 20.08.1821, in: INGEBORG SCHNACK/WILHELM SCHOOF (Hrsg.), Briefe der Brüder Grimm an Savigny (1953), S. 299 f.

Man wird gegen alle überbleibsel der burschenschaft streng verfahren und sie nicht mehr dulden. Diese verbindung hat auch etwas sinistres und widriges, was ich immer beklagt habe. Es fehlte ihr stets der heitere sinn der alten landsmannschaften, ihre mitglieder waren unnatürlich und unjugendlich ernst, eingebildet und hartnäckig; die menge hieng von wenigen leitenden ab und musste diesen blindlings folgen.[875]

Auch in der Paulskirche zählte sich Grimm nicht zu den Demokraten. An seinen Bruder Wilhelm berichtete er 1848 aus Frankfurt:

Ich wünsche wahrlich nicht den democraten den sieg, aber ein waches volkselement, das etwas durchgesetzt hat und eine neue auferbauung des vaterlandes läßt sich doch nicht leugnen und der bitte ich gott den sieg zu verleihen [...].[876]

Das Volk war bei der Entscheidung über die Staatsform und die Verfassung zu berücksichtigen und eine ihm entsprechende Regelung zu finden. Dies war für Grimm auch innerhalb der Monarchie möglich, bedeutete daher nicht direkte Volksbeteiligung. Es ging nur darum, den Geist des Volkes zu erkennen und dementsprechend zu handeln. Da dieser Volksgeist gerade nicht aus einer Summe von Einzelmeinungen bestand und ein von der Summe der Bürger unabhängiges Dasein führte, war die Demokratie nicht die opportune Staatsform, diesen auch durchzusetzen, zumal dem Volksgeist Grimms ein idealisiertes Volksbild zugrunde lag. So waren für ihn auch

unter den vielen wechselnden verfassungen [...] die glücklichsten die, welchen es gelang, das allgemeine loos irdischer tugenden und unvollkommenheiten dergestalt zu beherrschen, dasz sie, was zeiten und völker am eigensten hob, sich gewähren liesen und schirmten.[877]

(b) Die Göttinger Sieben

Bis heute im kollektiven Gedächtnis präsent ist die Teilnahme der Brüder Grimm an der Protestation der sog. Göttinger Sieben. Die genauen Ereignisse wurden lange Zeit durch eine Art Heldenmythos verklärt, der vor allem in der Darstellung Heinrich von Treitschkes[878] Ende des 19. Jahrhunderts seinen Anfang genommen hatte und noch bis in die Bundesrepublik fortgetragen

875 JACOB GRIMM an Paul Wigand 12.03.1831, in: EDMUND STENGEL (Hrsg.), Briefe der Brüder Grimm an Paul Wigand (1910), S. 279.
876 JACOB GRIMM an Wilhelm vom 29.07.1848, in: WILHELM SCHOOF (Hrsg.), Unbekannte Bricfe der Brüder Grimm (1960), S. 375.
877 JACOB GRIMM, Über meine Entlassung (1838), Kl. Schr. 1, S. 29.
878 HEINRICH VON TREITSCHKE, Deutsche Geschichte im Neunzehnten Jahrhundert, Bd. 4 (1889), S. 643 ff.

wurde.[879] Bis heute gibt es kontroverse Ansichten bezüglich der Rolle und der Motive der Göttinger Sieben.[880]

Jacob Grimm war, wie sein Bruder Wilhelm, am Konflikt um den sog. Hannoverschen Verfassungsbruch von 1837 beteiligt. Ihre Mitwirkung am Protest der Göttinger Sieben führte bekanntermaßen zur Entlassung aus ihren Ämtern an der Universität Göttingen und zum Verweis aus dem Staatsgebiet. Sowohl für ihre berufliche als auch private Entwicklung bedeutete dies einen entscheidenden Einschnitt. Jacob Grimm bezeichnete die darauf folgende Zeit später als zugleich drückende aber auch erhebende Lage.[881] Ohne die dann einsetzende finanzielle Not hätten die Brüder ihre Arbeit am *Deutschen Wörterbuch* wohl nicht begonnen. Auch private Freundschaften, wie die zu Savigny, erlebten eine teilweise drastische Abkühlung.[882] Für Jacob Grimm führte die als politische Heldentat interpretierte Protestation zu einem Mandat als Abgeordneter in der Frankfurter Paulskirche. Die Ereignisse rund um die Göttinger Sieben haben bereits kurz nach der Protestation der Professoren extrem unterschiedliche Reaktionen hervorgerufen. Dies hat sich bis heute kaum geändert.[883] Dabei hat die Geschichte der Göttinger Sieben eine besondere Rolle innerhalb deutscher Erinnerungskultur eingenommen, und die protestierenden Professoren dienten den unterschiedlichsten politischen Systemen als Musterbeispiel des vorbildlichen Staatsbürgers.[884] Zahlreiche Untersuchungen haben sich der Frage gewidmet, ob der von den Sieben gewählte Schritt rechtlich

---

879   Zur Entwicklung der Erinnerungskultur vgl. MIRIAM SAAGE-MAAß, Die Göttinger Sieben – demokratische Vorkämpfer oder nationale Helden? (2007); WOLFGANG SELLERT, Die Aufhebung des Staatsgrundgesetzes und die Entlassung der Göttinger Sieben, in: EDZARD BLANKE u. a., Die Göttinger Sieben (1988), S. 24 ff.

880   So, sehr radikal, KLAUS VON SEE, Die Göttinger Sieben (2000). HANS HATTENHAUER urteilt: »Als die Brüder Grimm – gewiß nicht aus liberaler Begeisterung – an dem Protest der Göttinger Sieben teilnahmen [...]«, in: DERS. (Hrsg.), Thibaut und Savigny (1973), S. 25; auch ECKHART G. FRANZ, Jacob Grimm in der Kasseler Zensurkommission (1816–1829), in: ZHG 75/76 (1964/65), S. 469, führt die Teilnahme Grimms am Protest der Sieben nicht auf eine liberale, sondern eine »im letzten konservative Grundhaltung« zurück.

881   JACOB GRIMM, Vorrede zum Deutschen Wörterbuch, 1. Bd. (1854), Kl. Schr. 8, S. 302.

882   Vgl. dazu HEDWIG VONESSEN, Friedrich Karl von Savigny und Jakob Grimm (1958), S. 363 ff.

883   Vgl. so z. B. die Beurteilung von KLAUS VON SEE, Die Göttinger Sieben (2000), der insgesamt ein sehr kritisches Bild auf die Motive der Sieben (insbes. auf die Charaktereigenschaften Jacob Grimms) wirft und der sich dafür von zahlreichen Gegnern attackiert sah (dazu vor allem S. 99 ff.).

884   Vgl. dazu MIRIAM SAAGE-MAAß, Die Göttinger Sieben (2007), S. 11 ff.

begründet und die durch den König von Hannover gezogenen Konsequenzen unzulässig waren, oder nicht.[885] Für den hier zu untersuchenden Zusammenhang ist die konkrete juristische Bewertung der Göttinger Ereignisse nicht von Belang. Interessant ist vielmehr, was genau Jacob Grimm persönlich zu seinem Schritt veranlasst hat und ob hier die Berufung auf den Volksgeist oder das Volksbewusstsein eine Rolle gespielt hat.

Dabei ist zunächst zu bemerken, dass Grimm seine Entscheidung keinesfalls als Ablehnung der monarchischen Staatsform oder überhaupt als politischen Schritt im engeren Sinne verstand.[886] Grimm sah den Herrscher ebenso an die Gesetze gebunden wie das Volk. Eine plötzliche Änderung der Verfassung oder gar deren Aufhebung hätte die organische Verwirklichung des Volksgeistes gestört. In diesem Sinne begründete Grimm selbst seinen Schritt 1838 auch öffentlich. Dem Staatsgrundgesetz von 1833 hätten »land und leute mit treu und glauben angehangen«, und »gegen dessen völligen, unkränkbaren rechtsbestand in dem volkes selbst nicht der leiseste zweifel« geherrscht. Dies schloss Änderungen nicht an sich aus, »sie [die Verfassungen] sollen gleich allem irdischen vergänglich und zerbrechlich sein, nicht aber aus willkür, sondern von beiden theilen, zwischen welchen sie zu stande gekommen waren, abgeändert oder zerbrochen werden.«[887]

Grimm berief sich damit im Kern auf die Notwendigkeit von Rechtssicherheit für die Bevölkerung. In seiner Begründung spielte bezeichnenderweise die inhaltliche Richtigkeit der Verfassung oder ihr Übereinstimmen mit dem Volksgeist keine Rolle. Er verwies vielmehr auf den von ihm auf die alte Verfassung geleisteten Eid und die nach dem Gesetz bestehende Aufhebungsmöglichkeit desselben, die eine Einbeziehung der Stände vorsah.

> gewis, der könig ist der einzige herr, gewis, der eid ist in die hand seines bevollmächtigten abgelegt, dennoch steht es nicht in der macht des könig, den einmal vor gott ausgesprochenen zu lösen. er ist auf die aufrechthaltung des grundgesetzes geleistet, und so lange dies nicht rechtsgültig aufgehoben ist, musz er unverbrüchlich sein.[888]

Allerdings begann Grimm seine Verteidigung mit einem Nibelungen-Zitat[889] und verwies im Laufe der Argumentation auch darauf, dass durch den Beitritt

---

885 Einen Überblick über die Veröffentlichungen ab 1837 bis in die 30er Jahre des 20. Jahrhunderts bietet HANS KÜCK, Die Göttinger Sieben. Ihre Protestation und ihre Entlassung im Jahre 1837 (1934). Neuere Auseinandersetzungen mit dem Thema bieten die bereits erwähnten Arbeiten von KLAUS VON SEE und MIRIAM SAAGE-MAAß.
886 JACOB GRIMM, Über meine Entlassung (1838), Kl. Schr. 1, S. 31.
887 Ebd., S. 33.
888 Ebd., S. 35.
889 »War sint die eide komen?«, Nibel. 562, 3.

von sieben Professoren »wenigest eine besiebnung, der das altdeutsche recht entschiedne kraft beimistzt, vollführt«[890] war. Er verknüpfte seine Handlung damit indirekt mit alten deutschen Rechtstraditionen, einem Kernbereich des Volksgeistes, und nutzte dies als Rechtfertigung.

bb) Außenpolitik

Bei der Bestimmung der nationalen Identität und dem Versuch der Etablierung einer eigenen Volkskultur und -tradition spielte die Abgrenzung nach außen eine wichtige Rolle. Dies sah auch Grimm so. »Jedwedem volke scheint es von natur eingeflösst, sich abzuschliessen und von fremden bestandtheilen unangerührt zu erhalten.«[891] Gerade in der bewussten Abgrenzung zum Fremden kann man erkennen, was Grimm als typisch deutsch ansah. Schon 1819 stellte er fest, dass die Beschäftigung mit der altdeutschen Literatur »durch die letzte feindliche unterjochung für viele Gemüter gegenstand des trostes und der aufrichtung geworden war.«[892] Die Produkte der Volkspoesie dienten dazu, sich während einer Bedrohung von außen den eigenen Wurzeln, des eigenen Volksgeistes wieder bewusst zu werden. Daher war »die erkenntnis des einheimischen unser die würdigste, die heilsamste und aller ausländischen wissenschaft vorzuziehen«.[893]

Besonders engagiert zeigte sich Grimm dann auch in außenpolitischen Fragen. Eine besondere Rolle spielte bei seinen Überlegungen die Rückführung der Deutschen zu ihrer ursprünglichen Einheit. Bestimmt war Grimm dabei vom bereits oben beschriebenen Ideal der Sprachnation.[894] Diese Einstellung bestimmte das Verhältnis zu den Ländern, die an die deutschen Gebiete grenzten, insbesondere Lothringen, Elsass, die Schweiz, Belgien, Holland, Dänemark aber auch Skandinavien. Die Feststellung, dass »[e]ine Politik, die sich an den Volkssprachen orientiert, [...] sich demgegenüber durch eine geradezu utopische Gewaltlosigkeit aus[zeichnet]« und dass es für Grimm »selbstverständlich [war], dass anders redende Völker nicht erobert werden sollen – eine Konsequenz, die noch jeder Nationalismus zu akzeptieren nicht bereit gewesen ist«,[895] kann daher so nicht unwidersprochen stehen bleiben.[896] Die »anders redenden

---

890 JACOB GRIMM, Über meine Entlassung (1838), Kl. Schr. 1, S. 41.

891 JACOB GRIMM, Deutsche Mythologie (1835), S. XXII.

892 JACOB GRIMM, Vorrede zur Deutschen Grammatik (1854), Kl. Schr. 8, S. 26.

893 Ebd., S. 27.

894 Dies wird auch deutlich bei JACOB GRIMM, Die Elsasser, Rheinischer Merkur 1814, Kl. Schr. 8, S. 400.

895 ULRICH WYSS, Die wilde Philologie (1979), S. 171. Ein ähnliches Urteil findet sich auch bei PETER GANZ, Jacob Grimm's conception of German Studies (1973), S. 12 ff., der erklärt, Grimms Religiösität »controlled his patriotism and preserved it from arrogance and missionary zeal« (S. 13).

896 So auch KLAUS VON SEE, Die Göttinger Sieben (2000), S. 83.

Völker« schloss nach Grimms Definition ja gerade die unmittelbar benachbarten Völker nicht mit ein. Deren Zugehörigkeit zu einem Deutschen Reich war für Grimm unbestreitbar und sollte notfalls auch gegen den Widerstand der besagten Nationen durchgesetzt werden, was sich auch in seiner oben beschriebenen Haltung gegenüber Welschtirol gezeigt hat. Das Verhältnis zu den deutschen Nachbarländern, dies soll der nachfolgende Abschnitt zeigen, war dabei ganz maßgeblich auch von Grimms Volksgeistverständnis bestimmt.

(1) Das Verhältnis zu Dänemark und zu Skandinavien

Lange zeit schon stand meine sehnsucht unverrückt und ungestillt nach dem norden, von wannen unsrer sprache und unserm alterthum nicht das urbild, aber ein ähnliches gegenbild entnommen werden kann.[897]
In mehr als einer stelle des beifolgenden buchs hat mir beim gedanken an die vorzeit eine gemeinschaft Deutschlands mit Scandinavien als erneuerung eines uralten stammbundes vorgeschwebt.[898]

Besonders ausführlich hat sich Grimm mit der Beziehung Deutschlands zu Dänemark auseinandergesetzt, was auf die besondere Brisanz dieses Verhältnisses gerade in den Jahren 1846–1850 zurückzuführen ist. Aus Anlass des Konflikts um die Zuordnung Schleswig-Holsteins zu Dänemark[899] äußerte er sich mehrfach und wandte sich mit seinem Wunsch nach Intervention auch an den preußischen König, der jedoch zögerlich blieb.[900] Die Dänen kritisierte Grimm scharf – und das, obwohl diese doch, seiner Ansicht nach, zur deutschen Sprachnation zu rechnen waren. Ihren Ansprüchen auf Schleswig-Holstein trat Grimm entschiedenst entgegen. Dabei blieb er auch, nachdem Preußen mit

---

897 Jacob Grimm, Italienische und Scandinavische Eindrücke (1844), Kl. Schr. 1, S. 57.

898 Jacob Grimm an Carl Christian Rafn vom 15.12.1848, in: Ernst Schmidt (Hrsg.), Briefwechsel der Gebrüder Grimm mit Nordischen Gelehrten (1885), S. 161, bezüglich der Geschichte der deutschen Sprache.

899 Holstein, das seit 1815 zum Deutschen Bund gehörte, und Schleswig wurden in Personalunion vom dänischen König regiert, der gleichzeitig als Herzog von Schleswig und Holstein agierte. 1846 versuchte die dänische Krone, im Rahmen der Thronfolgedebatte zumindest Schleswig dauerhaft Dänemark zuzuordnen. Die Untrennbarkeit der Herzogtümer Schleswig und Holstein wäre damit in Gefahr geraten. In Deutschland war man dagegen bemüht, die Gebiete für den deutschen Bund zu gewinnen; dieser Konflikt schwelte bereits lange vorher und hatte nach dem Untergang des Heiligen Römischen Reiches und dem Wiener Kongress neuen Zündstoff erhalten; vgl. dazu Katinka Netzer, Wissenschaft aus nationaler Sehnsucht (2006), S. 107 ff.

900 Vgl. zum Engagement Grimms auch Jürgen Storost, Jacob Grimm und die Schleswig-Holstein-Frage, in: BGG 8 (1988), S. 64–80.

Dänemark Frieden geschlossen hatte und an einer weiteren Intervention nicht mehr interessiert war. So stellte er 1850 in der Philologenversammlung den Antrag, »dasz diese versammlung deutscher philologen mit franken und freien worten öffentlich erkläre: die sache Schleswigs ist eine gerechte, heilige, unverbrüchliche des ganzen Deutschlands«.[901] Die preußische Führung nahm dies mit Unmut zur Kenntnis.[902] Auch von anderer Seite wurde Grimms Vorstoß kritisiert. Er war den meisten Zuhörern offenbar zu politisch, zu wenig philologisch untermauert und traf nicht die Erwartungen an den »großen Grimm«.[903] Grimms Engagement für Schleswig-Holstein ging ungeachtet dessen weiter. So versuchte er mit Spendenaufrufen in der *Constitutionellen Zeitung*, die Berliner zu größerer Spendenbereitschaft zu animieren.[904] Für Dänemark selber sah Grimm keine eigenständige Zukunft:

> Und wie aus der letzten feindschaft zwischen Schweden und Dänen der schlummernde trieb ihres engen verbandes erwacht ist, wird auch unser gegenwärtiger hader mit den Skandinaven sich umwandeln zu brüderlichem bunde zwischen uns und ihnen, welchen der sprache gemeinschaft laut begehrt. Wie sollte dann, wenn der große verein sich binnenmarken setzt, die streitige halbinsel nicht ganz zum festen lande geschlagen werden, was geschichte, natur und lage fordert, wie sollten nicht die Jüten zum alten anschluß an Angeln und Sachsen, die Dänen zu dem an Gothen wiederkehren? Sobald Deutschland sich umgestaltet, kann Dänemark unmöglich wie vorher bestehn.[905]

Damit vertrat Jacob Grimm eine sehr radikale Position, die bei den Dänen wenig verwunderlich nicht auf Gegenliebe stieß.[906]

Grimm verwies darauf, dass andere Völker »nicht dulden [würden], dass von dem wohnsitze ihrer ruhmvollen vorfahren auch nur eine scholle breit jemals abgetreten werden dürfe«.[907] In einer Adresse an den König[908] sprach er sich 1846 für eine direkte Intervention in Schleswig-Holstein aus: »Möge endlich

---

901 Jacob Grimm, Rede über Schleswig-Holstein (1850), Kl. Schr. 8, S. 450.
902 Vgl. Jürgen Storost, Jacob Grimm und die Schleswig-Holstein-Frage, in: BGG 8 (1988), S. 68 ff.
903 Dies geht hervor aus einer Antwort Grimms auf die Vorwürfe, ebenfalls in der Constitutionellen Zeitung 1850, Kl. Schr. 8, S. 451 f.
904 Jacob Grimm, Ein Wort an die Bewohner Berlins, Constitutionelle Zeitung 1850, Kl. Schr. 8, S. 448.
905 Jacob Grimm, Geschichte der deutschen Sprache, Bd. 1 (1848), S. VI.
906 Vgl. dazu auch Luis L. Hammerich, Jakob Grimm und sein Werk, in: BGG 1 (1963), S. 2 f. Hammerich weist auch darauf hin, dass Grimm u. U. von Teilungsplänen während des Wiener Kongresses zu seiner radikalen Haltung inspiriert worden sein könnte. Dazu auch Klaus von See, Die Göttinger Sieben (2002), S. 83.
907 Jacob Grimm, Über Schleswig-Holstein (1848), Kl. Schr. 8, S. 438.
908 Diese Adresse war in der Originalfassung noch mit »einigen heftigere[n] stellen gegen die Dänen« ausgestattet, die dann jedoch in der Endfassung entfernt wurden, vgl. Kl. Schr. 8, S. 431 Anm. *.

doch als unverbrüchliches gesetz anerkannt werden, dasz alle welche deutsche zunge reden auch dem deutschen volke angehören und in ihrer noth auf seine mächtige hülfe rechnen dürfen.«[909] Kritikern gegenüber zeigte sich Grimm auch hier gewohnt polemisch.[910]

Zur Begründung des deutschen Anspruchs verwies Grimm auf die »Germanen«. Diese traten nun in eine, wenn auch moderate,[911] so doch eindeutige Gegnerschaft zu den »Scandinaven«. Die Jüten ordnete er den Germanen und nicht den Scandinaven zu, und vertrat damit eine zur bisherigen Forschung konträr laufende Theorie.[912] Daher sei die dänische Halbinsel von jeher Anspruchsgebiet der Germanen gewesen und somit nun der Deutschen.[913] In der Nationalversammlung, in der auch das Thema Schleswig-Holstein behandelt wurde, führten Grimm seine Erkenntnisse zur Stellung zweier Anträge:

> 1. die nationalversammlung beschliesz, dasz der krieg gegen Dänemark so lange fortgeführt wird, bis diese krone unsere gerechten ansprüche auf ein unzertheilbares Schleswig anerkannt hat. 2. die nationalversammlung erklärt laut, dasz sie sich niemals die einmischung eines fremden volkes gefallen lassen werden.[914]

Das junge Deutschland sollte sich klar gegen Eingriffe von außen positionieren und seine historisch begründeten Gebietsansprüche durchsetzen. Die Zuordnung der Jüten zu den Germanen hätte, ganz ernst genommen, damit auch zu einem Anspruch auf ganz Dänemark führen können. Den historischen Anspruch auf Dänemark betonte Grimm noch einmal ein Jahr später in einer Erwiderung zu Prof. Peter Andreas Munchs[915] Darstellung des Deutsch-Dänischen Konflikts.[916] Auch jetzt berief sich Grimm auf das »unveräuszerliche bewustsein unseres alten volksrechts auf die halbinsel«[917] und argumentierte mit der ursprünglich rein germanischen Bevölkerung. Hier jedoch nahm Grimm

---

909 Jacob Grimm, Adresse an den König für Schleswig-Holstein (1846), Kl. Schr. 8, S. 430.

910 »der verfasser, der ganz das ansehen eines verlarvten Dänen hat.« Jacob Grimm, Schleswig (1848), Kl. Schr. 8, S. 432. Tatsächlich handelte es sich bei Grimms Kritiker um einen Dänen, der in Folge der Auseinandersetzung auf Grimms Aufforderung hin auch seinen Namen öffentlich bekannt gab.

911 Einschränkend für Jacob Grimm: »insofern wir befugt sind, germanische volksstämme den scandinavischen entgegenzustellen.« Über Schleswig-Holstein (1848), Kl. Schr. 8, S. 438.

912 Vgl. auch Jacob Grimm, Über Schleswig-Holstein (1848), Kl. Schr. 8, S. 437f.

913 Vgl. die Ausführungen in: Jacob Grimm, Schleswig (1848), Kl. Schr. 8, S. 432.

914 Jacob Grimm, Über Schleswig-Holstein (1848), Kl. Schr. 8, S. 438.

915 Zur Person des norwegischen Historikers Peter Andreas Munch vgl. die einleitenden Ausführungen in: Ernst Schmidt (Hrsg.), Briefwechsel der Gebrüder Grimm mit Nordischen Gelehrten (1885), S. 212 ff.

916 Jacob Grimm, Scandinavismus (1849), Kl. Schr. 8, S. 443 ff.

917 Ebd., S. 445.

genauer Stellung zum Verhältnis von Germanen und Skandinaven. So betonte Grimm die Nähe der Dänen zu den Deutschen, denn »ihre geistige bildung, ihre bürgerlichen einrichtungen sind nach deutschen mustern zugeschnitten«, außerdem seien die Deutschen und die Dänen »in sprache und sitte nahverwandt.«[918] Die Einwanderung deutschen Kulturguts geschah, so betonte Grimm, aus »unaufgedrungner herschaft«.[919] Die Aufteilung des aus Asien eingewanderten Urvolks war, in Grimms Konstruktion, zur Zeit der Wanderung vom Schwarzen Meer hin zur Ostsee erfolgt. Die ursprüngliche Bevölkerung Dänemarks bestand somit, nach Grimms Interpretation, aus gothisch germanischer Bevölkerung, sei aber bald durch die von Norden aus vorrückenden anderen nordischen Germanen, also durch die Skandinavier, unterworfen worden. Damit blieben für die heutigen Dänen nur zwei Möglichkeiten, ihre Herkunft zu bestimmen. Entweder waren sie Skandinavier, dann waren sie nur eine kleine Randerscheinung der eigentlich in Schweden und Norwegen angesiedelten Stämme, was, so Grimm, »ihre eigenliebe kränkt, die gewohnt war, in Dänemark alle blüte und bildung des nordens zu finden.« Alternativ konnten die Dänen sich nach der Theorie Grimms jedoch nur noch als Germanen im engeren Sinne sehen, was in der Konsequenz dazu führen musste, dass »sie durch ihre feindschaft gegen Deutschland, wieder ihr eignes fleisch und blut gewütet« hätten.[920] Die Antwort auf die Frage, von welcher Variante Grimm überzeugt war, erübrigt sich. Klar ging er in dieser Frage in Opposition zu Munch und dessen Ansicht von einem nicht gothisch-germanischen, sondern deutlich keltischen Einfluss auf die Halbinsel.[921] Für die deutschen Ansprüche auf Schleswig-Holstein und den gesamten Ostseebereich führte Grimm deutsche Eigenarten und den deutschen Volksgeist ins Feld. Die Deutschen, so Grimm, seien von jeher ein wanderlustiges Volk gewesen, welches, »wo es noch die küste erreichen konnte, sich über das meer ergossen hat und ferne landzungen und inseln erfüllt« habe. Darin sah Grimm »das rechte zeichen eines mutigen, zur herschaft ausersehenen und gerüsteten volks«.[922]

Auch aus Dänemark kam Protest gegen die Ansprüche Grimms, Jütland Deutschland zuzuordnen. Grimms Äußerungen in der Paulskirche und seine Darstellung in der *Geschichte der deutschen Sprache* 1850 boten Anlass genug für eine entschiedene Gegenschrift. Unter dem Titel *Protest eines Jütländers gegen*

---

918 Ebd., S. 446.
919 Ebd., S. 446.
920 Ebd., S. 447.
921 Vgl. dazu besonders ebd., S. 44/ f.
922 Vgl. JACOB GRIMM, Toast in Travemünde (1847), Kl. Schr. 8, S. 466. Vgl. zur grundsätzlichen Bedeutung des Rahmenprogramms während der Germanistenversammlungen: KATINKA NETZER, Wissenschaft aus nationaler Sehnsucht (2006). JÖRG JOCHEN MÜLLER, Die ersten Germanistentage (2000), S. 314, weist darauf hin, dass Grimm damit auch eine Rechtfertigung für die massenhafte

Jacob Grimm's neues deutsches ›Volksrecht‹[923] widersprach der dänische Archäologe Jens Jacob Asmussen Worsaae den Grimmschen Gebietsansprüchen mit drastischen Worten.

> Es kann nicht fehlen, dass der Alterthümler, der sich mit der Erforschung der älteren Wohnung und gegenseitigen Verhältnisse der verschiedenen Völker und so auch derer der Deutschen beschäftigt, von einem Schauder ergriffen werden müsse, wenn er recht erwägt, wie gefährlich die Waffen sind, womit er umgeht, und welche furchtbaren Folgen die Resultate seiner Forschungen für die Welt haben können.[924]

Worsaae stellte nach einer kritischen, aber sehr ironischen Auseinandersetzung mit der von Grimm ins Feld geführten deutschen Tradition in Jütland fest:

> Hier wird es ausreichen damit ins Reine gekommen zu sein, dass jenes grimsche uralte und doch so neue ›Volksrecht‹ an ein Land, selbst wenn es auf einer, um den mildesten Ausdruck zu gebrauchen, streitigen, vorgeschichtlichen Grundlage ruht, vor einem factischen, durch vierzehn Jahrhunderte bis auf unsere Tage fortgesetzen vollständigen Besitz und Anbau durch andere Völker vorausgeht. Das neue deutsche Volksrecht ist hierin absolut verschieden von jedem andern bisher bekannten Volksrechte.[925]

Er widerlegte das von Grimm angeführte historische Recht und merkte an:

> Zur Beruhigung meines Vaterlandes, Jütland, darf ich aber die gewisse Hoffnung aussprechen, dass Grimm unmöglich sein neues unveräußerliches ›Volksrecht‹ auf einen schlecht und recht früheren Besitz gegründet haben könne. In solchem Fall würde es nämlich rein verzweifelt um die Deutschen selbst aussehen, die, so viel man weiß schwerlich die eigentlichen Urbewohner in irgend einem Theile ihrer gegenwärtigen Besitzungen sind.[926]

Jenseits aller Ironie stellte Worsaae fest:

> Es ist immer traurig die Wissenschaft und rein wissenschaftliche Fragen (wie die über Jütlands muthmaßliches Deutschtum im Alterthume) im Interesse des nationalen Fanatismus zur Aufreizung nahverwandter Volksstämme gegen einander missbraucht zu sehen. Aber doppelt bedauernswerth ist es, wenn ein sonst hochgeachteter Gelehrter, wie Jacob Grimm, sich eines solchen Missbrauchs schuldig macht, und wenn er dabei eine falsche und Dänemark verletzende Lehre eines ›Volksrechts‹ mit ungerechten Beschuldigungen und Ausfällen gegen das dänische Volk begleitet, und dies zwar zu einer Zeit, wo es die Pflicht eines jeden

---

Auswanderung Deutscher nach Amerika fand. Die Auswanderung wurde zur »urdeutschen« Tugend idealisiert.

923 Worsaae bezog sich hier auf Jacob Grimm, Scandinavismus, Allgemeine Monatsschrift für Literatur 1849, Kl. Schr. 8, S. 445 in der Grimm sich auf das »unveräuszerliche bewustsein unseres alten volksrechts auf die halbinsel« berief.

924 Jens Jacob Asmussen Worsaae, Protest eines Jütländers gegen Jacob Grimm's neues deutsches »Volksrecht« (1850), S. 4.

925 Ebd., S. 10.

926 Ebd., S. 12 f.

braven Mannes in Deutschland und im Norden sein muss an der Ausgleichung des unterbrochenen, aber noch nicht beendigten, unnatürlichen Kampfes zu arbeiten, der dem stillen Walten des Friedens wie dem Werke der Freiheit gleich verderblich ist.[927]

Er sah Jacob Grimm als Beihelfer der »Einheitsdeutschen« und Preußens bei der Beschaffung weiterer Seehäfen mit dem Ziel, Deutschland als Seemacht zu etablieren, wenngleich er auch nicht so weit ging, eine »förmliche Verabredung mit den deutschen Staatsmännern« zu unterstellen.[928]

Nicht nur Dänen, auch Skandinavier brachten der Idee der Eingliederung in die deutsche Kulturtradition wenig Verständnis entgegen.[929] So zerbrach auch das zunächst wissenschaftlich vielversprechende Verhältnis Jacob Grimms zu Rasmus Rask an methodischen, terminologischen und inhaltlichen Differenzen.[930] Dennoch ist ein umfangreicher Briefwechsel Grimms mit nordischen Gelehrten erhalten, in denen auch politische Fragen nicht ausgespart wurden. So beklagte sich Grimm in einem Brief an den dänischen Gelehrten Carl Christian Rafn:[931]

> Die Dänen, zweimal durch uns bekehrt, in sprache, glauben, sitte, bildungsstufe innig mit uns verwandt, sind uns seit zwei jahrhunderten fortwährend feindlich und buhlen lieber mit fremden völkern. Noch bei Bonaparte standen sie wieder uns; jetzt suchen sie bei den Engländern, die ihnen grausam Copenhagen zerstört hatten, bei Franzosen, bei Russen, beistände gegen uns.[932]

Grimm stellte gegenüber Rafn noch einmal klar: »Ursprünglich war die halbinsel ganz deutsch oder germanisch (welchen ausdruck Sie lieber wollen) auch die Vorfahren der Jüten waren eines bluts mit den Sachsen und Kimbern.«[933] Daraus folgte für Grimm, dass, sollte die »ursprüngliche einheit aller Germanen« wiederhergestellt werden, diese neben Slaven und Romanen die dritte beherrschende Macht in Europa bilden würde.[934] Diese Sichtweise bekräftigte Grimm auch im weiteren Briefwechsel trotz des wachsenden Widerstandes

---

927 Ebd., S. 15 f.

928 Ebd., S. 22 f.

929 Bengt Algot Sørensen, Die Anfänge der deutschen Germanistik – aus nordischer Sicht, in: Frank Fürbeth u. a. (Hrsg.), Zur Geschichte und Problematik der Nationalphilologien in Europa (1999), S. 170.

930 Vgl. dazu auch ebd., S. 173 ff.; zur Person Rasmus Rask vgl. die einleitenden Ausführungen in: Ernst Schmidt (Hrsg.), Briefwechsel der Gebrüder Grimm mit Nordischen Gelehrten (1885), S. 84 f.

931 Zur Person Carl Christian Rafn vgl. die einleitenden Ausführungen in: Ernst Schmidt (Hrsg.), Briefwechsel der Gebrüder Grimm mit Nordischen Gelehrten (1885), S. 145 f.

932 Jacob Grimm an Carl Christian Rafn vom 15.12.1848, in: ebd., S. 159.

933 Ebd., S. 160.

934 Ebd., S. 160 f.

Rafns. Zwar relativierte er zunächst: »ich weisz wol, das man nicht zu tief zurück greifen dürfe in die dunkle geschichte, und nicht wieder aufrühren was lange beigelegt ist.«[935] Dennoch sah er Dänemark am liebsten in Zukunft deutsch. Dies war für Grimm auch eine für die Dänen durchaus nicht furchterregende Aussicht; und so gab er der Hoffnung Ausdruck, die Dänen würde dann vielleicht sogar »das deutsche blut, wenn es in ihnen steckt, wieder fühlen«.[936]

Eine Verbindung zwischen Skandinaviern und Deutschen anzunehmen war keine neue Vorstellung. Diese Gleichsetzung lässt sich mindestens bis ins 16. Jahrhundert zurückverfolgen.[937] Nach 1806 diente die Annahme einer solchen Verwandtschaft dann immer stärker dazu, der noch unklaren und diffusen deutschen Nationalidentität einen festen Rahmen zu geben.[938] Jacob Grimm versuchte diese Verwandtschaft durch seine sprachwissenschaftlichen Studien umfassend zu belegen. In Skandinavien selbst erlebte demgegenüber die kulturnationale Strömung des Skandinavismus deutlichen Aufwind, die einer Union mit Deutschland eher skeptisch gegenüberstand und stattdessen die Zusammengehörigkeit von Dänen, Schweden und Norwegern betonte.[939]

Auch die Bedeutung Skandinaviens für Grimms Quellensammlungen war hoch. »Für den deutschen forscher ist Scandinavien classischer grund und boden, wie Italien für jeden, der die spuren der alten Römer verfolgt.«[940] Hier lag der Ursprung der deutschen Kultur, hier ließ sich auch dem deutschen Volksgeist näher kommen. Dabei hatten skandinavische Quellen den Vorzug, dass sie weit weniger von äußeren Einflüssen verfälscht waren als die deutschen:

> Verglichen mit der altdeutschen geschichte hat die altnordische den groszen vorzug, dasz sie von anfang an in der landessprache beschrieben worden ist. nicht nur schickt sich die sprache jedes volks, das überhaupt historisch wird, am natürlichsten und besten zu der erzählung seiner begebenheiten [...] sondern es läszt sich auch beweisen und ahnen, dasz manche dinge, wenn sie der einheimischen sprache entzogen werden, gar nicht berichtet worden sind. was der erzählende sagn kann und will, hängt gewisz viel von dem medium ab, dessen er sich dazu bedient. nebenumstände und was in der begebenheit gerade recht nationale färbung hat, wird er, weil ihm die fremde sprache dafür versagt, übergehen müssen, ausführlichkeit, die grundlage des wahren historischen interesses, wird er meiden wollen, da er nicht zu der menge seiner landsleute, die gern alles hören und theilnehmend verstehen, vielmehr zu dem engen stande zerstreuter

---

935 Ebd., S. 169.
936 Jacob Grimm an Carl Christian Rafn vom 13.11.1849, in: Ernst Schmidt (Hrsg.), Briefwechsel der Gebrüder Grimm mit Nordischen Gelehrten (1885), S. 170.
937 Ingo Wiwjorra, Der Germanenmythos (2006), S. 66 ff.
938 Ebd., S. 68 f.
939 Ebd., S. 73.
940 Jacob Grimm, Italienische und Scandinavische eindrücke (1844), Kl. Schr. 1, S. 79.

gelehrten spricht, denen es schon um etwas anderes zu thun ist, die manches voraussetzen und manches verschmähen. es läszt sich nicht leugnen, in diesem stück hat die das christenthum begleitende lateinische sprache und schreibgewohnheit der europäischen geschichte abbruch gethan. ein fremdartiger mantel, falsche falten werfend, deckte uns die schultern, die natürliche tracht des ausdrucks, die freie bewegung der rede sind davor gewichen und zugleich war es um die erzählungslust geschehen.[941]

Im Norden erwartete Grimm daher auch Aufschluss über germanische Quellen:

die längere dauer und, was damit genau zusammenhängt, die gröszere fülle der altnordischen überlieferung steht dem verschwinden wie der armut unsrer heimatlichen entgegen; es macht freude, und bewährt den engen bund beider stämme, nachzuweisen, dasz der Norden von unsern vorfahren empfieng was er uns rettete.[942]

Der Norden sei zudem länger von Verfälschungen durch christliche Einflüsse verschont geblieben.[943]

Zumindest Dänemark, aber auch Teile Skandinaviens nahmen also eindeutig an der durch den deutschen Volksgeist bestimmten Gemeinschaft der Deutschen teil, der ebenso dort lebendig war und in der Vergangenheit gewirkt hatte. Dieser Umstand war für Grimm nicht nur Grundlage für die Einbeziehung nordischer Quellen in seine Studien über den deutschen Volksgeist, sondern auch Rechtfertigung für umfassende Gebietsansprüche Deutschlands in Richtung Norden.

(2) Das Verhältnis zu den Slawen

Das Verhältnis Jacob Grimms zu den Slawen war bereits häufig Gegenstand der Forschung. Im Mittelpunkt standen die Beziehungen Grimms zu slawischen Forschern und die dortige Wirkung seiner Werke.[944] Es hat sich gezeigt, dass Grimm für die serbische Volkskunde und das Nationalitätsbewusstsein im Gebiet des ehemaligen Jugoslawien von enormer Bedeutung war.[945]

Grimm begann ab 1809 mit der Sammlung slawischer Quellen und deren Einordnung in die gesamteuropäische Literatur.[946] Er stieß dabei auf Quellen der Volkspoesie, die noch recht ursprünglich erhalten waren. Hier fand Grimm die Situation vor, die er sich auch für Deutschland gewünscht hätte:

---

941   JACOB GRIMM, Rez. Jomsvikinga Saga (1825), Kl. Schr. 4, S. 274 f.
942   JACOB GRIMM, Sintarfizilo (1841), Kl. Schr. 7, S. 52.
943   Vgl. hierzu HERMANN ENGSTER, Germanisten und Germanen (1986), S. 12 f.
944   So bspw.: VERA BOJIĆ, Jacob Grimm und Vuk Karadžić (1977); MILJAN MOJAŠEVIĆ, Jacob Grimm und die Jugoslawen, in: BGG 1 (1963), S. 333 ff.
945   Vgl. dazu auch MILJAN MOJAŠEVIĆ, Jacob Grimm und die Jugoslawen, in: BGG 1 (1963), S. 334 f.
946   HANS-BERND HARDER, Jacob Grimm und die Böhmen, in: BGG 4 (1984), S. 102.

Viel zäher auf ihre muttersprache hielten die Slaven und darum kann uns heute ein übermütiger slavismus bedrohen; in unserer innersten art lag je etwas nachgiebiges, der ausländischen sitte sich anschmiegendes, sollen wir von dem fehler bis zuletzt nicht genesen?[947]

Insgesamt kann das Verhältnis Grimms zu den Slawen dennoch als positiv bezeichnet werden. Seine Werke wurden gerade in Serbien gut aufgenommen. Auch hier wurde man sich im 19. Jahrhundert seiner eigenen Nationalität bewusst, suchte nach identitätsstiftenden Elementen und stieß dabei auf die Sammlungen Grimms. Dieser übersetzte zudem Wuk Stephanowitschs *Kleine Serbische Grammatik* ins Deutsche und steuerte eine Vorrede bei, in der er einen Abriss der slawischen Geschichte darbot und zahlreiche Parallelen auch zur deutschen Sprache und Grammatik zog.[948] Er unterhielt einen regen Briefwechsel mit serbischen Gelehrten[949] und verfasste ein Vorwort zu einer von Anton Dietrich besorgten Sammlung russischer Volksmärchen.[950] Auch wenn die im 4. Band der Kleineren Schriften aufgeführte Besprechung und Übersetzung serbokroatischer Volkslieder[951] wohl nicht von Grimm, sondern von Kopitar stammt, hat dies an der Einschätzung der Bedeutung Grimms für die Volksdichtung auch in diesem Raum nichts geändert.[952] Ebenso erlangte Grimm für russische Slawisten Bedeutung, wenn auch teilweise auf Umwegen vermittelt durch tschechische Wissenschaftler. Dies war bedingt durch den Fokus auf die deutsche Wissenschaft, der zu Beginn des 19. Jahrhunderts in Russland noch vorherrschend war.[953] So wurde Grimm als einer »der wichtigsten Anreger und Förderer der russischen Sprachforschung und Volkskunde«[954] bezeichnet. Man benutzte die Werke Grimms, darunter auch die *Grammatik*, die *Mythologie* und die *Rechtsalterthümer*[955] als Vorbilder für eigene Studien. Da sich noch keine

---

947 Jacob Grimm, Geschichte der deutschen Sprache, Bd. 1 (1848), S.V.

948 Jacob Grimm, Vorrede zu: Wuk Stephanowitsch, Serbische Grammatik (1824), Kl. Schr. 8, S. 96 ff.

949 Bspw. August Sauer (Hrsg.), Aus Jacob Grimms Briefwechsel mit slavischen Gelehrten (1908).

950 Jacob Grimm, Vorwort zu: Anton Dietrich, Russische Volksmärchen (1831), Kl. Schr. 8, S. 145 ff.

951 Erschienen in der Wiener Allgemeinen Literaturzeitung 1816, Kl. Schr. 4, S. 437 ff.

952 Vgl. dazu Miljan Mojašević, Nochmals zu Jacob Grimms Übersetzungen serbokroatischer Volkslieder, in: BGG 2 (1975), S. 45 m. w. N.

953 Vgl. hierzu auch Doris Leitinger, Die Wirkung von Jacob Grimm auf die Slaven, in: BGG 2 (1975), S. 66 ff.

954 Ebd., S. 113.

955 Die Vorbildwirkung der Rechtsalterthümer hielt sich dabei, wie schon in Deutschland, auch bei russischen rechtshistorischen Studien in Grenzen. Vgl. ebd., S. 109 f.

eigene wissenschaftliche Methode zur Behandlung von volkskundlichen Quellen etabliert hatte, orientierte man sich gerne an Grimms Methode.[956]

Für die vorliegende Arbeit ist nun allerdings die umgekehrte Perspektive interessant. Was also erhoffte sich Grimm von der Beschäftigung mit slawischen Quellen, wie sah er das Verhältnis zwischen Slawen und Deutschen, und welche Rückschlüsse können hieraus auf sein Bild vom deutschen Volksgeist gezogen werden?

Von der Sammlung slawischer Quellen besonders im Bereich der Volkspoesie versprach sich Grimm zunächst eine deutliche Förderung der Erforschung europäischer Volksdichtung.[957] Bei slawischen Quellen schätze er »die abgelegenheit von dem treiben neuer literatur«,[958] die dazu beigetragen habe, alte Überlieferungen noch orginaltreu zu erhalten:

> Unter welchem aller slavischen stämme konnte aber nach treubewahrten gebräuchen der vorzeit, nach unvertilgten spuren des hirtenlebens [...] eher gesucht werden, als bei dem serbischen, dessen reizende volkspoesie glücklicherweise uns jetzt gesammelt vorliegt? in einem winkel Europas, durch die drückenende barberei der Türken gewissermazen geschützt und beschränkt haben die Serben als einfache landbauern, schäfer und jäger ihre hergebrachte art und sitte fast bis auf unsere tage unversehrt beibehalten.[959]

Hier zeigte sich erneut deutlich die Bedeutung der Hirten für die Herleitung der Volkspoesie und ihre Rolle für die Ausprägung des Volksgeistes innerhalb der Konzeption Grimms.

Trotz seiner kritischen Einstellung gegenüber Übersetzungen[960] hob er bezüglich der Herausgabe russischer Märchen hervor, »dasz der herausgeber durch übersetzung dieser russischen märchen sich ein verdienst um die geschichte der deutsche kindermärchen und der romantischen poesie überhaupt erworben hat.«[961] Die Beschäftigung mit slawischer Sprache und Poesie war bei Grimm keine vereinzelte Episode,[962] sondern begleitete seine wissenschaftlichen Studien lebenslang.

Grimm kam nicht umhin, zahlreiche Gemeinsamkeiten zwischen deutschen und slawischen Einrichtungen festzustellen. Dies betraf auch den Bereich des Rechts:

---

956 Ebd., S. 70.

957 Jacob Grimm, Vorrede zu: Wuk Stephanowitsch, Serbische Grammatik (1824), Kl. Schr. 8, S. 107.

958 Jacob Grimm in einem Brief an Friedrich Müller vom 14. Oktober 1857, in: Helga Stein, Siebenbürger Forscher schreiben an die Brüder Grimm, in: BGG 2 (1975), S. 141.

959 Jacob Grimm, Über Frauennamen aus Blumen (1852), Kl. Schr. 2, S. 392.

960 Vgl. oben B. III 4. a).

961 Jacob Grimm, Vorwort zu: Anton Dietrich, Russische Volksmärchen (1831), Kl. Schr. 8, S. 147.

962 So aber Werner G. Zimmermann, Valtazar Bogišić (1962), S. 3.

einmal besteht unter Deutschen und Slaven überhaupt uralte gemeinschaft, die schon auf die wurzeln ihres rechts gewirkt, sicher in dessen ausbildung, wie weit sie sich von einander entfernt haben mögen, manche spur eingedrückt hat. dann aber ist späterhin nachbarschaft und wechselseitiger einflusz der herrschaft ursache geworden, dasz einzelne gesetze und rechtsbräuche von dem einen land übergiengen auf das andere.

Für diese Entwicklung gab Grimm im Folgenden Beispiele an:

> Im slavischen recht haben sich die technischen ausdrücke meistentheils besser als im deutschen erhalten, das von der römischen rechtssprache allzu viel begriffe und benennungen entnommen hat; früherhin war dies anders und zumal die altnordischen und angelsächsischen gesetze verbürgen uns den reichtum deutscher den heimischen vorstellungen genau sich anschlieszender wörter und formeln.[963]

Um das frühe gute Verhältnis zwischen Deutschen und Slawen zu belegen, nannte Grimm sprachliche Anleihen und stellte schließlich fest: »denn mit diesen östlichen nachbarn hiengen unsre vorfahren fester zusammen als mit den westlichen Kelten.«[964]

Anders als im Hinblick auf die Dänen bzw. Skandinavier strebte Grimm allerdings keine Ausdehnung der deutschen Nation in Richtung Osten an. Die deutsche Sprachnation umfasste nicht die slawischen Sprachgruppen. Daher konnte Grimm der nationalen Einigung in Polen und Serbien ungeteilte Zustimmung zukommen lassen: »Den Polen gönne ich ihre befreiung wie uns selbst unsere unangetastete nationalität.«[965]

Grimm war jedoch darauf bedacht, das deutsche Volkstum unter den deutschen Minderheiten in slawischen Gebieten aufrecht zu erhalten. Mit einigem Bedauern nahm er daher zur Kenntnis, dass die Begeisterung für deutsche Traditionen bei allen dort lebenden Deutschen nicht groß war.[966]

---

963 JACOB GRIMM, Vorrede zu: Emil Franz Röszler (Hrsg.), Deutsche Rechtsdenkmäler aus Böhmen und Mähren, Kl. Schr. 8, S. 187.

964 JACOB GRIMM, Vorrede zu: Johannes Merkel, Lex Salica (1850), Kl. Schr. 8, S. 285. Im gleichen Text findet sich im Übrigen eine weitere deutliche Absage gegenüber den Kelten. Die Behauptung etwa, die Malbergische Glosse sei auf keltischen Einfluss zurückzuführen, weist Grimm vehement und schon fast beleidigt zurück. Zu diesem »unerhörten wagstück« führt Grimm aus: »wie, die stolzen Franken sollten ihren eingebornen, mit sich über den Rhein geführten rechtsbrauch haben fahren lassen und in die fuszspur eines von ihnen besiegten volks getreten sein, dessen sprache und sitte bereits unter den Merowingen sogar in den gangbaren eigennamen der freien wie der knechte dort erloschen waren?«, ebd., S. 229 f.

965 JACOB GRIMM an Ludwig Hassenpflug vom 23.12.1830, in: ROBERT FRIDERICI, Briefe von Jacob und Wilhelm Grimm an Ludwig und Lotte Hassenpflug, in: BGG 3 (1981), S. 62. Diese Auffassung teilte Grimm mit den meisten Zeitgenossen in Deutschland, vgl. S. 64 Anm. 5.

966 »aber es ist und bleibt ein leidiger grundzug unsers volks auf seine nationalität wenig stolz zu sein; einem häuflein Franzosen oder selbst Slaven schlägt auch in

Deutlich negativer fielen dagegen Grimms Äußerungen über die Russen aus:

> Mich hat, gestehe ich, von jeher über Nestor hinaus, wenig von dem russischen Wesen interessirt; das Volk ist aller Ehren werth, allein seine Bildung hat doch bisher einen sehr unerfreulichen Gang genomen, ich meine, von der Roheit des 17den Jahrh. ist sie gleich schnellen Schritts übergesprungen in eine gewisse französische Leerheit; was dazwischen liegen sollte, ein gemüthlicher Mittelzustand, der den germanischen Völkern so eigen ist, mangelt diesem slavischen Stamm gänzlich, mehr noch den Russen als den Polen, den Polen vielleicht auch mehr als den Böhmen. Der Umgang mit den sog. gebildeten Russen ist mir stets unangenehm gewesen, sie lassen sich ganz zu an, haben aber nichts im Hinterhalt, und stecken voll Prahlerei, Geitz u. Gemeinheit.[967]

Die Russen waren damit also keinesfalls wesensverwandt mit den Deutschen. Bei ihnen zeigte sich ein deutlich anderer Volkscharakter, der wenig Positives aufwies:

> Der gemeine Russe ist kräftig und practisch, voll verstand und begabung, allein höheren zielen der menschlichen entwicklung strebt er nicht eben zu, alle beamten sind in hohem grade verderbt und bestechlich, die vornehmen stände durch frühreife treibhauscultur im voraus fast zu grunde gerichtet. Wer möchte wünschen, dasz diesem, mit breiter plumper gewalt in der weltgeschichte, wie fast kein anderes, auftretende volke noch ein gröszerer spielraum zu theil werde?[968]

Damit zeigte sich ein deutlicher Unterschied zum Verhältnis in Richtung Norden. Während dort für Grimm der gleiche Volksgeist zu wirken schien, waren die Slawen zwar Teil der europäischen Urgemeinschaft, jedoch von einem eigenen, eindeutig anderen Nationalcharakter beeinflusst.

(3) Das Verhältnis zu Frankreich

> *Man geht jedesmal gern aus Frankreich fort, wenigstens wir Deutsche und wir passen nun und nimmer zu diesem Volk.*[969]

Das Verhältnis Grimms zu Frankreich war ein sehr Zwiespältiges. Auf der einen Seite unterhielt Grimm enge persönliche Kontakte zu französischen Gelehr-

---

der fremde das herz immer noch nach der heimat.« Jacob Grimm an Karl Julius Schröer vom 03.02.1858, in: Franz Pfeiffer (Hrsg.), Jacob Grimm's Briefe (1867), S. 15.

967 Jacob Grimm an Jacobus Scheltema vom 05.05.1815, in: René Van de Zijpe, Jacob Grimm im Briefwechsel mit Jacobus Scheltema, in: BGG 3 (1981), S. 271.

968 Jacob Grimm an Carl Christian Rafn vom 13.11.1849, in: Ernst Schmidt (Hrsg.), Briefwechsel der Gebrüder Grimm mit Nordischen Gelehrten (1885), S. 170.

969 Jacob Grimm an Walter Scott vom 09.06.1814, in: Edvard V. K. Brill, The correspondence between Jacob Grimm and Walter Scott (1963), S. 498.

ten,[970] die er auch wissenschaftlich schätzte und deren Werke er interessiert zur Kenntnis nahm. Auf der anderen Seite war ihm in seinen politischen Stellungnahmen sehr an einer klaren Abgrenzung zu Frankreich gelegen. Grimm sah in Frankreich eine entscheidende Gefahr für die deutsche Einigung. Bei Grimm ist daher eine starke Abwertung der französischen Kultur zu beobachten, die er gern als fast »personifizierte Untugend« charakterisierte.[971] Grimm war jedoch trotz aller politischen Kritik Mitglied zahlreicher französischer Gesellschaften, darunter der Académie des Inscriptions et Belles-Lettres.[972] Auch in Frankreich wurden die Werke Grimms interessiert aufgenommen.[973]

Während Grimm nicht müde wurde, einen französischen Einfluss sowohl auf das deutsche Recht als auch auf die deutsche Sprache anzuprangern, hob er im Gegenzug den deutschen Einfluss auf Frankreich positiv hervor:

> Die Franken wichen dem geistigen eindruck des romanischen idioms, aber eine masse wörter, deren zahl gröszer ist, als man sich einbildet, war aus der deutschen sprache in die französische übergetreten und der ganze in sitte und gesinnung noch viel stärker waltende einflusz des germanischen elements hat dem gallischen volk überhaupt neues leben und frische kraft eingehaucht.[974]

In Grimms Äußerungen zur Reinhaltung der deutschen Sprache war ebenfalls sein gespaltenes Verhältnis zu Frankreich zu erkennen. Schon früh, nämlich in einem Aufsatz im *Rheinischen Merkur* 1815,[975] äußerte er sich über die Rolle der französischen Sprache in Deutschland. Das Französische solle, so Grimm, aus dem Schulunterricht gänzlich entfernt werden. Auf keinen Fall bräuchten Mädchen die fremde Sprache zu erlernen. Grimm stellte fest, dass »wir alles französische hassen«.[976] In Bezug auf alles Französische fällt also eine bis ins Irrationale gehende Ablehnung Grimms auf.

---

970 Z. B. zu Jules Michelet. Dieser bot Grimm im Nachgang der Göttinger Ereignisse 1837 sogar an, ihm bei der Übersiedlung an eine französische Universität behilflich zu sein, vgl. Jürgen Storost, Zur Grimm-Rezeption im Frankreich des 19. Jahrhunderts, in: BGG 9 (1990), S. 124.

971 Klaus Ziegler, Jacob Grimm und die Entwicklung des modernen deutschen Nationalbewußtseins, in: ZHG 74 (1963), S. 168 f.

972 Zu den weiteren Mitgliedschaften vgl. auch Ludwig Denecke, Mitgliedschaften der Brüder Grimm bei Akademien, wissenschaftlichen Gesellschaften und Vereinen, Ehrendoktorate und andere Auszeichnungen, in: BGG 3 (1981), S. 471–492.

973 Vgl. dazu Jürgen Storost, Zur Grimm-Rezeption im Frankreich des 19. Jahrhunderts, in: BGG 9 (1990), S. 111 ff.

974 Jacob Grimm, Über die wechselseitigen Beziehungen und die Verbindung der drei in der Versammlung vertretenen Wissenschaften (1846), Kl. Schr. 7, S. 557.

975 Jacob Grimm, Spielerei und Schwierigkeit, Rheinischer Merkur 1815, Kl. Schr. 8, S. 411 ff.

976 Ebd., S. 412.

Den Einzug des französischen Rechts in den besetzten Gebieten hat Grimm dementsprechend stets kritisiert. In seiner Selbstbiographie beschrieb er, dass ihm das Erlernen des französischen Rechts, »in das sich unsere jurisprudenz zu verwandeln drohte, verhasst war.«[977] Diese Ablehnung Grimms beruhte auf seinen Erfahrungen während der Besatzungszeit:

> es waren meines lebens härteste tage, dasz ich mit ansehn muste, wie ein stolzer höhnischer feind in mein vaterland einzog und die mutigen Hessen, die damals noch stark an ihrem fürsten hiengen, das gewehr, dessen rechter gebrauch ihnen unvergönnt war, nieder auf die pflastersteine warfen: noch in diesem augenblick bewährt ein so treuer volksstamm seinen hasz gegen unbil, frevel, und verrat. damals, weil uns die übermacht erdrückte und selbst unsern namen mit einem andern zu vertauschen zwang, der uns gar nichts angieng, wurde alles römische und deutsche recht mit einem streich aufgehoben und der code Napoleon als gesetz eingeführt, wie hätte mir das die rechtsstudien überhaupt nicht verleiden sollen?[978]

Die Einführung des französischen Rechts beschrieb Grimm daher noch später als einen entscheidenden Grund für seinen Abschied von der Jurisprudenz:

> den gedanken mich einem gelehrten betrieb des römischen rechts zu widmen muste ich fahren lassen und durch einführung des code Napoleon in Hessen war uns ohnedem alle freude an der wissenschaft benommen, der gewinn des mühsam erlernten hingeschwunden.[979]

Als besonders in Süddeutschland 1830 die Sorge vor einem französischen Angriff über den Rhein um sich griff, schrieb Grimm an Ludwig Hassenpflug:

> Die Franzosen sind und bleiben unsere furchtbarsten feinde, mit ihrer grenzenlosen eitelkeit und unruhe verderben sie alle dinge; ausgesandte emissäre sollen allerwärts anschüren. Ihre lauten übermüthigen drohungen schneiden mir, wenn ich sie lese, durch die seele.[980]

Auch eine Urgemeinschaft, wie Grimm sie mit den ebenfalls fremden slawischen Völkern annahm,[981] konstruierte er mit den Franzosen nicht. Französische Quellen konnten konsequenterweise keinen Aufschluss über den deutschen Volksgeist geben und spielten daher für Grimm keine große Rolle.[982]

---

977 Jacob Grimm, Selbstbiographie (1831), Kl. Schr. 1, S. 9.
978 Jacob Grimm, Das Wort des Besitzes (1850), Kl. Schr. 1, S. 114.
979 Jacob Grimm, Rede auf Wilhelm Grimm (1860), Kl. Schr. 1, S. 167.
980 Jacob Grimm an Ludwig Hassenpflug vom 23.12.1830, in: Robert Frederici, Briefe von Jacob und Wilhelm Grimm an Ludwig und Lotte Hassenpflug, in: BGG 3 (1981), S. 62.
981 Vgl. soeben unter (2).
982 Nach heutigem Forschungsstand sind allerdings große Teile der von Grimm gesammelten »Volkspoesie«, nämlich die Märchen, französischen Ursprungs. Vgl. oben unter III. 3. c).

Seine extrem ablehnende Haltung allem Französischen gegenüber ließ jedoch mit fortschreitendem Alter nach, und er konzentrierte sich mehr und mehr darauf, die deutsche Eigenständigkeit gegenüber Frankreich zu betonen. Einen endgültigen Frieden mit Frankreich zu schließen, wäre für Grimm aber nur in einem deutschen Nationalstaat möglich gewesen, den er nicht mehr erleben sollte.

> Der Generation, zu welcher wir gehören, wird Mistrauen und Abneigung gegen die Franzosen unauslöschlich eingeprägt bleiben, obgleich wir freilich vieles milder ansehen, als wir 1813–15 taten. Das Gefühl möchte aber meinthalben ganz übergehen in das gestärkte und sichere Bewußtsein unserer eigenen deutschen Kraft, ohne alle Feindseligkeit; dann hätten wir nichts zu fürchten. Ein solches Bewußtsein hängt aber ab von politischer Einheit, die einmal wieder über Deutschland kommen muß, und dazu kann es mehrere Wege geben, obgleich Dunkel über sie gebreitet ist.[983]

Mit Verblassen der unmittelbaren Eindrücke der Kriegsjahre, gelang es ihm, das Nachbarland mit freundlicheren Augen zu betrachten. Eine gemeinsame Kultur, die nicht allein auf fortwirkende deutsche Einflüsse zurückzuführen war, konnte er dennoch nicht akzeptieren.

(4) Das Verhältnis zum Elsass

Auch Grimms Blick auf das Elsass war deutlich von den Erfahrungen während der französischen Besatzungszeit und den Befreiungskriegen geprägt, gleichzeitig jedoch auch von dem Wunsch, die Elsässer als Deutsche in eine Volksnation einzubeziehen. Dazu galt es jedoch, die sich durch die französische Besatzung zahlreich ergebenden Konflikte zwischen Elsässern und benachbarten Deutschen aufzulösen. Dass sich die meisten Elsässer Frankreich zugewandt hatten und sich eher als Franzosen denn als Deutsche fühlten, nahm Grimm ihnen übel. Dies wurde in Grimms »Die Elsasser« betitelten Artikel im *Rheinischen Merkur* von 1814 deutlich. Dort führte er unter anderem aus:

> der Elsasser überhaupt ist zur groszsprecherei und zu einiger brutalität geneigt, und es ist sehr glaublich und oft von uns selbst erfahren worden, wie sie als sieger sich übernommen, und die Franzosen, zu denen sie sich gehalten, in jeder insolenz und grobheit übertroffen haben.[984]

Dennoch zeigte Grimm auch Verständnis für die Ablehnung der Elsässer gegenüber den deutschen Grenzbewohnern und pflichtete trotz der Affinität

---

983 Brief Jacob Grimm an Johann Smidt, April 1837, in: Albert Leitzmann (Hrsg.), Briefe der Brüder Grimm (1923), S. 145 f.
984 Jacob Grimm, Die Elsasser, Rheinischer Merkur 1814, Kl. Schr. 8, S. 398.

der Elsässer zu Frankreich einem namenlos bleibenden »Augenzeugen« bei, wenn dieser ausführte:

> Die Elsasser sind und hören uns von gott und rechtswegen, darum sollen wir nicht gegen unser eigen fleisch sprechen, sondern warten, bis ein gutes schicksal uns mit ehren zu ihnen und sie ohne sünde zu uns führe.[985]

Die Elsässer waren für Grimm damit eindeutig der deutschen Sprachnation und damit der deutschen Volksgemeinschaft zuzuordnen. Daran änderte auch ihre persönliche Präferenz nichts. Die Zugehörigkeit zur deutschen Nation war damit keineswegs freiwillig.

2. Geschichtsbild und Volksgeistkonzept

> *ich gehöre nicht zu denen, welche dafür halten, dasz blosz die gegenwart für uns maszstab geben müsse, ich glaube auch an unsere grosze vergangenheit, und ich glaube, dasz über diejenigen, welche nichts von der vergangenheit wissen wollen, sehr bald auch die zukunft den stab brechen werde.*[986]

Jacob Grimm beschäftigte sich besonders hingebungsvoll mit den erhaltenen Bruchstücken der »alten Zeit«, wo die Einwirkungen des Volksgeistes noch besonders klar und lebendig zu finden waren. Geschichtsbild und Volksgeistkonzept waren bei Grimm daher untrennbar verbunden. Auch für die Gestaltung der Zukunft war die Vergangenheit für ihn stets Leitschnur.[987]

Der deutsche Volksgeist blieb hier ein bestimmender Faktor. Schon 1813 hatten beide Grimms daher betont:

> Wir erkennen eine über alles leuchtende Gewalt der Gegenwart an, welcher die vorzeit dienen soll […] wer diese beziehung auf das leben leugnen wollte, der nähme die belehrung der geschichte hinweg und setzte diese alten gedichte wie eine unzulängliche insel aufs meer, wo die sonne umsonst ihr licht ausbreitete und die vögel ungehört sängen.[988]

Auch in seinen historischen Studien blieb die deutsche Gegenwart und Zukunft daher im Blick Grimms. Dies ausdrücklich zu bekräftigen, fühlte er sich mehr-

---

985 Ebd., S. 400 f.
986 Jacob Grimm, Über Schleswig-Holstein (1848), Kl. Schr. 8, S. 437.
987 Vgl. hierzu die bereits angeführte Aussage: »wir, aus deren schosz seit der völkerwanderung zahllose heldenstämme nach dem ganzen westen entsandt wurden, auf deren boden immer die schlachten der entscheidung geschlagen, die kühnsten aufschwünge des geistes vorbereitet zu werden pflegen, ja wir hegen noch keime in uns künftiger ungeahnter entwickelungen.« Jacob Grimm, Über die wechselseitigen Beziehungen und die Verbindung der drei in der Versammlung vertretenen Wissenschaften (1846), Kl. Schr. 7, S. 558.
988 Jacob Grimm, Vorrede zu: Altdeutsche Wälder (1813), Kl. Schr. 8, S. 6.

fach berufen, so dass zu vermuten ist, dass auch Zeitgenossen den Verdacht hegten, Grimm lebe mehr in der Vergangenheit als in der Gegenwart. Anlässlich der Göttinger Ereignisse äußerte er daher:

> ich hoffe, wer meine arbeiten näher kennt, dasz er mir keine art der geringhaltung des groszen rechts, welches der waltenden gegenwart über unsere sprache, poesie, rechte und einrichtungen gebührt, nachweisen könne. denn selbst wo wir sonst besser waren, müssen wir heute so sein, wie wir sind.[989]

Bereits ein Jahr zuvor beruhigte Grimm seinen französischen Kollegen Michelet: »Ihre befürchtung, ich möge über der alten zeit die neue vergessen, war grundlos. ich verkenne die vortheile der gegenwart nicht über ihren nachtheilen.«[990] Bei aller Liebe für die »gute alte Zeit« war Grimm nicht für das Problematische in der Vergangenheit blind.[991]

Um die Grundbedingungen der Geschichtsbetrachtung Grimms deutlicher zu machen, soll zunächst ein notwendigerweise knapper Blick auf das Geschichtsbild im 19. Jahrhundert geworfen werden. Es kann hier keine umfassende Darstellung der vielfältigen geschichtsphilosophischen Ansätze des 19. Jahrhunderts erfolgen, es werden daher nur die Strömungen untersucht, in deren Umfeld Grimm zu seinem eigenen Geschichtsbild gelangt ist.

a)   Die Sicht auf die deutsche Vergangenheit im 19. Jahrhundert

Im 19. Jahrhundert, das ideen- und kulturgeschichtlich eine besonders große Bandbreite aufwies,[992] entwickelte sich in Reaktion auf die französische Besetzung und die Befreiungskriege eine neue Sichtweise auf die deutsche Vergangenheit. Die sich langsam etablierende deutsche Altertumskunde richtete ihren Blick in ausdrücklicher Abwendung von der bisherigen Zentrierung auf die Antike vielmehr auf die germanische Vorzeit und damit auf die Etablierung einer eigenen nationalen Vergangenheit. Gleichzeitig erweiterten neue naturwissenschaftliche Forschungsergebnisse die bisher theologisch basierte Datierung der Erdentstehung auf höchstens 6000 Jahre um ein Vielfaches.[993] Der Wandel von der »mythischen« Auffassung einer zirkulären Zeit zur »historischen« Vorstellung einer linear fortschreitenden Geschichte führte im europä-

---

989   JACOB GRIMM, Über meine Entlassung (1838), Kl. Schr. 1, S. 31.

990   JACOB GRIMM an Jules Michelet, Brief vom 1.12.1837, in: FRÉDÉRIC BAUDRY, Les frères Grimm, Extrait de la Revue Germanique et Française 28 (1864), S. 342.

991   Insoweit ist das Urteil WOLFGANG EMMERICHS, Germanistische Volkstumsideologie (1968), S. 49, zu hart.

992   Von einer »Epocheneinheit« kann daher nicht ausgegangen werden, vgl. dazu FRANZ J. BAUER, Das »lange« 19. Jahrhundert 1789–1917, 3. Aufl. (2010), S. 30 ff.

993   INGO WIWJORRA, Der Germanenmythos (2006), S. 343 ff.

ischen Denken zu einer Dynamisierung des Geschichtsdenkens und zur Überzeugung von einer kausalen Gerichtetheit des Geschehens.[994] Dieser fundamentale Wandel führte zu einer neuen Betrachtung der Rolle der geschichtlichen
Akteure, denen nun die Aufgabe zukam, im Lauf der Geschichte nicht nur
zeitlich voran zu schreiten, sondern Fortschritt zu erzielen.[995] Größtenteils
empfanden daher die Menschen im 19. Jahrhundert eine vorwärts- und auf-
wärtsgerichtete Richtung des historischen Prozesses.[996] Der Aufschwung der
Naturwissenschaften und die Entwicklungstheorie Charles Darwins unterstützten diesen Trend in der Geschichtsteleologie.[997]

Im Rahmen des Siegeszuges des Historismus in Deutschland entstand ein
neues Bewusstsein für die eigene Geschichte. Sie diente nun zur Rechtfertigung
und Identitätsstiftung in der Gegenwart.[998] Damit entwickelte sich das Bewusstsein für die Relevanz der eigenen Geschichte, der eigenen Zukunft und der
eigenen Entwicklung im Rahmen einer Geschichtsphilosophie.[999] Die Beschäftigung mit Geschichte wurde damit zu einem Eckpfeiler der Wissenschaften.
Geschichtswissenschaft und Geschichtsschreibung entwickelten sich spätestens
ab Mitte des Jahrhunderts zu einem politischen Feld.[1000]

Deutschland, das »Dorado der politischen Mythographie«,[1001] war durch den
Aufschwung des Bildungsbürgertums und die als verspätet empfundene Staats-
gründung ein fruchtbarer Boden für Nationalmythen und Gemeinschaftsvisio-
nen, da die Bürger hierdurch die noch fehlende politische durch eine mytho-
logisch historische Einheit auszugleichen suchten.[1002] Nach der Wiederentde-
ckung von Tacitus' *Germania* Mitte des 15. Jahrhunderts hatte sich im deutschen
Humanismus der sog. »Germanenmythos« etabliert, der auch noch im 19. Jahrhundert seine Wirkung entfaltete und in dessen Folge die Deutschen als
unmittelbare Nachfahren der Germanen begriffen wurden.[1003] Die *Germania*
hatte insgesamt einen enorm großen Einfluss auf das Bild der Deutschen von

994 Franz J. Bauer, Das »lange« 19. Jahrhundert 1789–1917 (2010), S. 21 ff.
995 Ebd., S. 23.
996 Ebd., S. 31, der allerdings auch die Ausnahme, Leopold von Ranke, aufführt.
997 Ebd., S. 38.
998 Thomas Nipperdey, Deutsche Geschichte 1800–1866, 6. Aufl. (1993), S. 498 ff.;
     vgl. zur Entwicklung des Historismus in Deutschland auch Friedrich
     Meinecke, Die Entstehung des Historismus (1959), S. 284 ff.
999 Thomas Nipperdey, Deutsche Geschichte 1800–1866 (1993), S. 503 f.
1000 Ebd., S. 516 f.
1001 Herfried Münkler, Die Deutschen und ihre Mythen (2009), S. 17.
1002 Vgl. hierzu ebd., S. 17 f.
1003 Ebd., S. 149; vgl. hierzu ausführlich Ingo Wiwjorra, Der Germanenmythos
     (2006).

ihrer eigenen Vergangenheit.[1004] Vor allem die von Tacitus betonten positiven Eigenschaften der Germanen, wie Freiheitsliebe, Treue, Sittenreinheit und Tapferkeit, bestimmten das Bild des Deutschen bei vielen Schriftstellern des 19. Jahrhunderts. Tacitus' eigene politische Motive für seine Schilderungen interessierten dabei nicht.[1005]

Im Rahmen der Romantik erfolgte darüber hinaus eine Idealisierung des deutschen Mittelalters. In einer Gegenbewegung zu Rationalität und Individualismus wandte man sich nun zum Unbewussten und Geheimnisvollen, zu überindividuellen Gemeinschaften und »zu einer Welt, die, noch und wieder, heimatlich ist, zum Mittelalter, zum Unendlichen und Unbegrenzten, zur Transzendenz«.[1006] Diese Hinwendung zum Mittelalter, zur Heimat und zum Nationalen ging einher mit einer Neuinterpretation der christlichen Religion durch die idealistische Philosophie.[1007] Auf der anderen Seite erfolgte eine Hinwendung zur Ur- oder Frühzeit, zur ursprünglichen Einheit und Gottnähe, zu den dunklen Zeiten kollektiver Identität des eigenen Volkes. Die Idealisierung dieser mystischen Ursprungszeit führte teilweise zu einer fast religiösen Verehrung der Frühzeit.[1008]

In dieser Hochzeit der Beschäftigung mit Geschichte und Geschichtswissenschaft, die von so vielen unterschiedlichen Strömungen beeinflusst war, entwickelte Grimm sein eigenes Bild von der deutschen Vergangenheit.

b)   Das Vergangenheitsbild Jacob Grimms

> *welchen reiz hat es nicht, den ersten anfang und die fortgänge eines in der geschichte unwiderstehlich aufsteigenden volks zu belauschen.*[1009]

Schon der Forschungsschwerpunkt Grimms, der eindeutig in der deutschen Frühzeit lag, lässt vermuten, dass er ein grundsätzlich positives Bild von der deutschen Vergangenheit pflegte. Besonders wertvoll waren ihm die Quellen, die er unmittelbar der deutschen Vorzeit zuordnen konnte, wo der Volksgeist seiner

---

1004 Dies galt auch für die deutsche Rechtsgeschichte, vgl. KARL KROESCHELL, Das Germanische Recht als Forschungsproblem, in: DERS. (Hrsg.), FS für Hans Thieme (1986), S. 3 ff.; DERS., Die Germania in der deutschen Rechts- und Verfassungsgeschichte, in: DERS., Studien zum frühen und mittelalterlichen deutschen Recht (1995), S. 89 ff.
1005 HERFRIED MÜNKLER, Die Deutschen und ihre Mythen (2009), S. 150 f.
1006 THOMAS NIPPERDEY, Deutsche Geschichte 1800–1866, 6. Aufl. (1993), S. 404.
1007 Ebd., S. 404 ff.
1008 Ebd., S. 505.
1009 JACOB GRIMM, Vorrede zu: Johannes Merkel, Lex Salica (1850), Kl. Schr. 8, S. 283.

Ansicht nach noch unmittelbar unter den Menschen wirkte und sich diese von ihrer eigenen Sprache, ihrem eigenen Recht noch nicht entfremdet hatten.[1010]

Er ging daher nicht davon aus, dass sich der Lauf der Geschichte als reine Fortschrittsgeschichte beschreiben ließ. In Bezug auf die Sprache äußerte er sich zunächst so:

> der wahn, unsere heutige sprache sei vollkommner, als die der vorzeit und überhebe, diese zu erforschen, ist längst der überzeugung gewichen, dasz unseren stammeltern, die wir barbaren nennen, vor tausend und funfzehnhundert jahren eine unvergleichbar feinere grammatische form und eine weit gröszere wortfülle zu gebot gestanden hat.[1011]

Inwieweit man aus diesen und ähnlichen Äußerungen Grimms ableiten kann, dass er zumindest am Anfang seiner wissenschaftlichen Laufbahn einer sog. »Niedergangsthese« anhing, also in der Geschichte einen ständigen Niedergang von einem paradiesischen Urzustand erblickte, ist unter Grimmforschern umstritten.[1012] Es finden sich dazu ambivalente Stellungnahmen Grimms. Allein die Tatsache, dass er auch in früheren Schriften teilweise von der »Barbarei« der früheren Zeit sprach,[1013] musste nicht zwangsläufig eine Absage an einen paradiesischen Urzustand bedeuten. Grimm stellte trotz »Barbarei« die Vorzeit überwiegend positiv der Gegenwart gegenüber und könnte mit den Begrifflichkeiten auch an das auch im 19. Jahrhundert noch geläufige »Barbarenklischee«[1014] angeknüpft haben. Tatsächlich kritisierte Grimm häufig die Entfremdung des Volkes von seiner Kultur, insbesondere seinem Recht beginnend mit dem Mittelalter. Allein hieraus auf eine Niedergangsthese Grimms zu schließen, nimmt eine andere Auslegung nahelegender Quellen nicht genug in den Blick.[1015] Jedenfalls in Grimms späteren Aussagen fanden sich deutli-

---

1010 Vgl. hierzu oben B. II. 2.

1011 Jacob Grimm, Rez. Castillionaeus, Ulphilas (1829), Kl. Schr. 6, S. 410.

1012 Insgesamt kritisch, was eine »Niedergangsthese« bei Jacob Grimm angeht: Otfried Ehrismann, Philologie der Natur, in: BGG 5 (1985), S. 43; Maria Herrlich, Organismuskonzept und Sprachgeschichtsschreibung (1998), S. 141; auch schon Peter Ganz, Jacob Grimm's Conception of German Studies (1973), S. 25; Hedwig Vonessen, Friedrich Karl von Savigny und Jacob Grimm (1958), S. 202 f. und Gunhild Ginschel, Historisches und Romantisches bei Jacob Grimm (1985), S. 115. Eindeutig vom Vorliegen einer regressiven Geschichtsauffassung bei Grimm geht allerdings aus: Helmut Jendreiek, Hegel und Jacob Grimm (1975), S. 216 ff.

1013 Bspw. Jacob Grimm, Von der Poesie im Recht (1815), Kl. Schr. 6, S. 184.

1014 Vgl. hierzu Ingo Wiwjorra, Der Germanenmythos (2006), S. 111 ff.

1015 Hieraus leitet Wilhelm G. Busse, Jacob Grimms Konstruktion des Mittelalters (1997), S. 249 f., eine Niedergangsthese bei Grimm ab. Grimm begreife »das Mittelalter im wesentlichen als einen Prozeß zunehmender Dekadenz, in dem sich ein quasi paradiesischer Kulturzustand ›germanisch-heidnisch-heimisch‹ in einen solchen der klerikalen Verfremdung wandelt (›christlich-ausländisch‹)«.

chere Hinweise, die gegen die Annahme eines vollkommenen Urzustandes und damit gegen eine linear verlaufende Niedergangsthese bei Grimm sprechen. Neben dem bereits eingangs angeführten Zitat lässt sich auch Grimms Schilderung in der Germanistenversammlung 1846 in diesem Zusammenhang sehen.[1016] Aber auch in nicht ganz so politisch aufgeladenem Umfeld fanden sich Aussagen Grimms, die gegen eine allgemeine Niedergangsthese sprechen. So beschrieb er 1851 in seiner Abhandlung »Über den Ursprung der Sprache« die Entwicklung der Sprache folgendermaßen: »die schönheit menschlicher sprache blühte nicht im anfang, sondern in ihrer mitte; ihre reichste frucht wird sie erst einmal in der zukunft darreichen«.[1017] Die Schilderung eines Niederganges ist dies eindeutig nicht (mehr). Zurückgeführt wird diese, teilweise als »Sinneswandlung«[1018] Grimms im Alter beschriebene Entwicklung, auf die genaueren Erkenntnisse von der Entwicklung der Sprache, die Grimm im Rahmen seiner Arbeiten zur deutschen Sprache, insbesondere bei der Erstellung der *Deutschen Grammatik*, gesammelt hatte. Dort lernte er die »Verjüngungskraft« der Sprache kennen, die ihm anscheinend ein Ausgleich war zum Verlust der jugendlichen Reinheit der Ursprache.[1019] Auch könnte der Eindruck des Fortschrittsoptimismus und der »Entzauberung« der Natur durch den Aufstieg der Naturwissenschaften eine Rolle gespielt haben.[1020] 1851 jedenfalls sah Grimm

> drei […] staffeln der entwicklung menschlicher sprache […] des schaffens, gleichsam wachsens und sich aufstellens der wurzeln und wörter, die andere des emporblühens einer vollendeten flexion, die dritte aber des triebs zum gedanken, wobei die flexion als noch nicht befriedigend wieder fahrengelassen und was im ersten zeitraum naiv geschah, im zweiten prachtvoll vorgebildet war, die verknüpfung der worte und strengen gedanken abermals mit hellerem bewusstsein bewerkstelligt wird. es sind laub, blüte und reifende frucht, die, wie es die natur verlangt, in unverrückbarer folge neben und hinter einander eintreten.[1021]

Ausdrücklich wandte er sich nun gegen den »verderbliche[n] fehler«, den Ursprung der Sprache bis in ein »vermeintes paradies« zurück zu verlegen.[1022] Auch in seiner »Rede auf Lachmann« führte Grimm 1851 hinsichtlich des Epos aus, »dasz mit unrecht von einer zu groszen vollkommenheit des ursrpünglichen

---

1016 Jacob Grimm, Über die wechselseitigen Beziehungen und die Verbindung der drei in der Versammlung vertretenen Wissenschaften (1846), Kl. Schr. 7, S. 558.

1017 Jacob Grimm, Über den Ursprung der Sprache (1851), Kl. Schr. 1, S. 294.

1018 Kritisch hinsichtlich eines deutlichen Wechsels der Ansicht bei Grimm: Otfried Ehrismann, Philologie der Natur, in: BGG 5 (1985), S. 39 ff.

1019 So Manfred Schradi, Naturpoesie und Kunstpoesie (1987), S. 60.

1020 Klaus Ziegler, Die weltanschaulichen Grundlagen der Wissenschaft Jacob Grimms, in: Euphorion 46 (1952), S. 252 f.

1021 Jacob Grimm, Über den Ursprung der Sprache (1851), Kl. Schr. 1, S. 283.

1022 Ebd., S. 283.

epos ausgegangen werde, die wahrscheinlich nie vorhanden war«.[1023] Auch hier bezog sich Grimm auf die sprachliche Vollkommenheit aus Sicht der Gegenwart. Dabei machten für ihn die »unebenheiten«, die Unvollkommenheit gerade den Reiz und den besonderen Wert des Epos als »Volkspoesie« aus.[1024] So war in der Frühzeit zwar keine Vollkommenheit im objektiven Sinne zu verzeichnen, eine emotionale Vollkommenheit aus der subjektiven Sicht Grimms aber dadurch nicht fernliegend. Unterscheidet man daher zwischen objektiver und subjektiver Ebene, lassen sich die widersprüchlichen Aussagen Grimms hinsichtlich der Niedergangsthese zum Teil auflösen. Während die emotionale Vollkommenheit, die Reinheit der Kultur in der Frühzeit anzusiedeln war, musste sich im Laufe einer organischen, natürlichen Entwicklung zwangsläufig eine Veränderung ergeben, die den Untergang der Reinheit, dafür aber einen Fortschritt der Form und des Gedankens mit sich brachte. Die Geschichte bei Grimm war damit jedenfalls Entwicklungsgeschichte, weder notwendigerweise Fortschritt noch Niedergang. Grimms briefliche Äußerungen gegenüber seinem Freund Achim von Arnim zeigen dies anschaulich:

> So ist mir nun die alte epische Poesie = Sagen, Mythengeschichte reiner und besser, ich will nicht sagen, lieber und näher, als unsere witzige, d. h. wissende, feine und zusammengesetzte, in der ich den Trieb nach Wissen und Lehren, wiewohl in sich nothwendig und wahrhaft, erkenne. Die alte Poesie ist unschuldig und weiß von nichts; sie will nicht lehren, d. h. aus dem einzelnen auf alle wirken, oder fühlen, d. h. die Betrachtung des weiten Ganzen der Enge des Einzelnen unterstellen. [...] Ferner: die alte Poesie ist ganz wie die alte Sprache einfach und nur in sich selber reich. [...] Die neue Sprache hat die Unschuld verloren, und ist äußerlich reicher geworden, aber durch Zusammensetzung und Zufall, und braucht daher manchmal großer Zurüstung, um einen einfachen Satz auszudrücken.[1025]

Grimm stellte durchaus pragmatisch fest, »selbst wo wir sonst besser waren, müssen wir heute so sein, wie wir sind.«[1026]

Als Quelle für sein Bild von der deutschen Vorzeit nutzte auch Grimm die *Germania* des Tacitus. Tacitus beschrieb er als »unsterblich[en] Römer, der gleichsam Morgendämmerung dem Aufgang unserer Geschichte vorangehen ließ«, seine *Germania* als »unvergleichliche[s] Werk«.[1027] Ihr widmete er daher

---

1023 JACOB GRIMM, Rede auf Lachmann (1851), Kl. Schr. 1, S. 156.
1024 Vgl. zur Rolle des Epos bei Grimm schon oben B. III. 2.
1025 JACOB GRIMM in einem Brief an Achim von Arnim vom 20. Mai 1811, in: REINHOLD STEIG / HERMAN GRIMM (Hrsg.), Achim von Arnim und die ihm nahe standen, Bd. 3 (1904), S. 117.
1026 JACOB GRIMM, Über meine Entlassung (1838), Kl. Schr. 1, S. 31.
1027 JACOB GRIMM, Über die wechselseitigen Beziehungen und die Verbindung der drei in der Versammlung vertretenen Wissenschaften (1846), Kl. Schr. 7, S. 560.

mehrere Vorlesungen.[1028] Als Hauptbeschäftigung der Deutschen des Altertums sah Grimm Jagd und Krieg.[1029] Die Jagd sei »edler und zusagender der kriegerischen Natur als der Ackerbau« gewesen.[1030] Ursprüngliche Lebensform war für Grimm, wie bereits gesehen, die Gemeinschaft der Hirten, »die in voller musze unmittelbar und überall mit der freien natur« verkehrten.[1031] Diese Nähe zur Natur machte die frühen Menschen besonders empfänglich für den ebenfalls der Natur enstammenden Volksgeist.

Grimm sah die Germanen als »edlen stamm«.[1032] Die Grausamkeit der alten Sitten widersprach dem nicht: »auch Germanien zu Tacitus zeit brachte grausame opfer und war rein und voll tugend, wie der opfernde Abraham.«[1033] Er betonte das Vorhandensein einer Schriftkultur der Germanen. Fehlende Zeugnisse sprachen für Grimm nicht gegen eine solche Annahme: »Unsere Voreltern hatten wahrscheinlich Kunde von der Schrift, doch wandten sie diese selten an.«[1034] Das römische Reich sei, so die Theorie Grimms, zudem viel früher untergegangen, »hätten sie [die Römer] nicht die leibliche kraft deutscher stämme manigfach in ihren dienst zu verwenden verstanden«.[1035] Dabei hätten auch Deutsche höchste Staatsämter inne gehabt, dies zeigten zahlreiche »deutsche eigennahmen, die laut bezeugen, wie schnell jene barbarei griechischer und römischer verfeinerung teilhaft geworden nun auch jegliche ehren und würden in anspruch nehmen durfte.«[1036] Damit gelang es Grimm, die Deutschen unmittelbar mit griechischen und römischen Errungenschaften in Verbindung zu bringen.[1037] Er zeigte sich zudem überzeugt, dass ein Volk, welches letztlich für den Untergang des römischen Reiches gesorgt hatte, »nicht im ersten oder zweiten jahrh. unserer zeitrechnung zu thaten schlag auf schlag erwacht sein« konnte, »es musz sich schon in der vorausgegangnen zeit neben Griechen und

---

1028 ELSE EBEL, Jacob Grimms Deutsche Altertumskunde (1974), enthält eine Rekonstruktion der Vorlesung aus studentischen Mitschriften.

1029 JACOB GRIMM, Tacitus' Germania (Vorlesung WS 1835/36), in: ELSE EBEL (Hrsg.), Jacob Grimms Deutsche Altertumskunde (1974), S. 70.

1030 Ebd., S. 72.

1031 JACOB GRIMM, Über Frauennamen aus Blumen (1852), Kl. Schr. 2, S. 382.

1032 So bspw. in JACOB GRIMM, Rez. Die Edda von Friedrich Rühs (1812), Kl. Schr. 6, S. 108.

1033 Ebd., S. 108.

1034 JACOB GRIMM, Tacitus' Germania (Vorlesung WS 1835/36), in: ELSE EBEL (Hrsg.), Jacob Grimms Deutsche Altertumskunde (1974), S. 79.

1035 JACOB GRIMM, Über Iornandes und die Geten (1846), Kl. Schr. 3, S. 230.

1036 Ebd., S. 231.

1037 Diese Vorstellung erfreute sich auch bei anderen Germanisten und Anthropologen großer Beliebtheit. Vgl. dazu INGO WIWJORRA, Der Germanenmythos (2006), S. 300 ff. Die hierbei geäußerten Theorien sind dabei aus heutiger Sicht durchaus kurios.

Römern allenthalten geregt und hervorgethan haben«.[1038] Von anderen Darstellungen, die nicht ganz so positiv auf die deutsche Vergangenheit blickten, distanzierte sich Grimm ausdrücklich. So betonte er in der Vorrede zu den *Deutschen Rechtsalterthümern* 1828:

> wer ohne empört zu sein kann Adelungs schilderung der ältesten Deutschen lesen? aus allen einzelnen lastern, deren die geschichtsschreiber erwähnen, entwirft er ein bild des ganzen, eben als wollte man aus den criminalfällen heutiger zeitungen auf unsere verworfenheit überhaupt schließen. Nicht beßer verfahren gelehrte beurtheiler des mittelalters; was hilft es, daß nun die gedichte herausgegeben sind, die uns das beseelte, frohe leben jener zeit in hundert sinnigen und rührenden schilderungen darstellen? des geredes über faustrecht und feudalismus wird doch kein ende, es ist als ob die gegenwart kein elend und unrecht zu dulden hätte oder neben den leiden der damaligen menschen gar keine freuden möglich gewesen wären.[1039]

Grimm bemängelte insbesondere, dass in lateinischen und griechischen Quellen die gleichen vermeintlich barbarischen Zustände zu erkennen seien, dies von deutschen Forschern aber ignoriert werde.[1040] Er mahnte:

> wir sollten eingedenk sein, daß neben jenem rohen, wilden oder gemeinen, das uns beleidigt, in dem altdeutschen recht die erfreuende reinheit, milde und tugend der vorfahren leuchtet und noch unbegriffene züge ihrer sinnesart unser ganzes nachdenken anregen müßen.[1041]

Die Rolle der Geschichtswissenschaft sah Grimm insgesamt nicht als die einer Hilfswissenschaft – im Gegenteil. Die Geschichte solle nichts anderes sein

> als die bewahrerin alles herrlichen und groszen, was unter dem menschlichen geschlecht vergeht und seines siegs über das schlechte und unrechte, damit jeder einzelne und ganze völker sich an dem unentwendbaren schatz erfreuen, berathen, trösten, ermuthigen, und ein beispiel holen.[1042]

Die Geschichte müsse aufhören, »eine dienerin zu sein der politik oder der jurisprudenz oder jeder andern wissenschaft«.[1043] Sie solle eigenständig um ihrer selbst willen betrieben werden. Die Geschichtswissenschaft erfüllte für Grimm als »ungenaue Wissenschaft« einen ganz besonderen, »vaterländischen« Zweck und war insoweit den Naturwissenschaften überlegen:

1038 Jacob Grimm, Über Iornandes und die Geten (1846), Kl. Schr. 3, S. 229 f.
1039 Jacob Grimm, RA, 1. Aufl. (1828), S. XV Anm. **. Zu Adelungs Ansicht von der Roheit der Deutschen hatte sich Grimm bereits in der Vorrede zur Deutschen Grammatik (1819), Kl. Schr. 8, S. 47, kritisch geäußert.
1040 Jacob Grimm, RA (1828), S. XV.
1041 Ebd., S. XV.
1042 Jacob Grimm, Gedanken wie sich die Sagen zur Poesie und Geschichte verhalten (1808), Kl. Schr. 1, S. 404.
1043 Ebd., S. 404.

wir [die ungenauen Wissenschaften] stehn viel fester auf dem boden des vaterlandes und schlieszen uns inniger an alle heimischen gefühle [...] Der chemische
tiegel siedet unter jedem feuer und die neu entdeckte mit kaltem lateinischen
namen getaufte pflanze wird auf gleicher klimatischer höhe überall erwartet; wir
aber freuen uns eines verschollenen ausgegrabenen deutschen worts mehr als des
fremden, weil wir es unserem land wieder aneignen können, wir meinen, dasz
jede entdeckung in der vaterländischen geschichte, dem vaterland unmittelbar zu
statten kommen werde.[1044]

Geschichtswissenschaft zu betreiben, hieß für Grimm, aus der Geschichte für die
Gegenwart und die Zukunft zu lernen und wieder auf die »Natur«, weniger auf
»Kunst« oder »Wissenschaft« zu hören:

die geschichte der malerei, poesie und sprache lehret viele abwege meiden, denn
sie zeigt uns, dasz jederzeit die wahrheit denen erschienen ist, welche auf die spur
der natur, fern von menschlicher schulweisheit getreten sind. von solcher natürlichen weisheit aus unsrer vaterländischen geschichte zu lernen, soviel als mein
pfund austrägt, und nicht abzulassen, ist meine sehnlichste begier.[1045]

Grimm war daher davon überzeugt, dass »alle denkmäler unserer vorzeit nicht
blosz die gegenwart nähren, sondern auch in die zukunft reichen sollen.«[1046]

c) *Die Rolle des Volksgeistes für das Vergangenheitsbild*

Welche Beziehungen bestanden zwischen dem Volksgeistkonzept und Grimms
Bild von der deutschen Vergangenheit? Für die Konstruktion einer nationalen
Einheit, wie sie Grimm stets vorgeschwebt hatte, spielte deren Verankerung in
der Geschichte eine wichtige Rolle. Hier konnte sich der Volksgeist, der sich in
der deutschen Eigenart zeigte, als von Beginn an bestimmendes Element
erweisen und den territorial zersplitterten Deutschen auch in Zeiten der
Trennung eine geschichtliche, schicksalshafte Einheit vermitteln. Somit wurde
für Grimm die Geschichte zum Beleg für das Wirken des Volksbewusstseins über
territoriale Grenzen hinweg. Die Geschichte trat damit neben die anderen
Erzeugnisse des Volksgeistes, die den Kern des Deutschen ausmachten.

Es wird dem menschen von heimatswegen ein guter engel beigegeben, der ihn,
wann er ins leben auszieht, unter der vertraulichen gestalt eines mitwandernden
begleitet; wer nicht ahnt, was ihm gutes dadurch wiederfährt, der mag es fühlen,
wenn er die grenze des vaterlands überschreitet, wo ihn jener verläszt. diese
wolthätige begleitung ist das unerschöpfliche gut der märchen, sagen und

1044 JACOB GRIMM, Über den Werth der ungenauen Wissenschaften (Rede in der
  1. Germanistenversammlung 1846), Kl. Schr. 7, S. 564 f.
1045 JACOB GRIMM, Vorrede zur Deutschen Grammatik (1819), Kl. Schr. 8, S. 29.
1046 JACOB GRIMM, Über den Werth der ungenauen Wissenschaften (1846),
  Kl. Schr. 7, S. 565.

geschichte, welche nebeneinander stehen und uns nacheinander die vorzeit als einen frischen und belebenden geist nahe zu bringen streben.[1047]

Den genauen Ablauf der deutschen Geschichte führte Grimm ausdrücklich auf die besondere »natur und sinnesart« der Deutschen zurück. War somit der Lauf der Geschichte durch die besondere Volkseigenart geprägt, offenbarte sich in geschichtlichen Gegebenheiten ein Stück des Volksgeistes. So hatte sich für Grimm der durch die Zersplitterung gehemmte Freiheitssinn der Deutschen in der Ausprägung starker und freier Städte niedergeschlagen.[1048] Auch die besondere Beziehung, die Grimm zwischen der Geschichte und dem Paradebeispiel der Naturpoesie, dem Epos annahm, verdeutlicht, dass Geschichte und Epos in der gleichen Kausalbeziehung zum Volksgeist standen. Grimm war überzeugt, dass nicht nur die Geschichte den Stoff für das Epos bereitstelle, sondern, dass auch umgekehrt das Epische auf die Geschichte selber einwirke.[1049] Das Epos konnte daher als gleichberechtigte Quelle für die Zustände der Vergangenheit Verwendung finden. Grimms Volksgeistkonzept beeinflusste also seine Sichtweise auf die deutsche Vergangenheit maßgeblich.

Der Volksgeist wirkte als Verbindungsglied zwischen Vergangenheit und Gegenwart. Innerhalb einer organischen Entwicklung war er das kontinuitätsstiftende Element. Grimm war überzeugt: »im ganzen ändern jahrhunderte den geist der völker weniger als man glaubt.«[1050] In der Vergangenheit wirkte daher grundsätzlich derselbe Volkgeist wie in der Gegenwart; mit dem Unterschied, dass aus den Quellen der Geschichte dieser noch frisch und unverfälscht ableitbar war, während in der Gegenwart fremde Einflüsse den freien Blick auf die Essenz des deutschen Volksgeistes verstellten.[1051] Dies bedeutete in der Konsequenz, dass die erforschenswerte Geschichte für Grimm nicht die Geschichte der äußeren Fakten war, denn diese waren für jedes Volk gleich. Es war vielmehr die innere Geschichte, der er sich zuwandte, die Geschichte des Lebens.[1052] Für die Geschichtswissenschaft forderte Grimm daher vor allem die Berücksichtigung der Quellen des Lebens, also der Volkspoesie. Diese war für

---

1047 Jacob Grimm, Vorrede zu den Deutschen Sagen, Erster Theil (1816), Kl. Schr. 8, S. 10.

1048 Vgl. Jacob Grimm, Italienische und Scandinavische eindrücke (1844), Kl. Schr. 1, S. 66 f. Hier stellte Grimm im Übrigen fest, dass neben Deutschland nur in Italien diese besondere Konstellation zu finden sei.

1049 Vgl. zu diesen Überlegungen Jacob Grimm, Rez. K.W. Göttling, Über das geschichtliche im Nibelungenliede (1814), Kl. Schr. 4, S. 85 ff.

1050 Jacob Grimm, Über den Metaphysischen Sinn der Deutschen (1832), Kl. Schr. 8, S. 423.

1051 Vgl. dazu auch Helmut Jendreiek, Hegel und Jacob Grimm (1975), S. 171 f.

1052 Ebd., S. 200 f.

ihn weit mehr wert als kalte, historische Fakten.[1053] Die Volkspoesie als
unmittelbarer Ausdruck des Volksgeistes wurde somit zur wichtigsten Erkennt-
nisquelle der Geschichtswissenschaft. Geschichtsverständnis und Volksgeistkonzept bildeten bei Grimm eine untrennbare Einheit. Die Geschichtswissenschaft
musste daher auch in Grimms Wissenschaftsverständnis eine herausragende
Rolle einnehmen.

3.   Auswirkungen des Volksgeistes für das geltende Recht

> *hinter allem recht liegt also ein natürlicher und sittlicher zustand, wie den*
> *wörtern unsrer sprache eine sinnliche vorstellung vorausgeht, aus der sie*
> *entsprungen sind.*[1054]

Zu Problemen des geltenden Rechts hat sich Grimm kaum oder nur zurückhaltend geäußert. Wie lässt sich also auf seine Sichtweise des geltenden Rechts
schließen? Grimms rechtshistorische Arbeiten sind entstanden aus einer
bestimmten Zielsetzung für die Gestaltung der Gegenwart heraus.[1055] Selbst
wenn Grimm häufig, besonders anschaulich in der Vorrede zu seinen *Rechts-*
alterthümern 1828,[1056] seine Stellung als reiner Altertumsforscher hervorhob, so
war er – dies ist oben bereits deutlich geworden – stets beeinflusst von tages-
aktuellen Problemen, die ihn umgaben.

Das alte vom Volksgeist hervorgebrachte Recht als solches direkt wiederzubeleben, war kein ausdrückliches Ziel Grimms. Er war sich bewusst, dass selbst das
»fremde« römische Recht inzwischen Teil der deutschen Rechtstradition geworden war. Sein Anliegen war es vielmehr, das Bewusstsein dafür zu stärken, dass es
neben dem so übermächtig erscheinenden römischen Recht eine eigene deutsche Rechtstradition gab, die teilweise noch in Sitte und Gewohnheit lebendig
war. War man nun nach dem Zusammenbruch des alten Reiches auf der Suche
nach einem allgemeinen, deutschen Recht, so musste diese Berücksichtigung
finden. Insbesondere da Grimm den Deutschen die »anhänglichkeit an dem
väterlichen, dieses langsame und ihr schwer ankommende ablassen davon«[1057]

1053 Jacob Grimm, Gedanken wie sich die Sagen zur Poesie und Geschichte verhalten
      (1808), Kl. Schr. 1, S. 404; hierzu auch Helmut Jendreiek, Hegel und Jacob
      Grimm (1975), S. 203.
1054 Jacob Grimm, Das Wort des Besitzes (1850), Kl. Schr. 1, S. 123.
1055 So interpretierte auch Klaus Luig, Die sozialethischen Werte des römischen und
      germanischen Rechts in der Privatrechtswissenschaft des 19. Jahrhunderts
      (1987), S. 281, Grimms Aussagen in der Vorrede der deutschen Rechtsalterthü-
      mer als Forderung, die »Geschichte als pflichtendes Vorbild« anzusehen.
1056 Jacob Grimm, RA (1828), S. VI ff.
1057 Jacob Grimm, Von der Poesie im Recht (1815), Kl. Schr. 6, S. 153.

zuschrieb, war das Bewusstmachen der eigenen Wurzeln wichtig. Ein deutlicher Aufruf klang daher in seinen Worten von 1815 an:

> eine lange thörichte zeit hatte uns geübt und beinahe gewöhnt, dasjenige zu verwahrlosen, was mitten bei und neben uns geblieben war, woraus die treuen augen unserer guten ehrlichen vorfahren hervorzublicken und die frage an uns zu thun scheinen: ob wir sie endlich auch wieder grüszen wollen?[1058]

Grimm wollte im Bereich des Rechts dazu beitragen, den Volksgeist sichtbar zu machen, sensibel zu werden für die eigenen Rechtstraditionen als Alternative auf dem Weg zu einem deutschen nationalen Recht. Aus seiner Arbeit an der deutschen Grammatik hatte Grimm gelernt, von »freventlichem reformieren« abzuraten. Durch Betrachtung der »tugenden der vergangenheit« könne man jedoch »dünkel der gegenwart mäßigen«. So werde »sich dann manches wünschenswerthe und lang gemiste immer anwendbar zeigen«.[1059]

Selbst ein gültiges »System« des deutschen Privatrechts zu entwerfen, wäre Grimm nicht in den Sinn gekommen. Wichtige Vorarbeiten hierzu wollte er aber leisten.[1060] Aus seinen Sammlungen zu schließen, es gehe Grimm »einzig und allein darum, das alte einheimische Recht so vollständig wie möglich bekannt zu machen«[1061] und damit den Rechtsforschungen Grimms einen Gegenwartsbezug gänzlich abzusprechen, verkennt den politischen Aspekt der Forschungen Grimms. Insbesondere von der Rolle der Rechtswissenschaft und des Gesetzgebers hatte er klare Vorstellungen.

a)   Die Rolle der Rechtswissenschaft

> die geschichte der letzten funfzig jahre wird bezeugen, dasz die universitäten immer ein heiliger herd der vaterlandsliebe wie deutscher gesinnung waren und blieben[1062]

Jacob Grimm empfand die deutsche Wissenschaft als sehr bedeutend. So verwies er darauf, dass im Bereich der Wissenschaft in Deutschland alles »fast in höherem grade vorhanden ist, als bei den mächtigsten, einsichtsvollsten völkern

---

1058 Ebd., S. 153.
1059 Jacob Grimm, Vorrede zur Deutschen Grammatik, 2. Ausg. (1822), S. XVIII.
1060 Eine ungefähre Vorstellung eines solchen Systems lässt sich in Grimms Vorlesung über die Germania des Tacitus erahnen. Hier teilte er das deutsche Recht in vier Kapitel ein: Persönliches Rechte, Sachenrecht, Gedinge/Obligationen/Recht der Forderungen und Gerichtswesen, vgl. Else Ebel (Hrsg.), Jacob Grimms Deutsche Altertumskunde, S. 18; 88 ff.
1061 Cornelia Maria Schürmann, Iurisprudentia Symbolica (2011), S. 209.
1062 Jacob Grimm, Über Schule, Universität, Akademie (1849), Kl. Schr. 1, S. 237.

der gegenwart.«[1063] Gerade in der Zeit der Besatzung seien es vor allem die großartige Wissenschaft und »das untilgbare gefühl für sprache und poesie« gewesen, »die in zeiten härtester trübsal und tiefster ohnmacht des deutschen reichs das volk gestärkt, innerlich angefacht und erhoben, ja den sonst nichts hätte aufhalten mögen vor untergang uns bewahrt haben.«[1064] Der Trieb nach Wissen, so Grimms Prognose, werde niemals vollständig erlöschen, die Wissenschaft damit immer eine herausragende Bedeutung behalten. Die Universität sah Grimm als zutiefst deutsche Einrichtung:

> Die universität, wenn schon zuerst entlehnt, ist eine eigenthümliche deutsche pflanzung geworden, die auf fremdem boden nicht mehr so gedeiht. hier treffen alle kennzeichen der deutschen volksart zusammen, innere lust zur wissenschaft, eifriges beharren, unmittelbares nie ermüdendes streben nach dem ziel mit hintansetzung eitler nebenrücksichten, treues erfassen, unvergleichliche combinationsgabe. aller andern lust vergessend sitzt der deutsche gelehrte froh über seiner arbeit, dasz ihm die augen sich röthen und die knie schlottern; dem student ist dieselbe weise wie angeboren und es bedarf für ihn keines andern antriebs.[1065]

Trotz der Wertschätzung der Universität und der dort geleisteten Forschungsarbeit, grenzte Grimm die Rechtswissenschaft klar aus dem Rechtssetzungsbzw. Rechtserkenntnisprozess aus. Er sah diese gar als eine für die Bewahrung des deutschen Volksgeistes zerstörerische Kraft an. So habe die Verwissenschaftlichung der Rechtssprache den Entfremdungsprozess zwischen Volk und Recht beschleunigt.[1066] Diese generelle *Entfremdungsfunktion* der Wissenschaft zeigte sich bei Grimm bereits in der Unterscheidung zwischen Volks- und Kunstpoesie, letztere ja nur »durch das Nachsinnen der bildenden Menschen«[1067] entstanden.

Die Ausformung des Rechts durch die Rechtswissenschaft sah Grimm deswegen kritisch. Diese sei

> gewaltig förmlich und ein wenig steif. das rührt daher, dasz nichts volksmäsziges in ihr gelegen ist. die leute verstehen ihr recht nicht und haben keine freude am rechtsgang, weil sie dabei unthätig bleiben, wer von einem prosesz betroffen wird, nimmt sich einen sachwalter an und musz sich ihn gefallen lassen.[1068]

Das Recht sei durch den Einfluss der Wissenschaft für Laien zu komplex geworden:

> unser recht ist zusammengemischt aus römischem, dessen geist und feinheit zu ergründen man die lateinischen classiker, die ganze römische geschichte studiert,

---

1063 Ebd., S. 214.
1064 Ebd., S. 214.
1065 Ebd., S. 237 f.
1066 Jacob Grimm, Anzeige der Weisthümer Theil 4 (1863), Kl. Schr. 5, S. 453.
1067 Jacob Grimm, Über den altdeutschen Meistergesang (1811), S. 5.
1068 Jacob Grimm, Anzeige der Weisthümer Theil 4 (1863), Kl. Schr. 5, S. 453.

aus kanonischem, das den übrigen rechten sein mildes oder sein herbes im sinne der kirche hinzumengt und aus den ärmlichen brocken einheimischen rechts, die sich hier und da in die ecken geflüchtet hatten.[1069]

Die Rechtswissenschaft hatte für Grimm maßgeblichen Anteil am Eindringen des römischen Rechts nach Deutschland.[1070] Ihre aktuelle Aufgabe sah er darin, dem alten deutschen Recht wieder zu einem festen Platz im Rechtsbewusstsein der Bevölkerung zu verhelfen. Grimm wollte »das verlorne und ungerecht verkannte wieder in verdientes licht« ziehen.[1071] Die Rolle der Wissenschaft bestand daher darin, durch systematische Erforschung und Zusammenstellung der altdeutschen Quellen die Grundlage dafür zu schaffen, das einheimische Recht wieder in das Rechtsleben einzugliedern.[1072] Besondere Bedeutung hatte daher die deutsche Rechtsgeschichte. Auch mit seiner eigenen Vorlesung »über die Alterthümer des deutschen Rechts« verfolgte Grimm dieses Ziel. »Mein zweck«, so erläuterte er seinen Zuhörern,

> ist gleichwol ein practischer, denn was könnte practischer sein als das gefühl für das vaterland anzufachen, insofern es mir gelingen wird, Ihre aufmerksamkeit zu fesseln und Ihnen verlorne oder verlegte schlüssel (aber alle habe ich auch noch nicht) in die hände zu liefern, welche die grundlage des deutschen rechts zu erschlieszen vermögen.[1073]

Anders als durch die Schaffung einer soliden Grundlage mittels Erforschung der altdeutschen Rechtsquellen ließ sich für Grimm ein allgemeines deutsches Recht nicht erreichen. »Die Blüte des Rechts entsteht ebenso aus der Vermählung zweier Elemente: Der Geist muß sein Gerüst aufheben, es muß aber sich lehnen auf ein angestammtes nationales Recht.«[1074]

Die Rechtspraxis, die ebenfalls an der Einführung des römischen Rechts beteiligt gewesen sei,[1075] sah Grimm als schädlichen Einfluss an. Belange der Rechtspraxis sollten daher für die Rechtswissenschaft keine Rolle spielen.[1076]

1069 Ebd., S. 453.

1070 Jacob Grimm, Über die Alterthümer des Deutschen Rechts (1841), Kl. Schr. 8, S. 549.

1071 Ebd., S. 550.

1072 Vgl. dazu auch Jutta Strippel, Zum Verhältnis von Deutscher Rechtsgeschichte und Deutscher Philologie (2000), S. 164 f.

1073 Jacob Grimm, Über die Alterthümer des Deutschen Rechts (1841), Kl. Schr. 8, S. 551.

1074 Jacob Grimm, Tacitus' Germania (Vorlesung WS 1835/36), in: Else Ebel (Hrsg.), Jacob Grimms Deutsche Altertumskunde (1974), S. 132.

1075 Vgl. Jacob Grimm, Von der Poesie im Recht (1815), Kl. Schr. 6, S. 158 f.

1076 Interssanterweise befand sich Grimm mit seiner Ablehnung gegenüber »Praxiseinflüssen« innerhalb eines seit Ende des 18. Jahrhunderts begonnenen Trends, der letztlich zur Verwissenschaftlichung der Rechtslehre führte; vgl. dazu Jan Schröder, Wissenschaftstheorie und Lehre der »praktischen Jurisprudenz« auf deutschen Universitäten an der Wende zum 19. Jahrhundert (1979), S. 145 ff.

Trotz der teilweise tiefgreifenden Kritik Grimms am Eindringen des römischen Rechts[1077] wollte auch er das Studium des römischen Rechts erhalten. Er plädierte dafür, »das römische Recht als einen sehr hellen Punkt der Geschichte [zu] lernen und [zu] treiben, ohne daran zu denken, wofür wir es brauchen werden«.[1078] Grimms Ziel war daher nicht die vollständige Verbannung des römischen Rechts aus dem deutschen Rechtsleben. Dafür waren ihm die wissenschaftliche Überlegenheit desselben und seine Durchdringung der Rechtspraxis zu sehr bewusst. Auf der ersten Germanistenversammlung 1846 schilderte er seinen dem römischen Recht teils deutlich skeptischer gegenüberstehenden Kollegen, wie er sich die Zukunft des römischen Rechts in Deutschland vorstellte, und welche Rolle er der Rechtswissenschaft zudachte:

> Das römische recht, nachdem es lange zeit hindurch bei uns eingewohnt und unsere gesammte rechtsanschauung eng mit ihm verwoben ist, gewaltsam von uns auszuscheiden, scheint mir ein ungeheurer und fast so unerträglicher purismus, als wollte ein Engländer den gedanken durchführen, dasz es noch möglich sei, die romanischen wörter aus dem englischen zu drängen und blos die wörter deutschen ursprungs zu behalten. Aber auf andere wege leitet allerdings den germanisten das geschichtlich belebte Studium seiner alterthümer bis herab zu den spuren, die noch im heutigen leben von dem echtdeutschen rechtsbrauch oder bei nachbarvölkern haften, welche dem eindrang der römischen gesetze unterworfen blieben. jene überbleibsel verknüpfen sich dem forschenden geist unvermerkt zu einem ganzen und der gedanke tritt näher, dasz manche verloren gegangene treffliche und unserer deutschen art zusagende einrichtung der vorzeit wenigstens theilweise zurückgerufen und angewandt werden könne, lücken, die selbst das römische recht liesz, zu erfüllen, oder da, wo dieses den forderungen der gegenwart nicht mehr zuzusagen scheint, an dessen stelle zu rücken. die rechtsgeschichte, welche selbst bei den practikern übel angesehen ist, würde diesmal einer neuen gesetzgebung in hand arbeiten und wirksam beitragen, ansehnliche stücke des fremden rechts zu verbannen. eine einheimische, aus alt und neu zusammengesetzte kräftige lehre könnte sich dann erzeugen. [...] wer verdenkt es den deutschen rechtslehrern, dasz sie von vaterlandsliebe erfüllt, das verschlagene heimische fahrzeug anzuhalten, neu zu bemannen und rüstig in den hafen zu steuern suchen?[1079]

Das römische Recht merklich und allmählich zurückzudrängen, auch durch die Erforschung und Lehre des altdeutschen Rechts in der Rechtswissenschaft, so stellte sich Jacob Grimm die Zukunft des allgemeinen deutschen Rechts vor.

1077 Vgl. dazu auch weiter unten C. II. 4.
1078 JACOB GRIMM an Savigny vom 22.09.1814, in: INGEBORG SCHNACK / WILHELM SCHOOF (Hrsg.), Briefe der Brüder Grimm an Savigny (1953), S. 170.
1079 JACOB GRIMM, Über die wechselseitigen Beziehungen und die Verbindung der drei in der Versammlung vertretenen Wissenschaften (1846), Kl. Schr. 7, S. 561.

b) Die Rolle des Gesetzgebers

Grimm ging, anders als andere der Historischen Rechtsschule zugerechnete Forscher, durchaus davon aus, dass eine Kodifikation des deutschen Rechts in gewissen Grenzen bereits in der Gegenwart möglich war.[1080] In der Vorrede zu den *Deutschen Rechtsalterthümern* 1828 führte er aus, man dürfe nun »eine langsam heranrückende reformation unserer rechtsverfassung hoffen und voraussehen«.[1081] In seiner Antrittsvorlesung aus dem Jahr 1841 wurde Grimm noch deutlicher und erklärte, er spräche

> weder unsrer zeit noch einer andern die fähigkeit ab, angemessene und aus der höhe oder oberfläche ihrer standpuncte hervorgehende verbesserungen der gesetze vorzunehmen und damit neue rechtssitten einzuführen, denn zu den versuchen treibt uns die menschliche freiheit und das recht der gegenwart an.

Zu halten hätten sich solche Vorhaben allerdings »in der schranke des bedürfnisses«, sie dürften nur das erfassen »was dem rechte des volks gebricht«.[1082] Nötig sei daher kein weitschweifiges Gesetzeswerk, »dem Volk ist es bloss um wenige einfache und kurze Sätze zu tun, deren Reform sich sehr wohltätig an die Beibehaltung gewohnter und geliebter Einrichtungen schließen würde«. Anknüpfen solle man an die erhalten gebliebenen Bruchstücke des altdeutschen Rechts. »Fruchtlos«, so erklärte Grimm, »ist alles neue, was von sich selbst hingestellt wird und nicht mit der unmittelbar vorausgehenden Zeit zusammenhängt.« Grimm hoffte daher, es möge mit dem »Wiederaufwecken unserer Gesetzgebungs Commißion [...] recht langsam zugehen«.[1083]

Zieht man auch hier eine Parallele zu den Ansichten Grimms hinsichtlich einer »Kodifikation« im Bereich der Sprache und Grammatik, so können daraus weitere Hinweise darauf entnommen werden, wie genau sich Grimm die Arbeit des Gesetzgebers vorstellte.

Grimm ging davon aus, dass eine Erforschung und Rekonstruktion älterer Regeln und Grundstrukturen im Bereich der Grammatik zwar wünschenswert seien, dies aber nicht dazu führen dürfe, die Sprache in den alten Zustand zurückführen zu wollen, »denn die sprache geht ihren unabänderlichen gang«.[1084] Auch den altdeutschen Rechtszustand wollte Grimm nicht eins zu

---

1080 Dies äußerte er seinem Lehrer Savigny gegenüber allerdings zunächst nur verhalten. Hedwig Vonessen, Friedrich Karl von Savigny und Jakob Grimm (1958), S. 143 ff., mit konkreten Beispielen aus dem Briefwechsel.

1081 Jacob Grimm, RA (1828), S. XVII.

1082 Jacob Grimm, Über die Alterthümer des Deutschen Rechts (1841), Kl. Schr. 8, S. 548.

1083 Jacob Grimm an Savigny vom 06.07.1817, in: Ingeborg Schnack/Wilhelm Schoof (Hrsg.), Briefe der Brüder Grimm an Savigny (1953), S. 260.

1084 Jacob Grimm, Vorrede zur Deutschen Grammatik (1819), Kl. Schr. 8, S. 31.

eins übertragen sehen. Starren Regeln und theoretischen Systemen stand er skeptisch gegenüber:

> allgemein logischen begriffen bin ich in der grammatik feind; sie führen scheinbare strenge und geschloßenheit der bestimmungen mit sich, hemmen aber die beobachtung, welche ich als die seele der sprachforschung betrachte. Wer nichts auf die wahrnehmungen hält, die mit ihrer faktischen gewisheit anfangs aller theorie spotten, wird dem unergründlichen sprachgeiste nie näher treten.[1085]

Er war überzeugt, dass eine gesetzgeberische Kritik der Sprache mehr Schaden als Nutzen bringen würde.[1086] Dies galt auch für den Bereich des Rechts. In Bestrebungen, ein »faszlicheres und vernünftigeres recht« neu zu schaffen, sah er die Gefahr, »dasz dadurch das wahre und eigentliche deutsche recht ermatte und elend werde«.[1087] Dass Recht musste bei den Menschen lebendig bleiben, dies war eine Grundüberzeugung Grimms. Schon 1810 kritisierte er an dem von seinem Freund Paul Wigand verfassten Leitfaden für Friedensrichter,

> dass du [Wigand] mir von den Vorzügen der neuen Jurisprudenz zu sehr eingenommen scheinst, in deren Proceß mir doch eben so manches zu wider ist, wie das viele Formelwesen, was so ganz leer u. trocken werden kann, u. übrigens dem bedächtigen, auch ohne Audienzhuissier folgsamen u. gläubigen Deutschen etwas sonderbar gewesen seyn muß, bis er sich auch daran gewöhnt, oder vielmehr nicht.[1088]

In der Vorrede zur *Deutschen Grammatik* 1819 äußerte sich Grimm zwar insgesamt positiv gegenüber einem »abwerfen des verhaszten fremden«, gab jedoch zu bedenken, dass »schon zur ausmittelung der seit allen zeiten eingeschlichenen undeutschen wörter eine tiefe forschung vorhergehen müste«. Viel besser erschien ihm von jeher die Ausscheidung des Fremden in einem natürlichen Prozess. Auf diese Weise werde, so Grimm, verhindert, dass beim »ausjäten« nicht auch »gute Kräuter« zerdrückt würden.[1089] Weiter führte Grimm aus:

> der geist aber, welcher gewaltet hat, wird auch ins künftige fühlen, wie viel des fremden bleiben könne oder dürfe und wo die zeit erscheine, da das noch anstöszige am besten abgelegt werde, wenn wir nur selbst herz und sinn, was die hauptsumme ist, der das übrige nachfolgt, unserm vaterland getreu bewahren.[1090]

Der Ausgleich der durch fremde Einflüsse zugefügten Schäden sei allein »in der macht des unermüdlich schaffenden sprachgeistes«, dessen »unsichtbares walten«

1085 Jacob Grimm, Vorrede zur Deutschen Grammatik, 2. Ausg. (1822), S. VI.
1086 Jacob Grimm, Vorrede zur Deutschen Grammatik (1819), Kl. Schr. 8, S. 36.
1087 Jacob Grimm, Jean Pauls neuliche Vorschläge die Zusammensetzung der deutschen Substantive betreffend (1819), Kl. Schr. 1, S. 412.
1088 Jacob Grimm an Paul Wigand vom 06.06.1810, in: Edmund Stengel (Hrsg.), Briefe der Brüder Grimm an Paul Wigand (1910), S. 60.
1089 Jacob Grimm, Vorrede zur Deutschen Grammatik (1819), Kl. Schr. 8, S. 34.
1090 Ebd., S. 35.

die Menschen »durch ihr gefühl« wahrnähmen.[1091] Die Entwicklung der Sprache erfolgte, wie bereits gesehen, nicht durch bewusstes Eingreifen eines (Sprach-) Gesetzgebers, sondern durch den Sprachgeist. Hierzu passt die Beschreibung Grimms aus dem Jahr 1815, wie die »Reinigung« der deutschen Sprache von fremden Einflüssen zu erfolgen habe:

> was unsere sprache betrifft, so soll sie zwar nicht mit gewalt gefegt und aus ihren fugen gerückt werden, sondern ein gesundes, selten trügendes gefühl wird uns in dem, was zu viel und zu wenig wäre, genau von selber die richtschnur zeigen. gibt es eine begeisterung für etwas, so gibt es auch eine gegen etwas, und ich gebe ein, dasz manche fränzösische unter uns gangbare wörter, ohne die ereignisse der letzten jahre, länger in der deutschen sprache gedauert haben könnten; jetzo aber, da wir alles französische hassen, darf sie es wol erleiden, dasz wir auf der stelle den glücklichen zeitpunkt nutzend, dawider verfahren, und sie nicht länger dulden.[1092]

Hielten sich Regelungen in dem Rahmen, den das Gefühl, der Sprachgeist vorgab, so konnte selbst bei Grimm gestaltend in die Sprache eingegriffen werden. Dies galt auch für den Bereich der Gesetzgebung. Regelungen sollten sich allerdings auf das Notwendige beschränken. In diesem Rahmen konnte der Gesetzgeber dem Volksgeist unterstützend zur Seite stehen und durch konkrete Gesetzgebungsvorhaben, die sich in die organische Rechtsentwicklung einfügten, das Wiedererstarken deutscher Rechtstraditionen begünstigen. Da sich bereits »unbewußt ein allgemeines deutsches Privatrecht aus den einzelnen Partikularrechten gebildet« habe,[1093] dürfte auch eine gesamtdeutsche Kodifikation für Grimm kein unrealistisches Ziel gewesen sein. Der Gesetzgeber war dazu aufgerufen, dem heimischen Recht wieder einen Platz in der Rechtswirklichkeit einzuräumen. Da das Recht an sich aus dem Volksgeist entstand und sich von selbst schuf, war der Gesetzgeber freilich auf diese unterstützende Funktion beschränkt und konnte das Recht nicht völlig neu finden.

c)   *Auswirkungen auf die Ausgestaltung des Rechts*

> *sprache und recht, d. h. volkssitte haben einheimisch zu sein und wir können auf die länge keine wahre befriedigung dabei finden, wenn sie uns aus der fremde zugeführt werden. sie sind mit allem, was uns angeboren ist, mit unsern organen und empfindungen zu enge verwachsen, als dasz nicht dieses erfordernis gestellt werden müste*[1094]

1091 Ebd., S. 36.
1092 Jacob Grimm, Spielerei und Schwierigkeit (1815), Kl. Schr. 8, S. 412.
1093 Jacob Grimm, Einleitung zur Vorlesung, in: Else Ebel (Hrsg.), Jacob Grimms Vorlesung über »deutsche Rechtsalterthümer« (1990), S. 13.
1094 Jacob Grimm, Über die Alterthümer des Deutschen Rechts (1841), Kl. Schr. 8, S. 548.

Wie also stellte sich Grimm ein einheimisches deutsches Recht vor? Dass er nichts von einer umfassenden Neuschöpfung hielt und auch nicht sofort alles seiner Ansicht nach Fremde aus dem Recht entfernen wollte, ist bereits oben klargeworden. Die erneute Einführung altdeutscher Prinzipien war auch nicht Grimms Ziel. Er zählte vielmehr auch hier auf eine *organische* Entwicklung.[1095]

Aufschlussreich in diesem Zusammenhang, wenn auch nicht direkt mit rechtlichem Bezug, war Grimms Verhalten im Vorfeld des Göttinger Universitätsjubiläums 1837. Geplant war unter anderem ein Festumzug, an dem alle Göttinger Professoren teilnehmen sollten. Da das Tragen von Talaren weitestgehend aus der Mode gekommen und diese größtenteils zugunsten der Witwenkasse veräußert worden waren, stellte sich die Frage, ob für den Festumzug neue Talare angeschafft und, wenn ja, wie diese aussehen sollten. Während unter anderem Dahlmann für die Wiedereinführung der Talare während des Umzugs votierte, äußerte sich Grimm kritisch.[1096] Die Wiedereinführung der alten Talare sei nicht nur teuer, sondern wirke auch unbeholfen und unpassend. Die Talare könnten nur wirken, wenn sie in Einklang mit der gegenwärtigen Sitte stünden, dies sei aber nicht mehr der Fall.[1097] Wichtig war für Grimm somit, dass die Anwendung alter Bestimmungen auch noch mit dem gegenwärtigen Rechtsbewusstsein übereinstimmte. Alles andere wirke »seltsam«.[1098] Das alte Recht musste für Grimm zwar die Grundlage jeder deutschen Rechtsordnung bilden, und seine Erforschung und tiefere Kenntnis waren daher unerlässlich, keinesfalls musste das neue deutsche Recht aber ein genaues Abbild des Alten sein. Das Recht musste für das Volk und seine Zeit passen.

Für die Sprache dachte Grimm daher dem Dichter die Rolle zu, »im rechten augenblick des bedarfs habhaft zu werden«, anstatt des fremden einen einheimischen Ausdruck zu verwenden.[1099] Schon 1815 hatte Grimm in seinem Aufsatz über die Poesie im Recht, Dichter und Richter in ähnlicher Funktion gesehen.[1100] Es kann daher vermutet werden, dass der Richter ähnlich dem Dichter berufen war, an opportuner Stelle das deutsche Rechtsprinzip dem fremden vorzuziehen.

1095 Dies schildert er anschaulich für die Reinigung der Sprache: Jacob Grimm, Über die wechselseitigen Beziehungen und die Verbindung der drei in der Versammlung vertretenen Wissenschaften (1846), Kl. Schr. 7, S. 559.

1096 Vgl. zum Ganzen auch Rudolf von Thadden, Die Göttinger Sieben (1987), S. 14 f.

1097 Jacob Grimm, Stellungnahme zur Talarfrage (handschriftlich 1837), Universitätsarchiv Göttingen, Sekr. 41.2, pag. 32 f.

1098 Ebd., pag. 33.

1099 Jacob Grimm, Über die wechselseitigen Beziehungen und die Verbindung der drei in der Versammlung vertretenen Wissenschaften (1846), Kl. Schr. 7, S. 559.

1100 Jacob Grimm, Von der Poesie im Recht (1815), Kl. Schr. 6, S. 154.

Auch Grimm verschloss nicht vor der Tatsache die Augen, dass es innerhalb der deutschen Rechtstradition teils markante Unterschiede zwischen den verschiedenen Partikularrechten gab. Gerade diese Vielfalt schätzte er grundsätzlich. Allerdings, »alle specialität eingeräumt und hochgeschätzt«, so führte Grimm seinem Freund Wigand gegenüber aus, »liegt doch auch in dem allgemeinen etwas natürliches und schönes; ein band das wir Deutsche nicht verkennen sollen«.[1101] Grimm befürwortete daher, zugunsten einer deutschen Rechtseinheit auf regionale Eigenheiten zu verzichten.[1102] Vorbild war auch hier wieder die Sprache.[1103]

Bereits 1810 hatte das Thema eines gesamtdeutschen Rechts im Briefwechsel der Freunde Wigand und Grimm eine Rolle gespielt. Wigand hatte sich beschwert, dass bei Eichhorn und Mittermaier fast nur Partikularrechte dargestellt seien, »und was als gemeines Subsidiarrecht gegeben wird, ist blos Geschichte«.[1104] Diese Einstellung konnte Grimm, der vor allem Eichhorn sehr schätzte, nicht teilen.[1105] Er erwiderte daher:

> Was forderst du eigentlich von einem deutschen recht, um es für ein gemeindeutsches gelten zu laßen? daß es von kaiser und reich gegeben oder als solches bestätigt worden sei? in diesem sinn wirst du freilich schwer zu befriedigen sein. Aber ich denke der Sachsenspiegel ist schon ein hübsches argument gegen dich; er war von natur so provinciell wie jedes andere rechtsbuch und ursprünglich nichts als magdeburger landrecht, aber er hatte offenbar anlage gemeindeutsch zu werden, denn er ist durch ganz Sachsen, Thüringen, Westphalen durchgedrungen und liegt großentheils dem Schwabenspiegel zu grunde.[1106]

Die Erfolgsgeschichte des Sachsenspiegels war für Grimm exemplarisch für die Entstehung gesamtdeutschen Rechts. Wichtig waren nicht obrigkeitliche Billigung oder Erlass eines Rechtssatzes, sondern die Durchsetzung im Volk. Der Sachsenspiegel drückte anscheinend aus, was dem Volksgeist entsprach und konnte sich daher in vielen deutschen Gebieten etablieren. Auf der Suche nach

---

1101 JACOB GRIMM an Paul Wigand Ende Oktober 1828, in: EDMUND STENGEL (Hrsg.), Briefe der Brüder Grimm an Paul Wigand (1910), S. 266.

1102 Vgl. hierzu auch HEDWIG VONESSEN, Friedrich Karl von Savigny und Jakob Grimm (1958), S. 182 ff.

1103 JACOB GRIMM, Über die wechselseitigen Beziehungen und die Verbindung der drei in der Versammlung vertretenen Wissenschaften (1846), Kl. Schr. 7, S. 558.

1104 PAUL WIGAND an Jacob Grimm 1829, Auszug in: EDMUND STENGEL (Hrsg.), Briefe der Brüder Grimm an Paul Wigand (1910), S. 409.

1105 Vgl. JACOB GRIMM an Paul Wigand Ende Oktober 1828, in: ebd., S. 266: »Ohne zweifel ist gegen manche Eichhornische ansicht erhebliches einzuwenden, es fehlt ihnen oft an klarheit, aber ich muß ihn doch sehr hochachten, er ist ein gelehrter und verständiger mann; mir bei weitem lieber als z. B. der compilierende, wäßerige Mittermaier.«

1106 JACOB GRIMM an Paul Wigand vom 18.05.1829, in: ebd., S. 268.

dem deutschen Recht kam es deswegen darauf an, in die Geschichte zu schauen und solche Rechte als gesamtdeutsch anzuerkennen, die das Volk als ihr eigenes Recht angenommen hatte.

Wenige Hinweise hinterließ Grimm hinsichtlich des konkreten Inhalts solcher auch in der Gegenwart noch gültigen, allgemein deutschen Rechtsprinzipien. Dennoch lassen sich aus seinen politischen Äußerungen bestimmte Tendenzen erahnen. So äußerte sich Grimm zur Frage des Urheberrechts, welches ihn als Autor auch persönlich betraf. In seiner Rede auf Schiller aus dem Jahr 1859 trat er dafür ein, dass Werke verstorbener Dichter nur für begrenzte Zeit dem Nutzen durch die Allgemeinheit vorenthalten werden können sollten, damit die Möglichkeiten einer Textkritik nicht über Gebühr eingeschränkt werden konnte. Die zu dieser Zeit üblichen langen und in den Ländern durchaus unterschiedlich gehandhabten Fristen von teilweise bis zu 30 Jahren hielt Grimm für wenig angemessen. Der finanzielle Nutzen stehe eher den Dichtern als den Erben zu.[1107]

Seine Überzeugung von der besonderen Bedeutung von Frieden und Freiheit im deutschen Recht[1108] zeigte sich bei der Beurteilung des deutschen Strafrechts. Grimm beschrieb im Vorwort zu *Der Oberhof zu Frankfurt am Main und das fränkische Recht in Bezug auf Denselben* 1841 die Wandlung vom Buß- zum Strafsystem und nahm auch Bezug auf geltendrechtliche Fragestellungen. Für den Bereich der peinlichen Strafen wies Grimm darauf hin, dass die meisten Strafen »knechtischer natur«, also aus dem Herr-Knecht-Verhältnis abgeleitet seien und damit »der freiheit widerstreitend, wie schon das dunkle gefühl unsers alterthums erkannte«.[1109] Besonders die Todesstrafe lehnte Grimm ab, »weil sie unmeszbares gegen einander miszt.«[1110] Als »die gerechtesten strafen, zugleich mild und hart« erschienen Grimm »diejenigen, welche dem verbrecher an ehre und landrecht nehmen, was ihm nach seiner schuld ferner nicht davon zustehen kann.«[1111] Die Folter als Erkenntnismittel lehnte er ab, »da jedwedes bekenntnis frei hervortreten soll und das erzwungene die gefahr der lüge bringt.«[1112]

Als Abgeordneter der Frankfurter Nationalversammlung war Grimm zudem direkt in bedeutende staatsrechliche Grundentscheidungen involviert. Obwohl er frühzeitig aus der Paulskirche ausschied, nahm er während seiner Mitglied-

---

1107 Vgl. Jacob Grimm, Rede auf Schiller (1859), Kl. Schr. 1, S. 396 ff. Dies fügte sich in die generelle Skepsis Grimms gegenüber dem Erbrecht und seine Wertschätzung des Gemeineigentums in der deutschen Rechtstradition ein.

1108 Vgl. oben B. II. 2. e).

1109 Jacob Grimm, Vorwort zu: Der Oberhof zu Frankfurt am Main (1841), Kl. Schr. 8, S. 175.

1110 Ebd., S. 175.

1111 Ebd., S. 175.

1112 Ebd., S. 176.

schaft lebhaft an der Diskussion um die neuen Grundrechte teil. Grimm verstand Grundrechte nicht als universell gültige Menschenrechte. Er vertrat keinen vernunftrechlichen Grundrechtsbegriff, sondern begründete die Geltung der Grundrechte durch die besondere deutsche Tradition.[1113] Dies bedeutete in Konsequenz, dass für Deutschland nicht etwa die französische Trias der Freiheit, Gleichheit, Brüderlichkeit zu übernehmen war, sondern aus der Geschichte hergeleitet werden musste, welche Grundrechte für die Deutschen zu gelten hatten. Prinzipiell befürwortete Grimm die Geltung von bestimmten Grundrechten für die Bürger. Der Staat solle »den Menschen für sich schalten lassen«,[1114] staatliche Einmischung lehnte er ab. Auch auf diesem Gebiet bevorzugte er eine langsame, natürliche, damit organische Entwicklung gegenüber einem revolutionären Umsturz. Dies äußerte er schon 1819 gegenüber Savigny:

> Ich würde auch, wenn es practisch an mich käme, in der Regel für und nicht wider die liberalen Dinge stimmen, welche man begehrt, für Landstände, Preßefreiheit u. dgl.; heimlich aber bei mir beklagen, dass wir gute Deutsche so plötzlich zu solchen Neuerungen kommen und so viel Gutes, was an dem Alten hängt, zerreißen sollten. Man strebt nach Institutionen, die den Untertan gegen allen und jeden Unfall schützen sollen, was an sich nicht auszuführen sein wird, und solche steife Theorie erzeugt wohl strenge, simple Formen, zerstört aber oder verletzt die Aufrichtigkeit der Herzen und macht alles einander gleichgültiger.[1115]

Grimm lag besonders am Herzen, das Prinzip der germanischen Freiheit an exponierter Stelle in der Verfassung zu verankern. Bereits während des Wiener Kongresses hatte er sich mit den Freiheitsrechten der Deutschen beschäftigt.[1116] An der Überzeugung von der herausragenden Bedeutung der Freiheit hielt Grimm sein Leben lang fest.[1117] Die deutsche Freiheit wirkte nach seiner Konzeption zwar nur im Staatsgebiet, dort aber umfassend. Dies wurde 1848 erneut ganz deutlich, als Grimm ausführte: »ich leite also aus dem rechte der freiheit noch eine mächtige wirkung der freiheit her, wie sonst die luft unfrei machte, so musz die deutsche luft frei machen.«[1118] Unverkennbar war der

---

1113 Dazu auch WOLFRAM SIEMANN, Die Frankfurter Nationalversammlung 1848/49 (1976), S. 125 f.

1114 JACOB GRIMM an Savigny am 20.08.1821, in: INGEBORG SCHNACK/WILHELM SCHOOF (Hrsg.), Briefe der Brüder Grimm an Savigny (1953), S. 299.

1115 JACOB GRIMM an Savigny am 27.04.1819, in: ebd., S. 279.

1116 JACOB GRIMM, Bemerkungen über eins der Projecte der Pentarchen zu einer Deutschen Bundesacte (1815), Kl. Schr. 8, S. 415 ff. Dieser Kommentar Grimms bezog sich auf einen durch Karl und Ernst Marschall als Gesandte von Baden und Nassau erarbeiteten Entwurf einer künftigen Verfassung Deutschlands von Anfang Dezember 1814. Vgl. hierzu ULRICH HUSSONG, Jacob Grimm und der Wiener Kongress (2002), S. 85 ff. Der in den Kl. Schr. gewählte Titel ist also missverständlich.

1117 WERNER OGRIS, Jacob Grimm, Ein politisches Gelehrtenleben (1990), S. 15 f.

Versuch, mit dieser Konzeption an die mittelalterliche Praxis »Stadtluft macht frei« anzuknüpfen.[1119] Grimm begründete den Aspekt der Freiheit auf deutschrechtlichen Traditionen, statt auf die in der Französischen Revolution begründete Maxime der »liberté« zurückzugreifen.[1120] Auch er befürwortete aber durchaus gewisse Grenzen der persönlichen Freiheiten:

> Eine völlige Freiheit wäre gott- und ruchlos; wie uns die Erfahrung zeigt, dass der Reichtum so verschieden ausgeteilt sein kann, dass der Arme, der Wohlhabende und der Reiche jeder auf seiner Stufe hofft und glücklich ist, ebenso findet auch jedes menschliche Herz seine Freiheit auf irgend einem unverhinderten Weg, oder auf zweien und dreien, aber nicht auf hunderten oder unendlichen, die es gar nicht brauchen kann.[1121]

Ausdrücklich grenzte sich Grimm auch von den anderen Idealen der Französischen Revolution ab.[1122] Er äußerte in der Nationalversammlung seine Erleichterung darüber, dass die Trias Freiheit, Gleichheit, Brüderlichkeit keinen Eingang in den deutschen Grundrechtskatalog gefunden hatte:

> die menschen sind nicht gleich [...] sie sind auch im sinne der grundrechte keine brüder; vielmehr die brüderschaft – denn das ist die bessere übersetzung – ist ein religiöser und sittlicher begriff, der schon in der heiligen schrift enthalten ist.[1123]

Die Brüderschaft schied als religiöse Kategorie aus den Grundrechten aus.[1124] Was aber meinte Grimm, wenn er die Gleichheit der Menschen verneinte? Diese Aussage könnte als Bekenntnis Grimms zur ständischen Gesellschaft gedeutet werden. In der Tat lassen sich bereits vorher Aussagen Grimms finden, die diese These unterstützen. So schrieb Grimm 1830 an Savigny:

> Ich bin von natur und von kindesbeinen an der monarchischen und der fürstlichen sache getreu, alle meine studien und erfahrungen führen mich darauf, daß sie die meiste sicherheit und ruhe gewährt, daß sie, wenigstens lange zeiten

---

1118 JACOB GRIMM, Über Grundrechte, Vortrag in der Nationalversammlung (1848), Kl. Schr. 8, S. 439.

1119 KARL KROESCHELL, Deutsche Rechtsgeschichte 1, 12. Aufl. (2008), S. 223; hierzu auch STEFFEN SEYBOLD, Freiheit statt Knechtschaft (2012), S. 225.

1120 So auch MAREK HALUB, »Die Menschen sind nicht gleich«, in: BGG 10 (1993), S. 83.

1121 JACOB GRIMM an Savigny am 27.04.1819, in: INGEBORG SCHNACK/WILHELM SCHOOF (Hrsg.), Briefe der Brüder Grimm an Savigny (1953), S. 279.

1122 Vgl. dazu auch MAREK HALUB, »Die Menschen sind nicht gleich«, in: BGG 10 (1993), S. 82 ff.

1123 JACOB GRIMM, Über Grundrechte, Vortrag in der Nationalversammlung (1848), Kl. Schr. 8, S. 438.

1124 MAREK HALUB, »Die Menschen sind nicht gleich«, in: BGG 10 (1993), S. 86, führt die Ablehnung Grimms gegenüber diesem Aspekt darauf zurück, dass Jacob Grimm darin keine politisch durchdachte Forderung sah, sondern nur ein theoretisches Konstrukt ohne jede rechtliche Konsequenz für die Bevölkerung.

hindurch den völkern ein glück verschafft hat, das freilich wie alles irdische unvollkommen war, aber dessen maß doch von dem nicht erreicht werden wird, was eine freiere verfassung an seine stelle setzen soll. In dieser scharfen ungleichheit der stände, in diesem unbedingten befehlen und gehorchen erkenne ich eine sanfte und wohltätige Kraft, alles ist mannigfalt und jugendlich gestaltet, voll farbe, phantasie, poesie und glauben, während was die gegenwart verlangt, eintönig, prosaisch und nüchtern ist.[1125]

Grimm fuhr allerdings fort:

Und dennoch liegt in dem verlangen [bezogen auf die revolutionären Umtriebe in Paris] eine unabwendliche über uns alle hereinbrechende gewalt, eine macht derjenigen vergleichbar, die auch zur zeit der reformation gewirkt hat, ein festhalten an der helle des tageslichts und verwerfen aller dämmerung [...] Es gibt augenblicke wo man bloß zu handeln hat, ohne rücksicht auf die vergangenheit oder zukunft.[1126]

Gleichzeitig wandte sich Grimm gegen die Vorrechte des Adels[1127] und schilderte in seiner Selbstbiographie, wie bitter ihn persönlich die Benachteiligung gegenüber adligen Mitschülern während seiner Schulzeit geprägt hatte.[1128] Andererseits zeigte seine Abgrenzung von Volk und Pöbel,[1129] dass er durchaus kein Befürworter einer absoluten Gleichheit aller *Einwohner* war, sondern nur innerhalb der *Bürgerschaft* von Gleichheit ausging. Im Übrigen setzte sich Grimm jedoch ausdrücklich für eine rechtliche Gleichheit ein. Marek Halub hat die Ablehnung des französischen Prinzips der »egalité« durch Grimm daher darauf zurückgeführt, dass das Prinzip die soziale Ungleichheit bestehen ließ, dies aber unter der allgemeinen Forderung der Gleichheit als Menschen- und

---

Als solch leeres Postulat war es daher für die Verfassung ungeeignet. Hierbei muss allerdings berucksichigt werden, dass auch Jacob Grimms eigener Antrag nur bedingt juristische klar umrissene Rechte der Bevölkerung begründen konnte. Andererseits maß Grimm der Brüderschaft generell eine hohe Bedeutung für die Entwicklung der nationalen Einheit zu. So führte er 1860 aus: »Mir erscheint nun, dasz dieser edle, die menschheit festigende und bestätigende hintergrund seine gröste kraft hat zwischen geschwistern, stärkere sogar als zwischen eltern und kindern. geschlechter haben sich zu stämmen, stämme zu völkern nicht sowol erhoben dadurch, dasz auf den vater söhne und enkel in unabsehbarer reihe folgten, als dadurch, dasz brüder und bruderskinder auf der seite fest zu dem stamm hielten. nicht die descendenten, erst die collateralen sind es, die einen stamm gründen, nicht auf sohnschaft sowol als auf brüderschaft beruht ein volk in seiner breite.«, JACOB GRIMM, Rede auf Wilhelm Grimm (1860), Kl. Schr. 1, S. 164.

1125 JACOB GRIMM an Savigny vom 29.09.1830, in: INGEBORG SCHNACK / WILHELM SCHOOF (Hrsg.), Briefe der Brüder Grimm an Savigny (1953), S. 358.
1126 Ebd., S. 358 f.
1127 Vgl. hierzu schon oben B. IV. 1. b) aa) (2) (a).
1128 JACOB GRIMM, Selbstbiographie (1831), Kl. Schr. 1, S. 5.
1129 Vgl. oben B. II. 1. b) bb).

Bürgerrecht verdeckte und somit eine Veränderung der Umstände erschwerte.[1130] Mitgespielt haben mag allerdings auch Grimms generelle Abneigung gegenüber dem Französischen, die ihn, wenn auch in abgeschwächter Form, sein Leben lang begleitete.[1131] Die teilweise massive soziale Ungleichheit seiner Gegenwart sah Grimm dagegen durchaus kritisch. Wie so oft konnte er in der deutschen Vergangenheit eine angemessenere Regelung finden:

> Hier bloß das rechtsverhältnis berührend glaube ich, die hörigkeit und knechtschaft der vergangenheit war in vielem leichter und liebreicher, als das gedrückte dasein unserer bauern und fabriktagelöhner; die heutige erschwerung der ehe für den armen und den angestellten diener grenzt an leibeigenschaft.[1132]

Der Blick in die Geschichte konnte auch hier als Leitschnur für die Ausgestaltung des geltenden Rechts dienen.

4. Der Volksgeist im religiösen Kontext

Religion war ein wichtiger Aspekt im Werk Grimms, dies zeigt sich deutlich in der biblischen Bildsprache seiner Texte.[1133] Die Grimm-Forschung geht daher davon aus, dass Grimms Werke »nur unter Würdigung ihrer christlichen Voraussetzugen zureichend verstanden werden«[1134] können, denn »wissenschaftliche und religiös-theologische Dimension bilden in Grimms Werk eine wechselseitig unauflösliche Einheit.«[1135]

Dabei war Grimms Einstellung zum christlichen Glauben »durchaus ambivalent«.[1136] Sein persönlicher Glaube war eher eine sujektivierte und individualisierte Form des Christentums, nicht an eine spezielle Kirche oder ausdrückliches Dogma gebunden.[1137]

Das Verhältnis zum Glauben spielte insbesondere in Bezug auf die Vorstellung von der Existenz eines schaffenden Volkgeistes eine Rolle. Gott und der Volksgeist traten dort, zumindest auf den ersten Blick, als Schöpferfiguren in ein unmittelbares Konkurrenzverhältnis. Der Volksgeist hatte somit eine religiöse Komponente, da er als Ursprungsmythos das Entstehen der Welt und der

---

1130 MAREK HALUB, »Die Menschen sind nicht gleich«, in: BGG 10 (1993), S. 84 f.
1131 Vgl. hierzu oben B. IV. 2. b) bb) (3).
1132 JACOB GRIMM, RA (1828), S. XV.
1133 PETER GANZ, Jacob Grimm's conception of German Studies (1973), S. 13.
1134 KLAUS ZIEGLER, Die weltanschaulichen Grundlagen der Wissenschaft Jacob Grimms, in: Euphorion 46 (1952), S. 243.
1135 KLAUS ZIEGLER, Jacob Grimm und die Entwicklung des modernen deutschen Nationalbcwußtseins, in: ZHG 74 (1963), S. 154.
1136 KLAUS ZIEGLER, Die weltanschaulichen Grundlagen der Wissenschaft Jacob Grimms, in: Euphorion 46 (1952), S. 243.
1137 Ebd., S. 244 f.

menschlichen Kultur thematisierte. Grimms Suche nach dem Ursprung beinhalte, so ist in der Grimm-Forschung behauptet worden, daher auch eine »religious quest«,[1138] einen Versuch der Rückannäherung an die göttliche Schöpfung. Volksgeist und Religionsverständnis gingen Hand in Hand und ergänzten sich zu einem gemeinsamen Welterklärungsmodell.[1139] Obwohl die Konfessionsfrage gerade für die Opposition zwischen Germanismus und Romanismus im 19. Jahrhundert an Schärfe verloren hatte, bleibt zu bemerken, dass eine große Zahl der philologischen Germanisten Protestanten waren.[1140] Auch dies legt zumindest eine gewisse Einwirkung religiöser Vorstellungen auf die wissenschaftliche Forschung nahe. Ein genauerer Blick auf die religiösen Ansichten Grimms soll daher die Rolle der Religion innerhalb seines Volksgeistkonzeptes verdeutlichen.

Grimm wuchs in einem religiös geprägten Umfeld auf. Seine Vorfahren waren, mit Ausnahme seines Vaters, der die juristische Ausrichtung der Familie begründete, kirchliche Würdenträger. Grimm wurde nach seinen eigenen Angaben »streng reformiert erzogen.« Die klare Abgrenzung von Katholiken und Lutheranern gleichermaßen, hat ihn nach eigenen Angaben sein ganzes Leben hindurch beeinflusst.[1141] Auch sein wissenschaftliches Schaffen hat der Glaube an Gott geprägt. »Ich glaube, spüre und traue«, so schilderte Grimm 1811 Achim von Arnim anlässlich des Disputs um die Naturpoesie,[1142]

> daß etwas Göttliches in uns ist, das von Gott ausgegangen ist und uns wieder zu ihm führt. Dieses bleibt und lebt immer im Menschen und wächst wie ein Feuer aus sich selber groß, aber historisch, d. h. in unsern Zeitbegriffen aufgefasst, offenbart es sich sehr verschieden, im Verhältnis zu dem irdischen, menschlichen. Die alten Menschen sind größer, reiner und heiliger gewesen, als wir, es hat in ihnen und über sie noch der Schein des göttlichen Ausgangs geleuchtet.[1143]

Auch in anderem Zusammenhang betonte Grimm, dass Gott der Ursprung von allem sei.[1144] Schon bei der Betrachtung des Sprachursprungsmodells von Grimm ist jedoch klar geworden, dass dies nicht bedeuten musste, Gott alleine

---

1138 JOHN EDWARD TOEWS, Becoming Historical (2004), S. 329.
1139 Auch in der juristischen Rechtsbegründungskonzeption spielte Religion, insbes. der Sündenfall, als Erklärungsmodell eine entscheidende Rolle, vgl. hierzu ANDREAS THIER, Heilsgeschichte und naturrechtliche Ordnung: Naturrecht vor und nach dem Sündenfall, in: MATTHIAS ARMGARDT / TILMAN REPGEN (Hrsg.), Naturrecht in Antike und früher Neuzeit (2014), S. 151 ff.
1140 FRANK L. SCHÄFER, Juristische Germanistik (2008), S. 629.
1141 JACOB GRIMM, Selbstbiographie (1831), Kl. Schr. 1, S. 1 f.
1142 Vgl. dazu oben B. III. 2.
1143 JACOB GRIMM an Achim von Arnim vom 20.05.1811, in: REINHOLD STEIG / HERMAN GRIMM (Hrsg.), Achim von Arnim und die ihm nahe standen, Bd. 3 (1904), S. 117.
1144 So zum Beispiel JACOB GRIMM in der Vorrede zu den Deutschen Sagen, Erster Theil (1816), Kl. Schr. 8, S. 14.

die Schöpferrolle zuzuweisen. Dies hätte der Bedeutung der menschlichen Freiheit bei Grimm widersprochen. Gott habe vielmehr die Fähigkeit in die Menschen gelegt, selber die Sprache und die Kultur auszugestalten. Es widerstreite

> gottes weisheit [...] dem, was eine freie menschengeschichte haben soll, im voraus zwang an zu thun, wie es seiner gerechtigkeit entgegen gewesen wäre, eine den ersten menschen verliehne göttliche sprache für die nachlebenden von ihrem gipfel herab sinken zu lassen. Was die sprache göttliches an sich trägt, hat sie, weil in unsere natur und seele überhaupt göttliches gespreitet ist.[1145]

Neben Gott blieb daher bei Grimm durchaus Platz für einen schaffenden Volksgeist. Der Volksgeist war ebenfalls als Keim von Gott in die Menschen gelegt und konnte dort als ewige Größe und als Bindeglied zwischen der Tätigkeit der einzelnen, in ihrer Lebenszeit begrenzten Menschen, das organische Wachsen des Ganzen sicherstellen.[1146] Die alten Quellen waren daher in zweierlei Hinsicht für Grimm bedeutungsvoll. Einmal waren sie noch unverfälschte Zeugnisse des Volksgeistes, andererseits waren sie noch besonders nah am göttlichen Ursprung. Die Suche nach dem Volksgeist war nicht nur Suche nach der eigenen Vergangenheit, sondern auch Suche nach Gott selbst und nach Gott in den Menschen.[1147]

Diese spezielle Verbindung konnte Grimm auch im Recht feststellen:

> Dieser glaube an gott geht sichtbar durch unser ganzes altes recht. man kann sagen, dasz es beinahe ganz auf gottesurtheil gebaut ist, und ich rechne seine innere tugendhaftigkeit mit zu einem seiner hauptsächlichsten poetischen bestantheilen. die poesie ist rein und fromm, nicht anders das einfache recht des alterthums. allerwärts sehen sie den finger des allmächtigen [...] selbst kleinere vorfälle, wie wir oben in einigen beispielen gesehen haben, schnitt das gesetz nicht gern gänzlich für sich durch, sondern liesz eher irgend etwas übrig, das durch den hinzutretenden zufall gott oder dem schicksal vertraut wurde. die sogenannten gottesurtheile, wodurch sich peinlich verklagte reinigen oder schuldigen musten, sind wol bei keinem andern volk, wiewol sie bei fast allen anzutreffen sind, so gründlich und dauerhaft ausgebildet worden.[1148]

Das Verhältnis zwischen göttlicher Schöpfung und Volksgeist spielte auch im übrigen Umfeld der Historischen Rechtsschule ab 1817 eine bedeutende

---

1145 JACOB GRIMM, Über den Ursprung der Sprache (1851), Kl. Schr. 1, S. 283 f.

1146 So erscheint die Rolle des Volksgeistes in der Sprache bei MARIA HERRLICH, Organismuskonzept und Sprachgeschichtsschreibung (1998), S. 148.

1147 GÜNTER NIGGL, Geschichtsbewußtsein und Poesieverständnis bei den »Einsiedlern« und den Brüdern Grimm, in: FRIEDRICH STRACK (Hrsg.), Heidelberg im säkularen Umbruch (1987), S. 223.

1148 JACOB GRIMM, Von der Poesie im Recht (1815), Kl. Schr. 6, S. 182. Vgl. auch WOLFGANG FRÜHWALD, »Von der Poesie im Recht« (1991), S. 290.

Rolle.[1149] Die Debatten wurden beherrscht von der Frage, welche Rolle jeweils dem Volksgeist und Gott innerhalb der Rechtsentstehungslehren zukommen sollte.[1150] Stahl sah das Recht als direkte göttliche Schöpfung während im Umkreis Savignys ein so weitgehender Schöpfungsbegriff nicht vertreten, sondern eine gemeinsame Rechtsentstehung aus Gott und den Menschen heraus angenommen wurde.[1151] Auch die Idee des Volksgeistes erhielt damit einen christlichen Hintergrund.[1152]

An dieser »juristischen« Diskussion war Grimm nicht beteiligt. Seine Ansichten zum Ursprung der Sprache gehen jedoch in eine ähnliche Richtung. Gott blieb für die Entstehung der Kultur von wichtiger Bedeutung, entscheidend war jedoch die menschliche Fähigkeit zur Entwicklung aus sich selbst heraus und seine Freiheit, dies umzusetzen.[1153] Der Mensch wurde damit von der christlichen Transzendenz emanzipiert.[1154] Grimms Wissenschaft war zwar insoweit religiös motiviert, er kann gleichwohl nicht der sog. historisch-christlichen Schule zugerechnet werden.[1155] Insbesondere nahm er keinen Anteil an der zu Beginn des 19. Jahrhunderts stattfindenden Erweckungsbewegung.[1156] Er war nicht auf der Suche nach seinem persönlichen Offenbarungserlebnis. Eine religiöse Überzeugung war stets Teil seines Lebens gewesen. Von überschwänglichen Frömmigkeitsbezeugungen, wie sie im Umfeld Savignys nach 1816 durchaus vorkamen,[1157] hielt er sich fern. Von Anfang an hatte er Gott in seine Volksgeistkonzeption integriert. Eine eindeutige Rückbesinnung auf einen göttlichen Einfluss, wie sie beispielsweise bei Puchta und Savigny nötig wurde,

---

1149 Vgl. hierzu Hans-Peter Haferkamp, Christentum und Privatrecht bei Moritz August von Bethmann-Hollweg, in: Jens Eisfeld u. a. (Hrsg.), Naturrecht und Staat in der Neuzeit (FS Klippel) (2013), S. 519 ff.

1150 Hans-Peter Haferkamp, Naturrecht und Historische Rechtsschule, in: Matthias Armgardt / Tilman Repgen (Hrsg.), Naturrecht in Antike und früher Neuzeit (2014), S. 61, 72 ff.

1151 Ebd., S. 61, 73 ff.; etwas anders hier in Bezug auf Puchta: Christoph-Eric Mecke, Begriff und System des Rechts bei Georg Friedrich Puchta (2009), S. 458 ff.

1152 Vgl. hierzu Hans-Peter Haferkamp, Christentum und Privatrecht bei Moritz August von Bethmann-Hollweg (2013), S. 530 f.

1153 Diese Gedanken fanden sich bspw. bei Puchta, der davon ausging, Gott habe lediglich die rechtserzeugende Kraft in die Natur der Völker gelegt, das Recht selbst aber die Menschen erschaffen, vgl. ebd., S. 536 f.

1154 Klaus Ziegler, Die weltanschaulichen Grundlagen der Wissenschaft Jacob Grimms, in: Euphorion 46 (1952), S. 251.

1155 Vgl. zu dieser: Hans-Peter Haferkamp, Einflüsse der Erweckungsbewegung auf die »historisch-christliche« Rechtsschule zwischen 1815 und 1848 (2009), S. 71 ff.

1156 Zur Erweckungsbewegung Hans-Peter Haferkamp, Christentum und Privatrecht bei Moritz August von Bethmann-Hollweg (2013), S. 521 m. w. N.

1157 Hans-Peter Haferkamp, Einflüsse der Erweckungsbewegung auf die »historisch-christliche« Rechtsschule zwischen 1815 und 1848 (2009), S. 74.

die das göttliche Element in ihrer Rechtsentstehungslehre zunächst nicht thematisiert hatten,[1158] war bei Grimm somit gar nicht notwendig.

In Oppositon stand der Volksgeist Grimms aber zu den Vorstellungen der katholischen Kirche, der er generell sehr kritisch gegenüberstand:

> Gegenüber dem pabstthum stehn wir protestanten oder lieber wir Deutsche feindselig; doch war ich mir keiner ungerechten gesinnung bewust, wenn ich die geschichte der päbste aufschlug und zornig ihre herben übergriffe in die schicksale unserer vaterlandes las, dessen frieden sie in zwietracht wandelten, auf dessen gefeierte könige sie ihren bannstral schleuderten.[1159]

Grimm machte die katholische Kirche für die Unterdrückung des Volkstümlichen verantwortlich. So führte er die geringe Bedeutung des einheimischen Rechts in der Gegenwart auf die durch die Kirche mitbetriebene Rezeption des römischen Rechts zurück. Dies sprach deutlich aus seiner Forderung von 1844: »ordnung soll in der kirche, wie überall sein, aber auch gefühl der menschlichen schranke, und nicht der laien recht, wie sich Walther von der Vogelweide ausdrückt, von den pfaffen verkehrt werden.«[1160]

Die katholische Kirche spielte somit für Grimm eine entscheidende Rolle im Entfremdungsprozess zwischen Volk und Volksgeist. Ähnlich wie die Wissenschaft zwischen Volk und Recht,[1161] sei auch die Kirche zwischen Glaube und Volk getreten:

> der heidnische glaube der alten welt wurzelte volksmäszig, man könnte sagen durch eine stille macht der überlieferung in den gemütern, und bedurfte nicht für die grosze masse, nur für die eingeweihteren der lehre und des ausdrücklichen bekenntnisses; alles andere wissen wuchs neben ihm frei und unabhängig empor.[1162]

Der alte Glaube habe sich den Menschen unmittelbar ergeben, sei allgemein bekannt und jedem zugänglich gewesen. Gleichzeitig habe dieser Glaube freien Raum für die Wissenschaft, die unabhängig neben diesem existieren und sich frei entfalten konnte, gelassen. Demgegenüber sei die katholische Kirche »von anfang und zu allen zeiten eine lehrende« Einrichtung gewesen, stets darum bemüht, den Glauben vorzugeben und in allen Lebensbereichen fest zu verankern. Damit habe die Religion aufgehört volksmäßig zu sein und die Wissenschaft frei.[1163] Dieser zerstörende Einfluss auf das Volksmäßige habe gesamteuropäisch gewirkt:

1158 Ebd., S. 78 ff.
1159 Jacob Grimm, Italienische und Scandinavische eindrücke (1844), Kl. Schr. 1, S. 69.
1160 Ebd., S. 70.
1161 Vgl. dazu oben B. IV. 3. a).
1162 Jacob Grimm, Über Schule, Universität, Akademie (1849), Kl. Schr. 1, S. 219.
1163 Vgl. ebd., S. 219 f.

den meisten übrigen europäischen völkern hat das christenthum die stätte ihrer poesie gestört oder vernichtet. die kirche war einer fremden sprache günstig und der heimischen entgegen, weil diese oft mit dem heidenthum zusammenhieng; noch feinder muste sie dem heimischen liede sein, das unmittelbar aus heidnischen anschauungen hervorgegangen war.[1164]

Erst das Eindringen des (katholischen) Christentums in das zuvor einheitlich der heidnischen Religion – die noch »frisch und blühend« gewesen sei[1165] – zugewandte Deutschland habe maßgeblich zu religiösen Spannungen und damit zur Zersplitterung beigetragen:

unsere vorfahren sind Deutsche gewesen, ehe sie zum christenthum bekehrt wurden; es ist ein älterer zustand von dem wir ausgehen müssen, der uns unter einander als Deutsche in ein Band vereint hat, das durch die scheidung der katholiken und protestanten nicht zerissen werden kann. jene glaubensirrungen führen oft ab von dem groszen felde der wissenschaft in ein enges rinnsal oder in unheimliche schluchten [...] kein glaubenszwiespalt darf ein groszes volk, das sich wieder fühlt und aufrecht erhalten will, verunreinigen.[1166]

Erst wenn der Einfluss der katholischen Kirche in Deutschland endlich zurückgedrängt werden könne, »und dann ein einiges Deutschland hervorgeht, nicht etwa dadurch, dasz die catholischen protestantisch werden, sondern dasz sie mit den protestanten sich zu einem freieren glauben bekennen, der nothwendig einmal eintreten musz«,[1167] sah Grimm eine Veränderung der Umstände, »dann wird auch die rechte geschichte geschrieben werden.«[1168]

Auch persönlich empfand Grimm eine Abneigung gegenüber katholischen Gelehrten. Bereits 1823 äußerte Grimm gegenüber seinem Freund Paul Wigand:

Ich habe schon oft die Erfahrung gemacht, daß catholische Gelehrte zwei Fehler selten überwinden 1.) sie studieren wohl fleißig, wißen es aber nicht frei zu behandeln und zu verarbeiten, daher ihre Sammlungen meistens taub und fruchtlos bleiben. 2.) sie sind eigensinnig und argwöhnisch in Mittheilungen und verschließen sich zu sehr. Das liberale Benehmen der Protestanten fehlt ihnen.[1169]

1846 war es maßgeblich auf Grimm zurückzuführen, dass Einladungen zur ersten Germanistenversammlung in Frankfurt an konservative katholische His-

---

1164 JACOB GRIMM, Über Ossian (1863), Kl. Schr. 7, S. 543.
1165 So die Beschreibung JACOB GRIMM, Tacitus' Germania (Vorlesung WS 1835/36), in: ELSE EBEL (Hrsg.), Jacob Grimms Deutsche Altertumskunde (1974), S. 136.
1166 JACOB GRIMM, Über die wechselseitigen Beziehungen und die Verbindung der drei in der Versammlung vertretenen Wissenschaften (1846), Kl. Schr. 7, S. 562.
1167 JACOB GRIMM an Hyazinth Holland am 19.08.1862, in: ALBERT LEITZMANN (Hrsg.), Briefe der Brüder Grimm (1923), S. 71.
1168 Ebd., S. 71.
1169 JACOB GRIMM an Paul Wigand vom 23.04.1823, in: EDMUND STENGEL (Hrsg.), Briefe der Brüder Grimm an Paul Wigand (1910), S. 230.

toriker unterblieben. Grimm kritisierte an diesen einen »grellen ultramontanismus«, also ihre Ausrichtung auf das Papsttum und somit ihre Orientierung ins Ausland, die Grimm auch in religiösen Aspekten nicht akzeptieren konnte.[1170]

In diesem Sinne äußerte er noch 1857: »belebt sich die liebe zu Deutschland einmal höher, so musz das fremde papstthum abnehmen und sinken.«[1171] Das Papsttum habe die Entwicklung der deutschen Kultur behindert, während die Reformation zu neuer Blüte derselben geführt habe. So beschrieb Grimm 1858: »der katholische glaube stimmte die leute traurig«,[1172] um so die Abwesenheit von geistlichen Volkskomödien zu erklären. Im Gegensatz dazu konnte der Volksgeist im Protestantismus seinen eigenen Platz finden. Grimm hob daher in der Vorrede zu »Der Deutsche Christus« 1854 die Absicht des Autors, »einen Christus in deutschem sinn [...], wie ihn deutsche gemütsart und gedankenerhebung gefunden, gehegt und erkannt hat, seit durch die reformation herz und glaube gelöst und frei gemacht und jener kalte, allgemeine Christus der katholischen kirche aufgehoben wurde«,[1173] darzustellen, lobend hervor.

Gegenüber der katholischen Kirche empfand Grimm den Protestantismus als »deutscher«, insoweit dieser deutlich überlegen. Diese Überlegenheit sah Grimm auch in der »protestantischen poesie und sprachbildung« und nutzte für das *Deutsche Wörterbuch* daher in großem Umfang protestantisch gefärbte Quellen.[1174] Man dürfe »das neuhochdeutsche in der that als den protestantischen dialect bezeichnen, dessen freiheitathmende natur längst schon, ihnen unbewußt, dichter und schriftsteller des katholischen glaubens überwältigt« habe.[1175]

Besonders herausragend empfand Grimm die Rolle Luthers:

> hoc igitur squalore et luctu tenebamur demersi, donec sexto decimo seculo vir, divino flatu tactus, Lutherus, cujus pietatem aequabat vis dicendi cum copia et suavitate conjuncta, omnem nobis restitueret rem patriam et non solum evangelii puritatem et simplicitatem postliminio nobis reduceret, sed linquam in ore nostro resectam liberaret.[1176]

Die Reformation hatte für Grimm nicht nur die Rückannäherung an Gott, sondern auch an die Heimat verwirklicht und die Deutschen in die Lage

---

1170 Vgl. dazu Katinka Netzer, Wissenschaft aus nationaler Sehnsucht (2006), S. 42 f.
1171 Jacob Grimm an Karl Frommann vom 12.04.1857, in: Franz Pfeiffer, Jacob Grimm's Briefe (1867), S. 10.
1172 Jacob Grimm an Karl Julius Schröer vom 03.02.1858, in: ebd., S. 14.
1173 Jacob Grimm, Vorrede zu: Der Deutsche Christus (1854), Kl. Schr. 8, S. 391.
1174 Jacob Grimm, Vorrede zum Deutschen Wörterbuch, 1. Bd. (1854), Kl. Schr. 8, S. 344.
1175 Jacob Grimm, Vorrede zur Deutschen Grammatik, 2. Ausg. (1822), S. XI.
1176 Jacob Grimm, De desiderio patriae (1830), Kl. Schr. 6, S. 415.

versetzt, wieder ihrer eigenen Art und Weise gemäß zu leben. Grimm sah den Protestantismus als Verwirklichungsform des urdeutschen Glaubens, indem er eine Kontinuitätslinie von einem germanischen Urmonotheismus zur Reformation zog.[1177] Die Reformation hatte »ein guter freier geist, der in den Deutschen waltet [...] hervorgerufen«.[1178] Seitdem sei jeder große Schritt in Wissenschaft und Poesie vom Protestantismus ausgegangen. Die katholische Kirche jedoch, so prophezeite Grimm, werde »nicht ablassen zu ihren zwecken hinterlist und untreue gegen die protestantische zu üben«. Er folgerte daher: »Auch ich sehe für unser vaterland nur dann erst ruhe und stärke voraus, wenn einmal der römische einfluß zunichte sein wird.«[1179] Um diese Entwicklung zu fördern, wollte Grimm am liebsten »jetzt schon mithandeln und auch von andern solches eingreifen in die zeit wünschen«.[1180]

Seine Kritik traf die katholische Kirche, nicht aber den katholischen Glauben. Grimm befürwortete ausdrücklich die Bestrebungen der sog. Deutschkatholiken, die sich 1844 von der Kirche in Rom losgesagt hatten und die in der Hoffnung auf Wiedervereinigung der Konfessionen auch von namhaften Protestanten wie Gervinus unterstützt wurden.[1181]

Grimm sah zwar den deutschen Volksgeist im Protestantismus verwirklicht. Er hoffte aber auf eine schnelle Beilegung konfessioneller Spannungen und die Wiedervereinigung der Deutschen unter einem gemeinsamen Glauben. Auch die Volksgemeinschaft war bei Grimm letztlich religiös begründet.[1182] Dies erklärt den ausdrücklichen Ausschluss der Juden aus der Volksgemeinschaft. Der christliche Glaube spielte insgesamt eine bedeutende Rolle in Grimms Weltbild, und es wäre daher missverständlich, das Christentum bei Grimm generell als »Totengräber des urkräftig germanischen Saftes« oder als »Vernichtung und Zerstörung« zu begreifen.[1183] Dazu war Grimm selber viel zu sehr von der Existenz eines christlichen Gottes überzeugt.

1177 Vgl. schon oben B. II. 2. e) aa) (4).
1178 JACOB GRIMM an Savigny am 12.12.1845, in: INGEBORG SCHNACK/WILHELM SCHOOF (Hrsg.), Briefe der Brüder Grimm an Savigny (1953), S. 420.
1179 Ebd., S. 420.
1180 Ebd., S. 421.
1181 Zu den Hintergründen und dem Konflikt mit Savigny, der der Bewegung kritisch gegenüber stand: HEDWIG VONESSEN, Friedrich Karl von Savigny und Jakob Grimm (1958), S. 367 ff.
1182 Ebd., S. 399 f.
1183 So aber bei WILHELM G. BUSSE, Jacob Grimms Konstruktion des Mittelalters (1997), S. 248.

5. Zusammenfassung

Die Idee eines schöpferischen deutschen Volksgeistes beeinflusste Grimms gesamtes Lebenswerk und fand daher in seinem kulturhistorischen Gesamtkonzept mannigfachen Niederschlag.

Dies betraf zum einen den politischen Bereich, für den Grimm zeitlebens ein besonderes Interesse hatte. Die Betonung des Volksgeistes nutze Grimm zum Transport spezifischer zeitgenössischer politischer Ideen, die auf diese Weise besondere Legitimität erhielten.[1184] Seine Überzeugung von einer bereits vorgeschichtlich begründeten Einheit der Deutschen und deren besonderer kultureller Schaffenskraft zeigte sich in seinem deutlich nationalistisch geprägten Weltbild. Klar schied er Juden, in einer Mischung aus religiösen und frühen rassischen Motiven, aus dieser deutschen Nation aus. Einen demokratischen Nationalstaat stellte sich Grimm zunächst nicht vor. Er, dessen organisches Geschichtsverständnis ihn grundsätzlich gegenüber allzu abrupten Umstürzen skeptisch sein ließ, blieb der Idee einer (konstitutionellen) Monarchie verhaftet. War eine Verfassung vorhanden, so musste sich auch der Herrscher an sie halten, eine einseitige plötzliche Aufhebbarkeit der Verfassung erkannte Grimm nicht an. Die Überzeugung vom deutschen Volksgeist beeinflusste auch Grimms politische Sicht auf Drittstaaten. Konnte er Elemente des deutschen Volksgeistes auch im Ausland feststellen, lagen Vereinigungsgedanken nahe. Dies wurde besonders im Konflikt mit Dänemark deutlich. Gleichzeitig konnten auf diesem Weg ausländische Quellen für die Erkenntnis deutscher Traditionen nutzbar gemacht werden. Anders als gegenüber Dänemark und Skandinavien sah Grimm zwar auch Gemeinsamkeiten, sogar eine Urgemeinschaft zwischen Deutschen und Slawen, schloss daraus jedoch nicht auf einen gemeinsamen Volksgeist und strebte daher auch keine Vereinigung an. Selbst eine solche Urgemeinschaft verneinte Grimm demgegenüber hinsichtlich der Franzosen. Seine grundsätzliche Abgrenzungsstrategie gegenüber Frankreich, die sich auch auf das französische Recht erstreckte, führte zu einer konsequenten Ablehnung aller französischen Einflüsse auf Deutschland. Festgestellte Gemeinsamkeiten führte er vielmehr auf einen deutschen Einfluss in Frankreich zurück. War die Zugehörigkeit zur deutschen Nation, zum deutschen Volksgeist einmal festgestellt, oblag es nicht mehr den einzelnen Volksangehörigen, über ihre Zugehörigkeit frei zu verfügen. Dies zeigte sich an Grimms Kritik der Elsässer.

Auch das Geschichtsbild Grimms war untrennbar mit seinem Volksgeistkonzept verwoben. In der organischen Geschichtsentwicklung ließ sich unmit-

---

1184 Zur Anwendung dieser »Methode« bei den der Historischen Rechtsschule zugerechneten Abgeordneten der Paulskirche: WOLFRAM SIEMANN, Die Frankfurter Nationalversammlung 1848/49 (1976), bspw. S. 129 ff.

telbar der deutsche Volksgeist erkennen. Auch wenn Grimm nicht notwendigerweise von einer »Niedergangsthese« ausging, war im Hinblick auf die Erkenntnis
der Essenz des Volksgeistes vor allem die Frühzeit der Deutschen interessant. Die
Geschichtswissenschaft musste daher in seinem Wissenschaftsverständnis eine
herausragende Rolle einnehmen. Grimm trat daher für ihre Emanzipation
gegenüber den anderen, »genauen« Wissenschaften ein. Grimms Vergangenheitsbild war geprägt von dem Bemühen, den Deutschen eine eigenständige
Rolle innerhalb der europäischen Entwicklung zuzuschreiben und diese gleichberechtigt neben Griechen und Römer zu stellen. Der Volksgeist wirkte im
Geschichtsbild Grimms als einheits- und identitätsstiftendes Element, das eine
nationale Einheit auch über territoriale Grenzen hinweg vermitteln konnte.
Auch die Geschichtswissenschaft hatte sich daher an den Quellen des Volksgeistes, also an der Volkspoesie, zu orientieren. Geschichte und Geschichtswissenschaft erfüllten damit einen »vaterländischen« Zweck.

Grimms Volksgeistkonzept wurde auch und besonders in seinen Ansichten
über die Zukunft des deutschen Rechts deutlich. Da der deutsche Volksgeist
insbesondere im deutschen Recht Ausdruck fand, war es Grimms Ziel, diesen
wieder im Recht der Gegenwart zu verankern. Dies konnte jedoch nur auf einer
durch Quellenforschung gesicherten Grundlage geschehen. Obwohl Grimm
zufolge das römische Recht in Deutschland ein grundsätzlich schädlicher
fremder Einfluss war und zur Verdrängung des Volksgeistes beigetragen hatte,
war er Realist genug, um zu erkennen, dass es nicht mehr ganz und vor allem
nicht abrupt aus der deutschen Rechtswirklichkeit zu verdrängen war. Hatte die
Wissenschaft in der Vergangenheit zur Entfremdung von Volk, Volksgeist und
Recht beigetragen, sah Grimm ihre gegenwärtige Aufgabe nun darin, das
Fremdrecht durch gründliche rechtshistorische Forschungen allmählich wieder
zurückzudrängen. Auch der Gesetzgeber konnte, hielt er sich im Rahmen des
Notwendigen und erspürte er den Volksgeist, durch konkrete Gesetzgebungsvorhaben dem deutschen Recht in der Gegenwart wieder zu mehr Geltung
verhelfen. Eine gesamtdeutsche Kodifikation war daher für Grimm kein abwegi-
ges Ziel. Die Ausgestaltung dieses allgemeinen deutschen Rechts sollte keinesfalls ein genaues Abbild der alten Zustände sein. Das Recht musste zu Zeit und
Volk passen. Zugunsten der Rechtseinheit mussten aber auch regionale Besonderheiten der alten Volksrechte zurücktreten. Gesamtdeutsches Recht sollte nur
werden, was sich im Volk selbst durchgesetzt hatte. Wie Grimm sich die
konkrete inhaltliche Ausgestaltung eines gesamtdeutschen Rechts vorstellte,
war nur in Auszügen zu erkennen. Von Bedeutung blieben bei der Beurteilung
des geltenden Rechts Gemeinschaft und Freiheit, was sich in Grimms Beurteilung des Urheber- und Strafrechts sowie der Grundrechte ausdrückte. Auch
hier konnte für Grimm der Blick in die Vergangenheit als Leitfaden für

zukünftige, den Deutschen angemessene Regelungen dienen. Auf ausländische, gar französische Vorbilder, musste man daher nicht zurückgreifen.

Enge Verbindungen wies das Werk Grimms zudem zu seinen religiösen, christlichen Vorstellungen auf. Diese spielten ebenfalls in sein Volksgeistkonzept hinein. So stellte sich die Frage nach einer möglichen »Schöpfungskonkurrenz« zwischen einem christlichen Gott und dem Volksgeist. Dieses Konkurrenzverhältnis löste Grimm dadurch auf, dass zwar Gott als Urschöpfer erhalten blieb, der Volksgeist jedoch als Ausdruck der menschlichen Freiheit fast gleichberechtigt neben diesen trat und für die konkreten Schöpfungsergebnisse verantwortlich war. Deutliche Kritik übte Grimm an der katholischen Kirche, die er für die Entfremdung des Volkes von seinem eigenen Volksbewusstsein und die Spaltung des Landes verantwortlich machte. Den wahren deutschen Glauben verwirklichte für Grimm am ehesten der Protestantismus. Nicht umsonst war für ihn die Reformation maßgeblich durch den deutschen Volksgeist beeinflusst. Volksgeist und Religion waren daher keinesfalls Gegensätze, sondern eng miteinander verknüpft.

Der Volksgeist verband die einzelnen Forschungsfelder Grimms zu einem kulturhistorischen Gesamtkomplex. Er war die Konstante, die Grimms gesamtes Werk durchzog.

C. Vorbilder, Unterschiede und Parallelen

Die Frage, was das Besondere an der Volksgeistauffassung Jacob Grimms war, lässt sich am Anschaulichsten durch einen Vergleich mit anderen Volksgeistkonzepten der Zeit beantworten. Für diesen Vergleich waren solche Konzepte im Umfeld Grimms interessant, die, ohne notwendigerweise selber unter den engeren Begriff »Volksgeistlehre« gefasst worden zu sein, wie Grimm von einer volkstümlichen Entstehung von Recht und/oder Sprache ausgingen. Bereits Erich Rothacker hat zutreffend darauf hingewiesen, dass »[e]ine Gruppe von Gelehrten, die sich nicht ausgesprochenermaßen als Schüler eines Meisters oder als Glieder einer ideell geeinten Gemeinschaft bekennen, als eine ›Schule‹ zu bezeichnen, [...] stets problematisch« ist.[1] Auch für den nachfolgenden Vergleich kann von einer *Volksgeistlehre* nur in einem notwendigerweise oberflächlichen Sinne die Rede sein.

Grimm hat zeitlebens viel und interessiert auch philosophische Texte gelesen und sich für seine eigenen Arbeiten jeweils das herausgesucht, was ihm zusagte[2] und was er für seine eigene Konzeption nutzbar machen konnte. Es ist deswegen keineswegs so, dass sich Grimms Auffassung allein aus dem mit Sicherheit wichtigen, aber nicht einzigen Einfluss Savignys erklären ließe.[3] Dies gilt für das Gesamtwerk Grimms, aber insbesondere auch für sein Verständnis vom Volksgeist. Um das typisch »grimmsche« Volksgeistkonzept zu verdeutlichen, soll deswegen im Folgenden aufgezeigt werden, wo sich Parallelen, wichtiger aber, wo sich klare Unterschiede zu anderen Konzepten aufzeigen lassen, an welchen Stellen also Jacob Grimm seinen eigenen Weg gegangen ist. Dabei war es weder erforderlich noch leistbar, die einzelnen Vergleichskonzepte bis in ihre tiefsten Feinheiten nachzuvollziehen. Absichtlich wird die Frage nach einem *erwiesenen* Einfluss, das heißt nach einem »Früher« oder »Später« der einen oder der anderen Konzeption, nur am Rande gestellt. Sie lässt sich aus der heutigen Zeit

---

1 Erich Rothacker, Savigny, Grimm, Ranke, in: HZ 128 (1923), S. 415.
2 Vgl. auch bei Otfried Ehrismann, Vorwort, in: Jacob Grimm, Kl. Schr. 1 (1991), S. 2*.
3 So auch Otfried Ehrismann, Philologie der Natur, die Grimms, Schelling, die Nibelungen, in: BGG 5 (1985), S. 35 ff., wobei dieser dann den prägendsten Einfluss (als »Spielmacher«, S. 37) bei Schelling sieht.

heraus ohnehin nicht mehr mit Sicherheit beantworten, zu vielfältig sind die möglichen Kausalverläufe.[4] Da es im Kern um die Nachzeichnung von Grimms Volksgeistkonzeption geht, ist die Frage nach der Originalität derselben auch nur zweitrangig interessant. In einem kleinen einleitenden Überblick soll lediglich das unmittelbare wissenschaftliche Umfeld in den Blick genommen werden, in dem Grimms Volksgeistkonzeption »heranwuchs«. Hieraus ergeben sich erste Hinweise auf die Ideenströmungen, mit denen Grimm am Beginn seiner wissenschaftlichen Laufbahn in Kontakt gekommen ist und die ihm unter Umständen auch bei der Entwicklung seiner eigenen Ansichten vor Augen standen. Im Rahmen des sich anschließenden Vergleichs mit Zeitgenossen lässt sich daraus das Diskussionsumfeld Grimms teilweise rekonstruieren und das Individuelle seines Volksgeistkonzepts ermitteln.

I.   Jacob Grimm und der Volksgeist – Kontaktaufnahme

Grimm selber hat nur wenige konkrete Angaben zu seinen Inspirationsquellen gemacht, sieht man einmal von dem vor allem am Anfang sehr engen Verhältnis zu Savigny ab. Es lässt sich jedoch rekonstruieren, in welchem intellektuellen Umfeld er sein wissenschaftliches Arbeiten begonnen hat und welche Ideen ihn beeinflusst haben könnten.

1.   Volksgeist im 19. Jahrhundert

Der Begriff des Volksgeistes ist einer der prägenden Begriffe der Rechtsquellen-lehre des beginnenden 19. Jahrhunderts.[5] Die Idee der Rechtsentstehung aus dem Volksgeist wurde in Deutschland vor allem durch die sogenannte Histo-rische Rechtsschule bekannt und wird insbesondere mit der Person Friedrich Carl von Savigny und seiner Schrift *Vom Beruf unsrer Zeit für Gesetzgebung und Rechtswissenschaft* (1814) in Verbindung gebracht, obwohl dieser den Begriff selber erst deutlich später verwendete.[6] Überwiegend wird die sog. Volksgeist-

---

4   Vgl. dazu bspw. die Kritik an der Einordnung der Savignyschen Volksgeist-konzeption bei HORST HEINRICH JAKOBS, Wissenschaft und Gesetzgebung im bürgerlichen Recht (1983), S. 26; das grundlegende Problem des Nachweises einer Beeinflussung zeigt sich bspw. auch in den sehr unterschiedlichen Ein-schätzungen zum Einfluss Schellings auf Savigny, dargestellt bei ALEXANDER HOLLERBACH, Der Rechtsgedanke bei Schelling (1957), S. 275 ff.

5   Vgl. FRANK L. SCHÄFER, Juristische Germanistik. Eine Geschichte der Wissen-schaft vom einheimischen Privatrecht (2008), S. 347 f.; JAN SCHRÖDER, Zur Vorgeschichte der Volksgeistlehre, in: ZRG GA 109 (1992), S. 1 ff.

6   Savigny übernahm den Begriff von GEORG FRIEDRICH PUCHTA, Rez. Gans, Erlanger Jahrbücher 1 (1826), S. 1–43 und DERS., Das Gewohnheitsrecht I (1828), S. 3.

lehre bis zu Montesquieus *De l'esprit des loix* (1748) zurückverfolgt.[7] Sowohl in der Gesetzgebungstheorie als auch in der Rechtsquellenlehre lässt sich das Grundkonzept eines Einflusses des Volkscharakters auf das Recht allerdings schon früher nachweisen.[8]

Ausgangspunkt ist in vielen Darstellungen die so genannte *Klimalehre*, die zumeist mit Jean Bodin in Verbindung gebracht wird.[9] Unter diesem Begriff werden solche Auffassungen zusammengefasst, die eine Wechselbeziehung zwischen den klimatischen Bedingungen und dem jeweiligen Volkscharakter annehmen, der dann wiederum sämtliche kulturellen Schöpfungen des jeweiligen Volkes beeinflusst. Bei den jeweiligen Autoren spielten oft außenpolitische Aspekte eine Rolle. So wurde die Klimalehre gezielt zur Rechtfertigung der Superiorität oder Inferiorität bestimmter Volksgruppen eingesetzt.[10] Schon lange vor Bodins Ausführungen thematisierten griechische Autoren diese Wechselbziehungen, darunter Hippokrates[11] und Aristoteles.[12] Trotz des zunächst einmal ähnlich anmutenden Konzepts enthält die Klimalehre einen anderen Erklärungsansatz als die sog. »Volksgeistlehre«.[13] Beide Konzepte versuchten, regionale und nationale Unterschiede in Kultur, Sprache, Sitte und Recht zu erklären, identifizierten aber zwei unterschiedliche Faktoren als ausschlaggebend. Während das Klima in bestimmten Regionen gleichbleibend die Umstände aller dort Lebenden beeinflusste, bestimmte der Volksgeist gleichsam von innen und außen die Besonderheiten seines Volkes. Der Volksgeist wirkte als metaphysische, gottähnliche Instanz stets geheimnisvoll. Das Klima, naturwis-

---

7　Siegfried Brie, Der Volksgeist bei Hegel und in der historischen Rechtsschule (1909), S. 8 f.

8　Jan Schröder, Zur Vorgeschichte der Volksgeistlehre, in: ZRG GA 109 (1992), S. 1 ff.

9　Ebd., S. 3 f.; zur Klimatheorie und die Auswirkungen auf die Beurteilung der Nationalcharaktere auch Ingo Wiwjorra, Der Germanenmythos (2006), S. 254 ff.

10　So unterschied bereits Aristoteles, Politik, übersetzt von Paul Gohlke (1959), Buch VII, 7, zwischen Völkern, die von Natur zur Freiheit und solchen, die zur Sklaverei bestimmt seien; weitere Nachweise dazu auch bei Gonthier-Louis Fink, Von Winckelmann bis Herder. Die deutsche Klimatheorie in europäischer Perspektive, in: Gerhard Sauder (Hrsg.), Johann Gottfried Herder 1744–1803 (1987), S. 157 f.

11　Hippokrates, Luft, Wasser und Ortslage, Werke Teil 6.

12　Aristoteles, Politik (1959); zur Vorgeschichte des Volksgeistgedankens im alten Griechenland und Rom sowie darüber hinaus vgl. Ernst von Moeller, Die Entstehung des Dogmas von dem Ursprung des Rechts aus dem Volksgeist, in: MIÖG 30 (1909), S. 6 ff. sowie Jan Schröder, Zur Vorgeschichte der Volksgeistlehre, in: ZRG GA 109 (1992), S. 1 ff.

13　In diesem Sinne auch Ernst von Moeller, Die Entstehung des Dogmas von dem Ursprung des Rechts aus dem Volksgeist, in: MIÖG 30 (1909), S. 21.

senschaftlich erklär- und klar definierbar, bestimmte nur die Lebensumstände. Der besondere Nationalcharakter im Sinne der Klimalehre war also Ausfluss überwiegend physikalischer Ursachen und schlug sich daher auch im äußeren Erscheinungsbild der Völker nieder.

Trotz dieser deutlichen Unterschiede hat die Klimalehre die Entwicklung der »Volksgeistlehre« mitgeprägt. Eine wichtige Grundbedingung, nämlich dass Recht und Sitte sich in verschiedenen Völkern unterschiedlich entwickeln und besondere immer wiederkehrende Eigenarten besitzen, ist beiden Konzeptionen gemein.[14] Bereits im 18. Jahrhundert[15] war die in Frankreich populäre Klimalehre auch in Deutschland geläufig und wurde unter anderem von Johann Gottfried Herder aufgegriffen.[16] Dieser verwies jedoch insbesondere in seinen späteren Schriften auf das Klima nur noch als eine Ursache unter vielen. Nach Herder erfuhr die Klimatheorie keine große Aufmerksamkeit mehr. In ihrem unmittelbaren Umfeld entwickelte sich jedoch nun – gefördert durch die immer populärer werdende Anthropologie – die Rassenlehre.[17]

Bereits im 18. Jahrhundert wurde parallel in ebenfalls unmittelbarer Anlehnung an Montesquieu der sog. *Nationalgeist*[18] beschworen. Montesquieu bezog

---

14 JAN SCHRÖDER nennt deswegen auch die Klimalehre Jean Bodins als wichtige Vorentwicklung, vgl. DERS., Zur Vorgeschichte der Volksgeistlehre, in: ZRG GA 109 (1992), S. 3 f.

15 Auf die weit darüber hinausgehende Entwicklungslinie verweist JAN SCHRÖDER, ebd., S. 1–47.

16 Hierzu auch GONTHIER LOUIS FINK, Von Winckelmann bis Herder (1987), S. 156. Die Rezeption erfolgte generell zögerlich, man berief sich lieber auf die antiken Vorbilder, als auf französische Autoren zu verweisen. Begründet mag dies dadurch gewesen sein, dass die nationalistisch geprägten französischen Autoren gerade die deutschen Charakteristika nicht im Sinne deutscher Autoren darstellten. So erschienen die Germanen als Volk des Nordens meist als grobschlächtige Barbaren, deren körperliche Überlegenheit durch deutliche Defizite im intellektuellen Bereich erkauft war.

17 Vgl. GONTHIER LOUIS FINK, Von Winckelmann bis Herder (1987), S. 175 f.; INGO WIWJORRA, Der Germanenmythos (2006), S. 254 ff.

18 Die Wortwahl ›Nationalgeist‹ statt ›Volksgeist‹ deutete dabei nicht auf unterschiedliche inhaltliche Konzeptionen hin. So wurde der Begriff ›Volk‹ ab dem beginnenden 19. Jahrhundert gebräuchlicher, während vorher der Begriff ›Nation‹ im gleichen Wortsinne Verwendung fand. Beide Begriffe sind synonym verwendet worden. Vgl. CHRISTOPH MÄHRLEIN, Volksgeist und Recht (2000), S. 17 f.; WOLFGANG EMMERICH, Germanistische Volkstumsideologie (1968), S. 34; MATTHIAS SPRINGER, Volk, in: RGA, Bd. 32 (2006), S. 572. Der Begriff ›Nationalgeist‹ mag dabei zunächst auch deswegen häufiger gebraucht worden sein, da dieser die direkte Übersetzung von »esprit de la nation«, dem von Montesquieu verwendeten Terminus, darstellte. Vgl. für die Entlehnung Mosers HERMANN U. KANTOROWICZ, Volksgeist und historische Rechtsschule, in: HZ 108 (1912), S. 298.

---

politische Aspekte in seine Überlegungen ein und nahm zu den Auswirkungen der verschiedenen Nationalcharaktere auf Gesetzgebung und Verfassung Stellung.[19] Insbesondere Friedrich Carl von Mosers Schrift *Von dem deutschen Nationalgeist* aus dem Jahre 1765 leistete in der Folge einen Beitrag zur Erweckung des deutschen Nationalismus. Moser rief dort »die national-Züge der Ehrlichkeit« in Erinnerung, »mit welchen die Deutschen sich unter allen Völckerschafften seit so vielen Jahrhunderten ausgezeichnet haben«.[20] Moser verstand unter dem Begriff »Nationalgeist« vor allem den Patriotismus, die »allgemeine Vaterlandsliebe«.[21] Es folgten weitere deutsche Auseinandersetzungen mit dem Thema Nationalgeist, die sich immer ausführlicher mit den Eigenarten des deutschen Volkes befassten.[22]

Mit wachsendem Geschichtsbewusstsein wuchs auch die Überzeugung von einer organischen Entwicklung der Völker und deren besonderer Rolle innerhalb der Geschichte. Der National- oder bald dann auch *Volks*geist avancierte im 19. Jahrhundert vom reinen Merkmal einer Nation zu einem »schöpferischen Subjekt«,[23] untrennbar verbunden mit dem Schicksal der Nation. Die Überzeugung von einem schöpferischen Volksgeist ging weit über die ursprüngliche Klimatheorie hinaus. Diese bot nur einen Erklärungsansatz für die Verschiedenheit von Rechtsordnungen aufgrund von äußeren Faktoren, trug jedoch nichts zu der Frage bei, wie Sprache und Recht an sich entstanden. Auch Montesquieu musste hierfür noch auf die Gesetzgebung durch das Staatsoberhaupt verweisen.[24]

Bald spielte das Klima als äußerlicher Einfluss gar keine Rolle mehr. Auch Grimm sah im Klima nur noch einen recht unbedeutenden Faktor bei der Entstehung von Kultur und Recht:

> Oft sehen wird unter gleichem himmelsstrich die verschiedensten sitten und gebräuche eingeführt und keine gegend vermag den eingewanderten menschen umzuschaffen; dennoch musz in der länge der zeit sie groszen einflusz auf ihn ausüben, und ohne zweifel hat auch der Italiener manche günstige eigenschaften dem dauernden wohnen seines geschlechts in schöner und milder natur zu danken.[25]

19   CHARLES DE MONTESQUIEU, De l'esprit des loix (1748).

20   FRIEDRICH CARL VON MOSER, Von dem deutschen Nationalgeist (1765), S. 9.

21   Ebd., S. 9.

22   So direkt ein Jahr später HEINRICH WILHELM VON BÜLOW, Noch etwas zum Deutschen Nationalgeiste (1766), seiner ursprünglich anonym erschienenen Schrift.

23   LUTZ HOFFMANN, Das deutsche Volk und seine Feinde (1994), S. 124.

24   So auch JOACHIM BOHNERT, Über die Rechtslehre Georg Friedrich Puchtas (1975), S. 55.

25   JACOB GRIMM, Italienische und Scandinavische eindrücke (1844), Kl. Schr. 1, S. 62.

Für den Bereich der Rechtswissenschaft in Deutschland speziell erlangte das Konzept des Volksgeistes erst langsam tiefergehende Bedeutung.[26] Allmählich entstand jedoch ab dem frühen 17. Jahrhundert auch hier die Überzeugung vom Einfluss des Volkscharakters (*ingenium populi*) auf die Ausgestaltung des positiven Rechts, zunächst noch im Sinne der Klimalehre.[27] Später trat die Überzeugung von der rechtserzeugenden Kraft des Volkes hinzu, zunächst jedoch abgeleitet von einem Gesetzgeber.[28] Die Idee einer unmittelbaren Rechtsentstehung aus einem gemeinsamen Volksbewusstsein, das juristische Volksgeistkonzept, fand sich im 19. Jahrhundert dann an prominenter Stelle in Savignys Berufsschrift. Das Recht entstand für Savigny »durch innere, stillwirkende Kräfte, nicht durch die Willkühr eines Gesetzgebers«.[29] Die Überzeugung, dass zumindest das *Gewohnheitsrecht* seinen Ursprung unmittelbar im Bewusstsein des Volkes hatte, bildete in der Folgezeit einen Konsens innerhalb der sog. »Historischen Rechtsschule«, wenngleich Einzelheiten strittig blieben.[30] Die Renaissance des Gewohnheitsrechts im 19. Jahrhundert blieb jedoch kurzlebig. Zu beobachten war insgesamt eine Wandlung innerhalb des Gewohnheitsrechtsbegriffes, die sich noch im 19. Jahrhundert deutlich zeigte. Der Fokus der Betrachtung entfernte sich vom Entstehungsorgan (dem Volk) hin zu den Interpreten des Gewohnheitsrechtes (den Juristen), die durch die Entwicklung einer genauen und detaillierten Dogmatik und Kasuistik die grundsätzlich schwer beherrschbare Rechtsübung wieder ihrer Kontrolle unterwarfen.[31]

Eine erste rein juristische Verwendung des konkreten Begriffes *Volksgeist* fand sich bei Puchta, der inhaltlich versuchte, das Konzept Savignys aufzugreifen.[32] Savigny selber war bei der Übernahme des Begriffs erst einmal zögerlich, verwendete diesen dann aber im *System des heutigen Römischen Rechts* 1840 doch noch.[33] Der Volksgeist wuchs auch in der germanistischen Rechtswissenschaft des 19. Jahrhunderts zu einer bedeutsamen Rechtsquelle heran.[34]

---

26 K. H. L. WELKER, Volksgeist, in: HRG 5 (1998), Sp. 989.

27 JAN SCHRÖDER, Zur Vorgeschichte der Volksgeistlehre, ZRG GA 109 (1992), S. 5 ff.

28 Ebd., S. 46 f.

29 FRIEDRICH CARL VON SAVIGNY, Vom Beruf unsrer Zeit für Gesetzgebung und Rechtswissenschaft (1814), S. 14. Die neuere Forschung hat gezeigt, dass die Grundlagen des Volksgeistkonzepts in Savignys Werk ab 1807/08 nachzuweisen sind; vgl. hierzu ALDO MAZZACANE, Jurisprudenz als Wissenschaft (2004), S. 5 f.

30 Vgl. hierzu auch REGINA OGOREK, Richterkönig oder Subsumtionsautomat? Zur Justiztheorie im 19. Jahrhundert (1986), S. 171 f.

31 ROY GARRÉ, Consuetudo. Das Gewohnheitsrecht in der Rechtsquellen- und Methodenlehre des späten ius commune in Italien (2005), S. 278 ff.

32 Dazu auch K. H. L. WELKER, Volksgeist, in: HRG 5 (1998), Sp. 987 f.

33 FRIEDRICH CARL VON SAVIGNY, System des heutigen Römischen Rechts, Bd. I (1840), S. 14.

34 Vgl. hierzu FRANK L. SCHÄFER, Juristische Germanistik (2008), S. 347 f.

Es lässt sich somit festhalten, dass die Idee eines schaffenden Volksgeistes im 19. Jahrhundert auf vielen Gebieten gebräuchlich war, die große Blütezeit der Konzeption war allerdings bereits vorüber.[35] Die Grundidee lag aber noch »in der Luft« und wird auch Grimm recht früh in seiner wissenschaftlichen Karriere begegnet sein.

2. Studienzeit Grimms

Jacob Grimm studierte ab 1802 Rechtswissenschaften in Marburg. Diese Wahl war durch den Beruf des Vaters vorgezeichnet[36] und entsprach dem Wunsch der Mutter.[37] Die Familie Jacob Grimms entstammte eher einfachen Verhältnissen.[38] Während der Vater Jacobs mit der Tradition der Familie brach und Rechtswissenschaften statt Theologie studierte, war in der mütterlichen Seite der Familie der juristische Berufsstand schon seit dem 17. Jahrhundert verwurzelt. Nach dem Tod des Vaters sollte Jacob als Ältester möglichst schnell in den sicheren Justizdienst eintreten und das Auskommen der Familie sichern.[39] Die Aufnahme Jacob Grimms an der Universität Marburg war keine Selbstverständlichkeit. Jacob benötigte eine besondere Erlaubnis des Fürsten.[40] Die Universität Marburg besaß, trotz teilweise tiefgreifender Kritik durch die Marburger Bürgerschaft,[41] eine juristische Fakultät, die mit sechs Dozenten ein sehr umfangreiches und differenziertes Lehrprogramm anbot.[42] Grundsätzlich genügte zwar die Vorlage des Abgangszeugnisses einer höheren Schule für Bewerber, deren Eltern nicht wenigstens der 7. Rangklasse angehörten; es war jedoch eine besondere Prüfung am Gymnasium erforderlich und ein darauf

---

35 So Jan Schröder, Zur Vorgeschichte der Volksgeistlehre, in: ZRG GA 109 (1992), S. 46 f.

36 Dieser war studierter Jurist und nach Anstellungen als Advokat und Schreiber später Amtmann in Steinau, Hessen.

37 Jacob Grimm, Selbstbiographie (1831), Kl. Schr. 1, S. 4.

38 Zur Herkunft der Familie Grimm vgl. auch Gerhard Dilcher, Jacob Grimm als Jurist, in: JuS 1985, S. 932.

39 Jacob Grimm, Selbstbiographie (1831), Kl. Schr. 1, S. 4 f.

40 Gerhard Dilcher, Jacob Grimm als Jurist, in: JuS 1985, S. 932. Die Matrikel erhielt daher den Zusatz »venia impetrata«, vgl. auch Barbara Dölemeyer, Jacob und Wilhelm Grimm (2003), S. 130; zu den genauen Umständen auch Alfred Höck, Die Brüder Grimm als Studenten in Marburg, in: Hessische Blätter für Volkskunde 54 (1963), S. 68.

41 Vgl. Johannes Gottlieb Klingelhöfer, Die Marburger Juristenfakultät im 19. Jahrhundert (1972), S. 61 f.

42 Ebd., S. 64; zur insgesamt eher schlechten Situation der Universität Marburg Anfang des 19. Jahrhunderts vgl. Alfred Höck, Die Brüder Grimm als Studenten in Marburg (1963), S. 83 f.

folgendes Gesuch um Gestattung des Studiums in Kassel.[43] Ein in Anbetracht der finanziellen Lage der Familie Grimm nach dem Tode des Vaters dringend benötigtes Stipendium erhielt Jacob nicht.[44] Dies hatte jedoch den Vorteil, dass er sich keinem festen Studienplan unterwerfen musste,[45] über dessen (Un-)Sinn für ein wissenschaftliches Studium er sich später kritisch äußerte.[46] Grimm hörte nach eigenen Angaben bei Bering Logik und Naturrecht »ohne aus beiden wahre frucht zu ziehen«,[47] Institutionen, Pandekten und ein Lateinisches Examinatorium bei Weis, dessen »munteren und gelehrten vortrag«[48] Grimm lobend erwähnte, Pandekten und Canonicum bei Erxleben, Reichsgeschichte, Staatsrecht, Lehnrecht und Praktika bei Robert sowie Deutsches Privatrecht und Kriminalrecht bei Bauer.[49] Hier begegnete ihm die zu dieser Zeit teilweise immer noch übliche Art der Vorlesung, in der der Dozent den Vorlesungsstoff ablas. Entsprechend enttäuscht zeigte er sich von den Dozenten der juristischen Fakultät, die ihn – mit Ausnahme Savignys – nicht in ihren Bann ziehen konnten.[50] Insbesondere mit Erxleben konnte Grimm nichts anfangen.[51] Umso mehr stach Savigny hervor, und Jacob Grimm hing an seinen Lippen.[52] Savigny band seine Studenten aktiv in seine Vorlesungen ein, gab die Interpretation

---

43 Vgl. Johannes Gottlieb Klingelhöfer, Die Marbuger Juristenfakultät im 19. Jahrhundert (1972), S. 36.

44 Eine Tatsache, die Jacob Grimm auch noch Jahre später in seiner Selbstbiographie mit den Worten beschrieb: »zu Marburg muste ich eingeschränkt leben; es war uns, aller verheizungen ungeachtet, nie gelungen, die geringste unterstützung zu erlangen, obgleich die mutter wittwe eines amtmanns war, und fünf söhne für den staat grosz zog; die fettesten stipendien wurden daneben an meinen schulkameraden von der Malsburg ausgetheilt, der zu dem vornehmen hessischen adel gehörte und einmal der reichste gutsbesitzer des landes werden sollte.« Jacob Grimm, Selbstbiographie, Kl. Schr. 1, S. 5.

45 Ein solcher galt nur für Zöglinge der Stipendiatenanstalt, vgl. Johannes Gottlieb Klingelhöfer, Die Marbuger Juristenfakultät im 19. Jahrhundert (1972), S. 37 f.

46 Jacob Grimm, Über Schule, Universität, Akademie (1849), Kl. Schr. 1, S. 240 f.

47 Jacob Grimm, Selbstbiographie (1831), Kl. Schr. 1, S. 5.

48 Ebd., S. 5.

49 Zu der Tätigkeit der genannten Dozenten an der Marburger juristischen Fakultät vgl. Johannes Gottlieb Klingelhöfer, Die Marbuger Juristenfakultät im 19. Jahrhundert (1972), S. 64 ff.

50 Vgl. die Schilderung in: Jacob Grimm, Selbstbiographie (1831), Kl. Schr. 1, S. 5 f.

51 Ebd., S. 5 f.; über den »Niedergang« Johann Heinrich Christian Erxlebens, der anscheinend nicht nur durch Grimm negative Bewertungen erfuhr, vgl. Johannes Gottlieb Klingelhöfer, Die Marburger Juristenfakultät im 19. Jahrhundert (1972), S. 64 f.

52 Grimm hörte bei Savigny im Winter 1802/1803 juristische Methodologie und Intestaterbfolge, im Sommer 1803 Römische Rechtsgeschichte, im Winter 1803/1804 Institutionen und Obligationenrecht; vgl. die Darstellung bei Jacob Grimm, Selbstbiographie (1831), Kl. Schr. 1, S. 6.

---

schwieriger Gesetzesstellen als Hausaufgabe auf und bewertete diese anschließend. Der junge Grimm empfand diese Aufgaben als willkommene Herausforderung und erzielte schnell Erfolge:

> einer meiner ersten Aufsätze betraf die collation, und ich hatte die darin aufgestellte frage vollkommen begriffen und richtig gelöst; welche unbeschreibliche freude mir das machte und welchen neuen eifer das meinen studien gab, wäre zu bemerken unnöthig.[53]

Bald entstand so auch eine engere private Verbindung, und Jacob Grimm wurde in die Privatwohnung Savignys eingeladen, aus der ihm vor allem die beeindruckende Bibliothek bis an sein Lebensende in Erinnerung blieb.[54] Es verwundert daher nicht, dass auch er sich bald mit der Frage nach dem Ursprung des Rechts beschäftigte und auf das »gemeinsame Bewusstsein des Volkes« stieß.

Mit der historischen Methode wurde er in Savignys Methodenkolleg im Wintersemester 1802/1803 vertraut gemacht, von dem auch eine Mitschrift aus der Hand Grimms erhalten ist.[55] In dieser Vorlesung formulierte Savigny bereits früh entscheidende Punkte seines wissenschaftlichen Programms, so die Verbindung einer historischen mit einer philosophischen Behandlung der Gesetzeswissenschaften.[56] Die Rechtswissenschaft beschrieb Savigny allerdings als Gesetzgebungswissenschaft; an der Rolle des Staates als Gesetzgeber zweifelte er seinen Studenten gegenüber noch nicht.[57] Seine Mitschriften, die sehr genau geführt waren, nahm Jacob Grimm auch noch lange nach Abschluss seiner Studienzeit zur Hand.[58] Das juristische Studium, insbesondere bei Savigny, prägte ihn stark. Sein ganzes Leben blieb er in engem Kontakt mit Savigny und begleitete diesen 1805 nach Paris, um ihm dort bei seinen literarischen Arbeiten zu helfen.[59] Hier lernte er im Rahmen der Vorarbeiten für Savignys *Geschichte des*

---

53 Ebd., S. 6.

54 JACOB GRIMM, Das Wort des Besitzes (1850), Kl. Schr. 1, S. 115 f.; vgl. zur Bedeutung der Savignyschen Bibliothek für die »Entdeckung des Mittelalters« STEFFEN MARTUS, Die Brüder Grimm. Eine Biographie (2009), S. 79 ff.

55 FRIEDRICH KARL VON SAVIGNY, Juristische Methodenlehre. Nach der Ausarbeitung des Jakob Grimm hrsg. von GERHARD WESENBERG (1951); auch Handschriften Savignys zu dieser Vorlesung sind erhalten: DERS., Vorlesungen über juristische Methodologie, 1802–1842, hrsg. von ALDO MAZZACANE (2004).

56 Vgl. dazu auch FRANZ WIEACKER, Privatrechtsgeschichte der Neuzeit (1996), S. 370 f.

57 HANS THIEME, Der junge Savigny, in: Deutsche Rechtswissenschaft 7 (1942), S. 59; zweifelnd JOACHIM RÜCKERT, Idealismus, Jurisprudenz und Politik bei Friedrich Carl von Savigny (1984), S. 108 ff.

58 ALFRED HÖCK, Die Brüder Grimm als Studenten in Marburg (1963), S. 69.

59 JACOB GRIMM, Selbstbiographie (1831), Kl. Schr. 1, S. 8; zu Grimms Parisaufenthalt mit Savigny auch DIETER STRAUCH, Friedrich Carl von Savigny als Quellenforscher, in: DERS., Kleine rechtsgeschichtliche Schriften (1998), S. 45 f.

Römischen Rechts im Mittelalter[60] die philologisch-historische Methode Savignys in der praktischen Umsetzung näher kennen. Diese Tätigkeit schulte Grimm in exakter Begriffsarbeit.[61]

Anders als sein Bruder Wilhelm schloss Jacob sein Studium nie erfolgreich ab, was er unter anderem mit der fehlenden Orientierung des juristischen Lehrstoffes am einheimischen Recht begründete,[62] wohl aber auch auf seine grundsätzliche Abneigung gegenüber dem juristischen Tagesgeschäft zurückzuführen war. Jacob Grimm selber beschrieb später in seiner Berliner Antrittsvorlesung, die er trotzdem über ein *rechts*geschichtliches Thema hielt, die Auslöser für seine Abkehr von der Rechtswissenschaft so:

> Ich habe die rechte studiert zu einer zeit, wo das einntönige grau der schmach und erniedrigung schwer über Deutschlands himmel hieng. da liesz das römische recht mit aller seiner anziehenden fülle in meinem sinnen und trachten eine empfindliche leere und das einheimische wurde nicht so gelehrt, dasz es mich hätte anziehen können. die kräfte, die es verschlosz, wurden nicht so aufgeweckt und angezogen, dasz sie hätten lehren können. ich suchte trost und labung in der geschichte der deutschen literatur und sprache, es war eine unsichtbare, schirmende waffe gegen den feindlichen übermut [...][63]

Die Anregung zur Beschäftigung mit der Volkspoesie erhielt Grimm durch die Vertreter der Heidelberger Romantik, mit denen er auch persönlich in engem Kontakt stand: Achim von Arnim und Clemens Brentano.[64] Bei seiner Mitarbeit an der Liedersammlung *Des Knaben Wunderhorn* erhielt Grimm viele wertvolle Anregungen, auch oder gerade weil er sich mit der hier praktizierten Herangehensweise letztendlich nicht anfreunden konnte.[65]

---

60 Friedrich Carl von Savigny, Geschichte des Römischen Rechts im Mittelalter, Erster Bd. (1815).

61 Gunhild Ginschel, Historisches und Romantisches bei Jacob Grimm, (1985), S. 110; vgl. zur Quellenforschung bei Savigny u. a. Cristina Vano, Der Gaius der Historischen Rechtsschule (2008), S. 43 ff.; Dieter Strauch, Friedrich Carl von Savigny als Quellenforscher (1998), S. 38 ff.

62 Von Jacob Grimm selbst als »Herzensergießung« bezeichneter Brief an Savigny vom 09.03.1807, in: Ingeborg Schnack/Wilhelm Schoof (Hrsg.), Briefe der Brüder Grimm an Savigny (1953), S. 28.

63 Jacob Grimm, Über die Alterthümer des Deutschen Rechts (1841), Kl. Schr. 8, S. 546.

64 Hermann Gerstner, Die Brüder Grimm (1970), S. 63; über das Verhältnis zur Heidelberger Romantik vgl. auch Ralf Klausnitzer, »Verschwörung der Gelehrten«?, in: Zeitschrift für Germanistik XI (2001), S. 526.

65 Vgl. für die Methodenkontroversen mit Arnim schon oben B. III. 4. Ob Grimm insgesamt als »Romantiker« eingeordnet werden kann, ist nicht unumstritten. Grimm als Romantiker sehen: Rudolf Hübner, Jacob Grimm und das deutsche Recht (1895), S. 95; Ernst Landsberg, GDR 3.2 (1910), S. 285; Alfred Baeumler, Einleitung, in: Manfred Schroeter (Hrsg.), Der Mythus von Orient und Occident (1926), S. CLXXXV; Konrad Burdach, Die Wissenschaft von

Die Auswirkungen des juristischen Studiums auf Jacob sind nicht von der Hand zu weisen. Grimm erhielt hier eine Schulung in einer strengen logisch-philologischen Methode auf der Basis des römischen Rechts, die seinen eigenen Umgang mit den Quellen bestimmte und die ihn auch von den freien Bearbeitungen der Romantiker deutlich unterscheidet.[66]

Grimm stand in engem Kontakt mit Vertretern der sog. Historischen Rechtsschule, insbesondere Savigny. Er selber sah sich allerdings nicht als dieser oder irgendeiner anderer Schule zugehörig:[67]

deutscher Sprache (1934), S. 100 f.; PAUL BÖCKMANN, Die Welt der Sage bei den Brüder Grimm, in: GRM 23 (1935), S. 100 f.; KLAUS ZIEGLER, Die weltanschaulichen Grundlagen der Wissenschaft Jacob Grimms, in: Euphorion 46 (1952), S. 246; WILHELM EBEL, Jacob Grimm und die deutsche Rechtswissenschaft (1963), S. 26; KLAUS VON SEE, Deutsche Germanen-Ideologie (1970), S. 34; WERNER OGRIS, Jacob Grimm und die Rechtsgeschichte (1986), S. 75; ADOLF LAUFS, Rechtsentwicklungen in Deutschland (1991), S. 190; GERHARD DILCHER, Grimm, Jakob, in: MICHAEL STOLLEIS (Hrsg.), Juristen (1995), S. 254; FRANZ WIEACKER, Privatrechtsgeschichte der Neuzeit (1996), S. 360; OTFRIED EHRISMANN, Vorwort zu: Altdeutsche Wälder (1999), S. 15*; JAN SCHRÖDER, Jacob Grimm (2008), S. 176. – Kritisch demgegenüber: BERNHARD DENHARD, Die Gebrüder Jakob und Wilhelm Grimm (1860), S. 14 f.; LUIS CARLEN, Der Goldfaden der Poesie im Recht (1995), S. 309; RALF KLAUSNITZER, »Verschwörung der Gelehrten«? (2001), S. 513 ff.

66 So auch die Einschätzung von GERHARD DILCHER, Jacob Grimm als Jurist, in: JuS 1985, S. 933.

67 Auch hinsichtlich der Zugehörigkeit Grimms zur Historischen Schule gibt es unterschiedliche Ansichten. Grimm wird von folgenden Autoren eindeutig der Historischen Rechtsschule zugeordnet: ERNST LANDSBERG, GDR 3.2 (1910), S. 286; ERICH ROTHACKER, Savigny, Grimm, Ranke, in: HZ 128 (1923), S. 441, Grimm sei eines der Häupter der Schule; KONRAD BURDACH, Die Wissenschaft von deutscher Sprache (1934), S. 99; WOLFGANG FIKENTSCHER, Methoden des Rechts, Bd. 3 (1976), S. 263; WOLFRAM SIEMANN, Die Frankfurter Nationalversammlung 1848/49 (1976), S. 80; GERHARD DILCHER / BERND-RÜDIGER KERN, Die juristische Germanistik des 19. Jahrhunderts und die Fachtradition der Deutschen Rechtsgeschichte, in: ZRG GA 101 (1984), S. 11; WERNER OGRIS, Jacob Grimm und die Rechtsgeschichte (1986), S. 75; ADOLF LAUFS, Rechtsentwicklungen in Deutschland (1991), S. 190 f.; LUTZ HOFFMANN, Das deutsche Volk und seine Feinde (1994), S. 124, rechnet Jacob Grimm neben Savigny zu dem wichtigsten Vertreter der Historischen Schule; FRANZ WIEACKER, Privatrechtsgeschichte der Neuzeit (1996), S. 406; FRANK SCHÄFER, Juristische Germanistik (2008), S. 311; JOACHIM RÜCKERT, Jurisprudenz und »wissenschaftliche Kritik« (1994), S. 462, hier zählt Jacob Grimm »zu den Getreuesten der sog. Historischen Schule«. – Kritisch demgegenüber: WILHELM EBEL, Jacob Grimm und die deutsche Rechtswissenschaft (1963), S. 22 f.; DIETER WERKMÜLLER, Über Aufkommen und Verbreitung der Weistümer (1972), S. 37; HERMANN KLENNER, Deutsche Rechtsphilosophie im 19. Jahrhundert (1991), S. 123: »Geht man jedenfalls vom politischen Programm der Historischen Rechtsschule zu ihrem Forschungsprogramm über [...], dann zeigt sich kaum eine Konsistenz zwischen

Ich will mit dieser erwägung lange nicht einen unterschied zwischen idealer und realer forschung, noch weniger zwischen philosophischer und historischer schule aufgestellt haben, denn diese namen scheinen mir vom übel, sobald sie über das hinaus was wirklich in ihrer entgegensetzung begründet ist, schroffe parteien einander gegenüber stellen. was mich betrifft, bin ich mir bewust keiner von beiden anzugehören, achte und schätze vielmehr ihre beiderseitigen bestrebungen auf das willigste und bin bereit von dem, was ihnen beiden gelingt, zu lernen. methode und studium […] neigen sich aber bei mir dahin, die dinge nicht von der betrachtung abhängen zu lassen, sondern aus ihnen als einem unerschöpften und unerschöpflichen stoff neue und immer reichere ergebnisse zu gewinnen.[68]

Anregungen für seine Forschungen holte sich Grimm hier aber durchaus, übernahm jedoch nur die Elemente, die ihm gefielen.

3. Vorbilder für die Quellenarbeit

Bei der Entwicklung seiner vergleichenden Quellenmethode konnte Grimm ebenfalls an Vorbilder anknüpfen. Auch hier mag er sich an Savigny orientiert haben, es gab jedoch auch zahlreiche andere Strömungen, aus denen Grimm Anregungen für seine wissenschaftlichen Arbeiten erhalten haben könnte.

Ähnliche Konzepte fanden sich insbesondere auf dem Gebiet der juristischen Germanistik. Bereits zu Beginn der deutschen Privatrechtswissenschaft wurden durch den Vergleich verschiedener Partikularrechte gemeinsame deutschrechtliche Prinzipien herausgearbeitet, um damit aus der Vielfalt zur Einheit zu finden.[69] Dies galt vorzugsweise für Heineccius,[70] der als erster ein eigenes wissenschaftliches System eines deutschen Privatrechts entwarf[71] und den Grimm als einen der verdienstvollsten Juristen seiner Zeit bezeichnete.[72]

Grimm und seinem ›Lehnsherren‹ [Savigny].«; Else Ebel, Grimm, Jacob und Wilhelm (1999), S. 43. – Hans-Peter Haferkamp, Historische Rechtsschule, in: Enzyklopädie der Neuzeit 5 (2007), Sp. 499, hat darauf aufmerksam gemacht, dass in Anbetracht der enormen Bandbreite von unterschiedlichen Zugängen und Hintergründen bereits bei den Zeitgenossen eine Zuordnung einzelner Personen zur Historischen Rechtsschule »lebhaft umstritten« war.

68 Jacob Grimm, Über die Alterthümer des Deutschen Rechts (1841), Kl. Schr. 8, S. 546.

69 Vgl. dazu Klaus Luig, Die Anfänge der Wissenschaft vom deutschen Privatrecht, in: Ius Commune 1 (1967), S. 195 ff.

70 Vgl. Roderich von Stintzing, Heineccius, Johann Gottlieb, in: ADB 11 (1880), S. 361 ff.; Rolf Lieberwirth, Heineccius, Johann Gottlieb, in: NDB 8 (1969), S. 296 f.

71 Klaus Luig, Die Anfänge der Wissenschaft vom deutschen Privatrecht, in: Ius Commune 1 (1967), S. 214 ff.

72 Jacob Grimm, Vorlesung über Deutsche Literaturgeschichte, hrsg. von Matthias Janssen (2005), S. 391 f.

Heineccius wandte sich mit Vorliebe den Quellen der älteren Zeit zu.[73] Auch die Parallele zwischen Poesie und Recht tauchte bereits hier auf. Heineccius berief sich zur Erläuterung des germanischen Rechts auf einige Stellen aus dem »Reineke de Voß«. Dies blieb freilich eine Ausnahme.[74]

Die Bearbeiter der germanischen Rechtsgeschichte schlossen sich früh der deutschen Altertumswissenschaft und der mittelalterlichen Geschichtswissenschaft an. Dies führte dazu, dass die hier verwendeten Editionsmethoden und die Textkritik besondere Bedeutung erlangten.[75]

Die Philologie hatte innerhalb des Aufschwungs der Geisteswissenschaften eine Führungsstellung übernommen. Vor allem die klassische Philologie erlebte eine Erneuerung. Die hier erprobte Methode der Textkritik und Hermeneutik auf andere Quellengattungen, beispielsweise juristische Texte, auszudehnen, war daher keine durch Grimm begründete Neuheit. Bereits Niebuhr hatte sich dieses Verfahrens bedient.[76]

In der literarischen Altertumskunde war die historisch-vergleichende Methode ebenfalls keine Neuheit. Die gefeierten Erkenntnisse Grimms über den Ablaut und die Lautverschiebung basierten auf umfangreichen Vorarbeiten von Sprachhistorikern.[77]

Das 19. Jahrhundert war zudem durch den enormen Bedeutungsgewinn der Naturwissenschaften gekennzeichnet. Im Gegensatz zu den sog. »ungenauen« Wissenschaften versprachen die Naturwissenschaften sichere und logisch beweisbare Wahrheiten. Alle Erkenntnisse der Wissenschaft wurden folglich an diesem Maßstab gemessen. Verständlicherweise entwickelte sich daher auch in den Geisteswissenschaften das Bedürfnis, ähnlich verlässliche und endgültige Erkenntnisse zu produzieren. So berief sich Jacob Grimm in seinen Darstellungen gerne auf Parallelen zur Naturwissenschaft, um damit seine Ergebnisse nicht nur plastisch darzustellen, sondern in ihrem Erkenntnisgehalt den Naturwissenschaften anzunähern. Deutlich wurde dies beispielsweise in der Vorrede der

---

73 Klaus Luig, Die Anfänge der Wissenschaft vom deutschen Privatrecht (1967), S. 220.

74 Judith Laeverenz, Märchen und Recht (2001), S. 35 f.; auch Grimm selbst nutzte Belege aus dem Reineke für die Darstellung des altdeutschen Prozessablaufs, bspw. Jacob Grimm, RA (1928), S. 863, zur Begleitung des Klägers durch Verwandte und Freunde; S. 872 zur Abgrenzung zwischen bürgerlicher und peinlicher Gerichtsbarkeit; S. 881 als Beleg für die Voraussetzung bei einem Mordprozess, den Leichnahm zu Augenschein zu bringen; S. 882 als Hinweis auf die Vollstreckung der Strafe durch den Kläger selbst.

75 Franz Wieacker, Privatrechtsgeschichte der Neuzeit (1996), S. 422.

76 Ebd., S. 365.

77 Vgl. dazu auch die Schilderung bei Louis L. Hammerich, Jakob Grimm und sein Werk, in: BGG 1 (1963), S. 16 f.

Deutschen Grammatik, in der Grimm eine besonnenere Form der etymologischen Forschung forderte:

> wird man sparsamer und fester die verhältnisse der einzelnen sprachen ergründen und stufenweise zu allgemeineren vergleichungen fortschreiten; so ist zu erwarten, dasz bei der groszen menge unsern forschungen offener materialien einmal entdeckungen zu stande gebracht werden können, neben denen an sicherheit, neuheit und reiz etwa nur die der vergleichenden anatomie in der naturgeschichte stehen.[78]

Es liegt daher nahe, dass Grimm sich in seinen Studien auch an der Methode der Naturwissenschaften orientiert hat.[79] Er war damit nicht alleine. Die historisch-vergleichende Arbeitsweise, die zunächst in der Sprachwissenschaft, später dann in der ganzen Geisteswissenschaft Einzug hielt, war insgesamt stark an naturwissenschaftlicher Methodik angelehnt.[80] Auch die Methode, mit der Grimm das Recht und die Rechtsgeschichte behandelte, orientierte sich hieran.[81]

Blickt man auf Grimms Liebe zu den »ungenauen Wissenschaften«, erscheint dies zumindest verwunderlich. Nicht umsonst hielt er in der 1. Germanistenversammlung in Frankfurt eine Rede mit dem Titel: »Über den Werth der ungenauen Wissenschaften«. Bei dieser Gelegenheit hob er die Vorteile der Geisteswissenschaften gegenüber den Naturwissenschaften hervor.[82] Während die Naturwissenschaft allgemein gültig sei, könnten die ungenauen Wissenschaften ihre Forschungen »dem vaterland unmittelbar zu statt kommen« lassen.[83] »Das menschliche in sprache, dichtung, recht und geschichte steht uns näher zu herzen als thiere, pflanzen und elemente; mit denselben waffen siegt das nationale über das fremde.«[84] Diese Ansicht bekräftige Grimm auch noch im Jahr 1854: »[A]uch die kräfte der unendlichen natur zu ergründen stillt und erhebt, doch ist nicht der mensch selbst ihre edelste hervorbringung, sind

---

78   Jacob Grimm, Vorrede zur Deutschen Grammatik (1819), Kl. Schr. 8, S. 32.
79   Frédéric Baudry vermutet bspw. eine Beeinflussung Grimms durch den Naturforscher Georges Cuvier und den Zoologen Etienne Geoffroy Saint-Hilaire während des Grimmschen Parisaufenthalts im Jahre 1805. Eine tatsächliche Kenntnisnahme von deren Schriften durch Grimm kann Baudry allerdings nicht nachweisen. Er führt jedoch aus: »Nul ne peut dire qu'il y eût porté une grande attention; mais il en avait respiré l'air, et cela suffit.«, Frédéric Baudry, Les frères Grimms (1864), S. 12; dazu auch Gunhild Ginschel, Der junge Jacob Grimm (1967), S. 279.
80   Vgl. hierzu Gunhild Ginschel, Der junge Jacob Grimm (1967), S. 279 ff.
81   Ebd., S. 280.
82   Jacob Grimm, Über den Werth der ungenauen Wissenschaften (1846), Kl. Schr. 7, S. 564.
83   Ebd., S. 565.
84   Ebd., S. 566.

nicht die blüten seines geistes das höchste ziel?«[85] Diese Kritik an den Naturwissenschaften bezog sich jedoch anscheinend nur auf den Forschungsgegenstand, nicht auf die Methoden, die allerdings gleichfalls darauf gerichtet waren,
universelle Ergebnisse zu erreichen und sich damit vom »heimischen« weg ins
Universelle entfernten. Dies erschien Grimm jedoch offenbar für einen anderen
Forschungsgegenstand, der von sich aus schon eine »vaterländische Begrenzung«
aufwies, weniger schädlich. Besonders die Aufmerksamkeit, die die Naturwissenschaften auch unbedeutend erscheinenden Phänomenen schenkten, war
Grimm sympathisch:

> Die naturforscher beachten, und mit gewaltigem erfolg, das kleine wie das grosze
> gleich sorgsam, da im kleinsten beweise für das gröszte enthalten liegen. warum
> sollte nicht in der geschichte und in der poesie das scheinbar auch geringste von
> allem, was die menschen selbst je bewegte, gesammelt werden und betrachtet? ist
> der mensch und sein geist doch noch mehr und werthvoller als jeder andere
> belebte oder unbelebte stof.[86]

Innerhalb der Sprachwissenschaften war dieser Bezug auf die Naturwissenschaft
besonders ausgeprägt. Insbesondere die vergleichende Anatomie prägte zu dieser
Zeit das Bild einer vorbildlichen Wissenschaft, und auch Friedrich Schlegel
richtete sein Forschungsprogramm für eine vergleichende Grammatik nach
diesem Muster aus.[87] Diese Herangehensweise entsprach der Vorstellung von der
Sprache als Organismus. Wenn die Sprache ein Organismus war, so konnte sie
auch wissenschaftlich wie ein Organismus, also mit naturwissenschaftlichen
Methoden und insbesondere mit den Methoden der Anatomie, untersucht
werden. Auch bei Grimms eigener Schilderung seiner historisch-vergleichenden
Methode finden sich daher zahlreiche Anlehnungen an die Methoden der
vergleichenden Anatomie. Hierbei werde gleichsam »in ihren [der Sprache] leib

---

85 Jacob Grimm, Vorrede zum Deutschen Wörterbuch, 1. Bd. (1854), Kl. Schr. 8,
    S. 309.
86 Jacob Grimm, Über Frauennamen aus Blumen (1852), Kl. Schr. 2, S. 401.
87 Vgl. Wilhelm Scherer, Jacob Grimm (1885, ND 1985), S. 326 f.; vgl. dazu auch
    Veronika Krapf, Sprache als Organismus (1993), S. 1 f. Vorbildwirkung könnte
    das Werk Friedrich Schlegels »Über die Sprache und Weisheit der Indier« von
    1808 gehabt haben. Schlegel verwendete hier den Begriff der vergleichenden
    Grammatik zwar nicht als erster, machte ihn jedoch zum ersten Mal umfassend
    bekannt. Ihm ging es dabei darum, nicht nur die Worte verschiedener Sprachen
    zu vergleichen, sondern auch die innere Struktur, um mehr über die Genealogie
    der Sprachen zu erfahren und damit eine der vergleichenden Anatomie ver-
    gleichbare wissenschaftliche Grundlage zu erreichen. Auf diesen Grundlagen
    baute auch Rasmus Kristian Rask seine Untersuchungen auf, die Jacob Grimm
    dazu veranlassten, seinen erst 1819 erschienenen ersten Band der deutschen
    Grammatik sofort neu zu erarbeiten. Vgl. hierzu Ruth Römer, Sprachwissen-
    schaft und Rassenideologie in Deutschland (1985), S. 50 f.

eingeschnitten [...], dessen knochen und sehnen zu ernsterer besichtigung einladen«.[88] Dieser Methodenansatz verführte freilich dazu, in der Begeisterung über gefundene Übereinstimmungen Unterschiede unter den Tisch fallen zu lassen.[89] Grimm erhoffte sich hierdurch jedoch eine annähernde Rekonstruktion des Urorganismus der Sprache.[90]

Grimm verdeutlichte seine Schilderungen gerne mit Metaphern aus dem Bereich der Natur.[91] So verglich er unter anderem die Sprachwissenschaft mit der Naturgeschichte und stellte dem Sprachforscher den Naturforscher gegenüber, der »in den halmen und knospen einheimischer gräser dieselben wunderbaren triebe erkennen musz, die er an ausländischen pflanzen wahrnahm«.[92] Indem die Poesie und die Sage der Natur gleichgestellt wurden, verloren sie ihr individuelles Element, lösten sich vom jeweiligen Verfasser und den Entstehungsumständen und wurden zu etwas natürlich Gewachsenem, zu einem Teil der allgemeinen Schöpfung. Gerade die Naturwissenschaften boten sich daher an, Grimms Überzeugung einer vom Volksgeist erschaffenen Naturpoesie auch in methodischer Hinsicht zu stützen. Vorbilder für die Ausbildung seiner eigenen Methode konnte Grimm in vielen Bereichen finden.

II. Friedrich Carl von Savigny

> *Ich bekenne mich Ihren schüler, und doch ist der schüler seinem lehrer*
> *ungleich geblieben, fast in allem unähnlich geworden.*[93]

Mit dem Verhältnis Jacob Grimms zu Friedrich Carl von Savigny[94] haben sich schon zahlreiche Autoren ausführlich beschäftigt.[95] Dabei stand neben den wissenschaftlichen Beziehungen das private Verhältnis der beiden Gelehrten im

---

88 Jacob Grimm, Vorrede zu: Deutsche Grammatik, Erster Theil, 3. Ausg. (1840), S. XIII.
89 Gunhild Ginschel, Der junge Jacob Grimm (1967), S. 281.
90 Jens E. Sennewald, Die Kunst Naturpoesie zu sammeln, in: BGG 15 (2003), S. 67.
91 Vgl. zu Pflanzenmetaphern in der Neuzeit Alexander Demandt, Metaphern für Geschichte (1978), S. 101 ff.
92 Jacob Grimm, Über den Ursprung der Sprache (1851), Kl. Schr. 1, S. 260.
93 Jacob Grimm, Das Wort des Besitzes (1850), Kl. Schr. 1, S. 114.
94 Zu Savigny: Ernst Landsberg, Savigny, Friedrich Karl von, in: ADB 30 (1890), S. 425 ff.; Dieter Nörr, Savigny, Friedrich Carl von, in: NDB 22 (2005), S. 470 ff.
95 Bspw. Hedwig Vonessen, Friedrich Karl von Savigny und Jacob Grimm (1958); Theo Schuler, Jacob Grimm und Savigny, in: ZRG GA 80 (1963), S. 197 ff.; Franz Wieacker, Gründer und Bewahrer (1959); Erich Rothacker, Savigny, Grimm, Ranke, in: HZ 128 (1923), S. 415 ff. Die Beziehung zu Savigny spielt

Fokus der Betrachtung. Im Mittelpunkt steht zumeist die nach den Göttinger Ereignissen eintretende Abkühlung des persönlichen Verhältnisses. Dies hat sich teilweise deutlich auf die Interpretation der wissenschaftlichen Standpunkte der beiden Gelehrten ausgewirkt.[96]

Bereits angeklungen ist die Bedeutung Friedrich Carl von Savignys für die Entwicklung des Verständnisses vom Volksgeist innerhalb der Historischen Rechtsschule. Es liegt nahe, hier auch einen entscheidenden Einfluss auf den Savigny-Schüler Grimm anzunehmen.[97] In jedem Fall lohnt ein näherer Blick auf die Unterschiede und Parallelen zwischen den Ansichten der beiden Gelehrten. Dass sie sich nicht in allem einig waren, belegt nicht zuletzt das eingangs angeführte Zitat Grimms. Davon auszugehen, »daß Savignys Geist Jacob Grimms Geist gewesen ist«,[98] greift daher, bei aller persönlichen Nähe der beiden Gelehrten, zu kurz.[99]

1. Savigny und Jacob Grimm

Auf Savigny traf Grimm zum ersten Mal in Marburg, wie bereits erwähnt. An Savignys Methodenvorlesung[100] im Wintersemester 1802/03 nahm er begeistert teil, nachdem er bisher von den juristischen Vorlesungen eher enttäuscht worden war.[101] Die Vorlesung beschrieb Grimm im Nachhinein als eine Art Erweckungserlebnis.[102] Savignys Methoden sollten sowohl Jacob als auch Wilhelm Grimm ihr ganzes wissenschaftliches Schaffen hindurch begleiten.[103]

---

zudem in allen Darstellungen des Grimmschen Lebens und Forschens meist eine zentrale Rolle. Eine Zusammenstellung der Grimmschen Äußerungen zu Savigny auch bei MATHIAS FREIHERR VON ROSENBERG, Friedrich Carl von Savigny (1779–1861) im Urteil seiner Zeit (2000), S. 24 ff.; 77 ff.

96 Vgl. dazu auch FRANZ WIEACKER, Gründer und Bewahrer (1959), S. 145 f.

97 Etwas zweifelnd, was die Bedeutung Savignys für Grimm angeht: OTFRIED EHRISMANN, Philologie der Natur, die Grimms, Schelling, die Nibelungen, in: BGG 5 (1985), S. 36.

98 So HELMUT JENDREIEK, Hegel und Jacob Grimm (1975), S. 108.

99 Vgl. in diesem Zusammenhang auch bei ERICH ROTHACKER, Savigny, Grimm, Ranke, in: HZ 128 (1923), S. 428, den Hinweis, dass »im Prinzipiellen [...] ihre Rechtsauffassungen innig verwandt« waren.

100 Mitschrift aus der Hand Jacobs erhalten und von GERHARD WESENBERG 1951 herausgegeben: FRIEDRICH CARL VON SAVIGNY, Juristische Methodenlehre. Handschriften von Savigny selbst hat ALDO MAZZACANE herausgegeben: FRIEDRICH CARL VON SAVIGNY, Vorlesungen über juristische Methodologie 1802–1842 (2004).

101 JACOB GRIMM, Selbstbiographie (1831), Kl. Schr. 1, S. 5 f.

102 JACOB GRIMM, Vorrede zur Deutschen Grammatik (1819), Kl. Schr. 8, S. 25.

103 Vgl. dazu auch WILHELM GRIMM, Selbstbiographie (1831), in: JACOB und WILHELM GRIMM, Über das Deutsche (1986), S. 30.

Die Berufsschrift Savignys nahmen beide Brüder sehr interessiert auf.[104] Ihr ganzes Leben lang hielten die Grimms und Savigny Kontakt, der anhand des umfangreichen Briefwechsels, zumindest bis zum Umzug der Brüder nach Berlin, gut nachvollziehbar ist.[105]

Grimm hörte bei Savigny im Wintersemester 1802/03 juristische Methodologie und Intestaterbfolge, im Sommersemester 1803 römische Rechtsgeschichte und im Wintersemester 1803/04 Institutionen und Obligationenrecht.[106] Die Mitarbeit Grimms an seinen Forschungen in Paris[107] würdigte Savigny später in der Vorrede zum ersten Band der *Geschichte des Römischen Rechts im Mittelalter*.[108] Grimm seinerseits widmete Savigny 1819 den ersten Band seiner *Deutschen Grammatik*,[109] die immer wieder als der wissenschaftliche Wendepunkt in seinen Forschungen beschrieben wird.[110]

In Grimms Bibliothek sind folgende Werke Savignys verzeichnet:[111] »De concursu delictorum formali« von 1800; »Über den Römischen Colonat und über die Römische Steuerverfassung unter den Kaisern« von 1823, »Wesen und Werth des Deutschen Universitätswesens« von 1832; »Von dem Schutz der Minderjährigen im Römischen Recht und insbesondere von der Lex Praetoria« von 1833; »Über das altrömische Schuldrecht« von 1834 (benutzt); »Das Recht des Besitzes« von 1837 (benutzt); »System des heutigen Römischen Rechts«, Band 1–8 (benutzt wohl vor allem Band 4); »Traité de droit romain«, übersetzt von Genoux 1840–1845; »Das Obligationenrecht als Theil des heutigen Römischen Rechts«, Berlin 1851–1853; »Beitrag zur Rechtsgeschichte des Adels im neuern Europa« von 1836 (stark bearbeitet). Die Berufsschrift ist in gesonderter

---

104 Vgl. dazu bspw. Jacob Grimm an Savigny vom 29.10.1814, in: Ingeborg Schnack / Wilhelm Schoof (Hrsg.), Briefe der Brüder Grimm an Savigny (1953), S. 171 ff.; Jacob Grimm an Wilhelm vom 01.11.1814, in: Wilhelm Schoof (Hrsg.), Briefwechsel zwischen Jacob und Wilhelm Grimm aus der Jugendzeit (1963), S. 366 ff.

105 Der Briefwechsel ist beidseitig umfangreich erhalten und veröffentlicht in: Adolf Stoll, Friedrich Karl v. Savigny, Bd. 2 (1929); Ingeborg Schnack / Wilhelm Schoof (Hrsg.), Briefe der Brüder Grimm an Savigny (1953).

106 Rudolf Hübner, Jacob Grimm und das deutsche Recht (1895), S. 7.

107 Vgl. dazu auch die Schilderungen bei Jacob Grimm, Selbstbiographie (1831), Kl. Schr. 1, S. 8; hierzu bereits oben C. I. 2.

108 »Endlich muß auch die treue Hülfe dankbar erwähnt werden, die dem Verfasser sein Freund Jacob Grimm auf mehreren Bibliotheken, besonders in Paris, geleistet hat, und wodurch vorzüglich den folgenden Bänden dieses Werks großer Vorschub geschehen ist.« Friedrich Carl von Savigny, Geschichte des Römischen Rechts im Mittelalter, Erster Bd. (1815), S. XIV.

109 Jacob Grimm, Deutsche Grammatik I (1819).

110 So bei Gunhild Ginschel, Der junge Jacob Grimm (1967), S. 1.

111 Entnommen aus: Ludwig Denecke / Irmgard Teitge, Die Bibliothek der Brüder Grimm, Annotiertes Verzeichnis des festgestellten Bestands (1989).

Form nur in englischer Übersetzung aufgeführt: »Of the vocation of our age for legislation and jurisprudence«, translated from German by Abraham Hayward 1831.

Das persönliche Verhältnis zwischen Savigny und den Grimms war lange Zeit sehr eng und freundschaftlich, selbst wenn in Folge der Göttinger Ereignisse und des Wechsels Savignys nach Berlin eine Abkühlung festgestellt werden kann.[112] Dass Grimm allerdings nicht immer die Meinung Savignys teilte, ist oben bereits angeklungen. Im gleichen Werk, aus dem das oben angeführte Zitat stammt, »Das Wort des Besitzes«, das Grimm Savigny zu dessen 50-jährigem Doktorjubiläum zueignete, finden sich weitere Beispiele für ein nicht immer von Übereinstimmung geprägtes Verhältnis.[113] Wie sehr sich Grimm Savigny zumindest vor den Göttinger Ereignissen verpflichtet fühlte, mag ein Vorfall aus dem Jahr 1827 deutlich machen. Eduard Gans hatte in den *Jahrbüchern für wissenschaftliche Kritik* eine kritische Rezension zu Savignys 4. Band der *Geschichte des Römischen Rechts im Mittelalter* veröffentlicht.[114] Grimm, der eigentlich ebenfalls zwei Rezensionen für die *Jahrbücher* zugesagt hatte, entschied daraufhin, nicht mehr in dieser Zeitschrift zu veröffentlichen. Auf eine Anfrage Gans', die versprochenen Rezensionen baldmöglichst einzusenden, erklärte Grimm:

> Auf herrn professor Leos einladung nahm ich, zwar die abfassung bestimmter und regelmäßiger rezensionen ablehnend, keinen anstand, von zeit zu zeit die beurteilung einiger schriften meines fachs zu versprechen. ew. wohlgeboren kritik der geschichte des römischen rechts von Savigny hat seitdem meinen entschluß abändern müssen. Diesem manne verdanke ich alle wissenschaftliche anregung für mein leben und habe unwandelbar seine redlichste freundschaft genossen. Ich bin ferne davon, die ungebundne freiheit aller urteile zu bestreiten, aber ebenso weit von verleugnung dessen, was uns persönliche anhänglichkeit und neigung auferlegen. Es bedürfte weniger pietät, als ich in mir fühle, um mir zu verbieten, teilzunehmen an einer sozietät, deren generalsekretär meines lieb-

---

112 »Savigny kommt auch zuweilen abends, in seine abendgesellschaften gehe ich nicht gern, weil da leute zu verschiedner art zusammen treffen. Er ist freundlich und auch herzlich gegen uns, doch vermisse ich manchmal seine frühere einfachheit und freiheit; er fällt gern in eine anfangs anmutige ironie, die mir auf die länge hin doch nicht zusagt; auf gewisse dinge meidet er gehörig einzugehn.« Jacob Grimm an Friedrich Blume am 30.06.1841, in: Albert Leitzmann (Hrsg.), Briefe der Brüder Grimm (1923), S. 32.

113 So Jacob Grimm, Das Wort des Besitzes (1850), Kl. Schr. 1, S. 118: »Zu geschweigen nun dasz uns die alten erinnerungen immer theurer sind als die neuen, wird mir niemand verargen, dasz ich an Ihnen im Marburger oberrock zehnmal stärker hänge als im ministerkleid, die frische luft des berges vorziehe der schwüle des sales, die offene ansprache der zurück gehaltenen.«

114 Eduard Gans, Rez. v. Savignys Geschichte des Römischen Rechts im Mittelalter, in: Jahrbücher für wissenschaftliche Kritik 1 (1827), Sp. 321 ff.

sten lehrers lange und treue arbeit ungerecht und unbillig, wie ich wenigstens glaube, heruntergezogen hat; soviel ehrenvolle namen sich auch in dieser sozietät befinden.[115]

Die Freundschaft zu Savigny führte Grimm dazu, sich von der Sozietät zu entfernen. Gegenüber seinem Freund Karl Lachmann erklärte er etwas relativierend:

> Die gansische beurtheilung Savignys hat mich ebenfalls empört. Stellt sie nicht ganz unmögliche forderungen auf? Der grund aus dem das herrührt mag noch viel schlechter sein, gleichwohl ist die recension nicht ohne geist und witz, wodurch sie sich vor den vorausgehenden auszeichnet.[116]

Betrachtet man den Briefwechsel, so werden dort schon in der den Göttinger Ereignissen vorausgegangenen Zeit Auffassungsunterschiede der beiden Gelehrten sichtbar, die allerdings selten offen als solche erkannt und thematisiert wurden. Franz Wieacker hat den Briefwechsel daher als »fruchtbares Aneinandervorbeireden« charakterisiert.[117] Die Beteiligen waren sich indes durchaus auch ihrer Differenzen bewusst. Dass dies im Briefwechsel nur sehr zurückhaltend geäußert wurde, ist erstaunlich, da Grimm sonst nicht vor klaren Worten zurückschreckte. Dies zeigen seine brieflichen Äußerungen gegenüber Achim von Arnim und Karl Lachmann. Man darf vermuten, dass hier ein ordentliches Maß an Hochachtung vor dem Lehrer hemmend auf Grimms sonst durchaus aktive Streitlust eingewirkt hat und Grimm, so auch die These Wieackers, bestimmt war vom Idealbild des jungen Marburger Savigny, den er bis zuletzt auch so sehen wollte.[118]

2. Der Urheber der Volksgeistidee?

Wie die bisherige Untersuchung gezeigt hat, war das Konzept des Volksgeistes an sich kein Produkt des 19. Jahrhunderts, sondern in verschiedenen Vorstufen bereits länger bekannt. Für das Zivilrecht allerdings wird Friedrich Carl von Savigny in der Forschung die entscheidende Transferleistung zugerechnet. Er entwickelte seine Volksgeistidee nicht im luftleeren Raum, sondern konnte an die

---

115 Jacob Grimm an Eduard Gans am 30.05.1827, in: Eduard Gans, Briefe und Dokumente, hrsg. von Johann Braun (2011), S. 236.

116 Jacob Grimm an Karl Lachmann vom 20.04.1827, in: Albert Leitzmann (Hrsg.), Briefwechsel der Brüder Jacob und Wilhelm Grimm mit Karl Lachmann (1925/26), S. 510.

117 Franz Wieacker, Gründer und Bewahrer (1959), S. 151. Wieacker nimmt dies treffend als Beispiel dafür, »daß nämlich Verstehen sofort schon Umversrehen zum Zwecke des Assimilierens ist.« (S. 159 f.)

118 Ebd., S. 151.

zeitgenössische Geschichtsphilosophie, insbesondere an Schelling und auch an Montesquieu anknüpfen.[119] Was ein wichtiges Element der Volksgeistkonzeption Savignys betrifft, nämlich den Vergleich des Rechts mit der Sprache, wurde demgegenüber in der Vergangenheit durch Hermann Kantorowicz eine Anleihe Savignys bei Jacob Grimm in die Diskussion eingebracht. Damit wurde Jacob Grimm ein erheblicher Beitrag an der Entstehung der Volksgeistlehre der Historischen Rechtsschule zugestanden.[120] Belege dafür sah Kantorowicz im Briefwechsel der Brüder Grimm, in dem sich Jacob bereits sehr früh (1805) gegen partikulare Rechtssetzungsbemühungen geäußert hatte. Auch Grimms Beschäftigung mit der Poesie im Recht von 1815 zeigte für Kantorowicz, dass diese Gedanken bereits sehr früh bei Grimm gekeimt haben müssen und er sich mit Savigny darüber austauschte. Was hätte für Savigny damit näher gelegen, als dieses Konzept von dem der Sprachwissenschaft zugetanen Schüler zu übernehmen?[121]

Diese Auffassung Kantorowiczs ist in der Folge mit Recht nicht unwidersprochen geblieben.[122] In der Tat ist zum einen gar nicht mehr nachzuweisen, wer Urheber zentraler Ideen Savignys gewesen ist. Zum anderen ist ein so bedeutender Einfluss des sehr jungen Grimm aus mehreren Gründen unwahrscheinlich, wenn auch nicht ganz ausgeschlossen.

Zahlreiche Beispiele zeigen, dass Savigny in seinen Vorlesungen bereits sehr früh über Konzepte sprach, die er erst später voll ausgearbeitet einer breiteren Öffentlichkeit präsentiert hat.[123] Es kann deswegen vermutet werden, dass auch

---

119 Hermann U. Kantorowicz, Volksgeist und historische Rechtsschule, in: HZ 108 (1912), S. 303 f.; bereits früher wies Ernst von Moeller, Die Entstehung des Dogmas von dem Ursprung des Rechts aus dem Volksgeist, in: MIÖG 30 (1909), S. 5, darauf hin, dass die »angebliche Entdeckung« des Volksgeistes »wirkungslos wie eine Seifenblase zerpufft« wäre, »wenn nicht Generationen und Jahrhunderte vorgearbeitet hätten«. Dazu auch Jan Schröder, Zur Vorgeschichte der Volksgeistlehre, in: ZRG GA 109 (1992), S. 1 ff.

120 Hermann U. Kantorowicz, Volksgeist und historische Rechtsschule, in: HZ 108 (1912), S. 310 ff.; ähnlich auch bei Hans Thieme, Der junge Savigny, in: DRW 7 (1942), S. 60; hierzu kritisch Hedwig Vonessen, Friedrich Karl von Savigny und Jakob Grimm (1958), S. 173 f.

121 Hermann U. Kantorowicz, Volksgeist und historische Rechtsschule, in: HZ 108 (1912), S. 311.

122 So bspw. durch die umfangreiche Untersuchung von Theo Schuler, Jacob Grimm und Savigny, in: ZRG GA 80 (1963), S. 197 ff.; Gunhild Ginschel, Der junge Jacob Grimm (1967), S. 18 ff. und Judith Laeverenz, Märchen und Recht (2001), S. 32.

123 Vgl. dazu auch Herbert Kadel, Ein Gedicht Wilhelm Grimms, in: BGG 7 (1987), S. 203 ff. Ein Gedicht Wilhelm Grimms an Savigny zeigt, dass dieser bereits früh die Theorie äußerte, der zu große Praxisbezug habe zu einem Verfall der Rechtslehre geführt. Auch Ernst von Moeller, Die Entstehung des Dogmas von dem Ursprung des Rechts aus dem Volksgeist, in: MIÖG 30 (1909), S. 2, äußert bereits die Vermutung, das dem Volksgeist zugrundeliegende Konzept

der volksmäßige Ursprung des Rechts gegenüber den Studenten zur Sprache kam[124] oder in privaten Gesprächen des Lehrers mit seinem Schüler Grimm Erwähnung fand. Gedanklich waren diese Ansätze schon weit vor der Berufsschrift bei Savigny ausgebildet.[125]

Die Auffassung von der volksmäßigen Entstehung der Poesie könnte dagegen bei den Grimms schon deutlich früher ausgeprägt gewesen sein als bei Savigny.[126] So sprach Grimm bereits 1807 von einer »innersten nothwendigkeit«, die das Nibelungenlied hervorgebracht habe.[127] Von der inneren Noth-wendigkeit schrieb später in der Berufsschrift auch Savigny.[128] Dadurch könnte man Grimm zumindest für das Element der Parallelität zwischen Poesie und Recht doch noch als bedeutenden Einfluss auf Savigny ansehen.[129] Aufschlussreich sind hier die Gedanken, die Grimm gegenüber Savigny nach Erscheinen der Berufsschrift formuliert hat. So schrieb er 1814:

> [sie] schlägt [...] in Arbeiten, die mir nah liegen und ich in der Letzte vielmal bedacht habe, ein und bestärkt mich in einigen meiner liebsten Gedanken [...] Wenn ein und dasselbe auf ganz verschiedenem Wege und mit anderen Mitteln erkannt wird, so kann einem nichts erwünschter sein und es steht schon darum als etwas rechtes sicher.[130]

Die Wirkung eines Volksgeistes auf dem Gebiet der Sprache war allerdings nicht nur bei Grimm zu finden, sondern u. a. schon von Herder bemerkt worden, den

habe bereits deutlich vor der schriftlichen Fixierung »auf dem Katheder« seinen Ausdruck gefunden.

124 Ernst von Moeller, Die Entstehung des Dogmas von dem Ursprung des Rechts aus dem Volksgeist, in: MIÖG 30 (1909), S. 2, äußert eine ähnliche Vermutung und verweist auf Berichte von Bethmann-Hollwegs, Savigny habe das Volksgeist-konzept bereits vor 1814 »konstant in der Einleitung zu seinen Vorlesungen über Institutionen und Pandekten ausgesprochen« (Fn. 4). Joachim Rückert, Idealismus, Jurisprudenz und Politik bei Friedrich Carl von Savigny (1984), S. 325, weist darauf hin, dass in der Methodenvorlesung, die Jacob Grimm 1802 besucht hat, »spezifische Ausformungen« der Ideen von Volk und Volksgeist noch nicht vorhanden waren, hier jedoch ein »Rohentwurf« dieser Gedanken zu finden sei. »Die Motive, Wertungen und Grundgedanken bleiben konstant, die nähere Ausformung ergibt sich erst im Laufe der Zeit.« Auch dies spricht dafür, dass Grimm bereits deutlich vor der Berufsschrift mit den Grundgedanken seines Lehrers vertraut gewesen ist.

125 Vgl. dazu auch Joachim Rückert, Idealismus, Jurisprudenz und Politik bei Friedrich Carl von Savigny (1984), S. 75 f., 110.

126 So Judith Laeverenz, Märchen und Recht (2001), S. 32.

127 Jacob Grimm, Über das Nibelungen Liet (1807), Kl. Schr. 1, S. 6.

128 Friedrich Carl von Savigny, Vom Beruf unsrer Zeit für Gesetzgebung und Rechtswissenschaft (1814), S. 8.

129 In dieser Richtung auch Hans Thieme, Der junge Savigny, in: Deutsche Rechtswissenschaft 7 (1942), S. 60 f., der jedoch auch auf Hugos Einfluss verweist.

130 Jacob Grimm an Savigny vom 29.10.1814, in: Ingeborg Schnack / Wilhelm Schoof (Hrsg.), Briefe der Brüder Grimm an Savigny (1953), S. 172.

auch Savigny rezipiert hat. Ein Rückgriff auf Grimm war daher nicht zwingend.[131] Schon Ernst von Moeller hat darauf hingewiesen, dass diese Ideen Anfang des 19. Jahrhunderts quasi in der Luft lagen.[132] Es ist daher in der Tat nicht unwahrscheinlich, dass Grimm gleichzeitig mit ähnlichen Gedanken wie Savigny spielte, ohne diese konkret auszuführen, und es ihm deshalb auch so schnell gelang, diese Gedanken in seinen eigenen Schriften aufzugreifen.[133] Auch im Briefwechsel zwischen Grimm und Savigny ist das Thema bereits vor der Berufsschrift angeklungen.[134] Es ist durchaus anzunehmen, dass Grimm »Anteil an der Ausgestaltung von Savignys Volksgeist-Lehre zukommt«.[135] Dass er das alleinige »Urheberrecht« an dieser durch Savigny doch viel konkreter ausgeführten Idee der Sprach- und Rechtsentstehung hatte, ist wenig wahrscheinlich.

3.   Volksgeist bei Savigny

Savignys Volksgeistkonzept beruhte auf dem grundlegenden Gedanken, die Kultur eines Volkes als Einheit zu sehen, sowie der Organismuslehre, die die Wirkzusammenhänge der Veränderung gesellschaftlicher Verhältnisse beschrieb.[136] Deutlich legte Savigny sein Konzept in der Berufsschrift von 1814[137] offen. Es findet sich jedoch auch noch in seinem *System des heutigen Römischen Rechts* und bildete eine Grundannahme seines Werks.[138] Savigny ging davon aus, dass »wo wir zuerst urkundliche Geschichte finden«, dem bürgerlichen Recht bereits ein bestimmter Charakter innewohne, »dem Volk eigenthümlich, so wie seine Sprache, Sitte, Verfassung.« Diese Kulturerscheinungen hätten, so Savigny, kein getrenntes Dasein, sondern seien »in der Natur

---

131   So auch Theo Schuler, Jacob Grimm und Savigny, in: ZRG GA 80 (1963), S. 218 f.

132   »Diese angebliche Entdeckung [Savignys] wäre wirkungslos wie eine Seifenblase zerpufft, wenn nicht Generationen und Jahrhunderte vorgearbeitet hätten.« Ernst von Moeller, Die Entstehung des Dogmas von dem Ursprung des Rechts aus dem Volksgeist, in: MIÖG 30 (1909), S. 5.

133   So auch Judith Laeverenz, Märchen und Recht (2001), S. 33 Fn. 3.

134   So bspw. Jacob Grimm an Savigny vom 20.05.1811, in: Ingeborg Schnack / Wilhelm Schoof (Hrsg.), Briefe der Brüder Grimm an Savigny (1953), S. 102.

135   Theo Schuler, Jacob Grimm und Savigny, in: ZRG GA 80 (1963), S. 228.

136   Helmut Coing, Savigny und die deutsche Privatrechtswissenschaft, S. 23.

137   Friedrich Carl von Savigny, Vom Beruf unsrer Zeit für Gesetzgebung und Rechtswissenschaft (1814).

138   Auf die im Einzelnen sehr umstrittene Frage, ob Savigny durch die Übernahme des Volksgeistbegriffs von Puchta im ersten Band des *Systems* eine von Puchta durchgeführte Umwertung des Konzepts übernommen hat, so Horst Heinrich Jakobs, Die Begründung der geschichtlichen Rechtswissenschaft (1992), kann hier nicht ausführlich eingegangen werden. Insgesamt scheint jedoch die mit dem *Beruf* vergleichbare Formulierung im ersten Band des *Systems* gegen eine Änderung der Grundkonzeption zu sprechen.

untrennbar verbunden.« Das verbindende Element war für Savigny »die gemeinsame Ueberzeugung des Volkes, das gleiche Gefühl innerer Nothwendigkeit, welches allen Gedanken an zufällige und willkührliche Entstehung ausschließt.«[139] Das Recht entstand »durch innere, stillwirkende Kräfte, nicht durch die Willkühr eines Gesetzgebers«.[140] Der genaue Ursprung blieb auch bei Savigny unklar.[141] Das Recht eines Volkes war »wie ein Glied an dem Leibe desselben, nur nicht wie ein Kleid, das willkührlich gemacht worden ist, und ebenso willkührlich abgelegt und gegen ein anderes vertauscht werden kann.«[142] Im ersten Band des *Systems des heutigen Römischen Rechts* konkretisierte Savigny nochmals:

> In dem gemeinsamen Bewußtseyn des Volkes lebt das positive Recht, und wir haben es daher auch Volksrecht zu nennen. Es ist dieses aber keinesweges so zu denken, als ob es die einzelnen Glieder des Volkes wären, durch deren Willkühr das Recht hervorgebracht würde; denn diese Willkühr der Einzelnen könnte vielleicht zufällig dasselbe Recht, vielleicht aber, und wahrscheinlicher, ein sehr mannichfaltiges erwählen. Vielmehr ist es der in allen Einzelnen gemeinschaftlich lebende und wirkende Volksgeist, der das positive Recht erzeugt, das also für das Bewußtseyn jedes Einzelnen, nicht zufällig sondern nothwendig, ein und dasselbe Recht ist.[143]

Als Beleg für seine Annahme einer Entstehung aus dem Volksgeist führte Savigny die »uralte Behauptung eines göttlichen Ursprungs des Rechts oder der Gesetze« an, »denn ein entschiednerer Gegensatz gegen die Entstehung durch Zufall oder menschliche Willkühr läßt sich nicht denken.«[144]

Ähnlich wie bei Grimm war zunächst Savignys Volksbegriff. Gemeint war nicht die Bevölkerung eines bestimmten Staatsgebietes, sondern eine Kulturnation,[145] ein geistiges Dasein,[146] eine »objektiv-idealistische« Gemeinschaft,[147]

---

139   FRIEDRICH CARL VON SAVIGNY, Vom Beruf unsrer Zeit für Gesetzgebung und Rechtswissenschaft (1814), S. 8.

140   Ebd., S. 14.

141   Dies führte ab 1828 zu deutlicher Kritik durch Savignys Schüler, die die fehlende philosophische Begründung der Rechtslehre mehr und mehr als Mangel begriffen; vgl. hierzu HANS-PETER HAFERKAMP, Christentum und Privatrecht bei Moritz August von Bethmann-Hollweg (2013), S. 523.

142   FRIEDRICH CARL VON SAVIGNY, Stimmen für und wider neue Gesetzbücher, in: Zeitschrift für geschichtliche Rechtswissenschaft 3 (1817), S. 4.

143   FRIEDRICH CARL VON SAVIGNY, System des heutigen Römischen Rechts, Bd. I (1840), S. 14. Hier verwendet Savigny im Übrigen zum ersten Mal den konkreten Begriff »Volksgeist«.

144   Ebd., S. 15.

145   Dazu auch FRANZ WIEACKER, Privatrechtsgeschichte der Neuzeit (1996), S. 392 f.

146   ERIK WOLF, Grosse Rechtsdenker (1963), S. 493.

147   JOACHIM RÜCKERT, Idealismus, Jurisprudenz und Politik bei Friedrich Carl von Savigny (1984), S. 393.

in Savignys eigenen Worten, »das ideale Volk«, welches »ein unvergängliches Daseyn hat«.[148] Von einer Identität zwischen Staat(en) und Volk ging auch Savigny nicht aus.[149] Ein bestimmter politisch umrissener Begriff ließ sich mit dem Volk des Volksgeistes nicht verbinden, es handelte sich vielmehr um einen »metaphysisch und kulturphilosophisch«[150] orientierten Volksbegriff. Ganz klar ging der Begriff des Volkes, als einer »natürlichen Einheit«, über die Summe der Individuen, aber auch den Wechsel der Generationen hinaus. Das Volk bildete eine überzeitliche Einheit, die in sich Gegenwart, Vergangenheit und Zukunft verband.[151]

Neben dem Volksgeist akzeptierte Savigny einen »allgemeine[n] Menschengeist, der sich in ihm [dem Volksgeist] auf individuelle Weise offenbart«.[152] Das Recht sei nur deswegen dem individuellen Volksgeist zugehörig, da es sich bei der Rechtserzeugung um eine »gemeinschaftliche That« handele, die nur unter einer tatsächlich wirksamen Gemeinschaft möglich sei, obgleich auch hier »die Äußerung eines allgemein menschlichen Bildungstriebes wahrzunehmen« war.[153] Die genaue Ausgestaltung des Menschengeistes und seines Verhältnisses zum Volksgeist ließ Savigny offen.[154] Anscheinend diente die Konstruktion des allgemeinen Menschengeistes aber zur Erklärung, warum neben den einem Volk eigentümlichen Regeln auch solche, die »in mehreren Völkern gleichmäßig vorkommend«,[155] zu finden waren. Als Beispiel für solche Rechtsregeln sah Savigny das römische »ius gentium«.[156]

Das »Volksthümliche« selbst, dem Grimm fast verbissen sein ganzes Schaffen widmete,[157] spielte bei Savigny keine große Rolle.[158] Dem aktuellen Volk der

---

148 FRIEDRICH CARL VON SAVIGNY, System des heutigen Römischen Rechts, Bd. I (1840), S. 31.

149 Vgl. dazu auch WILHELM METZGER, Gesellschaft, Recht und Staat (1917), S. 283 f.

150 ERNST-WOLFGANG BÖCKENFÖRDE, Die Historische Rechtsschule und das Problem der Geschichtlichkeit des Rechts, in: DERS. u. a. (Hrsg.), Collegium Philosophicum, S. 14.

151 FRIEDRICH CARL VON SAVIGNY, System des heutigen Römischen Rechts, Bd. I (1840), S. 20.

152 Ebd., S. 21.

153 Ebd., S. 21.

154 JOACHIM RÜCKERT, Idealismus, Jurisprudenz und Politik bei Friedrich Carl von Savigny (1984), S. 314.

155 FRIEDRICH CARL VON SAVIGNY, System des heutigen Römischen Rechts, Bd. I (1840), S. 21.

156 Vgl. ebd., S. 109 ff.

157 Vgl. die Beschreibung bei FRANZ WIEACKER, Privatrechtsgeschichte der Neuzeit (1996), S. 405.

158 GUSTAV BOEHMER, Grundlagen der Bürgerlichen Rechtsordnung (1951), 2. Buch, 1. Abt., urteilt auf S. 53: »Mit diesem gewaltsamen Umbruch, mit dem Savigny

Gegenwart verwehrte er »politisch-rechtliche Realität und Aktualität«.[159] Die nationale Komponente kam bei Savigny zwar zum Ausdruck, geriet aber, in Anbetracht der Bedeutung der mit »innerer Nothwendigkeit«[160] erfolgten Aufnahme des römischen Rechts in Deutschland, in den Hintergrund. Dies konnte Savigny umso mehr vertreten, als er schnell den Blick vom Volk zur Rechtswissenschaft hinwendete, der das römische Recht die entscheidende Richtung vorgegeben hatte.[161] Von diesem »Spezialistendogma« wird sogleich noch zu sprechen sein.

Savigny hat mit seiner Berufsschrift zwar den Aspekt des Volksgeistes im Zusammenhang mit der historischen Methode für das 19. Jahrhundert populär und anwendbar gemacht. Der Aspekt des Volksgeistes bildete auch keinen »Fremdkörper« innerhalb von Savignys Werk, wie bisweilen behauptet wurde,[162] »sondern repräsentiert bestimmte durchgehende Denkfiguren bei Savigny«.[163] Der Volksgeist bei Savigny hatte jedoch eine begrenztere Funktion als bei Grimm. Er diente beispielsweise in der »praktischen« Arbeit Savignys zumindest nicht unmittelbar zur »Umformung des Gegebenen«.[164] Damit war der Volksgeist bei Savigny zwar ein wichtiger theoretischer Baustein insbesondere seiner Methodenlehre, bestimmte aber sein gesamtes Werk nicht so maßgeblich wie bei Grimm.[165] Für Grimm war gerade der Volksgeist Antrieb allen Forschens. Er setzte das Prinzip einer volksmäßigen Entstehung in seinem Wirkungsfeld deut-lich konsequenter um[166] und machte in der Tat »Ernst« mit dem Volksgeistgedanken.[167] Das Gefühl, mit dem Jacob Grimm den Volksgeist

den Grundgedanken seiner eigenen Rechtstheorie preisgab, ist aber aus dem naturhaften, aus irrationalen Seelenkräften emporwachsenden Volksrecht ein von juristischen Experten geschaffenes Gelehrtenrecht, ein ›Professorenrecht‹ geworden«; vgl. auch JUTTA STRIPPEL, Zum Verhältnis von Deutscher Rechtsgeschichte und Deutscher Philologie (2000), S. 140.

159 JOACHIM RÜCKERT, Idealismus, Jurisprudenz und Politik bei Friedrich Carl von Savigny (1984), S. 222.

160 FRIEDRICH CARL VON SAVIGNY, Vom Beruf unsrer Zeit für Gesetzgebung und Rechtswissenschaft (1814), S. 37.

161 FRANZ WIEACKER, Privatrechtsgeschichte der Neuzeit (1996), S. 393.

162 FRANZ BEYERLE, Der andere Zugang zum Naturrecht, in: Deutsche Rechtswissenschaft IV (1939), S. 13 Anm. 3; PAUL KOSCHAKER, Europa und das römische Recht (1947), S. 260.

163 JOACHIM RÜCKERT, Das »gesunde Volksempfinden« – eine Erbschaft Savignys?, in: ZRG GA 103 (1986), S. 204.

164 Ebd., S. 241; allerdings spielte der Volksgeist zumindest über die Intuition der Juristen dann doch wieder eine Rolle.

165 ADALBERT ERLER, Völkerkunde und Rechtsgeschichte (1950), S. 41, spricht sogar davon, dass die Volksgeistlehre bei Savigny »gewissermaßen unverbunden obenauf schwimmt, ohne sein Lebenswerk zu durchdringen«.

166 Vgl. GERHARD DILCHER, Jacob Grimm als Jurist (1985), S. 31.

167 KLAUS LUIG, Römische und germanische Rechtsanschauung (1995), S. 108.

und dessen Wirken beschrieb, war daher auch ein deutlich wärmeres, als es Savignys Schilderung zu entnehmen ist.[168]

Übereinstimmend mit Grimm beurteilte Savigny die Qualität des durch den Volksgeist hervorgebrachten Rechts. Dieses Recht war grundsätzlich passend, gut und ethisch legitimiert.[169] Aus Grimms Schilderungen des alten Rechts lässt sich dies freilich unmittelbarer ableiten als bei Savigny. Gerhard Köbler führte daher die Entstehung der Lehre vom »guten alten Recht« mittelbar auf die Schilderung Grimms zurück.[170] Seinen Untersuchungen konnte tatsächlich die Vorstellung entnommen werden, dass, je älter eine Tradition war und je länger sie in der Sitte des Volkes gelebt hatte, desto wertvoller auch ihr Inhalt sein musste.

Damit kann zunächst für das Grundkonzept »Volksgeist« übereinstimmend mit Theo Schuler festgestellt werden, dass eine Parallelität zwischen den Vorstellungen Grimms und Savignys »weitgehend, doch nicht vollständig« bestand.[171] Betrachtet man jedoch die inhaltliche Ausgestaltung des Volksgeistkonzepts näher, zeigen sich deutlichere Unterschiede.

Für beide, Savigny und Grimm, war allerdings die Erschließung und Kenntnis der Quellen selber der entscheidende erste Schritt zur Erkenntnis des Rechts bzw. der Sprache.[172]

4. Das Verhältnis zum römischen Recht

Wie bereits oben festgestellt, war Grimm besonders an der Erkenntnis deutscher Eigentümlichkeiten in Recht und Sprache interessiert. Obwohl er generell betonte, dass er den klassischen Studien immer einen Platz innerhalb der Wissenschaft einräumen wollte, so war ihm doch das »Vaterländische« deutlich näher:

> [E]rst als wir uns wieder zu dem wandten, was das wesen unseres volkes ist, schüttelten wir die noth ab, und so wird uns das aus jeder noth helfen. das eigene, vaterländische hat etwas kräftigendes.[173]

Es ist daher nicht verwunderlich, dass sich Grimms und Savignys Ansichten über das Verhältnis von deutschem und römischem Recht sowie die Auswirkungen der Rezeption unterschieden.

---

168 So auch ERICH ROTHACKER, Savigny, Grimm, Ranke, in: HZ 128 (1923), S. 430; THEO SCHULER, Jacob Grimm und Savigny, in: ZRG GA 80 (1963), S. 249 f.

169 Vgl. THEO SCHULER, Jacob Grimm und Savigny, in: ZRG GA 80 (1963), S. 243 ff.

170 GERHARD KÖBLER, Das Recht im frühen Mittelalter (1971), S. 15 ff.

171 THEO SCHULER, Jacob Grimm und Savigny, in: ZRG GA 80 (1963), S. 241.

172 Vgl. dazu HEDWIG VONESSEN, Friedrich Karl von Savigny und Jakob Grimm (1958), S. 150 f.

173 JACOB GRIMM, Rede an die Studenten (1843), Kl. Schr. 8, S. 465.

a) Römisches und deutsches Recht

Zum römischen Recht schrieb Grimm 1828:

> allein dieses hat einen hauptmangel, es ist uns kein vaterländisches, nicht auf unserm boden erzeugt und gewachsen, unserer denkungsart in wesentlichen grundzügen widerstreitend und kann uns eben darum nicht befriedigen.[174]

Das römische Recht sofort ganz aus dem deutschen Rechtsraum zu verdrängen, war allerdings, wie bereits gesehen,[175] nicht das Ziel Grimms. 1846 auf der ersten Germanistenversammlung in Frankfurt bezeichnete er ein solches Vorhaben als »ungeheuer« und »unerträgliche[n] purismus«.[176] Diese Äußerung rief nicht gerade wenige Irritationen unter den anwesenden Germanisten hervor.[177] Insbesondere Christ wies in seinem Vortrag »Über Deutsches und Römisches Recht« die These Grimms scharf zurück.[178] Grimm stellte jedoch schon unmittelbar danach richtig, dass er keineswegs davon ausging, dass das römische Recht somit quasi zwangsläufig Teil des deutschen Rechts bleiben müsse. Eine Entfernung römisch-rechtlicher Bestandteile auf lange Sicht hielt er durchaus für möglich. Er wies jedoch nochmals darauf hin, »dasz es allmählich geschehen müsse«.[179] Zwar glaubte auch Grimm, »im geiste schon die zeit herannahen zu sehen, wo das römische recht aufhören müsse«, war sich jedoch ebenso sicher, dass »die stunde [...] noch nicht geschlagen zu haben scheint, wo jener fall eintreten kann«.[180] Notwendig war für ihn zunächst eine genaue Erkenntnis des einheimischen Rechts. Er stellte fest, »dasz es noch langen studiums bedarf, um diese sprache [der alten Gesetze] genau zu verstehen«.[181] Er verwies deswegen, sozusagen als Übergangslösung, darauf, zunächst ein allgemeines deutsches Recht zu schaffen, in dem Grundsätze aufgeführt werden sollten, »welche uns Deutschen mit den Römern in allerfrühester zeit schon gemeinsam gewesen sein können«.[182] Dies sollte unter anderem verhindern, dass regionale Unterschiede in der Rechtstradition übereilt ausgelöscht würden.

---

174 Jacob Grimm, RA (1828), S. XVI.

175 Vgl oben B. IV. 3. a).

176 Jacob Grimm, Über die wechselseitigen Beziehungen und die Verbindung der drei in der Versammlung vertretenen Wissenschaften (1846), Kl. Schr. 7, S. 561.

177 Nach Wilhelm Ebel, Jacob Grimm und die deutsche Rechtswissenschaft (1963), S. 20, kostete diese Äußerung Jacob Grimm bei der Wahl zum Vorsitzenden später in Lübeck ein Drittel der Stimmen.

178 Vortrag in: N.N., Verhandlungen der Germanisten zu Frankfurt am Main am 24., 25. und 26. September 1846 (1846), S. 71 f.

179 Jacob Grimm, Bemerkungen gegen Christs Vortrag über Römisches und Deutsches Recht (in der 1. Germanistenversammlung 1846), Kl. Schr. 7, S. 567.

180 Ebd., S. 567.

181 Ebd., S. 567.

182 Ebd., S. 567.

Dem römischen Recht sprach Grimm seine Fortschrittlichkeit niemals ab:

[D]as römische [Recht] steht in hoher wissenschaftlicher ausbildung vor uns, es ist noch lange nicht auserschöpft und reizt zu fortgesetzter forschung, deren ausbeute noch dadurch erhöht wird, dasz sie in das studium der römischen geschichte unmittelbar eingreift. die scharfsinnigsten gelehrten haben ihm in gelungenen arbeiten angestrengtesten fleisz gewidmet, ihre werke erläutern und vervollständigen die quellen und es kann ein umfassendes system gewonnen werden.[183]

Das deutsche Recht erscheine demgegenüber »roh und fast in lauter bruchstücken überliefert«.[184] Ein System sei innerhalb des deutschen Rechts nicht entwickelt worden. Die Vorteile des deutschen Rechts lagen für Grimm ganz woanders:

die heimliche, aber ergreifende stimme der vergangenheit ruft uns mahnend zu, dasz wir durch die erforschung des alten rechts uns selbst, unsre gegenwart und vergangenheit besser verstehen lernen werden. [...] selbst die armut und zerissenheit der quellen beschäftigt unsern geist auf das vielseitigste, weil nichts gröszeres vergnügen gewährt als das verlorne und ungerecht verkannte wieder in verdientes licht zu ziehen.[185]

Die Unterschiede zwischen deutschem und römischem Recht fasste Grimm schließlich so zusammen:

Man könnte sagen, das römische recht erscheine fast nur als doctrin und wissenschaftliche ausbildung, selten noch als gesetzquelle, während das deutsche eine fülle von quellen reicht, die wild fortlaufen und niemals eingefaszt, niemals in die wiesen und äcker der volkssitte eingeleitet wurden. das römische recht ist ein ungeheurer geistreicher commentar ohne text, das deutsche recht ein tüchtiger text, der noch nicht commentiert worden, wie er es werth ist.[186]

Gegenüber Savigny äußerte sich Grimm bereits früher über die Entfernung des römischen Rechts aus dem Universitätsunterricht: Das römische Recht

zuschließen wollen, hieße den Homer verbieten und die Nibelungen in die Schule einführen, da wir gerade durch jenen erst diese völliger begreifen und gerade in aller Schuleinrichtung etwas abstractes, entferntes sein muß, aus dem begreiflichen Grunde weil das Lernen von außen zu uns kommt, das einheimische aber kein Wissen und Lernen, sondern eine angeborene und angeatmete Liebe ist.[187]

---

183 Jacob Grimm, Über die Alterthümer des Deutschen Rechts (1841), Kl. Schr. 8, S. 549.
184 Ebd., S. 549.
185 Ebd., S. 550.
186 Ebd., S. 550.
187 Jacob Grimm an Savigny vom 22.09.1814, in: Ingeborg Schnack/Wilhelm Schoof (Hrsg.), Briefe der Brüder Grimm an Savigny (1953), S. 170.

Daneben forderte er jedoch, dass auch »das altdeutsche Recht wider gelehrt behandelt und historisch untersucht werden« solle.[188] Für Grimm ruhte kein Recht in Europa nach dem römischen

> mehr auf breitem, festem grund, als unser vaterländisches; weniger ausgebildet zur kunst, wie jenes, eigentlich niemals gelehrt geworden noch wissenschaftlich gepflegt mit kraft und nachdruck, steht es aber auch viel handfester, sinnlich treuer und in seiner reichhaltigen jugend da.[189]

Grimm trat daher dafür ein, das deutsche Recht nicht nur danach zu beurteilen, ob es unmittelbar für die Praxis oder ein Kodifikationsbemühen nutzbar gemacht werden konnte.[190] Für ihn war aber klar, dass dauerhaft nur eine Rückkehr zum einheimischen Recht erstrebenswert war.[191]

Jacob Grimm war zwar überzeugter Germanist – im Vergleich mit Anderen, wie Mittermaier, Beseler und Reyscher, die sich voll und ganz in den Grabenkampf mit den Romanisten warfen,[192] aber ein gemäßigter, noch »gemütlicher«[193] Vertreter, der zumindest versuchte, dem römischen Recht unbefangen gegenüber zu treten. Ob dies mit dem Ziel geschah, dadurch die Kontroverse um deutsches und römisches Recht zu entschärfen,[194] darf bezweifelt werden. Ziel Grimms war trotz allem eine deutliche Zurückdrängung der Bedeutung des römischen Rechts, insbesondere in Lehre und Forschung. Die Zuneigung zum volkstümlichen, heimatlichen, deutschen Recht überwog bei ihm stark. So bediente sich auch Grimm der bei den Germanisten des 19. Jahrhunderts so beliebten Kontrastierung des deutschen und römischen Rechts unter den Gesichtspunkten der sinnlichen Wärme auf der einen, der abstrakten Gefühlskälte auf der anderen Seite.[195] Grimm betonte letztendlich stets: »das ist der auf

---

188 Ebd., S. 170; dazu auch Hedwig Vonessen, Friedrich Karl von Savigny und Jakob Grimm (1958), S. 153 f.

189 Jacob Grimm, Von der Poesie im Recht (1815), Kl. Schr. 6, S. 153.

190 Jacob Grimm, Rez. Gulathings-Laug (1819), Kl. Schr. 4, S. 115 f.

191 Jacob Grimm, Über die Alterthümer des Deutschen Rechts (1841), Kl. Schr. 8, S. 548.

192 Vgl. dazu auch Hans Thieme, Savigny und das Deutsche Recht, in: ZRG GA 80 (1963), S. 10 ff., sowie zur Diskussion um das deutsche Recht während des 1. Germanistentages 1846 Katinka Netzer, Wissenschaft aus nationaler Sehnsucht (2006), S. 135 ff.

193 Georg Friedrich Puchta, Rez. Savigny, System des heutigen Römischen Rechts, in: Kritische Jahrbücher für deutsche Rechtswissenschaft 4 (1840), S. 675, bezeichnete u. a. Reyscher als Vertreter der »weniger gemüthlichen« Germanistik.

194 So erklärt sich Gesa Dane, Zeter und Mordio (2005), S. 7 f., die Methode Jacob Grimms. Hier wird Bezug genommen auf dessen Aufsatz »Über die Notnunft an Frauen«.

195 Vgl. zu den Charakterisierungen des römischen und deutschen Rechts auch Klaus Luig, Die sozialethischen Werte des römischen und germanischen Rechts in der Privatrechtswissenschaft des 19. Jahrhunderts (1987), S. 286 ff.

allem vaterländischen ruhende segen, dasz man mit ihm groszes ausrichten kann, wie beschränkt seine mittel scheinen oder gar seien; ein stück hausbacknen brotes ist uns gesünder als der fremde fladen.«[196]

Anders sah Savigny die Rolle des deutschen Rechts. Innerhalb des Widerstreits zwischen römischem und germanischem Recht bezog er jedoch nicht einseitig Position. Er verstand es vielmehr, »im Widerstreit der Strömungen die eigene Stellung im Halbdunkel zu lassen und den Schein zu erwecken, über den Parteien zu stehen«.[197] Allerdings hat auch der Romanist Savigny sich bereits früh zur Bedeutung des deutschen Rechts für die Rechtswissenschaft bekannt. Schon in der Berufsschrift von 1814 betonte er die Rolle, die auch das germanische Recht für die Rechtsentwicklung zu spielen habe und äußerte seine Hoffnung, dass auch dem einheimischen Recht in Zukunft mehr Aufmerksamkeit gewidmet werden würde.[198] Dieses hänge »nämlich unmittelbar und volksmäßig mit uns zusammen«.[199] Auch wenn dessen Formen untergegangen seien, so Savigny, »ist [es] nicht vorher zu bestimmen, wie viel von altgermanischen Einrichtungen, wie in Verfassung so im bürgerlichen Recht, wieder erweckt werden kann.«[200] Dies solle freilich »nicht dem Buchstaben, sondern dem Geiste nach« geschehen, »aber«, so Savigny weiter, »den ursprünglichen Geist lernt man nur kennen aus dem alten Buchstaben.« Dies war ein klarer Auftrag für die Erforschung des germanischen Rechts und die Sicherung altdeutscher Rechtstexte. Es war daher kein Wunder, dass Grimms *Rechtsalterthümer* bei Savigny begeisterte Aufnahme fanden.[201] Lange Zeit schwieg Savigny daraufhin allerdings zum Verhältnis von deutschem und römischem Recht. Erst in der Vorrede des *Systems* 1840 versuchte er einen Ausgleich mit den Germanisten, der diese jedoch kaum zufriedengestellt haben dürfte.[202] Savigny gab dem römischen Recht auch deswegen den Vorzug, weil er in ihm eine gewisse Harmonie innerhalb der Rechtsentwicklung verwirklicht sah: das

---

196 JACOB GRIMM, Über Schule, Universität, Akademie (1849), Kl. Schr. 1, S. 234.

197 JOACHIM BOHNERT, Über die Rechtslehre Georg Friedrich Puchtas (1975), S. 82.

198 FRIEDRICH CARL VON SAVIGNY, Vom Beruf unsrer Zeit für Gesetzgebung und Rechtswissenschaft (1814), S. 118; auch später DERS., Rez. Gönner, in: Zeitschrift für geschichtliche Rechtswissenschaft 1 (1815), S. 376 f. Vgl. dazu auch HANS THIEME, Savigny und das Deutsche Recht, in: ZRG GA 80 (1963), S. 6 f.

199 FRIEDRICH CARL VON SAVIGNY, Vom Beruf unsrer Zeit für Gesetzgebung und Rechtswissenschaft (1814), S. 118.

200 Ebd., S. 118.

201 Vgl. FRIEDRICH CARL VON SAVIGNY an Grimm vom 05.10.1828, in: ADOLF STOLL, Friedrich Karl v. Savigny, Bd. 2 (1929), S. 400 f.

202 Vgl. HANS THIEME, Savigny und das Deutsche Recht, in: ZRG GA 80 (1963), S. 15 f.

»richtige Ebenmaß der beharrlichen und fortbewegenden Kräfte«.[203] Die römischen Juristen waren »darin den germanischen Schöffen unähnlich, daß ihre Kunst zugleich zu wissenschaftlicher Erkenntniß und Mittheilung ausgebildet ist, doch ohne die Anschaulichkeit und Lebendigkeit einzubüßen«.[204] Dem römischen Recht galt daher seine Bewunderung. Eben dies konnte Grimm nicht überzeugen. Einzig die Erörterung der germanischen Volksrechte in Savignys *Römischer Rechtsgeschichte* bot ihm Anlass festzustellen: »dies war die einzige seite, wo seine forschung sich dem deutschen recht näherte, für dessen eigenthümlichkeit sein auge sonst verschlossen war.«[205] Für Grimm ging Savigny in Bezug auf das »deutsche Recht« nicht weit genug. Auch in seiner ihm gewidmeten Schrift von 1850 sah Grimm sich bemüßigt zu betonen, dass das Studium der deutschen Sprache und Poesie ihn zum »altheimischen recht« geführt habe, »zu welchem Sie [Savigny] mich nicht hingeführt hatten, dem Sie selbst sich erst später näherten«.[206]

b) Die Rezeption des römischen Rechts in Deutschland

Vor diesem Hintergrund ist es nicht verwunderlich, dass sich die Beurteilung der Rezeption des römischen Rechts in Deutschland bei Grimm und Savigny teils grundlegend unterschied. Es gab jedoch auch durchaus Übereinstimmungen. Grimm wurde nicht müde zu betonen, dass »[d]as römische recht [...] uns nicht aus der zeit der edelsten römischen verfassung, sondern aus der ihres verfalls überliefert worden« war.

> [I]n Justinians compilationen sind schon genug spuren jenes byzantinischen geistes, der auch in unsre deutsche angelegenheiten manch eitles und leeres gepränge gebracht hat, das dem gesunden sinn der Deutschen widerstrebt.[207]

Das alte römische Recht schätzte Grimm daher weitaus mehr:

> Wie die männertugend unter den kaisern stufenweise abnahm, vergiengen auch blut und saft der sprache des alten rechts, und mit ihnen schwanden wesentliche theile seines gehalts. [...] Haben doch die kaiserlichen juristen nicht einmal dafür

---

203 Friedrich Carl von Savigny, Vom Beruf unsrer Zeit für Gesetzgebung und Rechtswissenschaft (1814), S. 32; Hedwig Vonessen, Friedrich Karl von Savigny und Jakob Grimm (1958), S. 130.

204 Friedrich Carl von Savigny, Vom Beruf unsrer Zeit für Gesetzgebung und Rechtswissenschaft (1814), S. 31.

205 Jacob Grimm an Adolf Friedrich Rudorff vom 31.07.1861, in: Hermann Rudorff, Jacob Grimm über Savigny, ZRG GA 49 (1915), S. 481.

206 Jacob Grimm, Das Wort des Besitzes (1850), Kl. Schr. 1, S. 114.

207 Jacob Grimm, Über die Alterthümer des Deutschen Rechts (1841), Kl. Schr. 8, S. 550.

gesorgt, dasz das heilige alterhum der zwölf tafeln und der übrigen gesetze gesammelt und der nachwelt überliefert würde.[208]

Kaisertum, Wissenschaft und katholische Kirche machte Grimm gleichermaßen für das Eindringen des römischen Rechts nach Deutschland verantwortlich.[209]

> Die ursachen, welche das römische recht in Deutschland sowie in andere theile von Europa eingeführt haben, sind allbekannt. Es war nicht blosz die im geleite des christenthums von Rom aus über die catholische welt ausgebreitete lateinische sprache und ein gewisser verband zwischen römischem und canonischem recht, der ihm vorschub that, sondern auch die annahme der deutschen kaiser, dasz sie erben des römischen kaiserthums seien, folglich das recht und die gesetze ihrer vorgänger zu handhaben hätten. Dazu trat, dasz sich seine anwendung in den gerichten entscheidend festsetzte, als im 15. jh. seit dem wiederaufleben der classischen bildung die blicke der gelehrten, die ihre weisheit in den italienischen und französischen rechtsschulen schöpften, nothwendig auf das römische recht gewendet wurden und eine gewisse geringschätzung des einheimischen gerichtsgebrauchs sich erzeugen muste. Neben dem groszen gewicht der classischen literatur, zu einer zeit, wo der aufschwung des vaterländischen gehemmt und unterdrückt wurde, war dem vaterländischen recht der freie athemzug benommen und es konnte nur noch kümmerlich fortdauern.[210]

Grimm war davon überzeugt, dass die Einführung des römischen Rechts »unserer verfaßung und freiheit keinen vortheil gebracht« habe.[211] So sei die Einführung des römischen Rechts insbesondere für die Landbevölkerung negativ gewesen:

> Im innern Deutschland, seit er sein hergebrachtes recht nicht mehr selbst weisen kann, ist der bauersmann verdumpft, er denkt beschränkter und nimmt am gemeindewesen geringern theil.[212]

Aber auch auf das Recht selbst wirkte die Rezeption für Grimm zerstörend:

> Während also in Deutschland zuerst das römische gerichtsverfahren eindrang und die sinnlichen elemente des einheimischen rechts, symbole und, was damit in nächster verbindung steht, die vertragsformen untergiengen, dauerten die deutschen verhältnisse des grundeigenthums, des freien standes und der hörigkeit länger fort. Die praxis, weil sie den vaterländischen stoff zu verachten anfieng, die fremden formen aber nicht vollständig begreifen konnte, gerieth in erschlaffung und durch nüchternes gesetzgeben, das sich wiederum dem bestreben pedantischer sprachmeister oder eiteler sprachphilosophen vergleichen lässt, wurde der schaden nur noch größer.[213]

---

208 Jacob Grimm, Das Wort des Besitzes (1850), Kl. Schr. 1, S. 120.
209 So auch Jacob Grimm, Italienische und Scandinavische eindrücke (1844), Kl. Schr. 1, S. 71.
210 Jacob Grimm, Über die Alterthümer des Deutschen Rechts (1841), Kl. Schr. 8, S. 548 f.
211 Jacob Grimm, RA (1828), S. XVI.
212 Ebd., S. XVII.
213 Ebd., S. XVII.

Gerade der Gebrauch der lateinischen Sprache, so Grimm, habe der Vaterlandsliebe der Deutschen lange im Weg gestanden. Dies, gefördert durch die
katholische Kirche, habe zum weiteren Eindringen lateinischer Sprache in das
Recht und damit zur leichteren Übernahme des römischen Rechts geführt.[214]
1814 hatte dies in einem Brief an Savigny noch etwas versöhnlicher geklungen.
Grimm bezeichnete jedoch bereits dort die Einführung des römischen Rechts
zwar als »notwendig« aber auch als »historisches Factum und Fatum«.[215]

Der Verlauf der Rezeption, der zunächst die »hauptörter des landes« betroffen
habe, war für Grimm ein weiterer Grund für die Wertschätzung ländlicher
Quellen, da »dem landvolk lange noch sein herkommen gelassen wurde, unge-
fähr wie neue trachten von den vornehmen ständen angenommen sind und die
bauern an der altgewohnten kleidung nichts verändern«.[216] Auch bestimmte
Rechtsbereiche seien daher vom Einfluss des römischen Rechtes weniger stark
betroffen gewesen, so das Jagd- und Handwerksrecht:

> nach und nach verkümmerte das umsichgreifen des römischen rechts und der
> sich daraus bildenden, obgleich auch manches gute herkommen stützenden
> praxis den gebrauch der alten gesetze und engte sie immer mehr ein. nur in
> einzelnen ständen, die fester zu einander hielten, und an aufrechthaltung ihres
> alten gemeinwesens vom recht abgelöstes, greifendes gefallen trugen, war dieses
> weniger der fall. ihnen übersahen die practischen gerichte mancherlei gewohn-
> heit und sie konnten in fast ungestörtem genusz derselben fortverbleiben.[217]

Demgegenüber erschien die Rezeption bei Savigny in einem anderen Licht. Dies
ist »zu den eigentümlichen und schwer erklärbaren Zügen von Savignys Rechtsanschauung« gerechnet worden, da gerade Savigny durch seine Volksgeisttheorie
der nationalen volksmäßigen Rechtsentstehungslehre den Boden bereitet hatte.[218] Den Vorgang der Rezeption bezeichnete Savigny als notwendig. Klagen
über das Eindringen eines fremden Rechtes seien daher unbegründet:

> Das Römische Recht soll unsre Nationalität entzogen haben, und nur die
> ausschließende Beschäftigung unsrer Juristen mit demselben soll das einheimi-
> sche Recht gehindert haben, eine eben so selbstständige und wissenschaftliche
> Ausbildung zu erlangen. Beschwerden dieser Art haben schon darin etwas leeres
> und grundloses, daß sie als zufällig und willkührlich voraussetzen, was ohne
> innere Nothwendigkeit nimmermehr geschehen oder doch nicht bleibend
> geworden wäre.[219]

---

214 Jacob Grimm, De desiderio patriae (1830), Kl. Schr. 6, S. 415.
215 Jacob Grimm an Savigny vom 29.10.1814, in: Ingeborg Schnack/Wilhelm
     Schoof (Hrsg.), Briefe der Brüder Grimm an Savigny (1953), S. 175.
216 Jacob Grimm, Anzeige der Weisthümer Theil 4 (1863), Kl. Schr. 5, S. 454.
217 Jacob Grimm, Von der Poesie im Recht (1815), Kl. Schr. 6, S. 158 f.
218 Erik Wolf, Grosse Rechtsdenker (1963), S. 497 f.
219 Friedrich Carl von Savigny, Vom Beruf unsrer Zeit für Gesetzgebung und
     Rechtswissenschaft (1814), S. 37.

Savigny war davon überzeugt, dass auch ohne den Einfluss des römischen Rechts »eine ungestörte Ausbildung des Deutschen Rechts dennoch unmöglich gewesen« wäre.[220]

Dabei erscheint es auf den ersten Blick widersprüchlich, dass Savigny sich nicht dem tatsächlichen Produkt der Rezeption mit besonderer Hingabe zuwandte, dessen Aufnahme in den deutschen Volksgeist noch zu begründen gewesen wäre, sondern seinen Blick auf das klassische römische Recht richtete. Die Brücke zum Volksgeist konnte Savigny dennoch bauen. Sie beruhte auf der Annahme einer engen Wesensverwandtschaft des antiken römischen und des deutschen Volksgeistes, der die Rezeption zu einer echten Notwendigkeit gemacht hatte.[221] Damit war seine Blickrichtung auf die Antike verständlich, denn dort konnten noch die reinen Rechtsprinzipien entdeckt werden, die auch dem deutschen Volksgeist zugrunde lagen, im Usus Modernus aber nicht mehr rein erhalten waren. Hierin stimmten Grimm und Savigny nämlich überein, dass in den Justinianischen Rechtsbüchern »eine Zeit des Verfalls nicht zu verkennen« war.[222]

5. Möglichkeit einer Kodifikation des Rechts

Ein weiterer Punkt, in dem sich die Ansichten Grimms und Savignys unterschieden, war die Frage nach der Möglichkeit und dem richtigen Zeitpunkt für eine Kodifikation des deutschen Rechts. Während Savigny sich in seiner Berufsschrift grundsätzlich von einer Möglichkeit einer Kodifikation (zumindest für die Gegenwart) distanzierte,[223] war Grimm zwar auch kritisch einer Kodifikation gegenüber eingestellt, lehnte eine solche, vor allem in seiner späteren Lebenszeit, jedoch nicht kategorisch ab. So musste Grimm bereits 1814 gegenüber Savigny eingestehen:

> unserer neuen deutschen Gesetzgebung wünschte ich zwar alle Langsamkeit und den Particulargesetzen alle Erhaltung, stellte mir aber wohl die Möglichkeit einiger allgemein durchgreifenden deutschen Gesetze zu nah vor, worüber ich nun gründlicher belehrt bin.[224]

---

220 Ebd., S. 38.

221 Erik Wolf, Grosse Rechtsdenker (1963), S. 501 f.

222 Friedrich Carl von Savigny, Vom Beruf unsrer Zeit für Gesetzgebung und Rechtswissenschaft (1814), S. 28.

223 Auch Savigny jedoch hielt Gesetzgebung generell für möglich. Vgl. zu einer einschränkenden Sichtweise auf die Kodifikationsablehnung Savignys: Horst Heinrich Jakobs, Wissenschaft und Gesetzgebung im bürgerlichen Recht (1983), S. 36 ff.

224 Jacob Grimm an Savigny vom 29.10.1814, in: Ingeborg Schnack/Wilhelm Schoof (Hrsg.), Briefe der Brüder Grimm an Savigny (1953), S. 172.

Bei aller Einschränkung klingt dies nicht wie eine grundlegende Kodifikationskritik. Dass Grimm im Gegenteil durchaus Hoffnungen auf eine Kodifikation des deutschen Rechts in naher Zukunft richtete, ist bereits oben deutlich geworden.[225] Bezüglich einer willkürlichen Verbesserung des Rechts rief Grimm freilich zunächst zur Zurückhaltung auf. 1817 äußerte er gegenüber Savigny:

> Überall tragen die Staatsmänner Lust zu neuen förmlich breiten Verfassungen und Gesetzgebungen, dem Volk ist es bloß um wenige einfache und kurze Sätze zu tun, deren Reform sich sehr wohltätig an die Beibehaltung gewohnter und geliebter Einrichtungen schließen würde […] Fruchtlos ist alles neue, was von sich selbst hingestellt wird und nicht mit der unmittelbar vorausgehenden Zeit zusammenhängt.[226]

Grimms Überzeugung von einer organischen Entwicklung der Sprache und des Rechts musste ihn grundsätzlich skeptisch gegenüber großen Gesetzgebungsvorhaben machen. Seiner Meinung nach bedurfte die Festlegung abstrakter Regeln eines breiten Fundaments. Er sagte solchen Versuchen vor Ausbildung eben dieser Grundlage »unausbleibliche dürre und verwirrung« voraus.[227] Damit befand er sich wiederum mit Savigny auf einer Linie, der in der Berufsschrift ebenfalls auf die fehlende wissenschaftliche Grundlage verwiesen hatte.

Grimm kritisierte hinsichtlich der Sprache das ungeschichtliche Vorgehen sog. »Sprachverbesserer«.[228] Diese »unzufriedenen Puristen« seien getrieben vom Grundsatz der Einförmigkeit, »sie ärgern sich an allem, was ausnahme und anomalie heiszt und sich ihren eingebildeten allgemeinen regeln zu fügen sträubt«.[229] Künstliche Gleichmacherei, die von außen in den natürlichen Sprachentwicklungsprozess durch Regelsetzung eingreife, zerstöre die Eigentümlichkeit der Sprache. Gerade die Unregelmäßigkeiten aber »verleihen jeder sprache das unlernbare heimatliche, was mit der muttermilch gesogen werden und jedwedem ausländer fremd bleiben musz.«[230] Der Volksgeist ging für Grimm durch unbedachte »Gesetzgebung« verloren. Dies bezog er nicht nur auf die Sprache, sondern auch auf das Recht. Gesetzgebung, »wodurch wir ein faszlicheres und vernünftigeres recht bekommen sollen«, führe dazu, »dasz dadurch das wahre und eigentliche deutsche recht ermatte und elend werde«.[231]

---

225 Vgl. oben B. IV. 3. b).
226 JACOB GRIMM an Savigny vom 06.07.1817, in: INGEBORG SCHNACK / WILHELM SCHOOF (Hrsg.), Briefe der Brüder Grimm an Savigny (1953), S. 260.
227 JACOB GRIMM, Vorrede zur Deutschen Grammatik (1819), Kl. Schr. 8, S. 32 f.
228 Vgl. JACOB GRIMM, Jean Pauls neuliche Vorschläge die Zusammensetzung der deutschen Substantive betreffend (1819), Kl. Schr. 1, S. 409.
229 Ebd., S. 410.
230 Ebd., S. 411.
231 Ebd., S. 412.

Später sah Grimm dies freilich nicht mehr ganz so streng. In seiner Vorrede zu den *Deutschen Rechtsalterthümern* 1828 ging er bereits davon aus, dass die Zeit zur Kodifikation nun in unmittelbare Nähe gerückt war.[232] In seiner Berliner Antrittsvorlesung über die Altertümer des deutschen Rechts 1841 vertrat Grimm dann explizit einen anderen Standpunkt als Savigny.[233] Hier nahm er ausdrücklich Bezug auf die Formulierung Savignys und sprach

> weder unserer zeit noch einer anderen die fähigkeit ab, angemessen und aus der höhe oder oberfläche ihrer standpunkte hervorgehende verbesserungen der gesetze vorzunehmen [...] denn zu diesen versuchen treibt uns die menschliche freiheit und das recht der gegenwart an.[234]

Dass sich diese Gesetzgebung zunächst in den Schranken des »bedürfnisses« halten sollte, verstand sich von selbst.[235] Gesetzgebung zur Unterstützung des Volksgeistes war demnach in der Grimmschen Konzeption durchaus zulässig.[236]

Auch Savigny äußerte sich nach dem Erscheinen seiner Berufsschrift etwas relativierend zur Möglichkeit des Gesetzgebers, neue Normen zu schaffen:

> Durch jene Anerkennung der beiden Elemente jedes positiven Rechts, des allgemeinen und des individuellen, eröffnet sich zugleich für die Gesetzgebung ein neuer und hoher Beruf. Denn gerade in der Wechselwirkung jener Elemente liegt schon das wichtigste Motiv des fortschreitenden Volksrechts, wobey es überall darauf ankommt, das allgemeine Ziel sicherer zu erkennen, und sich demselben anzunähern, ohne doch die frische Kraft des individuellen Lebens zu schwächen. Auf diesem Wege giebt es Vieles auszugleichen, manches Hinderniß zu überwinden, und hier kann die gesetzgebende Gewalt dem unsichtbar arbeitenden Volksgeist die wohlthätigste Hülfe leisten. Aber in seinem Geschäft ist auch so viel Behutsamkeit nöthig, damit nicht einseitige Meynung und Willkühr das lebend waltende und fortschreitende Recht verdränge. Hier vorzüglich ist dem Gesetzgeber der Sinn für wahre Freyheit wichtig, der oft bey denen am meisten vermißt wird, die ihn vor Anderen im Munde führen.[237]

Dies war zwar kein Kodifikationsauftrag, die Gesetzgebung stand für Savigny nun aber »oft schon in frühen Zeiten« der ursprünglichen Rechtsentstehung aus

---

232 Jacob Grimm, RA (1828), S. XVII f.
233 Dazu auch bei Hedwig Vonessen, Friedrich Karl von Savigny und Jakob Grimm (1958), S. 143 ff.
234 Jacob Grimm, Über die Alterthümer des Deutschen Rechts (1841), Kl. Schr. 8, S. 548; vgl. zu dieser Entwicklung auch Hedwig Vonessen, Friedrich Karl von Savigny und Jakob Grimm (1958), S. 144 f.
235 Jacob Grimm, Über die Alterthümer des Deutschen Rechts (1841), Kl. Schr. 8, S. 548.
236 Vgl. Jacob Grimm, Einleitung zur Vorlesung, in: Else Ebel (Hrsg.), Jacob Grimms Vorlesung über »deutsche Rechtsalterthümer« (1990), S. 13.
237 Friedrich Carl von Savigny, System des heutigen Römischen Rechts, Bd. I (1840), S. 56 f.

dem Volke »ergänzend und unterstützend zu Seite«.[238] Insgesamt aber blieb Savigny einem Kodifikationsvorhaben gegenüber deutlich skeptischer, als Grimm es war.

6. Die Rolle der Sprache

Savigny und Grimm setzten beide das Recht in direkte Analogie zur Sprache und übernahmen damit die schon von Herder vertretene Grundidee einer parallelen organischen Entwicklung innerhalb der nationalen Individualität der Kultur.[239]

Für Grimm waren Sprache und Recht Elemente einer einheitlichen Kulturentwicklung, die vom Volke ausging. Daher nahm er Savignys entsprechende Ausführungen in der Berufsschrift erfreut zur Kenntnis. Savigny hatte hier erklärt, dass Sprache, Sitte und Verfassung »kein abgesondertes Daseyn« fristeten, sondern »nur einzelne Kräfte und Thätigkeiten des einen Volkes, in der Natur untrennbar verbunden, und nur unsrer Betrachtung als besondere Eigenschaften erscheinend«[240] seien. Was sie verband, war für Savigny und Grimm ihre Entstehung aus dem Volksgeist. Grimm schrieb daher an Savigny:

> Das Recht ist wie die Sprache und Sitte volksmäßig, dem Ursprung und der organisch lebendigen Fortbewegung nach. Es kann nicht als getrennt von jenen gedacht werden, sondern diese alle durchdringen einander innigst vermöge einer Kraft, die über dem Menschen liegt.[241]

Ruth Schmidt-Wiegand hat hierin einen deutlichen Hinweis dafür gesehen, »daß Jacob Grimm in bezug auf die Analogien, die zwischen Recht und Sprache bestehen, über seinen Lehrer entschieden hinausgeht.«[242] In der Tat spielte bei Grimm die Sprache eine Hauptrolle und bildete den Kernaspekt der Analyse des Rechts. Die Sprache war für ihn der Schlüssel zum Rechtsverständnis, über die Sprache erschloss sich erst die Sache selbst. In ihr versuchte Grimm den Volksgeist zu fassen.[243] Bei Savigny hat die Sprache diese zentrale Rolle niemals einnehmen können. Sprachwissenschaft blieb Hilfswissenschaft für die Erkenntnis des Volksgeistes, kein selbstständiges Forschungsobjekt.

---

238 Ebd., S. 50.
239 HEDWIG VONESSEN, Friedrich Karl von Savigny und Jakob Grimm (1958), S. 85.
240 FRIEDRICH CARL VON SAVIGNY, Vom Beruf unsrer Zeit für Gesetzgebung und Rechtswissenschaft (1814), S. 8; vgl. hierzu auch bereits GUSTAV HUGO, Die Gesetze sind nicht die einzige Quelle der juristischen Wahrheiten, in: CivMag 4 (1812), S. 89 ff.
241 JACOB GRIMM an Savigny vom 29.10.1814, in: INGEBORG SCHNACK / WILHELM SCHOOF (Hrsg.), Briefe der Brüder Grimm an Savigny (1953), S. 172.
242 RUTH SCHMIDT-WIEGAND, Jacob Grimm und das genetische Prinzip (1987), S. 5.
243 Vgl. hierzu auch schon oben B. II. 2. a) bb).

Auf dem Gebiet der Sprache wurde das Konzept eines organisch sich entwickelnden Volksgeistes jedoch deutlich leichter akzeptiert. Die Sprache war von jeher als gewachsenes, natürliches Gebilde betrachtet worden, während das Recht immer auch als von Interessen bestimmte Regelungsmaterie gesehen wurde, also als Ort für gezielte Einflussnahme und zweckbestimmte Entscheidungen. Dies mag erklären, warum Grimm mit seiner Konzeption, die im Kern ja der Savignys sehr ähnlich war, auf dem Gebiet der Sprache auf deutlich weniger Kritik stieß als Savigny auf dem Gebiet des Rechts.[244]

7. Der Bezug zum Naturrecht

Einigkeit herrschte bei Grimm und Savigny in Bezug auf die Rolle des Naturrechts, für das konsequenterweise im Rahmen einer Konstruktion, die das individuelle Volksempfinden zur Rechtsquelle erhob, wenig Raum bleiben konnte. Damit befanden sie sich durchaus im Trend der Zeit. Im 19. Jahrhundert erlebte das Naturrecht insgesamt einen deutlichen Bedeutungsverlust. Auch wenn es weiterhin und teilweise sogar bis in das beginnende 20. Jahrhundert hinein als Universitätsdisziplin erhalten blieb, wurde das Naturrecht aus dem Rechtsquellensystem eliminiert.[245] Dennoch ist die Rolle des Naturrechts innerhalb der sog. Historischen Rechtsschule nicht unumstritten. Einige verwiesen darauf, dass auch die Historische Rechtsschule naturrechtliche Elemente aufweise.[246] Diese Sichtweise hängt maßgeblich von dem jeweiligen Naturrechtsverständnis des Untersuchenden ab. In der Definition des Naturrechts durch Bergbohm beispielsweise, als »Idee eines Rechts ausserhalb des positiven«,[247] können auch Vertreter der Historischen Rechtsschule als »formale Naturrechtler« erscheinen.[248] Bezieht man Naturrecht zudem auf die Einbeziehung überpositiver Grundsätze, so könnte auch die Idee der Rechtsentstehung aus dem Volksgeist unter diesen Begriff gefasst werden. Gesprochen wird in

---

244   HEDWIG VONESSEN, Friedrich Karl von Savigny und Jakob Grimm (1958), S. 88.

245   Vgl. JAN SCHRÖDER, Recht als Wissenschaft (2001), S. 202 ff.; zum anhaltenden Einfluss naturrechtlicher Gedanken vor allem in der ersten Hälfte des 19. Jahrhunderts DIETHELM KLIPPEL, Das »natürliche Privatrecht« im 19. Jahrhundert, in: DERS. (Hrsg.), Naturrecht im 19. Jahrhundert (1997), S. 221 ff. Insbesondere spielte das »natürliche Privatrecht« für den Liberalismus bei der Verankerung der Elemente Freiheit und Gleichheit eine Rolle und übte eine »Komplementärfunktion gegenüber der Historischen Rechtsschule« aus, die allerdings mit dem Scheitern der liberalistischen Bewegung 1848 an Bedeutung verlor, ebd. S. 244 ff.

246   Vgl. hier GERHARD DILCHER / BERND-RÜDIGER KERN, Die juristische Germanistik des 19. Jahrhunderts (1984), S. 9 f.; HANS-PETER HAFERKAMP, Naturrecht und Historische Rechtsschule (2014), S. 61 ff.

247   KARL BERGBOHM, Jurisprudenz und Rechtsphilosophie (1892/1973), S. 111.

248   So ERICH ROTHACKER, Savigny, Grimm, Ranke, in: HZ 128 (1923), S. 422, insbes. Fn. 1.

diesem Zusammenhang auch von Kryptonaturrecht.[249] Für die Idee eines übernationalen Naturrechts kann dies jedoch nicht gelten.

Schon in seiner Berufsschrift äußert sich Savigny kritisch zur Annahme, »dass es ein praktisches Naturrecht oder Vernunftrecht gebe, eine ideale Gesetzgebung für alle Zeiten und alle Fälle gültig, die wir nur zu entdecken brauchten, um das positive Recht für immer zu vollenden.«[250] Grimm stimmte mit dieser Aussage vollständig überein und bezeichnete das organisch im Volk gewachsene Recht als das eigentliche Naturrecht, »und gar kein anderes Naturrecht gibt es [...]. Die Erforschung dieses Naturrechts leitet zu weit höheren und festeren Sätzen als jenes falsche gemachte Naturrecht.«[251] Grimm äußerte sich auch später noch vehement gegen Ansichten, die die individuelle Geschichte der Völker als nicht maßgeblich für die Gegenwart unberücksichtigt lassen wollten, und damit im Sinne übernationaler Grundideen argumentierten:

> solcher gesinnung ist im höchsten grade einerlei, ob Geten und Gothen jemals gewesen seien, ob Luther in Deutschland eine feste macht des Glaubens angefacht oder vor hundert jahren Friedrich der grosze Preuszen erhoben habe, das mit allen mitteln erniedrigen möchten, da doch unsrer stärke hoffnung auf ihm ruht. gleichviel, ob sie fortan Deutsche heiszen oder Polen und Franzosen, gelüstet diese selbstsüchtigen nach dem bodenlosen meer einer allgemeinheit, das alle länder überfluten soll.[252]

Savigny störte bei den Naturrechtlern vor allem, dass praktische Sätze »a priori schon aufgefunden« werden, anstatt diese erst systematisch zu begründen.[253] Seine Kritik richtete sich damit nicht nur einseitig gegen das Naturrecht, sondern auch gegen einen reinen Empirismus. Vertreter beider Ansätze seien zu einer »einseitigen Behandlung des Rechts« geführt worden:

> die Einen, indem sie den Inhalt des Rechts als einen zufälligen und gleichgültigen auffaßten, und sich mit der Wahrnehmung der Thatsache als solcher begnügten; die Andern durch Aufstellung eines über allen positiven Rechten schwebenden Normalrechts, welches eigentlich alle Völker wohl thun würden, sogleich anstatt ihres positiven Rechts aufzunehmen. Diese letzte Einseitigkeit entzieht dem Recht alles Leben überhaupt, während die erste allen höheren Beruf in ihm verkennt.[254]

249 GERHARD DILCHER / BERND-RÜDIGER KERN, Die juristische Germanistik des 19. Jahrhunderts (1984), S. 34.

250 FRIEDRICH CARL VON SAVIGNY, Vom Beruf unsrer Zeit für Gesetzgebung und Rechtswissenschaft (1814), S. 7.

251 JACOB GRIMM an Savigny vom 29.10.1814, in: INGEBORG SCHNACK / WILHELM SCHOOF (Hrsg.), Briefe der Brüder Grimm an Savigny (1953), S. 172 f. (Zitat S. 173).

252 JACOB GRIMM, Geschichte der deutschen Sprache, Bd. 1 (1848), Widmung.

253 JOACHIM RÜCKERT, Idealismus, Jurisprudenz und Politik bei Friedrich Carl von Savigny (1984), S. 265 f.

254 FRIEDRICH CARL VON SAVIGNY, System des heutigen Römischen Rechts, Bd. I (1840), S. 52 f.; dazu auch JOACHIM RÜCKERT, Idealismus, Jurisprudenz und Politik bei Friedrich Carl von Savigny (1984), S. 280 ff.

Bei Grimm und Savigny sind jedoch in der Tat auch Elemente erkennbar, die durchaus »naturrechtlich« gedeutet werden könnten. Neben dem »individuelle[n], jedem Volke besonders angehörende[n] Element des Volksrechts«, erkannte Savigny sehr wohl »ein allgemeines, gegründet auf das Gemeinsame der menschlichen Natur«.[255] Dieses Gemeinsame sah Savigny in der »sittliche[n] Bestimmung der menschlichen Natur [...], so wie sich dieselbe in der christlichen Lebensansicht darstellt«.[256] »Was in dem einzelnen Volk wirkt, ist nur der allgemeine Menschengeist, der sich in ihm auf individuelle Weise offenbart«.[257] Schon 1815 hatte Savigny klargestellt, er verkenne keinesfalls, »daß in jenem Individuellen und Verschiedenen [der einzelnen Völker] gewisse allgemein menschliche und gleichförmige Richtungen angetroffen werden«. Diese bezeichnete Savigny als »das philosophische Element alles positiven Rechts«.[258] Damit war auch das durch den Volksgeist hervorgebrachte Recht nicht nur individuell, sondern transportierte eine absolute, für alle Menschen gültige Wahrheit. Dies war die Konsequenz der Einbeziehung Gottes in den Rechtsschöpfungsprozess.[259] Auch Grimm griff zur Erklärung von vermeintlich römischen Elementen im germanischen Recht, die er keinesfalls auf eine frühe Beeinflussung durch das römische Recht zurückführen wollte, auf eine ähnliche Konstruktion zurück. Der Grund für diese Übereinstimmungen war grundsätzlich »tiefer zu suchen«. Er lag in »der urgemeinschaft dieser völker« zu Anbeginn der Welt.[260] Auch andere Äußerungen Grimms lassen zumindest den Schluss zu, dass er von gewissen absoluten allgemeingültigen Grundprinzipien ausging. So sprach er vom »natürliche[n] gesetz«, welches bestimme, dass allein die Sprache Grenze der Völker sein könne.[261]

Damit waren Savigny und Grimm gar nicht weit von den Anschauungen des christlichen Naturrechts entfernt.[262] Die Ablehnung Savignys und Grimms gegenüber dem Naturrecht gründete sich allerdings auch auf einen anderen Aspekt. Als Vertreter einer organischen Geschichtsauffassung konnten sie ver-

---

255 Friedrich Carl von Savigny, System des heutigen Römischen Rechts, Bd. I (1840), S. 52.

256 Ebd., S. 53.

257 Ebd., S. 21.

258 Friedrich Carl von Savigny, Rez. Gönner, in: Zeitschrift für geschichtliche Rechtswissenschaft 1 (1815), S. 396.

259 Hedwig Vonessen, Friedrich Karl von Savigny und Jakob Grimm (1958), S. 99 ff.

260 Jacob Grimm, Literatur der altnordischen Gesetze (1817), Kl. Schr. 6, S. 270.

261 Jacob Grimm, Über die wechselseitigen Beziehungen und die Verbindung der drei in der Versammlung vertretenen Wissenschaften (1846), Kl. Schr. 7, S. 557; dazu Hedwig Vonessen, Friedrich Karl von Savigny und Jakob Grimm (1958), S. 108 f.

262 Hedwig Vonessen, Friedrich Karl von Savigny und Jakob Grimm (1958), S. 101, 108.

nunftrechtliche Versuche, abstrakte, allgemeingültige Normen zu schaffen, nicht akzeptieren.[263] Sie selber hätten sich daher gegen eine Bezeichnung als Quasi-Naturrechtler deutlich zur Wehr gesetzt.

8. Die Rolle der Wissenschaft

Gänzlich differierten Grimm und Savigny dagegen in Bezug auf die Rolle, die der Wissenschaft neben dem Volksgeist zukommen sollte. Für Savigny übernahm, ab einer gewissen Stufe der Ausdifferenzierung des Rechts, die Wissenschaft die Aufgabe der Vermittlerin zwischen Volk, Volksgeist und Recht. Die Wissenschaft verhalf dem Volksgeist zur wahren Durchsetzung, die dieser im Volk, in einer immer komplizierter werdenden Gesellschaft, nicht mehr erreichen konnte. Der Wissenschaft war das technische Element zugewiesen, aus der Volksüberzeugung rechtliche Prinzipien abzuleiten.[264] Savigny sah in der Berufsschrift folgerichtig die Rechtswissenschaft nicht mehr als Gesetzgebungswissenschaft an. Dies war den politischen Verhältnissen in Deutschland geschuldet. Savigny fand also für eine Zeit ohne Gesetzgebung einen Ersatzgesetzgeber in der Wissenschaft.[265] Dabei blieb die Volksüberzeugung neben der Wissenschaft als eigenständiger Rechtsursprung bestehen, die Wissenschaft selbst erzeugte kein neues Recht.[266] Ganz klar lag der Schwerpunkt der Rechtserkenntnis aber jetzt in der Wissenschaft.

Dieses Konzept fand sich bei Grimm nicht wieder.[267] Der Bezug auf das »einfache« Volk ließ wenig Raum für die Huldigung der Wissenschaft als Sprachrohr des Volksgeistes. So bekannte Grimm 1808: »ich wenigstens meinerseits habe es nie glauben können, dasz die erfindung der gebildeten dauerhaft in das volk eingegangen und dessen sagen und bücher aus dieser quelle entsprungen wäre.«[268] Bei Grimm trat die Bildung »dazwischen«, also zwischen

---

263 Ebd., S. 104 f.

264 FRIEDRICH CARL VON SAVIGNY, Vom Beruf unsrer Zeit für Gesetzgebung und Rechtswissenschaft (1814), S. 67; vgl. dazu auch DERS., System des heutigen Römischen Rechts, Bd. I (1840), S. 50: »Dann aber ist auch von dem alten Volksrecht meist wenig mehr in seiner ursprünglichen Gestalt sichtbar, indem dasselbe, seinem größten und wichtigsten Theile nach, in Gesetzgebung und Wissenschaft verarbeitet seyn wird, und nur noch in dieser unmittelbar erscheint.«

265 GERHARD DILCHER / BERND-RÜDIGER KERN, Die juristische Germanistik des 19. Jahrhunderts (1984), S. 36 f. (Zitat S. 37).

266 Vgl. dazu auch HORST HEINRICH JAKOBS, Wissenschaft und Gesetzgebung im bürgerlichen Recht (1983), S. 39 ff.; JOACHIM RÜCKERT, Idealismus, Jurisprudenz und Politik bei Friedrich Carl von Savigny (1984), S. 328 ff.

267 Vgl. zur Rolle der Wissenschaft bei Grimm schon oben B. IV. 3. a).

268 JACOB GRIMM, Gedanken wie sich die Sagen zur Poesie und Geschichte verhalten (1808), Kl. Schr. 1, S. 401.

Volk und Quelle, zwischen Volk und Volksgeist. Damit war im Prinzip noch nichts anderes festgestellt, als es auch Savigny vertreten hatte. Bei Grimm wirkte die Wissenschaft aber nicht als Vermittlerin, sondern als Störerin. Gerade die Verwissenschaftlichung der Rechtssprache hatte für Grimm den Entfremdungsprozess zwischen Volk und Recht vorangetrieben. Diese Einflüsse der Bildung galt es daher abzuwehren. Dies zeigte sich auch in der zentralen Unterscheidung zwischen Volks- und Kunstpoesie, letztere war ja »durch das Nachsinnen der bildenden Menschen«[269] entstanden. Die Erzeugnisse der Wissenschaft (bzw. der Kunstpoesie) bezeichnete Grimm als »Arbeit des Lebens«, als philosophisch, während die Volkspoesie (also die »Nichtwissenschaft«) der Natur entstammte und einen quasi göttlichen Ursprung hatte. In der Entwicklung der Welt spiegelte sich zwar ein Wandel von der Natur zum Geist, Grimms Hoffnung und Streben galten aber der Rückbesinnung auf die Natur, der Wiederannäherung an den göttlichen Ursprung.[270] Die Wissenschaft als solche konnte hierzu nichts beitragen.

Für Savignys Theorie war die Ausbildung des Spezialistendogmas notwendig, um den Widerspruch zwischen der Rechtsentstehung im Volk und der Anwendbarkeit des römischen Rechts in Deutschland zu erklären. Für die Romanisten bildete es deswegen eine notwendige Ergänzung zum Volksgeist.[271] Dieser Ergänzung bedurfte es freilich für Grimm nicht. Er konnte weiterhin das Volk als eigentlichen Schöpfer des Rechts ansehen.

Ein »Natur-Kunst-Schema« fand sich gleichwohl auch bei Savigny.[272] Die Beurteilung dieser Entwicklung war jedoch eine andere als bei Grimm. Während Savigny nur in der Frühzeit das Volk selbst an der Rechtsbildung beteiligt sehen wollte, danach die Juristen als Sachwalter einsetzte, endlich die Rechtswissenschaft zur Kunst emanzipierte,[273] stellte Grimm zwar fest, dass das Volk in der Gegenwart von seinem eigenen Recht, seiner eigenen Sprache und Geschichte entfremdet schien, hatte jedoch das Ziel, diesen Prozess wieder rückgängig zu machen. Dies sollte die Wissenschaft erleichtern durch die systematische Zusammenstellung der Quellen des deutschen Rechts und der deutschen Sprache.[274]

---

269 Jacob Grimm, Über den altdeutschen Meistergesang (1811), S. 5.
270 Vgl. hierzu auch die Äußerungen Grimms im Rahmen der Auseinandersetzung um Kunst- und Naturpoesie: Jacob Grimm an Achim von Arnim vom 20.05.1811, in: Reinhold Steig / Herman Grimm (Hrsg.), Achim von Arnim und die ihm nahe standen, Bd. 3 (1904), S. 117.
271 Gerhard Dilcher / Bernd-Rüdiger Kern, Die juristische Germanistik des 19. Jahrhunderts (1984), S. 9, S. 19.
272 Vgl. dazu Joachim Rückert, Idealismus, Jurisprudenz und Politik bei Friedrich Carl von Savigny (1984), S. 335 ff.
273 Ebd., S. 341.
274 Vgl. dazu auch Jutta Strippel, Zum Verhältnis von Deutscher Rechtsgeschichte und Deutscher Philologie (2000), S. 164 f.

Sachwalter, die für das Volk nun die Sprache und das Recht verwalteten, waren zwar in der Realität nun vorhanden, stellten jedoch nicht das Idealbild der Entwicklung dar. Ziel war es vielmehr, das Volk selber wieder in die Lage zu versetzen, sein eigenes Recht zu erkennen. Insoweit kann man auch hier sagen, dass Grimm das Konzept des Volksgeistes konsequenter zu Ende verfolgte als Savigny.

Für die Frage nach der Zulässigkeit von Übersetzung und Neufassung alter Quellen hielt es Savigy im Übrigen eher mit Wilhelm Grimm als mit Jacob.[275] Seine Erklärungsversuche gegenüber Jacob führten jedoch nicht zu einem Umdenken:

> Hätten Sie, lieber Jakob, einen Kreis sinnvoller Menschen in leiblicher Gegenwart um sich, so würden Sie suchen, durch jeden, auch den freysten Gebrauch unsrer Sprache das ächte Gefühl für den Text im Hörer zu erwecken, und wo es nöthig wäre, würden Sie es nicht verschmähen, die Wirkung durch eine poetische Form unsrer Sprache zu erreichen, die von der Form des alten Gedichts ganz abwiche [...] Dasselbe nun soll vor dem größeren Publicum geschehen und darum muß ich mich für Wilhelm erklären.[276]

Und das, obwohl sich Jacob eigentlich an Savigny gewandt hatte, um den Streit mit seinem Bruder zu beenden, »weil es an einem Dritten fehlt, der urteilte, was jeder recht oder unrecht hätte.«[277] Offenbar hatte Grimm gehofft, Savigny würde in dieser Frage zu ihm halten. Savigny beendete im Oktober 1811 die verfahrene Diskussion: »Ich glaube, wir haben den Gegensatz unsrer Meinungen nunmehr hinreichend scharf ausgesprochen.«[278]

Das Spezialistendogma Savignys führte in der Konsequenz dazu, dass das eigentliche *Volksrecht* keinen lohnenden Forschungsgegenstand in der Gegenwart mehr bot.[279] Daher betrieb Savigny auch keine Rechtstatsachenforschung oder Rechtssoziologie.[280] Dass sich Savigny mehr diesem wissenschaftlichen Recht zuwandte, während Grimm vor allem das volkstümliche Recht erforschen wollte, steht stellvertretend für die grundsätzlich verschiedene Akzentuierung der Schwerpunkte innerhalb der Historischen Rechtsschule, wie sie sich zwischen Germanisten und Romanisten in der Folge entwickelte. Diese Diffe-

---

275 Vgl. hierzu oben B. III. 4. b).
276 Friedrich Carl von Savigny an Grimm vom 09.04.1811, in: Adolf Stoll, Friedrich Karl v. Savigny, Bd. 2 (1929), S. 69.
277 Jacob Grimm an Savigny vom 22.03.1811, in: Ingeborg Schnack / Wilhelm Schoof (Hrsg.), Briefe der Brüder Grimm an Savigny (1953), S. 97.
278 Friedrich Carl von Savigny an Grimm vom 05.10.1811, in: Adolf Stoll, Friedrich Karl v. Savigny, Bd. 2 (1929), S. 79.
279 Jan Schröder, Savignys Spezialistendogma und die »soziologische« Jurisprudenz, in: ders., Rechtswissenschaft in der Neuzeit (2010), S. 393.
280 Ebd., S. 394.

renz trat beispielsweise bei der Frage nach der Einführung von Schwurgerichten in Deutschland, die Thema der Lübecker Germanistenversammlung 1847 war, deutlich zu Tage.[281]

Die Übertragung der Rechtserkenntnis auf den Juristenstand bei Savigny bedeutete gleichwohl nicht, dass das Volksbewusstsein keine Berücksichtigung mehr finden sollte. »Es bestimmt die Grundzüge, die Juristen wahren nur die Einzelanwendung.«[282] Der Fokus war allerdings deutlich verschoben. Wollte man Auskunft über das Recht erlangen, schaute man mit Savigny zu den Juristen, mit Grimm ins »Volk«. Es ging Grimm um den Ort des Rechts innerhalb der Gesamtkultur.[283] Dabei führten der idealisierte Volksbegriff und die Quellenauswahl Grimm ebenfalls zu einer Konzentration auf eine besondere Schicht, nämlich das Bürgertum, und damit einer ebenfalls gebildeten Gemeinschaft.[284]

9.   Bedeutung Gottes für den Volksgeist

Bereits oben haben wir die enge Verknüpfung zwischen dem Volksgeist und religiösen Aspekten bei Grimm festgestellt. Während bei Grimm der religiöse Aspekt während seines ganzen Lebens zwar eine Rolle gespielt hat und sozusagen stille Grundlage seiner Forschungen war, lässt sich für Savigny eine deutliche Zäsur feststellen, in der religiöse Argumente an Gewicht gewannen.[285] Wie Grimm hatte Savigny eine streng reformierte Erziehung genossen.[286] Auch bei Savigny fand sich die Gleichsetzung von durch Volksgeist hervorgebrachtem Recht und gerechtem Recht. Volksmäßiges Recht war damit gleichzeitig ver-

---

281   Ebd., S. 398 f.

282   Joachim Rückert, Das »gesunde Volksempfinden« – eine Erbschaft Savignys?, in: ZRG GA 103 (1986), S. 237.

283   Werner Gephart, Recht als Kultur (2006), S. 36.

284   So auch Wolfgang Schuller, Zwischen Volksgeist und Gesetzgebung, in: Annette M. Baertschi / Colin G. King (Hrsg.), Die modernen Väter der Antike (2009), S. 77.

285   Vgl. zu diesem *Erweckungserlebnis* bei Savigny Hans-Peter Haferkamp, Christentum und Privatrecht bei Moritz August von Bethmann-Hollweg (2013), S. 521 ff. m. w. N.; zu den religiösen Ansichten Savignys auch bei Dieter Strauch, Recht, Gesetz und Staat bei Friedrich Carl von Savigny (1959), S. 34 ff.

286   Adolf Laufs, Rechtsentwicklungen in Deutschland (1991), S. 187; Jacob Grimm, Selbstbiographie (1831), Kl. Schr. 1, S. 1 f. Nach Savignys Tod wandte sich Grimm in einem Brief an Adolf Friedrich Rudorff, in dem er sehr persönliche Ansichten über Savigny mitteilte. Er hob dabei besonders den protestantischen Glauben bei Savigny hervor. Jacob Grimm an Adolf Friedrich Rudorff vom 31.07.1861, in: Hermann Rudorff, Jacob Grimm über Savigny, ZRG GA 49 (1915), S. 480; vgl. zu Grimms und Savignys Ansichten über die große Bedeutung der Reformation Hedwig Vonessen, Friedrich Karl von Savigny und Jakob Grimm (1958), S. 239 ff.

nünftiges Recht.[287] Obwohl nicht ausdrücklich thematisiert, spielten hier durchaus religiöse Aspekte eine Rolle.[288] Der Volksgeist hatte auch bei Savigny eine Verbindung zu Gott, das Recht war durch den Volksgeist mittelbar auf Gott zurückzuführen. Diese Überzeugung kam auch im Briefwechsel Savignys mit den Brüdern Grimm zur Sprache. So äußerte Savigny 1814 gegenüber Jacob: »Der den Arm der Krieger gestärkt hat, wird durch Sinn und Geist der Völker hervorbringen, was über den Verstand der Staatsmänner ist.«[289] Hier zeigt sich in besonderer zeitlicher Nähe zur Berufsschrift die Überzeugung von der göttlichen Einflussnahme auf das Bewusstsein der Völker. In dieser selbst hatte Savigny gleichwohl auf eine philosophische Fundierung des Volksgeistgedankens verzichtet. Dies rief im Umfeld der sog. Erweckungsbewegung, der auch Savigny zuzurechnen ist, heftige Kritik hervor und überzeugte auch die Savigny-Schüler von Bethmann-Hollweg und Puchta nicht.[290] 1839 stellte Savigny gegenüber seinen Kritikern allerdings klar, dass der »Wille Gottes« auch für ihn »der tiefere Grund der Sittlichkeit und des Rechts, der Liebe wie der Gerechtigkeit« war.[291] Die Bestimmung des Rechts war im Christentum zu finden. Auch Savigny brachte damit den Ursprung des Rechts in die Nähe zu Gott.[292] Das Recht hatte die Bestimmung, die freie sittliche Entfaltung des Einzelnen nach christlichem Verständnis zu sichern, allerdings ohne Bevormundung des Rechtssubjekts.[293]

Innerhalb der Historischen Rechtsschule erlangte die Frage nach der Verbindung des Rechts mit christlichen Vorstellungen im Rahmen der Diskussionen um die Willensfreiheit Bedeutung.[294] Es ging darum, dem Recht sittlich eine Grundlage zu geben, ohne das Recht als von Gott gegeben konstruieren zu müssen. Savignys Lösung bestand darin, das gemeinschaftliche Rechtsbewusst-

---

287 Friedrich Carl von Savigny, Rez. Gönner, in: Zeitschrift für geschichtliche Rechtswissenschaft I (1815), S. 385.

288 So auch Wolfram Siemann, Die Frankfurter Nationalversammlung 1848/49 (1976), S. 61 Anm. 56.

289 Friedrich Carl von Savigny an Jacob Grimm vom 08.11.1814, in: Adolf Stoll, Friedrich Karl v. Savigny, Bd. 2 (1929), S. 125.

290 Vgl. dazu Hans-Peter Haferkamp, Einflüsse der Erweckungsbewegung auf die »historisch-christliche« Rechtsschule zwischen 1815 und 1848 (2009), S. 78 ff.

291 Diese Formulierung wählte Savigny in seiner zweiten Redaktion des § 52 seines Systems, zitiert in: Hans Kiefner, Das Rechtsverhältnis, in: Norbert Horn u. a. (Hrsg.), FS für Helmut Coing, Bd. I (1982), S. 159.

292 Hedwig Vonessen, Friedrich Karl von Savigny und Jakob Grimm (1958), S. 98 f.

293 Knut Wolfgang Nörr, Eher Hegel als Kant (1991), S. 19 f.; Hans-Peter Haferkamp, Die Bedeutung der Willensfreiheit für die Historische Rechtsschule, in: Ernst-Joachim Lampe u. a. (Hrsg.), Willensfreiheit und rechtliche Ordnung (2008), S. 207 f.

294 Hans-Peter Haferkamp, Die Bedeutung der Willensfreiheit für die Historische Rechtsschule (2008), S. 206 f.

sein mit der Gottesverwandtschaft der Menschen zu verknüpfen. Der Grund für das gemeinsame Rechtsempfinden des Volkes war demnach die Rückbeziehung aller auf Gott.[295] Es blieb damit zwar noch Raum für unsittliches Recht (dies war auch in Bezug auf den Schellingschen Freiheitsbegriff konsequent), die auf Gott gegründete Gemeinschaft bewirkte aber eine »Annäherung« an die Sittlichkeit.[296] Savigny sah im Volksrecht, neben einem individuellen auch ein allgemeines Element verwirklicht. Jenes allgemeine Element war für ihn das Christentum, »welches nicht nur von uns als Regel des Lebens anzuerkennen« sei, sondern »auch in der That die Welt umgewandelt« habe.[297] Das christliche Element bestimmte für Savigny auf verschiedene Weise den sittlichen Gehalt des Rechts.

Während Savigny erst in den 1830er Jahren begann, dem Volksgeist in seinen wissenschaftlichen Schriften eine ausdrücklich christliche Gestalt zu geben,[298] war in der Konstruktion Grimms die religiöse Fundierung von Anfang an mitgedacht worden. Für Grimm bestand daher kein Anlass, dies später noch besonders zu thematisieren. Auf dem Gebiet des Sprachursprungs variierte Grimm seine Ansicht zudem zugunsten einer menschlichen Einflussnahme auf den Sprachentwicklungsprozess. Die Bedeutung Gottes blieb nur noch auf die Ausstattung des Menschen mit der grundsätzlichen Fähigkeit zur Sprachbildung beschränkt, Gott verlor an Bedeutung, wenn er auch stets ein Teil des Ursprungsszenarios blieb.[299]

Der christliche Bezug war und blieb bei Savigny und Grimm notwendige Einkleidung und Bezugspunkt der Volksgeistkonzeption.[300] Schon 1814 hatte Grimm gegenüber Savigny daher ausgeführt: »Das Gedenken der Vorzeit, wie der

---

295 Die Wiedervereinigung der christlichen Gläubigen war daher für Savigny auch ein wichtiges Anliegen. Vgl. dazu Hans-Peter Haferkamp, Einflüsse der Erweckungsbewegung auf die »historisch-christliche« Rechtsschule zwischen 1815 und 1848 (2009), S. 90; diese Hoffnung kommt bereits früh im Briefwechsel mit Jacob Grimm zur Sprache. Eine solche »lebendige Gemeinschaft« aller Christen beschrieb Savigny dort als »die alleinseligmachende«. Die »reine Seele des Glaubens« war für Savigny Kern dieser Gemeinschaft, Friedrich Carl von Savigny an Jacob Grimm vom 29.12.1817, in: Adolf Stoll, Friedrich Karl v. Savigny, Bd. 2 (1929), S. 240.

296 Hans-Peter Haferkamp, Die Bedeutung der Willensfreiheit für die Historische Rechtsschule (2008), S. 208.

297 Friedrich Carl von Savigny, System des heutigen Römischen Rechts, Bd. I (1840), S. 53 f.

298 Hans-Peter Haferkamp, Einflüsse der Erweckungsbewegung auf die »historisch-christliche« Rechtsschule zwischen 1815 und 1848 (2009), S. 92.

299 Vgl. hierzu schon oben B. IV. 4.

300 Vgl. hierzu auch Hedwig Vonessen, Friedrich Karl von Savigny und Jakob Grimm (1958), S. 97 ff.

Anblick der Schöpfung, ist uns ein unversieglicher halb demütigender halb erhebender Trost, der uns zu Gott verbindet auf beiden Wegen.«[301] Gottes Einfluss auf den Lauf der Geschichte – neben der menschlichen Freiheit, trotzdem den eigenen Weg zu gehen – bestimmte die Geschichtsauffassung beider Gelehrten. So konnte eine durch Gott beeinflusste Geschichte niemals völlig »dunkle« Zeiten hervorbringen, in jeder Epoche musste ein göttlicher Lichtstrahl leuchten.[302]

10. Politische Aspekte des Volkgeistgedankens

Auch bei Friedrich Carl von Savigny flossen politische Motive und Einstellungen in seine Volksgeistauffassung ein.[303] Erich Rothacker hat auf drei politische Tendenzen in Savignys Volksgeistbegriff hingewiesen:

> Eine nationale, mit der Spitze gegen die napoleonische Fremdherrschaft, eine antirevolutionär-konservative, die in der Französischen Revolution die Krönung der abstrakten Aufklärung sah, drittens eine volkstümlich-freiheitliche gegen die Rechtsdiktatur des Despotismus.[304]

Es werden ähnliche Zielrichtungen sichtbar, wie sie oben bereits bei Grimm festgestellt worden sind. Beide, Grimm und Savigny, betrachteten ihre Forschungen als »vaterländische Sache«.[305]

Ganz klar aus der Gemeinschaft des Volksgeistes heraus fiel bei Savigny die jüdische Bevölkerung, so dass das Volksgeistkonzept, ähnlich wie bei Grimm, eine deutliche Abgrenzung gegenüber der jüdischen Bevölkerung auch in rechtlicher Hinsicht bedeutete. Diese Einstellung gegenüber den Juden verwundert jedoch in Anbetracht der engen Verknüpfung des Volksgeistes mit christlichen Vorstellungen bei Savigny nicht. 1817 schrieb Savigny: »Vollends die Juden sind und bleiben uns ihrem innern Wesen nach Fremdlinge, und dieses zu verkennen konnte uns nur die unglückseligste Verwirrung politischer Begriffe verleiten.«[306] Savigny war darüber hinaus Teilnehmer an Achim von Arnims Christlich-Deutscher Tischgesellschaft, aus der selbst getaufte Juden (wie

---

301 Jacob Grimm an Savigny vom 29.10.1814, in: Ingeborg Schnack/Wilhelm Schoof (Hrsg.), Briefe der Brüder Grimm an Savigny (1953), S. 173.

302 Hedwig Vonessen, Friedrich Karl von Savigny und Jakob Grimm (1958), S. 221 f.

303 Dazu auch Franz Wieacker, Privatrechtsgeschichte der Neuzeit (1996), S. 385; für eine Gegenüberstellung der Detailpositionen Grimms und Savignys siehe auch Hedwig Vonessen, Friedrich Karl von Savigny und Jakob Grimm (1958), S. 305 ff.

304 Erich Rothacker, Savigny, Grimm, Ranke, in: HZ 128 (1923), S. 423.

305 Hedwig Vonessen, Friedrich Karl von Savigny und Jakob Grimm (1958), S. 90.

306 Friedrich Carl von Savigny, Stimmen für und wider neue Gesetzbücher, in: Zeitschrift für geschichtliche Rechtswissenschaft 3 (1817), S. 23.

im Übrigen auch Frauen) komplett ausgeschlossen waren. Innerhalb dieser Tischgesellschaft bildete sich eine »fatale Allianz« zwischen Nationalismus und Antisemitismus.[307]

Eine notwendig demokratische Einstellung war weder bei Grimm noch bei Savigny mit dem Volksgeistkonzept verbunden. Für Savigny bestand der Unterschied zwischen Despotismus und Freiheit vor allem darin,

> daß der Regent (oder eigentlich die, denen er Gewalt giebt) dort eigenwillig und willkührlich schaltet, hier aber Natur und Geschichte in den lebendigen Kräften des Volkes ehrt, daß ihm dort das Volk ein todter Stoff ist, den er bearbeitet, hier aber ein Organismus höherer Art, zu dessen Haupt ihn Gott gesetzt hat, und mit welchem er innerlich eins werden soll.[308]

Eine Demokratie zu fordern, lag Savigny fern. Für ihn konnten sich »demokratische Elemente« durchaus auch in der Monarchie realisieren.[309] Auch Grimm war, wie gesehen, grundsätzlich Anhänger der Monarchie. Noch 1849 schimpfte Grimm: »nur den democraten und nur den ultramontanen vergeht alles nationalgefühl, weil ihnen an nichts liegt als daran, jeden, wo er auch wohne, zu gewinnen; sonst kennen sie keine heimat.«[310] Demokratie und Achtung des speziellen Volksgeistes waren in Grimms Vorstellung nicht kompatibel. Gut zehn Jahre später, nach Scheitern der Revolution, konnte Grimm milder urteilen:

> Je älter ich werde, desto demokratischer gesinnt bin ich. Säße ich nochmals in einer Nationalversammlung, ich würde viel mehr mit Uhland, Schoder stimmen, denn die Verfassung in die Geleise der bestehenden Verhältnisse zu zwängen, kann zu keinem Heil führen.[311]

Allerdings illustriert der oben beschriebene Volksbegriff Grimms, wie weit dieser vom tatsächlichen Volk entfernt war. Die Berufung auf die schaffende Kraft des Volksgeistes war bei Grimm keine Anlehnung an eine Volkssouveränität im politischen Sinne.[312] Als einen Demokraten im heutigen Wortsinne kann man Grimm erst recht nicht bezeichnen. Damit befand sich Grimm im Einklang mit den meisten Germanisten dieser Zeit, die gerade nicht auf radikale, demo-

---

307 STEFAN NIENHAUS, Vaterland und engeres Vaterland (1994), S. 139; vgl. auch MARCO PUSCHNER, Antisemitismus im Kontext der Politischen Romantik (2008), S. 273 ff.

308 FRIEDRICH CARL VON SAVIGNY, Rez. Gönner, in: Zeitschrift für geschichtliche Rechtswissenschaft I (1815), S. 386 f.

309 Vgl. dazu HEDWIG VONESSEN, Friedrich Karl von Savigny und Jakob Grimm (1958), S. 330 f.

310 JACOB GRIMM, Scandinavismus (1849), Kl. Schr. 8, S. 445.

311 JACOB GRIMM an Georg Waitz aus dem Jahr 1858, mitgeteilt durch diesen selbst, in: GEORG WAITZ, Zum Gedächtnis an Jacob Grimm (1863), S. 23 f.

312 ULRICH HUSSONG, Jacob Grimm und der Wiener Kongress (2002), S. 133.

kratisch-egalitäre Elemente zurückgriffen, sondern eine Volksbeteiligung eher in Form der Wiederkehr der mittelalterlich-ständischen Landtage sahen.[313]

In der Frage der Einbeziehung Österreichs in einen deutschen Nationalstaat, waren Savigny und Grimm allerdings unterschiedlicher Ansicht. Grimm befürwortete die möglichst große geographische Ausdehnung eines deutschen Staates unter Einbeziehung aller deutschsprachigen Bevölkerungsteile. Für Savigny war der Stamm der Deutschösterreicher »durch seine unglückliche Geschichte dem Sinn und Wesen und der Bildung der übrigen Deutschen insgemein fremder geworden [...] als irgend ein anderer.«[314]

Eindeutig war der Volksgeist bei beiden Gelehrten kein rein theoretisches Konstrukt, sondern mit konkreten politischen Vorstellungen verbunden, die über die Rekonstruktion der Rechts- und Sprachentstehung hinaus Bedeutung hatten.

III. Johann Gottfried Herder

Johann Gottfried Herder[315] (1744–1803) wird allgemein als der Vater des Historismus bezeichnet. Sein Name fällt daher oft im Zusammenhang mit der Erstarkung des Volksgeistgedankens in Deutschland. Durch seine Sammlung von Volksliedern und anderer Volkspoesie leistete er einen ersten Beitrag zur Konstituierung einer neuzeitlichen, deutschen nationalen Identität. Seine Ideen übten starke Vorbildwirkung auf nachfolgende Generationen aus und wirkten auch in den Rechtswissenschaften nach.[316] Grimm beschäftigte sich intensiv mit Herder und war mit seinen Werken gut vertraut. Einige bezeichnen Grimm daher als »geistige[n] Verwandte[n] von Herder«.[317] Tatsächlich hat Grimm selbst sich gerne auf sein Vorbild Herder berufen. Offen bekannte er, direkt an Herders Forschungen anzuknüpfen, nicht ohne allerdings auf Schwachstellen seiner Konzepte hinzuweisen. Entsprechend fiel Grimms Urteil über Herders Gesamtwerk aus:

313 GERHARD DILCHER/BERND-RÜDIGER KERN, Die juristische Germanistik des 19. Jahrhunderts (1984), S. 39.
314 FRIEDRICH CARL VON SAVIGNY an Jacob Grimm vom 01.04.1815, in: ADOLF STOLL, Friedrich Karl v. Savigny, Bd. 2 (1929), S. 132; vgl. zu diesem Disput zwischen Grimm und Savigny auch HEDWIG VONESSEN, Friedrich Karl von Savigny und Jakob Grimm (1958), S. 343 ff.
315 Vgl. RUDOLF HAYM, Herder, Johann Gottfried, in: ADB 12 (1880), S. 55 ff.; HANS-WOLF JÄGER, Herder, Johann Gottfried, in: NDB 8 (1969), S. 595 ff.
316 Zum Einfluss Herders auf Savigny und Hugo vgl. THOMAS WÜRTENBERGER, Johann Gottfried Herder und die Rechtsgeschichte, S. 138. Zum Einfluss Herders auf das Werk Wilhelm Grimms vgl. REINHOLD STEIG, Wilhelm Grimm und Herder, in: Vierteljahrschrift für Litteraturgeschichte 3 (1890), S. 573–589.
317 ADALBERT ERLER, Völkerkunde und Rechtsgeschichte (1950), S. 41.

Enden kann ich nicht, ohne vorher dem genius des mannes zu huldigen, der was ihm an tiefe der forschung oder strenge der gelehrsamkeit abgieng, durch sinnvollen tact, durch reges gefühl der wahrheit ersetzend wie manche andere auch die schwierge frage nach der sprache ursprung bereits so erledigt hatte, dasz seine ertheilte antwort immer noch zutreffend bleibt, wenn sie gleich mit andern gründen, als ihm dafür schon zu gebot standen aufzustellen und zu bestätigen ist.[318]

Ein Vergleich der Volksgeistkonzeption Grimms mit der Ansicht Herders bietet sich also an.

1. Jacob Grimm und Herder

Ein persönlicher Kontakt zwischen Herder und Grimm ist nicht zustande gekommen. Dennoch lässt sich bereits sehr früh eine intensive Beschäftigung Grimms mit Herder nachweisen. Schon 1809 erwarb Grimm auf einer Auktion in Göttingen Herders *Werke zur Philosophie und Poesie*, Neue Cottaer Ausg., 16 Bände, gebunden, für 10 Taler.[319] Ein früherer Erwerb war durch Wilhelm Grimm bereits 1805 angeregt worden,[320] scheiterte jedoch anscheinend am Mangel von Geldmitteln.[321] In Grimms Bibliothek sind einige Werke Herders verzeichnet: Aus *Sämtliche Werke*: »Zur Religion und Theologie« und »Zerstreute Blätter«; »Über Bild, Dichtung und Fabel« von 1787; »Lieder der Liebe« von 1781 und die Übersetzung eines indischen Schauspiels von 1803. Der Versuch der Brüder, eine eigene Zeitschrift für altdeutsche Literatur herauszugeben, die *Altdeutschen Wälder*,[322] lehnte sich bereits in der Namensgebung eng an Herders *Kritische Wälder* von 1769 an. Im Briefwechsel der Brüder Grimm spielte Herder dagegen eher »eine bescheidene Rolle«.[323]

2. Ursprung und Entwicklung der Sprache

Herder hat sich im Rahmen seiner Forschungsarbeiten intensiv mit dem Ursprung der Sprache beschäftigt: einer Thematik, die sich seit dem 18. Jahrhundert wachsender Beliebtheit erfreute und gleichzeitig heftige Debatten

---

318 JACOB GRIMM, Über den Ursprung der Sprache (1851), Kl. Schr. 1, S. 299.
319 JACOB GRIMM an Wilhelm vom 10.07.1809, in: HERMAN GRIMM / GUSTAV HINRICHS (Hrsg.), Briefwechsel zwischen Jacob und Wilhelm Grimm aus der Jugendzeit (1881), S. 121.
320 WILHELM GRIMM an Jacob vom 24.03.1805, in: ebd., S. 37.
321 So REINHOLD STEIG, Wilhelm Grimm und Herder (1890), S. 574.
322 Insgesamt erschienen von 1813–1816 drei Bände der Altdeutschen Wälder, bevor die Zeitschrift schließlich eingestellt wurde.
323 ERNST LICHTENSTEIN, Die Idee der Naturpoesie bei den Brüdern Grimm, in: DVJS 6 (1928), S. 515.

auslöste.[324] Zahlreiche Sprachursprungstheorien entstanden während dieser Zeit.[325] Bereits Herder übertrug das für die Sprache gefundene Ursprungsszenario auch auf andere Kulturerzeugnisse. So galten Herders Ausführungen auch für die Frage nach dem Ursprung des Rechts.[326] Vor diesem Hintergrund gewinnt die Frage nach dem Ursprung der Sprache auch für das Volksgeistkonzept Herders erhebliche Bedeutung.

In Herders Werk begegnet man dem Begriff des Organismus und der Idee des organischen Wachsens der Geschichte und Sprache häufig. Herder wird bis heute daher als einer der entscheidenden Impulsgeber für das Organismuskonzept angesehen.[327] Der Entwicklungsgedanke war in Herders Werk zentral. Die Geschichte der Völker wurde bestimmt durch eine fließende Entwicklung, einen Übergang zwischen Wachstum, Blüte und Untergang. Innerhalb dieses Zyklus' mussten das Volk und damit auch Sprache, Sitte und Kultur auf die sich verändernden Zeiten reagieren. Herder ging von einer durch die Vorsehung gelenkten geschichtlichen Entwicklung aus, die von Gott bestimmt war. Eine Erkenntnis des genauen Verlaufs und Ziels dieser Entwicklung war nicht oder nur begrenzt möglich.[328] Die Entwicklung näherte sich jedoch der Verwirklichung der Humanität.[329] Unter Humanität verstand Herder die Verwirklichung des göttlichen Anteils im Menschen.[330] Für Herder war der Verlauf der Geschichte daher durch zwei Prinzipien bestimmt, durch »Tradition und organische Kräfte«.[331] Der Mensch als Teil der organischen Entwicklung der Geschichte war nicht nur passiver Statist, sondern konnte die Geschichte selber kreativ mitgestalten. Damit war der Geschichtsablauf selber sowohl durch Kontinuität im Rahmen der organischen Entwicklung als auch durch Veränderung geprägt.[332] Dieses organische Entwicklungsbild fand sich auch auf der Ebene der Sprachentwicklung wieder.

---

324 Vgl. FREDERICK M. BARNARD, Zwischen Aufklärung und politischer Romantik (1964), S. 72.

325 HELMUT GIPPER / PETER SCHMITTER, Sprachwissenschaft und Sprachphilosophie im Zeitalter der Romantik (1985), S. 63 m. w. N.

326 So auch THOMAS WÜRTENBERGER, Johann Gottfried Herder und die Rechtsgeschichte, S. 137.

327 So bei HARTMUT SCHMIDT, Die lebendige Sprache (1986), S. 45; 47.

328 JOHANN GOTTFRIED HERDER, Auch eine Philosophie der Geschichte zur Bildung der Menschheit (1774), SW V, S. 505 ff.

329 FRANZ WIEACKER, Privatrechtsgeschichte der Neuzeit (1996), S. 385.

330 Vgl. zum Inhalt des Humanitätsbegriffs bei Herder ANNE LÖCHTE, Johann Gottfried Herder (2005), S. 49 ff.

331 JOHANN GOTTFRIED HERDER, Ideen zur Philosophie der Geschichte der Menschheit, 2. Theil (1785), SW XIII, S. 347.

332 ANNE LÖCHTE, Johann Gottfried Herder (2005), S. 46 f.

Herder ging davon aus, dass der Mensch selber die Sprache entwickelt hatte.[333] Die Fähigkeit dazu sei ihm allerdings vom Schöpfer mitgegeben worden und daher dem Menschen angeboren. Herder sah den Keim der Sprache damit schon von Anbeginn an im Menschen angelegt.[334] Er wies die Theorie eines rein göttlichen Ursprungs der Sprache zurück. Gleichzeitig löste er sich aber auch von der durch Rousseau und Condillac vertretenen These des tierischen Ursprungs.[335] Zwar sah er einen Teil der menschlichen Lautäußerungen, nämlich die Laute der unmittelbaren Empfindungen, durchaus als tierisch an, er qualifizierte diese jedoch nicht als Sprache im engeren Sinne.[336] Der Mensch besaß nach Herder »Besonnenheit«, die ihn eindeutig von den Tieren unterschied:

> Der Mensch in den Zustand von Besonnenheit gesetzt, der ihm eigen ist, und diese Besonnenheit (Reflexion) zum erstenmal frei würkend, hat Sprache erfunden […] Erfindung der Sprache ist ihm also so natürlich als er ein Mensch ist!

Dabei band Herder die göttliche Schöpfung in die Sprachentwicklung mit ein. Nur durch die Selbsterschaffung der Sprache werde der Mensch dem göttlichen Auftrag der Vernunftsbenutzung gerecht.[337] Herder kombinierte zwei mögliche Ursprungsszenarien, den göttlichen und den menschlichen Ursprung, miteinander.[338] Insoweit er damit eine ausschließlich göttliche oder menschliche Schöpfung ablehnte, fand sich Herders Linie auch bei Grimm. Die Sprache war für Grimm Ausdruck der »freien Entfaltung«[339] des menschlichen Denkens, die Möglichkeit dieser freien Entfaltung freilich eingegeben durch Gott selbst.

In der Sprache manifestierten sich für Herder im Laufe der Entwicklung nicht nur klimatische Einflussfaktoren, sondern auch geschichtliche Ereignisse und

---

333 OTFRIED EHRISMANN, Vorwort, in: JACOB GRIMM, Kl. Schr. 1 (1991), S. 11*.

334 JOHANN GOTTFRIED HERDER, Abhandlung über den Ursprung der Sprache (1772), SW V, S. 32; vgl. dazu auch BERTOLD HEIZMANN, Ursprünglichkeit und Reflexion (1981), S. 126 f.

335 JOHANN GOTTFRIED HERDER, Abhandlung über den Ursprung der Sprache (1772), SW V, S. 17: »Aber ich kann nicht meine Verwunderung bergen, daß Philosophen, das ist, Leute, die deutliche Begriffe suchen, je haben auf den Gedanken kommen können, aus diesem Geschrei der Empfindungen den Ursprung Menschlicher Sprache zu erklären: denn ist diese nicht offenbar ganz etwas anders?« Vgl. dazu auch BERTOLD HEIZMANN, Ursprünglichkeit und Reflexion (1981), S. 128 ff.

336 JOHANN GOTTFRIED HERDER, Abhandlung über den Ursprung der Sprache (1772), SW V, S. 17.

337 BERTOLD HEIZMANN, Ursprünglichkeit und Reflexion (1981), S. 137.

338 Vgl. dazu auch HELMUT GIPPER / PETER SCHMITTER, Sprachwissenschaft und Sprachphilosophie im Zeitalter der Romantik (1985), S. 66 f.

339 OTFRIED EHRISMANN, Vorwort, in: JACOB GRIMM, Kl. Schr. 1 (1991), S. 11*.

Wendungen. Die Sprache transportierte die kulturelle Identität einer Nation.[340] Herder wie Grimm, sahen somit in der Sprache als reinsten Ausdruck der nationalen Eigenart eine unmittelbare Quelle des Volksgeist.[341] Das bedeutete in der Konsequenz auch für Herder, dass prinzipiell kein Wort der einen Sprache in die andere übertragbar war. Übersetzungen zerstörten die eigene, durch den Sprachgeist hervorgebrachte individuelle Schöpfung einer Nation.[342]

Die Sprache selbst wurde durch die Menschen nicht wissenschaftlich gefunden, sondern entstand aus bestimmten »Urgründen«.[343] Sie war sowohl gleichsam von Natur aus gegeben als auch durch das Volk erschaffen. Sprache generell war demnach für Herder ein bedeutender Faktor der nationalen Eigentümlichkeit. Über die Sprache realisierte sich die Bildung einer Nation. Die Sprache war mit Sitten und Kultur des jeweiligen Volkes verbunden.[344] Dabei blieb bei aller Individualität eine Verbindung der verschiedenen Sprachen untereinander bestehen.[345]

> Man betrachte ihr [der deutschen Sprache] körperliches Gebäude von der Mechanik einzelner Glieder bis zur Bauart und Gestalt des Ganzen; man lerne in den Geist sehen, der sie gestaltet hat, der sie belebt und bewegt; so erblickt man ein Geschöpf eigener Art, das Ähnlichkeiten mit andern, aber das Urbild in sich selbst hat.[346]

Der Gang der Sprachentwicklung entsprach für Herder dem Ablauf der Lebensalter. Das Jünglingsalter der Sprache sah er als die Blütezeit der Poesie, reich an Bildern und Metaphern. In der Manneszeit der Sprache habe diese an Poesie verloren, sich immer mehr von der Natur entfernt und zur Kunst entwickelt.[347] Die Geschichte der Sprache entsprach einem Abstieg von einem vollkommenen Urzustand – eine Einschätzung, die Grimm vor allem in späterer Zeit nicht mehr uneingeschränkt teilen wollte.[348] In der Poesie der alten Zeit

---

340 Frederick M. Barnard, Zwischen Aufklärung und politischer Romantik (1964), S. 74 f.

341 Zu dieser Ansicht Herders vgl. Heydar Reghaby, Revolutionäre und konservative Aspekte in der Philosophie des Volksgeistes (1963), S. 74.

342 Yoshinori Shichiji, Herders Sprachdenken und Goethes Bildlichkeit der Sprache, in: Gerhard Sauder (Hrsg.), Herder (1987), S. 196.

343 Thomas Würtenberger, Johann Gottfried Herder und die Rechtsgeschichte, in: JZ 1957, S. 137.

344 Yoshinori Shichiji, Herders Sprachdenken und Goethes Bildlichkeit der Sprache (1987), S. 195.

345 Vgl. auch ebd., S. 194.

346 Johann Gottfried Herder, Fragmente über die Eigenheit unserer Sprache (1767), SW II, S. 30.

347 Johann Gottfried Herder, Fragment Von den Lebensaltern einer Sprache (1767), SW I, S. 153 ff.

348 Vgl. oben B. IV. 2. ^b).

offenbarte sich für Herder ein Teil der Seele oder der Wahrheit selbst, das Wesen der Dinge war offensichtlich. Er stellte deswegen für die Frühzeit der Kultur und auch für die Rechtssprache fest, diese sei »so kurz und bestimmt, so edeldreist und (fast möchte ich sagen) erhaben, dass sie für einen Spiegel des scharfen Verstandes sowohl als biederer Redlichkeit gelten konnte.«[349] Die alte Rechtssprache enthielt also die Seele und die Wahrheit ihres Gegenstandes, war noch voller Lebendigkeit. Das alte Recht sah Herder »in der alten rohen Simplizität und Glückseligkeit«[350] ähnlich.

Ursprung und Entwicklung der Sprache schätzten Grimm und Herder daher durchaus ähnlich ein. Für Grimm war Herders Herangehensweise allerdings noch zu unwissenschaftlich und bezog die Sprachwissenschaft zu wenig ein. Am Ergebnis Herders hielt Grimm aber fest.[351] Bei der Beurteilung des Epos, welches für den Volksgeistbegriff Grimms besonders zentral war, gingen die Ansichten jedoch auseinander. Nach Herders Überzeugung lag der Ursprung der Poesie in der Nachahmung der tönenden Natur, welche zuerst durch das im Orient lebende erste Menschenpaar erfolgt sei. Die erste Form von Poesie sah Herder in der Ode, das von Grimm so geschätzte Epos rechnete Herder zur Kunstpoesie und damit einer späteren Zeit zu. Einen Ausdruck des unverfälschten Volksgeistes hätte Herder im Epos daher nicht gesehen. Auch für Herder war die Poesie allerdings »der Inbegriff der Fehler und Vollkommenheiten einer Nation, ein Spiegel ihrer Gesinnungen«.[352] Die individuelle Sprache war daher für ihn der Schlüssel zum Verständnis des individuellen Volksgeistes. Dabei war in Herders Konzeption die Sprache sowohl vom Volksgeist beeinflusst als auch selbst konstituierender Faktor des Volkscharakters:[353]

> Mittelst der Sprache wird eine Nation erzogen und gebildet; mittelst der Sprache wird sie Ordnung- und Ehrliebend, folgsam, gesittet, umgänglich berühmt, fleißig und mächtig. Wer die Sprache seiner Nation verachtet, [...] wird ihres Geistes [...] gefährlichster Mörder.[354]

349 JOHANN GOTTFRIED HERDER, Adrastea 4 (12. Teil, Briefe den Charakter der deutschen Sprache betreffend) (1802), SW XXIV, S. 390.

350 JOHANN GOTTFRIED HERDER, Wie die deutschen Bischöfe Landstände wurden, SW V, S. 697.

351 KARL ULMER, Die Wandlung des Sprachbildes von Herder zu Jacob Grimm, in: Lexis II (1949), S. 269.

352 JOHANN GOTTFRIED HERDER, Briefe zur Beförderung der Humanität, Achte Sammlung (1796), SW XVIII, S. 137.

353 ANNE LÖCHTE, Johann Gottfried Herder (2005), S. 83.

354 JOHANN GOTTFRIED HERDER, Briefe zur Beförderung der Humanität, 5. Sammlung (1795), SW XVII, S. 287.

3. Volksgeist oder Klimatheorie?

> *Kein größerer Schaden kann einer Nation zugefüget werden,*
> *als wenn man ihr den Nationalcharakter, die Eigenheit ihres Geistes,*
> *und ihrer Sprache raubt.*[355]

Es war insbesondere Herder, der die Begriffe des Geistes oder der Seele eines Volkes in den deutschen Sprachraum einführte.[356] Herder griff die durch Kant modifizierte Klimatheorie auf und vereinte sie mit nationalistischen Elementen.[357] Es ergab sich ein Spannungsfeld zwischen Patriotismus und humanistischem Kosmopolitismus.[358] Ausgehend von ersten Ansätzen 1764 entwickelte sich die Klimatheorie zu einer Konstanten in Herders Werk.[359] Er bemühte sich, »den Geist jedes Volkes«[360] kennen zu lernen. Die Sprache war dabei, wie gesehen, das hervorragendste Kennzeichen dieses Nationalcharakters.[361]

Die Betrachtung Herders war zunächst noch auf vermeintlich durch das Klima bedingte Äußerlichkeiten beschränkt, welche für ihn allerdings auch die inneren Zustände, also den Geist eines Volkes, zu beeinflussen in der Lage waren.[362] Bald jedoch verschob sich sein Blickwinkel. Die Rolle des Klimas auf den Nationalcharakter schätzte Herder nun weitaus geringer ein.[363] Neben das Klima traten andere Einflussfaktoren, unter anderem der *Zeitgeist*, das *Bedürfnis* und das *Schicksal*.[364] Herder betonte in seinen späteren Überlegungen zur Bedeutung des Klimas auf den Volkscharakter dessen äußerst mannigfalte Ursachenstruktur und verwies darauf, dass zur genauen Bestimmung der Ein-

---

355 JOHANN GOTTFRIED HERDER, Ueber die neuere Deutsche Litteratur. Eine Beilage zu den Briefen, die neueste Litteratur betreffend, 3. Sammlung (1767), SW I, S. 366.

356 ANDREAS GROSSMANN, Art. Volkgeist, Volksseele, in: HWPh, Bd. 11 (2001), Sp. 1102; RUTH RÖMER, Sprachwissenschaft und Rassenideologie in Deutschland (1985), S. 153.

357 So wie bereits gesehen auch in der Sprache. Zum Ganzen auch GONTHIER LOUIS FINK, Von Winckelmann bis Herder (1987), S. 169 ff.

358 Ebd., S. 170.

359 Ebd., S. 170.

360 JOHANN GOTTFRIED HERDER, Ueber den Fleiß in mehrern gelehrten Sprachen (1764), SW I, S. 5.

361 HEYDAR REGHABY, Revolutionäre und konservative Aspekte in der Philosophie des Volksgeistes (1963), S. 89; FREDERICK M. BARNARD, Zwischen Aufklärung und politischer Romantik (1964), S. 76; 80.

362 JOHANN GOTTFRIED HERDER, Ist die Schönheit des Körpers ein Bote von der Schönheit der Seele? (1766), SW I, S. 49.

363 JOHANN GOTTFRIED HERDER, Kritische Wälder. Stücke aus einem älteren »kritischen Wäldchen« (1767), SW IV, S. 204 ff.

364 JOHANN GOTTFRIED HERDER, Auch eine Philosophie der Geschichte zur Bildung der Menschheit (1774), SW V, S. 505 f.

flussfaktoren noch deutlich mehr Studien nötig seien.[365] »Das Klima zwinget nicht, sondern es neiget«,[366] so Herders Fazit. Die Klimatheorie erfuhr durch ihn eine deutliche Modifikation von einem monokausalen Erklärungsmodell zu einem hochkomplexen Netz an Ursachen für die unterschiedlichen Charaktere der Nationen, zu denen auch die geographische Lage und die geschichtliche Entwicklung eines Volkes zu rechnen waren:[367]

> Freilich sind wir ein bildsamer Thon in der Hand des Klima; aber die Finder desselben bilden so mannichfaltig, auch sind die Gesetze, die ihm entgegen wirken, so vielfach, daß vielleicht nur der Genius des Menschengeschlechts das Verhältniß aller dieser Kräfte in eine Gleichung zu bringen vermöchte.[368]

Damit verband sich in Herders Konzeption eine Natur- mit einer Geisteskomponente.[369] Noch eine andere Ursache führte zur Relativierung der klimatischen Einflüsse auf den Nationalcharater. Der Volksgeist Herders besaß zumindest teilweise »überempirischen Charakter«, war zu einem gewissen Grad »unveränderlich«, was in der Konsequenz schon den Einfluss äußerer Faktoren begrenzen musste.[370] Der Nationalcharakter erhalte sich »Jahrtausende lang« in einem Volk.[371]

Auch Herder sah, ähnlich wie später Grimm, das Geheimnisvolle in diesem Volkscharakter:[372]

> Wunderbare seltsame Sache überhaupt ists um das, was genetischer Geist und Charakter eines Volks heißet. Er ist unerklärlich und unauslöschlich: so alt wie die Nation, so alt wie das Land, das sie bewohnte.[373]

Trotzdem hatte Herder eine genauere Vorstellung, wie sich der Nationalcharakter im Laufe der Zeiten gebildet hatte:

> Wie eine Quelle von dem Boden auf den sie sich sammelte, Bestandteile, Wirkungskräfte und Geschmack annimmt: so entsprang der alte Charakter der

---

365 JOHANN GOTTFRIED HERDER, Ideen zur Philosophie der Geschichte der Menschheit, 2. Theil (1785), SW XIII, S. 270 ff.

366 Ebd., S. 273; vgl. dazu auch HUGO MOSER, Kleine Schriften II (1984), S. 222.

367 Dazu auch ERNST-JÜRGEN TROJAN, Über Justus Möser, Johann Gottfried Herder und Gustav Hugo zur Grundlegung der Historischen Rechtsschule (1971), S. 49.

368 JOHANN GOTTFRIED HERDER, Ideen zur Philosophie der Geschichte der Menschheit, 2. Theil (1785), SW XIII, S. 268.

369 ERNST-JÜRGEN TROJAN, Über Justus Möser, Johann Gottfried Herder und Gustav Hugo (1971), S. 63.

370 HUGO MOSER, Kleine Schriften II (1984), S. 222.

371 JOHANN GOTTFRIED HERDER, Ideen zur Philosophie der Geschichte der Menschheit, 2. Theil (1785), SW XIII, S. 384.

372 Vgl. hierzu auch THOMAS WÜRTENBERGER, Herder, in: HRG 2, 2. Aufl. (2012), Sp. 985.

373 JOHANN GOTTFRIED HERDER, Ideen zur Philosophie der Geschichte der Menschheit, 3. Theil (1790), SW XIV, S. 38.

Völker aus Geschlechtszügen, der Himmelsgegend, der Lebensart und Erziehung, aus den frühen Geschäften und Taten, die diesem Volk eigen wurden. Tief drangen die Sitten der Väter ein und wurden des Geschlechts inniges Vorbilde.[374]

Neben den äußeren Einflüssen nahm Herder zudem eine weitere Kraft an, die den Nationalcharakter eines Volkes bestimmte. Er bezeichnete diese als »Genius des Volkes«, eine in der Nationalbildung wirkende genetische Lebenskraft.[375] Der Genius des Volkes hatte schöpferische Kraft. Ein Volk besaß eine eigene »Seele«, die über die Summe der Einzelseelen hinausging.[376] Dieser Genius war damit eine durchaus volksgeistnahe Konstruktion; er war bei Herder aber nur ein Element unter Vielen, welche die Eigenheiten einer Nation bestimmten. Der gemeinsame Charakter des Volkes wurde in Herders Konstruktion auch durch eine gemeinsame kulturelle Erfahrungswelt geprägt.[377] Diese kulturelle Verbundenheit innerhalb der Völker relativierte zu einem gewissen Teil den Einfluss äußerer Faktoren:

> Der Boden des Landes, auf dem wir geboren sind, kann für sich allein dies Zauberband schwerlich knüpfen; vielmehr ware es die härteste aller Lasten, wenn der Mensch, als Baum, als Pflanze, als Vieh betrachtet, eigen und ewig, mit Seele, Leib und allen Kräften dem Boden zugehören müßte, auf welchem er die Welt sah.[378]

Der Volksgeist war also das Element, das das Volk als individuelle Ganzheit auszeichnete und damit eine Einheit begründete, die über die bloße Summe der Volksangehörigen hinausging.[379] Da Herder auf diese Weise als einer der ersten das Volk, unabhängig vom Staat, als soziale Einheit verstanden hatte, konnte sich der Volksgeist vom Staat und dem Staatsoberhaupt lösen und sich die Volksseele einer größeren Einheit zuwenden. Herder sorgte für eine »Nobilitierung« des Volksbegriffs, der die Konzentration auf das »Volk« als Forschungsperspektive durch die Romantiker und auch Jacob Grimm erst möglich machte.[380] Besonderen Wert legte Herder auf die Sammlung volkstümlicher Quellen. Die Begriffe »Volkspoesie«[381] und »Naturpoesie« gehen ursprünglich

---

374 Ebd., S. 84.
375 HEYDAR REGHABY, Revolutionäre und konservative Aspekte in der Philosophie des Volksgeistes (1963), S. 78.
376 Vgl. BERND SCHÖNEMANN, Volk, Nation, Nationalismus, Masse, in: OTTO BRUNNER u. a. (Hrsg.), Geschichtliche Grundbegriffe, Bd. 7 (1992), S. 317.
377 ANNE LÖCHTE, Johann Gottfried Herder (2005), S. 81.
378 JOHANN GOTTFRIED HERDER, Briefe zur Beförderung der Humanität, 5. Sammlung (1795), SW XVII, S. 311.
379 Dazu ANNE LÖCHTE, Johann Gottfried Herder (2005), S. 83.
380 Vgl. BERND SCHÖNEMANN, Volk, Nation, Nationalismus, Masse, in: OTTO BRUNNER u. a. (Hrsg.), Geschichtliche Grundbegriffe, Bd. 7 (1992), S. 314, 316.
381 HERMANN BAUSINGER, Formen der »Volkspoesie« (1980), S. 14.

auf Herder zurück.[382] Beide Begriffe waren wichtige Komponenten auch der Volksgeistkonzeption Grimms.[383] In der Poesie hoffte Herder den Genius einer Nation am unverfälschtesten erkennen zu können:

> Wie ganzen Nationen Eine Sprache eigen ist, so sind ihnen auch gewisse Lieblingsgänge der Phantasie, Wendungen und Objecte der Gedanken, kurz ein Genius eigen, der sich unbeschadet jeder einzelnen Verschiedenheit, in den beliebtesten Werken ihres Geistes und Herzens ausdrückt. Sie in diesem angenehmen Irrgarten zu belauschen, den Proteus zu fesseln und redend zu machen, den man gewöhnlich Nationalcharakter nennt, und der sich gewiss nicht weniger in Schriften als in Gebräuchen und Handlungen der Nation äussert, dies ist eine hohe und feine Philosophie. In den Werken der Dichtkunst, d.i. der Einbildungskraft und der Empfindungen wird sie am sichersten geübet, weil in diesen die ganze Seele der Nation sich am freisten zeiget.[384]

Anders als Grimm ging Herder allerdings davon aus, dass sich die Sitten eines Volkes im Laufe einer Generation dramatisch und radikal wandeln konnten. Die Ursache dieser Entwicklung lag in der Abhängigkeit der Völker vom biologischen Lebensrhythmus und damit von äußeren Einflüssen.[385] Herder war damit offener als Grimm dafür, auch historische Umbrüche und Strukturwandlungen als normale Entwicklungsprozesse in seine Konzeption aufzunehmen.[386]

Herders Ansicht zum individuellen Nationalcharakter eines Volkes bildete somit einen Übergangspunkt von der Klimatheorie zum Volksgeist. Er kombinierte das Klima als Umwelteinfluss mit einem schöpferischen überindividuellen Genius. Obwohl er selber kein »reines« Volksgeistkonzept ausbildete, finden sich zahlreiche Bezüge zu einer volksgeistähnlichen Konstruktion. Der schöpferische Genius erlangte bei Herder erstmals »den Rang eines epochemachenden geistesgeschichtlichen Phänomens«,[387] und konnte als Basis für die späteren, nun primär auf den inneren Faktor Volksgeist abstellenden Konzepte dienen.

---

382 Ebd., S. 20.
383 Im genauen inhaltlichen Verständnis traten jedoch einige Unterschiede auf, vgl. hierzu auch OSKAR WALZEL, Jenaer und Heidelberger Romantik über Natur- und Kunstpoesie, in: Deutsche Vierteljahrsschrift für Literaturwissenschaft und Geistesgeschichte 14 (1936), S. 344; HERMANN BAUSINGER, Formen der »Volkspoesie« (1980), S. 22 f.
384 JOHANN GOTTFRIED HERDER, Briefe zur Beförderung der Humanität, 7. Sammlung (1796), SW XVIII, S. 58.
385 Vgl. hierzu GONTHIER LOUIS FINK, Von Winckelmann bis Herder (1987), S. 171.
386 THOMAS WÜRTENBERGER, Johann Gottfried Herder und die Rechtsgeschichte, in: JZ 1957, S. 138.
387 Ebd., S. 137.

4. Die Deutschen und die Volkspoesie

Herder ging von den Deutschen als einer eigenständigen Sprachnation aus, die einen besonderen, typisch deutschen Nationalcharakter besaß.[388] Er leitete mit seinem »Iduna«-Aufsatz[389] von 1796 eine Besinnung auf die verwandtschaftlichen Verhältnisse zwischen den deutschen und den skandinavischen Völkern ein. Herder sah, ähnlich wie später Grimm, eine besonders enge Verknüpfung dieser beiden Volkscharaktere. Er ging jedoch noch nicht so weit wie Grimm. So wollte Herder die skandinavische Mythologie nur als Ersatz für eine deutsche heranziehen, eine Identität der beiden Völker sah er noch nicht.[390] Herder war Vertreter eines »kosmopolitischen Nationalismus«, der den Wert der eigenen Nation auf ihre kulturelle Identität gründete und die Eigenwertigkeit der konkurrierenden Nationen nicht ausschloss.[391] Trotzdem beurteilte er das Eindringen fremder Kulturen in eine eigenständige Kulturnation kritisch. Besonders die Deutschen hätten in der Geschichte immer wieder um die Bewahrung ihrer nationalen Eigentümlichkeiten kämpfen müssen:

> Wir arme Deutsche sind von jeher bestimmt gewesen, nie unser zu bleiben; immer die Gesetzgeber und Diener fremder Nationen, ihre Schicksalsentscheider und ihre verkaufte, blutende, ausgesogne Sklaven.[392]

Hierfür machte Herder maßgeblich, wie Grimm, das römische Papsttum verantwortlich, das dem Eindringen römischer Kultur enormen Vorschub geleistet habe. »Mehr als andere Nationen« habe Deutschland »in dieser Päpstischen Barbarei gelitten« und dadurch »seine hohe und edle Originaldenkart sich hat müssen rauben lassen«.[393] Trotz des kulturellen Fortschritts durch die Übernahme römischer Traditionen, den auch Herder nicht leugnete, wünschte er sich eine unabhängige Entwicklung für Deutschland:

---

388 ULRICH AMMON, Die deutsche Sprache in Deutschland, Österreich und der Schweiz (1995), S. 21; vgl. dazu auch MICHAEL ZAREMBA, Johann Gottfried Herders humanitäres Nations- und Volksverständnis (1985), S. 182; BERND SCHÖNEMANN, Volk, Nation, Nationalismus, Masse (1992), S. 316 ff.

389 JOHANN GOTTFRIED HERDER, Iduna, oder der Apfel der Verjüngung (1796), SW XVIII, S. 484 ff.

390 Vgl. dazu auch KLAUS VON SEE, Deutsche Germanen-Ideologie (1970), S. 34 f.

391 STEFAN NIENHAUS, Vaterland und engeres Vaterland (1994), S. 133; dazu auch BERND SCHÖNEMANN, Volk, Nation, Nationalismus, Masse (1992), S. 317.

392 JOHANN GOTTFRIED HERDER, Von Ähnlichkeit der mittlern englischen und deutschen Dichtkunst, nebst Verschiednem, das daraus folgt (1777), SW IX, S. 528.

393 JOHANN GOTTFRIED HERDER, Ueber die neuere Deutsche Litteratur, Eine Beilage zu den Briefen, die neueste Litteratur betreffend, 3. Sammlung (1767), SW I, S. 367.

Wäre Deutschland bloß von der Hand der Zeit, an dem Faden seiner eignen Kultur fortgeleitet: unstreitig wäre unsere Denkart arm, eingeschränkt; aber unserem Boden treu, ein Urbild ihrer selbst, nicht so mißgestaltet und zerschlagen.[394]

Herder war Zeit seines Lebens bemüht, das Volk in seiner sozialen Ausprägung (das »einfache« Volk) aufzuwerten. Hier sah er die ursprüngliche schöpferische Kraft einer Nation versammelt, im Gegensatz zur lebensfremden Welt des Bürgertums. Das einfache Volk war für Herder, zumindest in der Theorie, Träger der Nationaldichtung, des Volksgeistes.[395] Schon bei Herder fand sich die Zweiteilung der Bevölkerung in »Volk« und »Pöbel«, die uns auch bei Grimm begegnet ist. Die so wertvolle Volkspoesie, das betonte Herder ausdrücklich, stamme nur von ersterem, keineswegs vom zweiten. »Volk«, so stellte er klar »heißt nicht der Pöbel auf den Gassen, der singt und dichtet niemals, sondern schreit und verstümmelt.«[396] Durch Sammlung der Volkspoesie erhoffte sich Herder, die »Physiologie des ganzen Nationalkörpers«[397] aufzuhellen und zu einer »Naturgeschichte«[398] des deutschen Volkes, eines Volkes »von tapfrer Sitte, von edler Tugend und Sprache«[399] beizutragen. »Auch die gemeinen Volkssagen, Märchen und Mythologie gehören hierher«, führte Herder aus. Sie seien »Resultat des Volksglaubens, seiner sinnlichen Anschauung, Kräfte und Triebe.«[400]

Diese Hinwendung Herders zur Volkspoesie, die er als »voll lebendigen Geistes, im vollen Kreise des Volks entsprungen, unter ihnen lebend und würkend«,[401] als Schlüssel zum Volkscharakter begriff, ist als Parallele in Grimms Werk deutlich erhalten geblieben.[402] Grimms Forschungsprogramm stammte zu einem großen Teil von seinem Vorbild Herder.

Trotzdem war Grimm nicht mit allem einverstanden, was Herder unternahm. So wurde Herder in Übersetzungsfragen nicht dem Ideal Grimms gerecht. Herders Übersetzung des *Cid* konnte diesen daher nicht überzeugen.[403] An Savigny schrieb er 1811, er ziehe »das Original« dem »unvolksmäßige[n], aber

---

394 Ebd., S. 367.
395 Anne Löchte, Johann Gottfried Herder (2005), S. 79.
396 Johann Gottfried Herder, Volkslieder, 2. Teil (1779), SW XXV, S. 323.
397 Johann Gottfried Herder, Von Ähnlichkeit der mittlern englischen und deutschen Dichtkunst, nebst Verschiednem, das daraus folgt (1777), SW IX, S. 524.
398 Ebd., S. 533.
399 Ebd., S. 530.
400 Ebd., S. 525.
401 Ebd., S. 531.
402 Hierauf wurde schon früh aufmerksam gemacht, so bei Ernst Lichtenstein, Die Idee der Naturpoesie bei den Brüder Grimm, in: DVJS 6 (1928), S. 516.
403 Zu den Umständen vgl. Berthold Friemel, Zu Jacob Grimms »Silva de romances viejos«, in: BGG 9 (1990), S. 55 ff.

wohlgefallende[n] Gedicht, worin es Herder [...] verarbeitet hat«, vor.[404] Die Bearbeitung der spanischen Romanzen durch Grimm beschränkte sich daher auf die Auswahl der »unverdorbenen« Romanzen, die unmittelbar auf die spanische Nationalepik zurückgingen, auf die inhaltliche Einteilung der einzelne Stücke und die Textrevision von wahrscheinlichen Fehlüberlieferungen sowie die Einführung von assonierenden Langzeilen.[405]

Grimm verwendete zudem die Begriffe National-, Volks- und Naturpoesie zumeist synonym. Demgegenüber trennte Herder zwischen den einzelnen Begriffen und schuf jeweils eine historische, psychologische und ästhetische Kategorie.[406] Herders Konzept war damit detaillierter und differenzierender als der Volkspoesie-Begriff Grimms. Auch ließ Herder dem einzelnen Dichter mehr Raum für Originalität, sah ihn nicht nur als Sprachrohr des Volkes. Seine Volkspoesie konnte daher individualistischer sein, als es Grimms Konzeption zuließ. Herders Wertschätzung der Poesie als »Mittel geistegeschichtlichen Verständnisses« und die Hinwendung zum deutschen Altertum (auch gegenüber der sonst mittelalterzentrierten Romantik) übernahm Grimm jedoch und baute sie weiter aus.[407]

5. Recht und Rechtsquellen

Herder war kein Jurist und hat sich nicht ausdrücklich mit einer Rechtsquellenlehre befasst. Seine Forschungen bezogen sich, wenn es um die Seele des Volkes ging, vor allem auf dessen Poesie. Dort sah er eine schöpferische Tätigkeit des Volksganzen. Zum Recht äußerte er sich nur gelegentlich. Trotzdem hat man Herder in der Forschung immer wieder als Vordenker des Volksgeistgedankens im Recht angesehen. Ernst von Moeller führte bereits 1909 aus: »Wer ihm [Herder] auf diesem Wege folgte, der musste notwendig zur Ableitung des Rechts aus dem Volksgeist gelangen.«[408]

---

404 JACOB GRIMM an Savigny im Sommer 1811, in: INGEBORG SCHNACK / WILHELM SCHOOF (Hrsg.), Briefe der Brüder Grimm an Savigny (1953), S. 118.

405 Vgl. BERTHOLD FRIEMEL, Zu Jacob Grimms »Silva de romances viejos«, in: BGG 9 (1990), S. 62 f. Die Langzeilen führte Grimm ein, um »so den assonierenden Vers, genau gesprochen, zu seiner rechten und ursprünglichen Freiheit zurück [zuführen].«

406 ERNST LICHTENSTEIN, Die Idee der Naturpoesie bei den Brüder Grimm, in: DVJS 6 (1928), S. 523.

407 Ebd., S. 543.

408 ERNST VON MOELLER, Die Entstehung des Dogmas von dem Ursprung des Rechts aus dem Volksgeist, in: MIÖG 30 (1909), S. 35.

Das Recht zählte für Herder neben Religion und Sprache zu den drei großen Faktoren menschlicher Entwicklung.[409] Seine Ansichten zur Entwicklung von Geschichte und Kultur galten auch für das Recht. Für Herder, der von einer organischen Volksentwicklung überzeugt war, musste auch das Recht organisch aus dem Volk heraus entstanden sein. Eine willkürliche Rechtssetzung kam für ihn ebensowenig in Betracht wie für Grimm. Herder verwies auf die Bedeutung eines auf den Volkscharakter abgestimmten Rechts. Ausdrücklich gegen die Rousseau'sche Idee vom Sozialvertrag argumentierend, betonte er die Entwicklung des Rechts aus der Tradition des Volkes heraus.[410] Da ein Gesetzbuch stets zu einem Volk passen müsse, »als sein Kleid«,[411] konnte Herder sich mit der Idee eines Vernunftrechts nicht anfreunden.[412] Das Recht müsse mit der geistigen Individualität des Volkes verbunden sein.[413] Es war für Herder darüber hinaus kein statisches Gebilde, sondern musste sich im Laufe der Geschichte dynamisch und mit innerer Notwendigkeit verändern.[414]

Auch wenn Herder stets diese notwendige Entwicklungsbewegung im Rechtsleben betonte, so lässt sich feststellen, dass »für die Frühzeiten des Rechtslebens sein Herz stets höher schlug als für dessen Spätzeiten.«[415] Dem Eindringen des römischen Rechts stand Herder kritisch gegenüber. Dies lag vor allem daran, dass mit dem römischen Recht durch den Einfluss der Kirche auch die lateinische Sprache für das öffentliche Leben auf Kosten der Nationalsprachen erheblich an Bedeutung gewonnen hatte. »Mit der Landessprache war jedesmal ein großer Theil des Nationalcharakters aus den Geschäften der Nation verdrängt.«[416] Diesen erheblichen Einfluss der »Mönchsprache« konnte für Herder »den Nationenen selbst aber nicht anders als schädlich seyn«. Er war überzeugt:

> Nur durch die Cultur der vaterländischen Sprache kann sich ein Volk aus der Barbarei heben; und Europa blieb auch deshalb so lange barbarisch, weil sich dem

---

409 Ernst-Jürgen Trojan, Über Justus Möser, Johann Gottfried Herder und Gustav Hugo (1971), S. 42 f.

410 Michael Zaremba, Johann Gottfried Herders humanitäres Nations- und Volksverständnis (1985), S. 181.

411 Johann Gottfried Herder, Auch eine Philosophie der Geschichte zur Bildung der Menschheit (1774), SW V, S. 542.

412 Vgl. dazu auch Thomas Würtenberger, Johann Gottfried Herder und die Rechtsgeschichte, in: JZ 1957, S. 138.

413 Ernst-Jürgen Trojan, Über Justus Möser, Johann Gottfried Herder und Gustav Hugo (1971), S. 49.

414 Ebd., S. 50.

415 Thomas Würtenberger, Johann Gottfried Herder und die Rechtsgeschichte, in: JZ 1957, S. 138.

416 Johann Gottfried Herder, Ideen zur Philosophie der Geschichte der Menschheit, 4. Theil (1791), SW XIV, S. 415; dazu auch im Anhang, S. 544 ff.

natürlichen Organ seiner Bewohner, fast ein Jahrtausend hin, eine fremde Sprache vordrang, ihnen selbst die Reste ihrer Denkmal nahm, und auf so lange Zeit einen vaterländischen Codex der Gesetze, eine eigenthümliche Verfassung und Nationalgeschichte ihnen ganz unmöglich machte.[417]

Das römische Recht selbst erkannte Herder, ähnlich wie Grimm, durchaus als überlegene Rechtskultur an. Dies galt vor allem für das ursprüngliche römische Recht:

> Die Geschichte der Rechtsgelehrsamkeit dieses Volkes, sie ist die Geschichte eines großen Scharfsinns und Fleißes, der nirgends als im römischen Staat also geübt und solange fortgesetzt werden konnte; an dem was die Zeitfolge daraus gemacht und daran gereihet hat, sind die Rechtlehrer des alten Rom unschuldig. Kurz, so mangelhaft die Römische Literatur gegen die Griechische beinah in jeder Gattung erscheinet; so lag es doch nicht in den Zeitumständen allein, sondern in ihrer Römischen Natur selbst, daß sie Jahrtausende hin die stolze Gesetzgeberin aller Nationen werden konnte.[418]

Die Qualität des römischen Rechts habe sich, so Herders Überzeugung, mit der Zeit verschlechtert. So fiel auch Herders Urteil über das *Corpus Iuris Civilis* Justinians nicht positiv aus. Herder bezeichnete es wenig schmeichelhaft als »Flickwerk der griechischen Kaiser über die alten Römergesetze«, in dem der »alte politische Römergeist [...] völlig fehle«, was »zum Verfall des Reichs und wirklich auch zum Verfall der Menschheit« beigetragen habe.[419]

Für die Wendung des römischen Rechts zum Schlechten machte Herder die katholische Kirche verantwortlich. Er stellte fest, dass das römische Gesetz sich vor allem durch »Anstand und Würde« auszeichne, während dem kanonischen Recht »List und heilige[r] Despotismus« eigen seien. Das deutsche Recht habe demgegenüber einen »bidere[n], offene[n]« Sinn.[420]

Die Besonderheiten des deutschen Rechts beschrieb Herder in den uns ähnlich bereits bei Grimm begegneten[421] blumigen Worten. »Ihre Gesetze«, schwärmte Herder, »wie athmen sie männlichen Muth, Gefühl der Ehre, Zutrauen auf Verstand, Redlichkeit und Götterverehrung«.[422] Er zeigte Bewun-

---

417 Ebd., S. 415; dazu auch im Anhang, S. 544 ff.
418 Johann Gottfried Herder, Ideen zur Philosophie der Geschichte der Menschheit, 3. Theil (1787), SW XIV, S. 195.
419 Johann Gottfried Herder, Ideen zur Philosophie der Geschichte der Menschheit, Anhang (1791), SW XIV, S. 505.
420 Ebd., S. 530; dazu auch Ernst-Jürgen Trojan, Über Justus Möser, Johann Gottfried Herder und Gustav Hugo (1971), S. 71.
421 Thomas Würtenberger, Johann Gottfried Herder und die Rechtsgeschichte, in: JZ 1957, S. 139, geht sogar so weit: »Finden wir in dieser Sprache Herders nicht die romantische Stimmung eines Jakob Grimm bei Würdigung germanischen Rechtswesen gleichsam vorweggenommen?«
422 Johann Gottfried Herder, Auch eine Philosophie der Geschichte zur Bildung der Menschheit (1774), SW V, S. 515.

derung für die Rechtsprinzipien Freiheit und Gemeinschaft,[423] die später auch Grimm im alten deutschen Recht so bemerkenswert fand. Ebenso sah Herder in Rittertum, Lehensrecht und Fehdewesen bedeutende Merkmale deutscher Rechtskultur im Mittelalter. Auch das Gesamteigentum hob Herder als eine deutsche Rechtstradition hervor.[424]

Wenn er allerdings von der großen Bedeutung der Städte für die Gemeinschaftsbildung schwärmte, so ging Grimm einen anderen Weg. Während Herder in den Städten den »Hauch des Gemeingeistes« wahrnahm und die Stadtrechte als »Muster bürgerlicher Weisheit« bezeichnete,[425] ignorierte Grimm diese Rechtsquelle bei seiner Sammlung alten deutschen Rechts fast völlig. Stadtrechte enthielten für ihn gerade kein poetisches, sinnliches Element, sondern waren prosaischer Natur und hatten dazu beigetragen, dass die alten Volksrechte an Bedeutung verloren. Zudem waren, so gestand auch Grimm ein, in den Stadtrechten zwar deutsche Elemente, aber eben auch Spuren römischer Munizipalverfassung enthalten. Die Stadtrechte waren daher zur Erkenntnis echt deutscher Rechtstradition nur bedingt brauchbar.[426]

Insgesamt sind jedoch auch hinsichtlich der Beurteilung des deutschen und des römischen Rechts deutliche Parallelen zwischen Grimm und Herder erkennbar. Grimm konnte hier einige Ansätze für seine eigenen Studien zum alten deutschen Recht finden und darauf aufbauend sein eigenes Konzept weiterentwickeln.

IV. Gustav Hugo

Gustav Hugo[427] (1764–1844) wird noch immer als unmittelbarer Wegbereiter der sog. Historischen Rechtsschule beschrieben.[428] Früher noch als »Stifter«[429]

---

423 ERNST-JÜRGEN TROJAN, Über Justus Möser, Johann Gottfried Herder und Gustav Hugo (1971), S. 70.

424 Ebd., S. 72.

425 JOHANN GOTTFRIED HERDER, Ideen zur Philosophie der Geschichte der Menschheit, 4. Theil (1791), SW XIV, S. 486.

426 JACOB GRIMM, Vorlesung über »deutsche Rechtsalterthümer«, hrsg. von ELSE EBEL (1990), S. 20.

427 Vgl. OTTO MEJER, Hugo, Gustav, in: ADB 13 (1881), S. 321 ff.; ERNST LANDSBERG, GDR 3.2 (1910), S. 1 ff.; WILHELM EBEL, Gustav Hugo (1964); KLAUS LUIG, Hugo, Gustav, in: NDB 10 (1974), S. 26 f.

428 ERNST LANDSBERG, GDR 3.2 (1910), S. 1 ff., beginnt mit den bezeichnenden Worten: »Endlich kam Hugo«; FRANZ WIEACKER, Privatrechtsgeschichte der Neuzeit (1996), S. 378 ff.; differenzierendere Darstellung bei HANS-PETER HAFERKAMP, Gustav Hugo zum 250. Geburtstag, in ZEuP 23 (2015), S. 105 ff.; vgl. auch DERS., Die Historische Rechtsschule (2018), S. 51 ff.

429 OTTO MEJER, Hugo, Gustav, in: ADB 13 (1881), S. 321.

angesehen, wird Hugos Lehre heute noch als wegweisend[430] für die Historische Rechtschule beschrieben. Auch wenn der Befreiungsschlag gegen das Naturrecht, den Hugo für die Historische Rechtsschule vollbracht haben soll, heute weitaus differenzierter betrachtet wird,[431] hat Hugo für die geschichtliche Betrachtung des Rechts wichtige Vorarbeiten geleistet. Damit nahm Hugo eine wichtige Vermittlerrolle auf dem Weg vom Naturrecht zur Historischen Rechtsschule ein.[432] Da er ebenfalls in engem freundschaftlichen Kontakt mit Jacob Grimm stand, ist er ein weiterer interessanter Vergleichspartner.

1. Jacob Grimm und Hugo

Erste persönliche Kontakte Grimms mit Hugo entstanden vermutlich im Rahmen von Kasselreisen Hugos, die dieser in seiner Eigenschaft als Prorektor der Göttinger Universität unternehmen musste.[433] Nähere persönliche Bekanntschaft ergab sich dann durch die Tätigkeit der Brüder Grimm in Göttingen ab 1829. So berichtete Grimm 1830 seinem Freund Ludwig Hassenpflug: »Hugo besucht uns gewöhnlich alle sonntage nachmittag 5 uhr, er ist ein ehrlicher mann, aber immer in seiner manier.«[434] Beide Brüder pflegten bereits vor dieser Zeit einen umfangreichen Briefwechsel mit Hugo, der heute zu den am vollständigsten erhaltenen Briefwechseln der Brüder Grimm zählt.[435] Inhalt der Briefe war, neben Persönlichem, die Erörterung zahlreicher fachlicher Fragen. So konsultierte Grimm Hugo offenbar auch zu Einzelheiten bezüglich der näheren Auslegung des römischen Rechts während der Abfassung der *Rechtsalterthümer*.[436] Die auf lateinisch verfasste Gratulation Grimms zu Hugos Doktorjubiläum im Jahr 1838 ist in den *Kritischen Jahrbüchern für deutsche Rechtswissenschaft* überliefert.[437]

430 Klaus Luig, Hugo, Gustav, in: NDB 10 (1974), S. 26.
431 Vgl. dazu Arno Buschmann, Estor, Pütter, Hugo – Zur Vorgeschichte der Historischen Rechtsschule, in: Thomas Gergen (Hrsg.), Vielfalt und Einheit in der Rechtsgeschichte (2004), S. 75 f. m. w. N.
432 Ernst-Jürgen Trojan, Über Justus Möser, Johann Gottfried Herder und Gustav Hugo (1971), S. 109.
433 So Stephan Bialas, Einleitung, in: ders. (Hrsg.), Briefwechsel der Brüder Jacob und Wilhelm Grimm mit Gustav Hugo, S. 15.
434 Jacob Grimm an Ludwig Hassenpflug vom 25.02.1830, in: Robert Frederici, Briefe von Jacob und Wilhelm Grimm an Ludwig und Lotte Hassenpflug, in: BGG 3 (1981), S. 41.
435 Stephan Bialas (Hrsg.), Briefwechsel der Brüder Jacob und Wilhelm Grimm mit Gustav Hugo, Stuttgart 2003.
436 Dies lässt sich zumindest aus dem Antwortbrief Gustav Hugos an Jacob Grimm vom 02.07.1827 schließen, in: ebd., S. 35. Der vorausgehende Brief Jacob Grimms ist leider nicht erhalten.
437 Bd. 3 (1838), S. 483.

In der Bibliothek der Brüder Grimm sind einige Werke Hugos verzeichnet.[438] So befanden sich dort der 1., 3. und 6. Band von Hugos Lehrbuch eines civilistischen Cursus, also Encyclopädie, Geschichte des römischen Rechts und Civillistische Litterair-Geschichte.

Im Sommersemester 1803 las Savigny zudem römische Rechtsgeschichte nach Hugo.[439] Als Hörer fand sich auch Grimm ein.[440] Grimm kam damit schon sehr früh in seiner wissenschaftlichen Ausbildung mit den Arbeiten und der Methode Hugos in Kontakt. Auch noch nach Hugos Tod blieben dieser und seine wissenschaftlichen Ansichten bei Grimm präsent. Anlässlich einer Rede auf der 1. Germanistenversammlung 1846 lobte Grimm die »scharfe Ausprägung« seines »verstorbene[n] freund[es] Hugo in Göttingen«, an den er »noch oft wehmütig denke« – und das, obwohl Jacob vermuten musste, dass Hugo den Zielen der Versammlung kritisch gegenübergestanden hätte.[441]

2. Volksgeist bei Hugo?

Gustav Hugo hat selber keine eigene Volksgeisttheorie entwickelt. Er äußerte sich im Gegenteil kritisch zu Savignys Volksgeistverständnis.[442] Trotzdem leisteten Hugos Forschungen wertvolle Vorarbeit für die Entstehung des Volksgeistkonzepts in der Historischen Rechtsschule. Bereits zu Beginn seiner akademischen Laufbahn hatte Hugo die Schriften Montesquieus kennengelernt und kritisch aufgenommen.[443] Schon früh forderte er mit Montesquieu, bei der Betrachtung des römischen Rechts die heutigen Zustände aus der Betrachtung herauszulassen und sich stattdessen mit dem antiken Recht selbst und dessen »schlichten und natürlichen Gang« zu beschäftigen, dessen »Geist« zu erkennen.[444] Genau die Umsetzung dieses Prinzips veranlasste Hugo zur Übersetzung von Edward Gibbons historischer Übersicht des römischen Rechts.[445] Die Suche

---

438 Vgl. Ludwig Denecke/Irmgard Teitge, Die Bibliothek der Brüder Grimm (1989).

439 Vgl. Aldo Mazzacane, Jurisprudenz als Wissenschaft (2004), S. 23 Fn. 91.

440 Rudolf Hübner, Jacob Grimm und das deutsche Recht (1895), S. 7.

441 Jacob Grimm, Über den Namen der Germanisten (1846), Kl. Schr. 7, S. 568.

442 Gustav Hugo, Rez. Savigny, System des heutigen Römischen Rechts, Erster Band, in: Göttingische Gelehrte Anzeigen 1840, S. 1019 f.; dazu auch Ernst Landsberg, GDR 3.2 (1910), S. 47.

443 Otto Mejer, Hugo, Gustav, in: ADB 13 (1881), S. 322.

444 Gustav Hugo, Vorrede zur Übersetzung von Edward Gibbon's The history of the decline and fall of the Roman Empire (1789), zitiert nach der Neuausgabe (1996) S. 15.

445 Arno Buschmann, Ursprung und Grundlagen der geschichtlichen Rechtswissenschaft (1963), S. 114 f.

nach dem Geist des römischen Rechts wurde damit zu einem leitenden Gedanken in Hugos wissenschaftlichem Lebenswerk. Dies hieß allerdings nicht, den römischen Volksgeist zu erforschen. Für Hugo bedeutete die Suche nach dem Geist des römischen Rechts, das historische römische Recht zu behandeln und dessen leitende Prinzipien aus der Betrachtung seiner historischen Entwicklung zu erkennen, um schließlich zu einem geschlossenen Rechtssystem zu gelangen.[446] Hugo wandte sich zunächst, stark von Kant beeinflusst, von der Idee eines Vernunftsrechts ab und einer »individualisierende[n] und empirische[n] Betrachtung« des Rechtsstoffes zu.[447] Recht und Staat waren für ihn keine Dinge der Vernunft, sondern der Natur und daher allein durch Beobachtung zugänglich.[448] Dies führte in der Konsequenz dazu, dass sich Hugo besonders den »Kleinigkeiten« zuwandte, geleitet von der Überzeugung, dass auch die kleinsten Bestandteile wichtig werden konnten.[449] Dies erinnert an die Vorgehensweise Grimms.

Dennoch waren für Hugo die Gesetze nicht die einzige Quelle der juristischen Wahrheiten. Wie die Sprache sich selbst schaffe, entstehe auch die Sitte quasi von selbst:

> Kommt es nun darauf an, was bey einem Volke und zu einer Zeit für recht gehalten werde, d. h. was dafür gelte, daß darauf der ganz allgemeine Ausdruck des Sittengesetzes passe, so geht es wieder völlig auf dieselbe Weise. Alle positive Moral – man verzeihe mir diesen Ausdruck, der mir sehr passend scheint – beruht lediglich auf Sprache und Sitten, also auf dem, was sich von selbst macht.[450]

Als Teil dieser positiven Moral sah Hugo auch die Rechtslehre:

> Beydes, das öffentliche und das Privat-Recht, macht sich auch von selbst, wie die Sprache und wie die Sitten, d. h. auch ohne Verabredung und ohne Befehle, schon dadurch, weil die Umstände es mit sich bringen, weil man andere es so halten sieht, und weil zu zehn Regeln, die man auf diese Art bekommen hat, diese bestimmte elfte eher paßt, als ihr Gegentheil.[451]

Hugo stellte daher fest: »So kann ein freylich noch ziemlich rohes positives Rechts entstehen, ohne alle juristische Gesetze.«[452] Dennoch betrachtete Hugo auch staatlich gemachtes Recht als wirksam und grundsätzlich verpflichtend. Er verwies jedoch darauf, dass im wirklichen Leben die Gewohnheit der Bevölke-

---

446 Ebd., S. 140 f.
447 Franz Wieacker, Privatrechtsgeschichte der Neuzeit (1996), S. 379.
448 Otto Mejer, Hugo, Gustav, in: ADB 13 (1881), S. 324.
449 Ebd., S. 324.
450 Gustav Hugo, Die Gesetze sind nicht die einzige Quelle der juristischen Wahrheiten, in: CivMag 4 (1812), S. 120.
451 Ebd., S. 121.
452 Ebd., S. 121.

rung oft zur Nichtbeachtung solcher Normen tendiere und auch demgegenüber der Gesetzgeber eine gewisse Rücksicht zu üben habe. »Bey welchem Volke hat man das positive Recht jemahls blos aus Gesetzen hergeleitet, und den wirklichen Gebrauch für weniger wichtig gehalten?«[453] Für das Gewohnheitsrecht spreche, so Hugo, auch die bessere Kenntnis der Regeln in der Bevölkerung. Einer ausdrücklichen Bestätigung des Gewohnheitsrechts durch den Gesetzgeber bedürfe es zur Geltung nicht.[454]

Damit trat Hugo ausdrücklich in Opposition zu einer »Gesetzesfabrik« eines aufgeklärten Gesetzgebers.[455] Quellen des Rechts waren für ihn nicht vollständig in den Gesetzen zu fassen, sondern leiteten sich aus der Gewohnheit ab. Zukünftige Regelungen sollten sich an der historischen Entwicklung und dem Rechtsvergleich orientieren, da sich aus dem Naturrecht keine Richtigkeitsgewähr der erzielten Rechtssätze ableiten ließ.[456]

Der Inhalt des Rechts war für Hugo auch von den natürlichen Gegebenheiten eines Landes und den Eigenschaften des Volkes abhängig.[457] Dabei komme es »auch beym PrivatRecht nicht darauf an, was für Gesetze nun einmahl da sind, ohne daß man sie förmlich aufgehoben hätte, sondern was die Richter, die Sachwalter und die Lehrer von diesen für jetzt geltendes Recht halten.«[458] Hugo sah daher durchaus die Möglichkeit, dass »das, was sich von selbst macht«, tatsächlich passender sein könnte »als was irgendeine Regierung sich für das Volk ausdenkt«.[459] Die Gesetze selber seien überdies nicht in der Lage, Recht zu schaffen, sondern konnten nur ausdrücken, was rechtens sei.[460] Damit rückte Hugo den Schwerpunkt vom positiven Recht zum sich zu einem gewissen Grad selbst schaffenden Gewohnheitsrecht, jedoch ohne sich auf einen rechtserzeugenden Volksgeist zu berufen und ohne die Richtigkeit der Gewohnheit zu unterstellen.[461] Hugo stellte sich das Gewohnheitsrecht als Juristenrecht

---

453 Ebd., S. 127.

454 Ebd., S. 128 f.

455 Gustav Hugo, Rez. Zeitschrift für geschichtliche Rechtswissenschaft, in: Beyträge zur civilistischen Bücherkenntniß 2 (1829), S. 255; dazu auch Franz Wieacker, Privatrechtsgeschichte der Neuzeit (1996), S. 379 f.; Ernst-Jürgen Trojan, Über Justus Möser, Johann Gottfried Herder und Gustav Hugo (1971), S. 87 f.

456 Franz Wieacker, Privatrechtsgeschichte der Neuzeit (1996), S. 380; dazu auch Wilhelm Ebel, Gustav Hugo (1964), S. 31.

457 Wilhelm Ebel, Gustav Hugo (1964), S. 30; dazu auch Ernst-Jürgen Trojan, Über Justus Möser, Johann Gottfried Herder und Gustav Hugo (1971), S. 88 f.

458 Gustav Hugo, Die Gesetze sind nicht die einzige Quelle der juristischen Wahrheiten, in: CivMag 4 (1812), S. 126.

459 Ebd., S. 130.

460 Wilhelm Ebel, Gustav Hugo (1964), S. 32.

461 Ernst-Jürgen Trojan, Über Justus Möser, Johann Gottfried Herder und Gustav Hugo (1971), S. 104 f.; vgl. zu diesem bedeutenden Unterschied auch im Hin-

vor, nicht als Volksrecht.[462] Einen fehlenden Beruf zur Gesetzgebung hat Hugo seiner Zeit nicht unterstellt, allerdings darauf hingewiesen, dass eine zukünftige Gesetzgebung die Kenntnis der geschichtlichen Entwicklung und des täglichen Lebens voraussetze.[463] Unbewusste oder organische Kräfte, die die Entwicklung des Rechts bestimmt hätten, kannte Hugo dagegen nicht; die Entwicklung war vielmehr zufällig, und Ergebnis der Summen indvidueller Einzelhandlungen.[464] Die Gemeinschaft »Volk« stand noch nicht im Vordergrund, Individuen und ihre Entscheidungen spielten für die Entwicklung die entscheidende Rolle. Das Volksgeistkonzept Grimms deutete sich bei Hugo somit nur an, gewisse Ähnlichkeiten in den Grundannahmen sind aber nicht zu übersehen.[465]

3. Sprache und Recht

Äußerten sich Hugo und Grimm in ihrem Briefwechsel zu wissenschaftlichen Themen, so ging es meist um etymologische Fragen. Hugo nutzte Grimms großes Fachwissen, um seiner eigenen juristischen Arbeit eine größere Begriffsschärfe zu geben. Überzeugt von der inneren Verbindung zwischen Sprach- und Rechtsentwicklung ließ Hugo sich gerne von Grimm über sprachwissenschaftliche Spezialfragen Auskunft geben. So schrieb er 1824 an Grimm: »Ich gehe gar zu gern bey Ihnen in die Schule, wenn ich nur weit genug dazu vorgerückt bin, denn die Geschichte der Sprache [...] hängt mit der Rechtswissenschaft gar sehr zusammen.«[466] Die Überzeugung von der engen Verbindung der Sprache mit dem Recht und der Wichtigkeit der Begriffsgeschichte für die Erkenntnis seiner inneren Bedeutung teilten Hugo und Grimm. Dies zeigte sich auch in Hugos begriffsgeschichtlichen Abhandlungen, in denen er

> als eine Art juristischer Sprachpurist [...] herkömmliche Ausdrücke vom Moosansatz der Jahrhunderte durch historisch-kritische Untersuchung reinigend, die Begriffsklarheit heraufgebracht [hat], die der deutschen Romanistik des 19. Jahrhunderts zu ihrem Ruhm verholfen hat [...].[467]

blick auf Savignys Volksgeistvorstellung: Hans-Peter Haferkamp, Die Historische Rechtsschule (2018), S. 126 f.

462 Ernst-Jürgen Trojan, Über Justus Möser, Johann Gottfried Herder und Gustav Hugo (1971), S. 106.

463 Wilhelm Ebel, Gustav Hugo (1964), S. 33.

464 Ernst-Jürgen Trojan, Über Justus Möser, Johann Gottfried Herder und Gustav Hugo (1971), S. 92.

465 So auch Adolf Laufs, Rechtsentwicklungen in Deutschland (1991), S. 187.

466 Gustav Hugo an Jacob Grimm, Brief vom 22. Juli 1824, in: Stephan Bialas (Hrsg.), Briefwechsel der Brüder Jacob und Wilhelm Grimm mit Gustav Hugo, Nr. 6, S. 27.

467 Wilhelm Ebel, Gustav Hugo (1964), S. 25 f.

Die Parallelität von Sprache und Recht war schon früh eine Grundannahme Hugos. Die alleinige Betrachtung des geltenden Rechts genügte ihm nicht, um dessen Bedeutung auch historisch aufzuklären:

> Das positive Recht eines jeden Volks ist ein Theil seiner Sprache. Dies ist schlechterdings bey jeder Wissenschaft der Fall; es kommt darauf an, welche Begriffe man unter denselben Ausdruck zusammen nimmt, und welche man so von einander trennt, daß sie keinen gemeinschaftlichen Nahmen mehr haben. Une science n'est qu'on langage bien fait.[468]

Wichtig blieb es also, in die tatsächliche Bedeutung eines Begriffes vorzudringen. Dies sei vor allem dort entscheidend,

> wo dasselbe Wort nach einiger Zeit einen ganz andern Sinn hat, als vorher, oder wo in jeder Sprache einzelne Ausdrücke vorkommen, welchen in einer andern Sprache keiner ganz entspricht, also bey allem, was sich auf die Sitten bezieht, bey allem Positiven, als auch bey dem positiven Rechte.[469]

Die Geschichte der Wörter war für Hugo die Geschichte der Sachen, die philologische Klärung der Wortentwicklung damit ein großes Stück Sachforschung.[470]

In diesem Zusammenhang äußerte sich Hugo auch zur Frage nach dem Ursprung der Sprache. Er lehnte zunächst sowohl eine göttliche Herkunft als auch die menschliche Verabredung einer Sprache ab:

> Wer irgend darüber nachgedacht hat, der weiß, daß eine Sprache sich von selbst bildet, und daß vollends auf ihrer weiteren Forschritte das Beyspiel Einzeler, die einmahl dafür angesehen werden, als sprächen oder schrieben sie gut, den größten Einfluß hat.[471]

In diesem Aspekt sei die Sprache mit den Sitten vergleichbar, die, wie bereits gesehen, für Hugo ebenfalls nicht auf obrigkeitlichen Befehl oder gezielte Verabredung zurückgingen. Hier spielte für Hugo das Vorbild Einzelner eine bedeutende Rolle für den Entwicklungsgang. Bei Grimm hingegen trat die Indiviualität stets hinter den Volksgeist zurück. Auch hier zeigte sich jedoch, dass Hugo insgesamt deutlich wissenschaftlicher vorging als Grimm.

---

468 GUSTAV HUGO, Die Gesetze sind nicht die einzige Quelle der juristischen Wahrheiten, in: CivMag 4 (1812), S. 117 f.
469 Ebd., S. 118.
470 ERNST LANDSBERG, GDR 3.2 (1910), S. 11.
471 GUSTAV HUGO, Die Gesetze sind nicht die einzige Quelle der juristischen Wahrheiten, in: CivMag 4 (1812), S. 119.

4. Die historische Betrachtung des Rechts

Hugo konzentrierte seine Forschungen von Anfang an auf das römische Recht. Von diesem war für ihn in erster Linie das historische römische Recht interessant, welches die Grundlage des geltenden römischen Rechts bildete.[472] Eine konkrete praktische Bedeutung war für Hugo zunächst irrelevant und spielte erst in einem späteren Schritt bei der Erarbeitung eines Universalsystems der Jurisprudenz des römischen Rechts nach dem Vorbild Montesquieus eine Rolle, welches für die vorliegende Untersuchung aber außer Betracht bleiben kann.[473] Insgesamt bildeten für Hugo die römische Rechtsgeschichte und die Kenntnis des Systems des historischen römischen Rechts den Kern der gesamten Jurisprudenz des römischen Rechts.[474]

Für ihn war die Geschichte rein empirisch zu betrachten, nicht etwa organisch, wie später bei Savigny oder auch bei Grimm. Der Ablauf der Geschichte war daher nicht auf die Verwirklichung eines bestimmten Prinzips oder Zwecks ausgerichtet, sondern durchaus zufällig.[475] Bei der historischen Betrachtung des Rechts unterschied Hugo zwischen der äußeren Rechtsgeschichte (der Betrachtung der Geschichte der Quellen) und der inneren Rechtsgeschichte (der Betrachtung der Entwicklung der Begriffe und Sätze des positiven Rechts selbst). Beides war gemeinsam zu betrachten.[476]

Hugo veröffentlichte neben einigen rechtssystematischen Werken auch zahlreiche antiquarische Untersuchungen, in denen er seiner eigenen Forderung nach Berücksichtigung der historischen Dimension des Rechts gerecht wurde. Dabei spielten, wie bereits oben gesehen, philologische Aspekte eine entscheidende Rolle. Die Einteilung der Geschichte zerfiel in bestimmte Perioden, die jeweils unter spezifischen Gesichtspunkten zusammenhingen.[477] Da Hugo davon ausging, dass das Recht nicht vernunftbedingt, sondern aus der Erfahrung gewachsen sei, war er der Ansicht, dass man Rechtserscheinungen in ihrer geschichtlichen Entwicklung objektiv und unbefangen beobachten musste. Aus dieser Beobachtung ließe sich dann unter Umständen ein den Gegebenheiten entsprechendes Recht erkennen.[478] Die historische Betrachtung des Rechts

---

472 Arno Buschmann, Ursprung und Grundlagen der geschichtlichen Rechtswissenschaft (1963), S. 142 ff.
473 Vgl. dazu ebd., S. 148 ff.
474 Ebd., S. 158.
475 Hans-Ulrich Stühler, Die Diskussion um die Erneuerung der Rechtswissenschaft (1978), S. 137 f.
476 Ebd., S. 138.
477 Vgl. dazu Franz Wieacker, Privatrechtsgeschichte der Neuzeit (1996), S. 380 f.
478 Wilhelm Ebel, Gustav Hugo (1964), S. 31. Ebel bezeichnet dies als die «historische Rechtsschule Hugos».

sollte sich zunächst nicht danach richten, ob die Ergebnisse für das praktische Recht brauchbar seien oder nicht. Ideal war die Annäherung an den Geist des römischen Rechts.[479] Dabei ging Hugo »mit dem liebevollen Blick des Naturforschers« vor, der sich jeder Einzelheit annahm.[480] Er betonte die Notwendigkeit, bei der historischen Aufarbeitung des Rechts nicht nur einzelne Rechtsinstitute in ihrer Entwicklung zu erforschen, sondern das gesamte Rechtssystem historisch zu betrachten, da gerade die gegenseitige Einwirkung gleichzeitig wirksamer Rechtssätze aufeinander von Bedeutung war.[481]

Damit wird jedoch deutlich, dass die historische Betrachtung für Grimm etwas anderes bedeutete als für Hugo. Grimm ging in seinen *Rechtsalterthümern* einen anderen Weg, indem er die Quellen aus ihrem Gesamtzusammenhang riss und »unhistorisch« zusammenstellte. Dies war die Konsequenz der unterschiedlichen Geschichtsauffassungen beider Forscher. Hugo war noch nicht auf der Suche nach dauerhaften Entwicklungsprinzipien des Rechts, da er nicht von einem organischen Recht ausging, sondern auch dem Zufall einen Platz zuwies.[482] Auch suchte er nicht nach einem Volksgeist. Für Grimm spielten dagegen der Entwicklungsgedanke und die Verwirklichung des Volksgeistes eine so große Rolle, dass die konkreten Rahmenbedingungen in der Betrachtung außen vor bleiben konnten. Ansätze für ein Volksgeistkonzept konnte Grimm bei Hugo nicht wirklich finden.

V. Friedrich Wilhelm Joseph von Schelling

wenn ich mir nur mehr aus den philosophischen Dingen machte.[483]

Auf die besondere Bedeutung der Philosophie Friedrich Wilhelm Joseph von Schellings[484] für das Werk Grimms hat bereits Otfried Ehrismann an verschiedenen Stellen hingewiesen und damit auch der bis dahin vorherrschenden Missachtung von Schellings Einfluss ein Ende gesetzt.[485] Grimm hat Schellings

---

479 Ernst Landsberg, GDR 3.2 (1910), S. 7.
480 Ebd., S. 42.
481 Ernst-Jürgen Trojan, Über Justus Möser, Johann Gottfried Herder und Gustav Hugo (1971), S. 98.
482 Vgl. Fritz von Hippel, Gustav Hugos juristischer Arbeitsplan (1931), S. 30.
483 Jacob Grimm an Paul Wigand Anfang Mai 1813, in: Edmund Stengel (Hrsg.), Briefe der Brüder Grimm an Paul Wigand (1910), S. 148.
484 Vgl. Jörg Jantzen, Schelling, Friedrich Wilhelm Joseph Ritter von, in: NDB 22 (2005), S. 652 ff.; Friedrich Jodl, Schelling, Friedrich Wilhelm Joseph, in: ADB 31 (1890), S. 6 ff.
485 Otfried Ehrismann, Vorwort, Jacob Grimm, Kl. Schr. 1 (1991), S. 1*–34*; ders., »Die alten Menschen sind größer, reiner und heiliger gewesen als wir«, in: LILI

Werke gelesen – und das mit großem Gefallen, auch wenn ihm, so musste er sich selbst eingestehen, nicht alles direkt zugänglich war.[486] Selbst wenn Grimm nicht alles gefiel, was Schelling in seiner Naturphilosophie entwickelte, hatte diese bedeutenden Einfluss auf seine eigenen Vorstellungen. Das Zeitschriftenprojekt der Brüder Grimm, die *Altdeutschen Wälder*, knüpfte an diese Tradition an.[487] Den größten Eindruck machte Schellings *System des transcendentalen Idealismus* auf Grimm, welches im Jahr 1800 erschien.[488] Darüber hinaus dürften noch weitere Schriften Schellings die Ausbildung von Grimms Ansichten beeinflusst haben.[489] Grimm hat sich jedoch »nur herausgenommen, was ihm zusagte«, und wurde kein begeisterter Schellingianer.[490] Dennoch bietet sich hinsichtlich der zahlreichen Anregungen, die Grimm durch Schelling empfangen hat, ein kurzer Vergleich ihrer grundlegenden Vorstellungen unter dem Aspekt des Volksgeistes an.

1. Jacob Grimm und Schelling

Es ist nach dem oben Gesagten nicht verwunderlich, dass sich in der Grimmschen Bibliothek, die insgesamt nur eine recht knappe Auswahl an philosophischen Werken aufwies, einige Schriften Schellings fanden.[491] Im Bestand sind fünf Werke verzeichnet: *Philosophische Schriften*, Bd. 1 von 1809; *Denkmal der Schrift von den göttlichen Dingen des Herrn Friedrich Heinrich Jacobi und der ihm in derselben gemachten Beschuldigung eines absichtlich täuschenden, Lüge redenden Atheismus* von 1812; *Rede zum siebzigsten in öffentlicher Sitzung gefeyerten Jahrestag der Königlichen Akademie der Wissenschaften* von 1829; *Schelling's Erste Vorlesung in Berlin*, 15. November 1841 und *Von der Weltseele* in der 3. Auflage von 1809.

1986, S. 29 ff.; DERS., Philologie der Natur, die Grimms, Schelling, die Nibelungen, in: BGG 5 (1985), S. 35 ff. Auch früher schon wurde ein Einfluss der Schellingschen Naturphilosophie thematisiert, bspw. bei WILHELM SCHERER, Jacob Grimm (1985), S. 124.

486 Vgl. Brief JACOB GRIMM an Savigny vom 19.12.1809, in: INGEBORG SCHNACK/ WILHELM SCHOOF (Hrsg.), Briefe der Brüder Grimm an Savigny (1953), S. 80: »Ich lese jetzt mit großem Gefallen den ersten Band von Schellings Schriften, manches verstehe ich noch nicht recht, oder schwer, allein ich bin auch in die Terminologie p. gar nicht eingewohnt, vieles ist mir klar und herrlich.«

487 Vgl. hierzu OTFRIED EHRISMANN, Vorwort, in: JACOB und WILHELM GRIMM, Altdeutsche Wälder (1999), S. 8*.

488 OTFRIED EHRISMANN, Vorwort, Grimm, Kl. Schr. 1 (1991), S. 2*.

489 Vgl. OTFRIED EHRISMANN, Philologie der Natur, die Grimms, Schelling, die Nibelungen, in: BGG 5 (1985), S. 37.

490 OTFRIED EHRISMANN, Vorwort, Grimm, Kl. Schr. 1 (1991), S. 2*.

491 Vgl. LUDWIG DENECKE/IRMGARD TEITGE, Die Bibliothek der Brüder Grimm (1989), S. 521 ff.

Die ersten schriftlichen Zeugnisse zu einem Kontakt Grimms mit den Ideen Schellings hat ebenfalls Ehrismann ausgewertet.[492] So fanden sich frühe Hinweise ab 1805 im Briefwechsel zwischen Jacob und Wilhelm Grimm.[493] Eine weitergehende inhaltliche Auseinandersetzung mit Schelling fand in diesem Briefwechsel jedoch nicht statt. Auch später noch haben beide Brüder Schellings Äußerungen interessiert verfolgt, so den Streit zwischen Schelling und Jacobi um den Gottesbegriff.[494] Während der Berliner Zeit Grimms hat dieser Schellings späte Vorlesungen zur Kenntnis genommen. Er wertete zumindest die erste als großen Erfolg.[495] Dies ist interessant, da die generelle Stimmung nach den Berliner Vorlesungen eher von Enttäuschung geprägt war, da man sich klarere Stellungnahmen Schellings erhofft hatte.[496]

Ebenfalls erhalten ist ein Briefwechsel zwischen Grimm und Schelling. Neben offiziellen Schreiben, die Schelling im Namen der Bayrischen und der Preußischen Akademie der Wissenschaften verfasste, ist auch eine Einladung der Grimms an Familie Schelling erhalten.[497] Überliefert ist ebenfalls ein Besuch Schellings im Hause Grimm am 23. Juni 1843; Schelling war zum Mittagessen eingeladen.[498] Es kam demnach zu mehreren persönlichen Kontakten zwischen den Wissenschaftlern. Grimms erneute Beschäftigung mit dem Ursprung der Sprache 1851 ging zudem ursprünglich auf Schelling zurück. Dieser hatte in der Akademie der Wissenschaften angeregt – offenbar angesichts der seiner Meinung mangelhaften Thesen Herders –, sich erneut mit diesem Thema zu beschäftigen, und er befasste sich in der Folge selber in einigen Vorlesungen mit dieser Fragestellung.[499]

---

492 OTFRIED EHRISMANN, Philologie der Natur, in: BGG 5 (1985), S. 51.

493 So WILHELM GRIMM an Jacob vom 24.03.1805; JACOB GRIMM an Wilhelm vom 02.04.1805; WILHELM GRIMM an Jacob vom 24.06.1805; WILHELM GRIMM an Jacob vom 14.04.1809; WILHELM GRIMM an Jacob vom 18.06.1809, in: WILHELM SCHOOF (Hrsg.), Briefwechsel zwischen Jacob und Wilhem Grimm aus der Jugendzeit (2. Aufl. 1963), S. 37, 42, 65, 87, 114 f.

494 Vgl. dazu OTFRIED EHRISMANN, Philologie der Natur, in: BGG 5 (1985), S. 51.

495 JACOB GRIMM an Ernst Friedrich Johann Dronke am 18.11.1841, in: ALBERT LEITZMANN (Hrsg.), Briefe der Brüder Grimm (1923), S. 50: »Schellings vorlesungen machen hier großen eindruck [...]«. Diese Einschätzung teilten allerdings andere Zeitgenossen Grimms nicht, vgl. WALTER SCHULZ, Freiheit und Gleichheit in Schellings Philosophie (1975), S. 23 m. w. N.

496 So HORST FUHRMANS, Schellings Philosophie der Weltalter (1954), S. 224.

497 Nachweise finden sich im online zugänglichen Verzeichnis von Jacob und Wilhelm Grimms Briefwechsel: www.grimmbriefwechsel.de/ und http://www.grimmnetz.de/bv/.

498 Vgl. WILHELM HANSEN, Die Brüder Grimm in Berlin, in: BGG 1 (1963), S. 260; LUDWIG EMIL GRIMM, Erinnerungen aus meinem Leben (1913), S. 518.

499 Dies beschreibt JACOB GRIMM in der Einleitung seiner Schrift: Über den Ursprung der Sprache (1851), Kl. Schr. 1, S. 256.

2. Volksgeist bei Schelling

Schelling selbst hat den Begriff »Volksgeist« nicht verwendet.[500] Das lässt allerdings, dies zeigen schon die vorausgegangenen Untersuchungen zu Grimm, nicht notwendigerweise darauf schließen, dass ein Prinzip »Volksgeist« in seinem Werk nicht zu finden ist.

Auch Schelling befasste sich mit der deutschen Eigenart und führte diese auf einen gemeinsamen »Geist« zurück:

> Zu eigenthümlich von Gemüt und Geist ist dieses Volk gebildet, um auf dem Weg anderer Nationen mit diesen gleichen Schritt zu halten. Es muss seinen eigenen Weg gehen, und wird ihn gehen, und sich nicht irren noch abwenden lassen, wie es immer vergebens versucht wurde. Seine Aufgabe ist eine ganz eigenthümliche, die Richtung seiner Entwicklungen und Fortschritte eine notwendige.[501]

Der besondere Volkscharakter prägte sich für Schelling in der Wissenschaft aus, die das »wahre Innere, das Wesen, das Herz der Nation« sei und »mit ihrem Daseyn selbst verflochten«.[502] Dies bedinge, so war er überzeugt, eine besondere Hinwendung der Deutschen zur Metaphysik.[503] »Metaphysik«, so Schelling, »ist was Staaten organisch schafft und eine Menschenmenge eines Herzens und Sinns, d. h. ein Volk, werden lässt.«[504] Metaphysik bedeute vor allem auch Religion. Die Deutschen seien »ihrem Innersten Wesen nach religiös«, betonte Schelling. Jedes Volk habe »aber nur durch dasjenige Kraft und Macht, was seine besondere Natur ist«. Das deutsche »Gemüth« bedürfe eines »innigen Bandes«, einer besonderen Gemeinschaft.[505] Ein Volk machte für Schelling die Gemeinschaft des Bewusstseins aus, die sich in einer gemeinsamen Sprache manifestierte. Auch er dachte daher eine Nation als Sprachnation, unabhängig von einer bloß räumlichen Koexistenz.[506]

Besondere Bedeutung maß Schelling, wie auch Grimm, der Reformation zu, denn

---

500 ALEXANDER HOLLERBACH, Der Rechtsgedanke bei Schelling (1957), S. 203.
501 FRIEDRICH WILHELM JOSEPH VON SCHELLING, Über das Wesen Deutscher Wissenschaft (Fragment 1812/13), SW I Abt. 8., S. 3 ff.; vgl. zu dieser Schrift, in der erstmals sehr deutlich Schellings nationales Denken und seine Gedanken zum Volksgeist sichtbar wurden, auch ALEXANDER HOLLERBACH, Der Rechtsgedanke bei Schelling (1957), S. 197 ff.
502 FRIEDRICH WILHELM JOSEPH VON SCHELLING, Über das Wesen Deutscher Wissenschaft (Fragment 1812/13), SW I Abt. 8., S. 3.
503 Ebd., S. 5 ff.
504 Ebd., S. 9.
505 Ebd., S. 13.
506 FRIEDRICH WILHELM JOSEPH VON SCHELLING, Philosophie der Mythologie (1837), S. 51; dazu ALEXANDER HOLLERBACH, Der Rechtsgedanke bei Schelling (1957), S. 247 f.

seit dieser Zeit existiert deutsche Wissenschaft in der ganzen Eigenthümlichkeit ihrer Bedeutung. Von da an sind ihre Fortschritte nicht mehr zufällig noch ins Unbestimmte (wie die anderer Nationen) gerichtet; sie haben ein bestimmtes Ziel, eine nothwendige Richtung.[507]

Insoweit mahnte Schelling ausdrücklich, neben der Leistung einzelner Individuen den Volksgeist als Quelle kultureller Errungenschaften nicht zu unterschätzen:

> Es wäre eine große Beschränktheit der Ansicht, in den späteren wissenschaftlichen Veränderungen Deutschlands kein höheres Princip zu erblicken als den Geist einzelner Männer, durch die sie begonnen wurden. Wie in den früheren religiösen war es auch in diesen das Wesen, der Geist der Nation selbst, aus dem sie ihren Ursprung wie die Kraft und den Antrieb ihrer Fortbildungen erhielten.[508]

Die Individualität spielte für Schelling jedoch weiterhin eine wichtige Rolle: »Vertilgung der Individualität ist eben die Richtung eines unmetaphysischen, bloß mechanisch geformten Staates.«[509]

Scharf kritisierte Schelling fremde Einflüsse, die den deutschen Volkscharakter in der Vergangenheit verfälscht hätten. Um »die wahre Wesenheit ihres [der Deutschen] Geistes, die ursprüngliche Richtung ihres Sinns zu gewinnen«, sei es notwendig, alles auszusondern, »was durch Buhlerei der Väter und Großväter mit ausländischen Völkern erzeugt wurde, oder als fremder Zusatz das reine deutsche Metall auch seiner inneren Natur nach verändert hat.«[510] Ähnlich wie Grimm trat Schelling dafür ein, den »wahren« deutschen Volksgeist von fremden Einflüssen zu reinigen und wieder in seiner ursprünglichen Form sichtbar zu machen.

Bei Schelling fanden sich ebenso Anlehnungen an die Klimatheorie. So führte er aus:

> Die Wirkung einer den Menschen aushöhlenden Moral muß aber nothwendig noch beträchtlich nachtheiliger wirken auf Völker, die schon durch ihre klimatischen Verhältnisse ärmer an Naturkraft und schwächer begabt von Sinnlichkeit sind.[511]

Systematische Entfaltung hat dieses »Volksgeistkonzept«, wenn man es überhaupt so bezeichnen kann, bei Schelling allerdings nicht gefunden. Seine obigen Aussagen stammten aus einem unveröffentlichten Fragment, das erst aus dem Nachlass heraus einer breiteren Öffentlichkeit zugänglich gemacht wurde. Der

---

507 FRIEDRICH WILHELM JOSEPH VON SCHELLING, Über das Wesen Deutscher Wissenschaft (Fragment 1812/13), SW I Abt. 8., S. 4.
508 Ebd., S. 6 f.
509 Ebd., S. 12.
510 Ebd., S. 14.
511 Ebd., S. 16.

Aufsatz war wahrscheinlich für Schellings im Jahr 1813 aus nationalpoltischem Impuls herausgegebene »Allgemeine Zeitschrift von Deutschen für Deutsche« bestimmt. Diese wurde aber schon nach einem Jahr wieder eingestellt. Aufgrund »seines echten Pathos« kann man durchaus vermuten, dass die Thematik zu dieser Zeit eine Herzensangelegenheit Schellings war.[512] Zweifellos spielte der Volksgeist damit aber nicht die entscheidende Rolle im Werke Schellings, die er bei Grimm einnahm. In ihrer Beurteilung der Rolle der Religion sowie der Gemeinschaft für die deutsche Nation stimmten beide Gelehrte zumindest aber überein. Die Rolle der Wissenschaft indes, der Schelling eine überragende Bedeutung zuerkannte, fiel in Grimms Konzeption deutlich anders aus. Da das Fragment »Über das Wesen Deutscher Wissenschaft« und die Würzburger Vorlesungen nie veröffentlicht worden sind, in denen das Volksgeistkonzept Schellings am deutlichsten zu Tage trat,[513] ist eine unmittelbare Beeinflußung auf Grimm in diesen Punkten überdies unwahrscheinlich.

3. Der Urzustand

Wenn Schelling davon sprach, dass das »reine deutsche Metall«,[514] also die ursprüngliche deutsche Wesensart, wiederbelebt werden sollte, ist in Bezug auf den Volksgeist interessant, wie sich Schelling diesen Urzustand vorstellte, zu dem wieder zurückgefunden werden sollte. Hierauf soll daher noch ein kurzer Blick geworfen werden. Schelling unterschied in seinem *System des transcendentalen Idealismus* zwischen drei Perioden der Geschichte, die jeweils von den beiden Gegensätzen *Schicksal* und *Vorsehung* sowie der zwischen diesen beiden stehenden *Natur* beeinflusst waren. Die erste Periode wurde durch das Schicksal bestimmt. Die Beurteilung dieser frühesten Periode der Geschichte fiel ganz ähnlich aus, wie wir es schon von Grimm erfahren haben:[515]

> [I]n diese [erste] Periode der Geschichte, welche wir die tragische nennen können, gehört der Untergang des Glanzes und der Wunder der alten Welt, der Sturz jener großen Reiche, von denen kaum das Gedächtniß übrig geblieben, und auf deren Größe wir nur aus ihren Ruinen schließen, der Untergang der edelsten Menschheit, die je geblüht hat, und deren Wiederkehr auf die Erde nur ein ewiger Wunsch ist.[516]

512 Alexander Hollerbach, Der Rechtsgedanke bei Schelling (1957), S. 197 ff.
513 Ebd., S. 317.
514 Friedrich Wilhelm Joseph von Schelling, Über das Wesen Deutscher Wissenschaft (Fragment 1812/13), SW I Abt. 8., S. 14.
515 Vgl. dazu auch Otfried Ehrismann, Philologie der Natur, in: BGG 5 (1985), S. 40 f.
516 Friedrich Wilhelm Joseph von Schelling, System des transcendentalen Idealismus (1800), SW I Abt. 3., S. 603 f.

Hier ist die Idealisierung des Urzustandes erkennbar, wie sie auch bei Grimm zu beobachten war.[517] In diesem ursprünglichen Zustand der Geschichte war gleichzeitig schon alles angelegt, was in Zukunft erreichbar und erstrebenswert war. Die Geschichte zeichnete sich somit als Wiedererlangungsprozess dessen aus, was vormals bereits vorhanden war, allerdings auf einer höheren Ebene. Aus ähnlicher Motivation erschienen Grimm die frühen Quellen als besonders wertvoll. So erklärt sich auch seine Beurteilung der Sprachentwicklung, die ebenfalls von einem idealisierten Urzustand gekennzeichnet war, bevor das folgte, was in der Forschung auch schon als »Sündenfall«[518] beschrieben worden ist. In der Tat ist in dieser Beurteilung des Gangs der Geschichte von einem paradiesischen Ausgangszustand aus eine Parallele zur biblischen Schöpfungsgeschichte nicht von der Hand zu weisen. Ebenso, wie man hieraus bei Grimm nicht auf eine absolute »Niedergangsthese«[519] schließen konnte, äußerte sich auch Schelling einschränkend: »Alle Rückkehr, die ausgenommen, welche durch Fortschreiten geschieht, ist Verderb und Untergang.«[520] Die Rückkehr zum Ursprung war also keinesfalls als bloße Kopie alter Zustände gedacht, sondern sollte durch die Rückbesinnung auf das Gute der Vergangenheit einen Fortschritt in eine bessere Zukunft bewirken.

Die weitere Einteilung der Geschichte in die Perioden 2 und 3, die Schelling in seiner Systemaik vornahm, ließ sich freilich bei Grimm nicht mehr finden.[521] Die Grundtendenz jedoch, die Geschichtsabläufe im Rahmen eines göttlichen Plans ablaufen zu lassen, die sich bei Schelling andeutete, war auch bei Grimm vorhanden.[522]

4.   Die Entstehung von Mythologie und Recht

Für Schelling war die auch bei Grimm beliebte Mythologie zeitlebens ein »Fundamentalthema«.[523] Die älteste Poesie (im Urzustand noch in Einheit

---

517   Vgl. oben B. II. 1. b) aa) und B. IV. 2. b).
518   HELMUT DE BOOR, Gedenkrede auf Jacob Grimm, in: Beiträge zur Geschichte der deutschen Sprache und Literatur 86 (1964), S. 13 f.
519   Vgl. hierzu oben B. IV. 2. b).
520   FRIEDRICH WILHELM JOSEPH VON SCHELLING, Über das Wesen Deutscher Wissenschaft (Fragment 1812/13), SW I Abt. 8., S. 4.
521   OTFRIED EHRISMANN, Philologie der Natur, in: BGG 5 (1985), betont allerdings deutlich, dass die gesamte Triade durch Grimm übernommen wurde. Dies geschah jedoch jedenfalls für die Perioden 2 und 3 nicht so ausdrücklich und anschaulich wie für die Periode 1.
522   Vgl. hierzu auch OTFRIED EHRISMANN, Das Nibelungenlied in Deutschland (1975), S. 77 f.
523   ODO MARQUARD, Zur Funktion der Mythologiephilosophie bei Schelling, in: MANFRED FUHRMANN (Hrsg.), Terror und Spiel (1971), S. 258; ALEXANDER

Mythologie und Sprache) war für Schelling noch gottnah und im Volk verwurzelt. Sie war damit Volks- oder Naturpoesie. Diese zeichne sich dadurch aus, dass sie nicht bewusst, sondern bewusstlos geschaffen werde, also keine Erfindung eines einzelnen Dichters sei. Quelle für diese Naturpoesie war für Schelling das ungebildete Volk, welches diese am treuesten bewahren könne. Gerade in der Naturpoesie, die im Volk bis heute vorhanden sei, spiegele sich immer noch der reine Urzustand.[524] Diese Gegenüberstellung von Volks- bzw. Naturpoesie und der später hinzutretenden Kunstpoesie fand sich auch bei Grimm[525] und bestimmte dessen Volksgeistkonzeption maßgeblich.

Schelling ging ebenfalls nicht davon aus, dass Poesie und Mythologie indviduelle Schöpfungen einzelner Personen seien. Die Mythologie »macht sich in den Dichtern selbst, in ihnen gelangt sie zur Entstehung«.[526] Die Dichter sah Schelling also ähnlich wie Grimm nur als Medium dessen an, was im Volk lebte, was sich von selbst machte:

> Die mythologischen Vorstellungen sind weder erfundene, noch freiwillig angenommene Erzeugnisse eines vom Denken und Wollen unabhängigen Processes, waren sie für das ihm unterworfene Bewußtseyn von unzweideutiger und unabweislicher Realität. Völker wie Individuen sind nur Werkzeuge dieses Processes, den sie nicht überschauen, dem sie dienen, ohne ihn zu begreifen. Es steht nicht bei ihnen, sich diesen Vorstellungen zu entziehen, sie aufzunehmen oder nicht aufzunehmen; denn sie kommen ihnen nicht von außen, sie sind in ihnen, ohne daß sie sich bewußt sind, wie, denn sie kommen aus dem Innern des Bewußtseyns selbst, dem sie mit einer Nothwendigkeit sich darstellen, die über ihre Wahrheit keinen Zweifel verstatte.[527]

Die besondere Mythologie eines Volkes hatte sich in der Konzeption Schellings nach dem Abfall des Menschengeschlechts vom Monotheismus während des Übergangs zum Polytheismus gebildet. Die Abkehr vom Monotheismus habe zu einem Zustand der »Verwirrung« geführt, der die Entstehung individueller Völker begünstigt habe.[528] Dieser Einschnitt durch den Übergang vom Monotheismus zum Polytheismus ist uns ebenfalls bei Grimm begegnet.[529]

HOLLERBACH, Der Rechtsgedanke bei Schelling (1957), S. 244, bezeichnet die Konzentration auf die Mythologie als »eine der wesentlichen Konstanten in Schellings philosophischer Entwicklung«.

524 FRIEDRICH WILHELM JOSEPH VON SCHELLING, Ausgewählte Schriften, Bd. I, S. 697; Bd. II, S. 242.

525 Vgl. oben B. III. 2.

526 FRIEDRICH WILHELM JOSEPH VON SCHELLING, Philosophie der Mythologie (Nachschrift der Vorlesungen 1841), Schellingiana, Bd. 6, S. 37.

527 FRIEDRICH WILHELM JOSEPH VON SCHELLING, Einleitung in die Philosophie der Mythologie (1842), SW II Abt. 1., S. 194.

528 Vgl. hierzu ALEXANDER HOLLERBACH, Der Rechtsgedanke bei Schelling (1957), S. 253.

529 Vgl. hierzu oben B. II. 2. e) aa) (4).

Ähnlich sah Schelling auch die Entstehung des Rechts. »Auf gleiche Weise werden die Gesetze vom Volk im Fortgang seines Lebens erzeugt.«[530] Er war überzeugt, dass bei allen Völkern Gesetzgebung und Sitten eng mit den Göttervorstellungen zusammenhingen und das Recht durch die Mythologie einen ganz individuellen Charakter erhalte.[531] Genau wie die Sprache war auch das Recht damit bereits von Anfang an in den Völkern vorhanden.[532] Zumindest das »Urgesetz«, welches der späteren Rechtsentwicklung zugrunde lag, war mit dem jeweiligen Volk gemeinsam entstanden und Teil des individuellen Volksbewusstseins.[533] Dieses Urgesetz war jedoch in der Konstruktion Schellings nur die Basis der Rechtsentwicklung, die in der Folgezeit maßgeblich durch das Volk selbst geformt wurde. Der Volksgeist konnte allerdings nicht ausschließliche Quelle des Rechts sein, da dieser selbst bereits durch das »mythologisch-rechtliche Urgesetz« geprägt war.[534] Letztendlich blieb es für Schelling jedoch dabei, dass in Bezug auf das geschichtliche, gewordene Recht, das jeweilige Volk selbst und sein Volksgeist als Urheber anzusehen waren. Rechtsetzung von »außen« oder von »oben herab« war daher nicht möglich. Das Recht konnte für Schelling daher nur richtig in seiner »historischen Wirklichkeit« erfasst werden.[535]

Es zeigen sich daher durchaus Parallelen in den Vorstellungen der beiden Gelehrten. Der Volksgeistgedanke bestimmte Grimms wissenschaftliches Schaffen jedoch sehr viel maßgeblicher, als dies bei Schelling der Fall war. Auch für den Rechtsentstehungsprozess war die Bedeutung des Volksgeistes in Grimms Konzeption deutlich klarer und zentraler.

VI. August Wilhelm Schlegel

August Wilhelm Schlegel[536] hat sich ebenfalls mit der für Grimm und seine Volksgeistkonzeption wesentlichen Frage nach dem Ursprung der Sprache beschäftigt. In einer viel beachteten Rezension der *Altdeutschen Wälder* setzte er sich zudem kritisch mit wichtigen Grundkonzepten der Grimms auseinander. Aber auch auf Parallelen zwischen den beiden Wissenschaftlern ist in der Literatur bereits früh hingewiesen worden, so in Bezug auf die Idee eines sich

---

530 Friedrich Wilhelm Joseph von Schelling, Philosophie der Mythologie (Vorlesung 1837), S. 51; hierzu auch Hans-Peter Haferkamp, Georg Friedrich Puchta und die »Begriffsjurisprudenz« (2004), S. 334 ff.

531 Alexander Hollerbach, Der Rechtsgedanke bei Schelling (1957), S. 248.

532 Ebd., S. 248.

533 Ebd., S. 249.

534 Ebd., S. 250 f.

535 Ebd., S. 255.

536 Vgl. Johannes John, Schlegel, August Wilhelm von, in: NDB 23 (2007), S. 38 ff.; Franz Muncker, Schlegel, August Wilhelm, in: ADB 31 (1890), S. 354 ff.

selbst dichtenden Epos, welche Grimm von Schlegel übernommen haben könnte.[537] Das Epos war wichtiger Teil der unmittelbar aus dem Volksgeist hervorgegangenen Volkspoesie und damit zentraler Bestandteil von Grimms Volksgeistkonzeption. Ein Vergleich mit Schlegels Auffassungen erschien daher naheliegend.

1. Jacob Grimm und Schlegel

Jacob Grimm hat die Schriften Schlegels gelesen und genau zur Kenntnis genommen. Anerkennend äußerte er sich über die von Schlegel 1802/03 in Berlin gehaltenen Vorlesungen »Über schöne Literatur und Kunst«, die er und sein Bruder Wilhelm in Schlegels Zeitschrift »Europa« nachverfolgen konnten.[538] Auch später verfolgte Grimm Schlegels Schriften. So verwies er in der Vorrede zur *Deutschen Grammatik* auf das Werk »Observations sur la langue provençale« von 1818, in dem Schlegel die Sprache mit einem Eisengerät verglich, welches zwar kaputtgehen, aber aus den Einzelteilen stets wieder zusammengefügt werden könne.[539] Grimm zitierte Schlegel ebenfalls zur Untermauerung der These, dass das gewaltsame Eindringen fremder Sprachen den Untergang der Formen beider Sprachen nach sich zöge.[540] Beachtet man das Zitierverhalten Grimms insgesamt, das als äußerst zurückhaltend beschrieben werden kann, so sind bereits diese wenigen Verweise durchaus bedeutsam und lassen darauf schließen, dass er sich mit Schlegels Ansichten intensiv auseinander gesetzt hat.

Auch in Grimms Bibliothek[541] fanden sich zahlreiche Werke Schlegels: »Réflexions sur l'etude des lanques asiatiques, adressées à Sir James Mackintosh, suivies d'une lettre à M. Horace Hayman Wilson« von 1832; »Blumensträusse italienischer, spanischer und portugiesischer Poesie« von 1804; »Übersetzung von Pedro Calderón de la Barca, Schauspiele« von 1803–1809; »Comparaison entre la Phèdre de Racine et cell d'Euripide« von 1807; »Observations sur la lanque et la littérature provençales« von 1818; »Œuvres de M. Auguste-Guillaume de Schlegel« von 1846; »Rom. Elegie« von 1805; »Übersetzung von William

---

537 OTFRIED EHRISMANN, Das Nibelungenlied (1975), S. 76; in diesem Sinne auch schon JOSEF KÖRNER, Nibelungenforschungen der deutschen Romantik (1911), S. 86, der jedoch darauf hinweist, dass die Konzeption Grimms deutlich über die Andeutungen bei Schlegel hinausgeht und hier auch auf eine Vorbildwirkung Savignys und den »zum Kollektivismus gekehrten Zeitgeist« verweist.

538 RALF KLAUSNITZER, »Verschwörung der Gelehrten«?, in: Zeitschrift für Germanistik XI (2001), S. 518.

539 JACOB GRIMM, Vorrede zur Deutschen Grammatik (1819), Kl. Schr. 8, S. 49.

540 Ebd., S. 51.

541 Vgl. LUDWIG DENECKE / IRMGARD TEITGE, Die Bibliothek der Brüder Grimm (1989).

Shakespeare, Dramatische Werke« von 1797–1810 und 1821; Zeitschrift »Indische Bibliothek«, Bd. 2 von 1826–1827 sowie eine Rezension aus den Heidelberger Jahrbüchern der Litteratur 8 (1815), S. 721–766.

August Wilhelms Bruder Friedrich Schlegel[542] wirkte seit 1809 in Wien und gab dort das »Deutsche Museum« heraus, in dem Grimm einige Beiträge veröffentlichte.[543] Als dieser 1814 als hessischer Legationssekretär einige Zeit in Wien verbringen musste, besuchte er Friedrich Schlegel. Dass dessen Frau jüdische Wurzeln hatte und auch sonst Juden im Hause Schlegel verkehrten, missfiel Grimm dabei.[544] 1827 traf Grimm auch August Wilhelm Schlegel persönlich.

2. Die Rezension der *Altdeutschen Wälder*

Differenzen zwischen den Ansichten der Schlegels und denen Grimms traten nicht nur in der bereits erwähnten Rezension der *Altdeutschen Wälder* zu Tage. Hier waren diese aber besonders anschaulich nachvollziehbar. Ausdrücklich wandte sich August Wilhelm Schlegel dort von Grimms Theorie der Volkspoesie ab,[545] obwohl er ansonsten positiv volksmäßiger Dichtung gegenüberstand.[546] Jacob Grimm, dessen Konzeption der Volkspoesie einen integralen Teil seines gesamten Wissenschaftsverständnisses ausmachte, musste dies als eindeutigen Angriff auf die Grundlagen seiner Forschungen verstehen. Dass sich dies auch noch gegen die *Altdeutschen Wälder*, ein Lieblingsprojekt Grimms, richtete, muss die Kritik noch schmerzlicher gemacht haben. Nicht verwunderlich waren daher seine dem Freund Karl Lachmann (der August Wilhelm Schlegel noch deutlich schärfer als Grimm angriff) gegenüber getroffenen abfälligen Äußerungen über Schlegel. 1819 schrieb Grimm an Lachmann:

> Schlegel ist so versessen auf eitele Vornehmheit und französische Eleganz, daß er weder für den Titurel noch die Nibelungen schwerlich etwas ernsthaftes thun

---

542 Zu Friedrich Schlegel: Jure Zovko, Schlegel, Carl Wilhelm Friedrich von, in: NDB 23 (2007), S. 40 ff.; Franz Muncker, Schlegel, Karl Wilhelm Friedrich, in: ADB (1891), S. 737 ff.

543 1812 einen Beitrag über die Herausgabe des alten Reinhart Fuchs und 1813 »Gedanken über Mythos, Epos und Geschichte«, auch abgedruckt in: Kl. Schr. 4, 74–85.

544 Vgl. Brief Jacob an Wilhelm Grimm vom 8.10.1814, in: Herman Grimm / Gustav Hinrichs (Hrsg.), Briefwechsel zwischen Jacob und Wihlem Grimm aus der Jugendzeit (1881), S. 359; vgl. dazu auch Leopold Schmidt, Die Brüder Grimm und der Entwicklungsgang der österreichischen Volkskunde, in: BGG 1 (1963), S. 313 f.

545 Vgl. dazu auch Hermann Bausinger, Formen der »Volkspoesie« (1980), S. 28 f.

546 Vgl. zu den Grabenkämpfen um Volks- und Naturpoesie, vor allem auch zwischen Schlegel, Arnim und den Grimms, die mit Sicherheit hier eine Extremposition einnahmen, Karl S. Guthke, Papierkrieg und -frieden in Hei-

wird, er ist darüber hinaus und zeigt an sich, wie man mit Geist und Scharfsinn ohne eine gewisse Gründlichkeit in der Länge doch zu nichts kommt.[547]

Nach dem persönlichen Treffen mit Schlegel 1827 musste Grimm jedoch zugeben:

> Ich kann nicht leugnen, daß wir ihn bescheidener und umgänglicher gefunden haben, als wir uns vorgestellt hatten. Zwar die eitelkeit und vornehmheit in manier, kleidung, tragen geschmackloser ringe und nadeln, vordeclamieren indischer stellen, lateinischer aus dem dampfschiffgedicht und dergleichen läßt sich nicht verbergen, aber sein natürliches geschick und talent macht sich doch bahn darüber hinaus und man denkt viertelstundenlang nicht daran. Ich mag auch von Schlegels schwächen und fehlern so hart urtheilen, wie ich will, für gutmüthig und ohne galle muß ich ihn halten, was er erzählte und mittheilte war heiter und unterhielt.[548]

Mit den Jahren verrauchte der Gram über die so unverblümt geäußerte Kritik Schlegels offenbar immer mehr. 1833 nahm Grimm diesen gegenüber Lachmann sogar teilweise in Schutz und erklärte, er »danke ihm immer noch die in meiner jugend durch ihn empfangne anregung.«[549]

Grund genug, sich diese frühe Kritik noch etwas genauer anzuschauen. Schlegel nahm als Rezensent kein Blatt vor den Mund. Gleich zu Beginn bemängelte er die fehlende Ausrichtung der Zeitschrift auf Leser, »die neben einer leichten Belehrung Unterhaltung begehren«.[550] Schnell kam er jedoch zu einem viel grundlegenderen Kritikpunkt: der Konzeption der sich selbst dichtenden Volkspoesie, die für Schlegel nicht mehr widerspruchslos hinnehmbar war. Auch Schlegel war in der Vergangenheit zunächst von der Theorie des sich selbst erzeugenden Epos ausgegangen,[551] hatte diese Überzeugung zum Zeitpunkt der Rezension jedoch schon wieder abgelegt und argumentierte nun ausdrücklich in eine andere Richtung.[552] So stellte Schlegel klar: »Jede Wirkung zeugt von einer verwandten Ursache; das Erhabene und Schöne kann nur ein

---

delberg, in: Friedrich Strack (Hrsg.), 200 Jahre Heidelberger Romantik (2008), S. 441 f., und bezogen auf die Rez. Schlegels S. 457 f.

547 Jacob Grimm an Karl Lachmann vom 28.12.1819, in: Albert Leitzmann (Hrsg.), Briefwechsel der Brüder Jacob und Wilhelm Grimm mit Karl Lachmann (1925/26), S. 22.

548 Jacob Grimm an Karl Lachmann vom 20.04.1827, in: ebd., S. 509.

549 Jacob Grimm an Karl Lachmann vom 08.04.1833, in: ebd., S. 608 f.

550 August Wilhelm Schlegel, Rez. Altdeutsche Wälder, in: Heidelbergische Jahrbücher für Literatur 1815, S. 721.

551 August Wilhelm Schlegel, Bürger (1800), in: August Wilhelm von Schlegels sämmtliche Werke, Bd. 8, S. 80, hatte zunächst erklärt, Schöpfer des Epos sei »gewißermaßen das Volk im Ganzen«. Vgl. hierzu Josef Körner, Nibelungenforschungen der deutschen Romantik (1911), S. 86.

552 Vgl. dazu auch Otfried Ehrismann, Vorwort, in: Jacob und Wilhelm Grimm, Altdeutsche Wälder (1999), S. 12* f. m. w. N.

Werk ausgezeichneter Geister sein.«[553] Er lehnte Grimms Vorstellung der durch den Volksgeist erzeugten Naturpoesie eindeutig ab. Schlegel formulierte dies so:

> Die Sage und volksmäßige Dichtung war allerdings das Gesamteigenthum der Zeiten und Völker, aber nicht eben so ihre gemeinsame Hervorbringung. Was man an Zeitaltern und Völkern rühmt, löset sich immer bey näherer Betrachtung in die Eigenschaften und Handlungen einzelner Menschen auf.[554]

Deutlich betonte Schlegel das individuelle Moment jeder menschlichen Schöpfung, das Grimm durch die Betonung der Schöpfung durch Volk bzw. Volksgeist in seiner Bedeutung nivellierte. Für Grimm war das kollektiv Gewachsene in Kultur und Geschichte wichtig; der einzelne Dichter verlor daneben an Bedeutung, ihm war es gerade versagt, seine individuellen Vorstellungen in die Dichtung einzubringen und damit das Volksprodukt zu verfälschen. Für Schlegel bedeutete diese Betonung der gemeinsamen Schöpfung des Volksganzen eine Herabwürdigung der eigentlichen Schöpfer und deren kreativer Leistung.[555]

Auch das in den *Altdeutschen Wäldern* offenbar werdende Verhältnis zwischen Sage und Geschichte konnte Schlegel nicht überzeugen:

> Die Herren Grimm scheinen uns zuweilen die Sage und die urkundliche Geschichte nicht gehörig zu sondern, sie räumen jener ein Ansehen ein, durch dessen Anerkennung wir an unsern bewährtesten und ausgemachtesten Kenntnissen irre werden müßten; sie wollen längst aus unwiderleglichen Gründen verworfene Fabeln wiederum als Thatsachen aufstellen, und wenn der Irrthum auch noch so offenbar ist, so soll doch auf irgend eine verborgene und geheimnisvolle Weise die Wahrheit darin stecken.[556]

Das umfassende Sagenverständnis deckte sich nicht mit Schlegels Interpretation. Schlegel missfiel zudem die Methode der etymologischen Ableitungen und die stete (oft tatsächlich sehr bemühte) Suche Grimms nach Motivparallelität zur Herleitung einer organischen Verbindung zwischen verschiedenen Fragmenten. Dies brachte er in Bezug auf eine Untersuchung Grimms zur Kontinuität der Farbsymbolik rot / weiß / schwarz – nicht ohne eine gewisse Ironie – auf den Punkt:

> Bei dieser Gelegenheit hat nun Hr. J. Gr. allen Schnee aufgestöbert, auf den jemals in der Welt Blutstropfen gefallen sein sollen. Allein dieß giebt nur zwei Farben; um die geheimnißvolle Zusammenstellung der drei Farben, weiß, roth und schwarz, vollständig zu machen, muß irgend ein Rabe oder wenigstens eine Krähe herzugeflogen kommen, welche dann das böse Princip vorstellt. Der Verfaßer hat

---

553 Aᴜɢᴜsᴛ Wɪʟʜᴇʟᴍ Sᴄʜʟᴇɢᴇʟ, Rez. Altdeutsche Wälder, in: Heidelbergische Jahrbücher für Literatur 1815, S. 723.

554 Ebd., S. 723.

555 Osᴋᴀʀ Wᴀʟᴢᴇʟ, Jenaer und Heidelberger Romantik über Natur- und Kunstpoesie (1936), S. 350.

556 Aᴜɢᴜsᴛ Wɪʟʜᴇʟᴍ Sᴄʜʟᴇɢᴇʟ, Rez. Altdeutsche Wälder, in: Heidelbergische Jahrbücher für Literatur 1815, S. 727.

wirklich so viel Weiß, Roth und Schwarz angehäuft, daß einem dabei grün und gelb vor Augen wird.[557]

Auch für die Einbeziehung sämtlicher Bruchstücke eines Textfundes in die Betrachtung und die Verwendung ungewöhnlicher Quellengattungen (die für Grimm ja gerade besonders volksnah und wertvoll waren) hatte Schlegel kein Verständnis.[558]

Die sehr umfangreiche Rezension war insgesamt in ihrer Deutlichkeit nicht misszuverstehen und ließ kaum Gutes an dem Projekt »Altdeutsche Wälder«. Grimms Wissenschaftsmodell war in seinen Grundfesten erschüttert.

Schlegels Rezension bedeutete daher für Grimms wissenschaftliches Werk einen empfindlichen Einschnitt, selbst wenn man nicht von einem »trennscharfen Schnitt zwischen mythischer Prähistorie und wissenschaftlicher Disziplinertheit« sprechen kann.[559] Seine Grundüberzeugungen vom Volksgeist und dem Wert der Volkspoesie als kollektivem Volksprodukt blieben zwar bestehen. In der Folgezeit wandte sich Grimm jedoch stärker den Sprachstudien zu, versuchte seine Ergebnisse etymologisch und philologisch genauer zu untermauern und damit einem höheren Standard an Wissenschaftlichkeit gerecht zu werden. Schlegel bewirkte somit durch seine Rezension zumindest teilweise eine methodische Neuausrichtung Grimms und nahm ihm etwas von seiner wissenschaftlichen Naivität, mit der er sich vor allem anfangs auf die Erforschung der deutschen Kultur gestürzt hatte.

3. Der deutsche Volksgeist

Diese fundamentale Kritik Schlegels an den *Altdeutschen Wäldern* sollte jedoch nicht darüber hinwegtäuschen, dass auch dieser grundsätzlich vom Vorhandensein eines Volksgeistes überzeugt war. Das Volksgeistkonzept Schlegels nahm jedoch bei Weitem keinen so zentralen Stellenwert ein wie bei Grimm.

Schlegel, noch deutlich durch die Klimatheorie beeinflusst, nahm eine Differenzierung der Volksgruppen anhand verschiedener Sprachgruppen vor, deren Entstehen er auf den Einfluss verschiedener Klimazonen zurückführte. Der Geist einer Nation zeige sich, so war Schlegel überzeugt, daher vor allem in

---

557 Ebd., S. 731.
558 In Bezug auf die Einbeziehung der Märchen: »Wenn man aber die ganze Rumpelkammer wohlmeynender Albernheit ausräumt und für jeden Trödel im Namen der uralten Sage Ehrerbietung begehrt, wo wird in der That gescheidten Leuten allzu viel zugemuthet.« AUGUST WILHELM SCHLEGEL, Rez. Altdeutsche Wälder, in: Heidelbergische Jahrbücher für Literatur 1815, S. 729 f.
559 RALF KLAUSNITZER, »Verschwörung der Gelehrten«?, in: Zeitschrift für Germanistik XI (2001), S. 535 f.

der Sprache.[560] Auch die Kunst wurzele im nationalen Boden, Sprache, Religion und Dichtung seien eine Entfaltung des nationalen Volksgeistes. Auf das Recht bezog Schlegel dies jedoch nicht.[561]

Die deutsche Nation, da sie keine einseitige Nationaleigentümlichkeit aufweise, sei ideale Vermittlerin zwischen den Nationen und dazu prädestiniert, die Vorzüge der verschiedensten Nationalitäten in sich zu vereinen.[562] Schon 1803 sah Schlegel dies keinesfalls als Mangel:

> Ist es denn ein so grosser Mangel, keinen Nationalstolz zu haben? Sehen wir nicht, dass er bei andern Völkern häufig auf Einseitigkeit, Beschränktheit, ja auf blossen Einbildungen beruht?[563]

Schon diese Charakterisierung unterschied sich damit stark vom Bild der deutschen Nation bei Grimm. Die freimütige Aufnahme fremder Einflüsse hatte Grimm stets kritisiert und demgegenüber auf den eigenen Volkscharakter der Deutschen verwiesen. Diese Betonung des Nationalen kritisierte Schlegel:

> Wo es auf das höchste Interesse der menschlichen Natur, auf die Entwicklung der edelsten Kräfte ankomme, in der Kunst und Wissenschaft unter andern, dächte ich, wäre es eine deutschere Gesinnung, gar nicht zu fragen, ob etwas deutsch oder ausländisch, sondern ob es echt, gross und gediegen sei, als sich zu ängstigen, ob nicht etwa durch liberale Anerkennung des Fremden dem Ruhm des Einheimischen Abbruch geschehe.[564]

Schlegel ging daher davon aus, dass »Universalität, Kosmopolitismus [...] die wahre deutsche Eigentümlichkeit« sei. »Vielleicht«, so wagte er zu hoffen, »ist uns die schöne Bestimmung vorbehalten, das erloschene Gefühl der Einheit Europas dereinst wieder zu wecken, wenn eine egoistische Politik ihre Rolle ausgespielt haben wird.«[565]

Grimm betonte demgegenüber das Nationale des Volksgeistes stärker und war an einer stärkeren Abgrenzung gegenüber ausländischen Einflüssen interessiert, wollte gerade die Entwicklung rückgängig machen, die Schlegel als erstrebenswert erschien. Schlegel hatte für die Zukunft die Vorstellung,

> dass jener Weltbürgersinn, welcher die Römer zu würdigen Herrschern der Welt machte, aber doch nicht von Härte, Eigennutz und Ehrgeiz frei war, in den

---

560 August Wilhelm Schlegel, Vorlesungen über schöne Litteratur und Kunst, 1. Theil: Die Kunstlehre (1801–1802), S. 271 ff.

561 Ernst von Moeller, Die Entstehung des Dogmas von dem Ursprung des Rechts aus dem Volksgeist, in: MIÖG 30 (1909), S. 38.

562 Jochen A. Bär, Nation und Sprache in der Sicht romanischer Schriftsteller und Sprachtheoretiker, in: Andreas Gardt (Hrsg.), Nation und Sprache (2000), S. 211 f.

563 August Wilhelm Schlegel, Vorlesungen über schöne Litteratur und Kunst, 3. Theil: Geschichte der romantischen Litteratur (1803–1804), S. 22.

564 Ebd., S. 23.

565 Ebd., S. 35.

Deutschen durch strengere Sittlichkeit und biedere Redlichkeit gereinigt werden soll.[566]

Ein nationaler deutscher Volksgeist spielte daher bei Schlegel keine herausragende Rolle. Gerade die Überwindung der nationalen Unterschiede war sein Thema. Die Volksgeistkonzeption blieb zudem deutlich enger auf das Gebiet der Sprache beschränkt. Der Sprachgebrauch beurteile sich »aus dem Geiste der Nation her, welcher sich doch immer in der Sprache darstellt.«[567] Eine wissenschaftsumfassende Volksgeistkonzeption, wie bei Grimm, war dies nicht. Deutlich weniger Parallelen als zu Herder und Schelling lassen sich daher zwischen Grimm und Schlegel feststellen.

VII. Georg Wilhelm Friedrich Hegel

Das Volksgeistkonzept Georg Wilhelm Friedrich Hegels[568] ist bereits gut untersucht. Bereits Anfang des 20. Jahrhunderts beschäftigte sich Friedrich Dittmann mit dem Thema.[569] Aus dem gleichen Jahr stammt auch der Beitrag Siegfried Bries.[570] Christoph Mährlein hat die Bedeutung der Volksgeistphilosophie Hegels für die Rechtswissenschaft näher beleuchtet.[571] Auch Grimms Ansichten wurden bereits teilweise denen Hegels gegenübergestellt.[572]

Ernst Troeltsch hat schon 1922 auf »außerordentliche Unterschiede« in den Volksgeist-Konzeptionen der sog. Historischen Rechtsschule und Hegels hingewiesen, die sich unter anderem auch daraus ergäben, dass jene kein universalhistorisches System der weltgeschichtlichen Entwicklungen entwerfen wollten und daher mit einer grundsätzlich anderen Zielsetzung argumentierten.[573]

Der Einfluss Hegels auf Grimms Ansichten wird bis heute aber immer noch unterschiedlich beurteilt. Während Helmut Jendreiek sich in einer ausführ-

---

566 Ebd., S. 36.
567 AUGUST WILHELM SCHLEGEL, Vorlesungen über schöne Litteratur und Kunst, 1. Theil: Die Kunstlehre (1801–1802), S. 229.
568 Vgl. IRING FETSCHER, Hegel, Georg Wilhelm Friedrich, in: NDB 8 (1969), S. 207 ff.; ERDMANN (Halle), Hegel, Georg Wilhelm, in: ADB 11 (1880), S. 254 ff. (unter Hegel, Wilhelm).
569 FRIEDRICH DITTMANN, Der Begriff des Volksgeistes bei Hegel (1909).
570 SIEGFRIED BRIE, Der Volksgeist bei Hegel und in der historischen Rechtsschule (1909).
571 CHRISTOPH MÄHRLEIN, Volksgeist und Recht (2000).
572 HELMUT JENDREIEK, Hegel und Jacob Grimm (1975). Die Studie ist eine wenig veränderte Version einer Doktorarbeit von 1955, auf neuere Erkenntnisse wird daher gar nicht eingegangen. Vgl. dazu auch ULRICH WYSS, Rez. Jendreiek, Hegel und Jacob Grimm, in: Anzeiger für Deutsches Altertum und Deutsche Literatur 87 (1976), S. 145 ff.
573 ERNST TROELTSCH, Der Historismus und seine Probleme, Erstes Buch: Das logische Problem der Geschichtsphilosophie (1922), S. 278 ff.

lichen Arbeit dem Vergleich Hegels und Grimms widmete, beurteilte Otfried Ehrismann den Einfluss der hegelschen Dialektik auf Grimm anders: »wenn es ihn denn überhaupt gab, kann [er] nicht schwerwiegend gewesen sein.«[574] Dies macht Hegel und seine Volksgeistkonzeption zu einem auch heute noch interessanten Vergleichspunkt für Grimms Ansichten.

1. Jacob Grimm und Hegel

In der Bibliothek der Brüder Grimm ist kein Werk Hegels verzeichnet.[575] Allerdings ist ein persönlicher Besuch Georg Friedrich Hegels im Hause Grimms 1822 überliefert.[576] In Hegels Hauszeitschrift, den *Jahrbüchern für wissenschaftliche Kritik*, veröffentlichte Jacob Grimm im Jahr 1842, also erst nach dem Tode Hegels, eine Rezension.[577]

Insgesamt scheinen die Berührungspunkte zwischen dem vor allem auf die Sprache konzentrierten Grimm und Hegel gering gewesen zu sein. Soweit bekannt, nahm Hegel auch keinen Bezug auf Grimms *Deutsche Grammatik* von 1819, die ansonsten große Resonanz auslöste.[578] Hegel sah in der Sprache keine eigenständige geschichtliche Größe. Daher ordnete er diese auch nicht der Sphäre des objektiven, sondern des subjektiven Geistes zu.[579] Die Sprache war für Hegel zwar in gewissem Maße Gemeinschaftsleistung, jedoch keine Äußerung des Volksgeistes, da sie sich dem normierenden Zugriff des Staates entzog.[580] Schon hier zeigen sich grundlegende Unterschiede in den Konzeptionen der beiden Wissenschaftler.

Auch Grimm bezog Hegels Werke nur begrenzt in seine Überlegungen ein. In seinem Akademievortrag »Über den Ursprung der Sprache« von 1851 nahm er in einer Fußnote allerdings auf Hegel Bezug.[581] Dabei hatte die Hervorhebung Hegels, obwohl im Gesamtzusammenhang scheinbar von geringer Bedeutung, in Anbetracht der generell sehr sparsamen Anmerkungspraxis

---

574 OTFRIED EHRISMANN, Vorwort, Kl. Schr. 1, S. 21*.
575 Vgl. LUDWIG DENECKE/IRMGARD TEITGE, Die Bibliothek der Brüder Grimm (1989).
576 HANS-GEORG SCHEDE, Die Brüder Grimm (2009), S. 162; insoweit also nicht ganz zutreffend HELMUT JENDREIEK, Hegel und Jacob Grimm (1975), S. 331.
577 JACOB GRIMM, Rez. Leo, Rectitudines singularum personarum, Jahrbücher für wissenschaftliche Kritik 1842, Sp. 791–797.
578 FRANZ SCHMIDT, Hegels Philosophie der Sprache, in: Deutsche Zeitschrift für Philosophie 9 (1961), S. 1479 f.
579 Ebd., S. 1480.
580 Ebd., S. 1485.
581 JACOB GRIMM, Über den Ursprung der Sprache (1851), Kl. Schr. 1, S. 297 Fn. **.

Grimms durchaus etwas Außergewöhnliches.[582] Dies zeigt jedenfalls, dass sich Grimm mit Hegel beschäftigt hat.

2.   Volksgeist und Weltgeist bei Hegel

Hegel schilderte die Geschichte als Abfolge der Herrschaft verschiedener »welthistorischer Völker«. Insgesamt ergab sich daraus ein im Ergebnis vernünftiger weltgeschichtlicher Prozess, der im Bewusstsein der Freiheit des Weltgeistes mündete. Große Individuen und Völker, die ihre jeweiligen partikularen Interessen verfolgten, fungierten als bewusstlose Werkzeuge des Weltgeistes, der durch sie hindurch seiner Vollendung entgegen strebte.[583] Jedes Volk konnte jedoch nur einmal in einer Epoche das herrschende sein. In dieser Zeit war sein Volksgeist der allein maßgebliche.[584] Dieser Volksgeist verkörperte dann die jeweilige Entwicklungsstufe des Weltgeistes, besaß jedoch trotzdem eine eigene Individualität.[585] Innerhalb des Volksgeistes verbanden sich Volk und Staat.[586] Der einzelne Volksgeist erlangte nur während der jeweiligen welthistorischen Entwicklungsstufe eine Bedeutung, war davor und danach bedeutungslos. Für sich allein hatte der Volksgeist in der Konstruktion Hegels daher keine Berechtigung, sondern erlebte diese nur innerhalb der Bewusstwerdung der Entwicklungsstufe des Weltgeistes.[587] Die Volksgeister waren somit nur Mittel zum Zweck. Das jeweils weltbeherrschende Volk erhielt für diese Zeit das »absolute Recht«,[588] während die übrigen Volksgeister demgegenüber rechtlos waren.

Der Volksgeist selber, so Hegel, sei »zu betrachten als die Entwickelung des Prinzips, das in die Form eines dunkeln Triebes eingehüllt ist, der sich herausarbeitet, sich objektiv zu machen strebt.« Weil er Geist sei, sei er »nur geistig, durch den Gedanken« zu fassen. »Wir haben also«, so schloss Hegel, »den bestimmten Begriff, das Prinzip dieses Geistes zu betrachten.« Der Volksgeist sei »lebendig und wirkend«, er allein sei es, »der in allen Taten und Richtungen des

582   So auch HELMUT JENDREIEK, Hegel und Jacob Grimm (1975), S. 342 f.

583   BERND SCHÖNEMANN, Volk, Nation, Nationalismus, Masse (1992), S. 363.

584   GEORG WILHELM FRIEDRICH HEGEL, Grundlinien der Philosophie des Rechts (1821), § 347, S. 346 f.; § 351, S. 349.

585   CHRISTOPH MÄHRLEIN, Volksgeist und Recht (2000), S. 91.

586   Ebd., S. 91; GEORG WILHELM FRIEDRICH HEGEL, Grundlinien der Philosophie des Rechts (1821), § 274, S. 281: »der Staat als Geist eines Volkes«.

587   GEORG WILHELM FRIEDRICH HEGEL, Grundlinien der Philosophie des Rechts (1821), § 340 S. 342 f., § 344 S. 345 f.; vgl. auch FRIEDRICH DITTMANN, Der Begriff des Volksgeistes bei Hegel (1909), S. 5.

588   GEORG WILHELM FRIEDRICH HEGEL, Grundlinien der Philosophie des Rechts (1821), § 345, S. 346.

Volkes sich hervortreibt« und sich in »Religion, Wissenschaft, Künste, Schicksale, Begebenheiten« entfalte. Dies gebe »dem Volke seinen Charakter«.[589]

Die Verfassung des Volkes hatte sich stets diesem Volksgeist anzupassen. Das Volk selbst gab sich eine Verfassung, eine andere konnte ihm nicht aufgedrängt werden.[590] Gesetze allgemein entstanden aus der Entwicklung des Volkes und waren nicht individuelle Werke von Menschen.[591] Hegel bestimmte aber in letzter Konsequenz den Staat als Anknüpfungspunkt des Rechts.[592]

Hatte der herrschende Volksgeist seine jeweilige Entwicklungsstufe erfüllt, so ging er unter, das Volk war »geistig tot«.[593]

> Es ist das Höchste für den Geist, sich zu wissen, sich nicht nur zur Anschauung, sondern auch zum Gedanken seiner selbst zu bringen. Dies muß und wird er auch vollbringen; aber diese Vollbringung ist zugleich sein Untergang und dieser das Hervortreten einer andern Stufe, eines andern Geistes.[594]

Die Völker stürben auf diese Weise »eines natürlichen Todes; wenn letztere auch fortdauern, so ist es eine interesselose, unlebendige Existenz, die ohne das Bedürfnis ihrer Institutionen ist, eben weil das Bedürfnis befriedigt ist, – eine politische Nullität und Langeweile.«[595] Hatte der jeweilige Volksgeist seine Bestimmung erfüllt und den Weltgeist auf dem Weg zu seiner Bestimmung weitergebracht, war er als Geist nicht mehr von Interesse. Bedeutung hatte der Volksgeist nur in seiner Rolle für die Entwicklung der Weltgeschichte.

Deutlich treten bereits bei dieser kursorischen Betrachtung der Konzeption Hegels die Unterschiede zu Grimms Volksgeistkonzept zu Tage. Grimms Volksgeist hatte in der Geschichte dauernd seine Berechtigung, war nicht zur Verwirklichung eines übergeordneten Konzepts berufen. Der deutsche Volksgeist sollte zu keiner Zeit andere Völker anführen, sondern zog seine Berechtigung aus sich selbst heraus, der Verwirklichung einer höheren Idee bedurfte es für Grimm nicht. Ein bestimmender Sinn im Laufe der Weltgeschichte spielte für seine Konzeption keine Rolle. Den Volksgeist wollte er um seiner selbst willen erkennen.

---

589 GEORG WILHELM FRIEDRICH HEGEL, Vorlesungen über die Philosophie der Weltgeschichte, Bd. 1: Die Vernunft in der Geschichte (1822), S. 42.

590 GEORG WILHELM FRIEDRICH HEGEL, Grundlinien der Philosophie des Rechts (1821), § 273, § 274.

591 CHRISTOPH MÄHRLEIN, Volksgeist und Recht (2000), S. 91.

592 Ebd., S. 132.

593 FRIEDRICH DITTMANN, Der Begriff des Volksgeistes bei Hegel (1909), S. 11.

594 GEORG WILHELM FRIEDRICH HEGEL, Vorlesungen über die Philosophie der Weltgeschichte, Bd. 1: Die Vernunft in der Geschichte (1822), S. 42.

595 Ebd., S. 46.

Schon früh wurde Hegels Volksgeistkonzept als lediglich »verwandt, nicht identisch mit dem der Romantiker und Savignys« identifiziert.[596] Die Grundstruktur und die Zielsetzung der Konzeptionen waren grundsätzlich, wenn auch nicht vollkommen verschieden.

Bei Hegel war der Volksgeist »keine selbstständige Existenz, sondern an den Weltgeist geknüpft und ohne diesen nicht zu denken«.[597] Teilweise ist der Volksgeist bei Hegel daher auch als »Lückenbüßer« bezeichnet worden, mit der alleinigen Aufgabe, die Entwicklung des Weltgeistes an die der empirischen Völker zu binden.[598] Bei dieser generellen Funktion der Volksgeister ist Hegel jedoch in der Praxis nicht stehen geblieben. In seinen empirischen Untersuchungen wurde der Volksgeist »losgelöst vom Welgeist und hat selbständige Existenz«.[599] Auch Hegel verwies auf verschiedene Nationalcharaktere, die den einzelnenen Völkern dauerhaft anhafteten.[600] Diese waren für Hegel aber nur Keime des eigentlichen Volksgeistes, die für ihn keine eigenständige Bedeutung hatten.[601] Hinzutraten besondere andere Umstände, die durch die äußeren Gegebenheiten vorgegeben waren.[602] Darunter fiel für Hegel neben dem Klima, dem er nur eine untergeordnete Bedeutung beimaß,[603] vor allem die geographische Lage. Zusammen mit den zeitgeschichtlichen Gegebenheiten entstand dann, so Hegel, der Volksgeist.[604] Hegel knüpfte somit nur zu einem geringen Teil an den vorhandenen Volkscharakter an und bezog, anders als Grimm, umfassend äußerliche Umstände in seine Volksgeistkonzeption ein.

Die Besonderheit des germanischen Volksgeistes erblickte Hegel in der Hinwendung zur Freiheit, die zur Ausbildung des Partikularismus beigetragen habe:

> Diese Form des deutschen Staatsrechts ist tief in dem gegründet, wodurch die Deutschen sich am berühmtesten gemacht haben, nämlich in ihrem Trieb zu Freiheit. Dieser Trieb ist es, der die Deutschen, nachdem alle andern europäischen Völker sich der Herrschaft eines gemeinsamen Staates unterworfen haben, nicht

---

596 Friedrich Meinecke, Weltbürgertum und Nationalstaat (1911), S. 280; wobei zumindest die Rolle, die die Romanisten dem Römischen Recht zugedacht hatten, hier deutlich näher an Hegels Ideen zu sein scheint als bei Grimm.

597 Friedrich Dittmann, Der Begriff des Volksgeistes bei Hegel (1909), S. 12.

598 So bei Friedrich Dittmann, ebd., S. 14.

599 Ebd., S. 90.

600 So bspw. in Georg Wilhelm Friedrich Hegel, Die Verfassung Deutschlands (1801), in: Frühe Schriften, Werke 1, S. 517: »Der ursprüngliche, nie gebändigte Charakter der deutschen Nation bestimmte die eiserne Notwendigkeit ihres Schicksals.«

601 Vgl. auch Friedrich Dittmann, Der Begriff des Volksgeistes bei Hegel (1909), S. 18 ff.

602 Ebd., S. 28.

603 Ebd., S. 29

604 Vgl. ebd., S. 33.

zu einem gemeinschaftlicher Staatsgewalt sich unterwerfenden Volke werden ließ.[605]

Dies bestimmte auch seine Sicht auf die germanische Gesellschaft. »Bei den Germanen war die Gemeinde nicht Herr über das Individuum; denn das Element der Freiheit ist das Erste bei ihrer Vereinigung zu einem gesellschaftlichen Verhältnis.« Die alten Deutschen seien berühmt gewesen »durch ihre Freiheitsliebe«. Daneben sei die Treue das zweite »Panier« der Germanen.[606]

Der Volksgeist der Germanen übernahm dabei eine wichtige Rolle für die Realisierung des Weltgeistes. Der Ablauf der Geschichte war für Hegel die stufenweise Selbstverwirklichung der Vernunft.[607] Die Stufen dieser Entwicklung bestimmten sich nach dem unterschiedlichen Grad des in ihnen verwirklichten Bewusstseins der Freiheit als dem Wesen der Vernunft.[608] Die Abfolge begann mit dem orientalischen Reich und gelangte über das Griechische und Römische schließlich zum Germanischen.[609] Die germanischen Nationen hätten im Christentum das Bewusstsein gewonnen, »daß der Mensch als Mensch frei ist, die Freiheit des Geistes seine eigenste Natur ausmacht.«[610] Insoweit habe also der germanische Volksgeist als Stufe des Weltgeistes eine besondere Annäherung zur erstrebenswerten Freiheit vollbracht. Er repräsentierte für Hegel im den Lebensaltern angeglichenen Gang der Weltgeschichte das Greisenalter, in dem sich subjektiver und objektiver Geist versöhnten.[611]

Auch Hegel war davon überzeugt, dass der »ursprüngliche, nie gebändigte Charakter der deutschen Nation die eiserne Notwendigkeit ihres Schicksals« bestimme.[612] Die Schlüsse, die Hegel und Grimm aus dem deutschen Primat der Freiheit und Treue zogen, waren allerdings völlig verschieden. Die Aufgabe des Volksgeistes innerhalb des geschichtlichen Ablaufs zeigte sich für Hegel vor allem in der Verfassung des jeweiligen Volkes, Geschichte wurde damit primär als Verfassungsgeschichte relevant,[613] ein Feld, das Grimm stets vermied. Als

605 Georg Wilhelm Friedrich Hegel, Die Verfassung Deutschlands (1801), in: Frühe Schriften, Werke 1, S. 465.
606 Georg Wilhelm Friedrich Hegel, Vorlesungen über die Philosophie der Geschichte (1822/23), in: Werke, Bd. 12, S. 425.
607 Helmut Jendreiek, Hegel und Jacob Grimm (1975), S. 187.
608 Ebd., S. 191 f.
609 Georg Wilhelm Friedrich Hegel, Grundlinien der Philosophie des Recht (1821), § 354.
610 Georg Wilhelm Friedrich Hegel, Vorlesungen über die Philosophie der Weltgeschichte, Bd. 1: Die Vernunft in der Geschichte (1822), S. 39.
611 Ebd., S. 137; vgl. dazu auch Alexander Demandt, Metaphern für Geschichte (1978), S. 73 f.
612 Georg Wilhelm Friedrich Hegel, Die Verfassung Deutschlands (1801), in: Frühe Schriften, Werke 1, S. 517.
613 Helmut Jendreiek, Hegel und Jacob Grimm (1975), S. 189.

Parallele zwischen den Konzeptionen Grimms und Hegels verblieb somit die Überzeugung, dass jeder Nation ein Nationalcharakter eigen war, der für die Deutschen eine besondere Betonung des Prinzips der Freiheit bedeutete.

3. Gesetz und Kodifikation

Auch die Rolle des Volksgeistes für Rechtsentstehung und Kodifikation schätzten Hegel und Grimm unterschiedlich ein. Anders als Savigny und in ausdrücklicher Opposition zu diesem, war allerdings auch Hegel, wie Grimm, zunächst von der Möglichkeit einer Rechtskodifikation in Deutschland überzeugt.[614] So führte er in Bezug auf Savigny weniger diplomatisch als Grimm aus:

> Einer gebildeten Nation oder dem juristischen Stande in derselben die Fähigkeit abzusprechen, ein Gesetzbuch zu machen, – da es nicht darum zu tun sein kann, ein System ihrem Inhalte nach neuer Gesetze zu machen, sondern den vorhandenen gesetzlichen Inhalt in seiner bestimmten Allgemeinheit zu erkennen, d.i. ihn denkend zu fassen, – mit Hinzufügung der Anwendung aufs Besondere, – wäre einer der größten Schimpfe, der einer Nation oder jenem Stande angetan werden könnte.[615]

In der bürgerlichen Gesellschaft wirkte die Kodifikation für Hegel als stabilisierende Institution.[616] Auch Hegel ging nicht davon aus, dass es dem Gesetzgeber zustehe, gänzlich neue Gesetze zu schaffen. Er solle lediglich das vorhandene Recht erkennen, welches sich durch seine Existenz bereits als vernünftig erwiesen habe. Die Entstehung des Rechts beruhe allerdings nicht auf den unbewusst wirkenden Kräften des Volksgeistes, »sondern auf der dialektischen Selbstentfaltung der bewußt planenden Vernunft.«[617]

Hegel maß ausdrücklich den Gesetzen des Staates die entscheidende Bedeutung bei.[618] Recht begann erst da, wo eine Regel allgemein gesetzt wurde, die zudem allen bekannt sein musste.[619] Dies konnte nur durch vom Staat gesetztes Recht, welches öffentlich bekannt zu geben war, geschehen. Gewohnheitsrechte konnten daher frühestens eine Geltung als *Gesetz* beanspruchen, wenn sie gesammelt und schriftlich zusammengestellt worden waren.[620] Nur das hatte

---

614 Vgl. dazu auch Christoph Mährlein, Volksgeist und Recht (2000), S. 116 ff.
615 Georg Wilhelm Friedrich Hegel, Grundlinien der Philosophie des Rechts (1821), § 211.
616 Walter Pauly, Hegel, in: HRG 2, 2. Aufl. (2012), Sp. 864.
617 Gustav Boehmer, Grundlagen der Bürgerlichen Rechtsordnung, 2. Buch, 1. Abt. (1951), S. 52.
618 Georg Wilhelm Friedrich Hegel, Grundlinien der Philosophie des Rechts (1821), § 3, §§ 221 ff.
619 Frank Hannes, Puchta als Kirchenrechtler (1995), S. 34.
620 Georg Wilhelm Friedrich Hegel, Grundlinien der Philosophie des Rechts (1821), § 211.

als Recht Verbindlichkeit, was auch *Gesetz* war.[621] Unbewusst im Volke lebendes Recht war daher grundsätzlich nicht als Recht anzuerkennen. Deutlich formalistischer fiel daher Hegels Gesetzesbegriff gegenüber der romantischen Auffassung Grimms aus. Dadurch, dass für Hegel somit allgemein verbindliches Recht nicht ohne eine zentral rechtsetzende Instanz denkbar war, nahm der Staat eine herausragende Rolle im Rechtsentstehungsprozess ein. Das positive Recht, sei es vernünftig oder unvernünftig, hatte die entscheidende Bedeutung. Zumindest ein *Gesetzbuch* war für Hegel Bedingung für das Vorhandensein von Recht.[622] Eine solche dominante Rolle des Staates war für Grimm undenkbar. Seine Betonung der volksmäßigen Rechtsentstehung und der schaffenden Kräfte des Volksgeistes ging vielmehr den entgegengesetzten Weg. Hier wurde gerade versucht, Recht ohne Staat zu begründen.

Auch in Bezug auf die Bedeutung der geschichtlichen Erkenntnis des Rechts trafen sich die Auffassungen der beiden Forscher nicht. Hegel sah die Aufgabe der geschichtlichen Rechtswissenschaft vor allem darin, das, »was in der Gegenwart keinen wahrhaften lebendigen Grund hat«, daraufhin zu untersuchen, welche Bedeutung es in der Vergangneheit gehabt hatte. Es sei daher »eine Zeit aufzusuchen, in welcher die im Gesetz fixierte, aber erstorbene Bestimmtheit lebendige Sitte und in Übereinstimmung mit der übrigen Gesetzgebung war.« Eine darüber hinausgehende Bedeutung der geschichtlichen Erkenntnis des Rechts sah Hegel jedoch nicht:

> Weiter aber als gerade für diesen Zweck der Erkenntnis reicht die Wirkung der rein geschichtlichen Erklärung der Gesetze und Einrichtungen nicht; sie wird ihre Bestimmung und Wahrheit überschreiten, wenn durch sie das Gesetz, das nur in einem vergangenen Leben Wahrheit hatte, für die Gegenwart gerechtfertigt werden soll. Im Gegenteil erweist diese geschichtliche Erkenntnis des Gesetzes, welche in verlorenen Sitten und einem erstorbenen Leben seinen Grund allein aufzuzeigen weiß, gerade, daß ihm jetzt in der lebendingen Gegenwart der Verstand und die Bedeutung fehlt, wenn es schon noch durch die Form des Gesetzes und dadurch, daß noch Teile des Ganzen in seinem Interesse sind und ihr Dasein an dasselbe knüpfen, Macht und Gewalt hat.[623]

Für das Recht der Gegenwart konnte eine geschichtliche Aufarbeitung des in der Vergangenheit geltenden Rechts für Hegel keinerlei Aufschluss bringen. Bemühungen, wie die Grimms, lang verschüttete deutsche Rechtsprinzipien wieder sichtbar und damit auch einer möglichen Wiedereinführung bzw. Anerkennung zugänglich zu machen, hätten diesem Konzept widersprochen und fügten sich nur schwer in das Bild einer ständig im Fortschritt begriffenen Weltgeschichte.

---

621 Ebd., § 212.
622 Ebd., §§ 209 ff.
623 Georg Wilhelm Friedrich Hegel, Über die wissenschaftlichen Behandlungsarten des Naturrechts (1802/03), Werke 2, S. 526.

VIII. Georg Friedrich Puchta

Georg Friedrich Puchta[624] (1798–1846) führte den konkreten Begriff des Volksgeistes in das Umfeld der Historischen Rechtsschule ein und schuf mit seinem zweibändigen Werk *Das Gewohnheitsrecht* eine für die Historische Rechtsschule neben Savignys Berufsschrift zweite wichtige theoretische Grundlage.[625] Erst nachdem dieser den Begriff sowohl in zwei Rezensionen[626] als auch besonders prägnant im *Gewohnheitsrecht*[627] verwendet hatte, griff auch Savigny ihn auf und sprach im ersten Band des *Systems* 1840 das erste Mal ausdrücklich vom »Volksgeist«.[628] Puchta stellt damit einen interessanten Vergleichspartner für die Volksgeistkonzeption Grimms dar, dem nun abschließend noch ein Blick zugewandt werden soll.

1. Puchta und Jacob Grimm

Jacob Grimm traf Puchta persönlich wohl durch Vermittlung Savignys. In einem Brief aus dem Jahre 1821 beschrieb Grimm die erste Begegnung in Kassel: »Dr. Puchta aus Erlangen war vorigen Monat hier und hat mir wohl gefallen«.[629] Zu weiteren Treffen kam es in der Wohnung Savignys.[630] Auch in Berlin hatten Puchta und die Grimms Kontakt.[631] Grimm nahm Anteil an der langwierigen Berufung Puchtas nach Marburg, wie aus seinem Briefwechsel mit Ludwig Hassenpflug hervorgeht.[632] So gratulierte er Ludwig Hassenpflug 1835: »Ich

---

624 Vgl. Joachim Bohnert, Über die Rechtslehre Georg Friedrich Puchtas (1975); Peter Landau, Puchta, Georg Friedrich, in: NDB 20 (2001), S. 757 ff.; Christoph-Eric Mecke, Begriff und System des Rechts bei Georg Friedrich Puchta (2009).

625 Peter Landau, Puchta, Georg Friedrich, in: NDB 20 (2001), S. 757; so auch die Charakterisierung Puchtas bei Ernst von Moeller, Die Entstehung des Dogmas von dem Ursprung des Rechts aus dem Volksgeist, in: MIÖG 30 (1909), S. 3, als zweite Säule der Theorie vom Volksgeist.

626 Georg Friedrich Puchta, Rez. Gans, Das Erbrecht in weltgeschichtlicher Entwickelung, in: Erlanger Jahrbücher 1 (1826), S. 14; ders., Rez. Zimmern Geschichte des römischen Privatrechts bis Justinian, in: Erlanger Jahrbücher 3 (1826), S. 295.

627 Georg Friedrich Puchta, Das Gewohnheitsrecht I (1828).

628 Friedrich Carl von Savigny, System des heutigen Römischen Rechts, Bd. I (1840), S. 14.

629 Brief Jacob Grimm an Savigny vom 20. August 1821, in: Ingeborg Schnack / Wilhelm Schoof, Briefe der Brüder Grimm an Savigny (1953), Nr. 127, S. 302.

630 Vgl. Adolf Stoll, Friedrich Karl v. Savigny, Bd. 2 (1929), S. 388.

631 Dies geht aus den Briefen Wilhelm Grimms an Gustav Hugo hervor, die aus den Jahren 1841 bis 1844 stammen, in: Wilhelm Schoof (Hrsg.), Unbekannte Briefe der Brüder Grimm (1960), S. 313 f.

632 So Jacob Grimm an Ludwig Hassenpflug vom 15.01.1835, in: Ewald Grothe (Hrsg.), Briefwechsel mit Ludwig Hassenpflug (2000), S. 253. Der Ruf nach

---

höre, dass es dir mit Puchta doch noch gelingen wird, und freue mich.«[633] Hassenpflug hatte sich darum bemüht, Puchta für Marburg zu gewinnen – ein Unternehmen, dessen Erfolg zuvor von Grimm bezweifelt worden war.[634]

Nach dem Protest der Göttinger Sieben urteilte Puchta jedoch wohl ähnlich kritisch wie Savigny über das Verhalten der Brüder.[635]

Vielleicht auch deswegen äußerte sich Grimm nach Puchtas Tod über diesen nicht nur freundlich. So schrieb er am 12. Januar 1846 an August Ludwig Reyscher:

> Dieser Tage ist hier Puchta begraben worden, und bei dieser trauernachricht wird all Ihr groll gegen ihn geschwunden sein. er war ein scharfsinniger gelehrter und braver mann, wenn er sich auch gern auf sein hohes pferd setzte. es wird einen der ihm gleich käme zu finden schwer werden; was ist die ursache, daß die civilisten aus so glänzenden schulen dünn gesätzt hervorgegangen sind?[636]

Mit dieser Einschätzung war Grimm wohl nicht alleine.[637] Ein umfangreicherer Briefwechsel Grimms mit Puchta ist nicht zustande gekommen. In Grimms Nachlass lässt sich nur ein einziger Brief Puchtas nachweisen, der eine Einladung zum Mittagessen enthielt.[638] Zumindest Teile der Familie Grimm (Ludwig Emil Grimm und Wilhelm) waren jedoch Gäste im Hause Puchta.[639]

       Marburg ging dabei auf den Einsatz Hassenpflugs zurück, der in der Folge auch mit Puchta freundschaftlich verbunden war; vgl. AUGUST RITTER VON EISENHART, Puchta, Georg Friedrich, in: ADB 26 (1888), S. 686.

633   JACOB GRIMM an Ludwig Hassenpflug vom 15.01.1835, in: ROBERT FRIDERICI, Briefe von Jacob und Wilhelm Grimm an Ludwig und Lotte Hassenpflug, in: BGG 3 (1981), S. 101.

634   Vgl. JACOB GRIMM an Ludwig Hassenpflug vom 07.01.1834, in: ebd., S. 96.

635   Dies geht auch aus einem Brief Victor Aimé Hubers an seine Frau vom 06.04.1838 hervor: »Er [Puchta] ist natürlich weit entfernt, Alles zu billigen, was von oben her geschieht, und wenn ich ihn dränge, muß er mir viel mehr zugeben, als er Lust hat, – aber er hat dann auch wieder viel zu mäkeln, z. B. an den Sieben und ihrem Verfahren.«, abgedruckt bei GERHARD HEILFURTH, Victor Aimé Huber und die Brüder Grimm, in: BGG 6 (1986), S. 102.

636   JACOB GRIMM an August Ludwig Reyscher vom 12.01.1846, in: ALBERT LEITZMANN (Hrsg.), Briefe der Brüder Grimm (1923), S. 122.

637   Vgl. dazu auch CHRISTOPH-ERIC MECKE, Begriff und System des Rechts bei Georg Friedrich Puchta, S. 92 f.; ADOLF STOLL, Friedrich Karl v. Savigny, Bd. 2 (1929), S. 379, der die ablehnende Haltung Reyschers beschreibt.

638   Fundstelle online: Verzeichnis von Jacob und Wilhelm Grimms Briefwechsel, http://www.grimmnetz.de/bv/, Absender: Puchta (an einem Sonntag, 8. Juli, ohne Jahr).

639   Vgl. WILHELM HANSEN, Die Brüder Grimm in Berlin, in: BGG 1 (1963), S. 260 bzgl. eines Besuchs am 21. Juni 1843; LUDWIG EMIL GRIMM, Erinnerungen aus meinem Leben (1913), S. 518.

In der Bibliothek der Brüder Grimm findet sich ein Werk Puchtas: *Kritik von Georg Beselers Volksrecht und Juristenrecht* von 1844.[640] Leider ist das Exemplar selber nicht mehr erhalten. Umfangreiche Notizen Grimms, die dieser stets in die von ihm besonders häufig genutzten Werke einfügte, sind daher, falls vorhanden gewesen, nicht mehr rekonstruierbar.

Puchta selbst hat sich auch inhaltlich mit den Ansichten Grimms befasst. Auf ein frühes Indiz hierfür hat bereits Siegfried Brie hingewiesen.[641] Im *Gewohnheitsrecht*, Band I von 1828, nahm Puchta ausdrücklich Stellung zu Schlegels Rezension der *Altdeutschen Wälder*.[642] Puchta stellte sich auf die Seite der Grimms und verteidigte deren Annahme von der kollektiven Entstehungsweise der Sagen. Er nahm ausdrücklich an, dass die Ansicht Schlegels auch auf das Recht zu übertragen sei.[643] Die Ausführungen Grimms zum kollektiven Ursprung der Poesie und der Sagen wird Puchta daher ebenfalls in einem größeren Zusammenhang verstanden haben.

Puchta verfasste 1829 eine Anmerkung zu Jacob Grimms Aufsatz im vierten Band der *Kritischen Zeitschrift für Rechtswisschenschaft*.[644] Puchta versuchte, die Theorie Grimms zur Bedeutung des Ausdrucks »tertio quoque die«, der bereits im Aufsatz Grimms »Über den Überfall der Früchte und das Verhauen überragender Äste« von 1817 eine Rolle gespielt hatte, mittels juristischer Argumentation zu widerlegen. Grimm vertrat die Ansicht, dass bei dieser Art der Zeitbestimmung von einer Zwischenzeit von zwei Tagen auszugehen sei, wogegen die herrschende Meinung und auch Puchta davon ausgingen, dass »jener Ausdruck also eine Zwischenzeit von einem Tage bedeutet«.[645] Puchta setzte sich detailliert mit der Argumentation Grimms auseinander und vermisste die sonst bei diesem übliche sprachwissenschaftliche Fundierung der Aussagen.

Im zweiten Band des *Gewohnheitsrechts* zitierte Puchta zudem an einer Stelle aus den *Rechtsalterthümern*.[646] Dort hatte Grimm nachgewiesen, dass »bei allen weisungen des versammelten volks [...] *alter* und *herkommen* die größte bedeutung« hatten.[647] In Puchtas Rezension von Thibauts *Ueber die sogenannte*

---

640 Vgl. Ludwig Denecke/Irmgard Teitge, Die Bibliothek der Brüder Grimm (1989), S. 373.

641 Siegfried Brie, Volksgeist bei Hegel und in der historischen Rechtsschule (1909), S. 12.

642 Vgl. zu dieser Rezension unter C. VI. 2.

643 Georg Friedrich Puchta, Gewohnheitsrecht I (1828), S. 152 ff.; vgl. dazu Hans-Peter Haferkamp, Georg Friedrich Puchta und die »Begriffsjurisprudenz« (2004), S. 179 ff.

644 Jacob Grimm, Gegen Gaupp (1828), Kl. Schr. 6, S. 389 ff.

645 Georg Friedrich Puchta, Anm. zu Jacob Grimm, Bemerkungen, in: Jahrbücher der gesammten deutschen juristischen Literatur 9 (1829), S. 22.

646 Georg Friedrich Puchta, Das Gewohnheitsrecht II (1837), S. 127 Fn. 2 u. 3.

647 Jacob Grimm, RA (1828), S. 772.

historische und nicht-historische Rechtsschule von 1838 verwies Puchta Thibaut, dem er unzureichende Kenntnis über das Wesen der Historischen Rechtsschule vorwarf, auf die Lektüre von Grimms Vorrede zu den *Deutschen Rechtsalterthümern*.[648] Dies alles zeigt, dass Puchta die Ansichten Grimms nicht nur zur Kenntnis genommen, sondern sich auch inhaltlich mit diesen auseinandergesetzt hat.

2. Volksgeist bei Puchta

Puchta befasste sich in seinem Werk eingehend mit der Idee eines Volksgeistes und dessen Rolle für die Rechtsentstehung. Der Volksgeist ist in der Forschung als die »zentrale Kategorie« seiner Rechtslehre bezeichnet worden.[649] Puchtas Volksgeistkonzeption ist vor allem in seinem zweibändigen Werk *Das Gewohnheitsrecht*[650] sichtbar geworden.

Die Konzeption Puchtas wurde und wird bis heute häufig in ein besonderes Näheverhältnis zur Lehre Savignys gestellt. Als Konsequenz verschwimmen häufig die Konzeption eines »Volksgeistes«, die Savigny in der Berufsschrift formuliert hat, und Puchtas Vorstellungen vom Gewohnheitsrecht zu einer einheitlichen Volksgeistauffassung. Puchtas eigene Leistung wird teilweise auf die schlichte Übernahme von Savignys Gedanken reduziert.[651] Dies lässt sich nicht zuletzt auch darauf zurückführen, dass Puchta selbst stets die bedeutende Vorbildwirkung Savignys für seine eigenen Leistungen hervorgehoben hat.[652] Puchta entwickelte jedoch eigene Gedanken zum Volksgeist, die nicht notwendigerweise deckungsgleich waren mit dem Konzept Savignys. Puchta konzentierte sich sehr viel mehr auf den Aspekt der Entstehung des Rechts aus dem Volksbewusstsein.[653] Der Volksgeist, der bei Savigny im Beruf lediglich in der Frühphase der Entwicklung des Volkes eine eigenständige Rolle spielte, erhielt bei

---

648   Georg Friedrich Puchta, Rez. Thibaut, Ueber die sogenannte historische und nicht-historische Rechtsschule, in: Kritische Jahrbücher für deutsche Rechtswissenschaft (1839), S. 198.

649   Christoph-Eric Mecke, Begriff und System des Rechts bei Georg Friedrich Puchta (2009), S. 145.

650   Georg Friedrich Puchta, Das Gewohnheitsrecht, Bd. I, 1828; Bd. II, 1837. Zwischen den beiden Bänden kam es zu einer deutlichen Verschiebung der Rolle der Juristen bzw. der Rechtswissenschaft in Bezug auf den Volksgeist und das Gewohnheitsrecht, vgl. hierzu sogleich.

651   Vgl. dazu Frank Hannes, Puchta als Kirchenrechtler (1995), S. 16 f. m. w. N.

652   So Georg Friedrich Puchta, Encyclopädie als Einleitung zu Institutionen-Vorlesungen (1825), S. 69 ff.

653   Frank Hannes, Puchta als Kirchenrechtler (1995), S. 17.

Puchta eine weiterreichende Bedeutung, ohne dass dieser die wissenschaftliche Rechtsentstehung ganz aus seiner Konzeption ausgeschlossen hätte.[654]

Den Volksgeist selbst beschrieb Puchta als den unsichtbaren Einfluss, den die leibliche und geistige Verwandtschaft der einzelnen Volkszugehörigen untereinander erzeuge, und der auf alle Volksglieder einwirke. Das durch den allgemeinen Willen erzeugte Recht bedürfe zu seiner wirksamen Umsetzung freilich noch des Staates, der auf der nationalen Verbindung der Menschen beruhe und somit auch die nationelle Bindung des Volksgeistes begründe.[655] Neben dem Staat behielt das Volk allerdings eine eigenständige Bedeutung.[656] Unter dem »Volk« verstand Puchta in diesem Zusammenhang weder ein »künstliches«[657] Staatsvolk noch den »Pöbel«.[658] Puchta entwickelte ebenfalls einen idealen Volksbegriff. Unter Volksmeinung verstand er nicht »die gemeine Meinung des großen Haufens«.[659] Das Volk, welches die Grundlage des Volksgeistes bildete, war ein »natürliches«, nur durch innere Kräfte gebunden, mehr als nur die Summe der Einzelnen.[660] Urheber des Gewohnheitsrechts war also

> [n]icht der Staat, oder ein Glied desselben, das Volk im politischen Sinn, der Inbegriff der Unterthanen, und so auch nicht die Gemeinde, der Inbegriff derjenigen, welche verfassungsmäßig die Bürger der Stadt sind, sondern der Inbegriff derjenigen, die durch ihren natürlichen Zusammenhang unter einander ein Ganzes bilden, ihre Stellung mag nun seyn, welche sie wolle.[661]

Die Bildung eines Volkes begann für Puchta »durch die körperliche Absonderung im Raume, indem dadurch die Möglichkeit einer eigenthümlichen Entwicklung und Ausbildung gegeben ist.«[662] Im Laufe der Zeit entstehe durch »nimmer ruhende Entwickelungskraft eine eigenthümliche natürliche Einheit und Verwandtschaft in leiblichen und geistigen Dingen.«[663] Jedes Volk besaß für Puchta eine besondere Individualität, seinen Volkscharakter. »Daher sind die

---

654 Vgl. zum Verhältnis der Konzeption Savignys und Puchtas auch: HANS-PETER HAFERKAMP, Rez. Horst Heinrich Jakobs, Georg Friedrich Puchta. Briefe an Gustav Hugo, in: ZRG GA 127 (2010), S. 762 ff., 772 f.

655 GEORG FRIEDRICH PUCHTA, Das Gewohnheitsrecht I (1828), S. 141 ff.; dazu FRANK HANNES, Puchta als Kirchenrechtler (1995), S. 63.

656 Hier zeigte sich wohl auch ein deutlicher Unterschied der Lehre Puchtas zu Hegel, vgl. FRANK HANNES, Puchta als Kirchenrechtler (1995), S. 62.

657 GEORG FRIEDRICH PUCHTA, Das Gewohnheitsrecht I (1828), S. 151.

658 GEORG FRIEDRICH PUCHTA, Das Gewohnheitsrecht II (1837), S. 233.

659 Ebd., S. 65.

660 GEORG FRIEDRICH PUCHTA, Encyclopädie als Einleitung zu Institutionen-Vorlesungen (1825), S. 23.

661 GEORG FRIEDRICH PUCHTA, Das Gewohnheitsrecht I (1828), S. 152.

662 Ebd., S. 135.

663 Ebd., S. 135.

Rechte der Völker verschieden, die Eigenthümlichkeit eines Volks zeigt sich in seinem Recht, wie in seiner Sprache und Sitte.«[664]

Der Volksbegriff Puchtas war weniger an einen konkreten Nationalstaat geknüpft. Für Puchta existierte unter bestimmten Voraussetzungen die Möglichkeit, dass sich ein Volk in mehrere Staaten aufspalten konnte, wenn diese Staaten »ein dem gesammten Volk enstprechendes politisches Ganzes« bildeten.[665] Die nationale Einheit war ihm daher nicht wichtig, er verspottete sogar das »Germanenthum« und trug sich damit heftige Kritik August Ludwig Reyschers ein.[666] Ganz anders als Puchta dachte hier auch Grimm, für den ein nationaler Einheitsstaat und gerade kein Bund einzelner Staaten (oder etwa der Deutsche Bund) Maß aller Dinge war.

Innerhalb des natürlichen Volksverbandes erzeugte der Volksgeist nach Puchtas Ansicht ein gemeinsames Bewusstsein:

> Es giebt Ansichten und Ueberzeugungen, welche dem Einzelnen nicht als solchem, sondern als Glied eines Volks angehören, und die ihm aus diesem natürlichen Grunde mit den übrigen Gliedern gemein sind. Dieß heißt nichts anderes, als daß die Quelle dieser Ansichten nicht der Geist des Einzelnen, sondern der Volksgeist ist, daß also diese Ueberzeugungen eine Thätigkeit des Volkes sind.[667]

Durch diese Volkstätigkeit enstand ein Teil des Rechts. Die Rechtsentstehung war für Puchta von zwei unterschiedlichen Faktoren beeinflusst. Er unterschied zwischen der *übernatürlichen* und der *natürlichen* Rechtsentstehung. Auf übernatürlichem Wege gelange das Recht durch die Offenbarung Gottes zu den Menschen. Bei der natürlichen Entstehung hingegen »verbirgt« sich der »eigentliche Schöpfer«, das Recht erscheine »als eine Schöpfung des menschlichen Geistes« und werde dies in seiner weiteren Entwicklung auch tatsächlich.[668] Der Volksgeist war in dieser Konstruktion die Quelle des natürlichen Rechts.

> Das Bewußtseyn, welches die Glieder eines Volkes als ein gemeinsames durchdringt, das mit ihnen geboren ist, und sie geistig zu Gliedern dieses Volkes macht, mit einem Wort der Volksgeist ist die Quelle des menschlichen oder natürlichen Rechts, der rechtlichen Überzeugung, die sich in den einzelnen Gliedern bethätigen.[669]

Dabei war das Verhältnis zwischen Volksgeist und Recht nicht nur hierauf beschränkt. So konnte sich der Volksgeist des geschriebenen Rechts bemächtigen

---

664 GEORG FRIEDRICH PUCHTA, Cursus der Institutionen I (1841), S. 21.
665 Ebd., S. 27.
666 Vgl. dazu CHRISTOPH-ERIC MECKE, Begriff und System des Rechts bei Georg Friedrich Puchta (2009), S. 162 Fn. 642 m. w. N.
667 GEORG FRIEDRICH PUCHTA, Das Gewohnheitsrecht I (1828), S. 139.
668 GEORG FRIEDRICH PUCHTA, Cursus der Institutionen I (1841), S. 23.
669 Ebd., S. 24.

und dieses dadurch zur vollen Wirksamkeit führen.[670] Insgesamt stellte Puchta fest: »Die Thätigkeit des Volks im natürlichen Sinn kann also nur in einem unsichtbaren, durch seinen Begriff, nämlich jene Verwandtschaft selbst gegebenen Einfluß, auf die ihm angehörigen Glieder bestehen.«[671]

Deutlich wurde in den Ausführungen Puchtas die Bedeutung der Gemeinschaft des Volkes und des Volksgeistes für die Rechtsentstehung. Seine Volksgeistkonzeption ist daher auch schon als »sozialistisch« oder »kollektivistisch«[672] bezeichnet worden, im Kontrast zu einer »individualistisch« geprägten Konzeption Savignys.[673] Ganz eindeutig ist Puchtas Vorstellung vom Volksgeist in diesem Punkt jedoch nicht zu fassen. So fanden sich in seiner Lehre sowohl die Rückbeziehung auf die Rechtsüberzeugungen Einzelner, als auch eine Relativierung des Allgemeinheitsgedankens.[674] Insbesondere nach 1837 verlor die Volksgemeinschaft in Bezug auf die aktuelle Rechtsentwicklung maßgeblich an Bedeutung. So betonte Puchta, dass es für die Existenz einer Volksüberzeugung »durchaus nicht« nötig sei, »daß eine Ansicht allen Volksgliedern zum Bewußtseyn gekommen« sei.[675] Daher komme es für die Bestimmung des gemeinsamen Bewusstseins vor allem auf diejenigen an, »deren Beruf, Stellung und Einsichten sie zu Trägern des gemeinsamen Rechtsbewusstseins machen.«[676] Diese besondere Eignung Einzelner sei »selbst in der frühsten Zeit, wo die Kenntniß des Rechts ein Gemeingut aller Glieder ist«,[677] vorhanden gewesen. Die stetige Vermehrung des Rechtsstoffes habe dann in der Folge dazu geführt, dass »jene Rechtskundigen immer mehr die natürlichen Repräsentanten des nationellen Rechtsbewußtseyns [werden], während das Wissen der Uebrigen sich nur noch auf eine größere oder geringere Anzahl einzelner Rechtsangelegenheiten und Rechtssätze erstreckt.«[678] Puchta übernahm damit grundsätzlich das von Savigny entwickelte Spezialistendogma. Er sah die Eignung der Juristen zur Repräsentation des Volkes allerdings nicht primär durch ihre wissenschaftliche Tätigkeit begründet, die als solche keine »nationelle« sei, »sondern vermöge der vorzüglichen Rechtskunde, die ihnen mit den Rechtsverständigen,

670 Georg Friedrich Puchta, Das Gewohnheitsrecht II (1837), S. 229.
671 Georg Friedrich Puchta, Das Gewohnheitsrecht I (1828), S. 138.
672 Horst Heinrich Jakobs, Die Begründung der geschichtlichen Rechtswissenschaft (1992), S. 63; kritisch hierzu Christoph-Eric Mecke, Begriff und System des Rechts bei Georg Friedrich Puchta (2009), S. 156 ff m. w. N.
673 Vgl. dazu auch Frank Hannes, Puchta als Kirchenrechtler (1995), S. 64.
674 Vgl. dazu Thomas Würtenberger, Zeitgeist und Recht (1987), S. 63 f.
675 Georg Friedrich Puchta, Das Gewohnheitsrecht II (1837), S. 17.
676 Ebd., S. 18.
677 Ebd., S. 18; vgl. hierzu auch Christoph-Eric Mecke, Begriff und System des Rechts bei Georg Friedrich Puchta (2009), S. 283 f.
678 Georg Friedrich Puchta, Das Gewohnheitsrecht II (1837), S. 19.

welche ein Volk schon vor aller Wissenschaft besitzt, gemein ist.«[679] Auch im durch den Volksgeist verwirklichten Recht waren nach Puchta nicht nur kollektivistische Interessen verwirklicht. Vielmehr sah er durchaus eine zweifache Aufgabe des Rechts:

> Auf der einen Seite hat es zur Herrschaft über das Ungleiche und Individuelle zu gelangen, es darf nicht von ihm beherrscht werden [...] Dazu gehört vor allem, daß die Persönlichkeit, die den Menschen gleichmäßig zukommende Eigenschaft, als das Grundprincip des Rechts erkannt und in Wirksamkeit gesetzt, und jede natürliche Verschiedenheit der Individuen dieser Gleichheit untergeordnet, nur als eine von ihr beherrschte anerkannt werde. Auf der andern Seite soll aber auch dem Individuellen sein Recht widerfahren [...] Die Rechtsinstitute sind so zu gestalten, wie sie den bestehenden individuellen Bedürfnissen entsprechen.[680]

Vergleicht man diese Grundauffassung vom Volkgeist mit Grimms Konzept, so fällt auch hier zunächst auf, dass zwar sowohl Puchta als auch Grimm von einem idealen Volksbegriff ausgingen, Grimm aber eindeutig dem einfachen Volk der Hirten und Bauern die entscheidende, Volksrecht-bewahrende Funktion zumaß, während diese bei Puchta schon früh vor allem den Rechtskundigen, ab 1837, nach Erscheinen des zweiten Bandes des *Gewohnheitsrechts*, dann ausschließlich den Juristen zugewiesen war. Dass sich das Recht als solches vom Volk entfernt hatte, sah zwar auch Grimm. Für ihn war dies jedoch keine zwangsläufige, natürliche Entwicklung, sondern die Konsequenz unberechtigter Eingriffe von außen, die nicht zuletzt das Eindringen fremden Rechts begünstigten. Die Grundannahme, dass der Volksgeist als solcher Recht, Sprache und Poesie schuf und diese damit zumindest im Ursprungsszenario nicht als das originäre Werk Einzelner zu sehen waren, teilten Puchta und Grimm. Puchta konnte daher mit Recht als Fürsprecher der Grimms gegenüber Schlegel auftreten.

3. Die Rolle der Wissenschaft

Für die Beurteilung des Verhältnisses zwischen Wissenschaft und Volksgeist muss man bei Puchta zwischen zwei verschiedenen Schaffensphasen unterscheiden. So zeigte sich ein deutlicher Wechsel zwischen dem ersten Band des *Gewohnheitsrechts* 1828 und dessen zweiten Band 1837.[681] Beide Konzeptionen können in diesem Rahmen gleichwohl nur grob skizziert werden.[682]

---

679 Ebd., S. 20.
680 Georg Friedrich Puchta, Cursus der Institutionen I (1841), S. 19.
681 Vgl. dazu ausführlich auch bei Christoph-Eric Mecke, Begriff und System des Rechts bei Georg Friedrich Puchta (2009), S. 279 ff.
682 Vertiefend bei Hans-Peter Haferkamp, Georg Friedrich Puchta und die »Begriffsjurisprudenz« (2004); teilweise abweichend Christoph-Eric Mecke, Begriff und System des Rechts bei Georg Friedrich Puchta (2009).

Für das Recht wies Puchta der Wissenschaft 1828 zwar zwei unterschiedliche Aufgaben zu, die sich inhaltlich aber im Begriff des Juristenrechts vereinigten.[683] Die eine, bereits oben angeklungene, betraf die Rolle der Juristen als Rechtskundige im Sinne des sog. Savignyschen Spezialistendogmas. Den Juristen unterschied vom normalen Volksangehörigen außer der besonderen Rechtskenntnis zunächst nichts. Die Tätigkeit von Rechtswissenschaftlern beschränkte sich in diesem Rahmen für Puchta zunächst auf die Erkenntnis des bereits bestehenden (durch die gemeinsame Volksüberzeugung entstandenen) Rechts, das sich grundsätzlich allein aus der gemeinsamen Überzeugung herleitete. Eine längere Übung war nur Erkenntnismittel, nicht konstituierendes Element.[684]

Zweiter Aspekt des Juristenrechts war daneben die Fähigkeit der Juristen, unter bestimmten Voraussetzungen selbst Recht hervorzubringen:

> Die wissenschaftliche Thätigkeit aber ist nicht eine nationale; wissenschaftliche Ueberzeugungen sind nicht solche, die der Mensch als Glied eines Volks, sondern solche, die er als Einzelner hat, also ist hier nicht der Volksgeist das unmittelbar productive. Wenn also die Wissenschaft eine Rechtsquelle, so ist sie eine von der unmittelbaren Volksüberzeugung ganz verschiedene, und eigene.[685]

Hier konkretisierte Puchta das Spezialistendogma Savignys. Wissenschaftlich begründete Rechtsansichten waren damit ausdrücklich nicht Teil der durch die Juristen repräsentierten gemeinsamen Rechtsansicht des Volkes. Gewohnheits- und wissenschaftliches Recht waren daher zwei verschiedene Rechtsgattungen, die aus unterschiedlichen Quellen hervorgingen.[686] Maßstab für die Entstehung wissenschaftlichen Rechts war die Wahrheit und nicht nur die gemeinsame Überzeugung:

> Eine juristische Ansicht ist nur dann Recht, wenn sie wissenschaftlich begründet, also wenn sie wahr ist. Um dieses zu seyn, muß sie in das System eingefügt d. h. eben innerlich begründet, und sie muß dem Volksgeist angemessen seyn.[687]

Auch bei der Hervorbringung des Juristenrechts waren die Juristen allerdings weiterhin an den Volksgeist gebunden:[688]

683 Vgl. dazu HANS-PETER HAFERKAMP, Georg Friedrich Puchta und die »Begriffsjurisprudenz« (2004), S. 189 ff.

684 GEORG FRIEDRICH PUCHTA, Das Gewohnheitsrecht I (1828), S. 146; vgl. dazu auch FRANK HANNES, Puchta als Kirchenrechtler (1995), S. 65; JAN SCHRÖDER, Recht als Wissenschaft (2001), S. 194; HANS-PETER HAFERKAMP, Georg Friedrich Puchta und die »Begriffsjurisprudenz« (2004), S. 191 f.

685 GEORG FRIEDRICH PUCHTA, Das Gewohnheitsrecht I (1828), S. 165.

686 Ebd., S. 161.

687 Ebd., S. 166.

688 HANS-PETER HAFERKAMP, Georg Friedrich Puchta und die »Begriffsjurisprudenz« (2004), S. 193, 451 f.

Es ist somit eben so wahr, daß auch von diesem Recht das Volk die ursprüngliche Quelle ist, als es andererseits durch das eben bemerkte entschieden ist, daß das Volk dasselbe nicht unmittelbar, wie das Gewohnheitsrecht, sondern mittelbar durch jene seine Repräsentanten hervorbringt. Deshalb habe ich diesem Recht den Namen Juristenrecht gegeben.[689]

Puchta unterschied also zwischen einer natürlichen Repräsentation und einer wissenschaftlichen Repräsentation.[690] Das Juristenrecht musste beide Elemente in sich vereinen. Ob eine Juristenmeinung tatsächlich die von Puchta aufgestellten Voraussetzungen erfüllte, insbesondere ob sie national war, ließ sich für Puchta anhand von Indizien erkennen. Diese müssten sich sowohl vor Gericht als auch innerhalb der Überzeugung der Juristen als richtig durchsetzen.[691] Puchta führte auf diesem Weg die Rezeption des römischen Rechts auf diese Rechtsquelle zurück.[692] Damit war die Einführung des römischen Rechts nicht mehr nur feindliche Übernahme eines Fremdrechts, sondern durch die Rückkoppelung an das nationale Element des Juristenrechts gleichzeitig durch den Volksgeist legitimiert.

Mit dieser Konstruktion des Juristenrechts ergab sich in der Konsequenz eine relativ hohe Rechtsunsicherheit, da eine bessere wissenschaftliche Erkenntnis bisher anerkannte Rechtssätze jederzeit umstoßen konnte.[693] Auf der anderen Seite führte dies zu einer großen Flexibilität innerhalb des Rechtssystems.[694]

Im zweiten Band des *Gewohnheitsrechts* von 1837 klang die Beziehung von Volksgeist und Wissenschaft bereits wesentlich anders. Deutlicher trennte Puchta nun zwischen der Funktion der Juristen als Repräsentanten des Gewohnheitsrechts und deren wissenschaftlicher, rechtserschaffender Tätigkeit. Nur bei ersterer, dem »Juristen-Gewohnheitsrecht«, konnte der Volksgeist noch eine Rolle spielen, der nunmehr *allein* durch die Juristen verkörpert wurde.[695] Die Koppelung des »Rechts der Wissenschaft« an den Volksgeist fiel nun weg; es wurde zu einer eigenständigen, unabhängigen Rechtsquelle.[696]

---

689 Georg Friedrich Puchta, Das Gewohnheitsrecht I (1828), S. 166.

690 Dazu Hans-Peter Haferkamp, Georg Friedrich Puchta und die »Begriffsjurisprudenz« (2004), S. 189 f.

691 Ebd., S. 191.

692 Georg Friedrich Puchta, Gewohnheitsrecht I (1828), S. 165; vgl. dazu auch Joachim Bohnert, Über die Rechtslehre Georg Friedrich Puchtas (1975), S. 83 ff.

693 Jan Schröder, Recht als Wissenschaft (2001), S. 199.

694 Hans-Peter Haferkamp, Georg Friedrich Puchta und die »Begriffsjurisprudenz« (2004), S. 192.

695 Vgl. hierzu ausführlich auch bei Christoph-Eric Mecke, Begriff und System des Rechts bei Georg Friedrich Puchta (2009), S. 286 ff.; dies entsprach der allgemeinen Entwicklung im Rahmen der Gewohnheitsrechtslehre, den Fokus vom Volk hin zu den Juristen zu verschieben, vgl. hierzu Roy Garré, Consuetudo (2005), S. 278 ff.

696 Hierzu ausführlich Christoph-Eric Mecke, Begriff und System des Rechts bei Georg Friedrich Puchta (2009), S. 386 ff.

Die Wissenschaft war so auf zwei verschiedenen Ebenen die entscheidende Größe für Erkenntnis und Entstehen des Rechts. Das Recht lag nicht mehr in der Hand des Volkes, sondern war ganz eindeutig den Juristen zugeordnet. Puchta hegte keine Ambitionen, diesen Prozess wieder rückgängig zu machen und das Volk wieder enger mit Rechtsentwicklung zu verbinden. Ausdrücklich betonte er:

> Kein populäres Bemühen, kein Gesetzbuch, welches ja selbst dem Einfluß der Wissenschaft sich nicht wird entziehen können, wird das Recht wieder zu der Gestalt zurückbringen, wo es noch das Bewußtseyn aller Glieder des Volks erfüllte, und eben so wenig dem Volk selbst seine einfachen Zustände wiedergeben, die dieses vollständige Wissen möglich machen.[697]

Dem erklärten Ziel Grimms und auch anderer Germanisten, das (ideale) Volk wieder näher an seinen eigenen Geist heranzuführen und damit wieder unmittelbarer an der Rechtsentstehung zu beteiligen, erteilte Puchta damit eine Absage. Wenn Grimm, wie gesehen, auch nicht so naiv war, die Rückkehr in die einfache Vorzeit zu fordern, so war es ihm doch ein Anliegen, das eigenständige Rechtsbewusstsein innerhalb des Volkes wieder zu erwecken. Die Verwissenschaftlichung des Rechts erschien ihm dabei hinderlich und unnötig. Insoweit begriff Grimm diese gerade nicht als natürlichen Prozess innerhalb der Gesellschaftsentwicklung. Die darüber hinausgehende wissenschaftliche Rechtsschöpfung bei Puchta ging dann noch deutlicher über Grimms Konzeption hinaus, die freilich auch nicht annähernd an das dogmatisch ausgefeilte System Puchtas heranreichen konnte. Grimm musste sich schließlich auch nie um eine (rechts-)praktische Umsetzung seiner Volksgeistidee kümmern. Für Grimm war maßgeblich, dass das Recht national mit dem Volk verbunden war. Rechtssystematik und wissenschaftliche Wahrheit spielten für ihn keine Rolle. Für eine legitime Übernahme des römischen Rechts in den deutschen Rechtskreis blieb daher bei Grimm kein Raum.

4. Die Bedeutung Gottes für den Volksgeist

Im *Gewohnheitsrecht* schilderte Puchta die Entwicklung der Menschheit und der Völker bereits entsprechend der biblischen Schöpfungsgeschichte. Er vertrat eine zu dieser Zeit noch ungewöhnlich offene religiöse Perspektive in Bezug auf den Verlauf der Geschichte.[698] Es wäre für Puchta daher naheliegend gewesen, auch einen unmittelbaren göttlichen Einfluss auf die Entstehung des Rechts anzunehmen. Dies erfolgte im *Gewohnheitsrecht* zunächst jedoch nur sehr

---

697 GEORG FRIEDRICH PUCHTA, Das Gewohnheitsrecht II (1837), S. 19.
698 HANS-PETER HAFERKAMP, Einflüsse der Erweckungsbewegung auf die »historisch-christliche« Rechtsschule zwischen 1815 und 1848 (2009), S. 81.

zurückhaltend. Puchta konstruierte das weltliche Recht unabhängig von moralischen oder christlichen Werten.[699] Insoweit ging er zu diesem Zeitpunkt auch davon aus, das Recht selbst habe erst nach dem Sündenfall entstehen können.[700] Dies änderte sich jedoch.[701] Auch 1841 blieb die Rechtsentstehung durch den Volksgeist zwar immer noch ausdrücklich den Menschen zugeordnet; das menschliche Bewusstsein, so Puchta nun, stamme aber von Gott, das Recht sei daher zunächst »eine göttliche Ordnung«, »die dem Menschen gegeben« worden sei.[702] Unmittelbar nahm Gott nur auf dem Weg der Offenbarung Einfluss auf das Recht. Der wesentlich größere Teil des Rechts basiere aber, wie bereits gesehen, auf einer »natürlichen« Entstehungsweise, bei der das Recht »als eine Schöpfung des menschlichen Geistes« erscheine.[703] Der Volksgeist übernahm die Rechtsschöpfung, somit entstand das Recht in der weltlichen Sphäre, nicht bei Gott.[704] Die Möglichkeit der Menschen, selber durch den Volksgeist Recht zu erzeugen, war allerdings nach Puchta direkt von Gott abgeleitet, folgte aus dem göttlichen Auftrag gem. Gen. 1,26–28.[705] Das Recht sei von dieser Zeit an Teil der menschlichen Sphäre. Der Beitrag Gottes beschränke sich darin, »daß er die Recht erzeugende Kraft in die Natur der Völker gelegt hat.«[706] Die individuelle Herrschaft des Menschen über das Recht leite sich unmittelbar aus dem göttlichen Auftrag ab, sich die Welt untertan zu machen. »Recht war damit göttlichen Ursprungs und menschliches Tun.«[707] Für ein Grundmaß an Sittlichkeit sorge die Liebe innerhalb der menschlichen Gemeinschaft. Damit war das Spannungsverhältnis zwischen der Entstehung des Rechts aus dem Volksgeist und der Bedeutung der göttlichen Schöpfung grundsätzlich beseitigt.[708]

699 FRANK HANNES, Puchta als Kirchenrechtler (1995), S. 167.
700 Dies entsprach der zentralen Position, die der Sündenfall in der europäischen Tradition von Rechtsbegründungskonzeptionen einnahm; vgl. hierzu ausführlich ANDREAS THIER, Heilsgeschichte und naturrechtliche Ordnung (2014), S. 151 ff.
701 Dazu HANS-PETER HAFERKAMP, Georg Friedrich Puchta und die »Begriffsjurisprudenz« (2004), S. 330 f.
702 GEORG FRIEDRICH PUCHTA, Institutionen 1 (1841), S. 23.
703 Ebd., S. 23.
704 FRANK HANNES, Puchta als Kirchenrechtler (1995), S. 167.
705 GEORG FRIEDRICH PUCHTA, Lehrbuch der Pandekten (1838), S. VI.
706 GEORG FRIEDRICH PUCHTA, Vorlesungen über das heutige römische Recht I (1847), S. 21.
707 HANS-PETER HAFERKAMP, Georg Friedrich Puchta und die »Begriffsjurisprudenz« (2004), S. 337.
708 HANS-PETER HAFERKAMP, Die Bedeutung der Willensfreiheit für die Historische Rechtsschule (2008), S. 206 ff.

Dem Recht lag für Puchta die menschliche Freiheit als »Wahl zwischen Gutem und Bösem« zugrunde.[709] Damit bestand für den Menschen durchaus die Möglichkeit, sich auch gegen den Willen Gottes zu entscheiden:

> Rechtlich frey dagegen ist der Mensch, welche Wahl er auch getroffen haben möge, der Sünder eben so wohl als der Gerechte, eben weil er es schon dadurch ist, daß ihm die Wahl zusteht. Nicht die Entscheidung selbst, sondern die Möglichkeit derselben ist die Basis des Rechts.[710]

Hierin lag für Puchta »der Unterschied des Rechts von der Moral«.[711] Später stellte Puchta klar, dass er trotzdem das Recht keineswegs als von Gott unabhängig denken wollte:

> Wollte Jemand meinen, gegen diese Ansicht den göttlichen Ursprung des Rechts vertheidigen zu müssen, der würde sie mißverstehen. Sie stellt diesen gar nicht in Abrede. Wir stellen nicht in Frage, daß das Recht von Gott ist, dies wäre eine Erniedrigung des Rechts. Die Frage ist nur, wie Gott das Recht hervorbringt. Wir behaupten: dadurch, daß er die Recht erzeugende Kraft in die Natur der Völker gelegt hat.[712]

Dass Puchta sich ganz offensichtlich zu dieser Klarstellung genötigt sah, lässt an die Kritik kirchlicher Vertreter an der Sprachursprungstheorie Grimms von 1851 denken.[713] Für Grimm erfolgte die Sprachentwicklung ebenfalls grundsätzlich unabhängig von Gott durch die Menschen selbst. Lediglich die Fähigkeit zur Entwicklung der Sprache war den Menschen von Gott mitgegeben worden. Mittelbar blieb Gott damit an der Entstehung der Sprache beteiligt, unmittelbar war sie ein menschliches Werk. Diese Konstruktion fand sich somit bei Puchta und (zumindest dem späten) Grimm gleichermaßen.

Betrachtet man allerdings die Trennung zwischen Recht und Moral bei Puchta, so gelangt man zu der Feststellung, dass auch in diesem Bereich Grimms Ansichten leicht differierten. Er sah in dem durch den Volksgeist hervorgebrachten Recht gleichzeitig moralisch besonders hochwertiges, mit christlichen Wertvorstellungen übereinstimmendes Recht. Dieses Recht war grundsätzlich wahr, echt und damit richtig bzw. gerecht. Die Möglichkeit eines Auseinanderfallens von göttlichem Willen, Moralvorstellungen und Volksgeist thematisierte Grimm gar nicht erst. Die Verbindung zwischen Religion und Volksgeist bei Grimm war daher eine deutlich engere als bei Puchta.

---

709 GEORG FRIEDRICH PUCHTA, Cursus der Institutionen I (1841), S. 9; vgl. dazu und zu den Parallelen zur Konzeption Schellings HANS-PETER HAFERKAMP, Georg Friedrich Puchta und die »Begriffsjurisprudenz« (2004), S. 339 f. insb. Fn. 205.
710 GEORG FRIEDRICH PUCHTA, Cursus der Institutionen I (1841), S. 10.
711 Ebd., S. 9.
712 GEORG FRIEDRICH PUCHTA, Vorlesungen über das heutige römische Recht I (1847), S. 21.
713 Dazu oben B. II. 2. a) bb).

IX. Zusammenfassung

Sowohl der Begriff des Volksgeistes, dessen Vorläufer »Klimatheorie« und »Nationalgeist« sich bereits vor Montesquieu vor allem in Frankreich steigender Beliebtheit erfreut hatten, als auch das Konzept im Volk wurzelnder, organisch sich entwickelnder Kulturerscheinungen, Sprache und Recht, waren im 19. Jahrhundert beliebte Elemente verschiedener Wissenschaftskonzeptionen. Insoweit konnte Grimm mit seinem Volksgeistkonzept und seiner Quellenmethode an zahlreiche Vorläufer anknüpfen und befand sich mit Zeitgenossen in einem, wenn auch teils nur oberflächlich bestehenden Konsens. Unverkennbar geprägt blieb Grimm zeitlebens durch sein juristisches Studium. In seiner Quellenarbeit versuchte er sich jedoch auch an die exakte Methode der Naturwissenschaften anzulehnen und nutzte die vergleichende Anatomie als Vorbild, sich dem *Organismus* der Sprache und des Rechts zu nähern.

Die zahlreichen Variationen der Volksgeistidee veranschaulichen, dass sich der Volksgeist flexibel in die unterschiedlichsten Vorstellungen über die Sprach- und Rechtsentstehung integrieren ließ und sich den jeweiligen Forschungsschwerpunkten seiner Verwender anpasste. Mal gelangte damit das Volk in den Fokus der Betrachtung, mal die Rechtswissenschaft, mal gar der Staat. Mit Inhalt gefüllt wurde ein Volksgeistkonzept erst durch die individuelle Ausgestaltung des jeweiligen Verwenders. Nicht nur bei Puchta konnte der Volksgeist daher als »black box«[714] dienen, um die eigenen Vorstellungen von einer erstrebenswerten Rechtsentwicklung zu transportieren und zu legitimieren.

Wenn Grimm sich auf sein Vorbild Herder berief, seinen Lehrer Savigny pries und angeblich begeistert Schelling las, entwickelte letztlich auch er sein ganz individuelles Volksgeistkonzept.

Von Savignys Volksgeist unterschied sich die Konzeption Grimms zunächst durch die viel zentralere Rolle des Volksgeistgedankens im Gesamtwerk. Wenig überraschend differierten die Ansichten der beiden Wissenschaftler zum Verhältnis von deutschem und römischem Recht sowie zu den Auswirkungen der Rezeption. Während Savigny enge Parallelen zwischen klassischem römischen Recht und deutschem Volksgeist annahm, empfand Grimm das römische Recht als Fremdkörper innerhalb der deutschen Rechtskultur. Deutlich weniger skeptisch beurteilte Grimm auch die Aussichten für eine deutschrechtliche Kodifikation in absehbarer Zukunft. Ausgeprägter war im Gesamtsystem Grimms die Rolle der Sprache, die er anders als Savigny nicht als Hilfswissenschaft, sondern als zentralen Ausgangspunkt seiner Forschungen begriff. Auch die Rolle der Wissenschaft war in Savignys Werk eine andere. Parallelen zeigten sich

---

714 Hans-Peter Haferkamp, Rez. Horst Heinrich Jakobs, Georg Friedrich Puchta. Briefe an Gustav Hugo, in: ZRG GA 127 (2010), S. 762 ff., S. 773.

demgegenüber in der Skepsis gegenüber vernunft- oder naturrechtlichen Ansätzen, die beide Wissenschaftler teilten. Gleiches gilt für die christliche Fundierung der Volksgeistidee, wenn sie auch bei Grimm von Anfang an deutlicher ausgeprägt war. Bei beiden waren Volksgeistvorstellung und politische Ansichten eng miteinander verknüpft.

Zahlreiche Parallelen fanden sich zwischen den Konzeptionen von Herder und Grimm. In einigen Punkten ging Grimm allerdings weiter als sein Vorbild Herder. So waren bei Herder die Einflüsse der Klimatheorie noch deutlicher erkennbar. Grimm versuchte demgegenüber, seine Konzeption auf eine weniger an äußeren Gegebenheiten, als eine nach inneren, geistigen Faktoren orientierte Grundlage zu stellen. Beide Gelehrte schätzten die Volks- oder Naturpoesie als unmittelbares Ausdrucksmittel des Volksgeistes. Herders Volkspoesieverständnis ließ jedoch mehr Raum für die individuelle Schaffenskraft des einzelnen Dichters und war insgesamt ausdifferenzierter als das Konzept Grimms. Die Beurteilung des deutschen Rechts und der Bedeutung von Freiheit und Gemeinschaft für die Rechtstradition bildete wieder eine Parallele in den Werken Grimms und Herders. Auch die Einschätzung des römischen Rechts deckte sich. Die katholische Kirche machten beide für den Bedeutungsverlust der deutschen Volksrechte verantwortlich.

Obwohl er noch kein eigenes Volksgeistkonzept entwickelte, konnte Grimm bei seinem Freund Gustav Hugo bereits einige Elemente vorfinden, die er später für sein Volksgeistkonzept verwenden konnte. Dies betraf zum einen die Konstruktion des sich von selbst machenden Gewohnheitsrechts als Rechtsquelle außerhalb der geschriebenen Gesetze und zum anderen die Erkenntnis der Bedeutung der Sprache für die Rechtswissenschaft. Hugos Geschichtsauffassung und die Zielrichtung seiner historischen Rechtsstudien waren jedoch deutlich anders als Grimms. Hugo war eben noch nicht auf der Suche nach dem immerwährenden Volksgeist.

Aufmerksam verfolgte Grimm auch die Werke Schellings. Gerade in religiösen Fragen zeigten sich einige Übereinstimmungen in den Auffassungen Grimms und Schellings. Das Verständnis vom grundsätzlich gottbestimmten Ablauf der Geschichte und die Hochschätzung für die Mythologie als Volkspoesie fanden sich bei beiden. Auch die Sprach- und Rechtsentstehung beurteilten sie durchaus ähnlich. Ein Volksgeistkonzept ist bei Schelling allerdings höchstens in Ansätzen nachzuweisen.

Angespannt war demgegenüber zunächst das Verhältnis zwischen August Wilhelm Schlegel und Grimm. Schlegel, der Grimms Lieblingsprojekt, die *Altdeutschen Wälder*, scharf angegriffen hatte, äußerte sich dezidiert skeptisch zur Idee einer kollektiven Entstehung von Poesie und Literatur und entlarvte Teile von Grimms Volksgeist-Organismus-Rekonstruktion als wissenschaftlich nicht ausreichend fundiert. Soweit Schlegel von der Existenz eines deutschen

Volksgeistes ausging, folgte für ihn hieraus kein abgrenzender deutscher Nationalismus. Gerade die Vereinigung vieler europäischer Elemente innerhalb der deutschen Kultur – für ihn eine deutsche Eigenart – hieß er gut.

Eine im Verhältnis zu Grimm gänzlich andere Vorstellung von der Bedeutung des deutschen Volksgeistes hatte Hegel. Der individuelle Volksgeist spielte für ihn nur als Entwicklungsstufe des Weltgeistes eine eigenständige Rolle. Den Volkscharakter selber sah er deutlicher als Grimm durch äußere Gegebenheiten bestimmt. Erkennungszeichen des „germanischen" Volksgeistes war auch für Hegel die Betonung der Freiheit und der Treue. Insoweit bewirkte der deutsche Volksgeist innerhalb der weltgeschichtlichen Entwicklung eine besonders bedeutungsvolle Annäherung an die Verwirklichung des Prinzips der Freiheit. Auch hier blieb jedoch der Fokus der beiden Wissenschaftler stark verschieden. Weltgeschichte und Staatengeschichte spielten bei Grimm keine Rolle. Den Erkenntnisgewinn der historischen Rechtswissenschaft beurteilte Hegel wiederum deutlich geringer als Grimm.

Mehr Berührungspunkte hatten Grimm und Puchta. Sie teilten die Überzeugung von einer Rechtsentstehung aus der Gemeinschaft eines (idealen) Volkes und eines überindividuellen Volksbewusstseins. Puchta befand sich jedoch mit seiner Konstruktion deutlich näher an Savignys »Spezialistendogma« als Grimm. Die Rolle und Bedeutung der Rechtswissenschaft für die Bewahrung des Volksgeistes beurteilten die beiden Gelehrten daher durchaus unterschiedlich. Puchta gelang mit seinem Wissenschaftsrecht die Legitimation der Geltung des römischen Rechts für Deutschland – ein Weg, den Grimm nicht einschlagen wollte. Übereinstimmungen fanden sich bei der christlichen Fundierung der Volksgeistvorstellung. Beide Gelehrte sahen jeweils nur die grundsätzliche Fähigkeit zur Rechtsbildung als von Gott gegeben an, stellten jedoch die konkrete Rechtsschöpfung in den Zuständigkeitsbereich der Menschen. Grimm verknüpfte noch sehr viel mehr als Puchta das aus dem Volksgeist hervorgebrachte Recht mit christlichen Werten und Moralvorstellungen.

Festzuhalten bleibt, dass die Frage nach den verwandten Materien der Rechts- und Sprachentstehung und die Idee einer Entstehung des Rechts aus dem Volk heraus zahlreiche Juristen und Sprachwissenschaftler des 19. Jahrhunderts umtrieb. Die Frage nach Ursprung und – hiermit unmittelbar verknüpft – Zukunft der Deutschen war eng verwoben mit religiösen und philosophischen Grundfragen. Anregungen und Diskussionspartner konnte Grimm daher an zahlreichen Stellen finden. Er ging aber letztlich seinen ganz eigenen Weg.

D. Ausblick: Die juristische Rezeption Jacob Grimms in der Folgezeit

Es stellt sich abschließend die Frage, ob sich das Volksgeistkonzept und die damit in Verbindung stehende besondere Methode Grimms, Quellen zu suchen und aufzubereiten, auch über dessen Lebzeiten hinaus in der juristischen wissenschaftlichen Forschung erhalten haben. Es erscheint zunächst so, als stehe auch in diesem Bereich »die ständig zitierte Hochachtung vor der wissenschaftlichen Leistung von Jacob Grimm […] in gewaltigem Gegensatz zur tatsächlichen Rezeption«.[1] Auf den Gebieten des Rechts und der Rechtsgeschichte sind die Brüder Grimm als »Ausnahmeerscheinungen«[2] bezeichnet worden. In der Tat wurde ihr Vorgehen schon zu Lebzeiten teilweise spöttisch belächelt.[3] Grimms *Rechtsalterthümer* fanden jedoch, wenn auch keine umfassende, so doch eine durchweg freundliche Aufnahme bei Juristen.[4] Besonders die *Rechtsalterthümer*, die *Weisthümer* und die wenigen spezifisch rechtshistorischen Aufsätze Grimms, wurden gern als Quellenwerke herangezogen.

Dies lässt sich in einem Einzelfall sogar konkret in der Rechtsprechung nachweisen. So findet sich in einer Entscheidung des Königlichen Ober-Tribunals Berlin von 1850 ein Verweis auf die *Rechtsalterthümer* zur Frage nach dem Erbrecht unehelicher Kinder am väterlichen Vermögen.[5] Auch später noch hat die Rechtsprechung mit den *Rechtsalterthümern* gearbeitet. So berichtete Louis Hammerich von einem Urteil des Landgerichts Göttingen aus dem Jahr 1926, in dem Grimms Werk den entscheidenden Hinweis lieferte.[6] Noch zu Lebzeiten

---

1   Arwed Spreu, Jacob Grimm. Tradition, Innovation und Traditionsbruch, in: ders. (Hrsg.) Sprache, Mensch und Gesellschaft, Teil I (1986), S. 27 f.

2   Frank L. Schäfer, Juristische Germanistik (2008), S. 482.

3   So durch August Wilhelm Schlegel, Rez. Altdeutsche Wälder, in: Heidelbergische Jahrbücher der Litteratur 1815, S. 721 ff.; vgl. oben C. VI. 2.

4   Vgl. oben B. III. 3. b) bb).

5   Entscheidungen des Königlichen Ober-Tribunals (OTE) Berlin, 14.02.1850, OTE 19 (1850) Nr. 49, S. 338–357, S. 343; dazu auch Frank L. Schäfer, Juristische Germanistik (2008), S. 531.

6   Louis L. Hammerich, Jacob Grimm und sein Werk, in: BGG 1 (1963), S. 9. Urteil im Prozess der Stadt Göttingen gegen die Gemeinde Herberhausen wegen des Umfanges der Holzleseberechtigung im Göttinger Wald vom 29.10.1926,

wurde Grimm überdies gebeten, in Gutachten zu Rechtsfragen Stellung zu nehmen, welche die lexikalische Auslegung von Gesetzestexten betrafen.[7]

Auch in der Rechtswissenschaft wurde das Werk Jacob Grimms interessiert zur Kenntnis genommen. Dies belegen nicht zuletzt die zahlreichen Widmungen in vornehmlich rechtshistorischen Werken. Solche fanden sich beispielsweise in: Felix Dahn, *Das Wesen des ältesten Königthums der germanischen Stämme und seine Geschichte bis auf die Feudalzeit*, Bd. 1 von 1861; Georg Ludwig Ritter von Maurer, *Geschichte der Markenverfassung in Deutschland* von 1856; Karl Freiherr von Richthofen, *Friesische Rechtsquellen* von 1840 (Richthofen war durch die Vermittlung Eichhorns persönlich mit Grimm bekannt geworden[8]); Ernst Theodor Gaupp, *Miscellen des Deutschen Rechts* von 1830; Emil Franz Rössler, *Die Stadtrechte von Brünn aus dem XIII. u. XIV. Jahrhundert* von 1852; Paul Wigand, *Die Corveyschen Geschichtsquellen* von 1841; Wilhelm Eduard Wilda, *Das Strafrecht der Germanen* von 1842 und Wilhelm Arnold, *Cultur und Rechtsleben* von 1865 (»Dem Andenken Jacob Grimm's in treuer und dankbarer Erinnerung«; außerdem leitete Arnold seine Betrachtungen mit einem Zitat aus der Vorrede zu den *Rechtsalterthümern* ein, in der Grimm seine Hoffnung auf »eine langsam heranrückende reformation unserer rechtsverfassung« äußerte[9]).[10] Gustav Homeyer versah ein an Grimm gehendes Exemplar seiner Schrift »Über die Heimath nach altdeutschem Recht« von 1852 mit der handschriftlichen Widmung: »Seinem lieben und verehrten Jacob Grimm«.[11]

All dies lässt es zumindest zweifelhaft erscheinen, dass Grimms Werke im Bereich der Rechtswissenschaft keine unmittelbare Wirkung auf seine Zeitgenossen und Nachfolger gehabt haben sollen.[12] So wurde erst jüngst auf die

---

2. Zivilkammer des Landgerichts Göttingen. Kritisch war hier die Auslegung des Begriffs »Leseholz«.

7 Grimm erstattete ein Gutachten darüber, ob eine im Allgemeinen Landrecht enthaltene Fristbezeichnung »binnen 8 Tagen« einer Frist von 8 Tagen oder einer Woche entsprach. Das Gutachten ist abgedruckt bei WILHELM SCHOOF (Hrsg.), Unbekannte Briefe der Brüder Grimm (1960), S. 417 f.

8 Vgl. dazu den Brief CARL FRIEDRICH EICHHORNS an Jacob Grimm vom 28.03.1832, abgedruckt bei RUDOLF HÜBNER, Jacob Grimm und das deutsche Recht (1895), S. 119 f.

9 Das betreffende Zitat findet sich bei JACOB GRIMM, RA (1828), S. XVII f.

10 Eine Sammlung von Widmungen an die Brüder Grimm findet sich bei LUDWIG DENECKE, Buchwidmungen an die Brüder Grimm, BGG 2 (1975) S. 287–304 und DERS., Buchwidmungen an die Brüder Grimm, Zweite Sammlung, BGG 3 (1981), S. 457–470.

11 BERTHOLD FRIEMEL u. a., Die Bibliothek der Brüder Grimm, in: BGG 15 (2003), S. 111.

12 So aber GERHARD KÖBLER, Das Recht im frühen Mittelalter (1971), S. 12 ff. Weder Eichhorn und Waitz noch Stobbe hätten Grimms Ideen in ihren Werken berücksichtigt. Als ersten Gefolgsmann sieht Köbler Otto von Gierke, dessen

---

Wirkung Grimms auf August Ludwig Reyscher und Ferdinand Wolf in der Rechtssymbolforschung aufmerksam gemacht.[13] Auch Heinrich Brunner verwies auf Grimm als wichtigen Vorarbeiter für die rechtliche Volkskunde.[14]

Eine Rezeption Grimms durch Juristen lässt sich in der Tat auch bei einer nur oberflächlichen Betrachtung schon vor Otto von Gierke feststellen. Im Folgenden werden dabei nur solche Juristen in den Blick genommen, die sich ausdrücklich auf Grimm als Vorbild berufen haben.

I. Wilhelm Eduard Wilda

Wilhelm Eduard Wilda[15] (1800–1856) wandte den skandinavischen Rechten innerhalb der germanischen Rechtsgeschichte besondere Aufmerksamkeit zu. Er stand noch persönlich mit Grimm in Kontakt. Grimm selber hatte Wilda für Marburg empfohlen, und seine Position als Professor in Breslau verdankte Wilda den Empfehlungen Savignys und Grimms. Über Wilda schrieb Grimm an Ludwig Hassenpflug: »Auch nach Halle ist jetzt ein eifriger germanist gekommen und sein buch über das gildewesen scheint brauchbar.«[16] Später wurde Grimm noch ausführlicher:

> Wilda ist ein getaufter jude, erst war er advocat zu Hamburg und dann kam er als prof. nach Halle, er ist dazu misgestalt und verwachsen, hat aber doch eine hübsche junge frau bekommen. Von jenen übelständen abgesehen weiss ich jedoch nichts als gutes von ihm. er treibt das deutsche recht sehr fleissig, hat ein gründliches buch über die gilden geschrieben und mehrere gute artikel in die hall. encycl.; voriges jahr war er auf einer gelehrten reise in Dänemark und Schweden. Ob er die gabe des vortrags besitzt, weiss ich nicht.[17]

Seine generelle Abneigung gegenüber Juden hielt Grimm nicht davon ab, Wildas Leistungen anzuerkennen, soweit sie mit seinen eigenen Forschungen übereinstimmten.

Arbeiten »Humor im deutschen Recht« und »Deutsches Genossenschaftsrecht« eine deutliche Parallele zu den Ansichten Grimms aufweise.

13 CORNELIA MARIA SCHÜRMANN, Iurisprudentia Symbolica (2011), S. 225–239. Diese durch Grimm festgestellte Rechtssymbolik lieferte in der späteren Zeit die Begründung für die Befürworter einer umfassenden Formbedürftigkeit von Rechtsgeschäften, vgl. dazu FRANK L. SCHÄFER, Juristische Germanistik (2008), S. 556 f.

14 Vgl. hierzu JOHANNES LIEBRECHT, Brunners Wissenschaft (2014), S. 70 f.

15 Zu Wilda: AUGUST RITTER VON EISENHART, Wilda, Wilhelm Eduard, in: ADB 42 (1897), S. 491 ff.; BERND-RÜDIGER KERN, Wilda, Wilhelm Eduard, in: HRG 5 (1998), Sp. 1415 ff.

16 JACOB GRIMM an Ludwig Hassenpflug vom 01.12.1831, in: ROBERT FRIDERICI, Briefe von Jacob und Wilhelm Grimm an Ludwig und Lotte Hassenpflug, in: BGG 3 (1981), S. 81.

17 JACOB GRIMM an Ludwig Hassenpflug vom 17.03.1835, in: ebd., S. 104.

Wie Grimm sah auch Wilda die nordischen Quellen als besonders wertvolles Erkenntnismittel für das Studium des älteren deutschen Rechts.[18] Daher ist Wilda auch »[n]eben Jacob Grimm [...] zu den Begründern der nordischen und der vergleichenden nordischen Rechtsgeschichte« gezählt worden.[19] Dies traf auch auf das Hauptwerk Wildas, das als erster Band einer Geschichte des deutschen Strafrechts gedachte *Strafrecht der Germanen* von 1842, zu. Dort zeigte Wilda sich »[a]ls echter Schüler J. Grimms«, insbesondere bezüglich der Weite seines Blicks und der umfassenden Quellenverwertung.[20] Wilda bekannte dies selbst gegenüber Grimm:

> Möchte es Ihnen nicht als eine unbescheidene Zudringlichkeit erscheinen, wenn ich der so wenig bisher Gelegenheit und das Glück gehabt, Ihnen persönlich näher treten zu können, es gewagt habe öffentlich die Gesinnungen auszusprechen von welchen ich gegen Sie aufs tiefste durchdrungen bin und Ihnen im Verein mit Ihrem Freunde Dahlmann ein Buch darzubringen, bei dessen Ausarbeitung Ihr Beispiel mir vorgeleuchtet hat, Ihre Forschungen mir den Weg gewiesen haben.[21]

Diese Wertschätzung drückte Wilda auch in der Widmung des Werkes aus.[22] Zielsetzung seiner Forschungen auf diesem Gebiet war es, »das, was aus dem germanischen Volksbewusstsein hervorgegangen, was als allgemein germanische Rechtseinrichtung anzuerkennen ist, zu erfassen und von dem, was der particularen Entwicklung und Gestaltung angehört, auszuscheiden.«[23] Der Weg zur Erkenntnis dessen, was diesem Volksbewusstsein entsprach, führte für Wilda zurück zu den ältesten Quellen, wo noch ein gemeinsames germanisches Recht erkennbar sei. »Nur Unwissenheit oder Trägheit kann hier noch zweifeln wollen, seit wir einen Jacob Grimm den Unsern nennen.«[24] Wilda nutzte Grimms Erkenntnisse als Vorbild und rezipierte ausdrücklich dessen Methode der Quellenauswahl (auch wenn die volkstümlichen Quellen anders als bei Grimm nicht im Vordergrund standen). Wilda setzte sich überdies auch

---

18 August Ritter von Eisenhart, Wilda, Wilhelm Eduard, in: ADB 42 (1897), S. 492.

19 Bernd-Rüdiger Kern, Wilda, Wilhelm Eduard, in: HRG 5 (1998), Sp. 1416.

20 Rudolf Hübner, Karl Friedrich Eichhorn und seine Nachfolger, in: FS Brunner (1910), S. 822. Schon in der Vorrede führt Wilda ausdrücklich die Rechtsalterthümer als wichtige Quellensammlung auf: Wilhelm Eduard Wilda, Das Strafrecht der Germanen (1842), S. XVI.

21 Wilhelm Eduard Wilda an Jacob Grimm vom 21.03.1842, in: Rudolf Hübner, Jacob Grimm und das deutsche Recht (1895), S. 186 f.

22 »F. C. Dahlmann und Jacob Grimm, den deutschen Männern in Wissen und Willen, in Wort und Werk, widmet dieses Buch als ein Zeichen innigster Hochachtung und treuergebener Freundschaft der Verfasser«, Wilhelm Eduard Wilda, Das Strafrecht der Germanen (1842), Widmung.

23 Ebd., S. XII.

24 Ebd., S. 1.

inhaltlich mit den Ansichten Grimms auseinander und beleuchtete diese auch kritisch.[25] Die Wirkungen Grimms auf Wilda gingen somit deutlich über eine reine Anerkennung hinaus. Ausdrücklich berief sich Wilda auch auf das Volksbewusstsein.

II. Georg Beseler

Georg Beseler[26] (1809–1888) stand Grimm persönlich sehr nahe. Seine Rolle als Verteidiger der Göttinger Sieben, die ähnlich emotionale Beurteilung der Schleswig-Holstein-Frage sowie Beselers Teilnahme an den Germanistentagen und der Paulskirche, legen bereits eine auch inhaltliche Übereinstimmung der Auffassungen der beiden Gelehrten nahe. Grimm und Beseler wurden bereits früh persönlich bekannt. 1833 erhielt Beseler, der sich für Forschungen zum älteren deutschen Recht nach Göttingen begeben hatte, eine persönliche Einweisung in die Bibliothek durch Jacob Grimm.[27] Grimm unterstützte Beseler in der Folge umfassend bei der Erarbeitung der Grundlagen für *Die Lehre von den Erbverträgen*, und Beseler schloss sich in Streitfragen gerne der Meinung Grimms an.[28] Diese Mühe dankte Beseler Grimm mit einer ausdrücklichen Erwähnung im Vorwort des ersten Bandes.[29] Besonders in der großen Wertschätzung des nationalen Elements im Recht und desen Verknüpfung mit dem eigentümlichen Nationalcharakter »bewies er sich […] als Schüler Jacob Grimm's«.[30] Im Wintersemester 1833/34 gehörte Beseler zu den Hörern von Grimms Vorlesung zur Deutschen Grammatik.[31] Auch in der Folge blieben Beseler und Grimm in persönlichem Kontakt. Ein Blick in Grimms Bibliothek[32] lässt erkennen, dass das wissenschaftliche Interesse nicht nur einseitig war.

25 Als Beispiele: ebd., S. 330 Fn. 3; 428; 905 Fn. 3.
26 Zu Beseler: Dietrich Lang-Hinrichsen, Beseler, Georg Karl Christoph, in: NDB 2 (1955), S. 174 f.; Rudolf Hübner, Beseler, Georg, in: ADB 46 (1902), S. 445 ff.; Bernd-Rüdiger Kern, Georg Beseler (1982).
27 Bernd-Rüdiger Kern, Georg Beseler (1982), S. 35; persönliche Schilderung des ersten Besuchs der Bibliothek bei Georg Beseler, Erlebtes und Erstrebtes (1884), S. 25.
28 Bernd-Rüdiger Kern, Georg Beseler (1982), S. 304 f.
29 »Schließlich ist es mir eine angenehme Pflicht, meinem vielgeliebten Lehrer, dem Hofrath Jacob Grimm in Göttingen, den herzlichsten Dank zu sagen für die gütige Unterstützung, welche er mir bei dieser Arbeit hat zukommen lassen.« Georg Beseler, Die Lehre von den Erbverträgen 1 (1835), S. XIV.
30 Rudolf Hübner, Beseler, Georg, in: ADB 46 (1902), S. 470.
31 Bernd-Rüdiger Kern, Georg Beseler (1982), S. 40.
32 Ludwig Denecke / Irmgard Teitge, Die Bibliothek der Brüder Grimm (1989). Hier fanden sich von Beseler: De iuramento partium cum consacramentalibus in Slesvico-Holsatia abrogato (Beselers Dissertation) von 1833; Ueber die Stel-

Eine besonders persönliche Würdigung der Brüder Grimm enthielt die Verteidigungsschrift, die Beseler nach den Göttinger Ereignissen veröffentlichte.[33] Nachdem er die innige Verbindung der Brüder zueinander geschildert und eine Verherrlichung der Vergangenheit bei manchen Romantikern kritisiert hatte, beschrieb Beseler die Verdienste der Grimms:

> An einer solchen blinden Vergötterung des Mittelalters haben die Grimm nie Theil genommen; dafür sind sie mit einem zu tüchtigen, freien, deutschen Sinn ausgestattet worden. Aber lebendig ergriffen von der Bedeutung der volksthümlichen Lage der Verhältnisse, fanden sie in jener Zeit, wo sich der eigenthümliche Charakter unserer Nation in Sage und Gesang, in Recht, in Sitte und Sprache im Ganzen noch reiner und unvermischter darstellt, das erfreuliche Feld für ihre Forschungen, und führten, was sie gefunden hatten in absichtsloser Unbefangenheit dem erstaunten Geschlechte zur Belehrung, Freude und Stärkung vor die Augen. [...] Jacob eröffnete für die deutschen Rechtsalterthümer eine neue Bahn, begründete die Lehre von der deutschen Mythologie und war, mit dem Bruder vereint, in Rede und Schrift bemüht, das Verständniß der Vorzeit und ihrer Poesie unserem Volke wieder zu erschließen.[34]

Beseler beschrieb weiter den Gang der Brüder »unter das Volk, den treuen Hüter alterthümlicher Mährchen und Sagen«, welches sie belauscht und »mit unbeschreiblicher Anmuth und Bescheidenheit die bald harmlos derben, bald kindlich holden Geschichten wieder« erzählt hätten.[35] Auch wenn die besondere Ausschmückung dieser Beschreibung dem Charakter einer Verteidigungsschrift geschuldet sein mag, legt diese Schilderung eine persönliche Wertschätzung der Forschungen Grimms durch Beseler nahe, insbesondere, da die Veröffentlichung einer solchen Schrift auch politisch keineswegs risikolos war.[36]

Georg Beselers wohl programmatischste Schrift war das 1843 erschienene *Volksrecht und Juristenrecht*.[37] Beseler verneinte hier die Zwangsläufigkeit einer Ablösung des Volksrechts durch ein Juristenrecht. Er stellte sich damit aus-

---

lung des römischen Rechts zu dem nationalen Recht der germanischen Völker von 1836; Zur Beurtheilung der sieben göttinger Professoren und ihrer Sache von 1838; Die Lehre von den Erbverträgen von 1840, Volksrecht und Juristenrecht von 1843–1844; Zur Geschichte des deutschen Ständerechts von 1860 und System des gemeinen deutschen Privatrechts 1–3 von 1847–1855.

33 GEORG BESELER, Zur Beurtheilung der sieben göttinger Professoren und ihrer Sache (1838), S. 33 ff.; zur sehr positiven Reaktion Grimms vgl. BERND-RÜDIGER KERN, Georg Beseler (1982), S. 352 f.

34 GEORG BESELER, Zur Beurtheilung der sieben göttinger Professoren und ihrer Sache (1838), S. 38 f.

35 Ebd., S. 39.

36 Vgl. dazu BERND-RÜDIGER KERN, Georg Beseler (1982), S. 344 f.

37 RUDOLF HÜBNER, Beseler, Georg, in: ADB 46 (1902), S. 450, bezeichnete die Schrift als »gewissermaßen ein wissenschaftliches Glaubensbekenntniß«.

drücklich gegen Savignys Spezialistendogma.[38] Juristen- und Volksrecht waren für Beseler zwei Arten des Gewohnheitsrechts. Die wissenschaftliche Wahrheit eines Rechtssatzes bildete für ihn kein Kriterium der Qualität des Juristenrechts. Kriterium war allein die Gewohnheit zur Bestimmung der Wirksamkeit eines Rechtssatzes. Damit gelang es ihm, die Rezeption des römischen Rechts zwar einerseits wegen ihrer fehlenden Volksmäßigkeit abzulehnen, gleichzeitig aber von ihrer Unumkehrbarkeit auszugehen.[39] Obwohl Beseler die Rezeption als »Nationalunglück« bezeichnete, vertrat er in Sachfragen häufig einen moderateren Kurs.[40]

Das Konzept eines ideellen Volksgeistes im Sinne Grimms fand sich bei Beseler freilich nicht wieder. Er widmete sich allerdings sehr eingehend den aktuellen Anschauungen im Volk, in denen er das noch heute lebende Volksrecht zu erkennen glaubte.[41] Er sah den »Volksgeist« also im Gegensatz zu Grimm tatsächlich konkret soziologisch und empirisch[42] und arbeitete mit einer klaren justizpolitischen Zielsetzung, die sich im Besonderen an seiner Forderung nach Wiedereinführung von Schöffen- und Geschworenengerichten ablesen ließ.[43] Gerade in der Betrachtung der Volksquellen, im »Gang unters Volk«, hatte Beseler daher das besondere Verdienst Jacob Grimms gesehen. Er vollzog damit die Wandlung »von der Volksgeistromantik zur nationaldemokratischen Forderung des Tages«.[44] Dabei verwies Beseler, wie Grimm, auf die Parallelität von Rechts- und Sprachentwicklung.[45]

Als besonderen Ausdruck des deutschen Volksrechts erkannte Beseler das genossenschaftliche Prinzip sowie die Laienbeteiligung bei Gericht.[46] Die Gedanken zur Genossenschaft gingen juristisch schnell weit über das hinaus, was Grimm jemals durch die Hervorhebung der Markgenossenschaften hatte andeuten können. Als Grundlage blieb Grimms Werk jedoch unverzichtbar. Beseler nahm hierfür nicht nur die rechtshistorischen Werke zur Kenntnis, sondern beschäftigte sich ausdrücklich mit den sprachwissenschaftlichen Aspekten der Konstruktion Grimms.

---

38 BERND RÜDIGER KERN, Georg Beseler – Ein Leben für das deutsche Recht, in: JuS 1988, S. 600.

39 JAN SCHRÖDER, Recht als Wissenschaft (2001), S. 197 f.

40 FRANK L. SCHÄFER, Juristische Germanistik (2008), S. 578.

41 Vgl. dazu GEORG BESELER, Volksrecht und Juristenrecht (1843), S. 109 ff. Beseler empfahl das Vorgehen eines »Naturforschers« (S. 109) und die »unmittelbare Anschauung des Volkes selbst« (S. 115).

42 BERND-RÜDIGER KERN, Georg Beseler (1982), S. 99.

43 FRANZ WIEACKER, Privatrechtsgeschichte der Neuzeit (1996), S. 409 f.

44 Ebd., S. 411.

45 BERND-RÜDIGER KERN, Georg Beseler (1982), S. 302.

46 BERND-RÜDIGER KERN, Georg Beseler – Ein Leben für das deutsche Recht, in: JuS 1988, S. 600.

III. Rudolph von Jhering

Auch im Werk Rudolf von Jherings[47] (1818–1892) fand sich ein kurzer Hinweis auf Jacob Grimm. So führte Jhering in seiner Schrift »vom Geist des römischen Rechts« aus:

> Was ein Volk aus der eignen Mitte schöpfen soll, sagt treffend Jakob Grimm, wird seines gleichen, was es mit Händen anfassen darf, wird entweiht; ohne Unnahbarkeit wäre kein Heiligthum, woran der Mensch hangen und haften soll, gegründet.[48]

Die betreffende Stelle befand sich in Grimms berühmten Aufsatz »Von der Poesie im Recht«, in dem bereits bedeutende Teile seiner Volksgeistkonzeption angelegt waren. Jhering beschäftigte sich also nicht nur mit den Quellenwerken Grimms, auch mit den sonstigen »Inhalten« war er vertraut, nahm sie zumindest so intensiv zur Kenntnis, dass er sie in seine eigenen Überlegungen einbezog. Dies war umso bemerkenswerter, als sich Jhering vorwiegend dem römischen Recht widmete, damit der übliche Anknüpfungspunkt der Germanistik wegfiel. Freilich blieb die Anknüpfung Jherings an Grimm verglichen mit der Rezeption durch die bereits dargestellten und sogleich darzustellenden Juristen gering.

IV. Richard Schroeder

Eine deutlichere Anlehnung an Jacob Grimm konnte im Werk Richard Carl Heinrich Schroeders[49] (1838–1917) festgestellt werden. Schon früh war Schroeder, im Übrigen ein Schüler Beselers,[50] von der auch die Forschungen Grimms leitenden Verbindung zwischen Rechtswissenschaft und Philologie überzeugt.[51] Grimm begegnete er sogar noch persönlich und bekannte danach: »Mein sehnlichster Wunsch ging damit in Erfüllung.«[52] Nach seinem juristischen Studium wandte Schroeder sich auf Vermittlung Grimms intensiv der Weistumsforschung zu und führte die Sammlung der *Weisthümer* nach Grimms Tod

---

47 Zu Jhering: Ludwig Mitteis, Ihering, Rudolf, in: ADB 50 (1905), S. 652 ff.; Alexander Hollerbach, Ihering, Rudolf von, in: NDB 10 (1974), S. 123 f.

48 Rudolf von Jhering, Geist des römischen Rechts auf den verschiedenen Stufen seiner Entwicklung, Erster Theil, 2. Aufl. Leipzig 1866, S. 265.

49 Zu Schroeder vgl. Andreas Thier, Schroeder, Richard Carl Heinrich, in: NDB 23 (2007), S. 572 ff.; Meike Webler, Leben und Werk des Heidelberger Rechtslehrers Richard Carl Heinrich Schroeder (2005).

50 Bernd-Rüdiger Kern, Georg Beseler – Ein Leben für das Deutsche Recht, in: JuS 1988, S. 600.

51 Meike Webler, Leben und Werk des Heidelberger Rechtslehrers Richard Carl Heinrich Schroeder (2005), S. 28.

52 Ebd., S. 35.

weiter. Die Beifügung eines Registerbandes, der die Sammlung erst wissenschaftlich nutzbar machte, war sein Verdienst.[53]

Noch zu Lebzeiten waren Schroeder und Grimm in engem Kontakt, und Grimm leistete wertvolle Unterstützung bei der Abfassung von Schroeders *Geschichte des ehelichen Güterrechts*.[54] Den ersten Teil dieses Werkes widmete Schroeder 1863 dann auch Jacob Grimm.[55] Bei der Herangehensweise an den Quellenstoff hatte sich Schroeder deutlich von Grimm inspirieren lassen und nutzte zur Erläuterung zahlreiche philologische Ableitungen, in denen er nicht nur auf Mittel- und Althochdeutsch abstellte, sondern auch andere germanische und romanische Sprachen einbezog. Diese Verfahrensweise fand sich in der Folge auch in Schroeders außerordentlich erfolgreichem Lehrbuch zur Deutschen Rechtsgeschichte.[56] Allerdings verzichtete Schroeder in der *Geschichte des ehelichen Güterrechts* bewusst auf die Einbeziehung der nordischen Rechte, die für Grimm immer eine große Bedeutung gehabt hatten. »Ich weisz wol, wie nahe alle diese Rechte und besonders das der Skandinavier dem deutschen Rechte stehen, aber es kam mir zunächst darauf an, eine klare Uebersicht der historischen Entwicklung in Deutschland zu gewinnen.«[57] Das angelsächsische Recht bezog Schroeder jedoch von Anfang an als deutsches Recht mit in seine Betrachtungen ein.

Mit der Überzeugung der Parallelität von Sprache und Recht wandelte Schroeder zwar sichtbar auf Pfaden Grimms (was sich auch in seiner Tätigkeit für das *Deutsche Rechtswörterbuch* zeigte), insgesamt sah er die Sprache allerdings nur als Hilfsmittel innerhalb der deutschrechtlichen Forschung an, nutzte die Philologie nur unterstützend für seine Argumentation.[58] »Ein sehr wichtiges Hilfsmittel werden die sprachlichen Verhältnisse immer bilden, aber sie dürfen nicht überschätzt werden«.[59] Eine ähnliche, aus heutiger Sicht *juristischere* Herangehensweise, war auch bei der Quellennutzung zu beobachten. Wie Grimm berücksichtigte Schroeder auch rechtsfremde Quellen für die Erkenntnis des historischen Rechts. Insbesondere die mittelalterliche Dichtung nutzte er

---

53 Ebd., S. 50 f.

54 Ebd., S. 163.

55 Die Widmung selbst fällt sehr schlicht aus, auf S. XII der Vorrede dankt Schroeder Grimm noch einmal ausdrücklich für seine Unterstützung, RICHARD SCHROEDER, Geschichte des ehelichen Güterrechts 1 (1863).

56 MEIKE WEBLER, Leben und Werk des Heidelberger Rechtslehrers Richard Carl Heinrich Schroeder (2005), S. 209.

57 RICHARD SCHROEDER, Geschichte des ehelichen Güterrechts 1 (1863), S. VII.

58 MEIKE WEBLER, Leben und Werk des Heidelberger Rechtslehrers Richard Carl Heinrich Schroeder (2005), S. 210 f.

59 RICHARD SCHROEDER, Die Ausbreitung der salischen Franken, in: Forschungen zur Deutschen Geschichte 19 (1879), S. 172.

als Quelle für den zweiten Band der *Geschichte des ehelichen Güterrechts*. Das enge Verhältnis von Recht und Dichtung war für Schroeder auch Anlass weiterer kleinere Veröffentlichungen.[60] Dabei konnten die literarischen Quellen für Schroeder jedoch nicht für sich selbst juristische Tatsachen belegen, sondern dienten lediglich dazu, bereits vorhandene Befunde aus Rechtsquellen zu untermauern.[61] Auch war Schroeder der rechtlichen Volkskunde gegenüber skeptisch eingestellt,[62] betonte dafür die Bedeutung von Urkunden für die Rechtserkenntnis.[63] Gerade diese hatten für Grimm keinen entscheidenden Quellenwert, da sie nicht Ausdruck der *mündlichen* Rechtstradition waren, mittels derer das volkstümliche Recht primär übermittelt wurde.

Der Einbeziehung epochefremder Quellen in seine Schilderungen stand Schroeder jedoch nicht ganz so zurückhaltend gegenüber. Die Lückenhaftigkeit des Stoffes zwinge dazu, durch Rekonstruktion fehlende Verbindungen aufzuzeigen.[64] Dieses Vorgehen ist bereits bei Grimm aufgefallen und lässt auf die Überzeugung von einer organischen Entwicklung des Rechts schließen. Insoweit richteten sich Schroeders Forschungen auf die Erkenntnis des geschichtlichen Rechts um seiner selbst willen. Auch nicht mehr geltende Rechtssätze konnten für Schroeder Aufklärung bieten über den dem Recht zugrundeliegenden Geist des Gesamtrechts, der noch in anderen Rechtsinstituten fortlebe. Er war daher von der Existenz eines ungeschriebenen, gemeinen deutschen Rechts überzeugt, welches sich in den einzelnen deutschen Particularrechten niedergeschlagen habe.[65] Auch wenn damit nicht direkt Grimms Volksgeistkonzept rezipiert wurde, verwandte Schroeder mit der Anlehnung an die Methode Grimms einen stark vom Volksgeistgedanken beeinflussten Ansatz aus Grimms Werk.

Insgesamt konnte Richard Schroeder die methodischen Ansätze Grimms zur Erforschung des deutschen Rechts gewinnbringend in eine »juristischere« Form überführen, und es gelang ihm damit, zumindest in der rechtshistorischen Forschung weithin anerkannte Ergebnisse zu präsentieren. Auf dem Gebiet des

---

60 Vgl. hierzu Ulrich Stutz, Richard Schröder, in: ZRG GA 38 (1917), S. XXIX.

61 Meike Webler, Leben und Werk des Heidelberger Rechtslehrers Richard Carl Heinrich Schroeder (2005), S. 225.

62 Daher riet Schroeder Ebehard Freiherr von Künßberg davon ab, in seiner Probevorlesung über »Altes Recht in Volksbrauch und Volksdichtung« zu sprechen und riet ihm, lieber einen »richtigen, wissenschaftlichen Vortrag« zu halten, René Schorsch, Eberhard Georg Otto Freiherr von Künßberg (2010), S. 66 f.

63 Vgl. dazu auch Ernst Landsberg, GDR 3.2 (1910), S. 898.

64 Meike Webler, Leben und Werk des Heidelberger Rechtslehrers Richard Carl Heinrich Schroeder (2005), S. 226.

65 Ebd., S. 175 f.

geltenden Rechts konnte er sich jedoch nicht durchsetzen, obwohl er auch hier zahlreiche Arbeiten veröffentlichte.[66] So scheiterte sein Vorschlag, im BGB die sogenannte partikuläre Gütergemeinschaft der Ehegatten als Ausdruck einer deutschrechtlichen Tradition zu verankern.[67]

V. Otto von Gierke

Auch Otto von Gierke[68] (1841–1921) beschäftigte sich wiederholt mit den Werken Grimms. Direkte Bezüge zu diesen lassen sich in Gierkes Arbeiten an zahlreichen Stellen finden. Eine besonders blumige Beschreibung der Bedeutung Grimms für die Rechtswissenschaft enthielt Gierkes Rede über »Die historische Rechtsschule und die Germanisten« aus dem Jahr 1903:

> Welche Aussichten eröffneten sich, wenn nun auch dieser Stern am juristischen Horizont aufleuchtete! Wenn mit Savigny und Eichhorn der Mann zusammenging, der unter den Begründern der geschichtlichen Rechtsansicht am feinhörigsten das ursprüngliche Werden des Rechts belauscht, am tiefsten in den Zusammenhang des Rechts mit Religion, Sprache und Sitte geschaut, am innerlichsten die Regung des Volksgemüths im Leben des Rechts empfunden hatte. Musste nicht jedem Deutschen das deutsche Recht, seit dieser Mann seinen zauberischen Reiz enthüllte, zur Herzenssache werden?[69]

Die Wirkung Grimms auf Gierke ging über die Nutzung von Grimms Quellenwerken hinaus.[70] Auch bei Gierke fand sich der Gleichlauf von Sprache, Religion, Sittlichkeit und Recht, die als solche Gemeinbesitz der Menschen, aber auch klaren nationalen Unterschieden unterworfen seien. Gierke gelangte jedoch mit seiner Forschung zum Genossenschaftsrecht über die antiquarische Richtung der juristischen Germanistik hinaus, machte seine Forschungen

---

66 Ein knapper Überblick der zum geltenden Recht erschienenen Schriften bei Ulrich Stutz, Richard Schröder, in: ZRG GA 38 (1917), S. XXXVII.

67 Andreas Thier, Schroeder, Richard Carl Heinrich, in: NDB 23 (2007), S. 573.

68 Zu Gierke: Karl Siegfried Bader, Gierke, Otto Friedrich von, in: NDB 6 (1964), S. 374 f.; Gerhard Dilcher, Gierke, Otto von, in: HRG 2, 2. Aufl. (2012), Sp. 375 ff.

69 Otto von Gierke, Die historische Rechtsschule und die Germanisten (1903), S. 12.

70 Vgl. zur Bedeutung Grimms für Gierke auch die Hinweise bei Jan Thiessen, Otto von Gierke (1841–1921), in: Stefan Grundmann u. a. (Hrsg.), FS 200 Jahre Juristische Fakultät der Humboldt-Universität zu Berlin (2010), S. 358 f. Insbesondere im 1. Bd. von Otto von Gierke, Das deutsche Genossenschaftsrecht (1868), wird in zahlreichen Fußnoten auf Weisthümer und Rechtsalterthümer, aber auch auf die Grenzalterthümer verwiesen, bspw. S. 24 Fn. 57; S. 69 Fn. 32; S. 78 Fn. 56 u. v. m. S. 663 Fn. 22 erwähnt Gierke ausdrücklich den Hinweis durch Grimm u. a., dass die Markgenossenschaften auf ein ursprüngliches Gesamteigentum zurückweisen.

insbesondere bewusst rechtspolitisch fruchtbar.[71] Er konzentrierte sich weit mehr auf Dogmatik und geltendes Recht.

Mit seiner Abhandlung »Der Humor im Deutschen Recht« nahm Gierke unmittelbar Bezug auf Grimms berühmten Aufsatz »Von der Poesie im Recht«[72] und verteidigte dessen Ansatz gegen die Kritik Reyschers.[73] Gierke betonte, dass das Recht »eine Function des Volkslebens ist« und »sich auf den verschiedenen Lebensstufen des Volkes ebenso verschieden gestaltet wie der Volksgeist selbst.«[74] In der Jugendzeit der Völker erzeuge sich das Recht unmittelbar aus dem Volk, danach werde es immer abstrakter, vergeistige sich.[75] Den Humor hatte bereits Grimm als Kennzeichen des deutschen Rechts ausgemacht und ebenfalls auf eine langsame Wandlung von »Natur« zum »Geist« innerhalb der Rechtsentwicklung hingewiesen.[76] Auch bezüglich des ethischen Gehalts des deutschen Rechts deckten sich die Vorstellungen Gierkes mit Grimms Beschreibung. Die Sittlichkeit des alten deutschen Rechts fand Gierke »so eigenthümlich, dass sie nur aus der deutschen Volksseele fliessen konnte«.[77] Vor allem der Begriff der Treue im deutschen Recht untermauerte für ihn diese These.[78] Quellen für seine Untersuchung fand Gierke sowohl in den *Rechtsalterthümern* als auch den *Weisthümern*.[79]

Wie Grimm schilderte Gierke den allmählichen Verlust der humoristischen Elemente im Recht und die Entfremdung des Rechts vom Volk.[80] »Alles was von Poesie und insbesondere von Humor im Recht blieb, flüchtete sich in die engen Kreise des halb im Verborgenen fortlebenden Volksrechts, in das ungeschriebene Bauernrecht, das Handwerkerrecht und ähnliche Gebiete.«[81] Wie jener empfand Gierke diese Entremdung als schmerzlich. Auch er verstand jedoch, dass die Geschichte nicht umkehrbar war.[82] Gleichwohl äußerte Gierke die Hoffnung, dass in Zukunft diese Kluft zwischen Volk und Recht vermindert werden könne. Einen Weg hierfür sah er »in der Vertiefung des gelehrten Rechts durch das Hinabsteigen zu den im Volksbewusstsein unzerstörbar lebenden, wenn auch oft schwer und lange schlummernden nationalen Rechtsgedanken.«[83] Auch bei

---

71 KARL SIEGFRIED BADER, Gierke, Otto Friedrich von, in: NDB 6 (1964), S. 375.
72 So auch ERIK WOLF, Grosse Rechtsdenker (1963), S. 683.
73 OTTO VON GIERKE, Der Humor im deutschen Recht (1871), S. 1.
74 Ebd., S. 2.
75 Ebd., S. 3 f.
76 Vgl. oben B. II. 2. e) bb) und B. III. 2.
77 OTTO VON GIERKE, Der Humor im deutschen Recht (1871), S. 6.
78 Ebd., S. 6.
79 Ebd., S. 6.
80 Ebd., S. 61 f.
81 Ebd., S. 62.
82 Ebd., S. 63.
83 Ebd., S. 64.

Gierke war es die Methode der sprachlichen Ableitungen, begründet auf der Annahme der Verwandtschaft von Recht und Sprache, die eine deutliche Parallele zur Methode Grimms aufwies.[84]

Darüber hinaus vertrat Gierke die uns von Grimm vertraute Überzeugung, dass die nationalen Rechtsgedanken im Volk selber zu finden waren, dass das Volksbewusstsein alte Rechtstraditionen konserviert hatte:

> Am zähesten hielt das Landvolk am Hergebrachten fest, so dass in den ländlichen Weisthümern noch Jahrhunderte lang stets von Neuem uraltes Germanenrecht verkündet wird, gleich als sei über diesen Boden niemals der Sturm der grossen deutschen Rechtsumwälzung dahingebraust.[85]

Wie Grimm sah Gierke insbesondere in den Weistümern das ursprünglich deutsche, volkstümliche Recht am reinsten erhalten. Auch wenn dieses »nur soweit als es noch lebensfähig ist«,[86] in ein nationales Recht einfließen sollte, bedeutete dies eine deutliche Aufwertung des Volksrechts gegenüber dem gelehrten Recht.

Gierke hat somit Jacob Grimms rechtshistorisches Werk nicht nur zur Kenntnis genommen, sondern auch als Grundlage für seine eigenen Forschungen benutzt. Insbesondere die Parallelität von Sprach- und Rechtsentwicklung ruhte auf dieser Grundlage. Insoweit lebte ein Teil von Grimms volksgeist-basierter Forschung auch hier weiter.

VI. Karl von Amira

Karl von Amira[87] (1848–1930) beschäftigte sich intensiv mit dem Feld der Rechtsarchäologie, deren Namen er auch prägte. Ähnlich wie Grimm, und diesem ausdrücklich folgend, wandte sich Amira den nordischen Quellen zu und betrieb umfangreiche rechtshistorisch-vergleichende Studien.[88] Er führte zudem den durch Jacob Grimm geprägten Forschungsansatz weiter, neben den abstrakten Rechtsgedanken auch das sinnliche Element des Rechts zu beleuchten. Gerade Grimms Bemühungen um eine umfangreiche Quellensammlung

---

84 Vgl. hierzu auch GERHARD DILCHER, Germanisches Recht, in: HRG 2, 2. Aufl. (2012), Sp. 244.

85 OTTO VON GIERKE, Deutsches Privatrecht I (1895), S. 19.

86 Ebd., S. 25.

87 Zu Amira: PAUL PUNTSCHART, Karl von Amira und sein Werk (1932); HANS LIERMANN, Amira, Karl Konrad Ferdinand Maria von, in: NDB 1 (1953), S. 249; HERMANN NEHLSEN, Karl von Amira, in: PETER LANDAU u. a. (Hrsg.), Karl von Amira zum Gedächtnis (1999), S. 9 ff.; MATHIAS SCHMOECKEL, Amira, Karl von, in: HRG 1, 2. Aufl. (2008), Sp. 200 ff.

88 Ausführlicher zur Methode Amiras: JOAHNNES LIEBRECHT, Brunners Wissenschaft (2014), S. 132 ff.

erfuhren durch von Amira ausdrückliche Würdigung. Zu Jacob Grimms *Rechts-alterthümern* erklärte er:

> Erst Jakob Grimm vereinigte in sich die philologische Ausrüstung mit der juristischen Vorbildung, die Belesenheit mit der Kombinationskraft, um in seinen Deutschen Rechtsaltertümern [...] ein Gesamtbild des germanischen Rechts aus der Vogelschau [...] entwerfen zu können. Nicht nur die Menge des darin aufgespeicherten Materials, sondern auch die Behutsamkeit womit es verwertet war und die Fülle feiner Beobachtungen, wozu es dem Verfasser Anlass geboten hat, sicherten dem Buche eine Dauerhaftigkeit wie keinem andern germanistischen Werk.[89]

Auch inhaltlich hat Amira sich mit Grimms Werken auseinandergesetzt. Er sah in Grimm und seinen *Rechtsalterthümern* den Wegbereiter der Verbindung zwischen Philologie und Rechtswissenschaft.[90] Einen 1880, zunächst auf Anregung Hermann Grimms in Angriff genommenen Ergänzungsband zu den *Rechtsalterthümern* verfasste Amira letztendlich jedoch nicht. Das Unternehmen scheiterte an Differenzen mit Hermann Grimm bezüglich sachlicher Fragen.[91] Amira rezensierte allerdings die Neuausgabe der *Rechtsalterthümer* von 1899 in den *Göttingischen Gelehrten Anzeigen*[92] und bekannte auch hier seine große Wertschätzung des Werkes, das an »tiefgreifender und dauernder Nachwirkung in der Geschichte der Wissenschaft« hinter den anderen Werken Grimms zurückstände. Zwar sei inzwischen einiges veraltet, »[a]ber dem von ihm beabsichtigten Gesamtbild vom Charakter des germanischen Rechts thut auch die veraltete keinen Eintrag«.[93] Die Neuauflage des Quellenbandes hatte Amira zuvor durch die Zurverfügungstellung von Material aus seinem Privatbesitz aktiv unterstützt.[94]

Amira selbst legte ebenfalls großen Wert auf die Verwendung der Erkenntnisse aus Philologie und sprachwissenschaftlicher Untersuchung der alten Originalquellen. Grammatik und Philologie erschienen Amira als unerlässliches Rüstzeug, um alte Rechtsquellen auch nur ansatzweise verstehen zu können.[95]

---

89 KARL VON AMIRA, Grundriss des Germanischen Rechts (1913), S. 6 f.

90 Ebd., S. 3 f.

91 CLAUDIUS FREIHERR VON SCHWERIN, Karl von Amira, in: ZRG GA 51 (1931), S. XLIII.

92 KARL VON AMIRA, Rez. Grimm Rechtsalterthümer, in: Göttingische Gelehrte Anzeigen 162 (1900), S. 768 ff.

93 Ebd., S. 768.

94 PAUL PUNTSCHART, Karl von Amira und sein Werk (1932), S. 78.

95 Vgl. dazu auch KARL VON AMIRA, Ueber Zweck und Mittel der Germanischen Rechtsgeschichte (1879), S. 21 f.; ANDREAS THIER, Zwischen Historismus und Positivismus, in: PETER LANDAU u. a. (Hrsg.), Karl von Amira zum Gedächtnis (1999), S. 42 f.

Sprach- und Rechtsgeschichte waren für ihn untrennbar verbunden.[96] Daher bezog er auch außerhalb des Rechts gelegene Quellen als Verständnisgrundlage heran und wandte sich unter anderem den Märchen als Rechtserkenntnisquelle zu.[97] Er arbeitete historisch-vergleichend, wie auch Grimm es getan hatte.[98] Er entwickelte so im Laufe der Zeit eine sprachwissenschaftlich basierte Methode zur Bestimmung des Alters von Rechtsterminologie, Rechtssätzen und Rechtsinstituten der Germanen, die dazu dienen sollte, urgermanische Rechtstraditionen zu identifizieren, und die in der Folgezeit von zahlreichen Rechtshistorikern aufgegriffen wurde.[99] Die Weiterführung der Verbindung von Sprach- und Rechtsgeschichte zeigte sich bereits deutlich in Amiras Germanischer Rechtsgeschichte von 1890, wo er unter anderem skandinavische Quellen untersuchte, in denen er Hinweise auf das germanische Urrecht vermutete.[100] Für das Wörterbuch der deutschen Rechtssprache leistete Amira damit wertvolle Vorarbeit.[101] Das Recht empfand er als Kulturerscheinung, die Volkskunde als unerlässliches Erkenntnismittel des Rechts.[102] Daher war für Amira die Rechtssymbolforschung, deren Anfänge er in Grimms *Rechtsalterthümern* kennengelernt hatte, von besonderer Bedeutung.[103] Mit dieser Überzeugung einher ging die Auffassung, dass das Recht an sich nur als Gewohnheitsrecht existiere und in sich historisch gewachsen sei, wie Sitte und Sprache.[104]

Ausdrücklich kritisierte Amira die Praxis der Historischen Rechtsschule, die Geschichte bloß als Mittel zur Erkenntnis der Gegenwart wahrzunehmen. Das Recht war für ihn Teil der Gesamtkultur des Volkes und konnte daher auch nicht getrennt von anderen Faktoren betrachtet werden.[105] Diese Kritik spiegelte sich auch in Amiras programmatischer Antrittsvorlesung »Ueber Zweck und Mittel der deutschen Rechtsgeschichte« wieder.[106] Rechtsgeschichte erfüllte damit für

---

96 Vgl. dazu ANDREAS THIER, Zwischen Historismus und Positivismus (1999), S. 42 f.

97 RENÉ SCHORSCH, Eberhard Georg Otto Freiherr von Künßberg (2010), S. 44.

98 Vgl. dazu auch PAUL PUNTSCHART, Karl von Amira und sein Werk (1932), S. 30 f.

99 Dazu KARL KROESCHELL, Die Germania in der deutschen Rechts- und Verfassungsgeschichte, in: DERS., Studien zum frühen und mittelalterlichen deutschen Recht (1995), S. 106 f.

100 FRANK L. SCHÄFER, Juristische Germanistik (2008), S. 489 f.

101 Vgl. PAUL PUNTSCHART, Karl von Amira und sein Werk (1932), S. 79.

102 CLAUDIUS FREIHERR VON SCHWERIN, Karl von Amira, in: ZRG GA 51 (1931), S. XIX.

103 Ebd., S. XL.

104 PAUL PUNTSCHART, Karl von Amira und sein Werk (1932), S. 66 f.

105 ANGELIKA KLEINZ, Individuum und Gemeinschaft in der juristischen Germanistik (2001), S. 194 f.; dazu auch FRANK L. SCHÄFER, Juristische Germanistik (2008), S. 487; ANDREAS THIER, Zwischen Historismus und Positivismus (1999), S. 35 ff.

106 KARL VON AMIRA, Ueber Zweck und Mittel der Germanischen Rechtsgeschichte (1879), S. 5 ff.

Amira ihren ganz eigenen Zweck, konnte zwar dem geltenden Recht zu Gute kommen, war von einer Verwertbarkeit ebendort aber unabhängig. Ähnlich empfand bereits Grimm, als er sich selbst in der Vorrede zu den *Deutschen Rechtsalterthümern* als »alterthumsforscher« beschrieb.[107] Trotzdem waren Grimms Forschungen nicht reiner Selbstzweck, sondern eng verknüpft mit seinen politischen Vorstellungen, was erklären mag, warum sich Amiras oben angesprochene Kritik auch auf Grimm bezog.[108]

Insgesamt wirkte dennoch Grimms Vorarbeit prägend auf Karl von Amira. Dabei hatte er, wie viele seiner Zeitgenossen auch, die Risiken von Grimms Vorgehensweise erkannt und konnte davor warnen, die Stammesunterschiede innerhalb der Germanen so weit außen vor zu lassen, wie Grimm dies getan hatte. Er wies daher explizit auf die scharfen Gegensätze zwischen den germanischen Stammesrechten hin.[109] Dennoch sah er in den Sammlungen Grimms einen großen Fortschritt für die Forschung. Er betonte allerdings: »Wir aber handeln in seinem [Grimms] Sinne, indem wir uns von ihm anregen lassen ohne es nachzuahmen.«[110] In diesem Sinne ist auch Amira seinen eigenen Weg gegangen. Vom Volksgeistkonzept Grimms fand sich daher mit Ausnahme der philologischen Methode bei Amira recht wenig.

VII. Hans Fehr

Der Schweizer Rechtshistoriker und Germanist Hans Fehr (1874–1961)[111] widmete sich unter anderem intensiv der rechtlichen Volkskunde[112] und den rechtlichen Elementen in Kunst und Poesie. Insbesondere seine Veröffentlichungen »Das Recht im deutschen Volkslied« (1926), »Die Dichtung im Recht« (1937) und »Der Humor im Recht« (1946) erinnern in ihrer Titelgebung stark an Werke Grimms. Auch wenn diesen bisweilen ein Mangel an »volle[m] wissenschaftliche[n] Tiefgang« vorgeworfen wurde, so wurde doch auch festgestellt,

---

107   Jacob Grimm, RA (1828), S. VII.
108   Vgl. dazu Frank L. Schäfer, Juristische Germanistik (2008), S. 487.
109   So bspw. Karl von Amira, Recht, in: Hermann Paul (Hrsg.), Grundriss der Germanischen Philologie 2 (1893), S. 35.
110   Karl von Amira, Ueber Zweck und Mittel der Germanischen Rechtsgeschichte (1879), S. 36.
111   Zu Fehr: Karl Sigfried Bader, Hans Fehr, in: ZRG GA 80 (1963), S. XV ff.; Adalbert Erler, Fehr, Hans, in: HRG 1 (1971), Sp. 1093 f.; Rolf Lieberwirth, Fehr, Hans, in: HRG 1, 2. Aufl. (2008), Sp. 1525 f.
112   Obwohl er dieser nach eigenem Bekunden zunächst skeptisch gegenüberstand, vgl. Hans Fehr, Mein wissenschaftliches Lebenswerk (1945), S. 11; die Beschäftigung mit diesem Themengebiet ging vor allem auf die Begegnung mit Eberhard Freiherr von Künßberg zurück.

dass Fehr »mit ihnen die Dimensionen der deutschen Rechtsgeschichte im Geiste Herders und J. Grimms aufs neue bestimmt« hat.[113] Fehr bezog umfassend außerjuristische Quellen in seine rechtlichen Untersuchungen ein. Ausdrückliche Huldigungen Grimms, wie beispielsweise bei Gierke, sucht man bei Fehr allerdings vergebens. Dennoch lassen sich einige deutliche Übereinstimmungen zwischen den Werken Grimms und Fehrs feststellen.

Inspiriert von Grimm widmete sich Hans Fehr den Studien der Weistümer, jedoch »ohne Bedürfnis nach tieferer Quellenkritik«.[114] Die daraus hervorgehenden Veröffentlichungen erfreuten sich jedoch nichtsdestotrotz einiger Zustimmung.[115] Auch Fehr sah in den Weistümern ursprüngliche Zeugnisse deutscher Rechtsüberzeugungen des Volkes selbst, ja sogar vielleicht »das reinste deutsche Recht«, »rein wie Quellwasser«,[116] unbeeinflusst vom römischen Recht. Eine Sicht auf die Weistümer, die mit der Sichtweise Grimms übereinstimmte, zu Fehrs Zeit jedoch bereits zweifelhaft geworden war.[117]

Hans Fehr wähnte zudem wie Grimm in Sagen, Märchen, Legenden und Volksliedern uralte Rechtstraditionen verborgen, die unmittelbar dem Volke entsprungen waren. Er suchte hier die »wahre Rechtsüberzeugung, die im Volke lebte«, den »Zugang zum wirklich lebendigen Recht«.[118] Insbesondere aus den Sagen erhoffte Fehr sich tiefere Erkenntniss:

> Mächtig hat mich die Sagenwelt in ihren Bann gezogen. Je tiefer ich grabe, um so stärker drängt sich die Überzeugung auf, dass unverfälschte Rechtsvorstellungen darin weiterleben, das wir zu reinem Quellwasser vordringen, dass wir auf Recht und Rechtseinrichtungen stossen, die unmittelbar aus dem Schosse des Volkes erwachsen und von fremdem Recht kaum überwuchert sind, ja nicht einmal beeinflusst worden sind. Zu den Müttern steigt man hinab, zu den Urquellen aus denen das Recht fliesst. Sitte, Brauch, Glauben, Aberglauben, heidnische Dämonie und christliche Frömmigkeit, alle diese Kräfte und Gewalten strömen in den Sagen eines Volkes zusammen und lassen das Urrecht erkennen.[119]

Deutlich fühlt man sich an die Worte Grimms erinnert, der mit ähnlichem Pathos von der Urquelle des Rechts im Volk sprach und die gleichen Quellen nutzte, um dem Volksgeist auf die Spur zu kommen.

Auch Hans Fehr war von der Einheit von Sprache und Recht überzeugt. Er beschrieb Recht und Sprache als »auf das engste miteinander verknüpft«, »verbunden wie der fließende Fluß mit dem bergenden Bett«, er sprach sogar

---

113 ADALBERT ERLER, Fehr, Hans, in: HRG 1 (1971), Sp. 1094.
114 KARL SIEGFRIED BADER, Hans Fehr, in: ZRG GA 80 (1963), S. XXIV.
115 Ebd., S. XXIV f.
116 Vgl. HANS FEHR, Mein wissenschaftliches Lebenswerk (1945), S. 8.
117 Vgl. hierzu oben B. III. 3. a).
118 HANS FEHR, Mein wissenschaftliches Lebenswerk (1945), S. 12.
119 Ebd., S. 13 f.

von einer »Schicksalsgemeinschaft«.[120] Hier konnten für Fehr auch kleinste Zeugnisse eine besondere Bedeutung erlangen.[121]

Selbst den Begriff des Volksgeistes findet man bei Fehr. Eine ganze Abhandlung betitelte er 1926 mit »Schweizerischer und deutscher Volksgeist in der Rechtsentwicklung«.[122] Eine Definition des Volksgeistes fehlte jedoch. Er hielt es offenbar nicht für nötig, näher auf das Konzept einzugehen. Fehr betonte in seinen Ausführungen die Unterschiede zwischen den beiden Völkern:

> Es sind verschiedene Körper mit verschiedener Ausdehnung und verschiedener Geschichte. Man verlange von beiden nie dasselbe und sei vorsichtig in der Kritik. Nur wer die Historie kennt, wird diese Mahnung voll berücksichtigen. Denn was ist schließlich der Sinn aller Geschichtsschreibung? Zu erkennen wie wir waren, wie wir sind und wie wir sein werden.[123]

Verschiedene Völker hatten für Fehr verschiedene Grundbedingungen, waren historisch gewachsen und konnten daher nur unter Berücksichtigung ihrer Eigenart individuelle Regelungen erhalten. Der Volksgeist war in der Vorstellung Fehrs indviduell und aus der Eigenart des Volkes hervorgegangen. Er war die Triebfeder einer organischen Rechtsentwicklung, die nur durch die Berücksichtigung des Volkes und seiner Traditionen innerhalb des Rechtsystems beibehalten werden konnte. Dass sich das schweizerische Recht »organischer« entwickelt habe als das deutsche, führte Fehr auf seine tiefere Verwurzelung im Volke zurück.[124] In Deutschland habe der Fürstenstaat eine Kluftenbildung zwischen Volk und Recht begünstigt, obwohl

> auch in einem Fürstenstaat, unter der Leitung eines umsichtigen und einsichtigen Landesherrn, die Rechtsentwicklung nicht gestört zu werden braucht durch obrigkeitliche Eingriffe. Das alte, angestammte Recht kann auch in einer Monarchie im engsten Anschluß an den Volksgeist fortgebildet werden.[125]

Als Übeltäter wurde, auch hier eine Parallele zu Grimm, schnell die Rezeption des römischen Rechts entlarvt: »Sie, die Rezeption und die Verdauung der römischen Normen bilden den Hauptgrund für die Loslösung des Rechts vom Boden des Volkes.«[126] Auch vom gelehrten Recht zeigte sich Fehr wenig überzeugt. »Es entstand eine böse Juristenwirtschaft, die mit aller Energie auf

---

120 Hans Fehr, Die Dichtung im Recht, (1936), S. 8.
121 Karl Siegfried Bader, Hans Fehr, in: ZRG GA 80 (1963), S. XXXIII.
122 Hans Fehr, Schweizerischer und deutscher Volksgeist in der Rechtsentwicklung (1926).
123 Ebd., S. 103.
124 Ebd., S. 91.
125 Ebd., S. 92.
126 Ebd., S. 92.

die Entfremdung von Recht und Volk hinarbeitete.«[127] Die Volksrichter der Vergangenheit hätten demgegenüber dafür gesorgt, dass das Recht weiterhin im Volk wurzeln konnte.[128] Hierfür spielte für Fehr auch die enge Verbindung zwischen Poesie und Recht eine Rolle:

> Das Recht war in alter Zeit nicht nur Verstandessache, wie heute. Das Recht sprach ebenso stark zum Gemüt. Es wollte den Menschen in seinem Innersten packen und erregen. Welche Form hätte dies besser vermocht, als die poetische? Rythmisch gebundene Formen und gereimte Prägungen dringen stärker und tiefer ein, als die Prosa.[129]

Noch konkreter formulierte Fehr sein Volksgeistkonzept 1935 in seiner Abhandlung über das Recht im Bündner Märchen und beschrieb dort, wo seiner Meinung nach die Quellen für die Inhalte des Volksgeistes zu suchen waren, nämlich in der, wie Grimm es ausgedrückt hätte, Volkspoesie:

> In den Märchen liegt viel altes Volksgut begraben. Und in diesem Volksgut ist viel altes Rechtsgut enthalten. Alte, oft uralte Rechtsanschauungen spiegeln sich hier wieder. Es ist kein Juristenrecht, das wir dort finden. Es ist das ursprüngliche und urtümliche Recht des Volkes, das in diesem Quellenkreis verborgen liegt. [...] Die Phantasie des Erzählens schweift zügellos hierhin und dorthin. Aber wenn das Recht im Spiele ist, so werden die Gedanken gebändigt. Die Würde und die Heiligkeit des Rechts setzen der Phantasie ihre sicheren Schranken. Man erzählt wie es war. Man steht mit beiden Füssen auf dem Boden des überlieferten Rechts.[130]

> Ein Stück saftiger, lebendiger Volkskunde liegt vor uns. Der Volksgeist in seiner Tiefe und in seiner Schönheit steigt auf, der Volksgeist, der zugleich Rechtsgeist ist. Der Geist eines Volkes wandelt sich langsam, sehr langsam. [...] Aber die Grundlagen bleiben lange Zeit, vielleicht ewig. In Märchen, in Sagen, in Legenden, in Volksliedern, in Sprüchen und Schwänken bergen sich die urtümlichen Vorstellungen des Volkes. Hier sitzen die Elemente von Religion und Recht, von Sitte und Moral. Wer sein Volk erkennen will, der verweile nicht bei den Zufälligkeiten, die gerade seine Zeit aufweist. Er dringe in diese Quellen ein, in denen altes, ältestes Volksgut haust. Dieser Wahrheit sollte sich der moderne, ja der modernste Jurist nicht verschliessen.[131]

Unverkennbar fand sich hier das Bild einer organischen Rechtsentwicklung. Daher war die Beachtung der alten Quellen auch für den geltend-rechtlich arbeitenden Juristen von Bedeutung.

---

127 Ebd., S. 95.
128 Ebd., S. 96.
129 Hans Fehr, Eberhard Frh. v. Künßberg, in: ZRG GA 62 (1942), S. LI.
130 Hans Fehr, Das Recht im Bündner Märchen, in: Zeitschrift für schweizerisches Recht 54 (1935), S. 219.
131 Ebd., S. 239.

Fehrs Volksgeistkonzept ähnelte somit in vielen Punkten der Volksgeistauffassung Grimms.[132] Bei der Beurteilung des Quellenwertes der Märchen ging Fehr jedoch eigene Wege. Für ihn spielte in den Märchen der Erzähler eine freie und gestaltende Rolle, die sich lediglich bei der Schilderung rechtlicher Aspekte nicht auswirkte. Damit waren die Märchen für Fehr sehr viel mehr individuelle Schöpfung als für Grimm.

Fehrs Beurteilung des Rechtszustands in der fernen Vergangenheit erinnert dagegen wieder an Schilderungen Grimms.

> Einst war alles lebensvoll und lebensnah, den Sinnen frei zugänglich, jedem Mann im Volke verständlich, leicht einprägbar. Und überraschend war die Erkenntnis, zu der ich gelangte: Einst sollte das Recht nicht nur zum Verstande sprechen. Es sollte das Gemüt bewegen, es sollte den Menschen in seinem Innersten erfassen. Zwischen den schalen, begrifflichen, abstrakten Normen der modernen Zeit und dem blutvollen, anschaulichen, bildhaften Recht unserer Vorderen, war kaum noch eine Brücke zu finden. Vieles war sogar in das Gewand der Poesie gekleidet.[133]

Das Recht wurde von Fehr als etwas Sinnenhaftes, Poetisches und dem Gefühl Entsprechendes empfunden, war volksnah und lebendig. Das gelehrte Recht, welches abstrahierte und feste Regeln aufstellte, konnte diese Ebene nicht mehr erreichen, entfernte sich daher vom Volk, seiner ureigensten Quelle. Diese Einheit von Volk und Recht sah Fehr noch im 15. Jahrhundert bewahrt, wo »noch kein Juristenstand eine Scheidewand zwischen dem Bürger und seinem Rechte aufgerichtet hatte«.[134] Deutlich wurde bei Fehr die negative Beurteilung der Wissenschaft im Hinblick auf die Erkenntnis des wahren Rechts, ein Aspekt der auch bei Grimm stets anklang. Die modernen Rechtsordnungen empfand Fehr als »spröd« und »schal«,[135] die Rechtsentwicklung sah er als einen Abstieg vom lebendigen zu einem blutleeren Recht.

Fehr operierte somit sehr umfassend mit durch Grimm geprägten Vorstellungen und arbeitete diese in seinem Geiste um. Gerade die Übernahme auch solcher Konzepte (Volksgeist, Weistümerbegriff), die Anfang des 20. Jahrhunderts wissenschaftlich bereits überlebt, widerlegt oder zumindest stark umstrit-

---

132 Hans Fehr sah im übrigen das BGB als »in seinen Grundgedanken dem deutschen Volksgeiste« entsprechend an. So äußerte er die Hoffnung: »Wäre die Form volkstümlicher und bestünde überhaupt eine bessere Einfühlung des Volkes in sein Recht, so könnte das bürgerliche Gesetzbuch sogar populär werden«, Hans Fehr, Schweizerischer und deutscher Volksgeist in der Rechtsentwicklung (1926), S. 100 f.

133 Hans Fehr, Mein wissenschaftliches Lebenswerk (1945), S. 16.

134 Hans Fehr, in: Neue Zürcher Zeitung vom 24. November 1932, zitiert nach dems., Mein wissenschaftliches Werk (1945), S. 27.

135 Hans Fehr, Mein wissenschaftliches Lebenswerk (1945), S. 27.

ten waren, zeigt eine sehr indviduelle Beschäftigung Fehrs mit diesen Themen und legt eine relativ unmittelbare Grimm-Rezeption nahe.

VIII. Eberhard Freiherr von Künßberg

Eberhard Georg Otto Freiherr von Künßberg[136] (1881–1941) arbeitete hauptsächlich rechtssprachlich und volkskundlich. Im Anschluss an Richard Schroeder, der sein wissenschaftliches Schaffen richtungsweisend beeinflusste,[137] führte er die Arbeiten am *Deutschen Rechtswörterbuch* in leitender Position weiter. Künßberg stand damit am Ende einer langen, bei Grimm beginnenden, germanistischen Tradition.[138] Künßbergs Schriften füllten akademische Randgebiete aus und überwanden die Disziplingrenzen von Jurisprudenz, Geschichte und Philologie. Er galt zudem als der Begründer der rechtlichen Volkskunde[139] und Rechtssprachgeographie.[140] Künßberg gehörte zu den wenigen, die sich bemühten, die Tradition einer fächerübergreifenden Germanistik umfassend fortzusetzen[141] und kann daher als »der letzte große Germanist im umfassenden Sinne Jacob Grimms« bezeichnet werden.[142]
Schon Hans Fehr zeigte sich vom Werk Künßbergs beeindruckt:

> Er ist der eigentliche Begründer der rechtlichen Volkskunde, und es war für mich wiederum ein Glücksfall, dass ich sieben Jahre an der Seite dieses Mannes arbeiten durfte. Mit feinen Sinnen war dieser Gelehrte ausgestattet, um aus den alten Quellen, die wahren Vorstellungen von Recht und Unrecht, von denen das Volk getragen war, herauszufühlen.[143]

Künßberg war einer der »wenigen echten« Schüler Karl von Amiras,[144] und es ist deswegen nicht verwunderlich, dass auch er sich mit Jacob Grimms Werk und seiner Methode beschäftigt hat. Künßberg, der sich als Mitarbeiter am *Deutschen Rechtswörterbuch* bereits früh mit dem Verhältnis zwischen Sprache,

---

136 Vgl. zu Künßberg knapp ADOLF LAUFS, Eberhard Freiherr von Künßberg, in: NDB 13 (1982), S. 226 f., sowie umfassend RENÉ SCHORSCH, Eberhard Georg Otto Freiherr von Künßberg (2010).

137 HANS FEHR, Eberhard Frh. v. Künßberg, in: ZRG GA 62 (1942), S. LIII.

138 RENÉ SCHORSCH, Eberhard Georg Otto Freiherr von Künßberg (2010), S. 341.

139 ADOLF LAUFS, Eberhard Freiherr von Künßberg, in: NDB 13 (1982), S. 226.

140 Vgl. dazu auch RUTH SCHMIDT-WIEGAND, Künßberg, Eberhard Frh. von, in: HRG 2 (1978), Sp. 1265; RENÉ SCHORSCH, Eberhard Georg Otto Freiherr von Künßberg (2010), S. 293.

141 ADALBERT ERLER, Germanisten, in: HRG 1 (1971), Sp. 1584.

142 RENÉ SCHORSCH, Eberhard Georg Otto Freiherr von Künßberg (2010), S. 341.

143 HANS FEHR, Mein wissenschaftliches Lebenswerk (1945), S. 12 f.

144 KLAUS-PETER SCHROEDER, »Ich kann nur sagen, dass ich, was ich auch immer von ihm las, gern las«, in: TIZIANA J. CHIUSI u. a. (Hrsg.), Das Recht und seine historischen Grundlagen (2008), S. 1072.

Sitte und Recht befasst hatte, prägte den Begriff und das Fach der Rechtlichen Volkskunde als Hilfswissenschaft der Jurisprudenz.[145] Er widmete sich vor allem dem deutschen Recht und der Kultur des Mittelalters, zu dessen Erforschung er auch nordische Quellen heranzog und rechtsvergleichend (besonders auch rechtssprachvergleichend) arbeitete.[146] Sein gesamtes wissenschaftliches Werk richtete er auf die Rechtsgeschichte.[147] Hier legte er insbesondere auf eine genaue Quellenkenntnis Wert.[148] Es überrascht nicht, dass Künßberg bald in Grimm ein Vorbild für seine rechtshistorischen Forschungen gefunden hatte und ausdrücklich dessen Arbeit im Bereich der rechtlichen Volkskunde, wie sie in den *Rechtsalterthümern* begonnen worden war, fortführen wollte.[149]

1926 veröffentliche Künßberg eine Sammlung deutscher Bauernweistümer, innerhalb derer er die gesammelten Quellen im Orginal zusammenstellte und die oft mundartliche Färbung beibehielt. Leitend war die Konzeption Jacob Grimms.[150] Obwohl er sich von dessen bereits damals überholter Weistumsansicht (Künßberg selber bezeichnete diese als »verherrlichendes Urteil«) entfernte und explizit darauf hinwies, »daß die Weistümer in aller Regel auf Anregung der Grundherrschaft zustande kamen«,[151] schätzte er sie als wertvolle Quelle für das bäuerliche (Rechts-)Leben.[152] Trotzdem entdeckte auch Künßberg eine »treuherzige, naive, lebendige Sprache« und »derbe[n] Humor« sowie viel Sinnliches in den Weistümern.[153] Gleichzeitig versuchte er durch seine Sammlung auch die breite Bevölkerung anzusprechen und wieder an die Vergangenheit und an die eigene Rechtsgeschichte anzunähern, was durch eine reiche Bebilderung der Bauernweistümer unterstützt wurde.[154] Dabei betonte Künßberg jedoch aus-

---

145 Ebd., S. 1077.

146 René Schorsch, Eberhard Georg Otto Freiherr von Künßberg (2010), S. 341; für Beispiele des rechtsvergleichenden Vorgehens von Künßbergs (und dessen Nutzung der Grimmschen Rechtsalterthümer dabei) vgl. ebd., S. 276 ff.

147 Künßberg vertrat die Ansicht, der Rechtshistoriker solle sich mit der geschichtlichen Arbeit begnügen, die Aufarbeitung des geltenden Rechts könne daneben nicht auch noch geleistet werden. Eine Ansicht, die nicht unwidersprochen blieb, vgl. Hans Fehr, Eberhard Frh. v. Künßberg, in: ZRG GA 62 (1942), S. LVI.

148 René Schorsch, Eberhard Georg Otto Freiherr von Künßberg (2010), S. 342 f.

149 Vgl. dazu ebd., S. 56 f.

150 Eberhard Freiherr von Künßberg, Deutsche Bauernweistümer (1926), S. 159.

151 Ebd., S. 160. Die Sammlung der Bauernweistümer erschien überdies in der Reihe »Deutsche Volkheit«, die ausdrücklich in der Tradition Jacob Grimms veröffentlichte (vgl. hierzu Irmgard Heidler, Der Verleger Eugen Diederichs und seine Welt (1998), S. 243 ff.) und sich Goethes Wortschöpfung »Volkheit« anschloss.

152 René Schorsch, Eberhard Georg Otto Freiherr von Künßberg (2010), S. 274 f.

153 Eberhard Freiherr von Künßberg, Deutsche Bauernweistümer (1926), S. 161 f.

154 René Schorsch, Eberhard Georg Otto Freiherr von Künßberg (2010), S. 275 f.

drücklich, dass in der rechtsgeschichtlichen und volkskundlichen Forschung nicht nur die Quellen der untersten Volkschichten, sondern auch bürgerliche Quellen heranzuziehen seien.[155] Damit distanzierte er sich von der bei Grimm vorherrschenden Konzentration auf die Quellen des vermeintlich »einfachen« Volks. Vor allem in seinen rechtssprachlichen Arbeiten, die nicht nur wegen der Arbeit am *Deutschen Rechtswörterbuch* einen Schwerpunkt der Künßbergschen Forschung bildeten, wird der »unermüdliche Fleiß« bei der Sammlung und Zusammenstellung unzähliger Quellenstellen offenbar, der auch Zeitgenossen tief beeindruckte.[156] Ähnlich bewundernde Zeugnisse erhielt bereits Jacob Grimm. Vor allem Künßbergs *Rechtliche Volkskunde* wurde dabei teilweise allerdings auch als »Sammelsurium« kristisiert und war in der Tat primär Stoffsammlung.[157] Damit befand sich das Werk auch in dieser Hinsicht in der Tradition der *Rechtsalterthümer*.

Eine weitere Parallele zwischen Grimm und Künßberg findet sich in ihren Ansichten über die Verknüpfung von Sprache und Recht. Sprache und Recht waren für Künßberg eine »Schicksalsgemeinschaft«.[158] Er teilte daher die Entwicklung der Rechtssprache, die umfassende Rückschlüsse auf das durch sie bezeichnete Recht zulasse, in vier verschiedene Perioden ein, die mit den Perioden der Rechtsentwicklung parallel liefen. Ein bedeutender Einschnitt zeigte sich in Folge der Rezeption des römischen Rechts, der auf dem Gebiet der Rechtssprache durch einen Wechsel von Deutsch zu Latein gekennzeichnet war.[159] Ebenfalls große Bedeutung maß Künßberg Rhythmus und Reim im Recht zu.[160] Dabei ging er jedoch davon aus, dass diese Stilmittel bestimmte Funktionen innerhalb des Rechts zu erfüllen hatten, so etwa die Wirksamkeit des gesprochenen Wortes zu steigern oder zu belehren. Dabei erkannte Künßberg die Möglichkeit eines dichterischen (und damit eher individuellen) Ursprungs neben einer volkstümlichen Entstehung der Reimformen an.[161] Dies hätte Grimm scharf zurückgewiesen, da für ihn die Poesie im Recht gerade herausragendstes Kennzeichen einer volkstümlichen Entstehung war. Insgesamt war Künßbergs Blick auf das Feld Recht und Sprache damit aus heutiger Sicht bereits rationaler als das Bild Grimms. Auch ansonsten zeigt sich Künßberg deutlich nüchterner als Grimm bei der Beurteilung des Quellenwertes außer-

---

155 Hans Fehr, Eberhard Frh. v. Künßberg, in: ZRG GA 62 (1942), S. XLVI.

156 René Schorsch, Eberhard Georg Otto Freiherr von Künßberg (2010), S. 284.

157 Ebd., S. 330.

158 Eberhard Freiherr von Künßberg, Die Deutsche Rechtssprache, in: Zeitschrift für Deutschkunde 44 (1930), S. 383.

159 René Schorsch, Eberhard Georg Otto Freiherr von Künßberg (2010), S. 294 f.

160 Ebd., S. 298 ff.

161 Ebd., S. 300.

rechtlicher Quellen für die Rechtspraxis.[162] So wies er darauf hin, dass Erscheinungen in volkskundlichen Quellen, die nicht rechtsgeschichtlich beglaubigt waren, wahrscheinlich Ausdruck dichterischer Freiheiten waren, und dass insbesondere in den Märchen auch zahlreiche fremde Einflüsse festzustellen seien.[163]

Den Symbolen in Recht und Volksbrauch, einem Lieblingsthema Grimms, wandte Künßberg sich in einigen kleineren Abhandlungen zu und betonte deren rechtliche Bedeutung während der Zeit eines mündlich überlieferten Rechts. Durch die Verschriftlichung verdrängt, hätten sich Symbole schließlich in Volksbrauch und Spiel flüchten müssen, in denen sie bis in die Gegenwart überliefert seien.[164] Damit war der Volksbrauch wiederum als valide Quelle für alte Rechtsbräuche etabliert.

Auf den Volksgeist selber als produktive Kraft der Gesetzesentstehung berief Künßberg sich allerdings nicht. Er wies jedoch darauf hin, dass Erkenntnisse über die »Volksseele« und deren Berücksichtigung durch Juristen dazu beitragen könnten, die Kluft zwischen Juristen- und Volksrecht zu verringern.[165] Damit erhielt die rechtliche Volkskunde für die gegenwärtige Rechtswissenschaft eine klar definierte Aufgabe:

> Damit soll nicht gesagt sein, daß die übrige Jurisprudenz die Volkskunde ignorieren dürfte. Im Gegenteil, der praktische Jurist hat allen Anlaß, den Äußerungen der Volksseele nicht verständnislos gegenüberzustehen; die viel beklagte Kluft zwischen Volk und Recht, oder genauer zwischen lebendem Volksrecht und Juristenrecht, wird eher und öfter überbrückt werden können, wenn der Jurist sich um die Volkskunde kümmert, Denken und Fühlen des Volks, seine Rechtsanschauungen verstehen lernt.[166]

Dies galt für Künßberg insbesondere für die Rechtsgeschichte, die durch Heranziehung außerjuristischer Quellen den verengten Blick von der Sollensordnung auf die Seinssphäre ausdehnen und damit Mängel in der Darstellung vermeiden sollte.[167]

Von der Volksseele als alleinigem Maßstab für das Recht, ging Künßberg wohl nicht aus. Auch er übernahm somit zwar den umfassenden Ansatz Grimms zur

---

162 Dies entsprach auch generell der Herangehensweise der volkskundlichen Germanistik zu Beginn des 20. Jahrhunderts, vgl. ebd., S. 318.

163 Ebd., S. 322.

164 Ebd., S. 333.

165 So stellte auch HANS FEHR, Eberhard Frh. v. Künßberg, in: ZRG GA 62 (1942), S. LIII, fest: »Als Heidelberger Kollegen fanden wir uns immer in dem Gedanken zusammen, Volk und Recht wieder inniger zu verbinden.«

166 EBERHARD FREIHERR VON KÜNßBERG, Rechtsgeschichte und Volkskunde (1925), zitiert nach der von PAVLOS TZERMIAS bearbeiteten Ausgabe von 1965, S. 64.

167 RENÉ SCHORSCH, Eberhard Georg Otto Freiherr von Künßberg (2010), S. 326.

Quellenforschung und deren rechtsvergleichende, interdisziplinäre Methode. Einen rechtserzeugenden Volksgeist in Grimms Sinne findet man bei ihm allerdings nicht.

IX. Hermann Müller

Eine wichtige Rolle scheint Grimm auch für das, allerdings nicht sehr umfangreiche, wissenschaftliche Werk Hermann Müllers gehabt zu haben. Hermann Müller[168] (1803–1876) zeichnete zunächst sein etwas »unorthodoxer Werdegang« aus.[169] Eine interessante Widmung an die Brüder Grimm findet sich in Müllers Schrift *Der lex salica und der lex Angliorum et Werinorum Alter und Heimat* von 1840: »Alles Andere [die Ausführungen im Anhang] ist, offen gestanden, nur für das Studium Weniger geschrieben; zumeist der beiden Brüder Grimm, deren Gemüth und Geist, deren wißenschaftliche und auch bürgerliche Größe zu ehren, kein Abstand der Meinungen hindern soll. Wie gerne ließe ich Andere mein Streben belächeln, wenn bei solchen Männern es einigen Beifall fände.«[170] In den folgenden Ausführungen fand sich dann das, was Müller wohl bei den Brüdern Grimm so bewundert hatte: eine »starke Einmischung historischer und sprachlicher Forschungen«[171] in den Gang der Schilderung. Das Alter und die Herkunft der Volksrechte leitete Müller anhand von sprachlichen Untersuchungen ab, in die er vergleichend literarische Quellen mit einschloss.[172] Im ausdrücklich den Grimms zugedachten Anhang machte Müller dann noch Ausführungen zur vergleichenden Mythologie und zur Grammatik. Warum dies weniger für Juristen als für die Grimms gedacht war, erschließt sich leicht. Es zeigt aber auf der anderen Seite, dass auch Müller das Verdienst Jacob Grimms nicht nur in der Quellensammlung sah, sondern darüber hinaus die eigentlich nur sprachwissenschaftlichen Forschungen zur Kenntnis genommen und diese zur Grundlage seiner eigenen rechtshistorischen Forschungen gemacht hat. Die große Vorbildwirkung, die vor allem Jacob Grimm für Müller gehabt zu haben scheint, belegte dann auch seine Vorlesungsankündigung zum WS 1841/42 in Würzburg: »Deutsche Rechtsalterthümer nach Grimm«.[173]

---

168   Zu Müller vgl. die allerdings wenig schmeichelhafte Beschreibung von FRANZ XAVER VON WEGELE, Müller, Hermann, in: ADB 22 (1885), S. 559 ff.

169   Vgl. hierzu WOLFRAM SIEMANN, Die Frankfurter Nationalversammlung 1848/49 (1976), S. 81 Anm. 16 (S. 380 f.).

170   HERMANN MÜLLER, Der lex salica und der lex Angliorum et Werinorum Alter und Heimat (1840), S. X.

171   Ebd., S. IV.

172   Ein Beispiel dafür findet sich schon in der Vorrede: ebd., S. VIII.

173   WOLFRAM SIEMANN, Die Frankfurter Nationalversammlung 1848/49 (1976), S. 81 Anm. 16 (S. 381).

X. Zusammenfassung

Schon bei oberflächlicher Betrachtung wird somit deutlich, dass die Konzeption Grimms von rechtsgeschichtlicher Germanistik und dem Zusammenspiel von Geschichte, Recht und Sprache bis ins 20. Jahrhundert erhalten geblieben ist. Dabei befanden sich die Vertreter dieser Richtung der volkskundlichen Germanistik in einer direkten Traditionslinie zu den rechtshistorischen Schriften Grimms, insbesondere den *Rechtsalterthümern*. Grimms Ansichten zur Poesie im Recht waren zwar nicht brandneu, ihm gelang es aber, diese Ideen besonders charismatisch zu verpacken. Die besondere Wirkung seiner Persönlichkeit bis in die heutige Zeit hinein mag daher auch dazu beigetragen haben, dass viele seiner Ansichten zum Verhältnis von Poesie und Recht erst in jüngerer Zeit widerlegt worden sind, obwohl sie von Anfang an nicht unumstritten waren. Zu verführerisch war es anscheinend, den »Goldfaden der Poesie«[174] im sonst als so trocken empfundenen deutschen Recht weiterzuspinnen. Dabei muss bei der Beurteilung der Wirkung der Werke Grimms auf Juristen differenziert werden.

Unmittelbar anerkannt war der Wert der Quellensammlungen, vor allem der *Rechtsalterthümer* und der *Weisthümer*. Diese wurden sowohl von der Rechtsprechung als auch in der Forschung – teils bis in die Gegenwart – benutzt. Die hier konsequent umgesetzte Verbindung zwischen Sprachforschung und Rechtsgeschichte sowie die Ausdehnung des Blickes auf nordische und literarische Quellen wirkte vorbildhaft für zahlreiche juristische Germanisten bis ins 20. Jahrhundert.

Das Volksgeistkonzept selber allerdings, das diesen Sammlungen zugrundelag, welches den Volksgeist als schöpferische Kraft ansah, der selbstständig und allein das Recht hervorbrachte, hatte sich schon ab der Mitte des 19. Jahrhunderts überlebt und war als Rechtsquellenkonzept nach der Reichsgründung und der Etablierung eines zentralen Gesetzgebers nicht mehr tragbar. So konnte Ernst von Moeller bereits 1909 feststellen: »Das Dogma vom Volksgeist aber ist zur Formel erstarrt und zum Schlagwort degradiert. Es hat seine Schuldigkeit getan, seine Aufgabe ist erfüllt.«[175] In der Tat war eines der hervorragendsten Ziele des Volksgeistgedankens, die Legitimation des nationalen Rechts auch ohne politische Einheit zu erreichen,[176] weggefallen. Dies erklärt, warum das Volksgeistkonzept Grimms an sich insgesamt wenig rezipiert wurde.

---

174 Ludwig Uhland, Vorschlag Jacob Grimm in der ersten Germanistenversammlung als Vorsitzenden zu wählen, in: Verhandlungen der Germanisten zu Frankfurt am Main am 24., 25. und 26. September 1846 (1847), S. 11.

175 Ernst von Moeller, Die Entstehung des Dogmas von dem Ursprung des Rechts aus dem Volksgeist, in: MIÖG 30 (1909), S. 50.

176 Frank L. Schäfer, Juristische Germanistik (2008), S. 300.

Die Überzeugung Grimms vom Wert der außerjuristischen, volkstümlichen Quellen für die Erkenntnis des frühen, insbesondere des mündlich überlieferten Rechts, bildete nun eine tragende Grundlage für die rein rechtshistorische Rekonstruktion des alten deutschen Rechts. Hier erfreute sich Grimms Gleichsetzung von Poesie und Recht besonderer Beliebtheit.[177]

Vor allem die philologisch-vergleichende Methode war es, die bei der Behandlung des alten deutschen oder germanischen Rechts später unter deutschen Rechtshistorikern Karriere machte und damit als unmittelbarer Vorläufer der in der zweiten Hälfte des 19. Jahrhunderts unter rechtshistorischen Germanisten populär werdenden »Rückschlussmethode« gelten kann.[178] Auch die vergleichende, etymologisch herleitende Herangehensweise Grimms schaffte den Sprung in die germanistische Rechtswissenschaft.[179] Gerade in Anbetracht der spärlichen Quellenlage bot die genetische bzw. organische Methode Ansatzpunkte, um als germanisch empfundene Rechtsinstitute wie die Sippschaft oder die Friedlosigkeit trotz fehlender Aufzeichnungen in die ferne Frühzeit germanischen Rechts zu verpflanzen.[180] Diese bei Grimm aus der Beschäftigung mit der Sprache entwickelte Methode fiel daher auf fruchtbaren Boden. Dies führte bekanntlich zu zahlreichen Fehleinschätzungen angeblich »urgermanischer« Rechtstraditionen. Die Verantwortung hier allein beim Vorbild Grimm zu suchen, würde zu weit führen. Zu sehr waren es auch die Ideen der Zeit, die sich bei ihm, aber auch bei seinen Nachahmern niederschlugen, das Germanenbild des 19. und beginnenden 20. Jahrhunderts und nicht zuletzt auch die fehlenden Forschungsergebnisse auf dem Gebiet der Archäologie, die zum aus heutiger Sicht überholten Bild vom germanischen Recht beitrugen.

Mit Grimms Methodik der Quellenauswahl und -bearbeitung jedoch, die, wie oben gesehen, eng mit seinem Volksgeistverständnis verknüpft war, überlebte zumindest ein Teil des Volksgeistkonzepts Grimms bis ins 20. Jahrhundert auch in der Rechtswissenschaft.

---

177 Vgl. dazu auch GERHARD KÖBLER, Von dem Stabreim im deutschen Recht, in: KARL KROESCHELL (Hrsg.), FS für Hans Thieme (1986), S. 21 f. mit Beispielen.

178 Vgl. hierzu JOHANNES LIEBRECHT, Brunners Wissenschaft (2014), S. 114 ff., zum Einfluss Grimms S. 121.

179 Hierzu auch ebd., S. 129 ff.

180 Vgl. dazu KARL KROESCHELL, Das Germanische Recht als Forschungsproblem (1986), S. 4 f.

E. Zusammenfassung

Die Volksgeistidee, dies hat die vorhergehende Untersuchung deutlich gezeigt, prägte Jacob Grimms wissenschaftliches Schaffen in erheblichem Maße und war eine Grundkonstante seines Werkes. Grimm hat daher in der Tat »Ernst gemacht« mit dem Volksgeist[1] – und dies mit erstaunlicher Konsequenz, was ihn von anderen vermeintlich der Volksgeistlehre zuzurechnenden Wissenschaftlern der Zeit deutlich abhob. Das Volksgeistdenken schlug sich in allen Teilen seines kulturhistorischen Gesamtkonzeptes nieder. Grimms politische Vorstellungen, sein Geschichtsbild und seine religiösen Einstellungen sowie sein Bild vom deutschen Recht waren allesamt untrennbar mit seiner Überzeugung vom Vorhandensein eines schöpferischen, nationalen, deutschen Volksgeistes verbunden. Grimms Werk kann daher nicht ohne sein Volksgeistkonzept verstanden werden. Schon früh formte er seine lebenslang bestehenbleibenden Ansichten zur Entstehung von Recht und Poesie aus der Gemeinschaft des Volkes heraus und trug in seinen Sammlungen die vermeintlich urdeutschen Volkserzeugnisse zusammen. Das (idealisierte) Volk war vom Volksgeist als einer inneren Triebfeder durchdrungen. Der Volksgeist war für Grimm bis in die Gegenwart im Volke lebendig geblieben. Insbesondere das Recht blieb damit stets nationales Volkserzeugnis.

Eine besondere Verbindung bestand für Grimm zwischen Recht und Sprache, die daher stets gemeinsam zu betrachten waren. Rechtsetzung Einzelner, auch des Staates, ohne Rücksicht auf die durch den Volksgeist vorgegebenen deutschen Rechtsprinzipien, wie Gemeinschaft, Symbolismus und Freiheit, konnte Grimm somit nicht akzeptieren. Solche »Eingriffe« von außen widersprachen der »natürlichen« organischen Entwicklung, die elementarer Teil des Volksgeistkonzeptes Grimms war. Gleichfalls schied die Übertragbarkeit eines nationalen Rechts auf ein anderes Volk aus. Für das deutsche Volk konnte nur durch den deutschen Volksgeist erzeugtes Recht passende Lösungen liefern. Die Rezeption des römischen Rechts war daher, obwohl nicht mehr umkehrbar, für Grimm eine fatale Entwicklung. Auch die Übernahme französischer Rechtsprinzipien in Deutschland, etwa des Code civil, schied damit aus. Der Volkgeist diente Grimm

---

1 KLAUS LUIG, Römische und germanische Rechtsanschauung (1995), S. 108.

somit auch zur Abgrenzung nach außen, zur eigenen Identitätsfindung der zersplitterten deutschen Nation.

Um dem deutschen Volksgeist auf die Spur zu kommen, betrieb Grimm umfangreiche Quellenstudien. Für das deutsche Recht trug er zahllose Bruchstücke zusammen, die dessen besondere Volksnähe und seinen Ursprung aus dem Volksgeist beweisen sollten. Besondere Bedeutung kam in diesem Zusammenhang der sog. Natur- oder Volkspoesie zu, die für Grimm unmittelbarster Ausdruck des nationalen Volksgeistes war. Für die Rechtsgeschichte erschloss Grimm auf diese Art und Weise zahlreiche neue Quellengattungen. Märchen, Sagen und Volkslieder waren für ihn ebenso aufschlussreich für die Rechtsgewohnheiten der Vorzeit, wie Weistümer und eigentliche Rechtsaufzeichnungen, etwa der Sachsenspiegel. Eine Aufarbeitung der Quellen für den Leser fand dagegen kaum statt. Grimm verzichtete zudem weitgehend auf eine chronologische Ordnung seiner Quellensammlungen und eine Quellenkritik, obwohl er stets die Überlegenheit einer »historischen« Forschung gegenüber einer philosophischen Herangehensweise hervorhob. Sein dem Volksgeistkonzept immanentes organisches Geschichtsverständnis machte ein solches Vorgehen möglich. Alles hing ohnehin mit allem zusammen, einer Ordnung bedurfte es daher nicht. Rechtliche Quellen betrachtete Grimm stets unter Berücksichtigung der engen Verbindung zwischen Sprache und Recht. Vermeintliche »Treue« zu den Quellen war daher, zumindest in der Theorie, Triebfeder seiner Sammlungen. Eng hing seine Methode mit seinem Volksgeistverständnis zusammen. Die Quellensammlungen waren daher nicht nur »Material«, sondern transportierten durch die Auswahl und Darstellung der Quellen bereits Grimms Überzeugung vom Vorhandensein eines schaffenden Volksgeistes.

Grimm konnte an zahlreiche ähnliche Konzepte anknüpfen, die sich ebenfalls mit der Idee eines Volksgeistes oder mit dem dieser verwandten Vorläufermodell, der Klimatheorie, beschäftigten. Nicht nur bei den von ihm so geschätzten Forschern Herder und Savigny konnte er hier fündig werden. Die Idee eines nationalen Volksgeistes war zu Beginn des 19. Jahrhunderts bei zahlreichen Juristen und Sprachwissenschaftlern beliebt. Hierunter waren viele Germanisten, konnte doch der Volksgeistgedanke dazu nutzbar gemacht werden, eine eigenständige deutsche Rechtstradition jenseits des ungeliebten römischen Rechts zu konstruieren. Untrennbar verbunden war der Volksgeistgedanke oft, so auch bei Grimm, mit konkreten politischen Vorstellungen von der Zukunft eines deutschen (National-)Staates und eigenständigen gesamtdeutschen Rechtssystems. Grimm, der zeitlebens durch die bei Savigny erlernte Methodik geprägt blieb, übernahm jedoch nicht einfach fremde Gedanken, sondern konstruierte eine ganz individuelle Volksgeistvorstellung. Er integrierte den Volksgeist als zentralen Aspekt in seine gesamte Wissenschaftskonzeption, die er freilich nie systematisch zu Papier brachte. Viel deutlicher als bei vielen seiner Zeitgenossen, insbesondere dem oft als »Volksgeist-Urvater« beschriebenen Savigny, war der Volksgeist bei Grimm Grundlage seiner gesamten Forschungen. Der Vergleich mit anderen Volksgeistkonzepten der Zeit hat jedoch auch gezeigt, dass eine einheitliche Volksgeistlehre ohnehin nicht existiert hat. Vielmehr war der Volksgeist eine nützliche Hülle oder Blackbox, die die unterschiedlichsten politischen und wissenschaftlichen Vorstellungen transportieren konnte. Auch Grimms Volksgeist war daher, selbst bei zahlreichen Parallelen zu den Auffassungen seiner Zeitgenossen, ein ganz eigener. Grimms Volksgeist nur in der Tradition Savignys zu sehen, greift daher zu kurz.

Auch über seine Lebenszeit hinaus erhielten sich wesentliche Teile seiner Konzeption, insbesondere seiner Methode zur Quellensammlung und -darstellung bei Grimms Schülern innerhalb der juristischen Germanistik, auch wenn die Volksgeistidee und das hiermit verbundene Rechtsquellenkonzept nach Scheitern der deutschen Revolution und, noch deutlicher, nach der Reichsgründung zunehmend an Bedeutung verlor, da sich ihr Zentralmotiv, die Konstitution einer deutschen Nation und die Begründung eines einheitlichen Rechts ohne Zentralstaat, überlebt hatte. Grimms Volksgeistkonzept gelang so zumindest teilweise der Sprung ins 20. Jahrhundert. Seine Sammlungen unter Berücksichtigung der volkstümlichen, mündlich überlieferten Quellen – Ausfluss seiner Volksgeistvorstellung – beeinflussten den Blick auf das alte »deutsche« Recht nachhaltig, auch wenn der Volksgeistbegriff Grimms selber kaum mehr ausdrücklich aufgegriffen worden ist.

Die *Rechtsalterthümer* und die *Weisthümer* sind bis heute wertvolle Quellensammlungen für Rechtshistoriker und Sprachwissenschaftler geblieben. Die aus Grimms Volksgeistkonzept folgende konsequente Verbindung zwischen Sprachwissenschaft und Recht(sgeschichte), die die Erschließung neuer Quellengattungen ermöglichte, erwies sich damit als deutlich langlebiger als sein Volksgeistkonzept als solches.

Abkürzungen

ADB	Allgemeine Deutsche Biographie
APuZ	Aus Politik und Zeitgeschichte, Beilage zur Wochenzeitung Das Parlament
BGG	Brüder Grimm Gedenken
CivMag	Civilistisches Magazin
DVJS	Deutsche Vierteljahrsschrift für Literaturwissenschaft und Geistesgeschichte
DWD	Deutscher wissenschaftlicher Dienst
GDR	Ernst Landsberg, Geschichte der Deutschen Rechtswissenschaft
GRM	Germanisch-Romanische Monatsschrift
HRG	Handwörterbuch zur deutschen Rechtsgeschichte
HWPh	Historisches Wörterbuch der Philosophie
HZ	Historische Zeitschrift
JbWK	Jahrbücher für wissenschaftliche Kritik
JuS	Juristische Schulung
JZ	Juristenzeitung
KHM	Brüder Grimm, Kinder- und Hausmärchen
Kl. Schr.	Jacob Grimm, Kleinere Schriften
Krit. V	Kritische Vierteljahrsschrift für Gesetzgebung und Rechtswissenschaft
LILI	Zeitschrift für Literaturwissenschaft und Linguistik
MIÖG	Mitteilungen des Instituts für Österreichische Geschichtsforschung
NDB	Neue Deutsche Biographie
RA	Jacob Grimm, Deutsche Rechtsalterthümer
Rasse	Rasse. Monatsschrift für den Nordischen Gedanken
RGA	Reallexikon der germanischen Altertumskunde
SW	Johann Gottfried Herder, Sämtliche Werke, 1967
ZAR	Zeitschrift für Ausländerrecht und Ausländerpolitik
ZEuP	Zeitschrift für Europäisches Privatrecht
ZHG	Zeitschrift des Vereins für hessische Geschichte und Landeskunde
ZNR	Zeitschrift für Neuere Rechtsgeschichte
ZRG GA	Zeitschrift der Savigny-Stiftung für Rechtsgeschichte. Germanistische Abteilung

Quellen

Forschungsausgabe

Jacob Grimm und Wilhelm Grimm, Werke. Forschungsausgabe, hrsg. von Ludwig Erich Schmitt, Nachdruck, Hildesheim 1991–92; insbesondere: Jacob Grimm, Kleinere Schriften, Abteilung I, 8 Bände und 1 Ergänzungsband, Nachdruck der Ausgaben, Berlin 1865–1890, Hildesheim 1991–92.

Werke Jacob Grimms

Θ ist hv (1856), Kl. Schr. 7, S. 396–403.

Adresse an den König für Schleswig-Holstein 1846, Kl. Schr. 8, S. 430–431.

Anhang zu Benecke Ueber den altdeutschen Umlaut, in: Altdeutsche Wälder 1 (1815), S. 172–179.

Anzeige der Weisthümer Theil 4, in: Göttingische Gelehrte Anzeigen 1863, Kl. Schr. 5, S. 452–455.

Bemerkungen gegen Christs Vortrag über Römisches und Deutsches Recht (in der 1. Germanistenversammlung 1846), Kl. Schr. 7, S. 566–567.

Bemerkungen über eins der Projecte der Pentarchen zu einer Deutschen Bundesacte, Kl. Schr. 8, S. 415–421.

Circular, die Sammlung der Volkspoesie betreffend (1815), Kl. Schr. 7, S. 593–595.

Das Wort des Besitzes (1850), Kl. Schr. 1, S. 113–144.

De desiderio patriae (1830), Kl. Schr. 6, S. 411–417.

Der Traum von dem Schatz auf der Brücke. Gelesen in der Akademie der Wissenschaften am 06.12.1860, Kl. Schr. 3, S. 414–428.

Deutsche Grammatik, Erster Theil, 1. Ausg. Göttingen 1819.

Deutsche Grammatik, Erster Theil, 3. Ausg. Göttingen 1840.

Deutsche Grenzalterthümer. Gelesen in der Akademie der Wissenschaften am 27. Juli 1843, Kl. Schr. 2, S. 30–74.

Deutsche Mythologie, Bd. 1, 1. Ausg. Göttingen 1835.

Deutsche Mythologie, Bd. 1, 2. Ausg. Göttingen 1844.

Deutsche Rechtsalterthümer (RA), Göttingen 1828.

Deutsche Rechtsalterthümer, ND der 4. Aufl. Leipzig 1899, 2 Bde., Darmstadt 1965.

Die Elsasser, in: Rheinischer Merkur 1814, Nr. 198 vom 6. August, Kl. Schr. 8, S. 397–402.

Die ungleichen Kinder Evas (1842), Kl. Schr. 7, S. 106–114.

Ebel, Else (Hrsg.), Jacob Grimms Deutsche Altertumskunde, Göttingen 1974.

Ebel, Else (Hrsg.), Jacob Grimms Vorlesung über «deutsche Rechtsalterthümer», Göttingen 1990.

Ein Lebensabriss Jacob Grimms, in: Zeitschrift für deutsche Philologie 1 (1869), S. 489–491.

Ein Wort an die Bewohner Berlins, in: Constitutionelle Zeitung 1850, Nr. 254, 31. August, Kl. Schr. 8, S. 448–449.

Erklärung über Hoffmann von Fallersleben [gemeinsam mit Wilhelm Grimm verfasst] (1844), Kl. Schr. 7, S. 599–600.

Etwas über den Überfall der Früchte und das Verhauen überragender Äste (1817), Kl. Schr. 6, S. 272–276.

Frau Aventuire klopft an Beneckes Tür (1842), Kl. Schr. 1, S. 83–112.

Gedanken über Mythos, Epos und Geschichte. Mit altdeutschen Beispielen, in: Fr. Schlegel's deutsches museum 1813. 3, 53–75, Kl. Schr. 4, S. 74–85.

Gedanken wie sich die Sagen zur Poesie und Geschichte verhalten, in: Zeitung für Einsiedler Nr. 19/20 (1808), Kl. Schr. 1, S. 400–404.

Gegen Gaupp (1828), Kl. Schr. 6, S. 389–392.

Geschichte der deutschen Sprache, 1. Bd., 1. Ausg. Leipzig 1848.

Geschichte der poetischen Nationalliteratur der Deutschen von Gervinus, in: Göttingische Gelehrte Anzeigen 1835, Kl. Schr. 5, S. 176–187.

Hornkind und Maid Rimenild. Eine altenglische geschichte, wo möglich mit den worten des originals ausgezogen (1811), Kl. Schr. 6, S. 41–64.

Italienische und Scandinavische eindrücke (1844), Kl. Schr. 1, S. 57–82.

Jean Pauls neuliche Vorschläge die Zusammensetzung der deutschen Substantive betreffend, in: Hermes 1819. II, 27–33, Kl. Schr. 1, S. 405–412.

Kinder- und Hausmärchen [KHM]. Gesammelt durch die Brüder Grimm, 2. Aufl. Berlin 1819.

Literatur der altnordischen Gesetze (1817), Kl. Schr. 6, S. 243–272.

Projekt einer Bundesacte (1815), Kl. Schr. 8, S. 419.

Rede an die Studenten bei deren Ovation für die Brüder Grimm am 24. Februar 1843, in: Allgemeine Preuszische Staatszeitung 1843, Nr. 59, S. 246, Kl. Schr. 8, S. 464–465.

Rede auf Lachmann, gehalten in der öffentlichen Sitzung der Akademie der Wissenschaften am 3. Juli 1851, Kl. Schr. 1, S. 145–162.

Rede auf Schiller, gehalten in der feierlichen Sitzung der königlichen Akademie der Wissenschaften am 10. November 1859, Kl. Schr. 1, S. 375–399.

Rede auf Wilhelm Grimm, gehalten in der königl. Akademie der Wissenschaften zu Berlin 5. Juli 1860, Kl. Schr. 1, S. 163–188.

Rede über das Alter, gehalten in der königl. Akademie der Wissenschaften zu Berlin am 26. Januar 1860, Kl. Schr. 1, S. 189–211.

Rez. Buch der Liebe, von Büsching und von der Hagen (1812), Kl. Schr. 6, S. 84–100.

Rez. Castillionaeus, Ulphilas (1829), Kl. Schr. 6, S. 409–411.

Rez. Das Lied der Nibelungen von Joseph von Hinsberg (1816), Kl. Schr. 6, S. 200–202.

Rez. Deutsche Gedichte des Mittelalters, herausgegeben von Fr. v. der Hagen und Dr. Joh. Gust. Büsching, Heidelberger Jahrbücher 1809, Kl. Schr. 4, S. 22–52.

Rez. Die Edda von Friedrich Rühs (1812), Kl. Schr. 6, S. 106–116.

Rez. Dynastenstämme von Ludwig Schrader, in: Göttingische Gelehrte Anzeigen 1832, Kl. Schr. 5, S. 144–149.

Rez. Études sur le roman de Renart von W. J. A. Jonckbloet, in: Göttingische Gelehrte Anzeigen 1863, Kl. Schr. 5, S. 455–466.

Rez. Gulathins-Laug, in: Göttingische Gelehrte Anzeigen 1819, Kl. Schr. 4, S. 112–116.

Rez. Gutalagh von Carl Schildener, in: Göttingische Gelehrte Anzeigen 1819, Kl. Schr. 4, S. 106–112.

Rez. Jomsvikinga Saga, in: Göttingische Gelehrte Anzeigen 1825, Kl. Schr. 4, S. 274–281.

Rez. Judith von Heinrich von Itzenloe (1810), Kl. Schr. 6, S. 9.

Rez. K. W. Göttling, Über das Geschichtliche im Nibelungenliede (1814), Kl. Schr. 4, S. 85–91.

Rez. Leo, Rectitudines singularum personarum, in: Jahrbücher für wissenschaftliche Kritik 1842, Sp. 791–797.

Rez. Pröver af danske folkesagn von J. M. Thiele (1818), Kl. Schr. 6, S. 292–294.

Rez. Über die markgenossenschaften von K. F. L. Freiherrn von Löw (1829), Kl. Schr. 6, S. 392–403.

Rez. Volkssagen, märchen und legenden von Johann Gustav Büsching (1813), Kl. Schr. 6, S. 130–133.

Rez. Von dem verhältnis altdeutscher dichtungen zur volksthümlichen erziehung von Karl Besselt (1816), Kl. Schr. 6, S. 202–203.

Rez. Wörterbuch der Spitzbubensprache von F. L. A. von Grolman, in: Göttingische Gelehrte Anzeigen 1822, Kl. Schr. 4, S. 164–169.

Reinhart Fuchs (1812), Kl. Schr. 4, Übersetzung ab S. 56.

Scado, in: Zeitschrift für vergleichende Sprachforschung auf dem Gebiete des Deutschen, Griechischen und Lateinischen 1 (1852), S. 79–83; Kl. Schr. 7, S. 334–337.

Scandinavismus, in: Allgemeine Monatsschrift für Literatur 1849, Kl. Schr. 8, S. 443–448.

Schleswig, in: Vossische Zeitung 1848, Nr. 91, 17. April, Kl. Schr. 8, S. 432–433.

Schwedische Volkssagen (1844), Kl. Schr. 7, S. 154–160.

Selbstbiographie (1831), Kl. Schr. 1, S. 1–24.

Sendschreiben an Herrn Hofrath-R. (1815), Kl. Schr. 6, S. 196–199.

Sintarfizilo (1841), Kl. Schr. 7, S. 52–55.

Spielerei und Schwierigkeit, in: Rheinischer Merkur 1815, Nr. 217, 3. April, Kl. Schr. 8, S. 411–413.

Toast bei dem gelegentlich der Lübecker Germanistenversammlung veranstalteten Festessen in Travemünde, als Erwiderung eines Trinkspruchs des Oberappellationsgerichtsrathes Pauli auf die Gäste, in: Lübecker Bürgerfreund 1847, Nr. 40, Kl. Schr. 8, S. 466–467.

Über Adel und Orden, Vortrag in der Nationalversammlung zu Frankfurt am Main 1848, Kl. Schr. 8, S. 439–443.

Über das finnische Epos. Gelesen in der Akademie der Wissenschaften am 13. Merz 1845, Kl. Schr. 2, S. 75–113.

Über das Nibelungen Liet, Neuer Literarischer Anzeiger 1807, Kl. Schr. 4, S. 1–7.

Über das Pedantische in der deutschen Sprache. Vorgelesen in der öffentlichen Sitzung der Akademie der Wissenschaften am 21. Oktober 1847, Kl. Schr. 1, S. 328–374.

Über den altdeutschen Meistergesang (1811).

Über den Metaphysischen Sinn der Deutschen, in: Hannoversche Zeitung 1832, Nr. 17, 20. Januar, S. 78, Kl. Schr. 8, S. 422–423.

Über den Namen der Germanisten (Rede in der 1. Germanistenversammlung 1846), Kl. Schr. 7, S. 568–569.

Über den Personenwechsel in der Rede. Gelesen in der Akademie der Wissenschaften am 20.12.1855, Kl. Schr. 3, S. 236–311.

Über den Ursprung der Sprache. Gelesen in der Akademie der Wissenschaften am 9. Januar 1851, Kl. Schr. 1, S. 256–299.

Über den Werth der ungenauen Wissenschaften (Rede in der 1. Germanistenversammlung 1846), Kl. Schr. 7, S. 563–566.

Über die Alterthümer des Deutschen Rechts, Antrittsvorlesung Berlin 30. April 1841, Kl. Schr. 8, S. 545–551.

Über die Namen des Donners. Gelesen in der Akademie der Wissenschaften am 12. Mai 1853, Kl. Schr. 2, S. 402–438.

Über die Notnunft an Frauen (1841), Kl. Schr. 7, S. 27–50.

Über die wechselseitigen Beziehungen und die Verbindung der drei in der Versammlung vertretenen Wissenschaften (Rede in der 1. Germanistenversammlung 1846), Kl. Schr. 7, S. 556–563.

Über eine eigene altgermanische Weise der Mordsühne (1815), Kl. Schr. 6, S. 144–152.
Über eine Urkunde des XII Jahrh. Gelesen in der Akademie der Wissenschaften am 14. August 1851, Kl. Schr. 2, S. 333–365.
Über Etymologie und Sprachvergleichung. Gelesen am 10. August 1854, Kl. Schr. 1, S. 300–327.
Über Frauennahmen aus Blumen. Gelesen in der Akademie der Wissenschaften am 12. Februar 1852, Kl. Schr. 2, S. 366–401.
Über Geschäftsordnung, Vortrag in der Nationalversammlung zu Frankfurt am Main 1848, Kl. Schr. 8, S. 435–437.
Über Grundrechte, Vortrag in der Nationalversammlung zu Frankfurt am Main 1848, Kl. Schr. 8, S. 438–439.
Über Hochdeutsch, Mittelhochdeutsch, Mitteldeutsch, Jacob Grimm an Franz Pfeiffer (1857), Kl. Schr. 7, S. 441–454.
Über Iornandes und die Geten. Gelesen in der Akademie der Wissenschaften am 05.03.1846, Kl. Schr. 3, S. 171–235.
Über Karl und Elegast (1811), Kl. Schr. 6, S. 34–40.
Über meine Entlassung (1838), Kl. Schr. 1, S. 25–56.
Über Ossian, Fragment (1863), Kl. Schr. 7, S. 537–543.
Über Schenken und Geben. Gelesen in der Akademie der Wissenschaften am 26. October 1848, Kl. Schr. 2, S. 173–210.
Über Schleswig-Holstein, Vortrag in der Nationalversammlung zu Frankfurt am Main 1848, Kl. Schr. 8, S. 437–438.
Über Schule, Universität, Akademie, eine in der Akademie der Wissenschaften am 8. November 1849 gehaltene Vorlesung, Kl. Schr. 1, S. 212–255.
Ueber den altdeutschen Meistergesang, Göttingen 1811.
Verhandlungen über die Bundesverfassung, in: Rheinischer Merkur 1815, Nr. 172, 2. Januar und Nr. 173, 4. Januar, Kl. Schr. 8, S. 404–407.
Volkslied auf Friedrich von der Pfalz aus dem Jahr 1622 (1840), Kl. Schr. 7, S. 22–25.
Von der Poesie im Recht (1815), Kl. Schr. 6, S. 152–191.
Von Übereinstimmung der alten Sagen (1807), Kl. Schr. 4, S. 9–12.
Vorlesung über Deutsche Literaturgeschichte, nach studentischen Mitschriften hrsg. von Matthias Jannsen, Kassel 2005.
Vorlesung über Deutsche Rechtsalterthümer, hrsg. von Else Ebel, Zürich 1990.
Vorrede zu: Altdeutsche Wälder (1813), Kl. Schr. 8, S. 5–7.
Vorrede zu: Der Deutsche Christus, Fünfzehn Canzonen von Carl Candidus (1854), Kl. Schr. 8, S. 390–392.
Vorrede zu: Deutsche Grammatik, Erster Theil (1819), Kl. Schr. 8, S. 25–96.
Vorrede zu: Deutsche Grammatik, 2. Ausg., Erster Theil (1822), S. III–XIX.
Vorrede zu: Deutsche Grammatik, 3. Ausg., Erster Theil (1840), S. XI–XVI.
Vorrede zu: Deutsche Grammatik, Vierter Theil (1837), S. V–VIII.
Vorrede zu: Deutsche Mythologie (1835), Kl. Schr. 8, S. 148–171.
Vorrede zu: Deutsche Mythologie, 2. Ausg., 1. Bd. (1844), S. V–XLVIII.
Vorrede zu: Deutsche Sagen, Erster Theil (1816), Kl. Schr. 8, S. 10–19.
Vorrede zu: Deutsche Sagen, Zweiter Theil (1818), Kl. Schr. 8, S. 19–25.
Vorrede zu: Deutsches Wörterbuch, 1. Bd. (1854), Kl. Schr. 8, S. 302–380.
Vorrede zu: Deutsches Wörterbuch, 2. Bd. (1860), Kl. Schr. 8, S. 381–386.
Vorrede zu: Emil Franz Röszler (Hrsg.), Deutsche Rechtsdenkmäler aus Böhmen und Mähren. Eine Sammlung von Rechtsbüchern, Urkunden und alten Aufzeichnungen zur Geschichte des Deutschen Rechtes (1845), Kl. Schr. 8, S. 187–191.
Vorrede zu: Felix Liebrecht, Der Pentamerone oder: Das Märchen aller Märchen von Giambattista Basile (1846), Kl. Schr. 8, S. 191–201.
Vorrede zu: Johannes Merkel, Lex Salica (1850), Kl. Schr. 8, S. 228–302.

Vorrede zu: Wuk Stephanowitsch, Kleine Serbische Grammatik (1824), Kl. Schr. 8, S. 96–129.

Vorrede zu: Wuk Stephanowitsch, Volksmärchen der Serben (1854), Kl. Schr. 8, S. 386–390.

Vorschläge in der Plenarsitzung der Historischen Comission zu München am 29. September 1859, Kl. Schr. 8, S. 555–559.

Vortrag über Schleswig-Holstein, Vortrag bei der 11. Versammlung deutscher Philologen 1850, Kl. Schr. 8, S.449–451.

Vorwort zu: Anton Dietrich, Russische Volksmärchen (1831), Kl. Schr. 8, S. 145–147.

Vorwort zu: Der Oberhof zu Frankfurt am Main und das Fränkische Recht in Bezug auf Denselben. Ein Nachlasz von Johann Gerhard Christian Thomas, hrsg. von Dr. Ludwig Heinrich Euler (1841), Kl. Schr. 8, S. 173–186.

Weisthümer, 7 Bde., Göttingen, 1840 ff.

Briefwechsel

BIALAS, STEPHAN (Hrsg.), Briefwechsel der Brüder Jacob und Wilhelm Grimm mit Gustav Hugo, Stuttgart 2003.

BINDER, FRANZ (Hrsg.), Joseph von Görres, Gesammelte Briefe 2: Freundesbriefe, München 1874.

BOLTE, JOHANNES (Hrsg.), Briefwechsel zwischen Jacob Grimm und Karl Goedeke, Berlin 1927.

BRILL, EDWARD V. K., The correspondence between Jacob Grimm and Walter Scott, in: Hessische Blätter für Volkskunde 54 (1963), S. 489–509.

FRIDERICI, ROBERT, Briefe von Jacob und Wilhelm Grimm an Ludwig und Lotte Hassenpflug, in: BGG 3 (1981), S. 38–120.

GRIMM, HERMAN / GUSTAV HINRICHS (Hrsg.), Briefwechsel zwischen Jacob und Wilhelm Grimm aus der Jugendzeit, Weimar 1881.

GROTHE, EWALD (Hrsg.), Brüder Grimm Briefwechsel mit Ludwig Hassenpflug, einschließlich der Briefwechsel zwischen Ludwig Hassenpflug und Dorothea Grimm, geb. Wild, Charlotte Hassenpflug, geb. Grimm, ihren Kindern und Amalie Hassenpflug, Kassel / Berlin 2000.

HEINL, TATJANA, Zur Frühgeschichte der Germanistik. Der Briefwechsel Grimm – Homeyer, Bayreuth 1996.

KIRKNESS, ALAN (Hrsg.), Briefwechsel der Brüder Jacob und Wilhelm Grimm mit Rudolf Hildebrand, Matthias Lexer und Karl Weigand, hrsg. unter Mitarbeit von SIMON GILMOUR, Stuttgart 2010.

LEITZMANN, ALBERT (Hrsg.), Briefe der Brüder Grimm, gesammelt von Hans Gürtler, Jena 1923.

LEITZMANN, ALBERT (Hrsg.), Briefwechsel der Brüder Jacob und Wilhelm Grimm mit Karl Lachmann, 2 Bde., Jena 1925 / 26.

LEITZMANN, ALBERT (Hrsg.), Briefwechsel zwischen Karl Müllenhoff und Wilhelm Scherer, Berlin / Leipzig 1937.

OECHSLI, WILHELM (Hrsg.), Briefwechsel Johann Kaspar Bluntschlis mit Savigny, Niebuhr, Leopold Ranke, Jakob Grimm und Ferdinand Meyer, Frauenfeld 1915.

PFEIFFER, FRANZ (Hrsg.), Jacob Grimm's Briefe an Hoffmann von Fallersleben 1818–1852, Sonderabdruck aus Pfeiffer's Germania, Jahrgang XI, Wien 1866.

PFEIFFER, FRANZ (Hrsg.), Jacob Grimm's Briefe an L. Uhland, K. A. Hahn, K. Frommann, Th. Vernaleken, K. J. Schröer und A. v. Ipolyi-Stummer 1829–1859, Sonderabdruck aus Pfeiffers Germania, Jahrgang XII, Wien 1867.

RUDORFF, HERMANN, Jacob Grimm über Savigny, in: ZRG GA 49 (1915), S. 478–482.

SAUER, AUGUST (Hrsg.), Aus Jacob Grimms Briefwechsel mit slavischen Gelehrten, Prag 1908.

SCHMIDT, ERNST (Hrsg.), Briefwechsel der Gebrüder Grimm mit Nordischen Gelehrten, Berlin 1885.

SCHMITT, RÜDIGER, Der Briefwechsel zwischen Jacob Grimm und Adalbert Kuhn, in: BGG 6 (1986), S. 135–207.

SCHNACK, INGEBORG / WILHELM SCHOOF (Hrsg.), Briefe der Brüder Grimm an Savigny, Berlin / Bielefeld 1953.

SCHOOF, WILHELM (Hrsg.), Briefwechsel zwischen Jacob und Wilhelm Grimm aus der Jugendzeit, 2. Aufl. Weimar 1963.

SCHOOF, WILHELM (Hrsg.), Unbekannte Briefe der Brüder Grimm, Bonn 1960.

STEIG, REINHOLD / HERMAN GRIMM (Hrsg.), Achim von Arnim und die ihm nahe standen, Bd. 3: Achim von Arnim und Jacob und Wilhelm Grimm, Stuttgart / Berlin 1904.

STEIN, HELGA, Siebenbürger Forscher schreiben an die Brüder Grimm, in: BGG 2 (1975), S. 131–145.

STENGEL, EDMUND (Hrsg.), Briefe der Brüder Grimm an Paul Wigand, Marburg 1910.

STOLL, ADOLF, Friedrich Karl v. Savigny. Ein Bild seines Lebens mit einer Sammlung seiner Briefe, 3 Bde., Berlin 1927, 1929, 1939.

VAN DE ZIJPE, RENÉ, Jacob Grimm im Briefwechsel mit Jacobus Scheltema, in: BGG 3 (1981), S. 265–284.

Verzeichnis von Jacob und Wilhelm Grimms Briefwechsel, erarbeitet von BERTHOLD FRIEMEL, STEPHAN BIALAS und INGRID PERGANDE-KAUFMANN u. a., Humboldt-Universität zu Berlin in Verbindung mit der Grimm-Sozietät zu Berlin e. V.: http://www.grimmnetz.de/bv/ und www.grimmbriefwechsel.de/

WENDELER, CAMILLUS (Hrsg.), Briefwechsel des Freiherrn Karl Hartwig Gregor von Meusebach mit Jacob und Wilhelm Grimm, Nebst einleitenden Bemerkungen über den Verkehr des Sammlers mit gelehrten Freunden, Anmerkungen und einem Anhang von der Berufung der Brüder Grimm nach Berlin, Heilbronn 1880.

Ungedruckte Quellen

Stellungnahme Jacob Grimms zur ›Talarfrage‹ (Manuskript aus dem Jahr 1837), Universitätsarchiv Göttingen, Sekr. 41.2, S. 31–33.

Gedruckte Quellen

AMIRA, KARL VON, Grundriss des Germanischen Rechts, 3. Aufl. Strassburg 1913.

AMIRA, KARL VON, Recht, in: HERMANN PAUL (Hrsg.), Grundriss der Germanischen Philologie, Bd. II, Strassburg 1893, S. 35–200.

AMIRA, KARL VON, Rez. Deutsche Rechtsalterthümer von Jacob Grimm, 4. Aufl., in: Göttingische Gelehrte Anzeigen 162 (1900), S. 768–777.

AMIRA, KARL VON, Ueber Zweck und Mittel der Germanischen Rechtsgeschichte. Akademische Antrittsrede (15. Dezember 1875), München 1876.

ARISTOTELES, Politik, übersetzt von PAUL GOHLKE, Paderborn 1959.

ARNIM, ACHIM VON, Halle und Jerusalem. Studentenspiel und Pilgerabentheuer, Heidelberg 1811.

ARNIM, ACHIM VON, Über die Kennzeichen des Judentums, in: Werke, Bd. 6: Schriften, Frankfurt am Main 1992, S. 362–387.

BAUDRY, FRÉDÉRIC, Les frères Grimm. Leur vie et leurs travaux. Extrait de la Revue germanique et française 28, livraison du 1er février 1864, Paris 1864.

BENECKE, GEORG FRIEDRICH/CARL FRIEDRICH EICHHORN, Rez. Grimm, Deutsche Rechtsalterthümer, in: Göttingische Gelehrte Anzeigen 1829, Bd. 1, S. 129–139.

BESELER, GEORG, Die Lehre von den Erbverträgen. Erster Theil: Die Vergabungen von Todes wegen nach dem älteren deutschen Rechte, Göttingen 1835.

BESELER, GEORG, Erlebtes und Erstrebtes 1809–1859, Berlin 1884.

BESELER, GEORG, Volksrecht und Juristenrecht, Leipzig 1843.

BESELER, GEORG, Zur Beurtheilung der sieben göttinger Professoren und ihrer Sache. In Briefen, Rostock 1838.

BOISSERÉE, SULPIZ, Briefwechsel, Tagebücher, hrsg. von MATHILDE BOISSERÉE, Bd. 2, Göttingen 1862.

BÜLOW, HEINRICH WILHELM VON, Noch etwas zum Deutschen Nationalgeiste, Lindau 1766 (ursprünglich anonym erschienen).

DAHN, FELIX, Rez. Heinrich Ahrens, Naturrecht oder Philosophie des Rechts und des Staates, Bd. 1, 1870, in: Krit. V 12 (1870), S. 321–395.

DENHARD, BERNHARD, Die Gebrüder Jakob und Wilhelm Grimm, ihr Leben und Wirken, Hanau 1860.

EICHHORN, CARL FRIEDRICH, Deutsche Staats- und Rechtsgeschichte, Bd. 1, 4. Aufl. Göttingen 1834.

EISENHART, JOHANN AUGUST RITTER VON, Nietzsche, Friedrich August, in: ADB 23 (1886), S. 691–692.

EISENHART, JOHANN AUGUST RITTER VON, Puchta, Georg Friedrich, in: ADB 26 (1888), S. 685–687.

EISENHART, JOHANN AUGUST RITTER VON, Wilda, Wilhelm Eduard, in: ADB 42 (1897), S. 491–493.

ERDMANN (Halle), Hegel, Georg Wilhelm, in: ADB 11 (1880), S. 254–274 [unter Hegel, Wilhelm].

GANS, EDUARD, Briefe und Dokumente, hrsg. von JOHANN BRAUN, Tübingen 2011.

GANS, EDUARD, Rez. Friedrich Carl von Savigny, Geschichte des römischen Rechts im Mittelalter, 4. Bd. (1826), in: Jahrbücher für wissenschaftliche Kritik 1 (1827), Sp. 321–344.

GAUPP, ERNST THEODOR, Miscellen des Deutschen Rechts. Meist Beiträge zur Geschichte der Standesverhältnisse enthaltend, Breslau 1830.

GIERKE, OTTO VON, Das deutsche Genossenschaftsrecht, Erster Bd.: Rechtsgeschichte der deutschen Genossenschaft, Berlin 1868.

GIERKE, OTTO VON, Der Humor im deutschen Recht, Berlin 1871.

GIERKE, OTTO VON, Deutsches Privatrecht, Erster Bd.: Allgemeiner Teil und Personenrecht, Leipzig 1895.

GIERKE, OTTO VON, Die Historische Rechtsschule und die Germanisten, Rede zur Gedächtnisfeier des Stifters der Berliner Universität König Friedrich Wilhelm III in der Aula derselben am 3. August 1903, Berlin 1903.

GIERKE, OTTO VON, Die soziale Aufgabe des Privatrechts. Vortrag gehalten am 5. April 1889 in der juristischen Gesellschaft zu Wien, Berlin 1889.

GRIMM, JACOB und WILHELM, Deutsches Wörterbuch, 2. Bd., Leipzig 1860.

GRIMM, LUDWIG EMIL, Erinnerungen aus meinem Leben, hrsg. und ergänzt von ADOLF STOLL, Leipzig 1911.

GRIMM, WILHELM, Altdänische Heldenlieder, Balladen und Märchen, Heidelberg 1811.

GRIMM, WILHELM, Einleitung zur Vorlesung über Gudrun (1843), Kl. Schr. IV, S. 524 ff.

GRIMM, WILHELM, Selbstbiographie (1831), abgedruckt in: JACOB und WILHELM GRIMM, Über das Deutsche. Schriften zur Zeit-, Rechts-, Sprach- und Literaturgeschichte, Leipzig 1986, S. 23–44.

HAYM, RUDOLF, Herder, Johann Gottfried, in: ADB 12 (1880), S. 55–100.

HEGEL, GEORG WILHELM FRIEDRICH, Die Verfassung Deutschlands (1802), abgedruckt in: GEORG WILHELM FRIEDRICH HEGEL, Werke 1: Frühe Schriften, Frankfurt am Main 1986, S. 461–581.

HEGEL, GEORG WILHELM FRIEDRICH, Grundlinien der Philosophie des Rechts, Berlin 1821.

HEGEL, GEORG WILHELM FRIEDRICH, Über die wissenschaftlichen Behandlungsarten des Naturrechts, seine Stelle in der praktischen Philosophie und sein Verhältnis zu den positiven Rechtswissenschaften (1802/03), abgedruckt in: DERS., Werke 2: Jenaer Schriften 1801–1807, Frankfurt am Main 1986, S. 434–529.

HEGEL, GEORG WILHELM FRIEDRICH, Vorlesungen über die Philosophie der Geschichte, Werke, Bd. 12, Frankfurt am Main 1986.

HEGEL, GEORG WILHELM FRIEDRICH, Vorlesungen über die Philosophie der Weltgeschichte, Bd. 1: Die Vernunft in der Geschichte (1822), hrsg. von GEORG LASSON, Leipzig 1917.

HENGSTENBERG, ERNST WILHELM, Die Sprachforscher und das Wort Gottes. Ein Zeichen der Zeit, in: Evangelische Kirchenzeitung, 18. August 1852, Sp. 611–616.

HERDER, JOHANN GOTTFRIED, Abhandlung über den Ursprung der Sprache (1772), SW V, S. 1–154

HERDER, JOHANN GOTTFRIED, Adrastea 4 (12.) Teil, Briefe den Charakter der deutschen Sprache betreffend (1802), SW XXIV, S. 1 ff.

HERDER, JOHANN GOTTFRIED, Auch eine Philosophie der Geschichte zur Bildung der Menschheit (1774), SW V, S. 475 ff.

HERDER, JOHANN GOTTFRIED, Briefe zur Beförderung der Humanität, 5. Sammlung (1795), SW XVII, S. 261 ff.

HERDER, JOHANN GOTTFRIED, Briefe zur Beförderung der Humanität, 7. Sammlung (1796), SW XVIII, S. 1 ff.

HERDER, JOHANN GOTTFRIED, Briefe zur Beförderung der Humanität, 8. Sammlung (1796), SW XVIII, S. 67 ff.

HERDER, JOHANN GOTTFRIED, Fragmente über die Eigenheit unserer Sprache (1767), SW II, S. 30–57.

HERDER, JOHANN GOTTFRIED, Fragment Von den Lebensaltern einer Sprache (1767), SW I, S. 151–155.

HERDER, JOHANN GOTTFRIED, Ideen zur Philosophie der Geschichte der Menschheit, 2. Theil (1785), SW XIII, S. 205 ff.

HERDER, JOHANN GOTTFRIED, Ideen zur Philosophie der Geschichte der Menschheit, 3. Theil (1787), SW XIV, S. 3 ff.

HERDER, JOHANN GOTTFRIED, Ideen zur Philosophie der Geschichte der Menschheit, 3. Theil, Riga/Leipzig 1790.

HERDER, JOHANN GOTTFRIED, Ideen zur Philosophie der Geschichte der Menschheit, 4. Theil (1791), SW XIV, S. 257 ff.

HERDER, JOHANN GOTTFRIED, Iduna, oder der Apfel der Verjüngung (1796), SW XVIII, S. 483 ff.

HERDER, JOHANN GOTTFRIED, Ist die Schönheit des Körpers ein Bote von der Schönheit der Seele? (1766), SW I, S. 43 ff.

HERDER, JOHANN GOTTFRIED, Kritische Wälder, Stücke aus einem älteren ›kritischen Wäldchen‹ (1767), SW IV, S. 198 ff.

HERDER, JOHANN GOTTFRIED, Ueber den Fleiß in mehrern gelehrten Sprachen (1764), SW I, S. 1 ff.

HERDER, JOHANN GOTTFRIED, Ueber die neuere Deutsche Litteratur. Eine Beilage zu den Briefen, die neueste Litteratur betreffend, 3. Sammlung (1767), SW I, S. 357 ff.

HERDER, JOHANN GOTTFRIED, Volkslieder, 2. Theil (1779), SW XXV, S. 311 ff.

HERDER, JOHANN GOTTFRIED, Von Ähnlichkeit der mittlern englischen und deutschen Dichtkunst, nebst Verschiednem, das daraus folgt (1777), SW IX, S. 522 ff.

HERDER, JOHANN GOTTFRIED, Wie die deutschen Bischöfe Landstände wurden, SW V, S. 676–698.

HIPPOKRATES, Luft, Wasser und Ortslage. Werke des Hippokrates Teil 6: Die hippokratische Schriftensammlung in neuer deutscher Übersetzung, hrsg. von RICHARD KAPFERER, Stuttgart / Leipzig 1934.

HOMEYER, GUSTAV, Rez. Jacob Grimm Deutsche Rechtsalterthümer, in: JbWK 1830, Sp. 515–533; 544–557.

HÜBNER, RUDOLF, Beseler, Georg, in: ADB 46 (1902), S. 445–472.

HÜBNER, RUDOLF, Jacob Grimm und das deutsche Recht, Göttingen 1895.

HÜBNER, RUDOLF, Karl Friedrich Eichhorn und seine Nachfolger, in: Festschrift Heinrich Brunner zum Siebzigsten Geburtstag, Weimar 1910, S. 807–838.

HUGO, GUSTAV, Die Gesetze sind nicht die einzige Quelle der juristischen Wahrheiten, in: CivMag 4 (1812), S. 89–134.

HUGO, GUSTAV (Hrsg.), Edward Gibbon, Historische Übersicht des Römischen Rechts. Übersetzt, eingeleitet und kommentiert von Gustav Hugo, mit einem Vorwort und einer Würdigung Gustav Hugos neu hrsg. von OKKO BEHRENDS, Göttingen 1996.

HUGO, GUSTAV, Rez. Savigny, System des heutigen Römischen Rechts, Erster Band, in: Göttingische Gelehrte Anzeigen 1840, S. 1011–1042.

HUGO, GUSTAV, Rez. Zeitschrift für geschichtliche Rechtswissenschaft, Beyträge zur civilistischen Bücherkenntniß der letzten vierzig Jahre, Bd. 2 (1808–1827), Berlin 1829.

HUMBOLDT, WILHELM VON, Latium und Hellas oder Betrachtungen über das classische Alterthum, in: ALBERT LEITZMANN (Hrsg.), Sechs ungedruckte Aufsätze über das klassische Altertum von Wilhelm von Humboldt, Leipzig 1896.

JHERING, RUDOLF VON, Geist des römischen Rechts auf den verschiedenen Stufen seiner Entwicklung, Erster Theil, 2. Aufl. Leipzig 1866.

JODL, FRIEDRICH, Schelling, Friedrich Wilhelm Joseph, in: ADB 31 (1890), S. 6–27.

KRUG, WILHELM TRAUGOTT, Allgemeines Handwörterbuch der philosophischen Wissenschaften nebst ihrer Literatur und Geschichte, 3. Bd. (N bis Sp), 2. Aufl. Leipzig 1833.

LAMBERT, JOHANN HEINRICH, Neues Organon oder Gedanken über die Erforschung und Bezeichnung des Wahren und dessen Unterscheidung vom Irrthum und Schein, Bd. II, Leipzig 1764.

LANDSBERG, ERNST, Geschichte der deutschen Rechtswissenschaft (GDR), 3. Abt., 2. Halbbd., München / Berlin 1910.

LANDSBERG, ERNST, Savigny, Friedrich Karl von, in: ADB 30 (1890), S. 425–452.

MEIER, MORITZ HERMANN EDUARD / GEORG FRIEDRICH SCHÖMANN, Der attische Process, Vier Bücher, Halle 1824.

MEJER, OTTO, Hugo, Gustav, in: ADB 13 (1881), S. 321–328.

MITTEIS, LUDWIG, Ihering, Rudolf, in: ADB 50 (1905), S. 652–664.

MONTESQUIEU, CHARLES DE, De l'esprit des loix, Genf 1748.

MOSER, FRIEDRICH CARL VON, Von dem deutschen Nationalgeist, 1765.

MOSER, HUGO, Studien zur deutschen Dichtung des Mittelalters und der Romantik. Kleine Schriften II, Berlin 1984.

MÜLLER, HERMANN, Der lex salica und der lex Angliorum et Werinorum Alter und Heimat, Würzburg 1840.

MUNCKER, FRANZ, Schlegel, August Wilhelm, in: ADB 31 (1890), S. 354–368.

MUNCKER, FRANZ, Schlegel, Karl Wilhelm Friedrich, in: ADB 33 (1891), S. 737–752.

N. N., Verhandlungen der Germanisten zu Frankfurt am Main am 24., 25. und 26. September 1846, Lübeck 1846.

PUCHTA, GEORG FRIEDRICH, Anm. zu Jacob Grimm, Bemerkungen über Bd. III, H. 2, S. 254 der krit. Zeitschrift für Rechtswiss. […], in: Jahrbücher der gesammten deutschen juristischen Literatur 9 (1829), S. 21–25.

Puchta, Georg Friedrich, Cursus der Institutionen, Bd. I, Leipzig 1841.

Puchta, Georg Friedrich, Das Gewohnheitsrecht, 2 Bde., Erlangen 1828, 1837.

Puchta, Georg Friedrich, Encyclopädie als Einleitung zu Institutionen-Vorlesungen, Leipzig / Berlin 1825.

Puchta, Georg Friedrich, Lehrbuch der Pandekten, Leipzig 1838.

Puchta, Georg Friedrich, Rez. Gans, Das Erbrecht in weltgeschichtlicher Entwickelung, in: Erlanger Jahrbücher 1 (1826), S. 1–43.

Puchta, Georg Friedrich, Rez. Savigny, System des heutigen Römischen Rechts, Erster und zweiter Band, in: Kritische Jahrbücher für deutsche Rechtswissenschaft 4 (1840), S. 673–715.

Puchta, Georg Friedrich, Rez. Thibaut, Ueber die sogenannte historische und nichthistorische Rechtsschule, in: Kritische Jahrbücher für deutsche Rechtswissenschaft (1839), S. 187–199.

Puchta, Georg Friedrich, Rez. Zimmern, Geschichte des römischen Privatrechts bis Justinian, in: Erlanger Jahrbücher 3 (1826), S. 275–308.

Puchta, Georg Friedrich, Vorlesungen über das heutige römische Recht, Bd. I, aus dessen Nachlaß hrsg. von Adolf August Friedrich Rudorff, Leipzig 1847.

Rössler, Emil Franz, Die Stadtrechte von Brünn aus dem XIII. und XIV. Jahrhundert, Prag 1852.

Savigny, Friedrich Carl von, Geschichte des Römischen Rechts im Mittelalter, Erster Bd., Heidelberg 1815.

Savigny, Friedrich Karl von, Juristische Methodenlehre. Nach der Ausarbeitung des Jakob Grimm hrsg. von Gerhard Wesenberg, Stuttgart 1951.

Savigny, Friedrich Carl von, Rez. Gönner, in: Zeitschrift für geschichtliche Rechtswissenschaft I (1815), S. 373–423.

Savigny, Friedrich Carl von, Stimmen für und wider neue Gesetzbücher, in: Zeitschrift für geschichtliche Rechtswissenschaft 3 (1817), S. 1–52.

Savigny, Friedrich Carl von, System des heutigen Römischen Rechts, Erster Bd., Berlin 1840.

Savigny, Friedrich Carl von, Vom Beruf unsrer Zeit für Gesetzgebung und Rechtswissenschaft, Heidelberg 1814.

Savigny, Friedrich Carl von, Vorlesungen über juristische Methodologie 1802–1842, hrsg. von Aldo Mazzacane, Frankfurt am Main 2004.

Schelling, Friedrich Wilhelm Joseph von, Ausgewählte Schriften in 6 Bänden, Berlin 1985.

Schelling, Friedrich Wilhelm Joseph von, Einleitung in die Philosophie der Mythologie (1842), SW II Abt. 1.

Schelling, Friedrich Wilhelm Joseph von, Philosophie der Mythologie in drei Vorlesungsnachschriften 1837 / 1842, hrsg. von Klaus Vieweg / Christian Danz, München 1996.

Schelling, Friedrich Wilhelm Joseph von, Philosophie der Mythologie. Nachschrift der letzten Münchner Vorlesungen 1841, hrsg. von Andreas Roser / Holger Schulten, Schellingiana, Bd. 6, Stuttgart-Bad Cannstatt 1996.

Schelling, Friedrich Wilhelm Joseph von, System des transcendentalen Idealismus (1800), SW I Abt. 3., S. 327–634.

Schelling, Friedrich Wilhelm Joseph von, Über das Wesen Deutscher Wissenschaft (Fragment 1812 / 13), SW I Abt. 8., S. 1–18.

Scherer, Wilhelm, Grimm, Jacob, in: ADB 9 (1879), S. 678–688.

Scherer, Wilhelm, Jacob Grimm, 3. Aufl., ND der 2. Ausg. 1885, Hildesheim u. a. 1985.

Schlegel, August Wilhelm, Bürger (1800), abgedruckt in: August Wilhelm von Schlegels sämmtliche Werke, hrsg. von Eduard Böcking, Bd. 8, S. 64–139.

SCHLEGEL, AUGUST WILHELM, Rez. Altdeutsche Wälder, in: Heidelbergische Jahrbücher für Literatur 1815, S. 721–766.

SCHLEGEL, AUGUST WILHELM, Vorlesungen über schöne Litteratur und Kunst. 1. Theil: Die Kunstlehre, 1801–1802, Heilbronn 1884.

SCHLEGEL, AUGUST WILHELM, Vorlesungen über schöne Litteratur und Kunst. 3. Theil: Geschichte der romantischen Litteratur, 1803–1804, Stuttgart 1884.

SCHMITTHENNER, FRIEDRICH, Rez. Jacob Grimm, Deutsche Grammatik, 2. Aufl. 1822, in: Neue Kritische Bibliothek für das Schul- und Unterrichtswesen 5 (1823), S. 322–331.

SCHROEDER, RICHARD, Die Ausbreitung der salischen Franken. Zugleich ein Beitrag zur Geschichte der deutschen Geldgemeinschaft, in: Forschungen zur deutschen Geschichte 19 (1879), S. 137–172.

SCHROEDER, RICHARD, Geschichte des ehelichen Güterrechts in Deutschland, Teil 1: Die Zeit der Volksrechte, ND der 1. Aufl. Stettin 1863, Aalen 1967.

SCHUSTER, HEINRICH, Jacob Grimm in seiner Bedeutung für die Rechtswissenschaft, in: Juristische Blätter 14 (1885), S. 25–38.

STEIG, REINHOLD, Wilhelm Grimm und Herder, in: Vierteljahrschrift für Litteraturgeschichte 3 (1890), S. 573–589.

STINTZING, RODERICH VON, Heineccius, Johann Gottlieb, in: ADB 11 (1880), S. 361–363.

SUABEDISSEN, DAVID THEODOR AUGUST, Die Grundzüge der Lehre von dem Menschen, Marburg / Cassel 1829.

TREITSCHKE, HEINRICH VON, Deutsche Geschichte im Neunzehnten Jahrhundert, Vierter Theil (Bis zum Tode König Friedrich Wilhelms III), 2. Aufl. Leipzig 1889.

UHLAND, LUDWIG, Vorschlag Jacob Grimm in der ersten Germanistenversammlung als Vorsitzenden zu wählen, in: Verhandlungen der Germanisten zu Frankfurt am Main am 24., 25. und 26. September 1846, Frankfurt am Main 1847, S. 11.

WAITZ, GEORG, Zum Gedächtnis an Jacob Grimm, Göttingen 1863.

WEGELE, FRANZ XAVER VON, Müller, Hermann, in: ADB 22 (1885), S. 559–561.

WILDA, WILHELM EDUARD, Das Strafrecht der Germanen, Halle 1842.

WIPPERMANN, CARL WILHELM, Kurhessen seit dem Freiheitskriege, Cassel 1850.

WOLFF, ADOLF, Berliner Revolutionschronik. Darstellung der Berliner Bewegung im Jahre 1848 nach politischen, socialen und literarischen Beziehungen, 2. Bd., Berlin 1852.

WORSAAE, JENS JACOB ASMUSSEN, Protest eines Jütländers gegen Jacob Grimm's neues deutsches ›Volksrecht‹, Copenhagen 1850.

Literatur

ACHTERBERG, NICOLA, Das Spannungsfeld von Verantwortungs- und Gesinnungsethik im Verhältnis zum politischen Bewusstsein Jacob Grimms, Frankfurt am Main 2001.

AMMON, ULRICH, Die deutsche Sprache in Deutschland, Österreich und der Schweiz. Das Problem der nationalen Varietäten, Berlin / New York 1995.

ARENS, DIETLIND u. a., Die Brüder Grimm in Göttingen, in: ROLF WILHELM BREDNICH (Hrsg.), Die Brüder Grimm in Göttingen 1829–1837, Göttingen 1986, S. 48–66.

ARETIN, KARL OTMAR FREIHERR VON, Die Brüder Grimm und die Politik ihrer Zeit, in: Jacob und Wilhelm Grimm. Vorträge und Ansprachen in den Veranstaltungen der Akademie der Wissenschaften und der Georg-August-Universität in Göttingen anläßlich der 200. Wiederkehr ihrer Geburtstage, am 24., 26. und 28. Juni

1985 in der Aula der Georg-August-Universität Göttingen, Göttingen 1986, S. 49–66.

BADER, KARL SIEGFRIED, Gierke, Otto Friedrich von, in: NDB 6 (1964), S. 374–375.

BADER, KARL SIEGFRIED, Hans Fehr †, in: ZRG GA 80 (1963), S. XV–XXXVIII.

BAEUMLER, ALFRED, Einleitung, in: MANFRED SCHROETER (Hrsg.), Der Mythus von Orient und Occident. Eine Metaphysik der Alten Welt. Aus den Werken von Johann Jakob Bachofen, München 1926, S. XXV–CCXCIV.

BÄR, JOCHEN A., Nation und Sprache in der Sicht romantischer Schriftsteller und Sprachtheoretiker, in: ANDREAS GARDT (Hrsg.), Nation und Sprache. Die Diskussion ihres Verhältnisses in Geschichte und Gegenwart, Berlin / New York 2000, S. 199–227.

BARNARD, FREDERICK M., Zwischen Aufklärung und politischer Romantik. Eine Studie über Herders soziologisch-politisches Denken, Berlin 1964.

BAUER, FRANZ J., Das ›lange‹ 19. Jahrhundert (1789–1917). Profil einer Epoche, 3. durchgesehene und aktualisierte Aufl. Stuttgart 2010.

BAUSINGER, HERMANN, Formen der ›Volkspoesie‹, 2. Aufl. Berlin 1980.

BENEŠ, BRIGIT, Wilhelm von Humboldt, Jacob Grimm, August Schleicher. Ein Vergleich ihrer Sprachauffassungen, Winterthur 1958.

BERGBOHM, KARL, Jurisprudenz und Rechtsphilosophie. Kritische Abhandlungen, Erster Bd.: Das Naturrecht der Gegenwart, Unveränderter ND Leipzig 1892, Glashütten im Taunus 1973.

BERGMANN, WERNER, Frühantisemitismus, in: WOLFGANG BENZ (Hrsg.), Handbuch des Antisemitismus. Judenfeindschaft in Geschichte und Gegenwart, Bd. 3: Begriffe, Theorien, Ideologien, Berlin / New York 2010, S. 69–99.

BEYERLE, FRANZ, Der andere Zugang zum Naturrecht, in: Deutsche Rechtswissenschaft 4 (1939), S. 3–24.

BIEDER, THEOBALD, Geschichte der Germanenforschung, Zweiter Teil: 1806–1870, Leipzig 1922.

BLEEK, WILHELM, Die Brüder Grimm und die deutsche Politik, in: APuZ, B 1/86 (1986), S. 3–16.

BLUHM, LOTHAR, *compilierende oberflächlichkeit gegen gernresensirende Vornehmheit.* Der Wissenschaftskrieg zwischen Friedrich Heinrich von der Hagen und den Brüdern Grimm, in: DERS. / ACHIM HÖLTER (Hrsg.) Romantik und Volksliteratur. Beiträge des Wuppertaler Kolloquiums zu Ehren von Heinz Rölleke, Heidelberg 1999, S. 49–70.

BLUHM, LOTHAR, Grimm-Philologie. Beiträge zur Märchenforschung und Wissenschaftsgeschichte, Hildesheim u. a. 1995.

BLUHM, LOTHAR / RÖLLEKE, HEINZ, ›Redensarten des Volks auf die ich immer horche‹. Märchen – Sprichwort – Redensart, Zur volkspoetischen Ausgestaltung der Kinder- und Hausmärchen durch die Brüder Grimm, Neue Ausgabe Stuttgart / Leipzig 1997.

BÖCKENFÖRDE, ERNST-WOLFGANG, Die Historische Rechtsschule und das Problem der Geschichtlichkeit des Rechts, in: DERS. u. a. (Hrsg.), Collegium Philosophicum. Studien, Joachim Ritter zum 60. Geburtstag, Basel 1965.

BÖCKMANN, PAUL, Die Welt der Sage bei den Brüdern Grimm, in: GRM 23 (1935), S. 81–104.

BOEHLICH, WALTER, Germanien oder Europa, in: FRANK FÜRBETH u. a. (Hrsg.), Zur Geschichte und Problematik der Nationalphilologien in Europa. 150 Jahre Erste Germanistenversammlung in Frankfurt am Main (1846–1996), Tübingen 1999, S. 287–294.

BOEHMER, GUSTAV, Grundlagen der bürgerlichen Rechtsordnung, Zweites Buch, Erste Abteilung: Dogmengeschichtliche Grundlagen des bürgerlichen Rechtes, Tübingen 1951.

Bohnert, Joachim, Über die Rechtslehre Georg Friedrich Puchtas (1798–1846), Karlsruhe 1975.

Bojić, Vera, Jacob Grimm und Vuk Karadžić. Ein Vergleich ihrer Sprachauffassungen und ihre Zusammenarbeit auf dem Gebiet der serbischen Grammatik, München 1977.

Bönisch, Brigitte u. a., Die Göttinger Sieben, in: Rolf Wilhelm Brednich (Hrsg.), Die Brüder Grimm in Göttingen 1929–1837, Göttingen 1986, S. 67–82.

Brednich, Rolf Wilhelm, Germanische Sinnbilder und ihre vermeintliche Kontinuität. Eine Bilanz, in: ders. / Heinz Schmitt (Hrsg.), Symbole. Zur Bedeutung der Zeichen in der Kultur, 30. Deutscher Volkskundekongreß in Karlsruhe vom 25. bis 29. September 1995, Münster u. a. 1997, S. 80–93.

Brie, Siegfried, Der Volksgeist bei Hegel und in der historischen Rechtsschule, Berlin / Leipzig 1909.

Burdach, Konrad, Die Wissenschaft von deutscher Sprache, Berlin / Leipzig 1934.

Busch, Jürgen, Das Germanenbild der deutschen Rechtsgeschichte. Zwischen Wissenschaft und Ideologie, Frankfurt am Main 2004.

Buschmann, Arno, Estor, Pütter, Hugo – Zur Vorgeschichte der Historischen Rechtsschule, in: Thomas Gergen (Hrsg.), Vielfalt und Einheit in der Rechtsgeschichte. Festgabe für Elmar Wadle zum 65. Geburtstag, Köln u. a. 2004, S. 75–101.

Buschmann, Arno, Ursprung und Grundlagen der geschichtlichen Rechtswissenschaft. Untersuchungen und Interpretationen zur Rechtslehre Gustav Hugos, Diss. jur. Münster 1963.

Busse, Wilhelm G., Jacob Grimms Konstruktion des Mittelalters, in: Peter Segl (Hrsg.), Mittelalter und Moderne. Entdeckung und Rekonstruktion der mittelalterlichen Welt, Kongreßakten des 6. Symposiums des Mediävistenverbandes in Bayreuth 1995, Sigmaringen 1997, S. 243–251.

Carlen, Louis, Der ›Goldfaden der Poesie‹ im Recht. Über Jacob Grimms Beziehungen zum Recht, in: ders., Sinnenfälliges Recht. Aufsätze zur Rechtsarchäologie und Rechtlichen Volkskunde, Hildesheim 1995, S. 307–311.

Coing, Helmut, Savigny und die deutsche Privatrechtswissenschaft, in: Ius Commune 8 (1979), S. 9–23.

Conrad, Hermann, Aus der Entstehungszeit der historischen Rechtsschule: Friedrich Carl von Savigny und Jacob Grimm, in: ZRG GA 65 (1947), S. 261–283.

Dane, Gesa, ›Zeter und Mordio‹. Vergewaltigung in Literatur und Recht, Göttingen 2005.

De Boor, Helmut, Gedenkrede auf Jacob Grimm aus Anlaß seines 100. Todestages, in: Beiträge zur Geschichte der deutschen Sprache und Literatur 86 (1964), S. 1–24.

Demandt, Alexander, Metaphern für Geschichte, Sprachbilder und Gleichnisse im historisch-politischen Denken, München 1978.

Denecke, Ludwig, Buchwidmungen an die Brüder Grimm, in: BGG 2 (1975), S. 287–304.

Denecke, Ludwig, Buchwidmungen an die Brüder Grimm, Zweite Sammlung, in: BGG 3 (1981), S. 457–470.

Denecke, Ludwig, Das Dynamische Konzept der Brüder Grimm, in: Jürgen Kühnel u. a. (Hrsg.), Mittelalter Rezeption. Gesammelte Vorträge des Salzburger Symposions ›Die Rezeption Mittelalterlicher Dichter und ihre Werke in Literatur, Bildender Kunst und Musik des 19. und 20. Jahrhunderts‹, Göppingen 1979, S. 63–79.

Denecke, Ludwig, Die Brüder Jacob und Wilhelm Grimm – zwei große Europäer, in: BGG 9 (1990), S. 1–9.

Denecke, Ludwig, Die Geltung der Brüder Jacob und Wilhelm Grimm in 200 Jahren, in: Stadt Hanau (Hrsg.), 200 Jahre Brüder Grimm, Reden zum Jubiläum, Hanau 1986, S. 5–24.

Denecke, Ludwig, Eine neue Philologie. Zum Briefwechsel Jacob Grimms mit W. F. H. Reinwald nebst einem Brief von Matthias Höfer an Jacob Grimm, in: BGG 2 (1975), S. 1–27.

Denecke, Ludwig, Jacob Grimm und sein Bruder Wilhelm, Stuttgart 1971.

Denecke, Ludwig, Mitgliedschaften der Brüder Grimm bei Akademien, wissenschaftlichen Gesellschaften und Vereinen, Ehrendoktorate und andere Auszeichnungen, in: BGG 3 (1981), S. 471–492.

Denecke, Ludwig, Wilhelm und Jacob Grimm gegen Friedrich Schmitthenner. Eine bisher unbekannte Rezension und ihre Zusammenhänge, in: BGG 7 (1987), S. 1–29.

Denecke, Ludwig / Charlotte Oberfeld, Die Bedeutung der ›Volkspoesie‹ bei Jacob und Wilhelm Grimm, in: dies. u. a. (Hrsg.), Brüder Grimm Volkslieder Kommentar 2, Marburg 1989, S. 1–23.

Denecke, Ludwig / Irmgard Teitge, Die Bibliothek der Brüder Grimm. Annotiertes Verzeichnis des festgestellten Bestandes, Weimar 1989.

Diederichsen, Uwe, Juristische Strukturen in den Kinder- und Hausmärchen der Brüder Grimm, Kassel 2008.

Dilcher, Gerhard, Germanisches Recht, in: HRG 2, 2. Aufl. (2012), Sp. 241–252.

Dilcher, Gerhard, Gierke, Otto von (1841–1921), in: HRG 2, 2. Aufl. (2012), Sp. 375–379.

Dilcher, Gerhard, Grimm, Jakob, in: Michael Stolleis (Hrsg.), Juristen. Ein biographisches Lexikon. Von der Antike bis zum 20. Jahrhundert, München 1995, S. 254–255.

Dilcher, Gerhard, Jacob Grimm als Jurist, in: Dieter Hennig / Bernhard Lauer (Hrsg.), Die Brüder Grimm. Dokumente ihres Lebens und Wirkens, Kassel 1985, S. 25–41.

Dilcher, Gerhard, Jacob Grimm als Jurist, in: JuS 1985, S. 931–936.

Dilcher, Gerhard / Kern, Bernd-Rüdiger, Die juristische Germanistik des 19. Jahrhunderts und die Fachtradition der Deutschen Rechtsgeschichte, in: ZRG GA 101 (1984), S. 1–46.

Dittmann, Friedrich, Der Begriff des Volksgeistes bei Hegel. Zugleich ein Beitrag zur Geschichte des Begriffs der Entwicklung im 19. Jahrhundert, Leipzig 1909.

Dölemeyer, Barbara, Jacob und Wilhelm Grimm – Beiträge zur Rechtswissenschaft und Rechtsgeschichte, in: Bernd Heidenreich / Ewald Grothe (Hrsg.), Kultur und Politik – Die Grimms, Frankfurt am Main 2003, S. 129–148.

Ebel, Else, Grimm, Jacob und Wilhelm, in: Heinrich Beck u. a. (Hrsg.), RGA, Bd. 13, 2. Aufl. Berlin / New York 1999, S. 40–45.

Ebel, Wilhelm, Gustav Hugo, Professor in Göttingen. Festrede zur Feier seines 200. Geburtstages am 23. November 1964, Göttingen 1964.

Ebel, Wilhelm, Jacob Grimm und die deutsche Rechtswissenschaft, Göttingen 1963.

Ebel, Wilhelm, ›Tausch ist edler als Kauf‹. Jacob Grimms Vorlesung über Deutsche Rechtsaltertümer, in: Sten Gagnér u. a. (Hrsg.), FS für Hermann Krause, Köln / Wien 1975, S. 210–224.

Ehret, Ramona, Gebrüder Grimm, in: Wolfgang Benz (Hrsg.), Handbuch des Antisemitismus. Judenfeindschaft in Geschichte und Gegenwart, 7 Bde., Bd. 2 / 1 (Personen A–K), Berlin 2009, S. 270–271.

Ehrismann, Otfried, Das Nibelungenlied in Deutschland. Studien zur Rezeption des Nibelungenlieds von der Mitte des 18. Jahrhunderts bis zum Ersten Weltkrieg, München 1975.

Ehrismann, Otfried, ›Die alten Menschen sind größer, reiner und heiliger gewesen als wir‹. Die Grimms, Schelling; vom Ursprung der Sprache und ihrem Verfall, in: LILI 1986, S. 29–57.

EHRISMANN, OTFRIED, Philologie der Natur, die Grimms, Schelling, die Nibelungen, in: BGG 5 (1985), S. 35–59.

EHRISMANN, OTFRIED, Vorwort, in: JACOB GRIMM / WILHELM GRIMM (Hrsg.), Altdeutsche Wälder, hrsg. von OTFRIED EHRISMANN, Hildesheim u. a. 1999, S. 5*–25*.

EHRISMANN, OTFRIED, Vorwort, in: JACOB GRIMM, Kl. Schr. 1, ND der 2. Aufl. 1879, Hildesheim u. a. 1991, S. 1*–34*.

EMMERICH, WOLFGANG, Germanistische Volkstumsideologie. Genese und Kritik der Volksforschung im Dritten Reich, Tübingen 1968.

ENGSTER, HERMANN, Germanisten und Germanen. Germanenideologie und Theoriebildung in der deutschen Germanistik und Nordistik von den Anfängen bis 1945 in exemplarischer Darstellung, Frankfurt am Main u. a. 1986.

ERB, RAINER / BERGMANN, WERNER, Die Nachtseite der Judenemanzipation. Der Widerstand gegen die Integration der Juden in Deutschland 1780–1860, Berlin 1989.

ERLER, ADALBERT, Fehr, Hans, in: HRG 1 (1971), Sp. 1093–1094.

ERLER, ADALBERT, Germanisten, in: HRG 1 (1971), Sp. 1582–1584.

ERLER, ADALBERT, Völkerkunde und Rechtsgeschichte. Ein Dank an Leo Frobenius, in: Paideuma 4 (1950), S. 39–50; ND in: ADOLF ELLEGARD JENSEN (Hrsg.), Myth, Mensch, Umwelt, New York 1978, S. 39–50.

FEHR, HANS, Die Rechtsstellung der Frau und der Kinder in den Weistümern, Jena 1912.

FEHR, HANS, Das Recht im Bündner Märchen, in: Zeitschrift für schweizerisches Recht 54 (1935), S. 219–239.

FEHR, HANS, Die Dichtung im Recht, Bern 1936.

FEHR, HANS, Eberhard Frh. v. Künßberg †, in: ZRG GA 62 (1942), S. XLIII–LVIII.

FEHR, HANS, Mein wissenschaftliches Lebenswerk, Bern 1945.

FEHR, HANS, Schweizerischer und deutscher Volksgeist in der Rechtsentwicklung, Frauenfeld / Leipzig 1926.

FELDMANN, ROLAND, Jacob Grimm und die Politik, Frankfurt am Main 1969.

FETSCHER, IRING, Hegel, Georg Wilhelm Friedrich, in: NDB 8 (1969), S. 207–222.

FIESEL, EVA, Die Sprachphilosophie der Deutschen Romantik, Tübingen 1927.

FIKENTSCHER, WOLFGANG, Methoden des Rechts in vergleichender Darstellung, Bd. 3: Mitteleuropäischer Rechtskreis, Tübingen 1976.

FINK, GONTHIER LOUIS, Von Winckelmann bis Herder. Die deutsche Klimatheorie in europäischer Perspektive, in: GERHARD SAUDER (Hrsg.), Johann Gottfried Herder 1744–1803, Hamburg 1987, S. 156–176.

FLIESS, WOLFGANG, Die Begriffe Germanisches Recht und Deutsches Recht bei den Rechtshistorikern des 19. und 20. Jahrhunderts, Freiburg 1968.

FRANZ, ECKHART G., Jacob Grimm in der Kasseler Zensurkommission (1816–1829), in: ZHG 75 / 76 (1964 / 65), S. 455–475.

FRANZ, GÜNTHER, Über Jakob Grimms Nationalgefühl, in: Festgabe dargebracht Harold Steinacker zur Vollendung des 80. Lebensjahrs, München 1955, S. 301–309.

FRIEMEL, BERTHOLD, Zu Jacob Grimms ›Silva de romances viejos‹, in: BGG 9 (1990), S. 51–88.

FRIEMEL, BERTHOLD u. a., Die Bibliothek der Brüder Grimm. Nachträge und Berichtigungen zum annotierten Verzeichnis, Zweite Folge, in: BGG 15 (2003), S. 100–118.

FRÜHWALD, WOLFGANG, ›Von der Poesie im Recht‹. Über die Brüder Grimm und die Rechtsauffassung der deutschen Romantik, in: NICHOLAS SAUL (Hrsg.), Die Deutsche Literarische Romantik und die Wissenschaften, München 1991, S. 282–305.

FUHRMANS, HORST, Schellings Philosophie der Weltalter: Schellings Philosophie in den Jahren 1806–1821. Zum Problem des Schellingschen Theismus, Düsseldorf 1954.

GANZ, PETER, Jacob Grimm's conception of German Studies. An inaugural Lecture delivered before the University of Oxford on 18 May 1973, Oxford 1973.

GARRÉ, ROY, Consuetudo. Das Gewohnheitsrecht in der Rechtsquellen- und Methodenlehre des späten ius commune in Italien (16.–18. Jahrhundert), Frankfurt am Main 2005.

GEPHART, WERNER, Recht als Kultur. Zur kultursoziologischen Analyse des Rechts, Frankfurt am Main 2006.

GERSTNER, HERMANN, Die Brüder Grimm. Biographie, Gerabronn / Crailsheim 1970.

GINSCHEL, GUNHILD, Der junge Jacob Grimm 1805–1819, Berlin 1967.

GINSCHEL, GUNHILD, Der Märchenstil Jacob Grimms, in: Deutsches Jahrbuch für Volkskunde 9 (1963), S. 131–168.

GINSCHEL, GUNHILD, Historisches und Romantisches bei Jacob Grimm, in: WERNER BAHNER u. a. (Hrsg.), Jacob und Wilhelm Grimm als Sprachwissenschaftler. Geschichtlichkeit und Aktualität ihres Wirkens (Zur Dialektik der Determinanten in der Geschichte der Sprachwissenschaft, II), Berlin 1985, S. 109–119.

GIPPER, HELMUT / SCHMITTER, PETER, Sprachwissenschaft und Sprachphilosophie im Zeitalter der Romantik. Ein Beitrag zur Historiographie der Linguistik, 2. Aufl. Tübingen 1985.

GRÄFE, THOMAS, Antisemitismus in Deutschland 1815–1918. Rezensionen – Forschungsüberblick – Bibliographie, 2. Aufl. Norderstedt 2010.

GROSSE, RUDOLF, Jacob Grimm. Recht und Rechtlichkeit, in: Wissenschaftliche Zeitschrift der Humboldt-Universität zu Berlin, Gesellschafts- und Sprachwissenschaftliche Reihe XIV (1965), S. 491–494.

GROSSMANN, ANDREAS, Art. Volksgeist, Volksseele, in: JOACHIM RITTER u. a. (Hrsg.), HWPh, Bd. 11, Darmstadt 2001, Sp. 1102–1107.

GRÜNERT, HORST, Vom heiligen Begriff der Freiheit – Jacob Grimm und die Revolution von 1848, in: BGG Sonderband 1987, S. 60–74.

GRUNEWALD, ECKHARD, Friedrich Heinrich von der Hagen 1780–1856. Ein Beitrag zur Frühgeschichte der Germanistik, Berlin / New York 1988.

GSCHLIESSER, OSWALD VON, Die nationale Einheitsbewegung in Deutschtirol im Jahre 1848, Innsbruck 1938.

GUBSER, MARTIN, Literarischer Antisemitismus. Untersuchungen zu Gustav Freytag und anderen bürgerlichen Schriftstellern des 19. Jahrhunderts, Göttingen 1998.

GUTHKE, KARL S., Papierkrieg und -frieden in Heidelberg. Kontroversen um Volksdichtung in den Heidelbergischen Jahrbüchern und ihrem Umkreis, in: FRIEDRICH STRACK (Hrsg.), 200 Jahre Heidelberger Romantik, Berlin / Heidelberg 2008, S. 441–467.

HABERMAS, JÜRGEN, Was ist ein Volk? Bemerkungen zum politischen Selbstverständnis der Geisteswissenschaften im Vormärz, am Beispiel der Germanistenversammlung von 1846, in: FRANK FÜRBETH u. a. (Hrsg.), Zur Geschichte und Problematik der Nationalphilologien in Europa. 150 Jahre Erste Germanistenversammlung in Frankfurt am Main (1846–1996), Tübingen 1999, S. 23–39.

HAFERKAMP, HANS-PETER, Christentum und Privatrecht bei Moritz August von Bethmann-Hollweg, in: JENS EISFELD u. a. (Hrsg.), Naturrecht und Staat in der Neuzeit. Diethelm Klippel zum 70. Geburtstag, Tübingen 2013, S. 519–541.

HAFERKAMP, HANS-PETER, Die Bedeutung der Willensfreiheit für die Historische Rechtsschule, in: ERNST-JOACHIM LAMPE u. a. (Hrsg.), Willensfreiheit und rechtliche Ordnung, Frankfurt am Main 2008, S. 196–225.

HAFERKAMP, HANS-PETER, Die Historische Rechtsschule, Frankfurt am Main 2018.

HAFERKAMP, HANS-PETER, Einflüsse der Erweckungsbewegung auf die ›historisch-christliche‹ Rechtsschule zwischen 1815 und 1848, in: PASCALE CANCIK u. a. (Hrsg.), Konfession im Recht. Auf der Suche nach konfessionell geprägten Denkmustern und Argumentationsstrategien in Recht und Rechtswissenschaft des 19. und 20. Jahrhunderts, Frankfurt am Main 2009, S. 71–93.

HAFERKAMP, HANS-PETER, Georg Friedrich Puchta und die ›Begriffsjurisprudenz‹, Frankfurt am Main 2004.

HAFERKAMP, HANS-PETER, Gustav Hugo zum 250. Geburtstag, in: ZEuP 23 (2015), S. 105–126.

HAFERKAMP, HANS-PETER, Historische Rechtsschule, in: Enzyklopädie der Neuzeit, Bd. 5, Stuttgart / Weimar 2007, Sp. 498–504.

HAFERKAMP, HANS-PETER, Naturrecht und Historische Rechtsschule, in: MATTHIAS ARMGARDT / TILMAN REPGEN (Hrsg.), Naturrecht in Antike und früher Neuzeit. Symposion aus Anlass des 75. Geburtstages von Klaus Luig, Tübingen 2014, S. 61–95.

HAFERKAMP, HANS-PETER, Rez. Horst Heinrich Jakobs, Georg Friedrich Puchta. Briefe an Gustav Hugo, in: ZRG GA 127 (2010), S. 762–774.

HAGEMANN, HANS RUDOLF, Grundeigentum, in: HEINRICH BECK u. a. (Hrsg.), RGA, Bd. 13, 2. Aufl. Berlin / New York 1999, S. 103–110.

HALUB, MAREK, ›Die Menschen sind nicht gleich‹. Über die Auseinandersetzung Jacob Grimms mit der Devise ›liberté, égalité, fraternité‹, in: BGG 10 (1993), S. 82–87.

HAMANN, HERMANN, Die literarischen Vorlagen der Kinder- und Hausmärchen und ihre Bearbeitung durch die Brüder Grimm, Berlin 1906.

HAMMERICH, LOUIS L., Jakob Grimm und sein Werk, in: BGG 1 (1963), S. 1–21.

HAMPE, ARNON, Nationalismus, in: WOLFGANG BENZ (Hrsg.), Handbuch des Antisemitismus. Judenfeindschaft in Geschichte und Gegenwart, Bd. 3: Begriffe, Theorien, Ideologien, Berlin / New York 2010, S. 220–223.

HANNES, FRANK, Puchta als Kirchenrechtler, Diss. jur. Bonn 1995.

HANSEN, WILHELM, Die Brüder Grimm in Berlin, in: BGG 1 (1963), S. 227–307.

HARDER, HANS-BERND, Jacob Grimm und die Böhmen, in: BGG 4 (1984), S. 99–113.

HAß-ZUMKEHR, ULRIKE, Daniel Sanders: Aufgeklärte Germanistik im 19. Jahrhundert, Berlin / New York 1995.

HAß-ZUMKEHR, ULRIKE, Deutsche Wörterbücher – Brennpunkt von Sprach- und Kulturgeschichte, Berlin / New York 2001.

HATTENHAUER, HANS, Thibaut und Savigny. Ihre programmatischen Schriften, München 1973.

HEIDENREICH, BERND, Die Grimms und ihre Bedeutung für Kultur und Politik der Deutschen, in: DERS. / EWALD GROTHE (Hrsg.), Kultur und Politik – Die Grimms, Frankfurt am Main 2003, S. 11–14.

HEIDLER, IRMGARD, Der Verleger Eugen Diederichs und seine Welt (1896–1930), Wiesbaden 1998.

HEIL, JOHANNES, ›Antijudaismus‹ und ›Antisemitismus‹. Begriffe als Bedeutungsträger, in: Jahrbuch für Antisemitismusforschung 6 (1997), S. 92–114.

HEILFURTH, GERHARD, Victor Aimé Huber und die Brüder Grimm auf dem Hintergrund der lebens- und zeitgeschichtlichen Zusammenhänge, in: BGG 6 (1986), S. 87–134.

HEIZMANN, BERTOLD, Ursprünglichkeit und Reflexion. Die poetische Ästhetik des jungen Herder im Zusammenhang der Geschichtsphilosophie und Anthropologie des 18. Jahrhunderts, Frankfurt am Main 1981.

HENNE, HELMUT, ›Mein bruder ist in einigen dingen [...] abgewichen‹. Wilhelm Grimms Wörterbucharbeit, in: BGG 6 (1986), S. 1–12.

HENNIG, DIETER / BERNHARD LAUER (Hrsg.), Die Brüder Grimm. Dokumente ihres Lebens und Wirkens, Kassel 1985.

HERMSDORF, KLAUS, Über die Beziehungen zwischen Rechtswissenschaft und Germanistik. Recht und Sprache – Anmerkungen zu Jacob Grimm, in: KARL MOLLNAU (Hrsg.), Einheit von Geschichte, System und Kritik in der Staats- und Rechtstheorie. Geburtstagskolloquium für Karl-Heinz Schöneburg, Teil 1, Berlin 1989, S. 101–107.

HERRLICH, MARIA, Organismuskonzept und Sprachgeschichtsschreibung. Die ›Geschichte der deutschen Sprache‹ von Jacob Grimm, Zürich / New York 1998.

HEYER, KARL, Wer ist der deutsche Volksgeist?, Basel 1990.

HIPPEL, FRITZ VON, Gustav Hugos juristischer Arbeitsplan. Ein Beitrag zur Wiedergewinnung juristischer Arbeitseinheit, Berlin 1931.

HÖCK, ALFRED, Die Brüder Grimm als Studenten in Marburg, in: Hessische Blätter für Volkskunde 54 (1963), S. 67–96.

HOFE, GERHARD VOM, Der Volksgedanke in der Heidelberger Romantik und seine ideengeschichtlichen Voraussetzungen in der deutschen Literatur seit Herder, in: FRIEDRICH STRACK (Hrsg.), Heidelberg im säkularen Umbruch. Traditionsbewußtsein und Kulturpolitik um 1800, Stuttgart 1987, S. 225–251.

HOFER, SYBILLE, Freiheit ohne Grenzen? Privatrechtstheoretische Diskussionen im 19. Jahrhundert, Tübingen 2001.

HOFFMANN, LUTZ, Das deutsche Volk und seine Feinde. Die völkische Droge – Aktualität und Entstehungsgeschichte, Köln 1994.

HOLLERBACH, ALEXANDER, Der Rechtsgedanke bei Schelling. Quellenstudien zu seiner Rechts- und Staatsphilosophie, Frankfurt am Main 1957.

HOLLERBACH, ALEXANDER, Ihering, Rudolf von, in: NDB 10 (1974), S. 123–124.

HÖPPNER, WOLFGANG, Die Brüder Grimm und Heinrich von Kleist, in: Zeitschrift für Germanistik XI (2001), S. 550–561.

HORTZITZ, NICOLINE, ›Früh-Antisemitismus‹ in Deutschland (1789–1871 / 72). Strukturelle Untersuchungen zu Wortschatz, Text und Argumentation, Tübingen 1988.

HUBER, ERNST RUDOLF, Deutsche Verfassungsgeschichte seit 1789, Bd. II: Der Kampf um Einheit und Freiheit 1830 bis 1850, Stuttgart 1960.

HUSSONG, ULRICH, Jacob Grimm und der Wiener Kongreß. Mit einem Anhang größtenteils unveröffentlichter Dokumente, Kassel 2002.

JÄGER, HANS-WOLF, Herder, Johann Gottfried, in: NDB 8 (1969), S. 595–603.

JAKOBS, HORST HEINRICH, Die Begründung der geschichtlichen Rechtswissenschaft, Paderborn u. a. 1992.

JAKOBS, HORST HEINRICH, Wissenschaft und Gesetzgebung im bürgerlichen Recht nach der Rechtsquellenlehre des 19. Jahrhunderts, Paderborn u. a. 1983.

JANTZEN, JÖRG, Schelling, Friedrich Wilhelm Joseph Ritter von, in: NDB 22 (2005), S. 652–655.

JENDREIEK, HELMUT, Hegel und Jacob Grimm. Ein Beitrag zur Geschichte der Wissenschaftstheorie, Berlin 1975.

JENSEN, UFFA, Gebildete Doppelgänger. Bürgerliche Juden und Protestanten im 19. Jahrhundert, Göttingen 2005.

JESSEN, JENS CHRISTIAN, Das Recht in den Kinder- und Hausmärchen der Brüder Grimm, Diss. jur. Kiel 1979.

JOHN, JOHANNES, Schlegel, August Wilhelm von, in: NDB 23 (2007), S. 38–40.

KADEL, HERBERT, Ein Gedicht Wilhelm Grimms an Friedrich Carl von Savigny aus dem Jahre 1803, in: BGG 7 (1987), S. 203–216.

KAMP, NORBERT, Von der Göttinger Protestation zur Frankfurter Paulskirche. Jacob Grimm und die Versuchung der Politik, in: BERNHARD LAUER (Hrsg.), Die Brüder Grimm und die Geisteswissenschaften heute. Ein wissenschaftliches Symposion der Brüder Grimm-Gesellschaft e.V. in der Paulinerkirche zu Göttingen am 21. und 22. November 1997, Kassel 1999, S. 125–140.

KAMPLING, RAINER, Antijudaismus, in: WOLFGANG BENZ (Hrsg.), Handbuch des Antisemitismus. Judenfeindschaft in Geschichte und Gegenwart, Bd. 3: Begriffe, Theorien, Ideologien, Berlin / New York 2010, S. 10–15.

KANTOROWICZ, HERMANN U., Volksgeist und historische Rechtsschule, in: HZ 108 (1912), S. 295–325.

KAUFMANN, EKKEHARD, Sippe, in: HRG 4 (1990), Sp. 1668–1670.

KERN, BERND-RÜDIGER, Georg Beseler – Ein Leben für das deutsche Recht, in: JuS 1988, S. 598–601.

KERN, BERND-RÜDIGER, Georg Beseler. Leben und Werk, Berlin 1982.

KERN, BERND-RÜDIGER, Wilda, Wilhelm Eduard, in: HRG 5 (1998), Sp. 1415–1418.

KIEFNER, HANS, Das Rechtsverhältnis. Zu Savignys System des heutigen Römischen Rechts: Die Entstehungsgeschichte des § 52 über das ›Wesen der Rechtsverhältnisse‹, in: NORBERT HORN u. a. (Hrsg.), Europäisches Rechtsdenken in Geschichte und Gegenwart. Festschrift für Helmut Coing zum 70. Geburtstag, Bd. I, München 1982, S. 149–176.

KIRKNESS, ALAN, Geschichte des Deutschen Wörterbuchs 1838–1863. Dokumente zu den Lexikographen Grimm, Stuttgart 1980.

KLAUSNITZER, RALF, ›Verschwörung der Gelehrten‹? Die Brüder Grimm und die Romantik, in: Zeitschrift für Germanistik XI (2001), S. 513–537.

KLEINZ, ANGELIKA, Individuum und Gemeinschaft in der juristischen Germanistik. Die Geschworenengerichte und das ›gesunde Volksempfinden‹, Heidelberg 2001.

KLENNER, HERMANN, Deutsche Rechtsphilosophie im 19. Jahrhundert. Essays, Berlin 1991.

KLINGELHÖFER, JOHANNES GOTTLIEB, Die Marburger Juristenfakultät im 19. Jahrhundert, Marburg / Lahn 1972.

KLIPPEL, DIETHELM, Das ›natürliche Privatrecht‹ im 19. Jahrhundert, in: DERS. (Hrsg.), Naturrecht im 19. Jahrhundert. Kontinuität – Inhalt – Funktion – Wirkung, Goldbach 1997, S. 221–250.

KLOCKENBRING, GERARD, Auf der Suche nach dem deutschen Volksgeist, Stuttgart 1989.

KÖBLER, GERHARD, Das Recht im frühen Mittelalter. Untersuchungen zu Herkunft und Inhalt frühmittelalterlicher Rechtsbegriffe im deutschen Sprachgebiet, Köln 1971.

KÖBLER, GERHARD, Von dem Stabreim im deutschen Recht, in: KARL KROESCHELL (Hrsg.), FS für Hans Thieme zu seinem 80. Geburtstag, Sigmaringen 1986, S. 21–36.

KOLB, HERBERT, Karl Marx und Jacob Grimm, in: Archiv für das Studium der Neueren Sprachen und Literaturen 121 (1970), S. 96–114.

KÖNIGSEDER, ANGELIKA, Antisemitismusforschung, in: WOLFGANG BENZ (Hrsg.), Handbuch des Antisemitismus. Judenfeindschaft in Geschichte und Gegenwart, Bd. 3: Begriffe, Theorien, Ideologien, Berlin / New York 2010, S. 16–21.

KÖRNER, JOSEF, Nibelungenforschungen der deutschen Romantik, Leipzig 1911.

KÖRTE, MONA, »Juden und deutsche Literatur«. Die Erzeugungsregeln von Grenzziehungen in der Germanistik, in: DIES. / WERNER BERGMANN (Hrsg.), Antisemitismusforschung in den Wissenschaften, Berlin 2004, S. 353–374.

KOSCHAKER, PAUL, Europa und das römische Recht, München / Berlin 1947.

KOSELLECK, REINHART, Volk, Nation, Nationalismus, Masse, in: OTTO BRUNNER u. a. (Hrsg.), Geschichtliche Grundbegriffe. Historisches Lexikon zur politisch-sozialen Sprache in Deutschland, Bd. 7, Stuttgart 1992, S. 141–151.

KRAPF, VERONIKA, Sprache als Organismus. Metaphern – Ein Schlüssel zu Jacob Grimms Sprachauffassung, Kassel 1993.

KRAUS, HANS-CHRISTOF, Jacob Grimm – Wissenschaft und Politik, in: BERND HEIDENREICH / EWALD GROTHE (Hrsg.), Kultur und Politik – Die Grimms, Frankfurt am Main 2003, S. 149–178.

KRAUSE, FRIEDHILDE, Geleitwort, in: LUDWIG DENECKE / IRMGARD TEITGE (Hrsg.), Die Bibliothek der Brüder Grimm. Annotiertes Verzeichnis des festgestellten Bestandes, Weimar 1989, S. 7–8.

KROESCHELL, KARL, Das Germanische Recht als Forschungsproblem, in: DERS. (Hrsg.), FS für Hans Thieme zu seinem 80. Geburtstag, Sigmaringen 1986, S. 3–19.

KROESCHELL, KARL, Deutsche Rechtsgeschichte, Bd. 1, 12. Aufl. Köln/Weimar/ Wien 2005.

KROESCHELL, KARL, Die Germania in der deutschen Rechts- und Verfassungsgeschichte, in: DERS., Studien zum frühen und mittelalterlichen deutschen Recht, Berlin 1995, S. 89–110.

KROESCHELL, KARL, Die Sippe im germanischen Recht, in: DERS., Studien zum frühen und mittelalterlichen deutschen Recht, Berlin 1995, S. 13–34.

KROESCHELL, KARL, Söhne und Töchter im germanischen Erbrecht, in: DERS., Studien zum frühen und mittelalterlichen deutschen Recht, Berlin 1995, S. 35–64.

KROESCHELL, KARL, Zur Lehre vom »germanischen« Eigentumsbegriff, in: DERS., Studien zum frühen und mittelalterlichen deutschen Recht, Berlin 1995, S. 211–252.

KÜCK, HANS, Die »Göttinger Sieben«. Ihre Protestation und ihre Entlassung im Jahre 1837, Berlin 1934.

KÜNßBERG, EBERHARD FREIHERR VON, Deutsche Bauernweistümer, Jena 1926.

KÜNßBERG, EBERHARD FREIHERR VON, Die deutsche Rechtssprache, in: Zeitschrift für Deutschkunde 44 (1930), S. 379–389.

KÜNßBERG, EBERHARD FREIHERR VON, Rechtsgeschichte und Volkskunde. Bearbeitet von PAVLOS TZERMIAS, Köln 1965.

LAEVERENZ, JUDITH, Märchen als rechtsgeschichtliche Quellen?, in: HARLINDA LOX u. a. (Hrsg.), Dunkle Mächte im Märchen und was sie bannt. Recht und Gerechtigkeit im Märchen, Forschungsbeiträge aus der Welt der Märchen, Krummwisch 2007, S. 254–295.

LAEVERENZ, JUDITH, Märchen und Recht. Eine Darstellung verschiedener Ansätze zur Erfassung des rechtlichen Gehalts der Märchen, Frankfurt am Main 2001.

LANDAU, PETER, Prinzipien germanischen Rechts als Grundlage nationalistischer und völkischer Ideologien, in: FRANK FÜRBETH u. a. (Hrsg.), Zur Geschichte und Problematik der Nationalphilologien in Europa. 150 Jahre Erste Germanisten-versammlung in Frankfurt am Main (1846–1996), Tübingen 1999, S. 327–341.

LANDAU, PETER, Puchta, Georg Friedrich, in: NDB 20 (2001), S. 757–759.

LANG-HINRICHSEN, DIETRICH, Beseler, Georg Karl Christoph, in: NDB 2 (1955), S. 174–175.

LAQUEUR, WALTER, The changing face of antisemitism. From ancient times to the present day, New York 2006.

LAUFS, ADOLF, Eberhard Freiherr von Künßberg, in: NDB 13 (1982), S. 226–227.

LAUFS, ADOLF, Rechtsentwicklungen in Deutschland, 4. Aufl. Berlin/New York 1991.

LEITINGER, DORIS, Die Wirkung von Jacob Grimm auf die Slaven, insbesondere auf die Russen, in: BGG 2 (1975), S. 66–130.

LICHTENSTEIN, ERNST, Die Idee der Naturpoesie bei den Brüdern Grimm und ihr Verhältnis zu Herder, in: DVJS 6 (1928), S. 513–547.

LIEBERWIRTH, ROLF, Fehr, Hans (1874–1961), in: HRG 1, 2. Aufl. (2008), Sp. 1525–1526.

LIEBERWIRTH, ROLF, Heineccius, Johann Gottlieb, in: NDB 8 (1969), S. 296–297.

LIEBRECHT, JOHANNES, Brunners Wissenschaft, Heinrich Brunner (1840–1915) im Spiegel seiner Rechtsgeschichte, Frankfurt am Main 2014.

LIERMANN, HANS, Amira, Karl Konrad Ferdinand Maria von, in: NDB 1 (1953), S. 249.

LÖCHTE, ANNE, Johann Gottfried Herder. Kulturtheorie und Humanitätsidee der Ideen, Humanitätsbriefe und Andrastea, Würzburg 2005.

LUIG, KLAUS, Hugo, Gustav, in: NDB 10 (1974), S. 26–27.

LUIG, KLAUS, Die Anfänge der Wissenschaft vom deutschen Privatrecht, in: Ius Commune 1 (1967), S. 195–222.

LUIG, KLAUS, Die sozialethischen Werte des römischen und germanischen Rechts in der Privatrechtswissenschaft des 19. Jahrhunderts bei Grimm, Stahl, Kuntze und

Gierke, in: GERHARD KÖBLER (Hrsg.), Wege europäischer Rechtsgeschichte. Karl Kroeschell zum 60. Geburtstag, Frankfurt am Main u. a. 1987, S. 281–307.

LUIG, KLAUS, Hugo, Gustav, in: NDB 10 (1974), S. 26–27.

LUIG, KLAUS, Römische und germanische Rechtsanschauung, individualistische und soziale Ordnung, in: JOACHIM RÜCKERT / DIETMAR WILLOWEIT (Hrsg.), Die Deutsche Rechtsgeschichte in der NS-Zeit, Tübingen 1995, S. 95–137.

MAGON, LEOPOLD, Jacob Grimm – Leistung und Vermächtnis, Berlin 1963.

MÄHRLEIN, CHRISTOPH, Volksgeist und Recht. Hegels Philosophie der Einheit und ihre Bedeutung in der Rechtswissenschaft, Würzburg 2000.

MARQUARD, ODO, Zur Funktion der Mythologiephilosophie bei Schelling, in: MANFRED FUHRMANN (Hrsg.), Terror und Spiel. Probleme der Mythenrezeption, München 1971, S. 257–263.

MARTUS, STEFFEN, Die Brüder Grimm. Eine Biographie, Berlin 2009.

MAUNTEL, CHRISTOPH, Carl Georg von Wächter (1797–1880), Rechtswissenschaft im Frühkonstitutionalismus, Paderborn u. a. 2004.

MAZZACANE, ALDO, Jurisprudenz als Wissenschaft, in: FRIEDRICH CARL VON SAVIGNY, Vorlesungen über juristische Methodologie 1802–1842, hrsg. von ALDO MAZZACANE, Frankfurt am Main 2004, S. 1–55.

MECKE, CHRISTOPH-ERIC, Begriff und System des Rechts bei Georg Friedrich Puchta, Göttingen 2009.

MEINECKE, FRIEDRICH, Die Entstehung des Historismus, München 1959.

MEINECKE, FRIEDRICH, Weltbürgertum und Nationalstaat. Studien zur Genesis des deutschen Nationalstaats, 2. Aufl. München / Berlin 1911.

METZGER, WILHELM, Gesellschaft, Recht und Staat in der Ethik des deutschen Idealismus, Heidelberg 1917.

MEVES, UWE, Jacob Grimms Stellungnahmen zum Altdeutschen im Unterricht, in: BGG 5 (1985), S. 83–93.

MICHAELIS, KARL, Carl Friedrich Eichhorn (1781–1854). Ein Rechtshistoriker zwischen Revolution und Restauration, in: FRITZ LOOS (Hrsg.), Rechtswissenschaft in Göttingen. Göttinger Juristen aus 250 Jahren, Göttingen 1987, S. 166–189.

MOELLER, ERNST VON, Die Entstehung des Dogmas von dem Ursprung des Rechts aus dem Volkgeist, in: MIÖG 30 (1909), S. 1–50.

MOJAŠEVIĆ, MILJAN, Jacob Grimm und die Jugoslawen. Skizze und Stoff zu einer Studie, in: BGG 1 (1963), S. 333–365.

MOJAŠEVIĆ, MILJAN, Nochmals zu Jacob Grimms Übersetzungen serbokroatischer Volkslieder, in: BGG 2 (1975), S. 43–65.

MÜLLER, JÖRG JOCHEN, Die ersten Germanistentage, in: DERS. (Hrsg.), Germanistik und deutsche Nation 1806–1848, Stuttgart / Weimar 2000, S. 297–318.

MÜLLER, KLAUS, Ein psychoanalytischer Beitrag zu einer künftigen Biographie Jacob Grimms, in: GISELA GREVE (Hrsg.), Kunstbefragung. 30 Jahre psychoanalytische Werkinterpretation am Berliner Psychoanalytischen Institut, Tübingen 1996, S. 35–60.

MÜLLER, SENYA, Sprachwörterbücher im Nationalsozialismus. Die ideologische Beeinflussung von Duden, Sprach-Brockhaus und anderen Nachschlagewerken während des »Dritten Reichs«, Stuttgart 1994.

MÜNKLER, HERFRIED, Die Deutschen und ihre Mythen, Berlin 2010.

NEHLSEN, HERMANN, Karl von Amira (1848–1930). Ein Gelehrtenleben, in: PETER LANDAU u. a. (Hrsg.), Karl von Amira zum Gedächtnis, Frankfurt am Main 1999, S. 9–22.

NEHLSEN-VON STRYK, KARIN, Zum »Justizbegriff« der rechtshistorischen Germanistik, in: Ius Commune XVII (1990), S. 189–222.

NETZER, KATINKA, Die Brüder Grimm und die ersten Germanistenversammlungen, in: BERND HEIDENREICH / EWALD GROTHE (Hrsg.), Die Grimms – Kultur und Politik, 2. Aufl. Frankfurt am Main 2008.

NETZER, KATINKA, Wissenschaft aus nationaler Sehnsucht. Die Verhandlungen der Germanisten 1846 und 1847, Heidelberg 2006.

NIENHAUS, STEFAN, Vaterland und engeres Vaterland. Deutscher und preußischer Nationalismus in der Tischgesellschaft, in: HEINZ HÄRTL / HARTWIG SCHULTZ (Hrsg.), »Die Erfahrung anderer Länder«. Beiträge eines Wiepersdorfer Kolloquiums zu Achim und Bettina von Arnim, Berlin / New York 1994, S. 127–151.

NIGGL, GÜNTER, Geschichtsbewußtsein und Poesieverständnis bei den »Einsiedlern« und den Brüdern Grimm, in: FRIEDRICH STRACK (Hrsg.), Heidelberg im säkularen Umbruch, Traditionsbewußtsein und Kulturpolitik um 1800, Stuttgart 1987, S. 216–224.

NIPPERDEY, THOMAS, Deutsche Geschichte 1800–1866. Bürgerwelt und starker Staat, 6. durchgesehene Aufl. München 1993.

NIPPERDEY, THOMAS / REINHARD RÜRUP, Antisemitismus, in: OTTO BRUNNER u. a. (Hrsg.), Geschichtliche Grundbegriffe. Historisches Lexikon zur politisch-sozialen Sprache in Deutschland, Bd. 1, ND der Ausgabe von 1972, Stuttgart 1979, S. 129–153.

NÖRR, DIETER, Savigny, Friedrich Carl von, in: NDB 22 (2005), S. 470–473.

NÖRR, DIETER, Savignys philosophische Lehrjahre. Ein Versuch, Frankfurt am Main 1994.

NÖRR, KNUT WOLFGANG, Eher Hegel als Kant. Zum Privatrechtsverständnis im 19. Jahrhundert, Paderborn u. a. 1991.

OBERNDÖRFER, DIETER, Sprache und Nation, in: ZAR 2 / 2006, 26. Jahrgang, S. 41–49.

OGOREK, REGINA, Richterkönig oder Subsumtionsautomat? Zur Justiztheorie im 19. Jahrhundert, Frankfurt am Main 1986.

OGRIS, WERNER, Jacob Grimm, Ein politisches Gelehrtenleben, Graz 1990.

OGRIS, WERNER, Jacob Grimm und die Rechtsgeschichte, in: Jacob und Wilhelm Grimm. Vorträge und Ansprachen in den Veranstaltungen der Akademie der Wissenschaften und der Georg-August-Universität in Göttingen anläßlich der 200. Wiederkehr ihrer Geburtstage, am 24., 26. und 28 Juni 1985 in der Aula der Georg-August-Universität Göttingen, Göttingen 1986, S. 67–96.

PAUL, FRITZ, ›Aller Sage grund ist nun mythus‹. Religionswissenschaft und Mythologie im Werk der Brüder Grimm, in: DIETER HENNIG / BERNHARD LAUER (Hrsg.), Die Brüder Grimm. Dokumente ihres Lebens und Wirkens, Kassel 1986, S. 77–90.

PAULY, WALTER, Hegel, in: HRG 2, 2. Aufl. (2012), Sp. 861–865.

PÖTSCHKE, DIETER, Jacob Grimm als Historiker. Eine bisher unbekannte frühe Stellungnahme zu den Monumenta Germaniae Historica (MGH), in: BGG 10 (1993), S. 88–100.

PREISSLER, DIETMAR, Frühantisemitismus in der Freien Stadt Frankfurt und im Großherzogtum Hessen (1810 bis 1860), Heidelberg 1989.

PUNTSCHART, PAUL, Karl von Amira und sein Werk, Weimar 1932.

PUSCHNER, MARCO, Antisemitismus im Kontext der Politischen Romantik. Konstruktionen des »Deutschen« und des »Jüdischen« bei Arnim, Brentano und Saul Ascher, Tübingen 2008.

REGHABY, HEYDAR, Revolutionäre und konservative Aspekte in der Philosophie des Volksgeistes. Untersuchungen zu Rousseau, Herder, Burke und Hegel, Diss. phil. Berlin 1963.

REPGEN, TILMAN, Die soziale Aufgabe des Privatrechts. Eine Grundfrage in Wissenschaft und Kodifikation am Ende des 19. Jahrhunderts, Tübingen 2001.

REUBER, INGRID SIBYLLE, Der Kölner Mordfall Fonk von 1816. Das Schwurgericht und das königliche Bestätigungsrecht auf dem Prüfstand, Köln u. a. 2002.

ROHRBACHER, STEFAN, Gewalt im Biedermeier. Antijüdische Ausschreitungen in Vormärz und Revolution (1815–1848 / 49), Frankfurt am Main; New York, 1993.

RÖLLEKE, HEINZ, Die »Stockhessischen« Märchen der »Alten Marie«. Das Ende eines Mythos um die frühesten KHM-Aufzeichnungen der Brüder Grimm, in: GRM 25 N.F. (1975), S. 74–86.

RÖLLEKE, HEINZ, Die Brüder Grimm und das Recht, in: HARLINDA LOX u. a. (Hrsg.), Dunkle Mächte im Märchen und was sie bannt: Recht und Gerechtigkeit im Märchen. Forschungsbeiträge aus der Welt der Märchen, Krummwisch 2007, S. 109–127.

RÖLLEKE, HEINZ, Drei Bildnisse der Märchenvermittlerin Marie Hassenpflug, in: BGG 3 (1981), S. 146–148.

RÖLLEKE, HEINZ, Eine bislang nicht verzeichnete Variante zum Märchen vom Fischer und seiner Frau (KHM 19), in: BGG 9 (1990), S. 107–110.

RÖLLEKE, HEINZ, Es war einmal... Die wahren Märchen der Brüder Grimm und wer sie ihnen erzählte, Frankfurt am Main 2011.

RÖMER, RUTH, Sprachwissenschaft und Rassenideologie in Deutschland, München, 1985.

ROSENBERG, MATHIAS FREIHERR VON, Friedrich Carl von Savigny (1779–1861) im Urteil seiner Zeit, Frankfurt am Main 2000.

ROTHACKER, ERICH, Savigny, Grimm, Ranke. Ein Beitrag zur Frage nach dem Zusammenhang der Historischen Schule, in: HZ 128 (1923), S. 415–445.

RÖTHER, KLAUS, Die Germanistenverbände und ihre Tagungen. Ein Beitrag zur germanistischen Organisations- und Wissenschaftsgeschichte, Köln 1980.

RÜCKERT, JOACHIM, August Ludwig Reyschers Leben und Rechtstheorie 1802–1880, Berlin 1974.

RÜCKERT, JOACHIM, Das »gesunde Volksempfinden« – eine Erbschaft Savignys?, in: ZRG GA 103 (1986), S. 199–247.

RÜCKERT, JOACHIM, Idealismus, Jurisprudenz und Politik bei Friedrich Carl von Savigny, Ebelsbach 1984.

RÜCKERT, JOACHIM, Jurisprudenz und »wissenschaftliche Kritik« in den »Jahrbüchern für wissenschaftliche Kritik« (1827–1846), in: CHRISTOPH JAMME (Hrsg.), Die »Jahrbücher für wissenschaftliche Kritik«. Hegels Berliner Gegenakademie, Stuttgart-Bad Cannstatt 1994, S. 449–488.

SAAGE-MAAß, MIRIAM, Die Göttinger Sieben – demokratische Vorkämpfer oder nationale Helden? Zum Verhältnis von Geschichtsschreibung und Erinnerungskultur in der Rezeption des Hannoverschen Verfassungskonfliktes, Göttingen 2007.

SCHÄFER, FRANK L., Germanistik, in: HRG 2, 2. Aufl. (2012), Sp. 255–259.

SCHÄFER, FRANK L., Juristische Germanistik. Eine Geschichte der Wissenschaft vom einheimischen Privatrecht, Frankfurt am Main 2008.

SCHEDE, HANS-GEORG, Die Brüder Grimm. Biographie, Hanau 2009.

SCHENNACH, MARTIN P., Recht – Kultur – Geschichte, Rechtsgeschichte und Kulturgeschichte. Wissenschaftshistorische und methodische Annäherungen, in: ZNR 2014, S. 1–31.

SCHLAPS, CHRISTIANE, Das Konzept eines deutschen Sprachgeistes in der Geschichte der Sprachtheorie, in: ANDREAS GARDT (Hrsg.), Nation und Sprache. Die Diskussion ihres Verhältnisses in Geschichte und Gegenwart, Berlin / New York 2000, S. 303–347.

SCHMIDT, FRANZ, Hegels Philosophie der Sprache, in: Deutsche Zeitschrift für Philosophie 9 (1961), S. 1479–1485.

SCHMIDT, HARTMUT, ›Kein Deutscher darf einen Sclaven halten‹ – Jacob Grimm und Friedrich Wilhelm Carové, in: WERNER NEUMANN u. a. (Hrsg.), Bedeutungen und Ideen in Sprachen und Texten, Berlin 1987, S. 183–192.

SCHMIDT, HARTMUT, Die lebendige Sprache. Zur Entstehung des Organismuskonzepts, Berlin 1986.

SCHMIDT, LEOPOLD, Die Brüder Grimm und der Entwicklungsgang der österreichischen Volkskunde, in: BGG 1 (1963), S. 309–331.

SCHMIDT-WIEGAND, RUTH, Das sinnliche Element des Rechts. Jacob Grimms Sammlung und Beschreibung deutscher Rechtsaltertümer, in: BGG Sonderband 1987, S. 1–24.

SCHMIDT-WIEGAND, RUTH, Der Bruder und der Freund. Zum 200. Geburtstag von Wilhelm Grimm, Marburg 1988.

SCHMIDT-WIEGAND, RUTH, Einleitung, in: JACOB GRIMM, Deutsche Rechtsalterthümer 1, Forschungsausgabe, hrsg. von LUDWIG ERICH SCHMITT, Hildesheim u. a. 1992, S. 1*–46*.

SCHMIDT-WIEGAND, RUTH, Goldmine oder Steinbruch? Die ›Rechtsalterthümer‹ Jacob Grimms im Urteil unserer Zeit, in: HARTMUT KUGLER u. a. (Hrsg.), Jahrbuch der Brüder Grimm-Gesellschaft 1, Kassel 1991, S. 99–116.

SCHMIDT-WIEGAND, RUTH, Jacob Grimm und das genetische Prinzip in Rechtswissenschaft und Philologie, Marburg 1987.

SCHMIDT-WIEGAND, RUTH, Künßberg, Eberhard Frh. von, in: HRG 2 (1978), Sp. 1264–1267.

SCHMIDT-WIEGAND, RUTH, Mark und Allmende, Die ›Weisthümer‹ Jacob Grimms in ihrer Bedeutung für eine Geschichte der deutschen Rechtssprache, Marburg 1981.

SCHMIDT-WIEGAND, RUTH, Wörter und Sachen. Ein methodisches Prinzip bei Jacob Grimm und seine Bedeutung für Sprachwissenschaft und Rechtsgeschichte, in: BERNHARD LAUER (Hrsg.), Die Brüder Grimm und die Geisteswissenschaften heute. Ein wissenschaftliches Symposion der Brüder Grimm-Gesellschaft e. V. in der Paulinerkirche zu Göttingen am 21. und 22. November 1997, Kassel 1999, S. 43–67.

SCHMOECKEL, MATHIAS, Amira, Karl von, in: HRG 1, 2. Aufl. (2008), Sp. 200–202.

SCHÖNEMANN, BERND, Volk, Nation, Nationalismus, Masse, in: OTTO BRUNNER u. a. (Hrsg.), Geschichtliche Grundbegriffe. Historisches Lexikon zur politisch–sozialen Sprache in Deutschland, Bd. 7, Stuttgart 1992, S. 281–380.

SCHOOF, WILHELM, Die Brüder Grimm in Berlin (Berlinische Reminiszenzen 5), Berlin 1964.

SCHOOF, WILHELM, Ein Jude gegen Jakob Grimm, in: DWD 1942, S. 10–11.

SCHOOF, WILHELM, Volk und Rasse bei Jacob Grimm, in: Rasse 8 (1941), S. 265–268.

SCHOOF, WILHELM, »Was unsere Sprache redet, ist unseres Leibes und Blutes«. Jacob Grimm und die deutsche Sprache, in: DWD 1940, S. 5–6.

SCHOOF, WILHELM (Hrsg.), Jacob Grimm. Aus seinem Leben, Bonn 1961.

SCHORSCH, RENÉ, Eberhard Georg Otto Freiherr von Künßberg (1881–1941). Vom Wirken eines Rechtshistorikers, Frankfurt am Main 2010.

SCHRADI, MANFRED, Naturpoesie und Kunstpoesie. Ein Disput der Brüder Grimm mit Achim von Arnim, in: REINHARD GÖRISCH (Hrsg.), Perspektiven der Romantik. Beiträge des Marburger Kolloquiums zum 80. Geburtstag Erich Ruprechts, Bonn 1987, S. 50–62.

SCHRÖDER, JAN, Jacob Grimm, in: DERS./GERD KLEINHEYER (Hrsg.), Deutsche und Europäische Juristen aus neun Jahrhunderten. Eine biographische Einführung in die Geschichte der Rechtswissenschaft, 5. Aufl. Heidelberg 2008, S. 175–179.

SCHRÖDER, JAN, Recht als Wissenschaft. Geschichte der juristischen Methode vom Humanismus bis zur historischen Schule (1500–1850), München 2001.

SCHRÖDER, JAN, Savignys Spezialistendogma und die ›soziologische‹ Jurisprudenz, in: DERS., Rechtswissenschaft in der Neuzeit: Geschichte, Theorie und Methode.

Ausgewählte Aufsätze 1976–2009, hrsg. von Thomas Finkenauer, Tübingen 2010, S. 391–418.

Schröder, Jan, Wissenschaftstheorie und Lehre der ›praktischen Jurisprudenz‹ auf deutschen Universitäten an der Wende zum 19. Jahrhundert, Frankfurt am Main 1979.

Schröder, Jan, Zur Vorgeschichte der Volksgeistlehre. Gesetzgebungs- und Rechtsquellentheorie im 17. und 18. Jahrhundert, in: ZRG GA 109 (1992), S. 1–47.

Schroeder, Klaus-Peter, »Ich kann nur sagen, dass ich, was ich auch immer von ihm las, gern las«. Skizzen aus Leben und Werk Eberhard Freiherr von Künßbergs (1881–1941), in: Tiziana J. Chiusi u. a. (Hrsg.), Das Recht und seine historischen Grundlagen. Festschrift für Elmar Wadle zum 70. Geburtstag, Berlin 2008.

Schuler, Theo, Jacob Grimm und Savigny. Studien über Gemeinsamkeit und Abstand, in: ZRG GA 80 (1963), S. 197–305.

Schuller, Wolfgang, Zu den Quellenangaben bei Herodot und den Brüdern Grimm, in: Studia Antiqua et Archaeologica 9 (2003), S. 173–185.

Schuller, Wolfgang, Zwischen Volksgeist und Gesetzgebung. Friedrich Carl von Savigny, in: Annette M. Baertschi / Colin G. King (Hrsg.), Die modernen Väter der Antike. Die Entwicklung der Altertumswissenschaften an einer Akademie und Universität im Berlin des 19. Jahrhunderts, Berlin / New York 2009, S. 73–86.

Schulz, Walter, Freiheit und Gleichheit in Schellings Philosophie, in: F. W. J. Schelling, Philosophische Untersuchungen über das Wesen der menschlichen Freiheit und die damit zusammenhängenden Gegenstände, Frankfurt am Main 1975, S. 7–26.

Schürmann, Cornelia Maria, Iurisprudentia Symbolica. Rechtssymbolische Untersuchungen im 18. und 19. Jahrhundert, Hamburg 2011.

Schwerin, Claudius Freiherr von, Karl von Amira, in: ZRG GA 51 (1931), S. XI–XLV.

Scurla, Herbert, Die Brüder Grimm. Ein Lebensbild, 2. Aufl. Berlin 1986.

See, Klaus von, Deutsche Germanen-Ideologie. Vom Humanismus bis zur Gegenwart, Frankfurt am Main. 1970.

See, Klaus von, Die Göttinger Sieben. Kritik einer Legende. 3., erweiterte Aufl. Heidelberg 2000.

Seitz, Gabriele, Die Brüder Grimm. Leben – Werk – Zeit, München 1984.

Sellert, Wolfgang, Die Aufhebung des Staatsgrundgesetzes und die Entlassung der Göttinger Sieben, in: Edzard Blanke u. a., Die Göttinger Sieben. Ansprachen und Reden anläßlich der 150. Wiederkehr ihrer Protestation, Göttingen 1988, S. 23–45.

Sennewald, Jens E., Die Kunst Naturpoesie zu sammeln, in: BGG 15 (2003), S. 64–79.

Seybold, Steffen, Freiheit statt Knechtschaft. Jacob Grimms Antrag zur Paulskirchenverfassung, in: Der Staat 51 (2012), S. 215–231.

Shichiji, Yoshinori, Herders Sprachdenken und Goethes Bildlichkeit der Sprache, in: Gerhard Sauder (Hrsg.), Johann Gottfried Herder (1744–1802), Hamburg 1987, S. 194–201.

Shimizu, Akira, Philologie und Volk bei Jacob Grimm, in: Hitotsubashi Journal of Arts and Sciences 42 (2001), S. 31–40.

Siemann, Wolfram, Die Frankfurter Nationalversammlung 1848/49 zwischen demokratischem Liberalismus und konservativer Reform. Die Bedeutung der Juristendominanz in den Verfassungsverhandlungen des Paulskirchenparlaments, Frankfurt am Main 1976.

Sjöholm, Elsa, Rechtsgeschichte als Wissenschaft und Politik. Studien zur germanistischen Theorie des 19. Jahrhunderts, Berlin 1972.

Sloterdijk, Peter, Der starke Grund zusammen zu sein. Erinnerungen an die Erfindung des Volkes, Frankfurt am Main 1998.

SONDEREGGER, STEFAN, Die Sprache des Rechts im Germanischen, in: Schweizer Monatshefte 42 (1962/63), S. 259–271.

SØRENSEN, BENGT ALGOT, Die Anfänge der deutschen Germanistik – aus nordischer Sicht, in: FRANK FÜRBETH u. a. (Hrsg.), Zur Geschichte und Problematik der Nationalphilologien in Europa. 150 Jahre Erste Germanistenversammlung in Frankfurt am Main (1846–1996), Tübingen 1999, S. 169–180.

SPREU, ARWED, Jacob Grimm. Tradition, Innovation und Traditionsbruch, in: DERS. (Hrsg.), Internationale sprachwissenschaftliche Konferenz. Sprache, Mensch und Gesellschaft – Werk und Wirkungen von Wilhelm von Humboldt und Jacob und Wilhelm Grimm in Vergangenheit und Gegenwart, Teil I, Berlin 1986, S. 27–39.

SPRINGER, MATTHIAS, Volk, in: HEINRICH BECK u. a. (Hrsg.), RGA, Bd. 32, 2. Aufl. Berlin/New York 2006, S. 568–575.

SRBIK, HEINRICH RITTER VON, Geist und Geschichte vom Deutschen Humanismus bis zur Gegenwart, Bd. I, Salzburg 1950.

STEINER, RUDOLF, Die Mission einzelner Volksseelen im Zusammenhange mit der germanisch-nordischen Mythologie. Ein Zyklus aus elf Vorträgen gehalten in Kristiana (Oslo) vom 7. bis 17. Juni 1910, 5. Aufl. Dornach 1982.

STERN, LEO, Der geistige und politische Standort von Jacob Grimm in der Deutschen Geschichte, Berlin 1963.

STOLLEIS, MICHAEL, Geschichte des öffentlichen Rechts in Deutschland. Zweiter Bd.: Staatsrechtslehre und Verwaltungswissenschaft 1800–1914, München 1992.

STOROST, JÜRGEN, Jacob Grimm und die Schleswig-Holstein-Frage: Zu den Kontroversen von 1850, in: BGG 8 (1988), S. 64–80.

STOROST, JÜRGEN, Zur Grimm-Rezeption im Frankreich des 19. Jahrhunderts, in: BGG 9 (1990), S. 111–130.

STRAUCH, DIETER, Friedrich Carl von Savigny als Quellenforscher, in: DERS., Kleine rechtsgeschichtliche Schriften. Aufsätze 1965–1997, Köln 1998, S. 38–59.

STRAUCH, DIETER, Recht, Gesetz und Staat bei Friedrich Carl von Savigny, Bonn 1959.

STRIPPEL, JUTTA, Zum Verhältnis von Deutscher Rechtsgeschichte und Deutscher Philologie, in: JÖRG JOCHEN MÜLLER (Hrsg.), Germanistik und deutsche Nation 1806–1848, Stuttgart/Weimar 2000, S. 113–166.

STÜHLER, HANS-ULRICH, Die Diskussion um die Erneuerung der Rechtswissenschaft von 1780–1815, Berlin 1978.

STUTZ, ULRICH, Richard Schröder, in: ZRG GA 38 (1917), S. VII–LVIII.

TATAR, MARIA, The Hard Facts of the Grimms' Fairy Tales, 2. Aufl. Princeton 1987.

THADDEN, RUDOLF VON, Die Göttinger Sieben, ihre Universität und der Verfassungskonflikt von 1837, Hannover 1987.

THIEME, HANS, Der junge Savigny, in: Deutsche Rechtswissenschaft 7 (1942), S. 53–64.

THIEME, HANS, Savigny und das Deutsche Recht, in: ZRG GA 80 (1963), S. 1–26.

THIER, ANDREAS, Heilsgeschichte und naturrechtliche Ordnung: Naturrecht vor und nach dem Sündenfall, in: MATTHIAS ARMGARDT/TILMAN REPGEN (Hrsg.), Naturrecht in Antike und früher Neuzeit. Symposion aus Anlass des 75. Geburtstages von Klaus Luig, Tübingen 2014, S. 151–172.

THIER, ANDREAS, Schroeder, Richard Carl Heinrich, in: NDB 23 (2007), S. 572–574.

THIER, ANDREAS, Zwischen Historismus und Positivismus. Das rechtsgeschichtliche Methodenprogramm des Karl von Amira, in: PETER LANDAU u. a. (Hrsg.), Karl von Amira zum Gedächtnis, Frankfurt am Main 1999, S. 29–49.

THIESSEN, JAN, Otto von Gierke (1841–1921). Rechtsgeschichte, Privatrecht und Genossenschaft in Briefen und Postkarten, in: STEFAN GRUNDMANN u. a. (Hrsg.), Festschrift 200 Jahre Juristische Fakultät der Humboldt-Universität zu Berlin, Berlin/New York 2010, S. 343–369.

TOEWS, JOHN EDWARD, Becoming Historical. Cultural Reformation and Public Memory in Early Nineteenth-Century Berlin, Cambridge 2004.

TRABANT, JÜRGEN, Europäisches Sprachdenken. Von Platon bis Wittgenstein, München 2003.

TROELTSCH, ERNST, Der Historismus und seine Probleme. Erstes Buch: Das logische Problem der Geschichtsphilosophie, Tübingen 1922 (Gesammelte Schriften von Ernst Troeltsch, Bd. 3, Tübingen 1922).

TROJAN, ERNST-JÜRGEN, Über Justus Möser, Johann Gottfried Herder und Gustav Hugo zur Grundlegung der Historischen Rechtsschule. Eine geisteswissenschaftliche Abhandlung, Diss. jur. Bonn 1971.

ULMER, KARL, Die Wandlung des Sprachbildes von Herder zu Jacob Grimm, in: Lexis II (1949), S. 263–286.

VANO, CRISTINA, Der Gaius der Historischen Rechtsschule. Eine Geschichte der Wissenschaft vom römischen Recht, Frankfurt am Main 2008.

VIAN, DIEGO, Nazionalismo e speculazione linguistica nel romanticismo tedesco, in: Annali di Ca' Foscari 39 (2000), S. 373–390.

VOGEL, PETER, Jacob Grimm und die Deutsche Nationalversammlung 1848, in: HANS-BERND HARDER u. a. (Hrsg.), 200 Jahre Brüder Grimm. Die Brüder Grimm in ihrer amtlichen und politischen Tätigkeit, Bd. 3, Teil 2, Marburg 1989, S. 33–44.

VONESSEN, HEDWIG, Friedrich Karl von Savigny und Jacob Grimm, München 1958.

WALZEL, OSKAR, Jenaer und Heidelberger Romantik über Natur- und Kunstpoesie, in: Deutsche Vierteljahrsschrift für Literaturwissenschaft und Geistesgeschichte 14 (1936), S. 325–360.

WEBLER, MEIKE, Leben und Werk des Heidelberger Rechtslehrers Richard Carl Heinrich Schroeder (1838–1917). Ein Rechtshistoriker an der Schwelle vom 19. zum 20. Jahrhundert, Berlin 2005.

WEGENER, WILHELM, Jacob Grimm und Welschtirol in der Nationalversammlung in Frankfurt a. M. 1848, in: BGG 8 (1988), S. 48–63.

WEHLER, HANS-ULRICH, Nationalismus und Nation in der deutschen Geschichte, in: HELMUT BERDING (Hrsg.), Nationales Bewusstsein und kollektive Identität. Studien zur Entwicklung des kollektiven Bewusstseins in der Neuzeit, Bd. 2, Frankfurt am Main 1994, S. 163–175.

WEIGAND, KARL, Vortrag über Jacob Grimm in der Gesellschaft für Wissenschaft und Kunst zu Gießen am 27. November 1863, in: ALAN KIRKNESS (Hrsg.), Briefwechsel der Brüder Jacob und Wilhelm Grimm mit Rudolf Hildebrand, Matthias Lexer und Karl Weigand, hrsg. unter Mitarbeit von SIMON GILMOUR, Stuttgart 2010, S. 472–481.

WELKER, K.H.L., Volksgeist, in: HRG 5 (1998), Sp. 986–990.

WERKMÜLLER, DIETER, Die Weistümer: Begriff und Forschungsauftrag, in: REINER HILDEBRANDT/ULRICH KNOOP (Hrsg.), Brüder-Grimm-Symposion zur Historischen Wortforschung. Beiträge zu der Marburger Tagung vom Juni 1985, Berlin/New York 1986, S. 103–112.

WERKMÜLLER, DIETER, Rechtsaltertümer, in: HEINRICH BECK u. a. (Hrsg.), RGA, Bd. 24, 2. Aufl. Berlin/New York 2003, S. 237–240.

WERKMÜLLER, DIETER, Über Aufkommen und Verbreitung der Weistümer. Nach der Sammlung von Jacob Grimm, Berlin 1972.

WERKMÜLLER, DIETER, Weistümer, in: HRG 5 (1998), Sp. 1239–1252.

WESTPHALEN, LUDGER GRAF VON, Geschichte des Antisemitismus in Deutschland im 19. und 20. Jahrhundert, Stuttgart 1971.

WIEACKER, FRANZ, Gründer und Bewahrer. Rechtslehrer der neueren deutschen Privatrechtsgeschichte, Göttingen 1959.

WIEACKER, FRANZ, Privatrechtsgeschichte der Neuzeit unter besonderer Berücksichtigung der deutschen Entwicklung, 2. ND der 2. Aufl. von 1967, Göttingen 1996.

WILAMOWITZ-MOELLENDORFF, ULRICH VON, Erinnerungen 1948–1914, 2. Aufl. Leipzig 1928.

WILLOWEIT, DIETMAR, Freiheit in der Volksgemeinde. Geschichtliche Aspekte des Freiheitsbegriffs in der deutschen rechtshistorischen und historischen Forschung des 19. und 20. Jahrhunderts, in: DERS. / JOACHIM RÜCKERT (Hrsg.), Die Deutsche Rechtsgeschichte in der NS-Zeit. Ihre Vorgeschichte und ihre Nachwirkungen, Tübingen 1995, S. 301–322.

WIWJORRA, INGO, Der Germanenmythos. Konstruktion einer Weltanschauung in der Altertumsforschung des 19. Jahrhunderts, Darmstadt 2006.

WÖHRMANN, HEINRICH, Görres' Rheinischer Merkur. Eine geschichtliche Analyse, Löningen i. O. 1933.

WOLF, ERIK, Grosse Rechtsdenker der deutschen Geistesgeschichte, 4. Aufl. Tübingen 1963.

WÜRTENBERGER, THOMAS, Herder, in: HRG 2, 2. Aufl. (2012), Sp. 956– 959.

WÜRTENBERGER, THOMAS, Johann Gottfried Herder und die Rechtsgeschichte, in: JZ 1957, S. 136–140.

WÜRTENBERGER, THOMAS, Zeitgeist und Recht, Tübingen 1987.

WYSS, ULRICH, Die wilde Philologie. Jacob Grimm und der Historismus, München 1979.

WYSS, ULRICH, Rez. Jendreiek, Hegel und Jacob Grimm, in: Anzeiger für Deutsches Altertum und Deutsche Literatur 87 (1976), S. 145–150.

ZAREMBA, MICHAEL, Johann Gottfried Herders humanitäres Nations- und Volksverständnis. Ein Beitrag zur politischen Kultur der Bundesrepublik Deutschland, Berlin 1985.

ZIEGLER, KLAUS, Die weltanschaulichen Grundlagen der Wissenschaft Jacob Grimms, in: Euphorion 46 (1952), S. 241–260.

ZIEGLER, KLAUS, Jacob Grimm und die Entwicklung des modernen deutschen Nationalbewußtseins, in: ZHG 74 (1963), S. 153–181.

ZIMMERMANN, WERNER G., Valtazar Bogišić 1834–1908. Ein Beitrag zur südslavischen Geistes- und Rechtsgeschichte im 19. Jahrhundert, Wiesbaden 1962.

ZOVKO, JURE, Schlegel, Carl Wilhelm Friedrich von, in: NDB 23 (2007), S. 40–42.